現代中国における「イスラーム復興」の民族誌

変貌するジャマーアの伝統秩序と民族自治

澤井充生 *Sawai Mitsuo*

Ethnography of the "Islamic Revival" in the People's Republic of China

明石書店

まえがき

中国西北では 2000 年から「西部大開発」という国家プロジェクトが始動し、資源開発、観光地化、投資誘致などが急速に推進されている。また、2013 年に習近平中国共産党総書記が「一帯一路」構想を提唱し、中国西北は世界的な関心を集めている。筆者がフィールドワークを実施した寧夏回族自治区では 2000 年代中頃から本格的な経済・観光開発がようやく進められるようになった。現在、寧夏回族自治区の首府銀川市には立派な清真寺(モスク)がそびえ立ち、礼拝時間が近づくと、白い礼拝帽をかぶった回族の男性、色鮮やかなヒジャーブをかぶった女性が清真寺に集う。清真寺の周囲にはハラール料理を提供する回族のレストランが軒を連ね、回族だけでなく、漢族の顧客も新鮮な羊肉料理に舌鼓を打っている。2005 年には銀川市郊外に「中華回郷文化園」というテーマパークが完成し、回族の民族文化が観光客向けに紹介されている。中東諸国を中心とした外国人ムスリムに対する投資誘致も寧夏回族自治区政府によって強く奨励されており、「中阿博覧会」(中国・アラブ博覧会)というイベントが定期的に開催されている。「西部大開発」の恩恵を受けたことで、銀川市はイスラーム色を全面的に打ち出す都市にすっかり様変わりした。

　正直なところ、このような変貌に私は驚きを隠せないでいる。なぜなら私がフィールドワークを実施した 2000 年から 2002 年にかけて銀川市は現在ほどイスラーム色の濃い都市ではなかったからである。もちろん銀川市には清真寺がいくつも存在し、修復・改築が細々とおこなわれていたが、観光地化はほとんど進められていなかった。当時、銀川市へ足を運ぶ外国人観光客は非常に少なく、中国人観光客をちらほら見かけるほどであった。銀川市が東西交渉の要衝地ではなかったこともあり、寧夏回族自治区政府は観光誘致の宣伝に慣れておらず、他の省・自治区と比較すると、寧夏は観光地化からあきらかに取り残されていた。ごく一部の清真寺を除けば、清真寺に近づく観光客はほとんどいなかった。

　観光開発とほぼ無縁な清真寺に足を踏み入れると、礼拝前に沐浴するお年寄

り、クルアーンを朗誦する学生たち、ターバンを頭に巻き付けた宗教指導者、顎鬚をたくわえた古老たちが集まり、イスラームの儀礼や年中行事を細々とおこなっていた。回族は中国語を母語とし、外見上の容貌は漢族とほとんどかわりはなく、シルクロード観光で有名なウイグル族と比較すると、その認知度は低く、地味な少数民族である。とはいえ、回族の遠い祖先は中央アジアや西アジアから移住した外来ムスリムで、清真寺の壁や礼拝堂にはイスラームの聖句が漢字やアラビア文字で芸術的な筆致で書かれており、中華世界で育まれたイスラーム的小宇宙が目に飛び込んでくる。清真寺の周囲には回族の民家が立ち並び、ハラール・レストラン、牛羊肉を吊るした精肉店などが軒を連ねており、そこはまさにイスラーム世界を体現した「共同体」（現地語では「ジャマーア」という）である。清真寺の周囲に漢族も居住するが、清真寺にまず近づこうとはしない。ジャマーアを覗き込むと、イスラームが中華世界に根付き、開花したことを肌感覚で理解できる。

　しかし、イスラームが中国共産党政権下で活況を呈しているのは 1978 年以降のことであり、それまでは暴力的な政治運動の荒波が中国各地で吹き荒れ、清真寺の多くは閉鎖・転用あるいは破壊された。中国共産党が政権を樹立した後、しばらくのあいだは暴力的な政治運動が表立って展開されることはなかったが、1957 年に反右派闘争が始まると、文化大革命が収束する 1976 年までおよそ 20 年ものあいだ、不条理な政治闘争が中国各地を席巻し、その荒波は漢族社会だけでなく、少数民族社会にも押し寄せた。1958 年の宗教制度民主改革では伝統宗教の制度・組織が「改革」され、宗教指導層たちは大打撃を受けた。1966 年に始まった文化大革命では知識人にとどまらず、民衆も攻撃の対象となり、漢族内部、漢族と少数民族のあいだだけでなく、少数民族内部でも熾烈な権力闘争が繰り広げられた。このように、中華人民共和国の成立後、土地改革、農業集団化、反右派闘争、文化大革命などの一連の政治運動がその土地にくらす人々の生活様式、政治意識、結合原理、伝統儀礼、民族慣習などに甚大な影響を及ぼしたことに注意せねばならない。

　文化大革命の終了後、中国共産党の新指導部が 1978 年に改革開放政策を提唱すると、数多くの清真寺がムスリム住民たちによって自主的・自発的に修復・改築され始めた。それまでは不慣れな肉体労働を強要されていた宗教指導者や

まえがき

学生が現場に復帰し、イスラーム教育にふたたび取り組めるようになった。清真寺にながらく通えずにいた一般信徒たちも清真寺に集まるようになり、日々の礼拝や喜捨に勤しむようになった。経済的に余裕がある者はサウディアラビアにある聖地メッカへ巡礼できるようになった。近年、中東や東南アジアからイスラーム服（例えば、ヒジャーブ）が直輸入され、色鮮やかな衣装を身に纏った若者が目立つようになった。このように、1980年代以降、西北にかぎらず、中国各地で「イスラーム復興」が開花したのである。

　その一方、清真寺に集う人々の言葉に耳を傾け、行動を仔細に観察すると、「イスラーム復興」の内実の複雑さには目を見張るものがある。清真寺を修復した回族の人々にも様々な背景・立場・思想・思惑があり、私たちとおなじく、さいな利益をめぐって駆け引きを試みたり、口論や誹謗中傷を繰り返したり、最悪の場合には清真寺内部が分裂したこともある。特に1980年代以降、経済自由化の荒波に突然巻き込まれたこともあり（それだけが理由ではないが）、清真寺のなかでも利害関係に端を発する揉め事をよく耳にした。また、急速な経済自由化とは対照的に、政治面での締め付けは依然として厳しく、中国共産党は中央・地方政府にどっしり構え、相変わらず睨みを利かせている。中国共産党や行政機関が清真寺に対して直接的あるいは間接的に「指導」という名の圧力を加えることもあり、回族の人々は中国共産党の政策転換に絶えず目配りしなければならない。

　このように、現代中国のムスリム少数民族は社会主義を冷戦終結後も経験しているため、中東や東南アジアなどのようにムスリムが多数派を占める国々と同列に議論することはできず、その実態を見究めることはけっして容易なことではない。しかし、私は大学院へ進学した頃、中国旅行をきっかけとして中国共産党政権下における「イスラーム復興」の実態解明に関心を寄せるようになった。当時、現代中国の回族を正面から研究した文献資料（特に民族誌）は非常に乏しく、文献研究だけでは実態解明など不可能であった。そこで私は現地の様子を肌で感じようと思い、寧夏回族自治区へ移り住み、清真寺のなかに飛び込んだ。当時、中国では外国人のホームステイは原則として禁止されており（現在も原則は同じであろう）、文化・社会人類学者がよくおこなう住み込み調査は実施不可能であった。私は外国人が宿泊できるホテルをなんとか見つけ、そこに

長期滞在し、毎日のようにホテルから自転車を走らせ、清真寺を巡り、回族の人々と顔を合わせるようにした。住み込み調査は不可能であったが、清真寺の年中行事を観察したり、友人・知人の自宅を訪問したりすることによって、中華世界に根付いたイスラームの魅力を肌で感じることができた。長期滞在していたため、回族の人々と親しくなり、現代中国における「イスラーム復興」がかかえる問題（例えば、清真寺内部の権力闘争、共産党・行政機関との癒着、宗教改革の頓挫、民族文化の世俗化・脱宗教化など）に気づき、私自身にもかかわる身近な問題として考えるようになった。

*

さて、本書は、現代中国における「イスラーム復興」の実態を回族の人々が営む日常生活の様々な場面から炙り出すスタイルをとっている。中華人民共和国の成立後、遅くとも1958年から1976年までのあいだ、中国共産党・政府は宗教を「封建迷信」として熾烈なまでに批判・攻撃したことがあったが、現在、イスラームを生活の指針と考えて実践する人々は中国各地に細々とくらしている。実状としては、漢族と同様、ムスリム少数民族のなかにも宗教を信仰しない無神論者が存在し、厳密にいえば、ムスリム少数民族の全員がムスリムであるとは言えないのであるが、個人差は見られるものの、清真寺に集う人々にとってイスラームが必要不可欠な道標・規範・指針であることに変わりはなく、清真寺の修復・改築は現在も進められている。中国共産党が舵取りをする社会主義国家に「イスラーム復興」が現在も発生している過程に私はあえて注目し、回族の人々が「イスラーム復興」に多様なかたちで向き合う様子を描写してみたい。

中国共産党が牽引した社会主義改造や政治運動を経験した後、回族の人々はなぜ清真寺を修復し、自分たちのジャマーアを再構築しているのだろうか。一見すれば、私たちの眼にはジャマーアは時代錯誤の「共同体」として映るかもしれないが、ジャマーアは回族の日常生活とは切り離せないものとして形成されてきたし、中国共産党政権下にあっても辛うじて維持されている。本書では、清真寺に集う回族の人々が様々な相互行為を媒介として個々の関係を紡ぎ出しながら共同性を形成し、伝統秩序を表出する過程を記述し、ジャマーアの持続

と変容の問題を見究める。また、清真寺が中国共産党主導の宗教管理機構に再編されたことをふまえ、回族の人々が無神論教育や愛国主義の政治宣伝などに直面しながら国家権力の介入に対処する様子を具体的に描写し、ムスリム少数民族の自治の実態について検討する。

＊

　本書の主な目的は、現代中国における「イスラーム復興」に注目し、清真寺を中心としたジャマーアの共同性（秩序形成）に見られる持続と変容、中国共産党主導の国民統合とムスリム少数民族との政治力学（自治の動態）について考察することにある。そのための手続きとして、本書の各章では、中国共産党の民族・宗教政策の変遷、清真寺の管理運営制度、共産党・行政機関・宗教団体・清真寺の共棲関係、死者儀礼のイスラーム改革、民族内婚や婚姻儀礼の変容、宗教統制と政治宣伝などを詳細に記述し、それぞれの問題を吟味する。

　序章では、本書の問題関心、理論的枠組み、研究動向を説明する。まず、改革開放政策の導入後、中国西北を中心に「イスラーム復興」が発生し、清真寺を中心としたジャマーアが形成されたことをふまえ、「イスラーム復興」を現代中国における「宗教復興」と関連付けて議論することの意味を述べる。次に、本書の研究視座を提示する。第一の視座は「共同体」への視座で、従来の共同体理論および共同体論争の動向を整理し、個人主義対集団主義のような二元論的図式を乗り越えるものとして「関係主義」(guanxi-ism) モデルの有用性を説明する。第二の視座は自治（自律性）に対する視座で、現代中国の「民族区域自治」に言及し、その政策上の問題点を指摘し、清水盛光が指摘した「構成的自治」・「生成的自治」を自治研究に援用することの意義について述べる。そして、最後に、中国イスラームの先行研究を整理し、本書の民族誌としての位置付けを明確にする。

　第1章では中国へのイスラームの伝播と拡大、中国ムスリム諸民族の人口・分布、回民（回族）の歴史的形成とエスニシティ、筆者がフィールドワークを実施した寧夏回族自治区銀川市の地理環境、銀川市の行政組織と居民委員会、清真寺の周囲に集住する回族の世帯状況、清真寺の分布状況を整理し、本書が調査対象とした回族の集住区を素描する。寧夏回族自治区は西北地方に位置し、

「回族」という名称を付与された唯一の省級民族自治地方であり、回族にとって政治的に重要な意味を持っている。そのような政治的背景をふまえ、清真寺の周囲に形成されたジャマーアの特徴を具体的に記述する。

第2章では中国共産党が1930年代の延安支配時代から中華人民共和国成立後まで採用した民族・宗教政策の変遷を、1930年代後半から1949年までの時期、1958年から1978年までの左傾化した社会主義建設期、1978年以降の改革開放政策期に区分し、詳細に記述する。特に後半部分では、中国共産党が改革開放期に宗教政策を再開し、清真寺を中央集権的な宗教管理機構のなかに統合した過程を記述し、現在、清真寺をとりまく政治環境を浮き彫りにする。

第3章では寧夏回族自治区銀川市の清真寺を事例として取り上げ、清真寺の管理運営制度の変遷と現状を記述・分析する。清真寺に集う回族の人々がどのような階層を形成して管理運営に携わるのか、彼らが清真寺のなかでどのような秩序を形成するのか、清真寺のなかでどのような権力構造が生起するのかをミクロな視点から再構成し、そのなかに潜む問題点を炙り出す。

第4章では中央・地方のイスラーム教協会に注目し、その成立経緯と活動内容を詳細に記述し、現代中国における宗教団体の位置付けを明らかにする。また、清真寺で開催された行事の事例を取り上げ、中国共産党、宗教事務局、イスラーム教協会、清真寺が利害調整をもとに相互に結ぶ関係性を具体的に記述し、その問題点を看破する。本章の事例では、清真寺に集まった回族の人々は中国共産党・行政機関関係者に対しては面従腹背の姿勢を示したのだが、そのように振舞ったことの意味を考察し、党国家と民衆の距離感を明らかにする。

第5章では回族の人々が重要視する人生儀礼のひとつ、死者儀礼のありかたに注目し、その「正統性」をめぐるイスラーム改革運動について考察する。回族の人々はシャリーアの規範にのっとって土葬を実施するが、儀礼の細部には土着化した要素（例えば、漢文化由来の儀礼）が散見され、イスラーム改革派によってずっと問題視されてきた。本章では、まず死者儀礼の過程を詳細に詳述し、その後、イスラーム改革派が死者儀礼の形式を問題視する理由・背景を整理し、外部者の予想に反して、イスラーム改革（再イスラーム化）が実態としては成功していないことを看破し、その原因が清真寺指導層の利害関係にあることを論じる。

第6章では回族が伝統的な婚姻慣行として優先的に実施する民族内婚とその変容を取り上げる。銀川市に限定すれば、回族は改革開放期までは民族内婚を実施することが一般的であったが、近年、大都市を中心として回族と漢族との民族間通婚（特にイスラーム改宗をともなわない事例）が増加しつつあり、回族社会内部で深刻な問題となっている。本章では、銀川市における回族内婚および回漢通婚の実際的状況を確認したうえで、回漢通婚の実例を紹介し、その事例分析にもとづいて回族が民族内婚を最優先しようとする論理を明らかにする。

第7章では、回族の婚姻儀礼の変容を「漢化」・世俗化・「脱宗教化」の問題と関連付けて議論する。具体的には、銀川市にくらす回族の夫婦がおこなった婚姻儀礼を例に挙げ、伝統的とされる儀礼の形式を確認しながら儀礼の細部が改革開放期に急激に変容している状況を描写し（例えば、ウエディングドレスを着る新婦、披露宴で酒を飲む回族、タバコを吸う回族）、儀礼の変容が「漢化」・世俗化・脱宗教化の表徴として地元回族の古老たちのあいだで問題視されていることの意味を考察する。

第8章では、改革開放政策導入後に時間軸を定め、中国共産党・行政機関によって推進される愛国主義の宣伝活動、イスラーム教育やメッカ巡礼などの宗教活動の管理強化、イスラームを放棄した回族共産党員、「漢化」を自認する回族、戸籍上の回族と揶揄される人々を事例としてとりあげ、中国共産党・政府がイスラームを公認宗教として統制し、それと同時に公認民族の回族の宗教色をできるかぎり薄めようとする政策、つまり社会主義式政教分離の特徴を看破し、その問題点を考察する。

第9章では、1957年頃から中国各地で吹き荒れた急進的な政治運動に翻弄された宗教指導者の運命に注目し、毛沢東時代の政治運動が回族の伝統的な宗教知識人の運命をどのように左右したのかを看破し、また、「右派分子」と見なされた宗教指導者が改革開放期にシャヒード（殉教者）として名誉を回復された経緯を紹介し、中国共産党政権の政策転換が回族社会内部の動向を方向付けることを明らかにする。

終章は本書の結論に相当する。まず、各章の事例分析および議論をふまえ、現代中国の改革開放期に発生している「イスラーム復興」がどのような状況にあり、そのありかたが清真寺を中心とするジャマーアの共同性（秩序形成）およ

び自治にどのようにかかわっているのかを検討する。銀川市では、1949年の「解放」の後、1958年に寧夏回族自治区が設立されたが、自治区成立の背景には暴力的な政治運動（土地改革、反右派闘争、宗教制度民主改革）が見え隠れしており、また、1960年代に始まった文化大革命は大多数の清真寺を破壊し、回族のジャマーアを一度葬り去っている。改革開放期に清真寺が修復され、ジャマーアは復活したが、中国共産党・政府主導の宗教統制は時代を追うごとに強化されており、回族の宗教知識、儀礼の細則、親族関係、結婚観、政治意識などは大きく変容している。このような社会主義経験は実は現在も進行中であり、ポスト改革開放期を生きる中国ムスリムの言動のありかたに影を落としている。

　繰り返しになるが、本書の主な目的は、まず、現代中国において回族の人々が清真寺の修復およびジャマーアの再構築を契機としてどのような結合原理を行動文法として活用しながら伝統秩序を表出しているのか、次に、ジャマーアの自治が中国共産党の国家政策や漢族との関係性のなかでどの程度実現可能なのかを個別実証的に検討することにある。どちらかといえば、ミクロな視点から国家権力と少数民族の政治力学とその問題点を看破することをねらいとしているが、現地にくらす人々の日常生活から大局を眺める視座を設定することによって、現代中国の「イスラーム復興」の過程で形成されるジャマーアという「共同体」の持つ意味、ムスリム少数民族にとっての自治の可能性を検討する。

＊

　本書執筆にあたって参照した文献資料について説明しておきたい。文献資料は、日本および中国の教育・研究機関や図書館などで収集した一次資料、二次資料を参照した。文字言語は日本語、英語、中国語である。調査地では、中国語の文献資料（一次資料、二次資料）を寧夏回族自治区社会科学院、銀川市文史資料弁公室、寧夏人民出版社などで複写・購入した。また、清真寺で知り合った情報提供者の人々からいただいた手記（私家版）などの記録資料も閲覧している。

　このほか、寧夏回族自治区銀川市では、寧夏回族自治区民族宗教事務委員会（兼宗教事務局）や寧夏回族自治区イスラーム教協会などにおけるインタヴュー調査、現地研究者との文献調査（銀川市婚姻登記状況の統計資料）、街道弁事務処

や居民委員会における人口統計資料の閲覧などによって統計資料を可能なかぎり収集・整理するように努め、定性資料を補強するものとして活用した。また、文字資料のほか、調査地において清真寺で開催された行事や回族の冠婚葬祭などの場面で撮影した写真や動画も映像資料として事例分析の際に参照している。

フィールドワークの実施期間や調査地についても説明しておこう。調査地は寧夏回族自治区の首府銀川市で、自治区の行政都市に相当する。銀川市の場合、清真寺は市の中心地およびその郊外に建設されており（調査対象は7箇寺）、主要な清真寺へ宿泊先のホテルからほぼ毎日通い、清真寺や信徒の自宅などで参与観察やインタヴュー調査を実施した。銀川市におけるフィールドワークは、予備的調査も含めれば、2000年2月から7月まで、2000年10月から2001年2月まで、2002年7月から10月まで、2003年9月、2004年1月から2月にかけて断続的に実施した。本書の民族誌的現在は2000年から2004年までの期間である。調査終了から14年がすでに経過してしまい、民族誌的資料としては新鮮味が感じられないかもしれないが、調査終了後すぐには公表できなかった情報もあり、また、近年、清真寺におけるフィールドワークが実施しづらくなっている状況に鑑みれば、本書をこの時期に刊行することにも意味はあろう。

最後に、本書が依拠したフィールドワークがいくつもの研究助成によって実現したことにも言及しておく。2000年以降のフィールドワークにあたっては、三井信託銀行公益信託斎藤稜兒イスラム研究助成、富士ゼロックス小林節太郎記念基金研究助成、松下国際財団研究助成、味の素食の文化センター食文化研究助成、高梨学術奨励基金調査・研究助成、日本科学協会笹川科学研究助成、大和銀行（現りそな銀行）アジア・オセアニア財団研究助成、文部科学省・日本学術振興会科学研究費補助金、秋野豊ユーラシア基金などの研究助成を受領することができた。また、本書刊行にあたっては2018年度に日本学術振興会科学研究費補助金研究成果公開促進費（課題番号18HP5117）の交付を受け、学術図書としての出版が可能となった。各団体の関係者の方々にはこの場を借りてお礼申しあげたい。

現代中国における「イスラーム復興」の民族誌

―― 変貌するジャマーアの伝統秩序と民族自治

目　次

まえがき　*3*

序　章 ……………………………………………………………………*27*

第1節　本書の目的　*27*

第2節　改革開放期における宗教復興の潮流　*31*

   1　1970年代以降の宗教復興　*31*

   2　改革開放期の「宗教狂熱」　*35*

   3　現代中国の宗教復興に関する研究　*37*

第3節　共同体理論と中国研究　*41*

   1　共同体理論の研究動向　*41*

      1-1　コミュニティ研究の静態的モデルとその批判　*42*

      1-2　ポストモダン人類学以降の共同体理論　*46*

   2　共同体論争　*51*

      2-1　戦後日本の共同体理論　*51*

      2-2　中国研究における共同体論争　*53*

   3　関係主義（*guanxi-ism*）——中国社会の結合原理　*61*

第4節　現代中国における少数民族の自治　*66*

   1　改革開放期の「自治組織」　*66*

   2　民族区域自治の成立過程と限界　*69*

   3　民族区域自治をめぐる議論　*73*

   4　中国社会の二重自治論——清水盛光のモデル　*77*

第5節　中国イスラーム研究と回族の民族誌　*81*

   1　戦前・戦後の中国イスラーム研究　*81*

      1-1　戦前の回教研究　*81*

      1-2　中国における回教・回族研究　*83*

      1-3　戦後日本の回族研究　*84*

      1-4　欧米の人類学者による現地調査　*87*

   2　ネイティヴ人類学者による批判　*89*

      2-1　米国人グラドニーの民族誌　*89*

      2-2　ネイティヴ人類学者からの批判　*90*

   3　ジャマーア・モデルの可能性　*93*

第6節　おわりに　*97*

目　次

第1部　現代中国の民族・宗教・社会主義

第1章　中国西北のイスラームと寧夏回族の社会生活 ……………………… 101

第1節　中国におけるイスラームの伝播と土着化　101

1　イスラームの伝播・拡大と「回民」の形成　101

2　寧夏回民の起源と形成　104

3　中国イスラームの伝統教育と「教派」の形成　106

第2節　現代中国の回回民族　109

1　現代中国のムスリム少数民族　109

2　回族のエスニシティ　111

3　回族の伝統儀礼　119

　　3-1　宗教儀礼　119

　　3-2　祝祭行事　121

　　3-3　通過儀礼　123

4　回族の親族カテゴリー　126

　　4-1　「家」　126

　　4-2　「親戚」　130

　　4-3　親族名称・呼称　131

第3節　寧夏回族自治区の概況　135

1　寧夏回族自治区の地理環境と経済状況　135

2　銀川市の基本状況　139

第4節　清真寺の分布とジャマーアの規模　141

第5節　清真寺付近の行政機関・居民委員会と住民　152

1　清真寺付近の土地改革と階級区分　152

2　清真寺の周囲に集住する回族　159

　　2-1　民族別世帯——世帯主の民族戸籍　159

　　2-2　世帯間の親族関係　160

　　2-3　世帯構成　164

第6節　まとめ　167

第2章　中国共産党の民族・宗教政策と回族社会 ……………………………… 169

第1節　はじめに　169

第2節　中国共産党の民族理論と「回族」の民族認定　*170*

1　中国共産党と西北回民の遭遇　*170*

2　長征期の回民工作　*171*

3　「回族」の民族認定　*174*

第3節　中華人民共和国成立後の社会主義改造と政治運動　*176*

1　1949年建国当初の優遇政策　*176*

2　宗教制度民主改革と回民座談会の開催　*179*

3　文化大革命という名の同化政策　*185*

第4節　改革開放期の民族・宗教政策の転換　*188*

1　鄧小平時代の民族・宗教政策の軌道修正　*188*

2　江沢民時代の「愛国主義」宣伝と宗教関連法規の制定　*191*

3　胡錦濤時代の「和諧社会」と宗教事務条例　*195*

第5節　寧夏回族自治区における民族・宗教政策の再開　*197*

第6節　おわりに　*204*

第2部　国家権力と清真寺

第3章　清真寺の伝統秩序と権力構造 ………………………………… *209*

第1節　はじめに　*209*

第2節　世襲化した伝統的指導層　*211*

1　清真西関寺の歴史　*211*

2　西関寺の周囲に集住する回族　*215*

3　歴代の宗教指導者　*217*

4　西関寺の地元有力者　*220*

第3節　新興指導層の台頭　*224*

1　現場復帰した宗教指導者　*224*

2　清真寺民主管理委員会の選出　*230*

3　周縁化した寄宿学生　*234*

4　宗教指導者の解任　*246*

第4節　清真寺の主導権をめぐるせめぎあい　*250*

1　宗教指導者の招聘をめぐる揉め事　*251*

2　清真寺の内部分裂　*252*

目　次

　　　3　儀礼執行の主導権をめぐる駆け引き　*254*

　第5節　おわりに　*255*

第4章　清真寺に介入した国家権力
　　　　——共産党・行政・宗教団体・清真寺の共棲 ………………………… *261*

　第1節　はじめに　*261*

　第2節　国家・社会関係論　*262*

　第3節　中国イスラーム教協会の成立と活動　*267*

　　　1　設立主意と任務　*268*

　　　2　主な活動内容　*269*

　　　3　組織構成　*271*

　第4節　寧夏回族自治区イスラーム教協会の成立と活動　*273*

　　　1　設立主意と任務　*274*

　　　2　主な活動内容　*274*

　　　3　組織構成　*276*

　第5節　清真寺の記念行事に招待された党幹部たち　*280*

　　　1　清真寺の宗教指導者の就任式典　*280*

　　　2　就任式典の裏側　*282*

　第6節　共産党・行政機関・宗教団体の共棲　*285*

　　　1　共産党・行政の「指導」と宗教団体の「協力」　*285*

　　　2　共産党員の存在　*287*

　　　3　宗教団体の「自律性」　*288*

　第7節　おわりに　*289*

第3部　変貌する宗教儀礼と民族文化

第5章　異端視される死者儀礼
　　　　——イスラーム改革の理想と現実 ………………………………… *295*

　第1節　はじめに　*295*

　　　1　儀礼の「正統性」をめぐる論争　*295*

　　　2　イスラーム改革という概念　*297*

　第2節　回民墓地　*299*

　　　1　現代中国の葬儀改革　*299*

17

2　回民墓地　*302*

第3節　**死者儀礼の準備**　*304*

　　1　死者と遺族　*304*

　　2　葬儀の主宰者　*305*

　　3　服喪——「戴孝」　*306*

第4節　**葬送儀礼**　*308*

　　1　死のとらえかた——「帰真」　*308*

　　2　遺体の沐浴——「洗埋体」　*310*

　　3　贖罪儀礼——「転費達耶」　*311*

　　4　葬送礼拝——「站者那則」　*313*

　　5　埋葬——「下埋体」　*315*

　　6　死者祈念儀礼——「過乜貼」　*317*

第5節　**イスラーム改革と死者儀礼**　*319*

　　1　中国西北におけるイスラーム改革　*319*

　　2　イフワーン派の学説　*322*

　　3　寧夏のイスラーム改革　*324*

　　　　3-1　虎嵩山　*324*

　　　　3-2　馬福龍——銀川市のイフワーン派　*326*

第6節　**異端視される儀礼**　*328*

　　1　イフワーン派が唱える儀礼改革　*328*

　　2　イスラーム改革の現実　*331*

第7節　**死者の救済と生者の威信のために**　*334*

　　1　イスラーム改革の形骸化　*334*

　　2　宗教的権威と生活の便宜　*335*

第8節　**おわりに**　*337*

第6章　**異民族には嫁がせない**
　　　　——民族内婚の論理とその変容　………………………………　*340*

第1節　**揺らぐ民族内婚**　*340*

第2節　**民族別居住分布と通婚関係**　*342*

　　1　清真寺周辺の居住分布　*342*

　　2　地元住民の通婚圏　*346*

第3節　**増加する異民族間通婚**　*349*

　　1　大都市の回漢通婚　*349*

目　次

　2　銀川市中心地の回漢通婚　*350*

第4節　漢族男性と結婚した回族女性──共産党員の選択と苦悩　*352*

第5節　民族内婚の論理　*355*

　1　イスラーム改宗への疑念　*356*

　2　食の規範の遵守　*359*

　3　異民族間の贈答慣行　*361*

　4　子どもの民族戸籍　*364*

第6節　集団の規制と個人の選択　*366*

第7章　酒がならぶ円卓──婚礼にみる回族の「漢化」……………………… *369*

第1節　はじめに　*369*

第2節　民俗生殖理論と婚姻規制　*370*

　1　民俗生殖理論　*370*

　2　回族の「同姓不婚」　*372*

　3　婚姻形態　*374*

第3節　おなじ民族と結婚する作法　*377*

　1　仲人──「媒人」　*377*

　2　お見合い──「相親」　*378*

　3　縁談の申し出──「提親」　*380*

　4　婚約──「道喜」　*381*

　5　結婚式──「念尼卡哈」　*384*

　6　披露宴──「婚宴」　*389*

　7　花嫁の里帰り──「回門」　*395*

第4節　豪華な婚礼、酒を飲む回族　*397*

　1　宴席を避ける清真寺関係者たち　*397*

　2　結婚当事者の「漢化」あるいは脱イスラーム化　*399*

　3　ムスリムの夫婦になるための婚礼　*401*

　4　婚礼という名の権力ゲーム　*402*

第5節　おわりに　*404*

第4部　中国イスラーム界に流布する愛国主義

第8章　統制される宗教、脱宗教化される民族 …………………………… *409*

第1節　清真寺に浸透する愛国主義　*409*
1 「愛国愛教」を叫ぶムスリムたち　*409*
2 「愛国は信仰の一部」なのか？　*411*
3 「紅色阿訇」の台頭と影響力　*413*

第2節　党国家の管理下におかれた宗教活動　*417*
1 イスラーム教経学院の成立と運営——イスラーム教育の官営化　*417*
2 党国家の管理下にあるメッカ巡礼　*421*
3 非合法化された宣教活動——タブリーグの浸透と拡散　*424*

第3節　イスラームを放棄した共産党員　*427*
1 ムスリム少数民族の共産党員　*427*
2 ある共産党員の火葬　*429*
3 死者の背景　*430*
4 火葬への猛烈な反発　*431*
5 火葬に抗する論理　*434*

第4節　「民族」と「宗教」の狭間で揺れ動く　*437*
1 イスラームを放棄した回族　*437*
2 死者の「人民化」　*439*
3 「戸籍回族」と揶揄される人々　*440*

第5節　おわりに　*443*

第9章　「右派分子」から殉教者へ
——政治運動に翻弄された宗教指導者 ……………………………………… *446*
第1節　文化大革命と少数民族　*446*
第2節　中国共産党の政治運動とムスリム少数民族　*448*
第3節　ある宗教指導者の事例　*451*
1 陳克礼の生い立ち　*451*
2 中国イスラーム教経学院での反右派闘争　*453*
3 帰　郷　*455*
4 文化大革命　*457*

第4節 「右派分子」となった理由 *460*

    1 陳克礼の「問題点」 *460*

    2 ムスリム社会内部の葛藤 *461*

第5節 改革開放期の再評価 *462*

    1 名誉回復 *462*

    2 殉教者としての再評価 *465*

第6節 名もなき証言者たち *466*

終　章 現代中国における「イスラーム復興」のゆくえ……………… *471*

第1節 近現代中国における国家権力と清真寺 *471*

第2節 社会主義を経験した回族 *475*

    1 現代中国の民族・宗教・社会主義 *475*

    2 党国家と清真寺の力関係 *477*

    3 宗教儀礼・民族文化 *478*

    4 中国共産党の政治宣伝とイスラーム界の反応 *479*

第3節 現代中国のジャマーア・システム *481*

    1 清真寺内部の権力構造 *481*

    2 ジャマーアの結合原理 *485*

    3 清真寺を越えるネットワーク *487*

第4節 保存される清真寺、溶解するジャマーア *489*

  参照文献一覧 *495*

  あとがき *517*

凡　例

　回族は中国語を母語とする一方、アラビア語、ペルシア語、トルコ語などの語彙を原語とする民俗語彙も日常生活のなかで多用する。本書では、一般的な中国語の語彙や回族の民俗語彙を以下の凡例にもとづいて表記する。

中国語の表記

1　一般的な用語

　原則上、初出の場合、「　」で括り、その後の（　）内にピンインを斜体で表記し、必要に応じて日本語訳を付けている。一般的な中国語の語彙については、煩雑さを考慮して、現地語の読み方をカタカナで表記しないようにした。長母音表記は省略した。なお、人名や地名などの固有名詞は慣例に従うものとし、「　」を付けていない場合もある。

　　　　　e.g.「回族」（*Huizu*, 漢語を母語とするムスリム少数民族）
　　　　　　　「清真寺」（*qingzhensi*, モスク）

2　回族の民俗語彙

　初出の場合、「　」で括り、その後ろの（　）内にピンインを斜体で表記し、現地語の読み方をカタカナで表記したもの（原則として現地の人々の発音に従う）、日本語訳を記した。ただし、長母音表記は省略した。また、ピンイン、読み方、日本語訳は原則として付記するが、すべてを表記しない場合もある。

　　　　　e.g.「哲麻爾提」（*zhemaerti*, ジャマーア，モスク・コミュニティ）
　　　　　　　「阿訇」（*ahong*, アホン，宗教指導者）

　1・2ともに原則的には初出の場合の表記方法である。二度目以降は日本語の訳語あるいはカタカタ表記をできるかぎり採用する。カタカナ表記が困難な漢字表記に関しては漢字をそのまま使用する。ただし、必要におうじて初出ではない場合でも上記の凡例に従って表記したものもある。

　　　　　e.g. 初出：「阿訇」（*ahong*, アホン，宗教指導者）
　　　　　　　二回目以降：宗教指導者あるいはアホン

　回族の民俗語彙のなかにはアラビア語、ペルシア語、トルコ語などの外来語を語

源とする語彙が多数含まれるが、本書では煩雑さを考慮し、ローマ字転写を基本的には省略した。ただし、一部の語彙についてはピンイン表記の後にローマ字転写を表記したものがある。その場合、原則として『岩波イスラーム辞典』（2002 年）の転写方法に従った。ただし、長母音の記号は省略した。

3　民族・宗教に関わる名称・呼称など

①回族

「回族」（*Huizu*）は原則上、1949 年以降中国共産党・政府が少数民族として認定した漢語を母語とするムスリム少数民族を指す。現在中国の文脈では「回族」という概念はあくまでも民族概念であり、「ムスリム」という宗教概念とは区別されて使用される傾向にある。つまり、イスラームを放棄した回族も公式見解では回族として扱われる。逆に、イスラームに改宗した漢族は公式見解では回族として扱われず、「漢族穆斯林」（*Hanzu Musilin*, 漢族ムスリム, 漢族戸籍を持つムスリム）と捉えられている。

②回民

「回民」（*Huimin*）は主に明朝期から中華民国期まで存在した漢語を母語とするムスリムを指す概念である。回民という概念はウイグル語、カザフ語、クルグズ語、ウズベク語、サラール語などのテュルク系諸言語、タジク語のイラン語系言語、保安語・東郷語のモンゴル語系諸言語を母語とするムスリムも包括する概念としても使用されていた。したがって、厳密にいえば、回民という概念は漢語を母語とする回民だけを指すわけではない。ただし、本書で使用する回民という概念は、中華人民共和国成立以前の漢語を母語とするムスリム（現在の回族にほぼ相当）に限定して使用する。中華民国期のその他のテュルク諸語、モンゴル諸語、イラン語系言語を話すムスリムを表現する必要がある場合は、それが漢語を母語とするムスリムを指すのか、それともその他のムスリムを指すのかを明記する。

③回回

「回回」（*Huihui*）は主に唐朝期から元朝期にかけて中央アジアや西アジアから中国へ移住したアラブ人、ペルシア人、トルコ人などの外来ムスリムおよびその子孫を指す概念である。回回と呼ばれる人々には、出身地、移住経路、定住先、日常言語、漢人との通婚の度合いなどによって地域的差異が見られるため、ひとつの民族集団として捉えにくいが、回回は中国に移住した外来ムスリムを母体とするため、漢人とは明らかに異なる人々として認識されていた。

凡　例

④穆斯林、穆民

「穆斯林」（*musilin*, ムスリム）はムスリム（イスラーム教徒）を指す概念である。ムスリムの存在は中国では唐代に確認されているが、この概念が一般的に使用されはじめたのは主に中華人民共和国成立後のことであり、歴史的には新しい概念である。中国共産党・政府公認のムスリム少数民族はあくまでも民族概念であり、厳密にいえば、マルクス・レーニン主義や無神論を信奉する者も含む。したがって、ムスリム少数民族の全員がムスリムだとは言えない。一方、「穆民」（*mumin*, ムウミン）もムスリムとほぼ同じ意味ではあるが、ムウミンはムスリムのなかでも「信仰心の篤い人々」を指す場合に使用されることが多い。

⑤異民族に対する呼称

　回族の人々が異民族（主に漢族）に対して使用する名称・呼称を挙げておく。寧夏回族自治区では回族の人々は漢族（非ムスリム）を指す用語として「老蛮子」（*laomanzi*, ラオマンズ）という言葉を使う場面があった。この民俗語彙は語源的には「野蛮人」を意味し、回族社会内部で使用されている（若干侮蔑的な意味が含まれる）。逆に、漢族の人々は回族を指す言葉として回回を主に漢族内部で使うが、この呼称には侮蔑的なニュアンスは含まれていない。

序　章

第 1 節　本書の目的

　中華人民共和国では 1978 年に改革開放政策の導入が決定された後、経済体制の改革および対外開放が加速化され、中国国民の生活条件は文化大革命期より大きく改善された。現在、中国国内では衣食住の問題は基本的には解決されたと見なされているが、その一方、地域間格差、民族間格差などが発端となった問題が発生している。特に中国領内の少数民族の動向に目を向ければ、2000 年代以降も経済格差、文化摩擦、政治的不平等などを発端とする衝突や事件がしばしば発生している。例えば、2008 年 3 月のチベット族による抗議デモ、2009 年 7 月の新疆ウイグル自治区のウルムチ事件、2011 年 5 月の内モンゴル自治区におけるモンゴル族のデモなどが示すように、現代中国の「周縁」に追いやられている少数民族のあいだで不平・不満は根強い。

　中国のムスリム（イスラーム教徒）に関していえば、2009 年 7 月のウルムチ事件、2013 年 10 月の天安門車炎上事件、2014 年 3 月の昆明事件などが世界各国のメディアによって報道され、残念なことに、凄惨な事件がきっかけとなって中国ムスリム（この場合はウイグル族）が知名度を上げてしまった。実は、中国ムスリムに関連した事件は珍しいことではなく、新疆ウイグル自治区では 1980 年代後半から類似の事件は発生しており[1]、何の前触れもなく勃発したわけでは

---

1) 例えば、1989 年の『性風俗』事件、1993 年の『脳筋急転弯』事件、2000 年の陽信事件などが中国国内外のメディアでかつて報道された事件である。いずれの事件の発生原因もイスラームに対する漢族の偏見・誤解・差別であった。新疆ウイグル自治区の事件では、1990 年のバレン郷事件、1997 年のグルジャ事件、2009 年 7 月 5 日のウルムチ事件などが新聞の紙面を飾ったことがある。なお、本書で取り上げないウイグル族の動向については新免［1992, 1997, 2003］、Wang［2004］に詳しい。

27

ない。2000年前後から中国でも情報社会化が進み、中国各地の情報が世界各地へすぐさま発信されるようになり、現地の様子が報じられるようになったからである。もちろん陰惨な事件だけでなく、中国ムスリムの姿や暮らしを紹介する写真や動画もインターネットで気軽に視聴することができ、中国ムスリムと私たちの距離は縮みつつあるかのように見える。

　しかし、全体として見れば、中国ムスリムが実際に営む日常生活がメディアで紹介される機会は依然として少なく、実態把握が深まったとは言えない。本書で取り上げる回族（*Huizu*）についていえば、「イスラームに改宗した漢族」、「漢族に同化したムスリム」などの誤解が根強く、また、ウイグル族と混同されることも少なくない。キリスト教宣教師マーシャル・ブルームホールが20世紀初頭、中国各地で回民に「遭遇」し、「無視された問題」（*neglected problem*）［Broomhall 1910］と表現したことがあるが、現代中国においても回族の生活世界に対する理解が深められているわけではない。ここで指摘するまでもなく、回族の人々は私たちと同時代を生き、私たちとおなじように日常を生きている。回族の人々は中華人民共和国という社会主義国家のなかで何を経験し、何を考え、何を喜び、何を悩んでいるのだろうか。

　中華人民共和国の公式見解によれば、中国国内にくらすムスリム諸民族の人口は2010年の時点で2,314万人を超え、10の少数民族が存在する。中国ムスリム諸民族の内訳は、漢語を母語とする回族[2]、テュルク系諸言語を母語とするウイグル族、ウズベク族、カザフ族、クルグズ族、タタール族、イラン語系言語を母語とするタジク族、モンゴル語系言語を母語とする東郷族、保安族となっており、多種多様な少数民族が西北地方を中心に居住している。このうち、本書で取り上げる回族は中国各地に広く分布し、人口が最も多い[3]。

---

2) 歴史学者の研究によれば、回族は、唐代から元代にかけて中国へ移住したアラブ、ペルシア、テュルク系諸民族が現地の漢人（イスラーム改宗者）との通婚を繰り返した結果、中華世界で形成された集団であると考えられている［白寿彝 1983；楊懐中 1991；中田 1971］。ただし、このような民族定義は中華人民共和国にくらす回族の実態にはあてはまらず、民族定義は修正を迫られている。例えば、実状として、現在、回族のなかには外来ムスリムを先祖として認知していない人々やイスラームをすでに放棄してしまった人々（例えば、福建省晋江市陳埭鎮の丁姓回族）がいる。

3) 中国の人口統計では「民族戸籍」にもとづいてムスリム諸民族の人口が算出されるため、2,314万人という数字には宗教信仰を放棄した無神論者も含まれている。また、それとは対照的に、イスラームに改宗した非ムスリム民族（例えば、イスラームに改宗した漢族）の人数が含まれていない。つまり、中国政府が公開するムスリム諸民族の人口は中国領内にくらすムスリムの総人口を反映したものではない。

序　章

　中国イスラームの歴史を遡ると、ムスリム使節団が唐代に中国を訪問し、唐代以降、アラブ人、ペルシア人、テュルク人などのムスリムが海路や陸路で中国へ移住し、兵士、商人、学者、芸術家などの身分で生活するようになった［中田 1971］。元代には外国人ムスリムが中国各地に数多く分布し、現地の女性（主に漢人）をイスラームに改宗させて通婚した。その子どもたちは漢語を操るようになり、明代以降、「回民」と呼ばれる集団が形成された。回民の民族形成で必要不可欠なのが清真寺（qingzhensi, モスク）の建設および「哲瑪提」（zhemati, ジャマーア[4]）の形成である。回民は清真寺の周囲に集住し、イスラームの生活規範を遵守しようとする生活を営んだ。このように形成された共同体は「ジャマーア」と呼ばれている［澤井 2012］。ジャマーアは清真寺が建設された地域に必ず形成され、中国各地に存在する[5]。回民（回族）は外来ムスリムと漢人（改宗者）を祖先とするため、身体的特徴は漢人（漢族）のそれとほとんど変わらない。また、回民は日常生活では漢語・漢字を使用し、漢文化の受容度が非常に高い。しかし、回民は清真寺の周囲に集住することによって独自の宗教空間、信仰世界、民族慣習を創出し、自分たちを漢人とたえず区別してきた。ジャマーアが回民を漢人とは異なる集団として再生産してきたのである[6]。

　ここで、本書の主題について説明しておきたい。本書は、改革開放政策の導入後、中国西北を中心に発生した「イスラーム復興[7]」に注目し、ジャマーアの再生、清真寺の管理運営、中国共産党・行政機関・宗教団体・清真寺の力関係、儀礼慣行の改革や世俗化、宗教統制と政治宣伝などを取り上げ、中国ムスリムの共同性（秩序形成）および自治について考察する民族誌である。ジャマー

---

4) ジャマーアの日本語訳に定訳はない。本書では基本的には民俗語彙をそのまま使用するが、必要に応じて「清真寺共同体」という訳語も使用する。英語表記では "mosque community" と翻訳されることがあるため、モスク・コミュニティという訳語も使用する。

5) ただし、現在、都市の再開発や住民の転居などの理由によって、清真寺が建設・維持されていても回族が集住しておらず、ジャマーアが存在しない事例も散見される。

6) しかしながら、だからといって回民（回族）の人々が日常生活において漢人（漢族）と没交渉の関係にあったわけではない。

7) 改革開放政策をきっかけとして、中国各地では宗教復興が発生したことは数多くの先行研究によって報告・指摘されている。ただし、中国国内の宗教復興は 1978 年の中国共産党の政策転換によってはじめて成立条件を与えられたものであり、住民たちの自発性・主体性だけで実現されたものではないことに注意する必要がある。また、主に 1990 年代以降、中国共産党の宗教統制は強化されており、宗教復興は実態としては党国家の厳しい監視下にあることを忘れてはならない。例えば、法輪功やキリスト教の地下教会などは厳罰に処せられる。したがって、現代中国の文脈でイスラームの宗教復興現象を語る場合、本書では「イスラーム復興」あるいは「イスラーム復興現象」とカギ括弧付きで表記する。

アは1949年に中華人民共和国成立後も維持されてきたが、1957年の反右派闘争、1958年の宗教制度民主改革、1966年から1976年まで継続した文化大革命などの一連の政治運動によって清真寺や聖者廟（主にスーフィー教団の聖者墓）[8]が閉鎖・転用・統合・破壊されたことによって大多数のジャマーアが一度は消滅してしまった。それは公共の場からの伝統宗教の消滅である[9]。文化大革命の終結後、中国共産党が民族・宗教政策を大幅に軌道修正すると、ムスリム少数民族は文化大革命期に没収された土地を取り戻し、清真寺や聖者廟を修復し、ジャマーアを復活させた。改革開放期には中国社会もグローバリゼーションの荒波に巻き込まれ、個人のアトム化が顕著になりつつあるのとは対照的に、回族の人々は清真寺を修復し、ジャマーアを復活させようとしている。このような現象は、中国共産党・政府が上意下達で組織した「社区」（shequ, 中国共産党・政府主導の官製コミュニティ）の成立経緯とはあきらかに異なるものであり、中国ムスリムの自発性・創造性にもとづく草の根の運動であると言える。本書の第一の目的は、回族の人々がジャマーアを再構築する過程のなかで共同性を形成しながら表出する伝統秩序の持続と変容を丹念に描き出し、その特徴を「関係主義」（guanxi-ism）の視点から読み解くことにある。

　それと同時に、本書では、変貌するジャマーアをとおして回族社会と外部世界（主に中国共産党・政府や漢族）の政治力学にも注意を払う。ここでいう政治力学とは、現代中国の文脈において国家権力とムスリム少数民族の絶え間のない交渉によって実現される自治を指す。現代中国の少数民族に関する研究では自治とは「民族区域自治」を指し、政治学や歴史学などの分野で「民族区域自治」の成立過程や制度上の特徴について実証的な研究がなされてきたが、少数民族が営む生活世界の次元から「民族区域自治」の実態を検証した研究は十分に蓄積されているとは言えず、民族誌的記述は必ずしも多くはない[10]。現代中国にくらす少数民族の自治の実態をミクロな生活世界の次元から検討する作業は

---

8) 中国イスラーム、特に西北地方のイスラームを論じるにあたって、スーフィー教団やそれに関連した聖者廟（ゴンベイ）の存在は無視できないが、原則、本書ではスーフィー教団の事例を取り上げない。

9) 1958年から1976年にかけて中国では公共の場における宗教活動が実質的に禁止されたことは事実であるが、私的領域、例えば自宅で宗教活動を秘密裏におこなった事例もある。

10) ただし、近年、中国東北にくらす朝鮮族の村落社会について社会学者の林海［2015］が調査報告を発表し、現代中国における少数民族の村落社会の歴史的変遷と村民自治の実態が明らかにされており、非常に興味深い。

序　章

中国共産党主導の民族・宗教政策や少数民族支配の実状を見究めるにあたって必要不可欠な手続きである。こうしたことから本書ではジャマーアが中国共産党の国民統合や国家政策からどの程度自律的であるのかという問題にも注意を払う[11]。

　本節の最後に中国共産党の国家政策と調査地（寧夏回族自治区）とのかかわりにも言及しておこう。冒頭でも述べたように、ムスリム少数民族は大部分が西北地方（新疆ウイグル自治区、寧夏回族自治区、甘粛省、青海省、陝西省）に居住している。西北地方といえば、「西部大開発」プロジェクト（2000年3月開始）が推進されている地域にあたり、党国家主導の急速な経済開発が少数民族の民族文化に与える影響が大きな関心を集めている。ムスリム少数民族に関していえば、新疆ウイグル自治区や寧夏回族自治区が省級の「民族自治地方」として設置されており、党国家主導の経済開発（漢族労働者の派遣を含む）とムスリム社会との関係性（交渉、妥協、協力、緊張、対立など）は無視することができない。例えば、2009年7月5日のウルムチ事件の発生後、中国国内の民族間関係を実情に即して調整できるかどうかは中国共産党の国民統合にとって大きな課題のひとつである。回族は中華世界で形成された少数民族であり、ウイグル族やチベット族とは対照的に、分離独立運動に関与することはありえないが、圧倒的多数の漢族に囲まれながら日常生活を営んでおり、ウイグル族やチベット族と比較すると、漢族とのあいだに摩擦・衝突が日常的に発生する機会はどちらかといえば多い。このような特徴をふまえ、寧夏回族自治区にくらす回族の生活世界を丹念に記述する本書は、中国共産党・政府が上意下達で推進する社会主義国家像の妥当性を検証するためのヒントを提供するにちがいない。

第2節　改革開放期における宗教復興の潮流

1　1970年代以降の宗教復興

　現代中国における「イスラーム復興」とは改革開放期に中国各地で発生し

11）なお、本書で使用する自治の概念は地方自治、村民自治、「民族区域自治」などを含むが、党国家主導型の自治に関しては「自治」のようにカギ括弧を付ける。

31

た宗教復興[12]の潮流のひとつをなすものである。現在、中国共産党政権下では道教、仏教、キリスト教（カトリック、プロテスタント）、イスラームが「宗教」(*zongjiao*)、すなわち公認宗教として認められているが、それだけでなく、非公認宗教（例えば、民間信仰、地方文化などに含まれる宗教活動）も存在する。1954年の中華人民共和国憲法では「信教の自由」が保障されていたが、宗教全般に対する締め付けが1958年の宗教制度民主改革に始まった。文化大革命の期間には同化主義的な政策が採用され、漢族・少数民族の区別なく、民族文化は「封建迷信」というレッテルを貼り付けられ、そのなかに宗教も含まれていた。1976年に四人組が失脚し、1978年に改革開放政策の導入が中国共産党指導部で決定されると、中国各地では伝統的な民族文化や宗教活動が住民たちの手によって勢いよく復活した。

ここで注目したいのが1970年代という時期である。1970年代といえば、米国では宗教右派と呼ばれる勢力が政界に進出し（1980年代にはレーガン政権の支持基盤を構成した）、イスラエルではシオニスト右派が台頭し［小杉 2003:244］、ユダヤ・キリスト教世界以外でも宗教復興が見られるようになった。宗教学者の島薗進は「1970年代以降、世界各地で社会生活の中の宗教的要素を強化しようとする宗教勢力の動きが目立つようになった」［島薗 2001：88］と指摘し、社会生活を宗教的要素と世俗的(非宗教的)要素のせめぎあう場として捉えると、世俗的(非宗教的) 要素を縮小し、宗教的要素を拡充しようとする動き（例えば、妊娠中絶や結婚をめぐる宗教的規範を守ろうとする運動、安息日のルールや飲酒の禁止などの宗教的戒律の遵守）を「反世俗主義」と呼べるとし、そのような現象を「宗教的ナショナリズムの興隆」として捉えた方が理解しやすいと述べている［島薗 2001：89-90］。

アラブ・ムスリム社会を調査した社会人類学者の大塚和夫もおなじようなこ

---

12)「宗教復興」という概念の妥当性については現代インドの宗教を研究する近藤［2005］が検討し、その理論的枠組みの混乱と単純化／画一化の不毛さを指摘している。近藤が「宗教の復権」、「宗教の再生」、「宗教の復興」などの現象を実は「宗教の脱私事化」ではないかと主張している［近藤 2005：90-91］。たしかに宗教の衰退を前提とした安易な「宗教復興」論は非生産的であろうが、本書では、中国共産党の暴力的な政治運動によって宗教施設、宗教指導者、宗教活動などがまさに物理的に消滅させられたことをふまえ（個人の信仰が抹消されたわけではないが、その維持にも危険が伴った）、改革開放以降の「イスラーム復興」を「宗教復興」として捉えることにする。

とを指摘している。以下、引用しておこう。

　1970 年代とは、啓蒙・自由・解放などといった「大きな物語」の権威が失墜する、いわゆるポストモダン的状況がささやかれ始めた時期でもある。実際、G・ケペルのいう「神の復讐」、すなわちイスラームのみならずキリスト教やユダヤ教における宗教復興の兆候が見えだしたのがこの時代である。さらに日本における新新宗教や合衆国のニュー・エイジ現象なども含め、この頃からグローバルなレベルにおいて「宗教から科学へ」という啓蒙思想の説く「物語」への反抗が目立ち始めた［大塚 1996：89-90］。

　また、1970 年代といえば、中東諸国で発生したイスラーム復興を忘れてはならない。歴史学者の山内昌之は次にように述べている。「中東ではすでに1970 年代に、大学キャンパスやスラム街、大都市周辺部を中心に、退潮するマルクス主義に代わって、イスラーム主義が社会秩序と価値観に異議を申し立てる花形として登場してきた」［山内 1996：12］。エジプトでフィールドワークを実施した大塚によれば、エジプトの場合、1967 年の第三次中東戦争の敗北後、「ムスリムの青年層で五行の実践を遵守する者やあご鬚を伸ばす者が目立つようになったのもこの時期である。だが、より劇的なイスラーム復興の例は、やはり女性のヴェール姿の増加である」という［大塚 1996：83］。このように、中東のアラブ諸国では遅くとも 1970 年代にはイスラーム復興の兆候が研究者によって観察されていたことは注目に値する。

　その後、世界に大きな衝撃をあたえたのは米ソ冷戦期に勃発したイラン革命である。イスラーム地域研究者の小杉泰によれば、イラン革命は「宗教勢力が政治権力を奪権するというだけの単純な事態ではなく、宗教と政治は不可分であるという理論が新しい革命国家の基礎をなすという全く新しい事態を招聘した」現象であった［小杉 2003：242］。実際、1979 年にイラン革命が発生すると、レバノン、パレスチナ、アルジェリアなどでイスラームの政党や武装組織が台頭し、アラブ諸国だけでなく、アフガニスタンではソ連侵攻後のムジャーヒディーンによる抵抗運動、インドネシアではスハルト独裁体制崩壊後のイスラーム復興（例えば、イスラーム服の着用）などが報告されるようになった。2000

年以降は 2001 年の米国同時多発テロを起こしたアル＝カーイダ、2014 年に樹立された「イスラーム国」の政治思想の根幹をなすジハード主義の暴力性、欧米諸国におけるムスリム女性のイスラーム服着用をめぐる論争が政教分離や公共性の問題と関連付けられて学術界内外で議論されている。

　その一方、中国領内においても 1970 年代後半、すなわち文化大革命末期からイスラーム学習班の組織、集団礼拝の再開など「イスラーム復興」の兆候が見られたが、それは中東諸国などのイスラーム復興から直接的な影響を受けたものではなかった。なぜならば中国の場合、中国共産党の暴力的な政治運動の結果、およそ 20 年間、住民たちは宗教活動を自主的・自発的に実践することができず、外部世界からの思想的影響を受ける条件が整っていなかったからである。また、改革開放期の宗教復興は中国共産党・政府が 1976 年以前の民族・宗教政策を軌道修正したことによってはじめて容認されたという側面が強い。つまり、中国共産党・政府の政策転換が「イスラーム復興」発生の条件を提供したわけであり、中国ムスリムが「イスラーム復興」を完全に独力で実現したわけではなかった（だからといって宗教復興に見られるムスリムの自発性を完全に否定するつもりはないが）。現代中国にかぎらず、社会主義国家やポスト社会主義国家のように全体主義的な国家の場合、国家権力の意向や方針が宗教復興の発生や性格を強く規定するという特徴が非常に顕著である[13]。

　1980 年代以降の国際情勢に目配りすれば、1990 年に米ソ冷戦構造が崩壊した後、旧社会主義諸国において宗教復興が発生している。例えば、ソ連の解体後、中央アジアではカザフスタン、クルグズスタン、ウズベキスタンなどでは各国のナショナリズムの高揚とともに再イスラーム化が進み、民族文化や宗教儀礼が自発的に実施されている[14]。ウズベキスタンの陶工職人の聖者崇敬［菊田 2008］、カザフスタンの死者儀礼の復興［藤本 2011］、クルグズスタンの親族ネットワークの再編［吉田 2004］などが人類学的なフィールドワークにもとづいて報告されており、社会主義を経験したムスリム社会の再生の様子が活き活きと描写されている。ポスト社会主義国のムスリムを対象とした民族誌ではソヴィエト近代化をムスリムが内在化させながら民族文化や宗教儀礼を再構築してい

---

13) このような特殊性をふまえ、本書では、現代中国におけるムスリム社会に生起した宗教復興を「イスラーム復興」という鍵括弧付きの用語で表現する。
14) 旧ソ連の宗教研究の動向については藤本［2011：18-22］に詳しい。

る点が指摘されていて示唆に富む。そのほか、旧ソ連の実質的な衛星国だった
モンゴル国では社会主義体制の崩壊後、それまで長期にわたって弾圧されてい
たチベット仏教、シャーマニズム、チンギス・ハーン祭祀が公の場で実施され
るようになり、近年、キリスト教の福音派の布教活動が盛んになっているとい
う［滝澤 2015］。本書には旧社会主義諸国における宗教復興の全体像を描く余裕
はないが、旧ソ連やモンゴル国ではいわゆる民主化以降、社会主義諸国の金科
玉条ともいうべきマルクス主義が求心力を失い、「封建的」と見なされていた
宗教信仰がいちじるしく台頭していることをはっきりと看取することができる。

2　改革開放期の「宗教狂熱」

　それでは改革開放期の中国に目を向けてみよう。中国共産党の宗教政策は
1978 年から 1989 年までを宗教政策の緩和期間、1989 年から現在までの強化期
間と分類することができる。1976 年に文化大革命が終息すると、中央・地方
を問わず、公認宗教であれ、非公認宗教であれ、人々の信仰や儀礼が自然発生
的に噴出した。1982 年、中国共産党中央委員会が「我が国の社会主義時期の
宗教問題に関する基本観点及び基本政策」（19 号文件）において宗教政策に関す
る新たな立場と方針を表明し、文化大革命時代の左傾化した宗教弾圧を否定し
たことで、宗教復興が中国共産党によって実質的に後押しされるかたちとなっ
た［川田 2015：48］。

　ところが、1989 年の天安門事件の発生後、中国全土で住民たちの自発的な
草の根運動が取り締まりの対象となると、それにともない、少数民族や宗教
にかかわる活動に対する規制も強化された。天安門事件の後、江沢民、胡錦
濤、習近平が党総書記として登場し、それぞれの政治的理念や政策方針は一様
ではないが、基本的な方針・路線には共通性が見られる。つまり、それは宗教
管理の徹底化である。この点は 1989 年まで中国共産党指導部にいた胡耀邦の
比較的リベラルな宗教政策とは明らかに異なる。1991 年、中国共産党中央委
員会は「宗教政策を一層確実に進める上での若干の問題に関する通知」（第 6 号
文件）を公布し、天安門事件の後、宗教政策の正常な実施、宗教事務管理の強
化、違法行為の取り締まりなどを強調している。1989 年以降の宗教政策の強
化の背景には、1980 年代の宗教復興の加速化にともなう党国家による統制の

乱れ、天安門事件の際の混乱、チベット騒乱（1987 ～ 1989）などの国内情勢の悪化、米ソ冷戦終結やソ連解体などの国際情勢の急変などがあり、江沢民時代の宗教政策の方針・路線は現在も継続されている。

　実は、1980 年代から 1990 年代にかけて中国各地で発生した宗教復興が「宗教熱」あるいは「宗教狂熱」と名付けられ、中国共産党・政府および研究機関によってその実態が注目されたことがあった。例えば、イスラームの場合、寧夏回族自治区社会科学院の『寧夏社会科学通訊』(1985 年) には寧夏における「イスラーム復興」に関する調査結果が掲載され、1978 年以降、特に 1980 年前後から寧夏の農村に「宗教熱」または「宗教高潮」と呼ばれる現象が発生したと指摘されたことがある。

　　1979 年以降、特に 1980 年前後、我が寧夏回族自治区の広大な回族村落に「宗教熱」あるいは「宗教高潮」がはっきりと現れるようになった。このような事態は、私たちがかつて行政の命令に従って宗教を消滅させようとした「左」の誤りに対する懲罰あるいは「応報」であり、また、それは特定の歴史条件下に発生した特殊な社会現象である。しかしながら、我が自治区の実際の状況から判断すれば、極端な者が出現した地域はあるが、全体から見れば、「熱い」とはいえるが「狂って」いるわけではない。なぜならばいわゆる「宗教狂熱」とは国家の政策や法律の範囲を超えてしまい、抑制されえなくなった宗教活動の状態を指すからである。我が自治区の回族村落に暮らす広大なムスリム民衆に関しては、宗教政策の開放後、一部の人々の宗教感情が相対的に激しくなり、宗教界の名士の名誉回復、他の機関に占有された清真寺の回復、文革中に破壊された宗教活動場所の修復などに対する要求が異常なまでに強く、当時の人々からみると「過急過大の要求」を提出しており、地域によっては宗教管理部門あるいは共産党・政府機関と反目・衝突しているところもみられる。ただし、これらの要求の大部分は理に適ったもので、共産党の政策を実施するにあたって解決すべき問題である。たとえいささか「過急過大の要求」であっても「宗教狂熱」にまで発展したとは表現できない［張永慶・張同基・高英蘭・戴建寧 1985：1］。

この報告では寧夏の回族村落における「イスラーム復興」は「宗教狂熱」のように違法性は見られないと前置きしたうえで、回族村民に見られる宗教回帰の妥当性が指摘され、経済発展や就学率の向上によって「イスラーム復興」が結果的には停滞すると結論付けられている。しかし、実状としては、1980年代以降、中国国内の「イスラーム復興」が停滞することはなかった。寧夏社会科学院の宗教調査団の予想に反し、寧夏回族自治区では経済自由化政策が軌道に乗った1990年代以降も「イスラーム復興」は発生しており、特に近年、寧夏回族自治区の観光地化の加速化にともない、その勢いは増している。

チベット族のボン教を調査した文化人類学者の小西賢吾は現代中国の宗教復興について次のように指摘する。

「宗教熱」はしばらく続くものの、いずれは経済発展や社会の安定に従って収束することを予想している。この時点では、あくまでも宗教復興は一時的な現象であると認識されていたことがわかる。

　しかしこの予想に反して、宗教は急速な経済発展の中で存続し、その現象は中国外の研究者から注目を集めてきた。そして、主に仏教、道教、イスラーム教、キリスト教といった比較的制度化された宗教における組織の再構築や宗教職能者の再登場、その活動への「世俗」の人々の参与の特徴が研究の対象となってきた［小西 2015：29］。

近代化の進展とともに宗教が消滅または衰退すると予想した一昔前の世俗化理論は現代中国の宗教研究において依然として根強いが、宗教復興が中国国内で現在も発生しているという事実をふまえるのであれば、世俗化理論は実状に即したものではなく、すでに有効性を失っていると言える。

3　現代中国の宗教復興に関する研究

改革開放政策の導入後、中国各地で発生した宗教復興に関しては、1990年代後半から2000年代にかけて社会・文化人類学者や地域研究者たちによるフィールドワークにもとづく調査報告が数多く発表されるようになった。例えば、足羽與志子は福建省厦門市で仏教寺院を調査し、国境を越えた仏教信

徒のネットワークが中国東南を中心に形成されていることを解明している［足羽 2000］。漢族の仏教については銭丹霞が浙江省の仏教寺院の修復と信仰・儀礼の再開について詳細な調査報告を発表している［銭丹霞 2004］。道教については志賀市子が広東省における道教空間の再生と拡大の今日的意味を考察している［志賀 2013］。キリスト教については、田島英一がキリスト教教会と中国共産党との政治的な力関係を丹念に検討し［田島 2007, 2009］、村上志保が上海におけるプロテスタントの教会運営や宗教活動の隆盛を詳細に報告している［村上 2013］。このように、2000 年代を中心として中国国内の宗教復興に関する実態調査は以前より果敢に進められている。

　一方、近年、少数民族の宗教復興についても調査報告は増加している。例えば、雲南省のタイ族を研究する長谷千代子は「宗教文化」という概念の出現と観光資源化を取り上げ、「宗教文化」のイデオロギー性の問題点が理論的に検討している［長谷 2007］。チベット仏教については、別所裕介が青海省チベット族の聖地巡礼を調査し［別所 2012］、小西賢吾が四川省ボン教の寺院運営を仔細に検討し［小西 2015］、大川謙作がチベット族の事件を事例として政教分離の限界を理論的に検討し［大川 2004］、川田進が四川省におけるチベット仏教の寺院・学院運営と国家政策の関係について報告している［川田 2015］。イスラームについては、松本ますみによるイスラーム女子教育の報告［松本 2010］、澤井による寧夏回族自治区における清真寺管理制度の調査報告［澤井 2002b］、奈良雅史による雲南省のイスラーム宣教活動に関する民族誌［奈良 2016］、中屋昌子による新疆ウイグル自治区における宗教政策の調査報告［中屋 2013］などが発表されて、2000 年代以降、中国ムスリムに関する実証的な調査報告が徐々に発表されるようになった。

　ここまでは公認宗教に関する研究動向をまとめたが、非公認宗教の復興については、風水、シャーマニズム、祖先祭祀などに関する調査報告が 1990 年代から数多く発表されてきた。風水については渡邊欣雄が台湾・香港・中国・日本などの東アジア全体を射程に入れた理論的考察にいちはやく取り組んでおり、風水研究の礎を築いている［渡邊 1991, 2001］。シャーマニズムについては川野明正が華南地方の憑き物信仰を詳細に調査している［川野 2005］。漢族の祖先祭

祀[15]については、香港に関する先行研究（例えば、瀬川昌久による神祇祭祀の報告［瀬川1987]）を除けば、川口幸大が広東省における祖先祭祀の復興を国家権力との関係性のなかで綿密に議論している［川口2010]。気功については内モンゴル自治区出身のモンゴル人研究者ウチラルトが中国内地でフィールドワークを実施し、気功修練者に対するインタヴュー調査をふまえ、気功の民衆化を動態的に記述している［ウチラルト2013]。非公認宗教に関する先行研究についてはあまりにも多いため、本書では、紙幅の関係上、すべての研究成果を網羅することはできないが、全体としては、文化・社会人類学の領域では公認宗教よりも非公認宗教の調査・研究が注目されるせいか、理論的考察が深められている。

改革開放期の宗教復興に関する調査・研究の増加は外国人研究者による宗教調査が1980年代から2000年代にかけて比較的自由に実施されたことと無関係ではない。ただし、公認宗教・非公認宗教の別なく、中国共産党・政府と宗教団体、中国共産党・政府と信者集団などのように国家権力と宗教的少数派の政治力学を正面から取り上げた研究は日本における中国研究や人類学では必ずしも多いとは言えず、中国共産党が牽引する社会主義国家と宗教のポリティクスの全体像が十分に解明されているとは言い難い（例えば、日本の主要な研究としては足羽［2000]、ワンク［2000]、田島［2006, 2007, 2009]、川田［2015]）。宗教的少数派のポリティクスに注目した研究は欧米人の調査・研究において顕著であり、また、その視点は非常にクリティカルである。例えば、中国のキリスト教徒（カトリック）を調査し、市民社会の萌芽を指摘したリチャード・マディソン［Madsen 1998]、福建省における道教および民間信仰を調査したケネス・ディーン［Dean 1993]は国家権力と宗教の権力関係を正面から検討している。その他の代表的な研究は足羽とワンクの論集［Ashiwa and Wank (eds.) 2009]に所収されている。欧米人研究者の動向を丹念に追っている足羽は宗教復興に対する研究について次のような疑義を投げかけている。

　宗教復興について説明する場合、ほとんどは暗黙裡に「国家と社会」という枠組みが下敷きとなった議論となっている。どの研究者も最近の中国の

---

15) 祖先祭祀に関する先行研究としては、末成道男が1970年代に台湾漢人の祖先祭祀についてすでに発表している。また、戦後だけでなく、戦前の日本人による調査報告も豊富にあるが、本書では改革開放期の宗教復興に関する調査・研究にしか言及しない。

39

変化について次のような共通認識をもつ。中国は1979年を境として、階級闘争を推進する毛沢東主義国家から、経済成長を追求する市場経済先導型の発展開発主義国家へと大転換し、それに付随してよりリベラルな社会政策と文化政策を採るようになった。結果、国家は以前は厳しく制限した宗教活動に対して、組織と活動の両面においてより寛容な姿勢をとっている（Anagnost 1994）、また共産党という国家イデオロギーに代わり、宗教は新しく社会が必要とする価値を提供する、と分析する（Madsen 1998）。たしかにこれらの分析は宗教と社会、宗教と国家の関係の一側面を捉えている。また、たしかに外国人による中国での宗教調査は最も障害が多い領域であり、文献調査もフィールド調査も共に困難を極める。しかしこの難しさを差し引いたとしても、これらの研究はあまりに単純な国家と社会の議論の枠組み内での定石的筋書きをなぞるだけであり、この筋書きに還元できないさまざまな要素が複雑に入り組んで進行してきた実際の状況の分析と理解においては、不十分である［足羽2000：241］。

　足羽が指摘したように、国家と社会いう二元論的図式を用いた解釈では現代中国において宗教的少数派が実践する宗教の姿をあるがままに捉えることは不可能であろう。足羽は、中国において宗教をとりまく状況が国家と宗教のあいだで紡ぎ出された単なる衝突の歴史ではなく、むしろ複数のアクターによる相互作用の過程であると看破している［Ashiwa and Wank (eds.) 2009：2］。宗教を生きる人々の実践を捉えるのであれば、中国共産党・行政機関・宗教団体・宗教施設が相互に切り結ぶ関係性を多面的に観察せねばならない（本書では主に第4章で議論する）。

　国家と人々のあいだに立ち現れるポリティクスについては川口［2013］も足羽と同様の見解を提示している。広東省の村落社会を研究する川口は、個々人の営為と国家による統治の構造との関係を歴史的な枠組みのなかに布置し、通時的に遡及する手続きの重要性を指摘する。また、川口は改革開放政策の導入後も中国共産党が政治面でのチャネルを一元的に掌握していることには変わりはないと注意喚起し、「人々の主体性に注目したり、あるいは市民社会の萌芽を議論したりするには、文化を識別して序列化する際の圧倒的な権力は依然

として共産党にあることがまず前提とされなければならない」と強調する［川口 2013：29］。川口が指摘するように、国家権力と人々のポリティクスを射程に入れる場合、それを歴史的文脈のなかに置いて吟味すると同時に、権力関係のベクトルを実状に即して把握せねばならない。川口が述べるように、「国家の公認を受けて大々的に復興している宗教施設や儀礼は、現代中国の村落社会について言えば、実は決して一般的なものではない」［川口 2013：30］のである。

第3節　共同体理論と中国研究

　現代中国の「イスラーム復興」を考察するにあたって本書では二つの研究視座を提示する。第一の研究視座は、回族がジャマーアの再構築過程で共同性を形成し、その際に表出する伝統秩序の特徴（主に結合原理）を見究めるものである。第二の研究視座は、回族がジャマーア再構築の過程で中国共産党・政府や漢族とのあいだで繰り広げる政治力学を看取し、自治の実態を検討するものである。
　まず、本節では第一の研究視座について説明する。人類学とその隣接分野における共同体（コミュニティ）[16] に関する研究の動向、日本と中国における共同体論争を整理し、その後、「個人主義」対「集団主義」、「市民社会」対「共同体」のような二元論的図式の限界を指摘し、その代案として「関係主義」(*guanxi-ism*) モデルを援用することの意義について説明する。

1　共同体理論の研究動向

　共同体（コミュニティ）をめぐってはマルクス史学、戦後日本の共同体理論、政治学者ベネディクト・アンダーソンによる『想像の共同体』、ポストモダン人類学などでたびたび議論されてきたが、社会学者のジェラード・デランティ［2006］や文化人類学者の平井［2012］が指摘したように、共同体（コミュニティ）概念は個々の研究者によって様々な意味で使用されてきたため、いささか混乱している。J・デランティは伝統的なコミュニティからヴァーチャル・コミュ

---

16) 本書では共同体概念とコミュニティ概念をほぼ同じ意味として使用するが、両概念を明確に区別する必要がある場合にかぎり、共同体（ゲマインデ）、共同体（ゲマインシャフト）、共同体（階級論的共同体）、コミュニティ（*community*）などのように表記し、使い分けることがある。

ニティまでの研究動向を整理したが、コミュニティと呼ばれるものがポストモ
ダニズム、グローバリゼーション、インターネットによる情報化のなかでめま
ぐるしく変容し、コミュニティの性格が多様化している今日的状況を指摘した
［デランティ 2006：3-6］。本書では研究対象のジャマーアを「清真寺共同体」また
はモスク・コミュニティと便宜的に和訳したが、序章の前半で共同体（コミュ
ニティ）に関する研究動向を俯瞰し、概念を整理しておきたい。

1-1 コミュニティ研究の静態的モデルとその批判

　まず、欧米の社会学や人類学におけるコミュニティ（*community*）に関する研
究の動向を整理する。英語のコミュニティ（*community*）概念がはじめて学術用
語として登場したのは米国社会学であり、1910 年代に農村社会学を中心に使
用されるようになった。その背景には、当時の米国国内のフロンティアの消滅、
農業の営利主義化、階層分化の問題などの現実的な社会問題が発生していたこ
とがある。1920 年代には、都市における人口集中と犯罪、スラムの形成、貧
困などの問題が発生し、農村社会学よりも都市住民の社会的ネットワークに
注目するシカゴ学派を中心とする都市社会学の研究が目立つようになった［綾
部 1988：45］。

　コミュニティを社会類型の概念としてはじめて使用したのは米国の社会学者
ロバート・マッキーヴァーである。マッキーヴァーによるコミュニティ概念の
定義をここで確認しておこう。

　　コミュニティという語を、村とか町、あるいは地方や国とかもっと広
　い範囲の共同生活のいずれかの領域を指すのに用いようと思う［マッキー
　ヴァー 1975：46］。
　　コミュニティは、本来的に自らの内部から発し、活発かつ自発的で自由に
　相互に関係し合い、社会的統一体の複雑な網を自己のために織りなすところ
　の人間存在の共同生活のことである［マッキーヴァー 1975：56-57］。

　このように、マッキーヴァーはコミュニティ概念をアソシエーション
（*association*）と対比させつつ、「共同生活が営まれる地域空間」として規定し、「社

会的共同生活の営まれる空間としての地域社会あるいは集落（村や町や都市）に近い概念」として捉えていた［森岡（編）2008：25］。コミュニティは人間の共同生活（生活の一切が包括される）が営まれる一定の範囲を指し、人間生活の全領域にわたる様々な関心を共有し、ある程度は自足的な社会生活が営まれる地域を意味する。また、コミュニティは多目的な複合体であり、ある特定の関心を追求するために形成されるアソシエーションとは明確に区別されている[17]。コミュニティに住む人々は人間生活の全領域にわたる関心を持つため、共通の帰属意識が芽生える［マッキーヴァー 1975：46-47；綾部 1988］。つまり、マッキーヴァーのいうコミュニティは地域性（*locality*）と感情（*community sentiment*）にもとづく多目的な複合体を指すと考えられる。マッキーヴァーによるコミュニティ概念はその後の社会学やその隣接分野で分析概念としてながらく継承されることとなった。

　コミュニティ概念は社会学や人類学などの分野では統一的な定義や見解が存在するわけではなく、個々の研究者によって多様な解釈のもとで使用されている。例えば、コミュニティを扱った 94 の文献資料を分類した G・A・ヒラリーは、そのうち 69 の文献資料が地域性（*locality*）、社会的相互作用（*social interaction*）、共通の絆（*common tie*）がコミュニティの基本的な構成要素であると指摘し、コミュニティ成立に不可欠な共通要素であると考えたが［松原 1978：6；綾部 1988：43；森岡（編）2008：28］、20 世紀後半から 21 世紀にかけてコミュニティと呼ばれるものそれ自体がグローバル化の荒波のなかで急速に変容しており、実際のところ、コミュニティは地域性、社会的相互作用、共通の絆を備えたものばかりであるとは考えられない。

　一方、文化・社会人類学に目を向ければ、コミュニティ概念は欧米諸国の農村や都市に関する研究で当初は使用されることが多かった。例えば、米国の文化人類学の場合、ロバート・リンドとヘレン・リンドによる産業化にともなう

17）古典的な社会科学における組織論の研究成果としては、ゲマインシャフトからゲゼルシャフトへの発展を説いたフェルディナント・テンニース『ゲマインシャフトとゲゼルシャフト』［1957（1887）］、親族制度を最古の制度と見なしたルイス・ヘンリー・モルガン、コミュニティ概念とアソシエーション概念を提示した R・マッキーヴァー『コミュニティ』［1975］（原書は MacIver［1917］）、第一次集団と第二次集団の集団類型論を提唱したチャールズ・クーリー『社会組織論』［1974（1918）］、アソシエーションに注目したロバート・ローウィー『原始社会』［1979（1920）］らの理論的研究がある。ただし、それらの多くの理論的枠組みが、時代的制約もあり、社会進化論あるいは歴史発展論によっていた点が問題点としてその後に指摘されている［綾部 1988：15-22］。

都市の階層分化の問題を扱った『ミドルタウン』[1929]、ウィリアム・ウォーナーによるコミュニティの階級構造に注目した『ヤンキーシティ』[1949]、ジョージ・マードックの『社会構造』[1949]、メキシコの農民社会を題材として大伝統と小伝統のモデルを提唱したロバート・レッドフィールドの『リトル・コミュニティと農民社会と文化』[1960] などがコミュニティに関する古典的な研究成果である。そのうち、マードックはコミュニティ成立の条件として地域性、対面的関係、相互扶助、我々意識などを指摘し、コミュニティ概念を狩猟採集民のバンドから近隣集団、村落、都市までの異なる規模のコミュニティを含むものとして定義し、人間社会の通文化的研究をおこなった [Murdock 1949；マードック 2001：108-112]。マードックによるコミュニティ概念は、その後、都市や農村の小規模社会を対象とするコミュニティ・スタディで使用されたが、そのコミュニティ概念はマッキーヴァーのコミュニティ概念と同様、どちらかといえば曖昧な概念として使用されていたことに特徴が見られる。

　小規模社会を対象としたコミュニティ・スタディのありかたに対して人類学において疑義や批判がまったくなかったわけではない。例えば、1940 年代から 1950 年代にかけて構造機能主義の親族研究が盛んだった時期、既存の集団・組織論に対する批判が人類学者によって表明されたことがあった。その代表的な論者は社会的ネットワーク論を提示した英国の人類学者ジョン・A・バーンズ [1954] やエリザベス・ボット [18] [2006]、トランザクショナリズム論を提唱したノルウェーの人類学者フレデリック・バルト [1959] たちである。彼らが主張したのは、個人が集団に埋め込まれていると見なす構造機能主義的な集団・組織論に異議を唱え、集団よりむしろ個人を起点としたパーソナルな関係の束として集団や組織を捉えなおす視点である [ミッチェル（編）1983；野沢（編・監訳）2006]。例えば、J・バーンズが注目したのがネットワーク概念である。バーンズはノルウェーのブレムネス島においてキリスト教の教区に関するフィールドワークを実施し、キリスト教徒の教区を集団や組織といった古典社会学の概

18）J・バーンズと同様、E・ボットも社会ネットワーク論の古典的研究者である [ボット 2006]。ボットはロンドンで家族関係に関するフィールドワークを実施し、家族内の夫婦関係を夫婦のそれぞれの親族や友人のネットワークと関連づけて考察した。ボットが使用したネットワーク概念はバーンズのそれとおなじものであり、ボットは家族の社会環境を既存の組織化された集団としてではなく、ネットワークの形態としてとらえた [ボット 2006]。ボットの家族ネットワーク論はその後の家族社会学や都市社会学の理論的研究に大きな影響を与えた [野沢（編・監訳）2006]。

念では捉えられないことに気付き、ネットワークという当時としては新しい概念を使用することにした。もちろんバーンズがフィールドワークを実施したキリスト教の教区にはフォーマルな集団や組織も存在するが、バーンズはキリスト教徒の個々人が既存の集団や組織の境界線を越えて形成するパーソナルな関係の重要性を指摘したのである［Barnes 1954；バーンズ 2006］。

　バーンズの提唱したネットワーク概念はおなじく社会人類学者のマックス・グラックマンやジェームズ・C・ミッチェルたちによっても使用され、彼らはマンチェスター学派と呼ばれる都市人類学の学派を形成した。ミッチェルの論集にはアフリカの都市に形成された個人間のネットワークについての事例研究が紹介され、都市人類学の新たな方法論が提示されている［ミッチェル（編）1983］。おなじくマンチェスター学派に属する英国の人類学者ジェレミー・ボワセベンは伝統的な小規模社会の規範や体系から個人の行動を説明するのではなく、個人の選択・決定・取引・交換・戦略・策略など自己本位的な操作性の高い側面から人間の行動の形態を捉える視点を紹介し、当時の構造機能主義によく見られた静態的な社会モデルを批判した［ボワセベン 1986：21-24］。J・ボワセベンはイタリアのシチリアやマルタにおけるフィールドワークにもとづき、ネットワーク、コアリション（同盟）、ファクション（派閥）などのインフォーマルな関係性に注意を払い、個々人が切り結ぶ関係性を動態的なものとして描写した。ボワセベンはF・バルトのトランザクショナリズム論を高く評価しており、バルトと同様、構造機能主義の静態的な社会モデルに批判的な立場をとっていたことがうかがえる［ボワセベン 1986:39］。このように、個人間や個人・集団間の関係性に注目した社会的ネットワーク論は当時の構造機能主義の方法論に対する批判[19]を出発点としており、その後、文化・社会人類学だけでなく、政治学にも取り入れられ、パトロン・クライアント関係の研究に援用されるこ

---

19) 個人間のインフォーマルな関係については、ジュリアン・ピット・リヴァーズ［1980（1954）］（スペイン研究）、ジョージ・M・フォスター［1961］（メキシコ研究）、S・シルヴァーマン［1965］（イタリア研究）たちによって調査・研究されており、「傾いた友人関係」(lop-sided friendship)、「対契約」(dyadic contract)、「指導者」(leader)と「追随者」(follower)、「庇護者」(patron)と「被護者」(client)などが個人間関係を読み解く鍵概念として提示されている。これらの概念は文化・社会人類学だけでなく、政治学に対しても新しい視点を提供し、パトロン・クライアント関係の研究が進められている。例えば、モラル・エコノミー研究で有名なジェームズ・スコットは初期にパトロン・クライアントに注目していた。なお、近年の政治学におけるパトロン・クライアント関係の研究については小林［2000：65-82］に詳しい。

ととなった。

　アンソニー・コーエンもまたマンチェスター学派の人類学者であるが、コーエンは社会的ネットワーク論ではなく、コミュニティ構築におけるシンボル・境界・意味に注目し、それまでの研究視点や方法論を痛烈に批判した。コーエンはその著書『コミュニティの象徴的構築』(*Symbolic Construction of Community*) [1985] において人間は様々なシンボルを使用しながら他者とのあいだに境界線を引き、それを意味付けることによってコミュニティを構築すると主張した [Cohen 1985; コーエン 2005：3]。コーエンはコミュニティの成員がシンボルに付与する意味（およびその多義的な解釈）に関心を寄せていることからわかるように、コーエンが着眼したシンボリズムはクリフォード・ギアツによる解釈学の視点に通じる。また、コーエンは R・パークや R・レッドフィールドたちの米国のシカゴ学派に対して批判の目を向け、対面関係を基礎としたコミュニティの「単純性」、「平等主義」、「（都市への）必然的順応」を前提とする考え方が根本的に誤りであると指摘した [コーエン 2005：30-32, 39, 43-44]。平井は、コーエンがコミュニティを構成する成員のエージェンシー（行為主体性）を見抜いたことに言及し、「個人が帰属する集合としてのコミュニティから、意味の交渉を通じたコミュニティの構築過程へと関心を移行させたことが、コミュニティ研究にとって大きな進展だったことは間違いない」[平井 2012：5] と評価している。

1-2　ポストモダン人類学以降の共同体理論

　ポストモダン人類学[20]における民族誌的リアリズム批判以降、2000 年代に入ると、従来のフィールドワークや民族誌のありかたを内省した人類学者が新たな共同体（コミュニティ）像を提示するようになった。日本の場合、認知科学者エティエンヌ・ウェンガーの実践コミュニティ理論を批判的に検討した田辺 [2003]、共同体概念を脱構築・再構築した小田亮 [2004, 2010a]、共同体が生活世界のなかで融通無碍に変質することを論じた松田 [2004] たちはそれまでの共同体概念を完全に放棄するのではなく、共同体概念を日常性の文脈に埋め込むことによって新たな共同体理論を生み出した。

---

20) ここでいう「ポストモダン人類学」とは民族誌的リアリズムを批判した『文化を書く』[1996]（原書は 1986 年出版）に代表される人類学内部における自己批判の潮流を指す。詳細については小田亮 [1996] を参照されたい。

序　章

　まず、田辺繁治は、実践知の習得に焦点をあてた人類学者J・レイブと認知科学者E・ウェンガーの実践コミュニティ概念に注目し[21]、それを批判的に検討したうえで、タイのエイズ自助団体が新たな社会空間を形成する過程を丹念に描写した。

　　実践コミュニティはこのようなモノ、言葉および協働を主要な資源としながら、その持続性と集合性を長い時間のなかで醸成していく。患者を含めてコミュニティのメンバーたちは、モノの空間配置、交わされる紋切り型の言葉や身体動作、そして治療活動が治療師、弟子、患者たちの相互行為の流れのなかにあることを何らかの形で理解している［田辺 2003：117］。
　　実践に対するアプローチは人々が会社、学校、村、徒弟制集団、委員会などの制度的な構造や枠組みに関わっていることに注目する。しかし、実践の現場は制度にあるのではなく、人々が参加している現場そのものである。したがって、実践が行われる場は制度が組織する空間に一致する場合もあるが、またその内部の一部にあったり、その外部にまで広がっていることもある。
　　実践とは制度に対して人々が折り合いをつけながら、たがいに密接な相互関係を維持し、そこですべき活動に従っていることを指している。つまり、実践は制度的な構造に対して交渉しつつ、個々人の間でも自分たちがやっている行為の意味について相互に了解しながら維持されている［田辺 2003：128-129］。

　田辺の理解によれば、実践コミュニティの議論ではコミュニティ概念は本源的な特性を持つ集合性としてではなく、「個人が知識や技能などを漸次的に獲得し、帰属的アイデンティティを形成する学習過程」として捉えられる。つまり、実践コミュニティ概念の視点は、個々人がコミュニティという場に参加して繰り広げる参加・交渉・協働といった動態的な相互行為に着目したという点で社会構築論的なものである。実践コミュニティは、個人のうえにおおいかぶ

21）レイブとウェンガーの理論はもともと心理学や認知理論から誕生したものである。レイブはアフリカの徒弟制について、ウェンガーは保険のクレーム処理会社で調査した経験があり、両者ともに日常生活における認知行動、つまり、近代的な学校教育の場とは異なり、現場型の学習形態を例に挙げ、日常生活における個々人の認知行動を集合的な行動として読替えようとした。

47

さり、個人の行為、認知や思考に方向を与えていくような、従来の人類学が規定してきた社会制度的な枠組みから解放されている。それゆえ、実践コミュニティ概念を援用することにより、個人がコミュニティに参加し、自己が関係的に構成される局面に焦点をあてることができる［田辺 2008：58-60］。田辺は認知理論起源の実践コミュニティ概念を個々人の間の相互交渉と関連付け、動態的な概念として人類学的な文脈に再定位したことに意味があり、共同体理論、儀礼論、知識論に対しても有益な知見を提供してくれる[22]。

次に、小田亮［2004］による共同体の議論に目を向けてみよう。小田は、従来の共同体概念を脱構築だけでなく、共同体概念を現代社会の「共同体」を含むものとして再構築する必要があると考える。小田の議論によれば、これまでの社会学における共同体概念は近代西欧的なオリエンタリズム的二元論により、「市民社会」から「失われたもの」として「発見」された「共同体」を指すものとして理解されてきた。つまり、19 世紀以降の社会学では共同体がモダニティによって「喪失」されてしまったという幻想が共有されており、「市民社会」と「共同体」、「公共性」と「共同体」を対立したものとして捉えようとする考え方が根強かった。その図式では「市民社会」の「公共性」はそれとはまったく異なる者としての「共同体」を他者にたえず投影することによって維持される。小田は次のように指摘する。

　　このような 19 世紀的な共同体の見方は、リベラリズムとポストモダニズムにおいては否定的な意味合いを帯びてくる。すなわち「個人が因習に縛りつけられている閉鎖的で均質的な共同体」という見方である。その見方は、誰でも気づくように、「因習に縛られている東洋人や未開人」という見方とよく似ている。それらが似ているのは、ともに西洋近代が自らを自由な個人

22）レイブとウェンガーの実践コミュニティ概念はその限界も指摘されている。レイブやウェンガーが心理学や認知理論の影響を受けているからであろうが、個人が知識獲得によってコミュニティの成員となろうとする主体性を前提としていること、合理的な意思疎通をおこなう個々人の相互交渉を想定していること、個々人の実践がなされる対面的状況の背後にある社会構造を考慮していないことなどが疑問視されている。例えば、文化人類学者福島真人によれば、実践コミュニティ概念は、本来的には「知識の学習過程」に肉迫するための概念であり、それをコミュニティ理論に援用することの是非は今後検討する必要があるという。全文は福島真人研究室ホームページに掲載されている「実践共同体論をめぐる混乱（あるいは実践コミュニティ批判）」（http://www.k4.dion.ne.jp/~ssu-ast/）を参照されたい（2008 年 11 月 5 日最終閲覧）。

という能動的主体として語るための他者化によって、他者に投影されたイメージだからである［小田亮 2004：236-237］。

　小田はそのような構図のなかで隠蔽されたものまたは抜け落ちたものに注目し、共同体を「閉じていながら開かれている共同体」として再定義する。小田によれば、共同体は資本主義やグローバル化によって完全に消滅するのではなく、新たに創出されるネットワークが既存の場（顔のあるつながり）へと節合されることにより、生活の場へと再領土化され、個々人の特異性（ずれ）を肯定しながらまとまりが維持されていくという［小田亮 2004：236-241］。小田が指摘したように、近代社会学において共同体概念が「市民社会」や「公共性」とは対称的なものとして構築され、近代西洋人にとっての他者が「共同体」に投影されていたのである。

　松田［2004］は「変異する共同体」という論文でクリティカルな視点を提供する。ナイロビのマラゴリ人出稼ぎ民を調査した松田は1980年代以降のコミュニタリアン・リバタリアン論争には生活論の視点が欠如していたと指摘し、共同体を固定的な実体として自然化したり、あるいはそれと正反対のものとして構築物として言説世界に還元したりする図式の問題点を問題にした。松田は次のように述べる。

　　人々が生活を営むために依拠し活用する共同体は、生活の必要によって、相互に転換されてきた。それは不可逆的変化でも必然的変化でもなく、可逆的で便宜的なものであった。共同体は、たしかに固定的なものではなかった。そのことは、相互転換される共同体原理そのものがもつ流動的性向をみればよくわかる［松田 2004：260］。

　社会生活において共同体は、必然的不可逆的に現出するのではなく、さまざまな共同性の類型は生活の必要にしたがって相互に転換的に活用されてきた。また共同性を希求するさいに想像されるオリジナルな共同体自身もまた実体的不変の存在ではなく、社会的諸力の折衝の結果、生成構成された構築物であった。だが、こうした共同体の構築性を暴露し本質性を脱構築することが、本論の目論見ではない。逆に、こうした構築性にもかかわらず、人々は、

生活世界においてこれらの共同体を実体的に語り運用し忠誠を示す点こそが重要である。恣意的に仮想された共同体は、明確な範域を示しながら、構成員にリアルな存在として立ちあらわれる［松田 2004：261］。

　松田が着眼したのは「共同体がいかに激しく変換していても、またその共同体自身がいかにオリジナル不在の構築・仮想されたものであっても、それらにリアリティが付着し正統性を付与する言説によって、これらの共同体の外延は正確に確定され、人々はその共同体に忠誠を示す語りと実践を紡いでいくこと」［松田 2004：262］である。松田の主張によれば、人々は生活世界を営むなかで共同体をそのつど正統化し、本質化（自然化）することによって、共同体はリアリティを獲得するわけである。このような視点は共同体だけでなく、民族や宗教などを単に脱構築する構築主義論者とは異なり、人々がそれぞれを実体化するリアリティを射程に入れている点で非常に有意義である。
　共同体（コミュニティ）をリアルなものとして捉えなおす視点は欧米諸国の人類学においても 2000 年代に提示されるようになった。例えば、カナダの文化人類学者ヴェレド・アミットは編著『コミュニティを実体化する』（*Realizing Community*）［2002］や共著『コミュニティ、コスモポリタニズム、人間の共同性にかかわる問題』（*Community, Cosmopolitanism and the Problem of Human Commonality*）［2012］のなかでコーエンによる象徴的構築論やアンダーソンによる『想像の共同体』の議論を仔細に検討し、彼らはコミュニティを社会関係（*social relation*）としてではなく、社会的想像物（*social imagination*）として想定したため、アクチュアルな社会関係がコミュニティから切り離されてしまったという問題点を指摘した［Amit 2002］。アミットは、コーエンやアンダーソンが提示した個々人の想像力によるコミュニティの創造という側面を完全には否認しているわけではないが、彼らが象徴や意味の解釈に偏重するあまりコミュニティがいかにしてアクチュアルな社会関係（*actual social relations*）をとおして実体化されるのかが明らかにされていないと批判したのである。アミットは、近年の人類学においてコミュニティのような概念は社会性（*sociality*）を伴うにもかかわらず、社会動員へ導く動きというよりはむしろ社会動員から避難する動きを含意するものとしてしばしば援用される奇妙な傾向があり、それゆえ、コミュニティを社会的な

文脈のなかに再び埋め込まねばならないと指摘した［Amit 2002：9-10］。アミットの論集に寄稿したカレン・フォグ・オルウィグもコミュニティを文化的構築物として捉える視点に対して批判的な立場を示し、コーエンのコミュニティ像を「帰属のコミュニティ」(communities of belonging)、アンダーソンによるコミュニティ像を「情動のコミュニティ」(communities of sentiment)と表現し、コミュニティの生成する範囲がローカルであれ、グローバルであれ、コミュニティ経験は日常生活における特定の個々人の対人関係を媒介すると指摘し、具体的な個々人が経験するコミュニティ生成を探究することの重要性を力説した［Olwig 2002：127］。

　アミットは従来の共同体理論への素朴な原点回帰を主張しているのではなく、共同体（コミュニティ）という概念は社会的な繋がりや帰属などをすべて包括するもの、自己充足的なものとして考える必要はないと断っており、アミットのいう共同体（コミュニティ）は個々人を全人格的に規制するような概念としては認識されていない。その証拠として、アミットが2012年に刊行した論集では、英国北部炭鉱町にくらす高齢者、スコットランドにある羊牧場の場所作り、ポーランドとチェコスロバキア国境地帯のローカリズム、ノルウェーの国際養子縁組、カナダ都市近郊のスポーツクラブ、カリブ出身者の家族ネットワークが取り上げられており［Amit (ed.) 2012］、ローカル・コミュニティ、アソシエーション、ネットワークなど異なる種類の関係性がコミュニティとして射程に入れられている[23]。筆者はアミットらが主張する共同体（コミュニティ）への視点が民族誌的研究に相応しいものと考え、本書では共同体（コミュニティ）概念をアクチュアルな日常生活のなかに定位し、共同体（コミュニティ）を顔の見える個々人が実際に切り結ぶ社会関係の集合として定義しておきたい。

2　共同体論争

2-1　戦後日本の共同体理論

　ここまで欧米日本の社会学や人類学における共同体（コミュニティ）に関する

---

23) アミットは2015年の論集『社会性を通して考える——鍵概念の人類学的検討』では、乖離 (disjuncture)、場 (fields)、社会空間 (social space)、社会性 (sociality)、組織 (organizations)、ネットワーク (network) といった概念を中間概念として見直し、人間の集団編成を社会性 (sociality) の位相から捉えようとしている［Amit (ed.) 2015］。

研究動向を整理したが、戦後日本の学術界で共同体理論をめぐって議論が展開されたことを忘れてはならない。タイ農村を研究する経済学者の北原淳は欧米と日本の共同体理論の差異を見事に指摘している。

　一般に、西欧近代になって生まれた共同体論は、利己主義的・競争社会的・功利主義的な近代社会を批判するため、近代社会が失った連帯や共同の契機を過去の村落に求め、共同体として理想化し、美化した。ところが、戦後日本の共同体論は、むしろ共同体が日本の後進性、前近代性の基礎にあると断じ、そういう共同体を否定して初めて近代社会が実現されるのだと説いた［北原 1996：6］。

　このような発想の背景には戦後日本において強調された近代主義がある。ここでいう近代主義とは、北原淳によれば、「第二次世界大戦における日本の侵略と敗戦の原因は、国内の社会構造の後進性、前近代性にある。だから財閥解体、労働組合公認、農地改革施行など米占領軍の断行した戦後改革は、日本社会の後進性、前近代性を克服するための『近代化』政策」［北原 1996：9］を意味する。したがって、村落共同体も解体されるべきものとして考えられていた。周知のように、1950 年代に流行った共同体理論は大塚久雄に牽引され、階級論的視点から共同体の発展が議論された。例えば、大塚久雄の『共同体の基礎理論』［1955］では、戦後日本の農村は農地改革を経た後であったが、「封建的」・「前近代的」な共同体が存在し、これを解体してはじめて近代社会に移行できると説明され（アジア的、古典古代的、ゲルマン的といった類型論）、民主的な社会の構築が強調された［北原 1996：48-49］。大塚の共同体理論は近代主義的な発想にもとづく理論であり、共同体を否定的に捉えていたが、1960 年代まで日本の学術界では大塚の共同体理論が非常に大きな影響力を持っていた。

　しかし、1961 年に農業基本法が制定され、農業生産の近代化を目指す新たな基本方針が実行に移され、高度経済成長が加速化すると、1970 年代から共同体を肯定する立場や姿勢が見られるようになった。それはいわゆる「共同体主義」と呼ばれるものである。例えば、「1970 年代に農林省が『農業集落』に注目して、農林業センサスに集落集計を導入すると、関係審議会などに加わっ

た研究者の一部は、集落が一定範囲の土地の『領域』をもつ、一種の地域システムだとする村落領域論を展開した」［北原 1996：59-60］。要するに、従来の近代主義的な共同体理論とは対照的に、共同体に対する評価が肯定的なものとなり、例えば、日本農村のムラという社会的結合の重要性が見直されたわけである。また、1969 年に刊行された国民生活審議会コミュニティ問題小委員会の報告書には「新しい市民社会にふさわしい」コミュニティとは「生活の場において、市民としての自主性と責任を自覚した個人および家庭を構成主体として、地域性と各種の共通目標をもった、開放的でしかも構成員相互に信頼感のある集団」［田中 2010：104］と説明され、地域社会の解体をふまえ、1970 年代以降、政府主導でコミュニティづくりが全国各地で進められた。それと並行して、日本の学術界ではコミュニティ創造の可能性を模索する研究が進められた［田中 2010：104］。

このように、戦後日本の共同体をめぐる議論では、共同体は階級論的視点から日本の民主化を妨げるものとして想定され、否定的な意味を付与されてきたが、1969 年頃から共同体はコミュニティに姿を変え、従来とは対照的に肯定的に評価され、コミュニティ政策やコミュニティ研究が進められた。ここで想起すべきは大塚の共同体理論を批判した歴史学者小谷汪之の指摘であろう。小谷は 1982 年の『共同体と近代』で近現代の共同体理論が共同体と近代を二項対立の図式でしか捉えられていないことを看破し、マルクス主義やポピュリズムが共同体を基準として近代を批判し、大塚久雄たち近代主義者は近代を理想の基準として共同体を批判している［小谷 1982；北原 2007：155］。戦後日本の共同体をめぐる政府や学術界の動向にもおなじことが言える。

2-2　中国研究における共同体論争

共同体論争といえば、中国研究における論争を忘れてはならない。中国研究では村落の性質をめぐる論争があった。それは平野・戒能論争と呼ばれるものである。日本軍が中国を占領した後、数多くの日本人研究者が中国各地で実態調査を実施したが（例えば、満鉄慣行調査）、その際、中国の村落に共同体が存在するかどうかという問題が日本人調査者によって提起され、共同体の肯定派と反対派が論争を展開した。このような論争を紹介したのは歴史学者の旗田巍（元

満鉄調査部勤務）であるが、本書では旗田の『中国村落と共同体理論』［1973］の整理を参照し、平野・戒能論争の全体像を紹介しておきたい。

　旗田によれば、日本国内の中国研究には「旧中国の村落の構造・性格については、以前から今日にいたるまで、相反する意見があり、いまだに統一的結論はでていない。その一つは、中国村落の共同体的性格を強調する意見であり、他の一つは『共同体的』性格を否定する見解である」［旗田 1973：35］。満鉄調査部の実態調査資料にもとづき、平野義太郎、戒能通孝はおなじ村落に関する研究成果をそれぞれが発表したが、「注目すべきことに、両氏はおなじ素材を利用しながら全く相反する見解を出した。平野氏が中国村落の共同体的性格を強調したのに反して、戒能氏は共同体的性格の欠如を主張した」［旗田 1973：36］。このような村落の共同体的性格の有無をめぐって平野・戒能のあいだで論争が起こった [24]。

　まず、平野義太郎の経歴と主張を整理しておこう。平野義太郎は東京帝国大学法学部を卒業し、フランクフルト大学でマルクス主義を研究し、日本資本主義論争の講座派の論客としてその名を知られている。平野は 1940 年から中国研究の成果を発表し、中国村落の「会」（公会）の機能、「会首」（公会の世話人）の地位、「会首」と村長の関係などに注目し、自然集落の「会」が廟を中心として「生活協同体」となっていることを指摘した。平野は持論を次のようにまとめている。

　　一般に聚落は、鎮守の廟神を中心としてそれ自身に生活秩序の組織をもつ生活協同態である。ある擴がりの土地を占め、農地に愛着をもつ住民がその土地の上に社会的協同生活を営む個體である。散居するものも集居するものも、必ず生活秩序の中心と組織をもってゐる。この聚落が農民の中堅層の寄り合ひを中心としつつ自主的な個性をもつ統一性の強い法人格を有するか、それとも北支の聚落のやうに、その生活秩序が生産の公共的組織に乏しく統一行動の主體が弱く紳董の支配者的な権威を中心とし、それによつて掟づけ

24）文化人類学者の清水昭俊［2012］は平野・戒能の見解の相違を「論争」と命名した旗田の認識に注目し、旗田が平野・戒能論争に対する後続の研究者の認識を枠付けたことに注意を促している［清水昭俊 2012：107］。清水による疑義は問題の核心を突く指摘であり、重要ではあるが、本書では従来の認識にもとづき、平野・戒能論争を整理する。

序　章

られてゐるかは、それぞれ各民族の歴史や社会構造によつて異るが、かりに
他律的な権威や専制的な長老・紳董によつて規律づけられるにしても、聚落
の生活秩序がこれらの権威を中心としつつ、それに體現される社会規範を遵
奉し、この権威より発する規範命令を受けとり、この権威を中心として、郷
の争訟を平かにし、公共事業・善擧を行ひ、それによつて村民の生活の統制
が行はれれば、やはりこの権威は自然村の中心力であり、また、自主的に耕
地を基本とする村の慣行が土地に愛着をもつ村民を秩序づけてゐる限り、こ
の聚落は生活協同態なのである［平野 1945：148］。

旗田は平野の主張を次のように整理している。

　　会首の集合協議する公会が自然村落の自治機関であって、この公会は、前
　清時代より存在するが、古来、政府の作ったものではなく、自然部落の自治
　機関である。そして、この会首の『公会』の背後には、県政府の命令によっ
　て作られた保甲・隣闒制や国家の行政組織の単位たるべき行政村とは異ると
　ころの自然的生活協同態たる『会』がある。この『会』こそ村民の自然的な
　生活協同体である。この『会』は廟を中心とし、地理と歴史とによって自然
　に発達した村民の自然聚落に外ならない［旗田 1973：38］。

平野の中国村落に対する解釈を否定する意見がおなじ中国研究者から提起さ
れた。その代表的な論客が戒能通孝である。戒能通孝も東京帝国大学出身で、
法学を学び、中国研究に従事していた。平野の論文「会・会首・村長」が発表
されると、戒能は『支那土地法慣行序説』を発表し、反論を唱えた。

　　支那の村には日本の村に於けるが如き、明確な境界が存在しない。即ち、
　日本舊時代の村落には、徳川時代多数の裁許例にある如く、主観的には、村
　境の明かならざることがあり、其の為に屢々争ひを生じたことは、否定すべ
　きではないけれども、客観的には、村境は確に存在するものとして取り扱は
　れ、その限り村落の争には、確認の訴のみあつて、形成の訴は理論上ないも
　のであるとされて居た［戒能 1943：240］。

55

村長、会首の支配形態としての村の構成は、根本的には村長、会首の行動を内面的に監督し、彼等をして嫌でも公共目的のために奉仕せしむることを押してゆく、高持本百姓、バウエルの存在しないことに求められるのではあるまいか。即ち日本では舊時代中、名主、庄屋の専制形態がみられるにも拘らず、通常は年一回以上の寄合が行はれ、其處に出席する者は、高持本百姓一同であって、寄合決議の成立を證するため、決議事項を文書に書き、一同の加判が行はれて居る。(中略) その意味で、我々は支那の村落調査を讀む場合、かうした意味での高持本百姓の缺除するであろうことは、可成痛切に感ぜられる所であり、高持本百姓一同が、村民理事者の行為を内面的に監視すると云ふ現象は、殆ど見受けられない事実である［戒能 1943：247-248］。

何故ならば「生活協同態」であるとなす以上、生活を協同にする人間の集団がなければならないに拘らず、斯る性質を持つた人間集団の存在することは、今の所発見不可能である。その意味で我々は最初の項目案作成の當時、支那に「自然村」のあることを前提して居たことは誤りであり、其の存否から検討しなければならなかつたと云ふことを、今にいたつては発見する［戒能 1943：256］。

旗田による補足説明も引用し、戒能の主張を確認しておこう。

第一に、中国の村には境界（村界）がなく、固定的・定着的な地域団体としての村は成立していない。第二に、最も重要な点であるが、高持本百姓あるいはバウエルが存在せず、したがって、かれらを中核とする組仲間としての団結がなく、中国の村長や会首は村民の内面的支持のない単なる支配者にすぎない、といい、平野氏の「生活協同態」説を反論して「生活協同態であるとみなす以上、生活を協同にする人間の集団がなければならないに拘わらず、かかる性質をもった人間集団の存在することは、今のところ発見不可能である」といい、さらに「我々は最初の項目案作成の当時、支那に『自然村』のあることを前提としていたことは誤りであり、その存否から検討しなければならなかったということを、今にいたって発見する」［旗田 1973：39］。

序　章

　旗田によれば、平野と戒能のあいだで論争が展開され、平野の意見が若干修
正されたが、基本的には、平野は中国村落の共同体的性格を一貫して描写・追
及しようとした。なぜなら、当時、平野は中国村落の共同体を西洋近代文明を
否定するものとして位置付け、中国村落の共同体をアジア社会の基礎アジア再
建の土台であると主張したからである。それゆえ平野は「アジア主義者」とそ
の後呼ばれるようになった。これに対して、戒能は、「村は単なる支配機構で
はなく、高持本百姓を中心とする村民の自主的な協力組織であり、村の権力・
決定は村民の内面的支持をうけて作られる」[旗田 1973：43] と考えていた。戒
能が想定した共同体とは組仲間的結合および組仲間的意識を指し、その組織・
秩序は村民の自主的な参与によって形成され、成員の自主的・積極的支持を受
けるものであると見なされていた [旗田 1973：46]。したがって、もし戒能の視
点に立つのであれば、村落内に村民の協同性が見られず、村民間の結合が弱い
中国の村落には共同体が存在しえないという結論が導き出される。なお、戦後
日本の学術界では「脱アジア主義者」と称された戒能の見解が支配的な見解と
なったという [内山 2003：20；奥村 2003：18；祁建国 2006：11-14]。

　このように、旗田の整理による平野・戒能論争を見ると、次のように説明す
ることができるだろう。平野は中国村落に埋め込まれた相互依存的な共同関
係に注目し、それに対して、戒能は中国村落にくらす個々の農民が最大利潤を
追求しようとする合理主義的側面を強調した。この理解が適切であるとすれば、
平野・戒能論争は東南アジア研究でかつて話題となったモラル・エコノミー論
争をおのずと想起させる。実は、明清史を研究する岸本 [1990：222-223] や中
国村落を研究する内山 [2003：20] が指摘したように、平野・戒能論争とモラ
ル・エコノミー論争には共通点が見られる。例えば、内山は次のように指摘す
る。「個々の農民を超えた集団の役割を強調する点では平野氏とスコット氏が、
一方個々の農民を自律的存在として位置付ける点で戒能氏とポプキン氏がオー
バーラップするかのようにさえ見ることもできる」[内山 2003：20]。それでは、
以下、内山 [2003] を参照し、モラル・エコノミー論争の特徴を確認しておきたい。

　東南アジア研究ではよく知られているが、モラル・エコノミー論争は政治学
者のジェームズ・スコットとサミュエル・L・ポプキンのあいだで展開された
論争であった。モラル・エコノミーという名称は東南アジアの農民叛乱を研

57

究したJ・スコットの議論による［スコット 1999］。ここでは中国村落研究者の内山［2003］の整理を参照してみよう。スコットは「東南アジアの農村社会の基底には、全成員に生存の維持を保証する道徳規範が存在しており、この規範によって共同体的秩序ないし「互酬的な社会秩序が存在する[25]」と考えた［内山 2003：16］。また、「東南アジア農民を規定するのは『安全第一』もしくは『危険回避』行動原理であり、生産力の向上に基づく最大利潤の追求という原理は作用せず、ひたすら最小の損失が求められていた。このような原理は農村共同体の成員間に『支配するものとされるもの』という関係ではなく『保護するものとされるもの』とでも言うべき『パトロン・クライアント関係』を成立させた」という［内山 2003：16-17］。このように、スコットは農村をひとつの共同体とみなし、村民たちが互酬的な慣行によって農村の生活維持を図ろうとする道徳原理を看破しようとしたわけである。

　一方、おなじく政治学者のS・ポプキンは「ベトナムの農村社会を素材として、資本主義化以前の農民といえども単に危険回避的行動原理のみに規定されるのではなく、平均所得の上昇を願っている『合理的農民』であると主張し」［内山 2003：17］、村落社会での人間関係が共同体的な行動原理だけに規定されるわけでなく、最大利潤を追求する合理主義的選択に左右されることを強調した[26]。農民の道徳経済(モラル・エコノミー)を強調したスコットの主張に対し、「合理的農民」像を描写したポプキンの議論はポリティカル・エコノミー論と称され、両者の間で論争に発展した。

　明清史を研究する岸本美緒がモラル・エコノミー論争に注目し、日本の中国研究で議論された問題点と共通性があると考え、スコットの議論を紹介している［岸本 1990：214-217］。岸本の要約を引用しておこう。

　生存ギリギリの生活の中で、常に気まぐれな天候や外部からの収奪にさら

25）それゆえ、資本主義経済が村落社会に導入されると、農民たちは伝統的な道徳的規範が破壊されてしまうのではないかと危機感をおぼえ、反乱をおこすというのがスコットの論である。スコットのように、非市場社会における人間行動を「合理性」の視点からは説明できないと考えた研究者たちは経済人類学では実体主義者（substantivist）と称される［大塚和夫 1999：20-27］。

26）ポプキンの理解によれば、農民は、スコットが捉えたように村落社会の道徳的規範に拘束されているわけではなく、資本主義経済のなかにいる農民と同様、経済合理的に行動するという。こうした論者は、実体主義者に対して形式主義者（formalist）と呼ぶことができるだろう［大塚和夫 1999：20-27］。

されている小農民にとって、その行動を導く基準は、「利潤の最大化」ではなく、「危険の最小化」とならざるを得ない。「最大の損失の可能性を最小化する」という観点から、彼らは、平均収入の向上をもたらす新農法でなく危険の少ない伝統農法を選択し、定額小作よりも分益小作を選考し、また、いざという時の保障を与えてくれる有力者との隷属的関係に甘んずるのである、と。ここでは、一見慣習に盲従しているように見える農民の行動が、実は安全第一原則を基準とした慎重な選択の結果であることが主張されている［岸本 1990：214］。

　スコットの描くのは、村落内の内面的共同意識に裏付けられた相互扶助的な制度、及び村落と外部世界との間に存在する互酬的規範、といったものに支えられた、安定的で明確な慣行的秩序である［岸本 1990：219］。

　中国史研究者の立場からモラル・エコノミー論争を俯瞰した岸本の整理によれば、スコットとポプキンの議論の相違は「農民の行動の基準として利潤追求と危険回避とのどちらを相対的に重視するか、という程度の問題に過ぎないともいえる」［岸本 1990：214］。事実、モラル・エコノミー論争では、スコットとポプキンのあいだでは農民の性格の定義・解釈が前提として根本的に異なっていたため、両者の議論は噛み合うことなく最終的な結論は提示されなかった［内山 2003：17］。スコットは農村を個々の村民の内面化された道徳・倫理や互酬的慣行に支えられたひとつの共同体と見なしたのに対し、ポプキンは村民を功利主義的に個々の利益追求を図るホモ・エコノミクス（経済人）として捉えており、それぞれの農村・農民像は非常に対称的な関係にあったと言える。

　ここまでの議論をふまえると、モラル・エコノミー論争に見られる問題点が実は平野・戒能論争にも共有されることがわかる。誤解を恐れずにあえて例えるのであれば、おなじ農民を観察したわけであるが、平野とスコットは農民を村落の伝統や道徳に拘束された共同体主義者、戒能とポプキンは個人主義的な合理主義者と見なしたわけである。旗田や内山が指摘したように、平野であれ、戒能であれ、中国村落（さらには共同体）に対する現状認識が平野・戒能のあいだでは根本的に異なっていたため、平野・戒能論争は平行線を辿ったままで特に結論は出されなかった。

しかし、平野・戒能論争が生産的ではなかったわけではなく、戦後、日本の中国研究には平野・戒能論争を再検討した研究者たちがいる。例えば、石田浩や内山雅生は、中国の村落に共同体が存在するかどうかという本質主義的な問題を設定せずに、中国の村落を生きる人々の行為には「共同関係」、「協同関係」、「生活共同体」などの「共同性」を看取しうると考え、現地調査をおこなっている。中国経済学者の石田浩は華北農村における村民の「協同関係」を「生活共同体」と呼び、村民が個々に自立して自己防衛することは不可能で、「生活共同体」を必要としていると主張する [石田 1986]。内山は戦前・戦中の中国農村慣行調査の成果をふまえ、華北地方で村落調査を実施し、中国農村に残存する共同体的諸関係（例えば、共同労働、共同慣行、共同組織）を「共同関係」と設定し、共同性に関する調査・研究を継続している [内山 2003]。石田や内山は平野・戒能論争やその後の共同体理論に見え隠れした二元論的図式、すなわち中国人は個人主義的かあるいは集団主義的かという問題をあえて設定せずに「共同性」や「協働性」などのようなどちらかといえば中立的な分析概念を使用することによって中国村落の性格を再検討している [27]。

　以上の議論から中国研究において共同体概念や共同体理論を再検討する場合、「個人」対「集団」、「個人主義」対「集団主義」、「市民社会」対「共同体」のような二元論的図式ではなく、その他のモデルが有効だということがわかる。そこで筆者が注目するのが費孝通 [1998] が唱えた「差序格局」、園田 [2001] の提唱した「関係主義」(guanxi-ism) である。「差序格局」は費孝通が個別実証的な事例によって概念について説明していないため、一読しただけでは中国社会に対する単純な文化決定論として誤読されかねない危険性を孕んでいるが、費孝通が人類学的なフィールドワーク経験から導き出した「差序格局」は中国研究者によってその有用性を評価されている。なお、本書では「差序格局」を「関係主義」と同一視し、両概念を「関係主義」モデルとして使用する

---

27) 歴史学者の奥山哲は内山や石田の共同体理論に対して疑義を唱えている。「石田・内山両氏は『解放』前の農村に『共同体』的な社会関係を見、それが社会主義体制あるいはその後にも残存しているとするのであるが、筆者はこうした捉え方には同意できない」[奥村 2003：19]。奥村による近現代における社会統合については奥村 [2004] に詳しい。なお、これまでの論争で頻繁に使用されてきた「共同体」、「共同性」といった概念の妥当性についてはさらに検証する余地がある。最近の研究では、古典的な共同体概念がそれを構成するメンバーの同質性を暗黙裡に強調する傾向がある点を批判的に検討し、それぞれのメンバーの異質性を念頭においた「共働体」という新たな概念を使用する研究者もいる。例えば金泰昌 [2004：125] の論考は示唆に富む。

序　章

3　関係主義（*guanxi-ism*）——中国社会の結合原理

　費孝通は中国の燕京大学で社会学、清華大学大学院で人類学を学び（指導教員はロシア人シロコゴロフ）、英国のロンドン・スクール・オブ・エコノミクスへ留学し、マリノフスキーのもとで人類学の訓練を受け、1939年に博士号を取得した。西洋の人類学をいちはやく学んだ費孝通は中華民国期から中国国内で人類学的な調査・研究に取り組み、1947年に『郷土中国』を発表した。費孝通は「中国社会構造の「性格」の理解と人々の価値観念の内省的な解釈をとおして、混迷する中国社会の独自の発展の方途をつかもうとしていた」と見なされている［佐々木 2003：39-41］。費孝通が『郷土中国』で取り上げたのが「差序格局」で、それは伝統中国に特有の社会モデルとして言及される。費孝通によれば、西洋社会が「法治社会」であるとするならば、中国社会は「礼俗社会」であり、伝統中国の社会モデルが西洋のそれとは根本的には異なるという。費孝通は西洋社会の特徴を次のように説明する。

　　西洋の社会はちょうど、野外に束ねられた藁のようなものである。何本かの藁を一把にし、一把を一束に、一束を一括りに、一括りを一荷に束ねる。藁荷全体の中で、藁一本は特定の把・束・括りに属するし、またおなじ把・おなじ束・おなじ括りのわらを見つけだすことができる。きちんと仕分けされて乱れることがない。社会でそうした単位となるのが団体である［費孝通 1998：24-30；村田 2000：41］。

　費孝通は、西洋社会においては集団の成員権が明確であること、個人が社会に対して対等な関係にあること、社会が個人を超越する実体であることなどの特徴を列挙し、西洋の社会モデルを「団体格局」[28]と命名した。「団体格局」と対照的な社会モデルとして位置付けられたものが中国社会の「差序格局」であり、伝統中国の社会モデルだと考えられている［費孝通 1998：25, 31］。費孝通は「差序格局」の特徴について次のように説明する。

---

28) 費孝通のいう「団体格局」とは古典社会学における「団体」（*corporate group*）あるいは「アソシエーション」（*association*）に相当する集団を指していたと考えられる。

中国の格局（構造：筆者注）は、一束一束きちんと束ねられた藁とは違う。それはちょうど、水中に投げ入れられた小石が、一筋また一筋と波の紋様を広げてゆくようなものである。誰もが自分の社会的影響力で広がってゆく輪、つまり圏子（取り巻き，サークル：筆者注）の中心となる。水紋の輪の及んだところに、関係が生まれる。人それぞれに、時間や状況に応じて用いる輪は必ずしもおなじでない［費孝通 1998：24-30；村田 2000：41］。

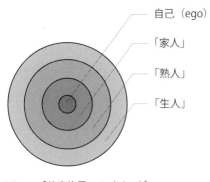

図 0-1 「差序格局」のイメージ

差序格局では、伝統中国の社会は、西洋社会とは異なり、「自我」[29]を中心として同心円状に伸縮する個人間の関係、つまり、私人関係の連鎖関係であると考えることができる。また、そのような私人関係を構成するのは、「自我」を中心として他者を序列化する儒教特有の道徳観念（例えば、父子の親、君臣の義、夫婦の別、長幼の序、朋友の信などの「五倫」）であり、キリスト教の平等主義にもとづく西洋社会とは根本的に異なると考えられている［費孝通 1998：32-33］。図 0-1 は差序格局のイメージを示したものである。

費孝通の記述だけでは十分には理解しづらいので、費孝通の差序格局を評価する佐々木の整理を参照しておこう。

　西洋の団体の範囲は明確であるが、中国では社会的な単位となる団体は、親族関係でも地縁関係でも範囲はあいまいで模糊としている。中国の団体の範囲が不鮮明なのは、メンバーシップにもとづく集団ではなく、個人を中心とした放射状の関係が輻輳している構造に由来している。つまり、西洋の団体は資格にもとづいて組織されるが、中国の社会関係は「コネ」や「よしみ」を通じて結ばれるところに特徴がある［佐々木 1993：29］。

---

29) ここでいう「自我」とは西洋社会に起源を持つ「市民社会」を形成しうる自律的な「自己」（セルフ）ではなく、中国社会において他者とのあいだの相互依存的関係のなかで形成される「自我」（エゴ）を指す［園田 1988, 2001］。

序　章

　中国の集団構造は、二者間の関係として考えられている。伝統社会では、「父子の親、君臣の義、夫婦の別、長幼の序、朋友の信」をもちだすまでもなく、貴賤、親疎、遠近、上下などの相対的な地位の差序が人と人の関係を結びつけた。この構造では、私人関係のなかにある道徳要素が秩序を規定している。費孝通が中国の集団構造を「差序格局」とよぶ理由である。また、西洋の個人主義は、平等観念や憲法観念にもとづいているが、これは団体の存在を前提とした個人と社会の関係である。しかし、中国の社会観念のなかでは、己の存在が中心となって構成されて、私人関係を超越した道徳観念がない、と説明している［佐々木1993：29］。

　佐々木は、費孝通のモデルをふまえ、中国社会に見られる構造上の特徴を次のように整理している。

　第一に、中国の社会関係が、本質的に個人対個人の絆のなかに構成されている。行動の準拠と規範は、個人間関係のなかに存在する。費孝通の「差序格局」の概念は、この構造を巧みにあらわしている。
　第二に、関係が個人的な絆からなり、集団は個人的な関係の輻輳したネットワークのなかにあらわれる。
　第三に、財力、社会的威信、人格的魅力をもつものの存在が、人々を結びつけ、活動を組織した。また、集団が社会的勢力を誇り、凝集力を持続させるのは、集団の中心にいる人物の社会的な実力のいかんによる。家族が傍系の成員を抱えて、大家族として威力を発揮できるのは、ほかならない家長の統率力や経営力などの個人的な力の存在であった。村の社会生活が長老や実力者の手に暗黙のうちに委ねられていたという支配構造にも共通するであろう［佐々木1993：31-32］。

　佐々木の説明をふまえ、費孝通の提唱した差序格局の長所を指摘しておきたい。費孝通は、西洋社会の「個人主義」でもなく、日本社会の「集団主義」でもない、中国独自の「関係主義」(*guanxi-ism*) [30] とも呼びうる枠組みを提示した。

30）ここでいう「関係主義」という用語は園田［2001］の命名による。

63

つまり、費孝通によれば、中国社会を構成するのは「個人」や「集団」でもなく、個人と個人のあいだに形成される二者間関係の連鎖である。この視点は「個人」対「集団」のような二元論的図式を克服するものであり、新たな切り口として再評価されるべきであろう。実際、中国社会の「関係主義」に注目するのは佐々木にかぎらず、中国人の社会結合や集団編成のありかたを強く特徴付けると指摘する研究者は中国研究に少なくない。例えば、改革開放以降、中国社会と日本社会の比較を念頭におき、Fried［1974］、末成［1983］、王崧興［1987］、横山［1987］、佐々木［1993］、Yang［1994］、Yan［1996］、Kipnis［1997］、園田［2001］、翟学偉［2001］、Gold (et al.)［2002］が「関係」（*guanxi*）の特殊性を解読しようとしている[31]。

　日中の社会モデルの比較を想定した場合、日本社会には、特定の「集団」や「組織」の枠組みがあらかじめ形成されており、個人が「集団」や「組織」の価値規範や地位役割関係に一元的に従属しようとする、つまり、すべての成員が自分たちの所属する「集団」や「組織」に対しておなじように忠誠心を抱く傾向があると言える。これに対して、中国社会には、個人が複数の結合原理を状況依存的に活用し、それぞれの場面で二者関係を連鎖させることによって特定の「集団」や「社会」を個人間関係の束として形成する傾向がある。つまり、個々人は他者とのあいだで様々な社会的・文化的資本の交換をおこない、自己と他者の心理的な距離を縮めることにより、他者を自分たちの「関係」（*guanxi*）の輪のなかに引き込み、名声や体面を保持しようとする。このように自己と他者のあいだで繰り返し展開される交換が当初は非人格的で没個性的であった二者関係を具体的で個別的な「顔の見える関係」へ変換し、個人を中心とした関係の網の目を伸縮自在に形成するのである。

　なお、関係主義モデルで想定される関係性とはあくまでも個人を起点として多層的に形成される関係の網の目であり、個人間の二者関係の結節によって容易に形成されるが、その反面、二者が個々の利害関係の不一致によって相互関

31）先行研究では差序格局にもとづいた中国人の具体的な行動を直接観察し、漢語の民俗概念、例えば、「関係」（*guanxi*, コネクション）、「面子」（*mianzi*, 他者の評価によって獲得された名誉や体面）、「人情」（*renqing*, 対人関係で期待される配慮）などが重要な鍵概念として注目されてきた。例えば、中根［1967］は日本人の社会モデル（例えば、イエの原理、タテ社会、「場」の原理など）との比較を念頭に置き、中国人の社会モデルの個別特殊性を説明している。その他の研究には上水流［2005］、田原［2000］、横山［1987］、Smart［1993］、溝口［1995］、村田［2000］、田原［2000］、首藤［2003］などがある。

64

係を悪化させ、関係性を即座に解消させることもある。その意味において中国社会における「関係」（guanxi）は非常に脆弱な性格を備えている。だからこそ当事者たちは相互の「関係」（guanxi）を形成・維持・強化するために、状況に応じて「人情」（renqing, 恩や便宜）を送りあい、それぞれの「面子」（mianzi）を立て合い、相互の人間関係を円滑に進める作法を尊ぶわけである。

　ここまでの議論をふまえれば、費孝通や園田たちが注目した関係主義モデルが英国のマンチェスター学派やバルトたちが提示したトランザクショナリズムとのあいだに類似性を持つことに気付く。つまり、トランザクショナリストは近代人類学が「集団」や「社会」が個人に外在することを前提として個人的関係を視野の外に置いたことを批判し、個人間関係の束を重視したのだが[松田 2006：384]、集団編成における個々人の能動性に注目した点が特徴的である[32]。また、個人に焦点を合わせた関係主義モデルは松田［2006］の提唱したセルフ人類学の問題意識とも重なり、集団主義的な研究とは異なる視点を提供する。関係主義を提唱した園田は中国人の自己を「セルフ」ではなく、「エゴ」と表現したが、松田の言葉を借用すれば、園田のいう「エゴ」は「非西洋的セルフ」（非西欧的セルフ）[松田 2006：387] に相当し、関係主義モデルは西洋（西欧）優位を固定化する人間観に対する批判へと繋がる可能性を秘めている。松田のいうセルフ観には「西洋的自己」対「非西洋的自己」、「西欧的個人」対「非西欧的個人」のような二元論的図式を固定化する意図はなく、普遍的に存在する自己意識の核とも言うべき「個人性」（individuality）が「個人主義」（individualism）の限界を打開するものとして念頭に置かれている［松田 2006：390］。関係主義の議論では言及されていないが、中国社会の「関係」（guanxi）を論じる場合、「エゴ」と表現されていたものを固定化せずに「個人性」として捉えなおす作業が必要となろう。

32）関係主義をパトロン・クライアント関係の一種として捉えることもできる。もしその理解が妥当であるとすれば、差序格局はトランザクショナリズム論や社会的ネットワーク論とおなじく、構造機能主義に特徴的だった静態的な社会モデルを批判するものとして位置付けることができる。

第4節　現代中国における少数民族の自治

　本書の第二の研究視座は現代中国における少数民族の自治の実態を見究めることである。本節では、まず、改革開放期の自治に関する研究動向、「民族区域自治」の成立過程とその問題点を俯瞰し、「独立か服従か」といった二元論的図式の限界を指摘したうえで、清水盛光がかつて提唱した「構成的自治」（他律的自治）と「生成的自治」（自律的自治）（清水盛光）の分析枠組みに倣い、現代中国における自治を国家権力と住民の動態的な相互交渉として再定義し、その有用性を説明する。

1　改革開放期の「自治組織」

　1978年の改革開放政策の導入を契機として、中国の経済政策は社会主義の計画経済体制から市場経済へと移行されることとなった。まず、中国各地の農村では1982年頃から社会主義的コミューンを体現したはずの「人民公社」[33]が解体され始めた。「人民公社」は文化大革命期にすでに機能不全をもたらしていたが、改革開放政策によって家庭生産請負制の導入が認められると、その存在意義を失った。文化大革命の終了後、1980年、広西チワン族自治区の農村で村民たちが自治組織を形成したことをはじめとして、中国各地の農村で村民たちによる村落組織の自発的な再建が見られるようになった。中国共産党・政府はそのような現象を目の当たりにし、1987年、「村民委員会組織法」を試行し、村民の「自治組織」としての「村民委員会[34]」の設置を決定した。「村民委員会」は「自治組織」とされているため、そのメンバーは村民たちによる選挙で選出されるようになり、その制度自体は画期的なものであると言える[35]［江口 2006：110-111］。

33）1958年の大躍進政策を契機として組織された農業集団化の基礎単位を指す。その機能は政治・経済・教育・文化・軍事などのすべてを含む。1982年に解体されることになった。

34）法律上、「村民委員会」は「自治組織」として位置付けられているが、実態としては、行政機関の末端としての役割を果たしており、村民の自治組織とは言い難い。したがって、国家権力によって上から組織された集団や組織に対してはカギ括弧を付けておく。

35）これは村民の富裕層が経済力を背景に村落政治において影響力を増大させたことによる。

その一方、都市においても社会管理に対する改革が進められた。1949 年以降、都市では「単位」（*danwei*）[36] が社会管理制度として機能していたが、改革開放政策の導入後、農村出身者の出稼ぎ民の急増、都市住民の高齢化、経済格差の拡大などを背景とし、人口管理や治安維持の必要性が高まり、「単位」が都市にくらす住民に対して様々なサービス（職場・住宅・食事・医療など）を提供できなくなった［古賀 2010:69-70］。すなわち、それは「単位」の求心力の低下である。「単位」の代替物として注目されたのが「社区」（*shequ*）[37] である。「社区」とは行政機関主導で形成された官製コミュニティを指す。1987 年 9 月、国務院民政部が「社区」概念をはじめて導入し、1991 年 5 月「社区」建設の方針を提示した。1992 年、国務院は「小さい政府、大きな社会」というスローガンを提唱した後、1996 年 6 月に上海で「社区」建設の成功例が報告されると、「社区」建設が基層レベルの社会管理制度として広く知られるようになった。2000 年 11 月、民政部が「全国における都市社区建設の推進に関する意見」を発表し、全国規模の都市に「社区」が建設され始めた。それまで都市には「居民委員会」[38] が 1950 年代に設置されていたが［倉沢 2007:11］、1989 年に「城市居民委員会組織法」が制定された後、「居民委員会」の主任・副主任が住民の選挙によって選出され、「社区」は従来の「居民委員会」を再編・統合するかたちで新たに建設された。つまり、「社区」管轄下の住民の選出した「社区居民委員会」が各種業務（例えば、戸籍管理、治安維持、計画出産、生活保障など）を統括する役割を担うようになり、「社区」は「単位」に代わる新しい受け皿となった。もちろんその背景には、中国共産党・政府が「社区」を住民自身の「大きい社会」によって運営させようとした意図がある。なお、近年は農村にも「社区」が建設されている。

　これまでの経緯を見ると、農村にしろ、都市にしろ、基層レベルでの社会管理改革は、改革開放政策導入後の急激な社会変動に直面した中国共産党・政府

36）「単位」とは社会主義計画経済の期間、都市住民が所属していた職場（例えば国営企業）を指す。「単位」は、行政・住宅・教育・医療・福利厚生・治安などの各種サービスを住民に提供していた。

37）中国語の「社区」とは米国人社会学者ロバート・パークが使用したコミュニティ（*community*）概念に由来するが［倉沢 2007：5］、現在、中国語の「社区」概念は分析概念として多様に使用されており、定義や使用方法は統一されていない。本書では混乱を避けるため「社区」という概念は「1980 年代以降に中国共産党・政府主導で再編されたコミュニティ」を指すものとして定義しておく。

38）居民委員会は 1954 年の「城市居民委員会組織条例」の公布後、1958 年に成立した都市の「住民自治組織」である。しかし、実質的には、行政機関（例えば「街道弁事処」）の一翼を担っている。

が必要に迫られて選択した現実的な選択肢だったと言える。こうした現状をふ
まえ、近年の中国研究では、農村部の「村民自治制度」、「村民委員会」と基
層政権との関係、都市部の「居民委員会」の選挙や「社区」の建設などの諸問
題が注目されるようになり、現地調査にもとづく個別実証的な研究が豊富にあ
る。例えば、「村民自治制度」については中岡［2000］、李麗君・南裕子［2000］、
張文明［2006］らの調査報告があり、「社区」建設については陳［2000］などの
研究成果が代表的なものであろう。現代中国の村落統治に関しては田原［2000］
が非常に実証的な研究であり、近現代中国の村落構造および村落統治の仕組み
を理解するうえで重要な視点を提示している。先行研究を俯瞰すると、「村民
選挙」、「村民自治」、「社区」建設など、党国家と住民の力関係をめぐる問題が
基層レベルの次元から調査・研究されていて詳細な一次資料が蓄積されており、
本書の研究に対して有益な情報や知見を提供してくれている。

　しかし、ここで付言しておきたいことがある。「村民委員会」や「居民委員会」
は中華人民共和国憲法では「自治組織[39]」として規定されているにもかかわ
らず、実質的には中国共産党・政府による基層統治の一翼を担っており、両者
ともに中国共産党・政府によって新たに組織されたフォーマルな「自治組織」
である。言い換えれば、「村民委員会」や「居民委員会」は中国共産党・政府
が上意下達で設置・組織した「自治組織」にすぎず、住民たち自身が自発的に
組織した自治組織であるとは言い難い。「村民委員会」の弊害が表面化した代
表的な事例として 2001 年 9 月に広東省で発生した烏坎村事件がある。

　2011 年 9 月、烏坎村では、村支部党書記が土地使用権を売却して巨額の富
を得たことを発端とし、村民たちは大規模な抗議デモを展開し、自分たちで理
事会を組織し、抗議活動を拡大した。理事のひとりが警察当局に拘束されて急
死すると、村民たちと警察当局との衝突は熾烈化し、事態は混迷した。結果、
広東省政府が村民たちの要求に応じて党書記を更迭し、村民委員会の選挙を改
めて実施し、事態が一応は収拾した[40]。この事件のように、中国共産党・政

---

39) 本書では表記上、中国共産党・政府が設立・組織した「自治組織」と住民たちが自発的に作り
　出した自治組織を明確に区別し、前者にはカギ括弧を付けることにした。

40) ただし、土地問題は解決しておらず、2016 年 6 月、新しい村民委員会主任は「収賄容疑」で拘
　束されてしまい、数千人の村民たちが抗議デモを展開した。詳細については産経ニュースの報道「中
　国の『普通選挙村』の烏坎村」（2016 年 6 月 20 日掲載、https://www.sankei.com/world/news/160620/
　wor1606200027-n1.html）に詳しい（2018 年 10 月 12 日最終閲覧）。

府が村民の要求を聞き入れる事例は珍しく、烏坎村が勝ち取った新たな自治の姿は「烏坎村モデル」と呼ばれている。これまでの先行研究では中国共産党・政府が上から設置した「自治組織」の成立過程や実態については明らかにされているが、その一方、都市や農村にくらす住民が1949年以前から自発的に形成してきた自治組織にはほとんど関心が寄せられておらず、住民の伝統的な自治組織が1949年以降どうなっているのかといった問題は解明されていない。

2 民族区域自治の成立過程と限界

改革開放政策が1990年代に安定期に入ると、中国研究では「市民社会」、NGO・NPO、労働組合、村民委員会選挙、社区建設、エスニック・ナショナリズム、宗教復興などについての個別実証的な調査・研究が数多くの研究者によって積極的におこなわれ、個人や集団の「自治」(自律性)のありかたが議論されている。特に、1989年6月4日の天安門事件の発生を契機として、中国における「市民社会」の可能性について歴史学者や政治学者を中心として活発な議論がなされ、比較的豊富な研究成果が蓄積されている。しかしながら、中国における「市民社会」の形成をどのような立場から議論するにしても、2000年代以降活況を呈している中国の「自治」に関する研究では少数民族の問題が実質的には等閑視されている。

当然のことながら、既存の中国研究において少数民族の「自治」に関する問題が全く取り上げられていないわけではない。筆者が指摘するまでもなく、歴史学者や政治学者が中心となって中国共産党の民族政策の理論・成立過程・実施状況などについて詳細に検証してきた。例えば、加々美[1992]、毛里[1998]、松本ますみ[1999]、王柯[2006]は中国共産党の民族政策を通時的な研究視点から詳細に検証している。また、中華人民共和国成立後の「民族区域自治」については内モンゴル自治区を研究対象地域とした特集・対談が企画されたことがある[41]。近年は、チベット族作家オーセルがチベット自治区の文化大革命、モンゴル族の文化人類学者楊海英が内モンゴル自治区の文化大革命を、一次資料の丹念に収集・整理をつうじてその問題点を報告している[オーセル2009；楊

---

41) 例えば、2004年に刊行された『中国21』の特集は内モンゴル自治区を正面から取り上げた画期的な企画である。

海英 2009]。

　ただし、これまでの中国の少数民族に関する研究では、歴史学者や政治学者が中心となってきたため、中国共産党の民族政策の成立過程については仔細に検証できている反面、少数民族が生活世界のなかで経験している「自治」の実態については十分には調査・研究されていない。つまり、中国にくらす少数民族の人々が中国共産党主導の「民族区域自治」をどのように生きているのかという問題が生活世界の次元からは十分に解明されていないのである。中国の少数民族の生活世界については、文化・社会人類学者が率先して調査・研究しており、言語、家族・親族、婚姻、儀礼、宗教などの問題が明らかにされてきた。ただし、文化・社会人類学者はエスニシティを詳細に調査・記録する一方、少数民族をとりまく「自治」という、いわゆる「政治」の問題については正面から検討してこなかった。おそらくそれは、文化・社会人類学者が「自治」の問題にかぎらず、社会主義建設、中央・地方政府の政策立案、少数民族官僚の形成、圧力団体の結成などの「政治」にかかわる諸問題を学術界の「棲み分け」のなかで政治学者に譲渡してきたからであろう。

　中国の歴史上、中華王朝の時代であれ、中華民国期であれ、中国は数多くの民族がくらす地域では少数民族（近代以前に「民族」概念はなかったが、ここでは少数民族という概念を使う）の自治が中央・地方政府の政策上、非常に重要な問題であった。清朝末期から中華民国期にかけて中華ナショナリズムが勃興すると、漢族とは異なると自認する少数民族の人々が自分たちの政治的・文化的主張を対外的に示すようになり、中国領内の少数民族をめぐる情勢は一層複雑化した。近現代以降、漢族であれ、少数民族であれ、ナショナリズムに対する受けとめ方は一様ではないが、中国共産党は中国国民党や日本軍に対抗し、少数民族の存在や権利を承認する政策方針を採用した。それが法制度として結実したのが「民族区域自治」である。

「民族区域自治」は 1952 年 8 月に「民族区域自治実施要綱」として制定され、1954 年の中華人民共和国憲法において「自治区」、「自治州」、「自治県」などのような行政単位に「民族自治地方」の設置が定められた。「民族区域自治」のモデル・ケースは中華人民共和国成立以前の 1947 年 5 月に成立した内モンゴル自治政府である。内モンゴル自治政府はモンゴル人が最終的に中国共産党

に協力するかたちで成立した政府で、それは内モンゴルにくらすモンゴル人の自決権（外モンゴルとの合併、中国領内の少数民族の連邦制）を完全に否定したことを意味した。内モンゴル自治政府に続き、新疆ウイグル自治区、寧夏回族自治区、広西チワン族自治区、チベット自治区が省級の「民族自治地方」として設置された。なお、チベット自治区のように、少数民族地域の統治をめぐって中国共産党と少数民族との間で衝突が発生した地域があったことはよく知られている。

　ここで「民族区域自治」の「自治」が何を意味するのかを確認しておきたい。「民族区域自治」とは「少数民族の自決権や分離独立権を認めないかわりに、一定地域に集居する少数民族に「民族自治地方」（自治区、自治州、自治県）の設置を認め、これら「民族自治地方」へ居住することを条件に少数民族に一定の自治権と優遇策が与えられた制度である」［星野 2011：35］が、「しかし、民族区域自治制度が対外的安全保障を最優先に連邦制を否定するかたちで導入された制度であることからわかるように、この制度を少数民族に対する単純なアファーマティブアクションと位置付けてしまっては、この制度、さらには中国の民族政策の本質を読み解くことはできない」［星野 2011：35］。政治学者の星野が指摘するように、「民族区域自治」は欧米先進諸国のマイノリティに対する優遇政策とは異なり、中華人民共和国に特有の国内情勢を考慮した制度である。

　次に、ここからは中国共産党の民族政策の変遷を整理しておこう。中国共産党は結党当初、中国領内の少数民族に対して連邦制の導入、すなわち民族自決権の承認を積極的に検討していた。例えば、中国共産党は、1922年7月16日から23日にかけて開催した中国共産党第2回全国代表大会で少数民族に対する政策方針をはじめて打ち出し、モンゴル、チベット、新疆の自治（民主自治邦）、中華連邦共和国の建設などに言及した［毛里 1998：33］。当時、中国共産党は民族自決権という表現を使用していなかったが、実質的に連邦制のような緩やかな制度を想定していたと考えられる［王柯 2006：194］。1923年6月12日から20日にかけて開催した中国共産党第3回全国代表大会の党綱領草案では、モンゴル、チベット、新疆、青海などの少数民族の自決権が言及されており、1934年11月7日に採択された中華ソヴィエト共和国憲法大綱第14条には少数民族が完全な自決権を保障されることが明記されていた［毛里 1998：34］。1934年10月、中国共産党は長征を決行し、翌年10月、紅軍が陝西省北部に到達した

後も中国共産党は国民党軍の攻撃を受けていた。中国共産党は1935年12月20日に「対モンゴル人民宣言」、1936年5月25日に「対回族人民的宣言」を発表し、少数民族の政権樹立に言及し、国民党や日本軍の打倒を少数民族に訴えた［丁国勇（編）1993：132］。当時、中国共産党は少数民族の民族自決権を明確に承認していたが、それは中国国内の少数民族の支持を獲得するための戦略であった。

　ところが、1930年代後半になると、中国共産党内部で少数民族の自決権ではなく、自治権を承認する政策が検討されるようになった。例えば、1937年2月7日、中国共産党中央委員会は内モンゴル工作に関する文書のなかで漢族と少数民族の抗日戦線の必要性を強調し、少数民族の分離独立や連邦制国家の樹立にほとんど言及しなくなった［王柯 2006：202］。同年8月25日の中国共産党抗日救国十大綱領では抗日民族統一戦線結成のためには自決権よりも自治権に重点を置くことが強調された。毛沢東は1938年10月12日から14日にかけて中国共産党第6回中央委員会第6回全国代表会議の席上で政治報告「新段階論」を行い、「少数民族が漢族と平等な権利を有し、連合抗日の原則の下に自己管理の権利をもち、同時に漢族と連結して統一の国家を建設することを認める」と発言し、現在の「民族区域自治」の原則とほぼ一致する内容を明言した［王柯 2006：209］。その後、中国共産党は1941年5月1日に公布した「陝甘寧辺区施政綱領」のなかで中国共産党の支配地域における少数民族の自治区建設の具体的な構想に言及していた。これが建国後の「民族区域自治」の起源にあたると言える。このように、日中戦争やその後の国共内戦の時期には、中国共産党は少数民族の「自治」しか承認しない立場をとっており、1947年5月1日には内モンゴル自治政府が成立し、内モンゴルが「民族自治地方」のモデルとなった［王柯 2006：200-210］。

　1949年10月1日、中華人民共和国が成立すると、中国共産党は1952年8月9日に民族区域自治実施要綱を公布した。1954年9月20日採択の中華人民共和国憲法でも「民族自治地方」という文言が条文に使用されたように、これらの法規定は中華人民共和国における少数民族の「自治」、すなわち「民族区域自治」を法制度化したものである。当時、中華人民共和国が成立したといっても、中央とは異なり、チベット族やウイグル族などの少数民族地域では国民

序　章

統合は十分には進められておらず、少数民族地域における「民族自治地方」の設立は緊急の課題とされていた。また、こうした「民族区域自治」の制度化と並行して、土地の私有制を廃止する土地改革が中国各地で強行され、地主や宗教指導者などの旧勢力が打倒され、社会主義建設に必要不可欠な準備作業も着々と推進されていた。

　それでは、「民族区域自治」の建国後の変遷についても確認しておこう。「民族自治地方」は 1966 年 5 月に始まった文化大革命をきっかけとして廃止され、少数民族の自治は実質的には無効となった。「民族区域自治」の再開は改革政策導入後の 1984 年以降のことである。1984 年 5 月 31 日、全国人民代表大会で「民族区域自治法」が可決され、10 月 1 日に施行された[42]。民族区域自治法によって、「民族自治地方」の設立、同地方の自治機関の組織、自治機関の自治権、民族自治地方内の民族間関係、中央政府との関係などが規定され、その後の「民族区域自治」の方針が明確に提示された。この自治法の制定は、建国以来の民族政策それ自体を無効とした文化大革命に対する中国共産党の反省にもとづくものである。つまり、左傾化した文化大革命期の一連の政治運動が中国各地、特に少数民族地域の諸制度を破壊したことをふまえて、中国共産党は少数民族地域における「民族区域自治」を立て直したのである。

「民族区域自治」における自治権が指す内容とは、少数民族が集住する区域における少数民族に固有の文字や言語の使用、少数民族幹部の重用、地方政治への参政権、地方財政管理の自主権、自治条例などの制定権、公安や民兵の編成権などである［中華人民共和国政府 1998：1-4］。当然のことながら「民族区域自治」制度では少数民族の自決権は容認されていない。このような特徴をふまえると、政治学者の毛里和子が指摘するように、「民族区域自治」とは一般的な地方自治と若干の民族自治が統合されたものであり、「特殊な地方に付与された地方自治」と「民族の文化的自治」とが混同したものであると考えることができる［毛里 1993：117-122］。

3　民族区域自治をめぐる議論

　それでは、「民族区域自治」に関する学術界の議論に目を向けてみよう。現

---

42) 2001 年 3 月「民族区域自治法」改正が全国人民代表大会で決定された。

代中国では民族自決権を完全に否定するかたちで「民族区域自治」が制度化され、そこには地方自治と文化自治しか実質的には容認されていないことをめぐっては、主に政治学者や人類学者のあいだで議論されてきた。例えば、中国政治を研究する加々美光行は「民族区域自治」の制度的特徴を次のように整理している。

　　元来「民族区域自治」政策は、民族の居住形態の違いによってその「自治」権限の内容を規定するものだった。すなわち一定の区域空間に「集居」して暮らす民族については、その人口規模と居住空間の大小によって自治県、自治州、自治区などの「区域」を単位とした空間的統治を保障する自治権を付与する。これに対して一定の居住区域空間を持たず、散居あるいは雑居して他の諸民族と混住する民族については、民族区域自治という形式の自治権は与えず、あくまで当該居住地域の地方自治にマイノリティ集団として参画する権利のみが与えられる」［加々美 2004：50-51］。

　つまり、「民族区域自治」とは「原則的理解としては空間的統治を民族が主体になって行うという理解がこれまでなされてきた」［加々美 2004：51］が、実態としては「特定の一民族のみを主体とする空間的統治ではあり得ず、漢民族を含む諸民族の共同主体による統治たらざる得ぬものとして進められてきた」［加々美 2004：51］。加々美は「民族区域自治」の限界を鋭く指摘しており、傾聴に値する。加々美の指摘をふまえて補足説明すると、「民族区域自治」は特定の少数民族による単独自治（民族自治）を意味するのではなく、あくまでも「民族自治地方」に居住する諸「民族」が共同で参画する自治を指すわけである。政治学や人類学で「民族区域自治」が議論される際に少数民族の単独自治が実現していないことが批判されるが、「民族区域自治」では前提として複数の民族の共同自治が想定されていることをふまえると、その批判は的外れなものであるといえる。加々美が指摘したように、「民族区域自治」は「特定の一民族の排他的な自治ではない」［加々美 2004：51］のである。

　近年、現代中国の「民族区域自治」をめぐって新たな提言が学術界から提唱され、議論の的となっている。その代表的な論客は朱倫（中国社会科学院）とい

い、現代中国における「民族区域自治」のありかたを欧米のナショナリズム論や中国の民族理論や民族政策を整理したうえで仔細に検討している［朱倫 2012］。朱倫は、現代中国において少数民族に対する優遇政策が「民族自治」としては機能していないこと、「民族区域自治」が特定の少数民族のための「民族自治」として誤解されていることなどをふまえ、「民族自治」（autonomy）ではなく、「民族共治」（jointnomy）という概念を提示した［朱倫 2002, 2003, 2012］。朱倫は現行の「民族区域自治」のありかたを批判的に検討し、物議を醸している。朱倫の主張を簡単に紹介してみよう。

「民族区域」とは「民族領土」の概念ではなく、少数民族が一定の人口比率を占める民族雑居地区を指す。自治は民族領土単位の自治ではなく、民族社会組織の自治でもなく、行政地方（民族区域）の自治である。自治は主に民族関係事務を含む自治地方事務の管理を指し、自治地方の少数民族に対するものでも、少数民族の民族全体の内部事務の管理を指すわけでもない（例えば朝鮮自治州には他地域の朝鮮族を管理する権限はない）。

民族自治地方の権力機関の性質は一方では自治権力機関を指し、その一方、国家レベルの政権機関を指す。民族自治地方の権力機関の官僚は自治民族の代表およびその他の民族の代表も含む。民族自治地方の権力機関は国家レベルの権力機関の指導を受ける。民族自治地方の行政長官も国家の権力機関によって承認される。いずれの民族自治地方においても非自治民族が自治地方の管理に参画する権利を保障せねばならない［朱倫 2003：6-7］。

朱倫の主張を参照したかぎり、朱倫の提言は、少数民族をひとつの単位とした「民族自治」を完全に否定し、少数民族の人口の多い「民族区域」を単位とした「区域自治」しか容認しない「民族区域自治」の正当性を理論的に補強する役割を担っていると言える。また、朱倫は「民族自治地方」における少数民族の政治参加（例えば、「民族自治地方」の管理業務）における権利保障を強調するが、実は、それは中国共産党・政府の指導を前提としたものにすぎず、現行の「民族区域自治」と変わるところはない。要するに、一見したところ、朱倫の「共治」という概念は「平等なパートナーシップ」を喚起するが、実は、その概念には

中国共産党・政府党と少数民族の非対称的な関係（例えば、支配・従属関係）が暗黙裡に含意されているにすぎない。

　朱倫の「民族共治」の発想は現行の「民族区域自治」を根本から是正することを目指した提案であり（結果的には「民族区域自治」を理論的に補強しているのであるが）、少数民族の自治を完全に否定する理論が提示された背景には2000年代以降の中国国内の少数民族をとりまく情勢の熾烈化がある。つまり、中国の西部を中心とする少数民族地域では一部の少数民族と中国共産党・政府とのあいだに衝突や紛争が依然として発生しており、その原因が中華人民共和国建国以来の「民族区域自治」を含む民族政策の機能不全であると一部の識者に受けとめられていたからであろう。

　朱倫の「民族共治」論は画期的な政策提言であるかもしれないが、「民族共治」論に対して中国国内外の研究者から批判的なコメントが投げかけられていることにも留意する必要がある。例えば、中国内モンゴル自治区出身のモンゴル人研究者の楊海英は朱倫の主張に対して真っ先に異議を唱えた。

　　賢い中国人は民族自決の理論を1949年に否定し、何ら実権を伴わない区域自治の看板だけをなんとか今日まで維持してきた。今となっては、最初から有名無実だった区域自治にすら植民者の中国人たちはもはや我慢ならなくなったので、「自治」の空名を嫌い、「共治」を実施しようと奮起している［楊海英 2013：189］。
　　実態はとっくに「共治」どころか「漢治」であるにもかかわらず、中国人は大義名分にしたがって少数民族に最後のとどめを刺して「中華」に回収したいのである［楊海英 2013：189］。

一方、政治学者の加々美は朱倫の主張を次のようにまとめている。

　「民族区域自治」ではしばしば内向きの意識が支配的になる。「自分の民族」が「他の多くの民族」に対して何をなしうるか、という利他の意識はほとんど働かない。逆に「他民族」が「自民族」のために何をしてくれるのか、という自利の意識つまり自己中心的な内向きの意識が一方的に強くなると朱倫

76

は言う。結論として朱倫は「自民族」が「他民族」のために何をなしうるかという外向きの意識こそが「共治」の意識であり、それが従来の「民族区域自治」には決定的に欠けていたとする。チベットやウイグルなど、周辺の「民族」にしばしば「民族独立運動」が起きるのもこのためだとも言う。

朱倫はこうして「自治」と「共治」は自利と利他が相互に補うものとして自覚的に結び付けて考えられねばならないと言う［加々美 2016：256］。

加々美は朱倫の主張に対して「事実追認的」なものという否定的な評価をはっきりと下している［加々美 2004：33］。楊海英や加々美が指摘するように、朱倫のいう「共治」は一見したところ新しい概念であるかのように見えるが、それは現行の「民族区域自治」のいう「自治」と変わるところがなく、政治的不平等はほとんど視野に入れられておらず、中国領内にくらす各民族の「共治」の姿が具体的には説明されているわけではない。民族研究に従事する研究者の責務は、「共治」を「民族区域自治」の代案として提唱する以前に、少数民族地域における自治の実状（特に日常生活の次元）を調査し、住民たちが感じる矛盾を汲み取ることではないだろうか。

4　中国社会の二重自治論──清水盛光のモデル

さて、ここからは自治概念を整理し、本書における自治に対する分析枠組みについて説明したい。一般に、自治という概念は、中世ヨーロッパの都市と教会、近代以降のアメリカ合衆国や旧ソ連の連邦制などが典型的な例としてよく知られている。国家の政治は中央集権と地方政治とに区分することができるが、後者の地方政治がよってたつのが地方自治である。さらに、地方自治は団体自治と住民自治に分類でき、前者は「中央政府と地方自治体との関係」を指し、後者は「地方自治体内におけるその住民との関係」を指す。両者ともに西欧近代に起源を持ち、イギリスやフランスなどの都市部にくらす市民の自治が制度化されたのが始まり [43] である［磯村・星野 1990：4-7］。日本の場合、大正時代に『自

---

43) 日本の場合、「地方自治」が制度化されるのは 1889 年の市制・町村制の施行以後のことである。詳細については、地域住民組織としての「地域自治会」を実証的に研究した［鳥越 1994］を参照されたい。鳥越は、従来の近代化論や文化型論を批判し、住民の主体性や自治原理から問い直す「地域自治論」の立場にたち、「地域自治会」の問題を検証した［鳥越 1994：18-32］。

治研究』という専門誌が創刊され、1925年当時の内務省地方局長の潮恵之輔が自治について「各人が互に隣保団結して相扶助し、其の団体内の事務を自ら適当に措置し、各人が和衷協同して其の団体生活を愈々完全なものに、しようとする社会生活である」と述べていた［小滝 2007：23］。当時の政府官僚は自治を住民自治の意味で考えていた。

　近年、ガヴァメント（*government*）ではなく、ガヴァナンス（*governance*）という概念が社会科学を中心によく使用されるが、ガヴァナンスという概念は、先進工業諸国などで見られるように、政府機関だけでなく、企業、NPO、個人などが活動主体として共同参加し、利害関係を調整しながら社会安定を目指す活動を意味する［小滝 2007：61-62］。そこには複数の利害関係者のあいだで結ばれる対等な関係性が想定されている。ガヴァナンス論は欧米諸国だけでなく、アジア・アフリカ諸国の自治をめぐる議論でも使用されるようになったが、現代中国の少数民族地域に関するかぎり、ガヴァナンスと呼びうるような共同自治が実態として成立していないことをふまえ、本書ではガヴァナンス概念をあえて使用しない。筆者はガヴァナンスで想定される理想的な共同自治が現代中国の少数民族地域には成立しえないと主張するからではなく、ガヴァナンスと呼ぶに値する共同自治の姿が中華人民共和国では見られないため、ガヴァナンス概念の使用に慎重な立場をとっているからである。

　本書では、現代中国における少数民族の自治の特徴をふまえ、自治概念を次のように再定義する。本書で使用する自治とは、中央・地方政府への政治参加だけではなく、少数民族の人々が自分たちの民族文化や宗教などに自発的・自主的に取り組めるかどうかという問題をも射程に入れた概念である。自治に関する先行研究では、狭義の政治、つまり、住民投票や地方自治体の運営といった政治行動を指すことが多いが、本書でいう自治概念は狭義の政治だけでなく、少数民族の文化的自治を含む広義の概念である。前述したように、近年、中国研究では「村民委員会」、「村民自治」、「居民委員会」、「社区」に関する研究が盛んであるが、それらは住民たちが自発的に形成した自治組織ではなく、中国共産党・政府が主導で作り出した「自治組織」にすぎない。つまり、現地にくらす人々が 1949 年以前から自主的に運営してきた自治組織（例えば、村落の「会」、都市の「街坊」）がどうなっているのかという問題はほとんど言及されておらず（す

でに消失したものが多いかもしれないが)、伝統と近現代の関係性 (主に緊張・衝突・相克) が明らかにされていない。

　ただし、誤解のないように付言すると、現代中国研究のなかに住民たち自身の手による自治組織に注目した研究がまったく見られないわけではない。例えば、1990 年代以降、中国の村落統治と村民自治との関連性について社会学者の田原史起が精力的かつ実証的な研究に取り組んでおり、中国における村落社会の持続と変容を考えるうえで非常に示唆に富む議論を展開している。田原は歴史学者の清水盛光がかつて提示した生成的自治 (自律的自治) と構成的自治 (他律的自治) という概念に注目し、中国の村落自治に二重性が生じることに注目した [田原 2000：85-98]。

　清水盛光は『支那社会の研究』[1939] のなかで村落自治を「連帯関係が、村落民の共同自営の必要にもとづき、彼等の生活中より自然的に生起するもの」と「国家が、自己の政治目的を遂行するための要件として、連帯的行動の規則を設けたもの」の二種類に区分し、前者を「自律的自治あるいは生成的自治」、後者を「他律的自治あるいは構成的自治」と呼び、両者を区別することの必要性を指摘した [清水 1939：200]。ここで清水が使用した「生成的自治 (自律的自治)」と「構成的自治 (他律的自治)」の概念が意味するところを清水の記述を引用して確認しておこう。

　村落の結合紐帯が、血縁にあると地縁にあるとを問はず、その住民が共同目的遂行のために団結し、自己の責任に於て公共事務を果すとき、この種居協同生活の體系を、假に名づけて廣義の村落自治と呼ぶ。この意味に解せられた村落自治の概念は、村落民相互の間に成立する連帯的行動の自主性にのみ着目した點で、形式的である。村落自治を更に立ち入って内容的に見ると、之を二つの方面に分けることが可能である。連帯関係が、村落民の共同自営の必要に基き、彼等の生活中より自然的に生起するものはその一であり、国家が、自己の政治目的を遂行するための要件として、連帯的行動の規制を設けたものはその二である。もし後者を他律的自治或は構成的自治と呼び得るならば、前者を自律的自治或は生成的自治と名づけて、両者を区別することが必要である [清水 1939：200]。

自律的自治が自然聚落の必然に出づるのに対し、他律的自治が、元来、国家目的の必要に応ずる人的空間と特定の整序形式とを前提するものだからである。具體的にいへば、これは自然村と行政村との相違である。自然村はいふまでもなく、自然発生的の農村集落であるが、行政村は、他律的自治を可能ならしむるため、豫め人為によつて經始された行政上の區劃に外ならない。前述の如く、両者は屡〃不一致を生ずるが、その合致せる場合にも、發生の根源を異にせる二種類の連帯關係は、依然としてそこに竝存しうる［清水 1939：200-201］。

清水は中国村落には「生成的自治（自律的自治）」と「構成的自治（他律的自治）」という発生起源を異にする二種類の自治が存在することを看破し、その二種類の自治の関係性を見極める必要性を主張したと言える。清水の村落自治論は近年の中国研究ではほとんど顧みられることはないが、田原史起が再評価し、分析枠組みとして援用している［田原 2000：96-97］。田原は現代中国の村落統治と村民自治を研究するにあたって日中村落の構成原理に見られる相違点を比較検討したうえで、清水の村落自治論を援用し、中国の村落自治の特徴を次のように解明している。

「構成的自治」は「生成的自治」とは厳然と区別され国家の側の独自の目的を持つものでありながら、そのいわば原動力の部分で「生成的自治」作用に依存することなしにはその目的を達することができない。二つの「自治」は不即不離の関係にあるものと考えられ、両者の関係の適切な調整ということが、村落統治の形式的側面を支配する重要な手続きとなったはずである［田原 2000：96-97］。

ここで重要な点は「生成的自治（自律的自治）」と「構成的自治（他律的自治）」が不即不離の関係にあり、両者の関係を適切に調整することが中国の村落統治にとって重要であるということである。田原が国家権力の統治と住民たち自身の自己管理のあいだに発生する相互規定的関係に注目した主な理由は、中国村落の権力構造を「上からの統制」と「下からの参加」のような二項対立の図式

で分析する先行研究の問題点に気付いたからである。田原による問題提起は示唆に富む。

　ここまで述べたように、清水や田原の主張を参照すれば、近代中国であれ、現代中国であれ、中国社会の自治を研究する場合、「生成的自治（自律的自治）」と「構成的自治（他律的自治）」という二重自治モデルは汎用性が高く、有用であろう。それと同時に、二重自治モデルの特徴を見極めるにあたって注視すべきは中国社会に特有の社会モデル、すなわち関係主義モデルとの親和性である。前述したように、中国人の結合原理は非固定的かつ状況依存的な私人関係を起点としているため、国家と個人あるいは国家と社会のあいだに結ばれる関係性が伸縮自在であり、それぞれの関係をひとつひとつ選り分けることは非常に難しい。それは「生成的自治（自律的自治）」と「構成的自治（他律的自治）」の関係性にもあてはまる。推測の域を出ないが、中華王朝期であれ、近代国民国家建設後であれ、国家権力は「構成的自治（他律的自治）」を住民に対して一方的に推進するというよりむしろ、住民たち自身による「生成的自治（自律的自治）」を巧妙に囲い込むことによって住民支配を正当化してきたのではないだろうか。本書では、現代中国の文脈に二重自治モデルを援用し、少数民族の自治の実態に検討を加える。

第5節　中国イスラーム研究と回族の民族誌

　本章の最後に中国イスラーム研究の動向を整理し、本書を先行研究のなかに位置付けておきたい。中国イスラーム研究、特に回族研究では、歴史学者による文献研究が主流で、人類学者によるフィールドワークおよび民族誌の記述が非常に少なく、基礎的資料さえも十分に蓄積されていないのが現状である。

1　戦前・戦後の中国イスラーム研究

1-1　戦前の回教研究

　中国イスラームに関する研究は19世紀末ごろからロシア人、フランス人、ドイツ人などのキリスト教宣教師によって進められた［片岡1980：24］。その

なかでもっとも有名なものは中国内地会宣教師マーシャル・ブルームホール（Marshall Broomhall）［1910］による現地調査で、彼の報告書『中国のイスラーム』（*Islam in China*）は中国イスラーム研究の礎となった。当時、キリスト教宣教師による現地調査が植民地主義と密接な関係にあったことは等閑視できないが、キリスト教宣教師による調査報告はかつての回民の姿を知るうえで非常に大きな資料的価値を持っている。

　一方、日本では 1910 年から 1945 年にかけて桑原隲蔵、遠藤佐佐喜、桑田六郎、松田寿男、野原四郎、小林元、田坂興道、今堀誠二、仁井田陞、村田治郎らによって中国イスラームに関する研究成果が数多く発表されるようになった。欧米の研究とは異なり、日本では大量の漢籍を使用し、東西交渉史を出発点として中国イスラーム研究が進められた［佐口 1996：2］。そのなかで中国イスラームを本格的に研究した田坂の貢献は非常に大きく、彼が戦後発表した『中国における回教の伝来とその弘通』［1964］は世界的に評価が高い。

　1930 年代、日本軍が中国侵略を進めると、中国調査に対する支援が強化され、回民に関する実態調査が中国各地で実施されるようになった。例えば、日本陸軍、外務省、南満洲鉄道株式会社、善隣協会、回教圏研究所、東亜研究所などの諸機関は日本軍占領地を中心に実態調査を実施し、数多くの調査成果を蓄積した。例えば、よく知られているのは岩村忍調査団の回民に関する報告書『中国回教社会の構造（上）・（下）』［1949, 1950］である。1944 年、民族研究所（1943年成立）が「蒙疆」での回民調査を企画・実施し、岩村忍（歴史学者）、佐口透（歴史学者）、小野忍（中国文学者）、野村正良（言語学者）、川西正巳（社会学者）、藤枝晃（歴史学者）が調査団に参加し（主要な調査者は岩村忍、佐口透、小野忍）、「蒙疆」政権支配下の回民を詳細に記録したことがある［佐口 1996：7］。内モンゴルのほか、満洲国、華北、華東などにくらす回民についても数多くの調査報告が出版されている。

　おなじ時期、日本にはイスラームに改宗した人々が登場し（例えば、三田了一、佐久間貞次郎、田中逸平、小村不二男）、彼らによる実態調査や見聞録も数多く発表された。日本人ムスリムの多くは日本軍が中心となって展開した回教工作（主に東アジアや東南アジアのムスリムに対する宣撫・懐柔工作）に直接的ないしは間接的に関与し、資料的価値の高い成果が発表されている。例えば、メッカへ巡礼し

た田中逸平はその著書『イスラム巡礼——白雲遊記』[2004 (1925)] に中国でイスラームに改宗した経緯や回民との交流を具体的に記しており、非常に興味深い。小村不二男の『日本イスラーム史』[1988] は事実誤認がしばしば指摘されるが、日本軍特務機関員として回教工作に関わった当事者の体験談が詳細に記録されており、貴重な記録のひとつであると言える。

1-2 中国における回教・回族研究

　中国における中国イスラーム研究は、日本の植民地支配の余波を受けて始まった。例えば、歴史学者の顧吉剛は、日本の中国侵略に直面した中国人の再興のため、中国ムスリムの重要性を説き、非ムスリムによるムスリム理解の必要性を主張した。例えば、顧吉剛は 1936 年・37 年にイスラーム特集を学術雑誌『禹貢』で企画し、1930 年代の中国イスラームに関する研究成果を紹介した。そのほか、回民の研究者たちも中国イスラームを本格的に研究し、著書や論文を中国国内で出版した。代表的な著作は金吉堂の『中国回教史研究』[1935]、傳統先による『中国回教史』[1940] であるが、中華民国期に少数民族のなかからも知識人が現れ、自分たちの宗教や民族について語るようになったことは画期的であると言える。彼らの著書はただちに日本語に翻訳されている［片岡 1980：33］。

　中国共産党は 1930 年代から中国領内にくらす少数民族に対する民族政策の方針を模索していた。回民に関していえば、中国共産党は 1941 年、陝西省で『回回民族問題』を編纂し、中国共産党の基本方針を明確に打ち出していた［民族問題研究会（編）1980 (1941)］。詳細は第 2 章で解説するが、中国共産党は中国領内にくらす漢語を母語とするムスリムをひとつの民族（回族）として承認すべきかどうかを検討し、回民を「回族」として扱うことを明言した。このような中国共産党の方針は中国国民党のそれとは対照的で、中国共産党は陝甘寧の支配地域における回民の支持を獲得すべく打ち出したのであろう。1949 年、中華人民共和国が成立すると、回族は中国共産党に正式に承認された少数民族としてそのエスニシティを正史のなかで紹介されるようになった。例えば、『回族簡史』という冊子は 1978 年に寧夏回族自治区で出版された書籍であるが（原稿は 1959 年に完成済み）、これは中国共産党の公式見解にもとづいて回族の歴史

を紹介した概説書である［『回族簡史』編写組（編）1978］。

ところが、1950年代後半から中国全土で社会主義諸政策が強行されると、人文・社会諸科学の研究活動は中断を余儀なくされた。とりわけ1966年に文化大革命が始まると、回族研究は漢族研究と同様、20年以上もの間、停滞の憂き目に遭った。回族の研究者のなかには、漢族の知識人と同様、地方の農村に派遣され、労働作業に従事させられた者が数多く存在した。その後、回族研究が中国各地で再開するのは、改革開放期以降のことである。1978年以降、回族の研究者は自民族研究に取り組めるようになり、中国各地では西北地方を中心としてイスラームや回族に関する学術会議が開催され、論集が開催されるようになった。主に歴史学、民族学、宗教学などの専門家が回族のなかから登場し、そのなかには調査研究が世界的に高い評価を受けているもある[44]。

1-3　戦後日本の回族研究

戦前・戦中期に活況を呈した日本人による回教研究は、1945年の終戦を契機に大きく様変わりした。中国にあった日本の調査・研究機関が旧ソ連や中国によって閉鎖され、貴重な文献資料が戦災に遭い、ソ連・中国・アメリカなどに接収された。戦前・戦中期に中国イスラーム研究に積極的に取り組んでいた研究者の多くが、戦後、研究分野を変更した。例えば、岩村忍はモンゴル研究、佐口透は新疆研究、小野忍は中国文学研究へと研究の重点を移した［片岡1980；佐口1996］。

その一方、戦後は新しい世代の研究者が輩出された時期でもある。例えば、今永清二、中田吉信が戦後日本における中国イスラーム史研究を牽引した。特に回族研究に関しては中田吉信［1971, 1992］の功績が非常に大きい。中田は東洋史学の緻密な史料批判にもとづき、中国へのイスラームの伝播、明代・清代の回民官僚、清朝期の回民蜂起、回族のエスニシティなど様々なテーマを扱った。今永清二も東洋史を専門とし、清朝期の回民蜂起、清真寺共同体、回民の経済活動などを社会史的視点から検討し、中田とともに戦後日本の回民研究を盛り上げた［今永1966］。中田吉信の薫陶を受けた片岡一忠は清朝史を専門とし、

44）本稿では紹介しないが、例えば、歴史学者の馬通［1983］、楊懐中［1991］らの研究成果が代表的なものである。

回民蜂起の事例にもとづいて清朝政府による対回民政策の実態を明らかにした[片岡 1991]。1950 年代から 1990 年代までは中田、今永、片岡が中心となって回民研究を地道に継続していた。

1990 年代に入ると、回族作家の張承志が『回教から見た中国』[1991]、『殉教の中国イスラム —— 神秘主義教団ジャフリーヤの歴史』[1993]を日本語で出版し、回族研究だけでなく、新疆研究や中央アジア研究にとっても有意義な資料を発表した[張承志 1993]。後者の著作は中国西北のスーフィー教団の内実を明らかにした非常に珍しい書物であり、回族の知識人が日本語で執筆した書物として日本国内の回族研究に大きな衝撃を与えた。

歴史学の分野では松本ますみ（室蘭工業大学）による一連の作業が注目を集めている。松本は中華民国期の民族政策をもともとは研究し、その過程で中華民国期の回民知識人、エスノ・ナショナリズム、ムスリム女性教育などに焦点をあわせ、文献史学と現地調査を組み合わせた手法で、数多くの研究成果を発表している[松本ますみ 1999, 2010]。黒岩高（武蔵大学）は清朝期の回民蜂起、スーフィー教団、回民と漢民の民族間関係を文献資料にもとづいて社会史的な視点から詳細に検討している[黒岩 1994, 2002, 2004]。安藤潤一郎（東海大学）は中華民国期の回民のナショナリズムやアイデンティティに関心があり、その特徴を近代国民国家の形成と関連付けて議論している[安藤 1996]。近年、安藤は日本の回教工作にも注意を払い、日本軍の傀儡団体中国回教総聯合会についても詳細な分析を試みている[安藤 2014]。中西竜也（京都大学）は漢籍だけでなく、アラビア語・ペルシア語などの「経典」を網羅的に精読し、明代・清代を生きたムスリム知識人の思想を緻密に分析している。中西が 2013 年に出版した『中華と対話するイスラーム』は世界的に高い評価を受けている。

1990 年代といえば、歴史学者だけでなく、教育学、地理学、人類学を専門とする研究者が登場した時期にあたり、現地調査を含め、新しい手法が採用されている[45]。教育学では、新保敦子（早稲田大学）が寧夏回族自治区を中心に民族教育の実施状況を調査し、近現代中国の教育制度と少数民族とのかかわりを研究している[新保 2002]。新保は歴史研究にも取り組み、華北地方や内モン

---

45) 漢族を研究する西澤治彦は 1993 年に南京回族に関する予備調査の報告を発表している[西澤 1993]。

ゴルを中心に日本軍の回教工作と回民女子学生との関係について詳細な調査・研究を実施している［新保 1999］。

　地理学を専門とする高橋健太郎（駒澤大学）は中国回族の村落で長期のフィールドワークをはじめて実施した日本人研究者である。高橋は寧夏社会科学院回族イスラーム教研究所の協力のもと、寧夏回族自治区銀川市の郊外に位置する納家戸村へ入り、回族村落における居住分布、通婚関係、商業活動などを詳細に調査した［高橋 1998, 2000］。高橋の関心は回族村落の構造分析にあり、銀川市郊外だけでなく、寧夏南部の回族村落でも実態調査を実施している。

　高橋のフィールドワークの後、澤井充生（首都大学東京）が寧夏回族自治区銀川市で長期のフィールドワークを実施した。社会人類学を専門とする澤井は清真寺の管理運営制度とジャマーアの再構築に関心を持ち、清真寺を拠点にフィールドワークを実施した［澤井 2002a, 2002b］。砂井紫里（早稲田大学）は福建省晋江市陳埭鎮にくらす「漢化」した回族を調査した。福建省といえば、イスラームが早期に伝播した地域であるが、現地の回民は明代以降「漢化」（漢族への同化）が進み、1970 年代末頃前までは漢族として生活していた。彼らは 1980 年代に回族の民族戸籍を取得したが、豚肉を常食し、イスラームに回帰できていない。砂井は回族の食を手掛かりとし、「漢化」した回族のエスニック・バウンダリーを検討した［砂井 2001］。2013 年には調査成果をまとめた著作を出版している［砂井 2013］。

　木村自（立教大学）は中国雲南省からビルマ・タイ・台湾へ移住した回民を調査し、ディアスポラ理論を援用し、雲南回民の移住経験、コミュニティ形成、エスニシティの変容を研究し、2016 年に『雲南ムスリム・ディアスポラの民族誌』を発表している［木村 2016］。奈良雅史（北海道大学）は雲南省へ留学し、中国政府が非合法化しているイスラーム宣教活動を詳細に調査し、2016 年に『現代中国の〈イスラーム運動〉』を発表した［奈良 2016］。木村と奈良の著作は人類学的なフィールドワークにもとづいて日本語で執筆された貴重な民族誌である。今中崇文（佛教大学）は陝西省西安市の回族の集住区（回坊）を調査し、回坊の変遷、儀礼の持続と変容などを詳細に検討している［今中 2011, 2015］。

　このように、戦後日本では 1990 年代前半頃までは歴史学者が文献研究を地道に進めてきたが、1990 年代後半から文献史学とは異なるアプローチで中国

ムスリムを研究する研究者が育ち、地理学・社会学・人類学の理論や調査方法が採用された結果、全体として研究の裾野が広がっていると言える。なお、2001年には日本の研究者たちが中国ムスリム研究会を発足し、2012年に『中国のムスリムを知るための60章』を出版し、最新の成果を概説書としてまとめている。

1-4 欧米の人類学者による現地調査

欧米諸国においても中国イスラーム研究は歴史学者を中心に進められていたが、1970年代以降、文化・社会人類学者による調査・研究が盛んである。例えば、米国の文化人類学者バーバラ・ピルスバリーは中国から台湾へ移住した回民のアイデンティティやエスニック・バウンダリーを調査し、博士論文を執筆した。台湾では中華人民共和国とは異なり、回民は少数民族として認定されていない。ピルスバリーはF・バルトのエスニック・バウンダリー論を援用し、民族戸籍が制度化されていない台湾における回民のエスニシティの不安定性を指摘した [Pillsbury 1973]。

1980年代に入ると、中国本土の回族を研究する若手研究者が登場した。ワシントン大学大学院で文化人類学のエスニシティ理論を学んだドゥルー・グラドニーは改革開放直後、中国各地で現地調査を実施し、中国回族に関する戦後初の民族誌『中国ムスリム——中華人民共和国におけるエスニック・ナショナリズム』(*Muslim Chinese: Ethnic Nationalism in the People's Republic*) を発表した [Gladney 1991]。グラドニーは、エスニシティ理論の原初論、道具論、マルクス主義民族学などの主要なアプローチの異同を整理しながらその限界を指摘したうえで、中国回族の事例をふまえ、エスニシティの動態的理解には国民国家と少数民族との弁証法的関係を看取せねばならないことを指摘した [Gladney 1991]。

グラドニーの民族誌が世に出ると、英語圏では人類学者による著作が立て続けに出版され、1990年代から2000年代にかけて欧米人の人類学者による民族誌が話題をさらった。UCLAで文化人類学を学んだ華人パン・クンフォンは海南島の回族を調査し、博士論文『海南島に暮らすオーストロネシア語を話すムスリムのジェンダー、エスニシティ、国家のダイナミクス』(*The Dynamics of Gender, Ethnicity and State among the Austronesian-speaking Muslims (Hui-Utsat) of Hainan Island*)

を執筆した。海南島の回族は、中国本土にくらす回族とは異なり、オーストロネシア語系の言葉を母語とし、独自の民族起源神話を語り継いできた。海南島の回族は中国回族のなかでは「周縁」に位置する下位集団である。パン・クンフォンは、海南島の回族が"Utsat"という民族名称（自称）、回族という政府公認の民族名称（他称）、ムスリムという名称（自称）を日常生活のなかの様々な状況や交渉相手によって巧妙に使いわけ、そして、自分たちのエスニック・アイデンティティやジェンダー・アイデンティティを国家政策との関係のなかで動態的に構築する過程を具体的に記述した [Pang 1992]。

　そのほか、米国ではマリス・ジレットが 2000 年に民族誌『メッカと北京のあいだで』（Between Mecca and Beijing）を出版した。ジレットはハーバード大学大学院で文化人類学を学び、陝西省に留学し、西安市にある「回坊」（回族の集住地域）でフィールドワークを実施した。ジレットは、回族のコミュニティの居住空間、清真寺のイスラーム教育、アルコール反対運動、婚姻慣行などについて外部世界の変容とのかかわりのなかで分析し、回族が、「民族」、「伝統的」、「封建的」、「文化的」、「科学的」、「文明化」、「現代化」といった国家政策で多用される政治的概念を巧妙に流用しながら自分たちおよび外部世界を解釈しようとする様子、それがいかにして彼らのエスニシティに影響するのかを詳細に描写した [Gillette 2000]。オックスフォード大学のドイツ人研究者マリア・ジャショックと河南省社会科学院の水鏡君の共同研究も注目されている。彼女らは 2000 年に回族女性の清真寺に関する民族誌『中国イスラームにおける女性モスクの歴史』（The History of Women's Mosques in Chinese Islam）を出版した [Jaschok and Shui 2000]。ジャショックは中国女性の纏足をフェミニズムの視点から研究していたが、水鏡君（回族）とともに回族女性に関する国際的な研究に従事するようになった。それまで回族研究で「周縁」に追いやられていた女性を調査した功績は大きく、国内外で評価が高い。

　このように、欧米諸国における回族研究では、1990 年代以降、グラドニーをはじめとする文化人類学者が登場し、フィールドワークにもとづく調査成果が民族誌として出版され、現在も増加傾向にある [46]。欧米人や日本人のなか

---

46) 例えば、2016 年には法人類学者マシュー・エリーによる民族誌『中国とイスラーム——預言者・党・法』（China and Islam: The Prophet, the Party, and Law）が出版されている。

に人類学者が増えたことは中国国内における改革開放政策の導入と無関係ではなく、外国人が留学や調査の名目で現地へ実際に足を運び、フィールドワークが可能となったことは学術界にとって非常に大きな意味を持っている。

2　ネイティヴ人類学者による批判

2-1　米国人グラドニーの民族誌

第二次世界大戦後、回族研究において人類学的な方法論を確立したのは米国人文化人類学者D・グラドニーである。グラドニーは1980年代前半、米国の国費留学生として中国へ留学し、回族のコミュニティを訪問し、フィールドワークを実施した。グラドニーは主に4つの回族のコミュニティ（北京市の牛街、北京市郊外の長営、寧夏銀川市の納家戸村、福建省の陳埭鎮）で短期調査をおこない、イスラーム復興、食の規範の遵守、回族の民族内婚、回族の族譜と祖先祭祀などのテーマをとりあげ、回族のエスニシティの多様性について議論した［Gladney 1991］。グラドニーが調査終了後に発表した著書『中国ムスリム ── 中華人民共和国におけるエスニック・ナショナリズム』は博士論文がもとになっているが、研究方法論上の斬新な点は、グラドニーが古典的な人類学で実施されてきたコミュニティ・スタディを放棄したことである。グラドニーの説明によれば、コミュニティ・スタディを放棄した主な理由は、中国各地に分散する回族のエスニシティは他の民族と比較しても特に多様であり、オーソドックスなコミュニティ・スタディには不向きで、民族誌を記述しづらいことによるという［Gladney 1998：1-10］。

グラドニーは、欧米のエスニシティ理論や中国の民族理論に批判的検討を加え、中国各地に散在する回族のエスニシティの動態的な側面を抽出しようとした。具体的な手順として、まず、中国の民族理論が踏襲したスターリンの民族定義では特定の地域に集住せず、中国各地に散在する回族のエスニシティをとらえることができない限界を指摘した。そして、欧米の原初論に見られる文化決定論では、回族のエスニシティを静態的にしか把握できず、また、欧米の道具論（あるいは状況論）では、個々人の合理的な選択を強調するあまり、回族のエスニシティにみられる原初的な紐帯の重要性を見落としてしまうと考えた［Gladney 1991：65-115］。そこで、グラドニーは、従来のエスニシティ論を批判的

に検討し、ある民族集団を構成する個々人の主体的な帰属意識と国家による民族認定とのあいだの動態的な相互作用に着眼するようになった。つまり、個々人の共通のアイデンティティがエスニシティを持続させる静態的側面、個々人が異なる政治・社会経済的状況下でエスニシティを操作しうる動態的側面の双方に注目することにより、エスニシティ形成の弁証法的な過程を抽出しようと試みた [Gladney 1991：76]。グラドニーの研究方法には、中国民族学（および旧ソ連民族学）とは対照的に、国家政策とエスニシティ形成との相互作用を見極めようとした点に独創性がある。

　グラドニーの民族誌はその後の回族研究のありかた（特に現地調査の方法や民族誌記述）に大きな影響を及ぼした。詳細については後述するが、グラドニーの民族誌の評価をめぐっては賛否両論があるが、米国の大学院で人類学を学んだ研究者（例えば、パン・クンフォン、マリス・ジレット）はエスニシティを論じるにあたってアンダーソンの『想像の共同体』の議論やバルトのエスニック・バウンダリー論を援用し、国民国家、マジョリティ、マイノリティの動態的な相互行為（グラドニーがいう弁証法的な過程）を描写しており、グラドニーの分析枠組みとのあいだに共通点が見られる [Pang 1992；Gillette 2000]。

2-2　ネイティヴ人類学者からの批判

　1990年代後半に入ると、グラドニーの研究方法に対して中国国内の学術界から批判的な見解が提示されるようになった。例えば、中央民族大学で民族学を学んだ馬海雲（回族）はグラドニーの民族誌に対する書評をはじめて執筆した中国の若手研究者であるが [馬海雲 1998]、そのなかでグラドニーの調査方法、理論的枠組み、研究者としての立場性などの問題を詳細に検討し、グラドニーの民族誌の妥当性（信憑性）に対してネイティヴ研究者 [47] として疑問を投げかけた [馬海雲 1998]。馬海雲の指摘に対してグラドニーから特に反論は見られず、論争にまで発展していないが、馬海雲の問題提起は示唆に富むので紹介してお

47）ネイティヴ人類学者については桑山 [1997] の議論が参考になる。桑山は人類学の研究対象に生来的に属する「現地」の人類学者（*native anthropologists*）を例に挙げ、西洋の人類学者と現地の人類学者とのあいだに生まれる「不公平」な権力関係、さらにはアメリカ・イギリス・フランスが人類学的知識の生産中心地となっている学問的ヘゲモニー（世界システム）の問題点を明らかにした。それによると、人類学の世界システムでは、西洋の人類学が非西洋の「現地人」を不可欠なものとしながら、学問的対話の相手としては拒む傾向にある問題点を指摘している。

90

序　章

きたい。

　馬海雲が指摘したグラドニーの問題点を順々に列挙する。まず、第一の問題
点はグラドニーが当時中国でフィールドワークを実施できたかどうかという疑
問である。馬海雲によれば、グラドニーがフィールドワークを実施した1980
年代前半は外国人研究者の調査期間が2週間以内に限定され、外国人研究者の
調査には中国人研究者が必ず同行するルールがあった。このような条件下で人
類学的なフィールドワークが実現できなかったのではないかというのが馬海雲
の指摘である。第二の問題点はグラドニーの理論的枠組みに関するものである。
グラドニーはオーソドックスなコミュニティ・スタディを放棄し、欧米流のエ
スニシティ理論を回族研究に援用したが、その理論は回族の生活世界の実態に
必ずしも即したものではなく、欧米流のエスニシティ理論の有効性を検証す
るために使用されたにすぎないのではないかという疑義である。馬海雲は、グ
ラドニーはアンダーソンの『想像の共同体』の議論を参照し、回族のエスニシ
ティが国家政策によって構築された側面を強調し、その結果、回族がエスニシ
ティをイスラームや歴史的経験との相互作用のなかで主体的に形成した過程を
過小評価しているのではないかと疑問視した。回族出身の若手研究者（大学院
生）が外部の米国人人類学者に対して投げかけた疑問は問題の核心を突くもの
であった。

　馬海雲が指摘した問題点のうち、グラドニーがコミュニティ・スタディをあ
えて放棄したことについて考えてみたい。グラドニーはオーソドックスなコ
ミュニティ・スタディを実施しなかった主な理由として回族のエスニシティが
他の少数民族以上に非常に多様であるというエスニックな特性を挙げている。
実際の状況として、回族は中国全土に広範囲に散在するため、オーソドックス
なコミュニティ・スタディを実施しづらいのは事実である。グラドニーは、も
しそれが可能であるとしても、そのような調査方法が回族という特殊な少数民
族の理解にどれほど妥当なのかを確信できないと述べている［Gladney 1998：6-8］。
このような事情からグラドニーは小規模なコミュニティにおけるフィールド
ワークをあえて実施せずにインタヴュー調査を採用したのである。グラドニー
が1980年代に中国でフィールドワークを実施するにあたり、オーソドックス
なコミュニティ・スタディの有効性を疑問視したことはある程度は理解できる。

91

1980年代当時、人類学界内外では従来のフィールドワークや民族誌記述の妥当性をめぐって数多くの批判的な見解が提示されており、ポストモダン人類学の議論が一世を風靡した時期である。グラドニーがそのような潮流のまっただなかにいたわけで、オーソドックスなコミュニティ・スタディの有用性を疑ったことは容易に想像できる。

　しかし、グラドニーが長期のフィールドワークを回族のコミュニティで実施せず、そのかわり、中国各地で短期調査しか実施せず、調査地で出会った人々の断片的な発言を拾い集め、それをもとに回族のエスニック・アイデンティティを発見する手法には危険性を覚える。このような印象は筆者にかぎらず、歴史学者の佐口透によっても指摘されている。佐口はグラドニーの民族誌を「人類学的なフィールドワークによる民族誌というよりはむしろ、数多くの文献資料をまとめた評論だろう」[佐口 1996：11]と評し、民族誌としての信憑性それ自体を疑っている。1949年以前に中国で清真寺を調査した佐口透の指摘には説得力がある。グラドニーの著作が民族誌とは見なされない最大の理由はグラドニーが中国各地にある回族の集住地域でたまたま発見したエスニックな表徴を恣意的に抽出し、エスニシティ理論の検証に利用したかのような印象を与えたことによる。それゆえ、馬海雲はグラドニーの民族誌は回族の生活世界の実状を反映していない作品と評価したのである[48][馬海雲 1998：83-84]。グラドニーは『想像の共同体』の議論を援用し、回族が現代中国の政治的文脈のなかで「民族」として象徴的に構築された側面を強調したが、回民（回族）が日常生活のなかで独自の共同性・集団性を形成する過程への観察を怠ってしまったと言える。

　ただし、馬海雲によるグラドニー批判の論法にも違和感を覚える箇所がある。それは、近年、回族研究者が記述する民族誌にあてはまることなのであるが、回族研究者がイスラームやエスニシティについて論じるときに自民族文化

---

48) 馬海雲のような回族のネイティヴ研究者が非回族（特に外国人）の研究者の理論的枠組みや調査方法に対して異議を唱える事例は今後増える可能性が高い。これまでは外国人研究者が中国の民族理論を一方的に批判的に検討していたのに対し、1990年代後半以降、回族のネイティヴ研究者が外国人を含む非回族研究者の研究を積極的に批評するようになっている。この背景には、改革開放政策の導入後、大学院教育を受けた回族の若手研究者が欧米人の回族研究の成果を原語で読めるようになり、また、自民族文化のフィールドワークを実施できるようになったことがある。回族のネイティヴ研究者は研究対象とおなじ回族である利点を積極的に活用し、生活世界のなかに深く入りこみ、その土地の言語（漢語方言）を容易に理解することができる。

を本質主義的に捉えすぎる傾向がある。例えば、馬海雲はグラドニーの民族誌に対する書評で「回族の特殊な社会経験」（例えば、歴史的体験、イスラーム、アイデンティティなど）に注目する必要があると主張したが［馬海雲 1998：84-85］、「回族の特殊な社会経験」という表現を見たかぎり、中国回族を「均質的な民族実体」として捉え、中国各地に散在する回族のエスニシティの多様性を「単一の民族文化」へと収斂させてしまう危険性が見え隠れする。それだけではない。現在、中国にはイスラームを放棄した回族が存在するのであるが、「逸脱者」の彼らは中国の回族研究者の論文や著書にほとんど登場することがない。馬海雲が使用した「回族の特殊な社会経験」という表現にかぎらず、ネイティヴ研究者が自分たちの理想化した回族像を強調しすぎると、現実の社会を生きる回族をあるがままの姿で捉えられなくなる危険性があることに注意しなければならない。

3 ジャマーア・モデルの可能性

　本書ではジャマーアに特化した研究をジャマーア・モデルと名付けておこう。回族研究においてジャマーアに関する調査・研究がこれまでまったくなかったわけではなく、キリスト教宣教師たちによる記録を除外すれば、1949 年以前に民族研究所が歴史学者岩村忍を団長とする調査団を組織し、ジャマーアを調査したことがある［岩村忍 1949, 1950］。当時の国際情勢を見ると、岩村調査団による回民調査は大日本帝国の国策の一環として企画・実施されたことはあきらかであり、その植民地主義的側面は批判されるべきではあるが、岩村調査団が収集した一次資料は当時の回民に関する貴重な記録であることは疑いなく、資料的価値が非常に高い [49]。

　そのほか、米国の歴史学者ジョナサン・リップマンによる社会史的研究も注目に値する。J・リップマンは主に漢籍史料にもとづいて清朝期から中華民国期にかけての甘粛省にくらす回民の社会史を再構成し、回民社会がパッチワーク社会（*patchwork society*）であり、また、ネットワーク社会（*network society*）でもあると主張した。リップマンの分析によれば、当時、甘粛回民は地政学的・民族的・宗教・軍事的なまとまりがなく、様々な利益・利権をめぐって相互に

---

49) 日本軍占領下の日本人による学術調査は日本の植民地政策・植民地支配と無関係ではなく、その調査の性格や調査資料の妥当性・信憑性などが検討されるべきであるが、当時の学術調査の資料的価値を無条件に全面的に否定することはできないと筆者は考えている。

競合する一方、共通のムスリム・アイデンティティ、清真寺間の情報伝達網、メッカ巡礼における相互扶助、ムスリム同士の商業活動などによって独自のアイデンティティ・ネットワーク（*identity network*）を形成していたという［Lipman 1984］。リップマンの論文には具体的な情報が少ないため、全体像がわかりにくいが、甘粛回民に見られる凝集と分断という両義的な性質を指摘し、ネットワーク概念を援用して回民社会の特徴を捉えようとした点が特徴的である。

　厳密な意味では中国回族ではないが、台湾回民研究にも注目すべき研究成果がある。1970年代に台湾回民を調査した米国人B・ピルスバリーは台湾の回民社会内部で発生した派閥抗争に注目し、中国人の社会関係の特徴を明らかにした［Pillsbury 1984:241-272］。ピルスバリーによれば、中国人の派閥闘争の特徴は、当事者が自集団内の派閥闘争を認めない点、派閥の指導者が指導権を正当化するために派閥を組織化する点、派閥の利益追求のために敵対する派閥をメディアや噂話を利用して攻撃する一方、対面的状況では衝突を回避する傾向がある点、おなじ派閥内部の指導者層も派閥内の調和を維持するために議論や論争を避ける傾向がある点、当事者が派閥闘争の直接的な解決よりもむしろ問題をひきのばして第三者による調停を期待する点などであり［Pillsbury 1984：271-272］、ピルスバリーの指摘には関係主義モデルとのあいだに共通点が見られる。つまり、台湾回民の派閥は相互の「面子」（*mianzi*）を保つために直接的な衝突を極力回避するという処世術を内在化したものである。

　ピルスバリーの理論的枠組みは実はバルトのトランザクショナリズム論の影響が大きい。バルトの理論が当時の構造機能主義者の静態的な社会モデルを批判したものであることをふまえると、ピルスバリーも当時の構造機能主義者の静態的な社会モデルの問題点を念頭に置いていた可能性がある。実際、ピルスバリーは台湾回民の派閥だけでなく、インフォーマル組織やコネクションといった概念を積極的に活用しており、マンチェスター学派のネットワーク理論との共通点が見受けられる。ピルスバリーの視点はバルトを高く評価したボワセベンのそれと重なる。ただし、ピルスバリーはボワセベンの研究を参照していない。

　これらの研究は中国イスラーム研究に対して非常に有益な情報を提供してくれるが、リップマンの研究は文献資料によるマクロな研究であり、ピルスバリー

序　章

の研究は中国ではなく台湾回民の移民社会に関する研究であり、現代中国の
文脈とは異なり、厳密にいえば、中国回族の民族誌的資料とは言えない。これ
らの数少ない研究を除くと、1990 年代に入るまで回族に関するコミュニティ・
スタディはほとんど実施されていなかった。

　中国の回族学界でジャマーアの重要性があらためて注目されたのは 1990
年代以降のことである。ジャマーア概念は基本的には回族独自の民俗概念で、
2000 年代から主に回族の研究者によって分析概念として使用されるように
なった。回族の研究者たちはジャマーアをひとつの分析単位として見なし、伝
統的な生活世界の次元から自分たちの民族社会を研究する姿勢が顕著である。

　まず、ジャマーアという民俗概念を使用し、回族のジャマーアを対象とし
たフィールドワークをはじめて実施したのは文化人類学者の楊文炯（蘭州大学）
である。楊文炯は寧夏出身の回族で、幼少の頃から清真寺にかかわりながら生
活してきた。楊文炯は甘粛省蘭州市の大学院で文化人類学を学び、当時生活し
ていた蘭州市を調査地とし、蘭州市内の清真寺を網羅的に調査し、ジャマーア
の組織形態について丹念に調査した［楊文炯 2002］。楊文炯は 2007 年に博士論
文をもとにした著書『相互作用──適応と再構築』を出版し、中国西北の主要
都市（甘粛省蘭州市、陝西省西安市、青海省西寧市、寧夏銀川市）に散在する回族のジャ
マーアの比較研究をおこない、都市人類学の視点から理論研究をおこなってい
る［楊文炯 2007］。ちょうどおなじ頃、中央民族大学大学院の良警宇が北京市の
牛街にくらす回族に関する人類学的なフィールドワークを実施している。良警
宇は山東省出身の回族で、北京市の牛街という回族の集住区[50]でフィールド
ワークを断続的に実施した。良警宇は牛街礼拝寺の歴史資料、回族の経済活動・
家族形態・婚姻慣行・人生儀礼、回族と漢族との文化接触、都市開発などを事
例として取り上げ、中国共産党・政府の国家政策と回族のジャマーアとの相互
関係を歴史人類学的な視点から考察した［良警宇 2006］。

　その後、楊文炯や良警宇たちの先駆的研究から刺激を受けたかのように、ジャ
マーアの研究成果が中国国内で徐々に発表されるようになった。例えば、馬強
（陝西師範大学）は寧夏出身の回族、広東省の中山大学大学院で文化人類学を学び、
広州市内の清真寺でフィールドワークを網羅的に実施した。馬強は広州市にく

50）なお、良警宇はジャマーアという民俗概念ではなく、「社区」という分析概念を使用している。

らす回族の歴史的背景および現状をふまえ、また、他省から広州市に移住した回族の出稼ぎ民や外国人ムスリムの移動・定住にも注意を払い、彼らの相互行為（清真寺を拠点とした六信五行、年中行事、婚姻慣行、商業活動など）が広州市のジャマーア[51]を活性化している動態的な状況を報告した［馬強 2006］。

　南京師範大学の白友涛（回族）は社会学者で、南京市にくらす回族のジャマーアでフィールドワークを実施した。白友涛は主に都市社会学の理論を援用し、費孝通の差序格局モデルの有用性に疑義を唱え、そのモデルの代案として「盤根草」（根無し草）モデルを提示した。白友涛の説明によれば、回族のジャマーアは、差序格局モデルとは根本的に異なる構造を持つ。その相違点とは、(1)回族のコミュニティは清真寺を中心とし、清真寺間には支配服従関係がない点、(2)回族は民族内婚を優先した結果、血縁・地縁の結びつきが強化され、民族内部の関係が複雑化する点、(3)漢族が家族主義的関係（例えば、宗族）を重視するのとは対照的に、回族は血縁関係がそれほど強固ではなく、核家族単位で社会生活を営む点、(4)回族のコミュニティでは清真寺の管理組織が基礎的な組織となっている点などにある［白友涛 2005：98-108］。白友涛は、回族が清真寺にジャマーアを形成するが、その後、ジャマーアが「根無し草」のように離合集散する特殊性をふまえ、漢族社会に由来する差序格局モデルを援用することはできないと判断した[52]。

　このように、2000年代以降に援用されるジャマーア・モデルは回族が清真寺の周囲に形成したジャマーアの実状に即しながら実態把握に特化したアプローチであり、近年、中国回族の学術界では積極的に活用されている。ひとこと付け加えておくと、ジャマーア・モデルは回族に限定したものではなく、中国領内の他のムスリム諸民族（例えば、東郷族、サラール族、ウイグル族など）の研究にも採用されており（例えば、哈德江［2000］）、民族の垣根を越える汎用性の高いモデルとなっており、おそらくは中央アジア、東南アジア、西アジアのムスリム社会研究などでも参照される価値はある。

51）馬強は寧夏南部出身の回族であり、楊文炯とおなじく、ジャマーアの形成過程に注目した。
52）ここで根無し草モデルの妥当性を論じる余裕はないが、白友涛の分析枠組みには回族の結合原理を漢族のそれと過剰に対比（差異化）させる傾向が見られる。白友涛が指摘したように、ジャマーアの結合原理に独自性があることは否定することはできないが、それと差序格局の相違点を強調するあまり、中国国内にくらす諸民族の共通性や類似点を意図的に等閑視する危険性を孕んでいる。

序　章

第6節　おわりに

本章の最後にここまで記述したことの要点をまとめておきたい。まず、前半部分では、本書の研究視座にかかわる先行研究の動向を整理した。第一の研究視座は共同体に関するものである。従来の社会学や人類学の共同体理論の潮流や中国研究における共同体論争の結末をふまえ、マルクス史学で創り出された「アジア的共同体」論でもなく、「西洋近代市民社会」対「アジア的共同体」といった二項対立の図式でもなく、「個人主義」でも「集団主義」でもないモデル、すなわち関係主義モデルに注目し、関係主義モデルが中国社会の実態把握に即しており、共同体の持続と変容、共同性や社会のありかたを議論するにあたって説得力を持つことを説明した。

第二の研究視座は現代中国の自治、特に少数民族の自治に関するものである。近年、現代中国研究では「村民自治制度」、「社区」建設、居民委員会などに関する研究などが活況を呈し、基層レベルの自治のあり方が議論されているが、そこでいう自治組織とは実態としては「上から」組織された「自治組織」にすぎず、その集団編成から住民たちの自主性や自発性を読み取ることは非常に難しい。そこで、本書では回族のジャマーアを事例とし、国家権力と少数民族の政治力学を日常生活のレベルから考察することにした。その際に援用した分析枠組みが清水盛光によって導き出された二重自治論である。中国の自治といえば、1949年以前であれ、1949年以後であれ、国家権力と住民の絶え間ない相互交渉によって形成されてきた。そのような歴史的事実をふまえ、本書では、中国共産党・政府と少数民族の政治力学を清水盛光の二重自治論を切り口として議論することの意味を説明した。

研究視座の次に述べたのは本書が研究対象とするジャマーアに関する研究方法である。さきほど述べたように、中国イスラーム研究（主に回族研究）の動向を俯瞰すれば、キリスト教師宣教師、大日本帝国の軍人・行政官・研究者たちが戦前・戦中期に清真寺の実態調査にたずさわったように、回民にとって清真寺およびそれを中心としたジャマーアはエスニックな集団の再生産において非

97

常に重要な意味を持っている、1980年代に入り、欧米諸国の人類学者たちによるフィールドワークが開始し、それに引き続き、2000年代前半頃から回族のネイティヴ人類学者たちが登場し、自文化について語るようになり、外国人研究者を圧倒している。それはまさしく回族のネイティヴ人類学者による自民族研究の実践であり、中国の回族研究ではジャマーア研究はすでに重要な研究領域のひとつとなっている。

　ただし、ジャマーア・モデルを採用するにあたって注意点がある。ジャマーアは過去も現在も外部世界から完全に自律して存在してきたわけではない。近代以前であれ、近現代以後であれ、ジャマーアは中国の中央集権的な政治体制のなかに包摂され、漢人を中心とした政治制度や文化伝統に接合されていたし、外部世界との接触はよく見られた。したがって、回族が土着の結合原理だけでなく、外部世界の論理や技法（例えば、関係主義）をも取捨選択しながらジャマーアの形成に活用する側面を見落としてはならない（この点において筆者の視点は白友涛［2005］のそれとは異なる）。特に現代中国の文脈において回族は社会主義をまさに身をもって経験しており、中国共産党の論理や価値規範、漢族の行動文法をある程度は内面化させており、それらを生活世界のなかで実際に活用している。

第 1 部

現代中国の民族・宗教・社会主義

第1章

中国西北のイスラームと寧夏回族の社会生活

寧夏回族自治区は中国西北に位置し、1958年10月に成立した省級の「民族自治地方」である。寧夏回族自治区は「回族」という民族名称が付与された唯一の自治区であり、銀川市は首府として最も重要な行政都市として位置付けられている。改革開放政策の導入後、寧夏回族自治区には中東のアラブ諸国、イラン、トルコなどのようなイスラーム諸国の要人が訪問する機会が増えており、経済開発においても重要性を高めている。特に近年、西部大開発の一環として「新シルクロード」と銘打った経済開発が中央・地方政府によって積極的に推進されており、寧夏回族自治区は投資誘致や文化交流の機会を中東諸国や中央アジア諸国に提供する自治区として注目されている。このように、現在、寧夏回族自治区は西部大開発の拠点のひとつとして期待されているが、本章では現在の寧夏にあたる地域にイスラームがいつごろ、どのように伝播・拡大したのか、回族のエスニシティに見られる特徴、寧夏回族自治区銀川市の地理環境、清真寺の分布状況、回族集住地区の基本状況などを解説する。

第1節　中国におけるイスラームの伝播と土着化

1　イスラームの伝播・拡大と「回民」の形成

イスラームが中国に伝播した時期をめぐって学術界には様々な見解があるが、現時点では唐代のムスリム使節団の来訪（651年）が最も有力な説であると考えられている。唐代以降、中国東南の沿海部（例えば現在の福建省、広東省）を中心に外来ムスリムが移住し、モスクを建設し、「寺坊」、「教坊」などと呼ばれた独自の「共同体」を形成した［白寿彝 1983；楊懐中 1991；田坂 1964；中田 1971：20；

101

第1部　現代中国の民族・宗教・社会主義

王伏平・王永亮 2003：2]。例えば、唐の都長安をはじめとし、沿海部の揚州、広州などの交易都市に「蕃客」、「蕃商」、「胡商」などと呼ばれたムスリムが海路で移住し、香料・薬材・玉・象牙などを販売していた［王伏平・王永亮 2003：4, 9-11]。ただし、唐代に来華した外来ムスリムはごく一部にすぎず、中国において外来ムスリムが増加した時期は宋代・元代以降のことである。宋代には中央アジアでカラハン朝がイスラーム化し、また、カラハン朝が宋に使節団をしばしば派遣したことにより、テュルク諸語を操るムスリムが陸路で中国西北へ移住するようになり、海路・陸路での外来ムスリムの往来は途絶えることはなく、広州、開封、泉州、杭州などに居住区を形成した。また、ムスリム商人は西アジアや中央アジアだけでなく、中国にも商業網を拡大し、当時、広州、泉州は東西交易の中心地で、市場を独占するほどの大きな影響力をもっていた［田坂 1964；中田 1971]。

　モンゴル人クビライ・ハーンが大元ウルス（元朝）を成立させると、中央アジアや西アジアからやってきた色目人が中国各地で官僚、軍人、商人、学者、工匠など数々の身分で重用されたが［王伏平・王永亮 2003：16]、色目人のなかにはムスリムが多く、元朝期に外来ムスリムが中国各地に分散し、定住化が進んだ[53]。これらのムスリムは「回回」と呼ばれ、漢人より高い政治的地位にあった。例えば、雲南を支配したサイイド・アジャッルという官僚は中央アジアのブハラ出身のムスリムであった。歴史学者の中田吉信によれば、元代の来華ムスリムの人口は数十万を超えることはなかったのではないかと考えられている［中田 1997：84]。

　明朝を興した朱元璋がモンゴル人を北方へ追いやると、モンゴル人に仕えていたムスリムたちは中国大陸に留まらざるをえなくなり、中国社会に統合・吸収されることとなった[54]。明代に色目人同士の内婚が禁止され、また、色目人の民族衣装の着用も禁止された。その結果、外来ムスリムたちは漢人を結婚相手に選び、漢語・漢字を使用せざるをえなくなった。中華世界に残った外来ムスリムたち（その容貌は「象鼻猫睛」と漢語で形容されていた［中田 1989：102]）は

53) このことから「元時回回遍天下」と言われる［王伏平・王永亮 2003：16]。
54) 朱元璋に関する中国ムスリムの伝承の信憑性について中田［1989］が詳細に検証している。なお、明代に外来ムスリムの「漢化」が進んだとはいえ、洪武年間から天啓年間にかけて西域諸国からムスリムが派遣されており、外来ムスリムの入華が明代以降も継続したことには留意する必要がある［田坂 1964：1057-1061]

第1章　中国西北のイスラームと寧夏回族の社会生活

漢人との異文化接触を経験しながら中国社会に根付き、「回回」と呼ばれるようになった。このように、来華した外来ムスリムは「漢化」によって土着化したのであった。

　ここまでは一般的な説明であり、中国イスラームの定着に関しては地域によって大きな差異が見られることに注意せねばならない[55]。例えば、華北地方にくらす回族の遠い祖先はその大部分が海路で華南・華東に移り住んだ外来ムスリムであり、外来ムスリムおよびその末裔が華南・華東の沿海部から北上し、華北に移り住み、華北回族の母体が形成されたと考えられている。河北省の大廠や滄州などの地方史を参照すればそのことがよくわかる。河北省大廠の場合、朱棣が建文帝から政権を奪取し、都を南京から北京へ移した際、数多くの回民が移住したと言い伝えられている［楊宝軍 2002：4］。華南・華東から華北への回民の移住は西北回民の祖先が主に元代に中央アジアや西アジアから陸路で移住した現象とはあきらかに異なり、そのことは西北回民と内地回民の民族形成が根本的に異なることを示している。

　満洲人が支配階級となった清代には甘粛、陝西、河北、雲南などの各地に回民は広く分布していた。中国各地に分布した回民は、漢人改宗者との通婚、経済的な理由による異民族の養取などによって自集団を拡大したと考えられている。例えば、旱魃や飢饉などの災害が発生した際、経済的に裕福な回民が漢人下層民の子どもあるいは村全体を買い取ったという記録がある[56]。そのほか、漢人の自発的な改宗、反乱時の強制改宗、中央アジアからのムスリムの移住なども回民の人口増加の要因となった［中田 1971：24-25］。

　清朝政府は当初、回民の慣習を尊重していたが、地方政府の官僚が紛争処理の際に回民に不利益となる処置をとる事例が増加するにつれて、清朝と回民のあいだで緊張が高まるようになった［片岡 1992：20-21；中田 1971：61-62］。その代表例が西北地方や雲南省で発生した回民蜂起である。例えば、1781年、甘粛でスーフィー教団をめぐる争いがムスリム内部で発生し、それが武装蜂起に

---

55) 例えば、雲南省昆明市の南城清真寺には、文革初期に発見されたアラビア語碑文にアラブの長老が唐代に移住したという伝承が記されていたという［中田 1997：161］。

56) 清朝末期の義和団事件の後、内モンゴルの包頭やフフホトに売りとばされたキリスト教徒の子どもを回民が買い取った事例が報告されている。そのほか、フランス人調査団の報告によれば、中華民国期の甘粛には回民が旱魃に苦しむ漢人から多くの子どもを買いあげた事例があったという［中田 1971：28-29］。

103

第1部　現代中国の民族・宗教・社会主義

発展したことがある。1854 年には雲南で回民と漢人とのあいだに衝突が発生
し、地方官僚が回民を虐殺すると、1856 年、杜文秀（回民）が武装蜂起をおこし、
大理を拠点に政権を樹立した。1864 年には、陝西で発生した回民と漢人との
衝突が清朝政府に対する武装蜂起にまで発展した。寧夏では馬化龍、甘粛では
馬占鼇、新疆ではヤアクーブ・ベグがそれぞれ武装蜂起を起こした[57]。清朝
はムスリムの蜂起を強大な軍事力によって鎮圧し、大量虐殺、強制移住、移動
の制限などをムスリムに対して強行し、19 世紀後半の回民蜂起の鎮圧後、ム
スリムに対する清朝政府の監視や統制が本格化した［片岡 1977；中田 1971：73-
74]。

　辛亥革命の後、中華民国が成立したが、中国国内は混乱状態にあり、西北地
方では回民の軍閥が割拠した。例えば、甘粛省出身の馬占鼇（回民）は回民蜂
起や義和団事件に際して清朝政府の制圧に協力し、その功績を評価され、中華
民国成立後も馬姓回民の軍閥は勇猛果敢な騎兵隊を擁し、西北地方に軍事的・
政治的勢力を拡大することができた［中田 1994：178-179］。寧夏では馬福祥・馬
鴻逵、青海では馬麒・馬歩芳、甘粛では馬安良が為政者として君臨した。回民
軍閥の支配は中華人民共和国成立の直前まで継続し、回民軍閥たちは中国国民
党、中国共産党、日本軍とのあいだで政治的駆け引きを展開した。なお、回民
軍閥に関しては彼らの横暴な政治が注目される傾向にあるが（特に中華人民共和
国の歴史研究では）、回民軍閥は本人たちが回民であり、西北地方でイスラーム
の教育・文化事業を積極的に保護したことに注意する必要がある（詳細について
は第 2 章で述べる）。

2　寧夏回民の起源と形成

　ここからは寧夏におけるイスラームの伝播と外来ムスリムの定住について説
明する。寧夏の歴史を遡ると、唐代末期、寧夏南部が東西交易の通過点だった
ため、ムスリム商人が陸路で河西回廊から現在の甘粛省武威、景泰、靖遠、現
在の寧夏の海原、固原などを通過し、長安（現在の西安市）へ向かっていたとい
う［丁国勇（主編）1993：15］。また、「霊州回回」の説という伝承によれば、唐

57）清朝政府に征服されたテュルク系ムスリムについては佐口［1995］、新免［1997, 2003］、王柯［1995］
　などを参照されたい。

代、安史の乱の際に平定に尽力した大食国の兵士らが定住したといわれているが、正確には回紇であって大食ではない。しかも回紇はムスリムの国ではない。このように、どの説も詳細を確証しづらく、外来ムスリムの往来を根拠としてイスラームが寧夏全土に定着・拡大したとは考えるのは早急であろう。「回回」の使節が西夏国の都興慶府（現在の銀川市）を訪問したという記録もよく指摘されるが［王伏平2008：5］、寧夏に外来ムスリムが多数移住し始めた時期は元代であると考えられている。その理由は、モンゴル軍が西夏国を滅ぼした後、1291年、「回回軍」が甘粛一帯（寧夏を含む）に駐屯し、土地を開墾したという記録である［丁国勇（主編）1993:17］。このほか、現在の陝西一帯を支配したフビライ・ハーンの孫アーナンダが自分の部下（15万人）とともにイスラームに改宗したという説が紹介されるが［王伏平2008:7］、その詳細については解明されていない。

　ただし、元代に入ってから外来ムスリムが寧夏一帯に数多く定住したと判断するのは妥当ではないかと中国の学術界では一般に考えられている。「元時回回遍天下，及是居甘粛者尚多」、「甘粛地近西域，多回回雑処」と歴史書に記述されていることを根拠とし、元代に寧夏にも西域から外来ムスリムが数多く移住したのではないかと推察されている。清朝初期には寧夏の永寧、平羅、同心、豫旺、霊州、金積、呉忠、固原などに回民の集住区が形成されており［丁国勇（主編）1993：17-18］、おそらく元代から明代にかけて寧夏の中部・南部を中心に外来ムスリムが各地に移住したのであろう。

　このような外来ムスリムの移住・定住をふまえると、寧夏では外来ムスリムは南部から北部へ拡大した可能性が高い。例えば、元代の著名な官僚サイイド・アジャッルの子ナスル・アル＝ディーンが陝西一帯を支配し、ナスル・アル＝ディーンの子孫が陝西や寧夏に定住したという記録がある［李楷順・余振貴1984：105］。特にナスル・アル＝ディーンの子孫が銀川市永寧県付近に定住し、明代に納姓回族が中心となって納家戸村を形成したことは銀川市の回族のあいだで語り継がれており、また、学術界でも有力な説として注目されている［Gladney 1991：133］。推測の域を出ないが、おそらく現在の銀川市付近では明代以降、永寧県の納家戸村を一大拠点として、「回回」が近隣地域に移住・分散・定住したのではないだろうか。現在でも永寧県出身の納姓回族は銀川市の中心地に多数居住しており、永寧県から銀川市の中心地に向かって回族が移住した

第1部 現代中国の民族・宗教・社会主義

ことは十分に予想できる。

　また、銀川市付近に現存する最古の清真寺の建設時期を参照してみよう。納家戸村の清真大寺の建設時期は明代嘉靖3年（1524年）と記録されていることから、16世紀半ば以降に回民の村落が形成されたと十分に考えられる。銀川市の中心地については納家戸村からの移住者とは別に、明代永楽帝の時代に回紇礼拝寺が建設されたという記録があり、納家戸村の清真大寺より早く礼拝寺（清真寺）が建設されていた。「回紇礼拝寺　在城内寧靜北，震災後盡坍。回回重建殿宇，巍煥工麗，正殿供萬歳牌，不設別像。毎逢七日，回回倶到寺中礼拝，白布裹首，去鞋，口喃喃誦番経」［汪繹辰（編修）2000（1755）：120］。回紇礼拝寺は銀川市旧城区の寧靜寺の北側に建設されたが、その後、おそらく中華民国期以降に消失してしまったらしく、現存しない。回紇礼拝寺が銀川市では最古の清真寺であったはずであり、永楽帝の治世に銀川市の中心地に清真寺が建設され、その周囲に回民が集住していたのではないかと考えられる。残念ながら、銀川市一帯の回族の歴史に関しては、地方誌には部分的に記載されることがあるが、詳細な調査・研究はほとんど実施されていない。

3　中国イスラームの伝統教育と「教派」の形成

　明代以降、「回民」と呼びうる集団が形成されたが、外来ムスリムが中国に定住し、漢人との通婚によって土着化すると、中国独自のイスラームの知的伝統が形成された。それは「経堂教育」と呼ばれ、16世紀後半に陝西で創始されたイスラーム教育方式である。詳細については現時点でも解明されていないが、モスクのなかで特定の教師が複数の弟子を受け入れ、アラビア語やペルシア語の「経典」が使用され、イスラーム諸学の研鑽がなされたと考えられている［中西2013：21-25］。明末の17世紀から漢語のイスラーム文献が中国で著述・出版されるようになり、華東や西南を中心に漢語典籍が積極的に使用されるようになった。

　中国に伝播したイスラームは大部分がスンナ派で、法学派はハナフィー派であるというのが一般的な見解である（タジク族だけがシーア派を信奉している）。回族の人々は基本的にはスンナ派でハナフィー法学派に属すが、実際はハナ

第1章　中国西北のイスラームと寧夏回族の社会生活

フィー法学派以外の「経典」[58]も清真寺のなかで使用されており（伝統的なイスラーム教育にはペルシア語文献が多い）、儀礼にはシーア派やペルシア文化の要素も確認される[59]。それとは別に、改革開放政策の導入後、アラブ諸国（例えば、サウディアラビア）へ留学した人々のなかにはハンバル法学派に従う人々も存在し、法学派に関しては必ずしも一様ではなく、実情は複雑化している。

歴史学者の佐口透が「中国イスラムには教派という特殊な現象が存在している」[佐口 1969:1]と指摘したように、中国イスラームの形成過程で「教派」（jiaopai）という学派とも呼びうるサブ・グループが数多く誕生したことに留意する必要がある。イスラームが中国に伝播した時期・時代や経路・地域が多様であったため、中国イスラームの内実は均質的ではない。一般的な分類に従えば、「教派」の内訳は、(1)カディーム派、(2)スーフィー教団のフフィーヤ派、ジャフリーヤ派、カーディリーヤ派、クブラウィーヤ派、(3)西道堂、(4)フワーン派、(5)サラフィーヤ派となる。

それぞれの「教派」の特徴を整理しておこう。(1)カディーム派は中国で最も古く、イスラームの「経典」でも儀礼実践でもアラブ、ペルシアの要素が濃厚だといわれている。回族のなかでは最も一般信徒が多い。特に東北・東部・南部など。(2)スーフィズムは元代に中国に伝播していたが組織化されておらず、17世紀後半にナクシュバンディー教団による布教を契機に青海、甘粛、寧夏一帯でスーフィー教団の組織化が始まった。(3)西道堂は19世紀末頃に甘粛のフフィーヤ派の宗教指導者によって創始された。思想上はカディーム派やスーフィー教団との共通点が多いが、独自の共同財産制を実施した点が大きく異なる。(4)イフワーン派は19世紀末頃、メッカ巡礼者によって甘粛で提唱されたイスラーム改革を支持する一派で、クルアーンとハディース（預言者ムハンマド伝承録）によって従来のイスラームのあり方を刷新する人々である。ワッハーブ派の影響が見られるが、ワッハーブ派がハンバル法学派であるのに対し、イフワーン派はハナフィー法学派である。(5)サラフィーヤ派は1930年代後半頃、イフワーン派から分派した一派で、メッカ巡礼者によって甘粛で提唱され、イ

---

58) 本書では従来の中国イスラーム研究の慣例にしたがい、中国イスラームの宗教関連書籍を「経典」（jingdian）という用語で表現することにした。

59) ここでいうシーア派的な要素とは、ヒジュラ暦1月10日の「阿舒拉節」（Ashulajie, アーシューラー）、8月の「白拉提」（Bailati, バラーアという贖罪儀礼）、9月14日の「法図麦節」（Fatumaijie, 預言者ムハンマドの娘ファーティマを称える行事）などを指す。

107

第1部　現代中国の民族・宗教・社会主義

フワーン派を含む既存の「教派」を改革対象としている。イフワーン派よりワッハーブ派の思想に近い。

　最初に中国へ伝わったとされるカディーム派は中国各地の主流派であったが、17世紀にスーフィズムが中央アジアから流入すると、西北地方を中心に数多くの「教派」が形成された。カディーム派とスーフィー教団とは必ずしも敵対関係にあったわけではなく、長らく共存してきたが、19世紀末頃にイフワーン派が登場すると、「教派」をとりまく事態が一変した。なぜならイフワーン派は既存の「教派」（カディーム派、スーフィー教団）を攻撃対象とし、イスラーム改革を提唱したからである（イスラーム改革については第5章で詳述する）。その結果、カディーム派やスーフィー教団のなかにはイフワーン派に「改宗」した者が現れ、「教派」間のパワーバランスに大きな変化が発生した。このような「教派」間の緊張関係は現在も存在し、時期や地域によっては深刻な社会問題に発展することもある。

　このように、中国イスラームには「教派」間の差異が際立っているが、中国イスラーム全体に共通する特徴が見られることに注意する必要があろう。中西の整理によれば、共通特徴はハナフィー派絶対主義、スーフィズム理論（特に存在一性論の浸透）、ペルシア語文化の影響である［中西 2013：38］。ハナフィー派絶対主義とは、「ハナフィー派学説にもとづいて宗教儀礼の正しさを追求すること」を指し、「ハナフィー派法学にのっとった典礼を実践しているか否かは、ほとんどイスラームを信仰しているか否か、あるいはムスリムであるか否か、と同義であった」［中西 2013：40］。スーフィズム理論に関しては、スーフィズム関連書籍が少なくとも清朝末期まで中国各地のモスクの伝統教育において広く使用されていたことから、スーフィズムの思想や理論が伝統教育を通じて教授・継承されていたと考えられる。また、中国イスラームにおいて伝統的な「経典」とされる13種類の文献（十三部経）のうち、5種類の文献がペルシア語文献であり、西アジア・中央アジア・南アジアのペルシア語文化の影響も確認されている［佐口 1948：34；中西 2013：59-60］。

第2節　現代中国の回回民族

それでは、本節では、中華人民共和国に居住するムスリム少数民族の概況を整理し、回族というムスリム少数民族の特徴を指摘しておきたい。

1　現代中国のムスリム少数民族

中国共産党は建国以前から中国領内のムスリムに対する民族理論および民族政策を仔細に検討していた［民族問題研究会（編）1980：96-113；松本ますみ 1999：313-316］。1930年代後半、延安にいた中国共産党の党幹部らは中国領内の回民をひとつの「民族」（minzu）として認定するかどうかを議論し、最終的に「回族」（回回民族の略称）という少数民族の存在を容認することとした。詳細については第2章で述べるが、中国共産党は、中国国民党が中国領内の少数民族に対する優遇政策を実質的には効果的に施行できていなかった状況をふまえ、中国領内の少数民族の存在を肯定的に受けとめ、少数民族の支持を獲得しようとしたのである。1949年の中華人民共和国の成立後、中国共産党は民族識別工作を専門家に命じ、漢族と少数民族の調査を実施させたが、中国領内のムスリム少数民族は10の少数民族として整理されることとなった。

中国ムスリム少数民族の内訳は、テュルク系諸言語を話すウイグル族、カザフ族、クルグズ族、ウズベク族、サラール族、タタール族、イラン語系言語を話すタジク族、モンゴル語系諸言語を話す保安族、東郷族、漢語を話す回族となっている。テュルク諸語やイラン語系言語を話す少数民族の大多数は西北地方の新疆ウイグル自治区に多く、モンゴル語系諸言語を話す保安族、東郷族、テュルク系言語を話すサラール族は甘粛省、青海省に居住している。中国ムスリム少数民族のうち、回族のみが中国各地に分散して生活している。中国ムスリム少数民族の総人口は、2000年第5回人口センサスによれば、2032万人（20,320,580人）となっており、その内訳は回族（9,816,805人）、ウイグル族（8,399,393人）、カザフ族（1,250,458人）、東郷族（513,805人）、クルグズ族（160,823人）、サラール族（104,503人）、タジク族（41,028人）、ウズベク族（12,370人）、保安族（16,505

第1部　現代中国の民族・宗教・社会主義

人)、タタール族 (4,890 人) である (中国イスラーム教協会ホームページ[60])。ムスリム少数民族の多い省・自治区を列挙すると、(1)新疆ウイグル自治区 (自治区の 57%)、(2)寧夏回族自治区 (自治区の 33%)、(3)甘粛省 (省の 6%)、(4)河南省 (省の 1.05%)、(5)青海省 (省の 17%)、(6)雲南省 (省の 1.5%)、(7)河北省 (省の 0.8%)、(8)山東省 (省の 0.5%)、(9)安徽省 (省の 0.5%)、(10)遼寧省 (省の 0.6%) となっている。この人口分布から中国西北にムスリム少数民族が集中していることがわかる。

表 1-1　中国ムスリム少数民族の人口推移 (単位：万人)

民族名	1953 年	1963 年	1982 年	1990 年	2000 年
回族	355.93	447.31	722.84	860.30	981.68
ウイグル族	364.00	399.63	596.35	721.44	839.93
カザフ族	50.94	49.16	90.75	111.17	125.04
東郷族	15.58	14.74	27.95	37.39	51.38
クルグズ族	7.09	7.02	11.34	14.15	16.08
サラール族	3.07	3.47	6.91	8.77	10.40
タジク族	1.45	1.62	2.66	3.35	4.10
ウズベク族	1.36	0.77	1.22	1.45	1.23
保安族	0.50	0.51	0.90	1.22	1.65
タタール族	0.69	0.23	0.41	0.49	0.48
合計	800.62	924.46	1,461.33	1,759.73	2,032.05

出典：張天路・宋伝昇・馬正亮 [1991：11]、Gladney [1998：32]、中国イスラーム教協会 HP

　　ただし、先行研究ですでに指摘されているように、中国政府の統計資料には数値が不正確な箇所が少なくない。現代中国の人口統計調査からは民族戸籍にもとづく住民の基本状況はある程度は把握できるが、宗教信仰の有無や公認宗教の信者数などについては確認できない [Gladney 1991:32]。つまり、実情として、ムスリム少数民族のなかには、イスラームを放棄し、マルクス・レーニン主義を信奉する者 (無神論者) が存在しており (多数派ではないが)、現行の人口統計調査のデータはムスリム少数民族のなかの無神論者を含んだ数字となっている。その一方、ムスリム少数民族と結婚するためにイスラームに改宗した非ムスリム少数民族が少なからず存在するが (特に、歴史上、回民と結婚するためにイスラームに改宗した漢人は少なくなかった)、非ムスリム少数民族のイスラーム改宗者はムスリム少数民族には含まれない。その代表例が漢族ムスリムであるが、彼らは

---

　60)　中国イスラーム教協会のホームページ (http://www.chinaislam.net.cn/cms/whyj/yslgk/201205/21-59.html) に明記されている (2016 年 8 月 31 日最終閲覧)。

第1章　中国西北のイスラームと寧夏回族の社会生活

イスラーム改宗を契機に自分たちの民族戸籍を変更することはできない。漢族ムスリムの民族戸籍はあくまでも漢族の民族戸籍のままである。このほか、内モンゴル自治区にはモンゴル・ムスリム（ホトン）というモンゴル族のムスリムが居住するが、彼らの民族戸籍はモンゴル族の民族戸籍である。このように、中国政府の統計資料の2,032万人という数字はイスラームの信者数（ムスリム人口）をそのまま反映しているわけではない。

2　回族のエスニシティ

　現代中国のムスリム少数民族のなかでは回族の人口が最も多く、また、回族は他のムスリム少数民族とは異なり、中国各地に分散している。このような人口分布の特徴をふまえ、回族の居住分布は「大分散、小集中」（全国各地に分散し、小地域に集中する）としばしば称される。表1-2の統計資料によれば、現在、回族は、寧夏回族自治区、甘粛省、河南省、新疆ウイグル自治区、青海省、雲南省、河北省などに集中していることがわかる。西北地方に回族が多い主な理由は、外来ムスリムが主に元代に陸路で中国西北に数多く移住したことによる。全体としては、回族の人口が多い地域は西北地方であるが、河南省、雲南省、河北省、山東省などの地域、いわゆる「内地」（西北地方以外の地域）にも回族が多いことに留意する必要があろう。実は、「内地」はイスラームが西北地方よりいちはやく伝播した地域であり、唐代・宋代以降、ムスリム商人が沿海部の港町を中心に数多く移住・定住していた。ただし、現状としては、華南地方の回族には明代以降にイスラームを放棄し、「漢化[61]」（Hanhua）してしまった人々が増加しており、イスラームを信仰していない回族の人々の存在がよく指摘される。

表1-2　中国省別の回族人口（単位：人, %）

行政区	回族の人口	回族総人口に占める割合（%）
寧夏回族自治区	1,862,474	18.97
甘粛省	1,184,930	12.07
河南省	953,531	9.71
新疆ウイグル自治区	839,837	8.56
青海省	753,378	7.67
雲南省	643,238	6.55

61）本書では「漢化」を「漢族に同化する」という意味で使用する。英語では "hanification" に相当する。一方、漢文化を受容しつつも同化しない場合、「華化」（sinicization）という用語を使用する。

111

第1部　現代中国の民族・宗教・社会主義

河北省	542,639	5.53
山東省	497,597	5.07
安徽省	337,521	3.44
遼寧省	264,407	2.69
北京市	235,837	2.40
内モンゴル自治区	209,850	2.14
天津市	172,357	1.75
貴州省	168,734	1.71
陝西省	139,232	1.41
江蘇省	132,582	1.35
吉林省	125,620	1.27
黒竜江省	124,003	1.26
四川省	109,960	1.12
福建省	109,880	1.11
湖南省	97,368	0.99
湖北省	77,759	0.79
山西省	61,690	0.62
上海市	57,514	0.58
広西チワン族自治区	32,512	0.33
広東省	25,307	0.25
浙江省	19,609	0.19
重慶市	10,064	0.10
江西省	9,972	0.10
チベット自治区	9,031	0.09
海南省	8,372	0.08
合計	9,816,805	100

出典：第5回人口統計調査（2000年）

　現在、中国では少数民族の集住地域には「民族自治地方」として認定され、「区域自治」を法的に保障される地域がある[62]。例えば、「回族」という名称が付与された「民族自治地方」は、寧夏回族自治区、新疆ウイグル自治区昌吉回族自治州、同自治区焉耆回族自治県、甘粛省臨夏回族自治州、同省張家川回族自治県、青海省門源回族自治県、同省化隆回族自治県、河北省孟村回族自治県、同省大厂回族自治県、雲南省巍山彝族回族自治県、同省尋甸回族彝族自治県、貴州省威寧彝族苗族回族自治県である。寧夏回族自治区は「回族」という民族名称が付与された唯一の「自治区」であり、非常に珍しい「民族自治地方」であると言えよう。2000年の西部大開発以降、中央・地方政府は寧夏回族自

62) 一般に、「民族区域自治」においては少数民族の人口が集中する地域に対し、行政・司法・立法上の優遇政策が一定の制約のもとで適用されることを意味し、特定の少数民族に対して自治権が付与されるわけではない。「民族区域自治」の問題点については序章で説明した。

112

治区を国内外のムスリムに対する宣伝工作の重要拠点のひとつとして認識しており、中国ムスリム少数民族の生活実態を探るうえで寧夏回族自治区は貴重な情報（事例）を提供してくれる。

　それでは、寧夏回族自治区に暮らす回族の人々にはどのような特徴が見られるのであろうか。まず、回族の日常言語について簡単に説明しておこう。回族は、他のムスリム少数民族とは異なり、独自の民族言語・文字を持っておらず、日常生活で漢語を使用する。つまり、回族の母語は漢語である。しかし、だからといって回族の漢語にまったく独自性が見られないわけではない。回族の人々が使用する漢語の語彙には、「経堂語」、「回民話」、「回回話」などのように呼ばれる特殊な民俗語彙がある。この民俗語彙はアラビア語、ペルシア語、トルコ語などの非漢語の語彙、古典漢語の語彙などから構成され、回族独自の民俗語彙として現在でも使用されている（東郷族、サラール族、保安族も日常生活では使用する）。例えば、「色蘭」（アラビア語のアッサラーム・アライクム，あなたに平安あれ）、「知感真主」（アラビア語のアル＝ハムド・リッラー，アッラーに讃えあれ）、「安拉」あるいは「真主」（アッラー）、「那麻子」（ペルシア語のナマーズ，礼拝）、「口到」（お召し上がりください）、「尼卡」（アラビア語のニカーフ，結婚）、「帰真」（逝去）、「埋体」（アラビア語のマイイト，遺体）、「多斯提」（トルコ語のドースト，友人）、「黒牲口」（豚）などは回族のあいだで広く使用されている。回族の民俗語彙は漢族にはまず通じない。このような民俗語彙は回族の祖先が外来ムスリムとその末裔であることを如実に物語っていよう[63]。なお、回族の民俗語彙には出身地、年齢層、家庭環境などによって差異が見られ、特に「内地」と呼ばれる西北以外の地域では、都市部を中心として、民俗語彙を知らない回族の人々が増えつつある。

　次に、回族の民族衣装に目を向けてみよう。現在、回族の民族衣装は基本的には漢族の衣装とほとんど変わらない。すでに述べたように、明代以降、外来ムスリムとその末裔が中華世界に定住・土着化したことによって回民が形成された。このため、明代以降、回民は周囲の漢人とほぼおなじ衣装を着用していた。それは中華民国期以降も変わらず、回民は中山服（人民服）や西洋の服装

---

63) このほか、「小児錦」と呼ばれる文字がある。この文字は、アラビア文字やペルシア文字を使用して漢語の発音を表記する文字転写の方法である。主に清真寺のなかで教授された特殊な転写方法である。なお、1949年以前、西北地方を中心として、漢文化の学習が「漢化」をもたらすものとしてムスリムのあいだで忌避されることがあった。地域によっては漢語よりもアラビア文字の習得が重視されていたのであろう。このような地域では「小児錦」が重宝された。

113

を着用してきた。しかしながら、伝統衣装がまったくないわけではなく、「白帽」（*baimao*）、「回回帽」（*Huihuimao*）、「礼拝帽」（*libaimao*）と呼ばれる男性用の民族帽子、「蓋頭」（*gaitou*）という女性用の被り物（ヴェールのようなもの）などが日々の礼拝、金曜礼拝、年中行事などのときに着用される。もちろん普段から毎日着用する人々もいる。

回族の男性が着用する帽子の素材は基本的には綿が多く、絹は忌避される。伝統的な民族帽子としては白い帽子が一般的であるが（写真1-1）、改革開放期

写真 1-1　回族男性の白帽（2003年寧夏回族自治区銀川市で撮影）

に民族用品の輸出入が活発になると、白色だけでなく、黒色、青色など様々な色や形の帽子が生産されている。また、清真寺の宗教指導者、寄宿学生、メッカ巡礼者たちは民族帽子とは別に、「戴斯塔爾」（*dasitaer*）というイランのダスタールに由来するターバンを頭に巻きつけることが多い（写真1-2）。ダスタールの色、柄、素材、巻き方などは多様であり、一般的にはカディーム派とスーフィー教団はダスタールの色や巻き方が似ており、イフワーン派とは少し違いがみられる[64]。サラフィーヤ派の人々はダスタールよりもアラビア半島起源のイマーマを意識的に着用する。一方、回族の女性が着用するヴェールは「蓋

---

64) カディーム派やスーフィー教団ではペルシア起源とされる巨大な白いダスタールが着用されることが一般的である（イランのイスラーム学者らが着用するターバンと非常に似ている）。これに対し、イフワーン派ではアラブ起源とされるダスタール（黄色、赤色、青色など）を頭部に密着させて巻きつける（写真1-2の中央に立つ宗教指導者）。

第 1 章　中国西北のイスラームと寧夏回族の社会生活

写真 1-2　回族男性（中央の男性）のダスタール（2003 年寧夏回族自治区銀川市で撮影）

写真 1-3　回族女性の蓋頭（2003 年寧夏回族自治区銀川市で撮影）

頭」（*gaitou*）と呼ばれている。「蓋頭」の起源は西アジアのヒジャーブであり、中国では独特の形状にアレンジされている。女性の頭の先端から耳、襟元を覆い、顔を露にするデザインである（写真 1-3）。西北地方では、未婚の女性は緑色、既婚者は黒色、既婚者で孫が生まれると白色の「蓋頭」を着用する（「蓋頭」の下には女性用の「白帽」を被る）。改革開放政策の導入後、国外から様々なデザインや素材のスカーフ、ヒジャーブ、近年はニカーブまでもが中国国内で模倣・

115

第 1 部　現代中国の民族・宗教・社会主義

写真 1-4　ジュッバ（長衣）（2004 年寧夏回族自治区銀川市で撮影）

生産・販売されており、ヴェールのデザインや着用方法は目覚ましく多様化している。被り物のほか、伝統的な服装としては、男女とわず、体のラインが目立たない服装が好まれる。例えば、男性の場合、「准拝」（語源はアラビア語のジュッバ、漢語では「長袍子」ともいう）という長袖でロング丈の外套が清真寺に通う人々のあいだで着用される（写真 1-4）。ゆったりとした外套は色も柄も簡素で、派手な柄や色は見られない。偶像崇拝に結びつけられやすい人物画・動物画が描かれたものも忌避される。寧夏回族自治区銀川市の清真寺で「回族男性の場合、赤色の衣類を着用しない」と聞いたことがあるが、これは現代中国の文脈では赤色が共産主義を象徴するから忌避されるからであろう。

　回族の外見上の特徴や服装は漢族とほとんど変わらないが、イスラームの規範にのっとった食生活には際立った特徴が見られる。基本的には、回族の大多数はムスリムであり、イスラームの食の規範を遵守するよう努める。普段は礼拝をほとんどおこなわない人たちでさえもイスラームの食の規範（例えば、豚肉の禁忌）に注意を払う。回族の祖先にあたる「回回」や「回民」はイスラームの食の規範を遵守しながら周囲の漢人から中華料理の文化要素を吸収した結果、非常に個性的な中華料理を創り出した。それが「清真菜」という中国のハラール料理である。代表的な料理としては、八宝茶（クコの実、胡桃、胡麻、棗、茶葉などを入れたブレンド茶）（写真 1-5）、油香（揚げパン）（写真 1-6）、香辛料をふんだんに使った羊肉料理などがあげる。このような「清真菜」は日常生活のなかでつ

写真 1-5　八宝茶（2014 年寧夏回族自治区銀川市で撮影）

写真 1-6　油香（2014 年内モンゴル自治区フフホト市で撮影）

ねに調理・摂取されるせいか、伝統衣装のように改変されておらず、伝統的な調理方法は損なわれず、継承されている（ただし、1950 年代以降の社会主義改造によって中国各地で回族の資本家が打倒された結果、伝統的な飲食店の老舗が営業を停止させられたことは大きな痛手であった）。

　ここまで見たように、回族の遠い祖先が外来ムスリムとその末裔であることから、回族の生活様式はイスラームの規範と密接な関係がある。生活言語（儀礼用語も含む）、伝統衣装、食の規範などだけでなく、遅くとも 1950 年代後半以

第 1 部　現代中国の民族・宗教・社会主義

前、回民（回族）の職業構成にも大きな特徴が見られたことは先行研究で指摘されている。例えば、1939 年代に満洲国・北京・内モンゴルを訪問した小林元は回民の職業について次のように報告している。

　　かれらを職業的に分類すれば、おほづかみに、牛羊肉業者、屠殺業者、運
　　送業者、旅館業者、皮革業者、珠玉宝石業者、飲食店経営者、菓子業者、浴
　　場業者、果実野菜業者、薬種業者、両替商人、雑貨業者、船頭、車夫、馬方、
　　擔夫、兵士、その他などとなる［小林元 1940：273］。

　小林はトルコ語の研究者であって回民の専門家ではないが、日本軍占領地の清真寺および回民集住区を訪ね歩き、当時の様子を丹念に観察しており、小林の指摘は的外れではない。例えば、日本軍占領下の内モンゴルで回民を調査した歴史学者の岩村忍は「回民の主要な職業は、輸送業、仲買業、飲食業、旅館、肉業、皮革業などであった」と記録している［岩村 1950：22-23］。歴史学者の今永清二によれば、清真寺の管理責任者らの職業は「農業、家畜業、鞍轡業、馬業、駝業、皮毛商、牙紀、飯館業、飲食業、大車業、点心業、煤業、肉業、屠戸、塩商、雑貨商、果実商、洋貨商、石灰商、糧商、油塩商、小商販、牛乳商、材木商、書記、散班阿訇、教師、医師」などであった［今永 1966：80］。このように、1949 年以前の場合、回民の伝統的な職業として広く共有されていた職種があったことは間違いない（ただし、西北地方の場合、外来ムスリムの屯田兵が土地を開墾した結果、回族のなかに農耕民が多いことに留意する必要があろう）。

　1950 年代に社会主義改造が中国各地で強行されると、回族の伝統職業は全般的に社会主義の経済計画によって「改革」され、伝統職業の多くを現在確認することは非常に困難である。地域差はあるが、特に 1950 年代・60 年代に「民族資本家」として批判された回族の企業家には運送会社、飲食店、屠畜業などを営んで財を成したものが少なくなかった（例えば、寧夏の呉忠回族の商人、内モンゴルの駱駝業者）。中国全土で有名な乳製品メーカーに伊利実業集団があるが、この会社の前身は内モンゴル自治区フフホト市にくらす回族の酪農家たちの「養牛合作小組」（1956 年設立）で、白姓回族を中心とした酪農家たちが母体となっていたのである。このように、1950 年代後半以降、事業種類や営業形態など

第1章　中国西北のイスラームと寧夏回族の社会生活

が社会主義改造によって「改革」された事例は少なくない。

3　回族の伝統儀礼

　回族の伝統職業は社会主義改造によって大きな打撃を受けたが、イスラーム
の宗教儀礼、年中行事、通過儀礼などに関しては改革開放期には正常に実施で
きている。本項の最後に、回族のイスラームとエスニシティの関連性を指摘し
ておきたい。その前にここで参照しておきたいのが社会主義国家であったソ連
のムスリム少数民族に関する報告である。歴史学者の山内昌之はソ連時代でさ
えもムスリム少数民族のイスラームとエスニシティが分かちがたく結びついて
いることを指摘した。山内によれば、旧ソ連のムスリム少数民族の帰属意識（独
自性のリズム）は「とりわけイスラムを介して感じとられる。イスラムにもとづ
く独自性のリズムは、狭い宗教信仰の枠をこえて、生活様式・道徳的価値・慣
習・伝統の広領域にまたがって放射」しており［山内 1995：325-326］、ムスリム
少数民族のエトノスはイスラームにもとづく独自性のリズムのなかで再生産さ
れるという。共産党政権下であってもイスラームという宗教がムスリム少数民
族のエスニシティに覆いかぶさっていたことがわかる。このようなイスラーム
とエスニシティの親和性は現代中国にくらすムスリム少数民族にもかなりの程
度あてはまる。それでは、以下、現代中国の回族に限定し、イスラームと(1)宗
教儀礼、(2)祝祭行事、(3)通過儀礼とのかかわりを俯瞰しておこう。

3-1　宗教儀礼

　ここでいう宗教儀礼とはイスラームにおいて義務行為として規定されている
礼拝、断食、巡礼を指す。中華人民共和国の成立後、後述するように、1957
年に反右派闘争、1958 年に宗教制度民主改革、1966 年に文化大革命が強行さ
れたため、中国領内のムスリム少数民族は 1978 年に改革開放政策が導入され
るまでの間、長期にわたって宗教儀礼を実施するのが非常に困難な状態にあっ
た。もちろん、例外として、自宅で礼拝や断食をおこなう回族がいたが、清真
寺という宗教活動場所の大多数が閉鎖・転用あるいは破壊されたため、公の場
で宗教儀礼が実施しづらくなったことは深刻な事態であった。毛沢東時代に関
していえば、礼拝、断食、巡礼、喜捨などは「封建的」であるとして批判・攻

119

第1部　現代中国の民族・宗教・社会主義

撃の対象となった。

　そのような事態が一変したのが改革開放期であり、1980年代初頭以降、つまり、宗教政策の方針が1982年に是正された後は、清真寺が本格的に修復されはじめ、イスラームの五行（五柱）をはじめとする儀礼を清真寺や自宅で正常に実施できるようになった。これはそれ以前の、例えば文化大革命期とは対照的であり、現代中国における「イスラーム復興」は1980年代前半に始まったことは間違いない。なお、本書の後半でも詳述するが、共産党員の場合、宗教信仰を放棄せねばならず、ムスリム少数民族出身の共産党員は礼拝をおこなってはならないが、ムスリム少数民族が集中する西北地方では礼拝をおこなう共産党員は存在する。

　礼拝に関していえば、清真寺や自宅であれば本人が希望するときに実施することができる（ただし、路上、学校、病院などではおこなえない）。礼拝の型については本人たちが従う法学派の作法でおこなえる。カディーム派、スーフィー教団、イフワーン派、サラフィーヤ派など中国国内の「教派」によって礼拝の作法や礼拝の回数が若干異なる。特に、サラフィーヤ派は他の「教派」とは異なり、サウディアラビアの作法に従うため（ハンバル法学派）、他の「教派」の清真寺から排除されることもある。調査地の銀川市では、清真寺や自宅で礼拝をおこなう者には高齢者で、一般に中年・青少年は通勤や通学などの理由から礼拝をおこなう者が相対的に少ない。このことは銀川市の回族たち自身が認めるところで、普段礼拝をおこなわず、年中行事（断食明けの祭、犠牲祭）のときにしか清真寺に来ない回族は「年回回」と陰口をたたかれる。

　一方、断食はといえば、他国のムスリム社会と同様、ラマダーンが到来すると、夜明け前から日没までの間、本人たちが自分の意志で断食（サウム）を実施することができる。ラマダーンの始まりを確認する際、新月を肉眼で観る人たち、そうではなく、天文計算にもとづいて決める人たちがおり、特に年中行事の開催日を決める際、清真寺によっては開催日が前後する。ラマダーン期間中、清真寺では断食明けの食事（イフタール）が信徒たちの負担で提供され、共食が推奨される。一日の断食が終わると、通常のマグリブ礼拝、イシャー礼拝に加え、タラーウィーフ礼拝（中国国内では一般に20ラクア）が清真寺で実施される（その後にウィトル礼拝をおこなう）。ラマダーンが終わると、断食明けの祭（イード・ア

120

ル=フィトル）を祝い、集団礼拝、墓参、親戚・友人訪問、贈答品のやりとりなどが積極的におこなわれる。調査地の銀川市では回族の人々は墓参を必ず実施し、郊外の回民公墓や清真寺に附置された墓地へ家族・親族で行っていた。

メッカ巡礼については、本書の後半で詳述するので、ここではごく簡単な記述に留めておきたい。イスラーム暦（ヒジュラ暦）の巡礼月、中国のムスリム少数民族はメッカへ巡礼することができるが、ハッジ（大巡礼）に関しては、中国では行政機関と宗教団体が組織した巡礼団に参加せねばならず、行政当局の許可なしに個人で自由に実施することはできない。そのため、「私団」という非公式の巡礼団を組織し、第三国（例えば、タイやミャンマー）を経由してメッカへ巡礼する者がいるが、近年（2000年代後半以降）、党・行政当局による取り締まりが強化されており、非公式の巡礼は実施が困難である。ムスリムをかかえる国々はどの国もメッカ巡礼団を組織するが、中国の場合、党・行政当局が一括して統制・監視することが特徴的である。ハッジとは異なるウムラ（小巡礼）についてもビザの申請・取得、中国からの出国が時期や地域によっては困難なことがあり、国際的移動をともなう宗教的巡礼に対する規制は現在も強い（詳細については第8章を参照されたい）。

3-2　祝祭行事

イスラームの祝祭行事といえば、断食明けの祭（イード・アル=フィトル）、犠牲祭（イード・アル=アドハー）、そして一部の地域で実施される預言者ムハンマドの聖誕祭（マウリド・アン=ナビー）などである。中国のムスリム少数民族も同様で、これらの儀礼を年中行事として中国各地で祝うことが一般的である。改革開放期、中国各地ではムスリム少数民族にかぎり、断食明けの祭と犠牲祭のときに休日を申請することができる。地域によって若干異なるが、断食明けの祭の日に1日、犠牲祭の日に半日、休暇を取ることが法律で認められている。ただし、これには地域差があり、犠牲祭に休暇を取れないところもある。また、民間企業では休暇申請を認めていないところがある。

断食明けの祭は漢語では「開斎節」と呼ばれている。これはアラビア語のイード・アル=フィトルの漢語訳である。イード（祭礼）は漢語で「爾徳」と表現されることがあるが、回族の母語は漢語であるため、「開斎節」という語彙が

第 1 部　現代中国の民族・宗教・社会主義

一般的に使用される。戦中期に内モンゴルで回民を調査した歴史学者の佐口透の記録によれば、「ラマザン月の第 29 日の夜、新月のかすかな光を観測し得るとここにラマザンは終了し、第 10 月（シャッワール）の第 1 日の早朝となり特別礼拝を行い 3 日間にわたり開斎節を祝い無事断食終了したことを互いに祝福し合う。ムスリムの新年と称せられる」[佐口 1948：27]。また、「この日の行事としては早朝軽い食事をとり、グスルという沐浴を行い身体を清め美香を身にたきしめ美麗な服装をまとい所属共同体の清真寺に参集しアホン先導の下に特別礼拝を行い、礼拝終れば握手の礼を行い大いに開斎を祝賀する」[佐口 1948：27-28]。調査地の銀川市では、イード当日の早朝、墓参を済ませ、自宅で食事し、その後、清真寺へ足を運び、法定喜捨（ザカート）を済ませてから集団で礼拝していた。集団礼拝の後、親戚・友人宅を訪問したり、訪問されたりするなどイードを盛大に祝っていた。

　もうひとつのイード、犠牲祭は漢語では「古爾邦節」（トルコ語のクルバーンの音訳）、「宰牲節」と言われている。アラビア語ではイード・アル＝アドハーであるが、アラビア語の語彙はほとんど使用されていない。イスラーム暦（ヒジュラ暦）の 12 月 10 日、メッカ巡礼者が聖地メッカで家畜を屠畜するのであるが、巡礼者ではないムスリムもそれぞれの居住地で家畜を屠畜する。主な家畜は牛、羊などで、牛の場合、7 名で 1 頭、羊の場合、1 名で 1 頭を購入する。宗教指導者の立ち会いの下、家畜を捌くと、三等分し、それぞれの肉の塊を清真寺、貧者に分配し、残りの三分の一を自分たちで消費する。このような家畜の供犠は預言者イブラーヒームが自分の子イスマーイールをアッラーに捧げようとした伝説にもとづいている。犠牲祭は断食明けの祭ほど盛大に祝わないようで、断食明けの祭りを大イード、犠牲祭を小イードと呼び習わしている。

　これらのイードのほかにも地域的慣行として祝われる祝祭がある。その代表例が預言者ムハンマドの聖誕祭である。この聖誕祭は西アジア、南アジア、東南アジアなどでも盛大に祝われている。中国では漢語で「聖紀節」と呼んでいる。アラビア語のマウリド・アン＝ナビーが原語であるが、「聖紀節」という民俗語彙がよく使われる。イスラーム暦（ヒジュラ暦）3 月 12 日が預言者ムハンマドの誕生日と逝去日であり、カディーム派やスーフィー教団の人々が盛大に祝う。歴史学者の佐口の記録によれば、「中国イスラムでは広く行われ、こ

122

第1章　中国西北のイスラームと寧夏回族の社会生活

の日ムスリムは清真寺に参じ、特別の礼拝を行いマホメットに関するアホンの説教を聞きこの預言者の降誕を讃頌しその逝去を追憶記念し、それと共に貧者に施與を行い功徳を求める」[佐口 1948：29]。佐口が指摘するように、マウリドは「マホメットの死後行われ始めたもので決してムスリムの遵守すべき義務ではなくシャリーアにも規定されていないが初期よりトルコ・エヂプトに行われインド・インドネシアにも伝わっている」[佐口 1948：29]。改革派のイフワーン派やサラフィーヤ派は聖誕祭をビドアとして批判し、特に祝うこともしない。

　預言者ムハンマド聖誕祭のほか、ムハンマドの親族にちなんだ祝祭がある。それは預言者ムハンマドの娘ファーティマの逝去を追憶する儀礼であり、中国では漢語で「法貼麦太太節」といい、カディーム派（特に華北地方）を中心に実施されている。イスラーム暦(ヒジュラ暦)の6月13日に開催される。ファーティマはシーア派の最初のイマームとなったアリーの配偶者であることから、この儀礼にはシーア派の影響ではないかと一般には考えられている。そのほか、アーシュラーという祝祭もある。漢語では「阿舒拉節」と表記する。これはイスラーム暦（ヒジュラ暦）の1月10日に行われ、任意の断食をおこなう。この断食はラマダーンの断食とは異なり、義務行為ではなく、スンナ（預言者ムハンマドの慣行）である。アーシュラーといえば、預言者ムハンマドの孫フセインが殉教したことを記念するシーア派の儀礼がよく知られており、例えば、鎖などで自分の身体を傷つける行為が儀礼として実施されるが、中国ではそのような記念行事は実施されることはなく、任意の断食をおこない、特別な食べ物（例えば、雑穀な豆の粥）を作り、貧者に分け与える。現在、中国の回族のあいだではアーシュラーはあまり知られておらず、ほかの祝祭ほど重視されなくなっている。

3-3　通過儀礼

　ここでいう回族の通過儀礼とは誕生儀礼、割礼儀礼、婚姻儀礼、葬送儀礼などを指し、いずれもイスラームの規範と密接な関係がある。

3-3-1　誕生・命名式

　回族の家庭では子どもが誕生すると、清真寺の宗教指導者を招待し、子どもの耳元でアザーンを朗誦してもらう。伝統的なスタイルとしては自宅に宗教指

123

第1部　現代中国の民族・宗教・社会主義

導者を招待するのであろうが、改革開放期には回民医院のような近代的な医療施設が普及し、回族女性の医者がいることから、病院での出産の後、命名することが一般的である。

　それとは別に、生後3日目にも宗教指導者を自宅へ招待し、子どもにイスラーム名(経名)を付けてもらう。佐口の調査によれば、内モンゴルではイブラーヒーム、ユースフ、アリー、イーサー、ムーサー、アブドッラー、イスマーイール、スライマーンなどの名前が付けられていたという［佐口1948：30-31］。筆者は内モンゴル自治区フフホト市で宗教指導者がアラビア語でイスラーム名を記した赤い紙を見せてもらったことがある。1980年代生まれの女性のもので、地域によってはイスラーム名を記録する慣習が守られている。

3-3-2　割礼

　割礼はシャリーア（イスラーム法）ではファルド（義務）ではなく、スンナ（預言者ムハンマドの慣行）であるが、回族の人々は非常に重視し、一般的にはひろく行われている。佐口の記録によれば、「中国ムスリム間では *khatna* と称せられるが別に *sunnatai* とも呼ばれる。スンナタイとはマホメットの行った道という意味である。中国ムスリムの割礼施行の年齢は男児7、8歳より12、3歳までがふつうで時期は春秋二期であるが、温暖な春の方がよい。夏季は発汗のため衛生上よくない。割礼施行者はムスリムの専門技術者で、蒙疆では春秋二期北平より著名の技術者が定期的に旅して来る」［佐口1948：31］。前述したように、改革開放期には回民医院が開設されているため、病院で割礼を実施してもらえるが、清真寺関係者の話によれば、各地を転々とする割礼の専門家に依頼することも可能だという。回民医院より低額とのこと。佐口の記録によれば、手術の際に「アホンが立ち会ってコーランか何かの聖句を唱える」［佐口1948:31］が、調査地では確認できなかった。手術後、子どもの親が割礼施行者と宗教指導者に謝礼を手渡し、場合によっては会食することもある。

　回族の割礼について筆者は調査地の清真西関寺で古老（男性、70代）から次のような話を聴いたことがある。「墓地で遺体が掘り起こされると、その遺体が漢族かあるいは回族かを区別する方法がある。回族の場合、割礼が施されているので、局部を確認すれば一目瞭然だ」という。この話はあくまでも逸話で

第1章　中国西北のイスラームと寧夏回族の社会生活

あろうが、回族の人々が割礼を非常に重視していること（実質的に義務に近い行為として認識されている）、また、回族と漢族を差異化するためのエスニック・マーカーとして捉えていることがよくわかる。なお、地域や世代によっては文化大革命の時期には割礼を実施できなかった人たちがいる。

3-3-3　結婚

　婚姻儀礼については第6章および第7章で詳述するので、ここでは簡潔に記述しておこう。まず、伝統的な慣行として回族は回族との結婚を厳守する傾向にある。かりに漢族と結婚する場合、漢族にイスラームに改宗させる。つまり、シャリーアにもとづく結婚しか容認されないわけである。ただし、改革開放期には未改宗者の漢族との通婚が散見される（回族の集住地区では忌避されることが一般的である）。

　婚姻儀礼についていえば、婚約式のときに男性側が女性側にマハル（婚資）を贈答することがファルド（義務）として認識されており、必ず実施される。これはシャリーアにもとづく。結婚式・披露宴は伝統的なスタイルでは自宅で実施されることが一般的であったが、改革開放期には回族のハラール・レストランで実施されるようになっている（一部の地域では清真寺で実施することを義務付けている）。婚礼当日、新郎側が清真寺の宗教指導者を招待し、クルアーンやハディースの聖句を朗誦してもらい、シャリーアにもとづく結婚であることを参加者に知らしめる（義務行為ではないが、実質的には義務行為だとみなされている）。結婚式の最後に宗教指導者が新郎・新婦に向かって棗やナッツなどをばらまき、アッラーのバラカ（恩寵）がもたらされることを祈念する。なお、伝統的な花嫁衣裳では肌を露出せず、披露宴での楽器演奏などは厳禁されている。基本的には、飲酒や喫煙も憚れる。

3-3-4　葬儀

　回族が逝去すると、死後3日以内に土葬する。中国各地では火葬が政府によって奨励されているが、ムスリム少数民族は土葬の実施が認められている。遺体を土葬する前に、遺族や清真寺関係者が遺体を沐浴し、白い布（カファン）で包む。白い布で包んだ遺体を清真寺の礼拝殿前の広いスペースに安置し、葬送礼拝（サ

125

ラート・アル＝ジャナーザ）を実施する。ここまでの儀礼は他のムスリム社会と同様、シャリーアにもとづく形式に則っている。葬送礼拝を終えると、遺族および清真寺関係者らが遺体を共同墓地へ運び、土葬する。土葬している間、宗教指導者がクルアーンを朗誦し、土葬が終わる頃に参列者全員で死者の平安を祈念する。ムスリムの墓は個人墓であり、家族単位で埋葬することはない。もちろん漢族のように風水に依拠することもない。なお、「教派」によって異なるが、銀川市では死後 21 日目に墓碑を立て、40 日の間、毎日墓参し、40 日目に盛大な饗応儀礼を実施することが一般的であった。

ただし、文化大革命の時期には大多数の清真寺や共同墓地が破壊されたため、最低限の儀礼を近親者だけでおこない、日没後、周囲の人たちに見られないように遺体を秘密裏に埋葬せざるをえなかった。調査地の銀川市郊外には、文化大革命の時期であっても土葬できる場所があり、火葬を強制されたことはなかった（他省では火葬を強要された回族の事例があった）。銀川市では郊外に回民公墓が 1988 年に開設され（自治区民政庁の管轄下）、銀川市出身の回族の大多数は回民公墓に土葬することが法的に認められている（郊外には共同墓地が附置されている清真寺もある）。

4　回族の親族カテゴリー

4-1　「家」

中国の漢族社会が父系出自を原則とする社会であることは先行研究においてこれまで指摘されてきた。例えば、伝統的な慣習として、ある子どもの「姓」（*xing*）が父親の「姓」に従うこと、父系出自集団の成員権が父親から子どもへと継承されること、財産が父親によって子に分配されること、親族名称体系が父系親族・母方親族・姻戚を明確に区別して親族・姻族の分類が細分化されている点などが漢族社会の父系性を示す資料として報告されてきた［植野 2000；瀬川 2004；渡邊 2001］。

回族社会においても父系出自の観念が基本的には重視される。例えば、「姓」の継承、親族集団の成員権、財産相続、親族名称体系などは父系出自の原則によって強く規定される傾向にある。中華人民共和国憲法の婚姻法では子どもは父母の「姓」のどちらを選択してもよいが［高辰（主編）1996］、回族社会では子

第1章　中国西北のイスラームと寧夏回族の社会生活

の「姓」は父親の「姓」に従う。もし夫婦が離婚した場合でもその子の「姓」は父親の「姓」を保持し、母親の「姓」を継承することは非常に稀である[65]。

　銀川市では回族の人々は家族を表現する場合、「家」(jia) という民俗語彙を使用する。漢語の「家」が核家族や英語の"family"とは異なることについては漢族研究で指摘されているように、「家」は重層的で入れ子式の構造を持っており、核家族や直系家族などの生活居住集団（世帯）を指すこともあれば、それとは別レベルの「宗族」のような父系出自集団を指すこともある［瀬川2004：117-119］。回族の「家」も漢族の「家」と同様、核家族から直系家族や傍系拡大家族までの生活居住集団や、セグメント、リニージ、クランなど諸レベルの父系出自集団を包括しうる。例えば、筆者が世帯調査を実施した西関寺の信徒のなかには馬姓の回族が最も多かったが、彼らは自分たちの所属する父系出自集団を表現する際、「我們是馬家的」（私たちは馬家の者である）と説明していたが、この場合の「馬家」という民俗語彙は状況によっては核家族レベルの生活居住集団[66]を指すこともあれば、「宗族」のような強大な父系出自集団を指すこともある。このように、「家」がどのような集団を指すのかは非常に柔軟性に富み、状況依存的である[67]。

　また、自己の所属する父系出自集団の集団化においても回族の人々は漢族と同様、エゴから見た上下4世代の範囲、つまり、漢族社会に見られる「五服内」とほぼおなじ親族範囲を「外婚単位」として認識していた（ただし、「五服内」という民俗語彙は使用しない）。実際、銀川市の西関寺における参与観察にもとづけば、回族の人々は父系出自観念にもとづき、漢族の「五服内」とほぼおなじ親族範囲で「同姓不婚」の原則（同一父系出自集団内部の婚姻の忌避）を遵守していたことがわかった。

　さらに、銀川市の回族は自分の「家」と他人の「家」を区別する場合、前者

---

65) ただし、銀川市で聞いた回族の婿入り婚の事例では、生まれた最初の子どもの「姓」は母親の「姓」、次の子どもの「姓」は父親の「姓」に従っていた。この点に注目すれば、「姓」の継承においては母系出自の原理による事例も若干ながらある。ただし、婿入り婚は男性側の経済的条件が良くない場合にやむをえずおこなうため、件数は非常に少なかった。

66) 第1章の西関寺付近における世帯調査の一次資料を参照したかぎり、回族住民の世帯構成に単身の世帯、夫婦の一方しかいない世帯、子どもがいない一組の夫婦の世帯、直系家族、傍系拡大家族など様々な形態が存在することがわかる。

67) 「家」(jia) のほか、「一家子」(yijiazi)、「一家人」(yijiaren) といった民俗語彙も使用されていたが、混乱を避けるため、本書では基本的には「家」の用語を使用することにした。

127

第 1 部　現代中国の民族・宗教・社会主義

を「本家」（benjia）、後者を「外家」（waijia）と表現していた。例えば、「我是本家的」（私はこの家の者です）、「他是外家的」（彼はよその家の者です）というように使い分ける [68]。この場合の「家」とは、厳密に言えば、世帯を指すのではなく、それよりも大規模な父系出自集団を指す。「本家」や「外家」も「家」と同様、状況に応じて核家族、直系家族、傍系拡大家族などの生活居住集団、セグメント、リニージ、クランなどの父系出自集団などを意味する。なお、銀川市では回族の人々は「宗族」といった漢文化由来の民俗語彙を使用していなかった [69]。

　このように、回族の人々が使用する「家」という民俗語彙には、漢族の「家」と同様、生活居住集団としての世帯から父系出自集団までを広範囲に指し示す伸縮性があることがわかる。ただし、「家」を構成する人々は父系親族とその配偶者であるが、回族の場合も漢族と同様、婚入者は結婚後、自分の「姓」を変えずに、自分の生家の「姓」を使用する。厳密に言えば、婚入者は「姓」の次元では父系親族とは言えないが、婚入先の父系親族の活動に参加するという意味においては「家」のメンバーとして認識される。

　ただし、いくつかの注意点がある。銀川市では回族の人々は父系出自の観念を親族イデオロギーとして共有しているが、死者儀礼において父系出自の原則だけでは理解できない場面にしばしば遭遇した。例えば、既婚女性は死後、生家の所属する清真寺の管轄する回民墓地ではなく、その夫方の、つまり婚家の所属する清真寺の回民墓地に土葬される（詳細については第 5 章を参照されたい）。既婚女性の埋葬場所は既婚女性が死後、婚入先の父系出自集団の成員権を付与されていることを意味する。ただし、墓それ自体はあくまでも個人墓であり、漢族のように父系出自集団ごとに土葬される慣行はなく、墓地のなかの空き場所に個別に土葬される。既婚女性は夫方親族が実施する一連の死者儀礼によって単なる死者からその夫方親族にとっての特定の「祖先」[70] へ転換される。死者（婚入女性）の嫁ぎ先の親族（夫方親族）はその儀礼を死者の夫の儀礼とおなじように実施する。死者儀礼には死者（婚入女性）の嫁ぎ先の親族（夫方親族）

---

68) このほか、「内親」（neiqin）、「外親」（waiqin）などの民俗語彙も使用する。前者は「本家」（benjia）、後者は「外家」（waijia）を指す。

69) 銀川市においては「本族」（benzu）や「外族」（waizu）などの民俗語彙も使用されていた。これらの語彙の「族」は父系出自集団ではなく、「回族」という民族集団を指すことが多かった。

70) ここでいう「祖先」という概念は漢族社会に顕著な父系出自集団の実施する祖先祭祀の対象としての「祖先」を指すのではない。

だけでなく、夫方親族の姻族（例えば、死者の娘婿）たちも積極的に参列するよう求められる。このような特徴をみるかぎり、回族社会のなかでは祖先は父系・母系双方の系譜で辿られることになり、ある祖先の子孫は特定の父系出自集団に限定されないことがわかる。回族の死者儀礼を観察したかぎり、死者の遺族（親族）の組織化が父系出自の原則よりむしろ「家筋」の原理によると考えることができる[71]。

　ここまで見たように、回族の人々は漢族と同様、「家」観念を共有しているが、「家」観念の共有のみを根拠とし、父系出自集団の組織や団体としての持続的な活動が実践されるわけではないことに注意する必要がある。回族が使用する「姓」という概念は漢族の「姓」と同様、当事者の所属する父系出自集団を意味するが、父系出自集団が日常生活の様々な場面において組織化された事例はほとんど観察しえなかった[72]。第7章で詳述するように、調査当時、銀川市の回族社会には漢族の「宗族」に見られるような父系出自集団の団体的活動は顕著ではなかった。

71）第5章で紹介するように、回族の死者儀礼のなかに贖罪儀礼がある。この儀礼は遺族が死者の生前の罪を贖うべく、クルアーンあるいは自主的な施し（現金）を葬儀参列者に手渡していく儀礼である。銀川市のイフワーン派の場合、自主的な施しを葬儀参列者に手渡す係に死者の長男が優先されることが一般的であったが、長男の代わりに次男や娘婿が担当しても問題ない。銀川市の清真寺関係者によれば、儀礼遂行に必要なイスラーム知識があれば誰が担当してもよく、必ずしも父系出自の原則や長幼の序が重視されるわけではないという。ただし、このような説明とは対照的に、内モンゴル自治区フフホト市のカディーム派の場合、死者の父系親族（例えば、長男、次男などの直系男性親族）が最優先される。死者に息子がいない場合、死者の兄弟や死者の甥が優先される。もし死者の兄弟や甥がいない場合、死者の孫が候補者となる。死者に甥と孫の両方がいる場合、いわゆる父系出自の「本家筋」の原則よりも父系出自の「輩分」（beifen、世代のランク）が重視される。極端な例ではあるが、適当な父系の男性親族がいない場合、死者の娘の子（非父系男性親族）が候補者となることが認められる（ただし、死者の娘婿が担当することは禁止されている）。このように、贖罪儀礼に関していえば、カディーム派がイフワーン派よりも父系出自の原則を優先する傾向がある［澤井 2010a］。

72）ただし、銀川市の西関寺では1958年に宗教制度民主改革が実施されるまで、清真寺の敷地内にあった回民墓地には回族の「祖墳」（zufen）、つまりおなじ祖先を共有する者同士の墓の存在が確認されていた。西関寺の古老たちによれば、当時、回族の墓は父系親族およびその配偶者の墓が清真寺の敷地内の一区画に設けられていたという。このことは、社会主義政策が実施される以前、回族の墓の建設が父系出自の原則によって強く特徴付けられていた事実を示していよう。このほか、寧夏中南部の回族の人々に「輩名」（beiming）をつける慣習の事例があった。これは、おなじ父系の親族集団あるいは出自集団のメンバーで同世代の者の名前の一字をおなじ漢字にし、世代ランクの順序を明確化することを目的としている。銀川市の西関寺周辺の回族住民の戸籍情報を見たところ、「輩名」を付ける事例があり、1949年以前に生まれた親の世代が自分の子に「輩名」をつける傾向があったが、1980年代以降に生まれた子の名付けには「輩名」の慣習はあまり採用されていなかった［澤井 2010a］。

129

第1部　現代中国の民族・宗教・社会主義

4-2　「親戚」

「家」のほか、親族に関する民俗語彙として「親戚」(*qinqi*) という概念がある。「親戚」という観念は、「家」が生活居住集団や父系親族集団を指すのとは異なり、エゴと双方的な親族・姻戚関係を持つ人々の範囲を指す。漢族研究では一般に漢語の「親戚」は「父系親族以外の親族関係者」を指す語彙として理解されているが [中生 1990；植野 2000]、銀川市の回族社会では「親戚」観念は父系親族およびそれ以外の親族を含む概念として使用されている。つまり、回族の「親戚」観念は英語の "*kindred*" の概念とほぼおなじ意味であると考えることができる。

　例えば、銀川市に住む回族の人々が「親戚」という民俗語彙で表現する人々は、父方親族とその配偶者および母方親族とその配偶者を指す。親族の世代については上位・下位とも特に指定されず、父方および母方の親族・姻戚関係が無限に双方的に拡大することになる。漢族研究によれば、漢族の「親戚」の概念は、「親戚」の「親戚」、つまり、「聯親」(*lianqin*) と呼ばれる範疇（姻戚の姻戚）の人々は「親戚」ではないと考えられているが [中生 1990；植野 2000]、回族の「親戚」概念は父系親族だけでなく、漢族のいう「聯親」をも包括し、非常に遠い関係にある双方的な関係にある親族・姻戚を含む包括性をその特徴としている。さらに、回族の「親戚」には下位カテゴリーがあり、「近親」(*jinqin*) と「遠親」(*yuanqin*) という民俗語彙があり、近い親族・姻戚と遠い親族・姻戚を区別するためにそれぞれが使用されている。銀川市の場合、「近親」はエゴから見て上位2代および下位2代以内の親族・姻戚、「遠親」はエゴから見て上位3代、下位3代以上の双方的親族・姻戚を指す概念として認識される傾向にある。

　また、回族の「親戚」概念は双方的に伸縮自在であるため、非常に広範囲な関係にある親族・姻戚を包括する。例えば、銀川市の清真寺周辺で回族の人々に「親戚」についてインタヴュー調査を実施した際、「回回親転来転去一家人」という諺が自分たちの親戚関係を示す例として挙げられることが非常に多かった。この諺は「回民（回族）はおなじ民族集団内で内婚を繰り返してきたため、全員が親戚関係にあり、おなじ一族である」という意味である。このような諺は西北だけでなく、華北などでも確認されているのだが、それが諺として語り継がれるようになった背景には回族の伝統的な婚姻規制がある。詳細について

第1章　中国西北のイスラームと寧夏回族の社会生活

は第6章で説明するが、回民（回族）はシャリーア（イスラーム法）にもとづいてムスリム同士の結婚を実施せねばならず、回民（回族）と漢人（漢族）が結婚する場合、漢人をイスラームへ改宗させ、ムスリム同士の宗教内婚を遵守してきた。米国の文化人類学者グラドニーが北京調査に依拠して指摘したように、たとえ居住地が離れていても、回族には「おなじ回族」の結婚相手を見つけだそうとする社会規範がある［Gladney 1991：253-254］。回族は民族内婚を遵守する傾向が非常に高く、民族内婚が紡ぎ出す婚姻ネットワークは村落のレベルをこえて拡大することがある[73]。本書の第6章で詳述したように、回族が民族内婚を契機として形成する親戚関係の連鎖は非常に複雑な様相を示す。このことを根拠として、「回回親来転去一家人」という諺が「おなじ回族」としての連帯感を喚起する言葉としてよく使用されていたのである。

4-3　親族名称・呼称

　銀川市における回族の親族名称・呼称の分類区分の原則は、漢族研究で報告されたものと非常に類似している。図1-1は銀川市の回族の親族名称・呼称を整理したものである。回族の人々は、漢族のように共有財産・族譜・宗祠をもって強固な統一性を示す「宗族」のような父系出自集団を形成していない。ただし、回族の人々にも「姓」にもとづく父系出自集団への帰属の区別、同一父系親族間の世代の認識、「同姓不婚」の原則などが自覚されており、父系出自の観念がある程度は共有されていることは確かである。華北漢族が必ずしも華南漢族とは対照的に「宗族」を組織化していないことは中生［1990］によって指摘されているが、これと同様、清朝末期の戦乱とその後の強制移住、漢族社会における社会経済的条件の不利などが要因となって、一般に、西北地方の回族は「宗族」のような父系親族集団を形成する条件が整わなかった可能性が高い[74]。

---

73) このほか、銀川市では「天下回回是一家」（天下のもとではムスリムはみな家族である）という諺もよく使用されていた。これはアラビア語の *"Innama al-Mu'minuna ikhwa"*（ムスリムはみんなキョウダイである）という聖句を漢語に翻訳したものである。注目すべきは原語のイフワ（*"ikhwa"*）という「キョウダイ」（複数形）を示す語彙が漢語では「一家」（家族）という親族関連の用語に意訳されている点である。この諺は、回族内部の民族・宗教的紐帯を示す民俗語彙として色々な場面で使用される。筆者は花嫁の里帰りの儀礼（詳細は後述）の日、新郎側の家族と新婦側の家族が共食していた時に聞いたことがある。

74) しかし、だからといって、回族の人々には父系出自集団が存在しえないと主張するわけではない。銀川市では回族の人々が父系出自の原則を意識する場面はあったが、その観念が父系出自集団の組織化にすぐさま結び付く事例が確認できなかったということである。

131

第 1 部　現代中国の民族・宗教・社会主義

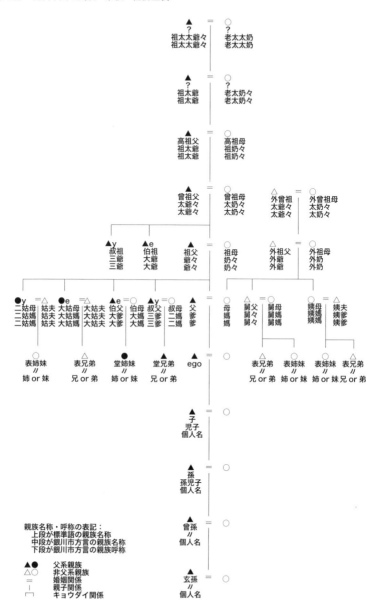

図 1-1　回族の親族名称・呼称一覧（寧夏回族自治区銀川市）
出典：筆者作成。

第1章　中国西北のイスラームと寧夏回族の社会生活

　回族の親族名称の分類区分について紹介してみたい。祖父の代から孫の代ま
での親族名称・呼称の特徴を指摘しておこう。まず、祖父母の名称は父方祖父
が「家爺々」(jiayeye)、父方祖母が「家奶々」(jianainai)、母方祖父が「外爺」(waiye)、
母方祖母が「外奶々」(wainainai)である。呼称の場合、父方・母方の区別なく
「爺々」(yeye)、「奶々」(nainai)が使用される。父親は「父親」(fuqin)、「母親」(muqin)
という漢字が使用される。呼称の場合は父親に「爹」(die)、母親に「媽」(ma)
が使用される。父母のキョウダイにあたるオジ・オバの名称では、父方・母方
の差異と性別の差異がある点は漢族とおなじだが、若干差異が見られる。例え
ば、父方オジが4名いて、父親が3番目だとすると、父より年上の者は「大爹」
(dadie)、「二爹」(erdie)、年下の者は「小爸」(xiaoba)と称される。それぞれの
妻は「大媽」(dama)、「二媽」(erma)、「嬸」(shen)と称される。一方、父方オ
バも4名いて父親が3番目だとすると、父より年上の者は「大姑媽」(daguma)、「二
姑媽」(erguma)、年下の者は「三姑媽」(sanguma)と呼ばれる。それぞれの夫は「大
姑父」(dagufu)、「二姑父」(ergufu)、「三姑父」(sangufu)となる。

　これに対し、母方のオジ・オバの名称・呼称はより簡略化されている。母方
オジが「舅父」(jiufu)、母方オバが「姨媽」(yima)といわれる。オジが複数い
る場合、年齢の大きい者から「大舅」(dajiu)、「二舅」(erjiu)、オバが複数いる
場合、「大姨媽」(dayima)、「二姨媽」(eryima)と区別される。それぞれの配偶者
は「舅媽」(jiuma)、「姨爹」(yidie)となる。いずれにせよ母方のオジ・オバは
母との年齢差によって使用される漢字が変わらない点を考慮すれば、漢族と同
様、父系親族が親族・姻戚内部で重要性を持つことが暗示されている[75]。日
常生活では父方・母方の区別なく、オジやオバとの付き合いがなされるが、ど
ちらかといえば、父方オジ・オバとの社会的距離（それに伴う権利・義務が明確化
しているという意味）が近い。

---

75) 回族の親族名称と漢族のそれとの共通点だけでなく、相違点も確認できている。例えば、母方
　　祖父母の名称は回族の場合が「外爺」(waiye)、「外奶」(wainai)、漢族の場合が「姥爺」(laoye)、
　　「姥姥」(laolao)である。また、父親と父方オジの名称は、回族の場合が「爹」(die)を使用する
　　のに対し、漢族の場合が「爸」(ba)を多用する。母方オバの夫の名称も、回族の場合が「姨爹」
　　(yidie)であるのに対し、漢族の場合が「姨父」(yifu)である。こうした親族名称の使用方法につ
　　いてはおなじ民族内部でも個人差があるはずだが、回族の漢語と漢族のそれとがおなじ言語だと
　　一括されてきた経緯を反省すると、若干の差異がある点に留意する必要があろう。調査地の回族
　　の親族名称には漢族のそれとの共通点が際立っているのは確かだが、北京や内モンゴル自治区フ
　　フホト市の回族の親族名称には興味深い特徴がある。彼らは父方祖父を「巴巴」(baba)と称する。
　　使用者はこの名称がトルコ語のバーバ起源であると説明していた。

133

第1部　現代中国の民族・宗教・社会主義

　イトコの名称に関しては、父方平行イトコには「堂」（tang）、父方交差イト
コおよび母方平行・交差イトコには「表」（biao）という漢字が兄弟姉妹の漢字
に付けられる。呼称の場合、長幼の順序に応じて、年上の者は「兄」（xiong）か「姐」
（jie）、年下の者には「弟」（di）か「妹」（mei）が使用される。日常生活では父
方・母方の区別なく、イトコは兄弟姉妹としてつきあうことになるが、やはり
ここでも父系の系譜関係が強固な父方平行イトコとの社会的距離が相対的に近
いという。社会規範としては、父方平行イトコ、父方交差イトコ、母方交差イ
トコ、母方平行イトコの順に近しさが弱まると説明されることが多かった。例
えば、銀川市の中寺や西関寺の寄宿学生たちは、「有一千年的家族、没有百年
的親戚」（一族は千年続くが、親戚は百年も続かない）といい、父系の系譜関係の結
びつきを強調していた。彼らの出身地が寧夏中南部の農村部であることを考慮
すると、父系の系譜関係の優位性を強調する言説が農村部の回族の人々のあい
だに顕著なものかもしれない。本書で取りあげる銀川市の都市部の事例とは非
常に対照的である。

　これまでの記述をふまえ、回族の人々がどのような組織原理によって親
族・姻戚を分類するのかを簡単に整理しておこう。エゴから双方的に拡大する
“kindred”にほぼ相当するような「親戚」の原則に従えば、エゴから見て上下2
代以内の父系親族と母方親族は「近親」と一括される。ただし、彼らの配偶者、
例えば、父方オジの妻や母方オバの夫たちのように姻戚関係者は「遠親」とし
て区別される。それ以外の上下3代以上の双方の組織化に注目すると、エゴか
ら垂直的に拡大（あるいは縮小）する「家」の原則によれば、父方のオジやオバ
はおなじ祖先や姓を共有することから、「本家」のメンバーであるが、その配
偶者は「外家」のメンバーとして分類される。それに対し、母方のオジ・オバ
は比較的親族はすべて「外親」と分類されることになる。その一方、父系出自
の原則による親族的近い親族関係にはあるが、おなじ祖先や姓を共有しないこ
とから、すべて「外家」として分類される。ここまで整理した親族カテゴリー
が実際の日常生活においてどのように使用され、回族の人々が分節化されてい
るのかという問題については第5章、第6章、第7章の具体的な事例で紹介する。

第1章　中国西北のイスラームと寧夏回族の社会生活

第3節　寧夏回族自治区の概況

1　寧夏回族自治区の地理環境と経済状況

　中国西北は陝西省、寧夏回族自治区、甘粛省、青海省、新疆ウイグル自治区から構成されるが、そのなかで寧夏は回族の人口が最も多い省級の「民族自治地方」である[76]。北は内モンゴル自治区、西は甘粛省、東南が陝西省と接し、寧夏の面積は 5.18 万平方 km で、省レベルの行政区のなかでは非常に小さな地域である。寧夏は乾燥地帯ではあり、黄河が寧夏を横切っており、黄河流域に寧夏平原が広がり、豊富な水資源を利用した灌漑農業が盛んである。一方、南部は黄土高原の一部を構成し、降雨量が少なく、大地が黄土で覆われているため農業に適した地域ではない。ただし、寧夏には石炭や石膏などの資源が比較的豊富で西北地方のエネルギー基地のひとつとなっている［寧夏百科全書編纂委員会（編）1998］。

　調査当時、寧夏全体の国民総生産額（GDP）は 384.9 億元[77]で、中国全土で見ると最下位の部類に入る（北京市の場合 3,611.9 億元）。国民総生産額の内訳は第一次産業が 14.4%、第二次産業が 49.8%、第三次産業が 35.8% で、年間の食糧生産量は 270.2 万トン（北京市 58 万トン）、主な農作物は小麦、トウモロコシ、米などである。年間一人あたりの食糧生産量は 450kg 以上で全国平均 334kg を上回る。生活環境が厳しい地域であるが、農業については生産性の比較的高い地域ではある。ただし、年間一人あたりの国民総生産は 6,685 元（北京市は31,613 元）で最下位の部類に位置し、年間一人あたりの所得は都市で 6,530.5 元、農村で 2,043.3 元となっており（北京市の都市で 13,882.6 元、農村で 5,601.6 元）、個人所得は増加傾向にあるが、全国レベルでは所得が少ない地域[78]であると言

---

76) 中国の行政区画は、規模の大きいものから順に、⑴省級行政区（直轄市・省・自治区・特別行政区）、⑵地級行政区（地区・自治州・盟・地級市）、⑶県級行政区（県・自治県・旗・自治旗・特区・工農区・林区・県級市・市轄区）、⑷郷・自治郷・鎮などが設置されている。

77) 中国人民元は 1 元が日本円の約 15 円に相当する（調査当時）。

78) 2000 年頃から中央政府で西部大開発という国家プロジェクトが提唱され、寧夏でも経済開発が加速化しているが、様々な問題を抱えている。例えば、農業生産は、劣悪な自然環境、急速な人口増加、水利施設の老朽化、土壌の劣化、耕地の減少、資金不足、農業技術者の不足などの問題が未解決のままである。全国的に見て発展途上の段階にあると言えよう。

135

第 1 部　現代中国の民族・宗教・社会主義

地図 1-1　中国全土
出典：『中華人民共和国行政区画簡冊』［1999］

える［21 世紀中国総研（編）2004：348］。

　2000 年の調査当時、寧夏回族自治区は行政区画上、(1)首府の銀川市、(2)石嘴山市（平羅県、陶楽県、恵農県）、(3)銀南地区（呉忠市、青銅峡市、霊武市、同心県、塩池県、中衛県、中寧県）、(4)固原地区（固原県、海原県、西吉県、隆徳県、涇源県、彭陽県）から構成されていた。2010 年に実施された第 6 回人口統計調査（第 6 次人口普査）によれば、寧夏回族自治区全体における回族の人口は 2,173,820 人（自治区総人口の 32.04%）である。寧夏には回族のほか、満洲族、モンゴル族などの少数民族も生活するが（自治区全体で 2,000 人弱）、回族が少数民族のなかでは圧

第1章　中国西北のイスラームと寧夏回族の社会生活

倒的に多い[79]。寧夏のなかで回族の人口が集中する地域は呉忠市（658,466人）、固原市（542,993人）であり、寧夏中南部に回族の人口が集中していることがわかる（表1-3）。銀川市にも回族の人口が多いが、これは回族の人口が多い霊武市が銀川市に編入されたためで、銀川市の中心地（例えば、銀川市区）では回族の人口は30％ほどである。なお、2000年の第5次人口統計調査によれば、寧夏全体の総人口は5,800,000人、2010年には6,301,350人となっており、人口増加率が20.72％で、全国平均11.66％のおよそ2倍となっている。自治区全体における人口増加率は比較的高い。

地図 1-2　寧夏回族自治区全土
出典：『中華人民共和国行政区画簡冊』［1999］

表 1-3　寧夏回族自治区における回族の人口分布（2010年）

行政区	回族の人口 （各行政区の総人口に占める割合）	各行政区の総人口
銀川市	457,878（22.97％）	1,993,088
石嘴山市	141,140（19.45％）	725,482
呉忠市	658,466（51.69％）	1,273,792
固原市	542,993（44.21％）	1,228,156
中衛市	373,343（34.54％）	1,080,832
合計	2,173,820（34.49％）	6,301,350

出典：寧夏第六次人口普査辦公務室・寧夏統計局（編）［2012：35-36］

　寧夏回族自治区全体における民族別の職業構成を見ておこう。表1-4を見ると、全体としては回族の大部分が農業や牧畜に従事しているという結果が出ている。これは、自治区にくらす回族の多くが寧夏中南部の農村部に集住してい

79）1949年建国当初の回族の人口は31.12％であり、寧夏における少数民族人口の比率にあまり変化は見られない［寧夏百科全書編纂委員会（編）1998：648-650］。

137

第1部　現代中国の民族・宗教・社会主義

ることによる。これに対し、自治区の漢族のなかには 1958 年寧夏回族自治区成立前後に他省から移住してきた都市生活者が多く、都市部では新興住宅地に漢族が多数居住している。

表 1-4　寧夏回族自治区における回族の職業構成

職業	農業牧畜業	生産業運輸業	技術者	サービス業	商業	事務作業	国家公務員	その他
回族	85.62%	5.98%	3.35%	1.56%	1.37%	0.98%	1.09%	0.02%
漢族	64.62%	16.72%	8.19%	3.05%	2.90%	2.42%	2.44%	0.08%

出典：丁国勇（主編）[1993：38]
注記：(1)本表の数字は同一民族の職業全体に占める割合を表している。
　　　(2)本表の統計資料は 1983 年の第 3 回人口センサスによっている。

　表 1-5 の統計資料を見ると、自治区全体における回族の教育水準は漢族のそれよりも明らかに低いことがわかる。漢族と回族が母語とする言語は「おなじ漢語」であるにもかかわらず、これにはいくつかの理由がある。それは、自治区全体では回族の大部分が中南部（農村部）に集住しており、農村部の回族は「漢族の言語」としての「漢字の読み書き」を日常生活ではそれほど重視してこなかったことによる。一部農村では、漢字の読み書きよりもイスラームの「経典」（アラビア語やペルシア語の宗教書）の読み書きの方が重視される地域もある。そのほかの要因として、地理環境の影響により、農村部の回族には公教育を受ける機会、正確に言えば、文字文化にアクセスする機会に恵まれていないことも考えられる。

表 1-5　寧夏回族自治区における就学率

学校 民族	大学卒業者	大学在学者	高校	中学	小学
漢族	17,597 1.2%	4,996 0.3%	175,905 12.1%	605,197 41.6%	1,000,890 6.8%
回族	2,063 0.5%	707 0.1%	28,709 7.5%	108,164 28.5%	238,924 63.1%
自治区全体	19,954 1.08%	5,821 0.3%	206,243 11.2%	605,197 32.9%	1,000,890 5.4%

出典：丁国勇（主編）[1993：35]
注記：(1)本表の数字は人数、パーセントは同一民族に占める割合を表している。
　　　(2)本表の統計資料は 1983 年の第 3 回人口センサスによっている。

2 銀川市の基本状況

　銀川市は寧夏平原の中部に位置し、北西を内モンゴル自治区と隣接している。地理環境であるが、年間降水量が少ない半乾燥地帯である。銀川市全体の総面積は 3,499 平方 km で、黄河が銀川市東部を北にむかって流れており、水資源が豊富で農業用水路が多い。主な農作物は小麦、トウモロコシ、米、果物などである。また、内モンゴル自治区と甘粛省を結ぶ鉄道が敷設されており、西北地方の交通の要衝地のひとつである。寧夏の研究・教育機関は銀川市に集中している［銀川市志編纂委員会（編）1999］。

地図 **1-3**　銀川市区の全体図
出典：『銀川路路通』[1999] をもとに筆者作成。

　歴史を遡れば、銀川市は西夏王国（1038～1227）の都であり、それ以来というもの寧夏一帯の政治の中心地だった。元代（1271～1368）は寧夏府路として甘粛、明代（1368～1644）は陝西の管轄下に置かれていた。清代（1636～1912）に寧夏府が設置されると寧夏府城として甘粛の管轄下に入った。1912 年中華民国成立後は朔方道と改称されるが、1928 年に寧夏省が甘粛省から分割されて省として成立した後、寧夏省城（省都）となった。1944 年中国国民党の寧夏

第 1 部　現代中国の民族・宗教・社会主義

省政府に批准され、その後の 1947 年 4 月銀川市が成立した（寧夏省城が管轄地域だった）。1949 年中華人民共和国後、一度は 1954 年寧夏省が廃止されて甘粛省に合併されたが、1958 年寧夏回族自治区の成立後に首府となった［馮茂 1998：9-10]。

　調査当時、銀川市は行政区画上、⑴銀川市区（城区、郊区、新城区）、⑵永寧県、⑶賀蘭県から構成されていた。1995 年末の人口センサスによれば、銀川市全体の総人口は 893,791 人、このうち回族の人口は約 100,000 人（銀川市全体の総人口の 18.3%）である。引き続き、銀川市区の人口内訳を見ると、銀川市区全体の総人口は 544,851 人、このうち回族の人口は 98,618 人である（銀川市区全体の総人口の 18.1%）。銀川市区の中心部に相当する城区の総人口は 230,830 人、このうち回族の人口は 35,775 人である（城区全体の総人口の 15.5%）。銀川市区の農村部に相当する郊区の総人口は 120,241 人、このうち回族は 42,173 人である（郊区全体の総人口の 35%）。これらの統計資料から銀川市区全体では回族は銀川市区の中心部ではなく、農村部に多いことがわかる［寧夏百科全書編纂委員会（編）1998；銀川市志編纂委員会（編）1998；銀川市郊区志編纂委員会（編）2002：117-120]。なお、銀川市の人口の増加率は 7.2% で（北京市で 0.1%）、全国的にみても人口増加率が比較的高い。

表 1-6　銀川市における民族別人口

民族 行政区	回族	漢族	その他	総人口
城区	35,775 （15.50%）	188,002 （81.45%）	7,063 （3.06%）	230,830 （100%）
新城区	20,629 （10.67%）	167,914 （86.65%）	5,187 （2.68%）	193,780 （100%）
郊区	42,173 （35.07%）	77,520 （64.47%）	548 （0.46%）	120,241 （100%）

出典：馬宗保［2002：130]
注記：⑴ 1995 年時の統計資料にもとづく。
　　　⑵本表の数字は人数を、パーセントは各行政区画全体に占める割合を示す。

　銀川市の都市生活者の経済状況を見ると、一人あたりの平均年収は 13,496 元で、北京市の平均年収の 25,312 元のおよそ半分である。また、銀川市の失業率は 3.4% で、北京市の失業率の 1.43% のおよそ 2 倍となっている。自治区全体で見ると、首府の銀川市の経済条件は最も恵まれているが、全国レベルでみると必ずしもそうではない[80]。やはり、中国国内においては、経済発展が

80) 銀川市における民族別の職業構成、教育水準などに関する統計資料は公刊されている地方志や

140

第1章　中国西北のイスラームと寧夏回族の社会生活

めざましい沿海部と西部の経済格差は深刻であると言える。

第4節　清真寺の分布とジャマーアの規模

　ここからは銀川市における清真寺の分布状況および回族のジャマーアの概況について整理する。調査当時、筆者は銀川市の城区に拠点を定め、城区および郊区にあった清真寺を訪問し、フィールドワークを実施した。まず、銀川市全体における清真寺[81]の分布状況を整理し、銀川市全体における清真寺の位置付けを確認し、それをふまえ、調査対象の清真寺の概況を紹介し、ジャマーアの規模を把握する。

　第3章でも詳述するが、本書で取り上げるジャマーアという民俗語彙について説明しておきたい。銀川市では、基本的には、回族の人々は実家に最も近い清真寺に帰属する。清真寺に帰属する一般信徒は「高目」（gaomu, カオム）と呼ばれている。一般信徒たちは自分たちのなかから代表者（管理責任者[82]）を選び出し、清真寺の管理運営を担当させる。管理責任者は伝統的な呼称では「学董」（xuedong）・「郷老」（xianglao）と呼ばれている（改革開放期には「主任」・「副主任」と呼ばれるようになった）。清真寺のなかでイスラーム諸学を教授する宗教指導者は「阿訇」（ahong, アホン）と呼ばれている[83]。宗教指導者のもとには「満拉」

調査報告書では明らかにされていない。このため、本章でも銀川市の概況に関しては民族別人口に関する統計資料しか提示することができなかった。不備な点は今後の課題としたい。

81）表1-7は、銀川市全体における清真寺および一部ゴンベイの分布状況を整理したものであるが、銀川市全体にスーフィー教団を中心とするゴンベイがいくつか存在する点に注意しておきたい。

82）清真寺の管理責任者は1980年代以降の宗教管理機構の再編後（詳細は第2章を参照されたい）、現地語で「清真寺民主管理委員会」と呼ばれている。その名称が定着する以前は、管理責任者が「学董」（xuedong）、その補佐係（複数）が「郷老」（xianglao）と呼ばれていた。現在でも清真寺のなかで「学董」「郷老」という民俗語彙が使用されることがあるが、清真寺民主管理委員会の設置後は前者が主任、後者が副主任と呼ばれることが多い。本章では煩雑さを避けるため、原則として民俗語彙は使用せず、その日本語訳を分析概念として代用する（第3章以降は必要に応じて民俗語彙を使用することになる）。

83）第3章で詳述するが、アホンは「清真寺で伝統的なイスラーム諸学を修めた資格を取得した人物」を指す。したがって、アホンの資格は持っているが、清真寺に勤務していない者もいる。アホンを区別するために、清真寺に勤務するアホンは「開学阿訇」（kaixueahong, 開学アホン）と呼ばれる。本書では必要な場合に限り、開学アホンという名称も使用するが、一般的にはアホンという名称を使用し、その時のアホンは「清真寺の宗教指導者」を指す概念として使用する。ところで、宗教指導者は「教長」（jiaozhang）とも呼ばれるが、これは清朝期に政府が付与した名称であると考えており、積極的には使用されていない。なお、本章では、民俗語彙の多用による混乱をさけるために、アホンという語彙は極力使用せず、宗教指導者という日本語の分析概念を使用する

141

第1部　現代中国の民族・宗教・社会主義

（*manla*, マンラー）と呼ばれる学生がおり、原則、清真寺のなかで寄宿生活を送りながらイスラーム諸学を学ぶ。宗教指導者や寄宿学生がイスラームのあり方を管理責任者や一般信徒たちに教える一方、管理責任者や一般信徒たちはその返礼として自発的喜捨の「乜貼」（*nietie*, ニエティエ）や法定喜捨の「天課」（*tianke*, ザカート）をおこない、互酬性にもとづく交換体系が確立されている。このようなシステムが原動力となり、清真寺を中心としてジャマーアが形成されてきた。

　2005年の公式の統計資料によれば、中国全土では35,535箇寺の清真寺、清真寺に勤務する48,070名の宗教指導者、32,270名の寄宿学生が存在すると報告されている。寧夏回族自治区の場合、清真寺が3,500箇寺、宗教指導者が50,328名、寄宿学生が8,000名いると記録されている［中国伊斯蘭教協会（編）2005: 374-391］。2000年の調査当時、寧夏回族自治区イスラーム教協会（詳細は第4章で説明する）の職員によれば、銀川市には155箇寺の清真寺、1箇寺の聖者廟が正式に認可・登録されているということであった。その内訳を行政区画ごとに分類すると、銀川市の「城区」に3箇寺、「新城区」に5箇寺、「郊区」に54箇寺、永寧県に27箇寺、賀蘭県に66箇寺あった。単純計算ではあるが、清真寺や聖者廟に勤務する宗教指導者は少なくとも156名前後在籍することがわかる。2000年10月に寧夏回族自治区イスラーム教協会で実施したインタヴュー調査にもとづき、銀川市全体における清真寺およびゴンベイ（ただし1箇所のみ）の分布状況を記録した統計資料は表1-7に整理した。

表1-7　銀川市の清真寺一覧（2000年10月当時のデータ）

行政区	清真寺	宗教指導者	教派および建設年	
城区(2)				
	中寺	何金礼	Y	1931
	新華寺	何占軍	Y	1948
新城区(3)				
	西夏園化寺	馬永虎	Q	1987
	瀍鐘口寺	馬宗華	Q	?　　※現在はKh
郊区銀新郷(11)				
	双渠寺	李光喜	Y	1919
	双渠南寺	馬明貴	Q	1934
	盈北寺	白新和	Y	1925

　ことにした。

第1章　中国西北のイスラームと寧夏回族の社会生活

行政区	清真寺	宗教指導者	教派および建設年
	新市区寺	馮学録	Q　1986
	小礼拝寺	哈宏	Y　1915
	金家庄寺	謝光栄	Q　1937
	新城南寺		Y　1898
	磚渠寺		Y　1986　※現在はKh
	豊登寺		Q　1870
	西環寺	馬進良	Y　1976？
	羅家庄寺	郭琪	Y　1953
郊区芦花郷(3)			
	顧家橋寺		Q　1927
	良渠稍寺	馬孝仁	Y　1988
	平伏橋寺	郭海明	Y　1937
郊区紅花郷(9)			
	南関寺	周志祥	Y　1644　※もとはQ
	南関東寺	馬光田	Q　1984
	東関寺	馬占文	Y　1915
	東環寺		J　1982
	北塔寺		Y　1928　※もとはQ
	沙灘寺	馬永忠	Y　1995
	光華門寺		Q　1986　1982？　Kh？
	西関寺	謝生林	Y　1687　※もとはQ
	北関寺	哈進華	Y　1788　※もとはQ
郊区良田郷(3)			
	保伏橋寺	馬国林	Q　1928　※現在はY
	煙村路寺		Q　1931　※現在はY？
	五里台寺	楊学智	Y　1983
郊区満春郷(7)			
	新水橋寺	張富祥	Q　清朝末年
	新春寺	納玉成	Q　1788　※現在はY？
	新渠稍寺	張恵民	Q　1947　※現在はY？
	二号渠寺	馬忠俊	
	楊家湾寺	馬立華	Y　1950？
	塔橋寺	馬寿南	J　1908
	満春寺	楊学軍	Y　1987　1997？
郊区通貴郷(17)			
	通河東寺	馬寿祥	Q　1982
	通河西寺		Q　1987
	通北寺	馬宗賢	Kh　1912？　※現在はQ？
	通北西寺	馬文鈞	Kh　1984？　※現在はJ？
	通貴道堂	馬宗道	Kh　1925
	通西中寺		Kh　1931
	通西南寺	馬海軍	Y　1908
	通西東寺		J　1983
	通貴大寺	段玉海	Q　1938？

143

第1部　現代中国の民族・宗教・社会主義

行政区	清真寺	宗教指導者	教派および建設年
	通貴東寺	丁保雲	Kh　1981　※現在はQ？
	通東寺	馬貴福	J　1983？
	通東西寺		
	通南寺	田万強	Kh　1933
	通南東寺		Q　1995
	通南西寺		J　1985
	通豊寺	蘇澤儒	Q　1916
	通豊東寺	馬生全	Q　1990
その他(1)			
	八里橋寺	楊雲	Y　1996
郊区永南郷(1)			
	永南寺		Kh　1942
永寧県楊和郷(10)			
	納家戸大寺	納占祥	Q　1524
	納戸北寺		Y　1989
	楊和寺	馬光俊	Q　1933
	新寨子寺	楊連福	Q　1911
	紅星寺		Q　1946
	紅星小寺		Q　1984
	柳家庄寺	張聡	Q　1933
	王太堡寺	楊成林	Y　1940
	観橋寺	楊振中	Q　1982
	東全寺		Q　1944　1983？
永寧県望遠郷(2)			
	白鶴寺		Q　1928　1982？
	望遠寺	馬明孝	Q　1910　1890？
永寧県望洪郷(3)			
	西和寺	張真	Q　1951
	東和寺	丁彦林	Q　1788
	望洪寺	李永林	Q　1944
永寧県仁存郷(3)			
	王団寺	王国栄	Q　1785
	団結寺		Q　1925
	雷台寺		Q　1951
永寧県李俊鎮 (4)			
	金塔寺	周玉川	Q　1910
	李庄寺		Y　1983
	西邵寺		J　1984
	古正寺		Q　1986
永寧県通橋郷(2)			
	白湾寺	楊金玉	Q　1932　1893？
	長湖寺		Q　1983
賀蘭県立崗鎮(9)			
	立崗寺	馬廷玉	？　？

第1章　中国西北のイスラームと寧夏回族の社会生活

行政区	清真寺	宗教指導者	教派および建設年
	清水橋寺	楊学仁	Q　1983
	蘭光寺	何金銀	Y　1979
	銀星寺	丁漢倉	Kh　1982
	清水寺		
	先進寺		
	立崗鎮寺	馬英国	Q　1999
	蘭星寺	馬宝山	Kh　？
	蘭星小寺		
賀蘭県潘昶郷(10)			
	通昌南寺	何万義	J　1900
	通昌北寺	陳学強	Kh　1985 ？
	江南寺		J　1979 ？
	江南北寺	丁学午	Q　1990 ？
	関渠寺		
	関渠西寺	馬生福	Y　1973 ？
	雄英寺	馬少雲	Q　1940 ？
	潘西寺	金華	Y　？　1986 年 ？
	火星寺	張伏海	Kh　1992 ？
	火星西寺	金佃興	Q　1975 ？
賀蘭県金貴鎮(8)			
	金貴寺	陳建軍	Y　1915　※現在はＱ ？
	金貴北寺		Y　1925
	金貴西寺	郭金良	Y　1880　※現在はＱ ？
	聯星小寺	楊永貴	J　1921 ？
	漢佐寺	馬登国	J　？　1986 ？
	保南寺	楊少才	Y　1931
	新民寺	馬建忠	Y　1880
	銀河寺	郭生寿	Y　1934
賀蘭県通義郷(6)			
	民楽寺	馬富貴	Y　1850 ？
	永華寺		
	永楽北寺		Kh　1984 ？
	永楽南寺	馬忠孝	Kh　1984 ？
	永楽寺		
	永農寺		
賀蘭県習崗鎮(3)			
	習崗寺	馬金才	Q　1890
	黎明寺		Q　1990
	徳勝寺	馬宝栄	Q　1929
賀蘭県豊登郷(6)			
	西湖寺	馬明生	Q　1767
	西湖南寺	王文保	Q　？　1987 ？
	大礼拝寺	馬明龍	Q　1773
	高渠寺		Q　1985

145

第 1 部　現代中国の民族・宗教・社会主義

行政区	清真寺	宗教指導者	教派および建設年
	新聯寺	王洪軍	Q　1980
	新聯東寺		Q　1987
賀蘭県常信郷(4)			
	団結寺	楊富宝	Q　1876
	団結南寺	馬建国	Q　1985
	南梁南寺		Kh　1995　?
	南梁北寺		Qa　1997　?
その他(1)			
	城関寺	楊金濤	Y　1953　?
賀蘭県南梁台子郷(6)			
	鉄東中寺	田玉智	Kh　1995
	鉄東北寺	張進福	Kh　1995
	南梁台子南寺	馬維貴	J　1990
	北台寺	馬喜林	J　1993
	北梁南寺	馬文彬	Kh　1985
	海南大寺	謝忠海	Kh　1997

出典：寧夏イスラーム教協会の統計資料（2000 年 10 月入手）
注記：(1) Q（カディーム派）、Kh（フフィーヤ派）、J（ジャフリーヤ派）、Y（イフワーン派）。
　　　　ゴンベイは 1 つだけ確認されており、フフィーヤ派に分類されている。
　　　(2)宗教指導者の氏名欄が空白の場合は宗教指導者が清真寺に招聘されていないか、あるいは
　　　　寧夏イスラーム教協会が登録していないことによる。
　　　(3)清真寺の教派については何兆国（編）［1992］および楊文炯［2007］を参照した。何と楊の
　　　　調査ではデータの食い違いが少なくないが、それはおそらく清真寺が教派を変更したからで
　　　　あろう。本表では何の記録に基本的には従った。最新の統計資料は楊文炯の報告書に掲載さ
　　　　れている。
　　　(4)寧夏イスラーム教協会で閲覧した統計資料には不備があり、銀川市にあるすべての清真寺
　　　　を網羅できているわけではない。本表には記載されていない未認可の清真寺やゴンベイがあ
　　　　る。

　表 1-7 の統計資料をもとに、まず、文革前と文革後に建設された清真寺を
分類し、清真寺の修復・新築情報を把握しておきたい。ここでは文革終了後
の 1978 年をひとつの境目としてデータを整理した。それによれば、銀川市全
体には 134 の清真寺が登録されており、そのうち 1978 年以降に新たに建設さ
れた清真寺が 52 箇寺あり、全体の 38.8％を占めている。38.8％という数字は、
改革開放以降、銀川市で清真寺が増加したことを客観的に示している。それは
改革開放期に農村にくらす回族が裕福になり、清真寺を建設したからであろう
（1980 年代には清真寺の新築は容認されていた）。筆者がフィールドワークを集中的に
実施した 8 箇寺の清真寺のうち、1978 年以降に建設されたのは南関東寺、満
春寺であり、その他の清真寺は改革開放期に修復されていた（中寺のみが文革期

146

に破壊されずに保留された）。このように、1978年から1990年代にかけて清真寺の新築・修復が目覚ましかったことがわかる。

　実は、2000年10月、筆者は寧夏回族自治区イスラーム教協会を訪問し、寧夏イスラーム教協会の職員にインタヴュー調査を実施し、清真寺の統計資料について詳細を聞いたことがある。寧夏イスラーム教協会の職員の説明によれば、表1-7および表1-8の統計資料より新しいデータを収集したということであったが、筆者は閲覧していない。その代わり、寧夏イスラーム教協会の職員による説明にもとづけば、2000年の時点で銀川市全体には155箇寺の清真寺およびゴンベイ（聖者廟）が登録されており、城区に3箇寺、新城区に5箇寺、郊区に54箇寺、永寧県に27箇寺、賀蘭県に66箇寺、ゴンベイが1箇寺[84]存在するということであった。ただし、この数字はイスラーム教協会に正式に登録されている清真寺およびゴンベイの数であり、そのほかにも未認可の清真寺やゴンベイが存在する。写真1-7は銀川市区の清真寺一覧である。

表1-8　銀川市におけるイスラームの「教派」

教派	清真寺の数
カディーム派（Q）	56
イフワーン派（Y）	37
フフィーヤ派（Kh）	18
ジャフリーヤ派（J）	12
カーディリーヤ派（Qa）	1
不明	10
合計	134

出典：寧夏イスラーム教協会の清真寺一覧表をもとにデータを整理した（2000年10月）
注記：(1)表1-9の統計資料をもとにインタヴュー調査で補足した。
　　　(2)Q（カディーム派）、Kh（フフィーヤ派）、J（ジャフリーヤ派）、Qa（カーディリーヤ派）、Y（イフワーン派）

　また、もうひとつ注意すべきことがある。銀川市で清真寺関係者に対してインタヴュー調査を実施してはじめて気付いたのだが、実は、1949年から1976年までのあいだに破壊されたすべての清真寺が改革開放期に修復されたわけではない。また、1949年から1976年までのあいだに閉鎖・破壊されて修復され

84）銀川市イスラーム教協会の説明によれば、銀川市で正式に登録されているゴンベイは通貴道堂だけであり、そのほかに存在するゴンベイは行政当局が正規の宗教活動場所として承認していない施設であるということだった。

第 1 部　現代中国の民族・宗教・社会主義

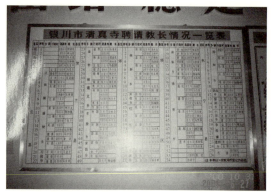

写真 1-7　銀川市の清真寺一覧表（2000 年寧夏回族自治区銀川市で撮影）

なかった清真寺については表 1-7 には記載されていない。実際、銀川市だけでも 1949 年から 1976 年までに閉鎖・破壊され、その後修復されなかった清真寺やゴンベイ（聖者廟）はいくつか存在する（例えば、銀川市の小西門清真寺）。このような実状に鑑みれば、改革開放期に清真寺の数が増加したことは中国共産党・政府の政策転換の成果によるものとして高く評価することができるが、清真寺の増加のみを根拠としてそれが「イスラーム復興」の兆候であると判断するには注意を要する。

　それでは、ひきつづき、銀川市における清真寺の分布状況の特徴を確認しておきたい[85]。全体な傾向としては、銀川市では清真寺は郊外に集中している。その最大の理由は、清朝光緒年間に回民蜂起が発生した後、回民の人々は「城内」（城壁で囲まれていた都市の中枢）に居住できなくなり、「城外」に清真寺を建設し、集住せざるをえなくなったからである。現在、旧城区内にある中寺や新華寺は中華民国期に建設されたもので、清朝末期までに建設された清真寺はすべて「城外」に位置していた。このような経緯から、中華人民共和国の成立後も、銀川市出身の回族の大多数は旧「城外」に集住してきた。

　銀川市のイスラームの「教派」についても言及しておこう。銀川市には古い

---

[85] 表 1-7 の作成にあたって『寧夏清真寺概況』［1992］も参照したが、著者の何兆国の調査が 1980 年代末頃までに完了したせいか、1980 年代末以降に新設または修復された清真寺については詳細がよくわからないものがあった。銀川市には建設時期の古い清真寺がいくつか存在したが、回民蜂起や文化大革命などの政治的混乱によって破壊されたものがあり、その多くが現在も修復されていない。

148

第1章　中国西北のイスラームと寧夏回族の社会生活

ものからカディーム派、フフィーヤ派、ジャフリーヤ派、カーディリーヤ派、イフワーン派の清真寺やゴンベイが建設されている。そのうちカディーム派が最も多く、分布地域も広範囲である。その次に、新興のイフワーン派が多い。イフワーン派の清真寺はカディーム派とおなじように分散してはいるが、銀川市城区に集中している点が特徴的である。スーフィー教団のフフィーヤ派は銀川市郊外東部に位置する通貴郷に集中するが、通貴郷にはスーフィー教団の修道場があり、銀川市におけるフフィーヤ派の拠点となっている。そのほか、ジャフリーヤ派、カーディリーヤ派の清真寺が銀川市の郊外に分散している。なお、筆者がフィールドワークを実施した清真寺にはイフワーン派の清真寺が多かった。

　本節の最後に、銀川市の中心地における清真寺の歴史的背景と分布状況について説明しておこう。馬宗保［2003：132］や馬宗保・金英花［1997：19-30］の研究によれば、清朝末期、寧夏府城（現在の銀川市城区一帯にほぼ相当する）には4箇寺の清真寺が建設されていたという。清真寺の歴史的背景について清真寺関係者にインタヴュー調査で質問したところ、4箇寺の清真寺とは、西小寺（1949年以後に破壊）、西関寺、南関寺、北関寺を指すということがわかった。1949年前後に新華寺の宗教指導者を務めた馬福龍の記録によれば、清朝期には寧夏府に回民が最も多く、4箇寺の大きな清真寺があり、回族が住民の半数以上を占めていたが［馬福龍 1985：1417］、回民蜂起が鎮圧された後、寧夏府城の回民が弾圧され、一部の清真寺が破壊された。

　中華民国成立後、清朝末期に破壊された清真寺が修復され、また、清真寺が新たに建設された結果、中華人民共和国の成立当初にはおよそ8箇寺の清真寺が存在した。当時の清真寺とは東関寺、西関寺、南関寺、北関寺、新華寺、中寺、西小寺、東大寺 [86)]を指す［馬宗保 1993：132］。清真寺関係者に対するインタヴュー調査や文献資料の記述にもとづけば、銀川市に現存する最古の清真寺の建設時期は明代であり、おそらく明代後期に回民が中国の他地域（例えば、陝西省）から移り住み、明代末期から清朝期にかけて清真寺を建設した可能性が高い（現

86）銀川市の清真寺に通う回族の古老たち（男性、60歳以上）に質問したところ、西小寺と東大寺は文化大革命の時期に閉鎖・破壊されたということであった（ただし、公的な資料には記載されていない）。西小寺と東大寺のように完全に消え去った清真寺は他にもあるようだが、中国国内で刊行された文献資料には一切記録されておらず、詳細を確認することができない。

149

第 1 部　現代中国の民族・宗教・社会主義

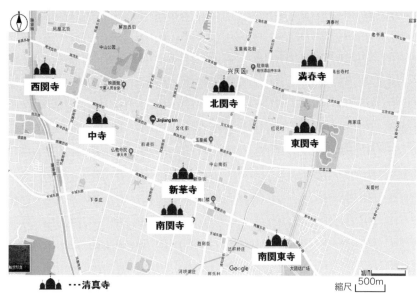

地図 1-4　調査対象の清真寺の分布
出典：google の地図をもとに筆者作成。

時点で銀川市に現存する最古の清真寺は南関寺）。なお、筆者がフィールドワークを集中的に実施した清真寺は、銀川市郊区にある東関寺、西関寺、北関寺、南関東寺、満春寺、城区にある新華寺、中寺、南関寺である。表 1-9 は調査対象の清真寺の概況を整理したものである。

表 1-9　調査対象の清真寺一覧

清真寺	建設年	一般信徒
中寺 Y	1931 年建設。1958 年「保留開放」。1966 年閉鎖・転用。1975 年「修復」（政府援助 5 万元）。2000 年修復。	約 250 世帯、1,200 名。銀川市出身者は少なく、銀川市以外の他地域出身者が多い。都市部に位置し、公務員、労働者、商人が多い。
西関寺 Y	1687 年建設。1930 年代 Q 派から Y 派に改宗。1958 年合併。1966 年破壊。1980 年〜1985 年修復。1997 年修復。	約 600 世帯、2,000 名。西関寺周辺の居住者が大多数。一部内蒙古、河南、甘粛、山東出身者もいる。農村部に位置し、大多数が農民だったが、1980 年代以降商人に転身した。
北関寺 Y	1788 年建設。1934 年修復。1958 年合併。1966 年破壊・転用。1980 年修復。	約 300 世帯、1,500 名。北関寺周辺居住者が多い。商人が多い。
南関寺 Y	1644 年建設。1915 年城区に移転。1953 年拡張。1966 年破壊。1981 年修復。1980 年代 Q 派から Y 派に改宗。	約 2400 世帯、12,000 名。南関寺周辺居住者が多い。かつては郊外の農村部に位置し、農民が多かったが、1980 年代以降に移転後、商人が多い。

第 1 章　中国西北のイスラームと寧夏回族の社会生活

東関寺 Y 派	1915 年建設。1958 年合併。1965 年破壊。 1980 年修復。 ※Q 派から Y 派に改宗？	約 500 世帯。2,000 名。大部分が東関寺周辺居住者。農村部に位置し、農民が多かったが、現在は農民が 50％、商人が 50％（兼業農家多い）。
新華寺 Y	1948 年建設。1958 年合併・転用。 1980 年修復。 ※移転経験あり	約 80 世帯。400 名。新華寺に代々所属するカオムは約 40 世帯 400 名。その他の一時的に所属する流動的なカオムが約 1,000 名。銀川市出身者が 70％、残りは甘粛省や青海省の出身者。都市部に位置し、大部分が商人。
南関東寺 Q	1984 年建設。2000 年修復・改築。 ※南関寺から分離	約 600 世帯。3,000 名。大部分が南関東寺周辺居住者。一部北京、河北省、天津出身者もいる。農村部に位置し、農民が多かったが、現在は農民が 50％、商人が 50％（兼業農家多い）。
満春寺 Y	1987 年建設。 ※東関寺から分離	約 300 世帯。1,500 名。大多数が銀川市出身者。農村部に位置し、農民が多かったが、農民が 50％、商人が 50％（兼業農家多い）。

出典：2000 年から 2001 年までのフィールドワークで得た一次資料
注記：Q（カディーム派）、Y（イフワーン派）

　ここまでの記述の要点を整理しておこう。銀川市の清真寺の起源を遡ると、明代末期から清代にかけて寧夏府城の城外に西関寺、南関寺、北関寺などの清真寺が建設された。その後、清朝政府は、寧夏の回民蜂起（1871 年寧夏の宗教指導者馬化龍の蜂起が鎮圧された事件）を鎮圧した後、寧夏府城内への回民の転入・居住を制限・禁止し、地域によっては回民を強制的に移住させた［楊占武（主編）2012：183-189］。中華民国期には、銀川市に広まったイフワーン派の清真寺（例

写真 1-8　清真西関寺（2004 年寧夏回族自治区銀川市で撮影）

第1部　現代中国の民族・宗教・社会主義

えば中寺、新華寺）が旧城内に建設されたことからわかるように、旧城内への回民の移動は自由になった。このような経緯から、銀川市では建設時期の早い清真寺が郊外に、建設時期の新しい清真寺が市の中心地（城区）に集中している。さらに付言すれば、旧城外の清真寺の周囲に集住する回族には1949年以前から地元で出生した者が多いのに対し、旧城内の回族には1949年以後、銀川市以外の地域から移住した者が多い。

第5節　清真寺付近の行政機関・居民委員会と住民

1　清真寺付近の土地改革と階級区分

　銀川市にはいくつもの清真寺があるが、旧城区・郊外のなかで歴史が古く、また、規模が大きな清真寺は清真西関寺である。筆者は西関寺の「主任」（清真寺民主管理委員会の代表）にインタヴュー調査を実施し、1949年以前・以後の詳細な情報を聴いた。また、西関寺で清真寺の行事に参加する機会が多かったことから、本書では西関寺の事例を数多く紹介することになる。以下、西関寺の事例をもとに清真寺付近の行政機関や居民委員会について説明しておく。

　西関寺の位置する地域は、銀川市城区政府の鳳凰北街街道弁事処[87]の管轄下にあった。銀川市城区政府には9つの街道弁事処、つまり、都市部における行政の末端機関が設置されていた。このうち鳳凰北街街道弁事処は1997年頃に設置された最も新しい行政機関である。調査当時、鳳凰北街街道弁事処の共産党書記を回族、副書記を非回族、弁事処主任を回族、副主任を非回族が担当していた。管轄地域が回族の集住地域のため、回族の党書記が配置されていた（一般的には回族の党書記は珍しい）。鳳凰北街街道弁事処の下位レベルには8つの居民委員会[88]、海宝家属楼、西橋巷、崇安巷、唐徠渠巷、興栄、興隆、北塔、北安が設置されており、西関寺付近の住民は海宝家属楼居民委員会の管轄下に

87）中国の都市における行政機関は規模の大きなものから市政府、区政府、街道弁事処となっている。ここで取り上げる街道弁事処とは区政府の出張所に相当する。街道弁事処に勤務する幹部は国家公務員である。

88）原則上、居民委員会は街道弁事処の行政指導をうける都市住民の自治組織であり、住民の戸籍管理、公衆衛生、治安維持、紛争調停などをおもな活動内容とする。しかし、実際は最末端の行政機関として機能している（詳細は序章を参照されたい）。

152

第1章　中国西北のイスラームと寧夏回族の社会生活

あった。なお、居民委員会は法律上、行政機関ではなく、あくまでも「住民自治組織」とされているが、実態としては、居民委員会は街道弁事処の行政指導下にあり、末端の行政にも深く関与している。

西関寺付近の住民の大多数は住民登録や戸籍管理を含む行政手続きを鳳凰北街街道弁事処でおこなっていた。ただし、西関寺を含む地域は地理的には農村部に位置し、1990年代初頭頃までは城区政府ではなく、郊区政府によって管轄されていたため、2000年の調査当時、行政上は城区政府の管轄下にあったが、地理上は銀川市郊外の農村部に位置していた（そのため、寧夏回族自治区イスラーム協会の清真寺一覧表では、西関寺は郊区政府管轄下にあると記載されていた）。

1949年以降、この地域で中華人民共和国成立後の土地改革がどのように実施されたのかを概観しておこう。まず、寧夏の最初の土地改革は1950年10月から1951年4月まで当時の寧夏省の寧朔県（現在の永寧県付近に相当）で試験的に実施された。その際、11,252世帯のうち、地主が208世帯、富農が267世帯、中農が3,051世帯、貧農が7,726世帯というように階級区分が実施された。寧夏全体の土地改革の主な目的は従来の土地私有制を廃止し、少数の地主の土地を農民に分配し、自作農を育成するためだった。

1951年8月から1952年4月まではモンゴル族の集住地域を除いた地域で土地改革が本格的に施行された。寧夏省における「階級区分」は表1-10に示したとおりである。表1-10によれば、地主が3.25%、半地主の富農が0.02%、富農が1.42%、小土地出租者（土地の貸出し業者）と土地経営者が2.2%、中農が30.56%、貧農が39.22%、雇農が13.24%、その他が10.09%と区分されたことが確認できる。さらにその後、地主階級の土地財産・家畜・家具・農具などが没収され、雇農（79%）、貧農（51%）、中農（17%）に分配された結果、寧夏省の139,845世帯のうち、地主が3.23%、半地主式富農が1.35%、小土地出租者が1.98%、中農が31.13%、貧農が38.3%、雇農が13.94%、工商業者が1.03%、畜産業者が0.21%、その他が8.81%となったように、農民の階級区分や土地所有の分配が政治運動の一環として実施されたのである[89]。

89）1946年5月4日、中国共産党中央委員会からの指示があり、1947年7月、中国土地法大綱が採択されたことによって土地改革が実施された。その結果、農村部の住民（農民）は土地所有権を失うことになる。こうした土地改革に対しては寧夏中南部の少数民族地域では激しい反発が起こった。例えば、1952年4月2日、西吉県・海原県・固原県でスーフィー教団（ジャフリーヤ派）の暴動が発生した（詳細は第2章を参照）。その結果、同年秋頃まで土地改革が一時中断されている［張

第1部　現代中国の民族・宗教・社会主義

表 1-10　寧夏回族自治区における階級区分（土地改革後）

階級	世帯数	全体に占める割合（%）
地主	3,936	3.25%
半地主式富農	17	0.02%
富農	1,713	1.42%
小土地出租者 土地経営者	2,662	2.2%
中農	36,994	30.56%
雇農	16,029	10.09%
貧農	47,475	39.22%
その他	12,217	8.81%
合計	121,043	100%

出典：張遠成［2002：44-46］の統計資料を表に整理した。

　これに先立ち、1950 年頃から寧夏全体の農村部で「互助組」の合作運動が開始された。この「互助組」とは農家間の相互扶助を目的として労働組織を指し、自作農の組織化を目的としたものである。1950 年寧夏省に 4,209 組（農民 17,950 世帯、農民全体の 8.37%）の季節限定的な互助組が組織され、翌年に 14,453 組（農民 74,292 世帯、農民全体の 34.07%）、1952 年に 21,501 組（農民 118,257 世帯、農民全体の 49.73%）まで増加したという。ただし、当時は土地や家畜の私有制が維持されていた［張遠成 2002：44-46］。その後、1952 年 1 月平羅県で最初に土地私有制を維持した互助組を発展させた形で「初級合作社」が設立された。これを契機として 1955 年までのあいだに寧夏全体で 145 組の「初級合作社」（農民の総世帯の 72.15% が参加）が設立されている。「初級合作社」は互助組を基礎として家畜や農具などの共同利用、労働量に応じた所得分配などを目的とし、農業生産や財務の共同管理が実施された。その後、1955 年には農業施設の共同利用、生産管理、労働点数による所得分配などを試みる大規模な生産共同組合として「高級合作社」[90] が編成されることになった。1956 年には寧夏全体で農民世帯 267,544 世帯（農民世帯全体の 92.23%）が参加している［張遠成 2002：46-48］。

　1958 年に始まった大躍進政策 [91] の下、同年 9 月 7 日に賀蘭県で最初の「人

　遠成 2002：16-24］。なお、現在も土地所有権は国家に帰属するが、住民の土地使用権は承認されている。

90）全国平均では、高級合作社は約 200 世帯から 300 世帯の農家から構成されていた。

91）ソ連の社会主義計画経済をモデルとせず、人民公社の設置や食料や鉄鋼の大増産を急進的に推進した中国独自の政治運動を指す。

第1章　中国西北のイスラームと寧夏回族の社会生活

民公社」[92]（4,150世帯）が設立すると、1958年10月20日、寧夏回族自治区成立前までに寧夏全体で人民公社化が完了した。「人民公社」は私的所有制の廃止を目指し、農地や家畜の共同利用、労働点数による所得分配の廃止、共同食堂での無制限の食事、農民の民兵化などが実施された。寧夏では土地改革で膨大な数に膨れ上がった1,699もの合作社をもとに152の「人民公社」が組織されることになった。当時、「人民公社」に参加した農民は農民世帯全体の99.91%であった［張遠成2002：79-83］。

　さて、土地改革が西関寺付近の住民の生活に与えた影響を考えてみたい（行政上、現在は都市生活者であるが、当時は農民扱いであり、現在の郊区政府の管轄下にあった）。ここでは農民の階級区分に焦点をあわせてみる。当時、西関寺付近を含む地域の農民は表1-11のようにそれぞれの階級に分類された。

表1-11　銀川市郊区における階級区分（土地改革実施前）

階級区分	世帯数	人口
地主	1,786（36.35%）	1,786（7.42%）
半地主式富農	1（0.02%）	1（0.004%）
富農	62（1.26%）	731（3.04%）
小土地出租	171（3.48%）	900（3.74%）
中農	1,418（28.86%）	8,207（34.13%）
貧農	1,693（34.46%）	7,914（32.91%）
雇農	706（14.37%）	2,144（8.91%）
工商業者	12（0.24）	120（0.49%）
牧畜業者	5（0.10%）	28（0.11%）
その他	614（12.5%）	2,212（9.20%）
合計	4,912（100%）	24,043（100%）

出典：銀川市郊区志編纂委員会（編）［2002：299、305-306］の統計資料を整理した。
注記：(1)「土地改革」とは1951年8月から1952年4月にかけて実施された政策を指す。
　　　(2)本表のパーセントは階級区分の対象となった人々が全体に占める割合を示す。

　当時の西関寺付近における階級区分についても説明しておきたい。西関寺の周囲に建設された海宝家属楼にくらす回族や漢族の地元出身者によれば、1951年以降の土地改革によって、当時200世帯ほどいた農民が、地主（2世帯）、土

92）　人民公社化は1958年3月中国共産党中央委員会の会議で「合作社」を合併する作業が採択されたことに始まる。最初の人民公社は河南省で設立した。人民公社とは「農業、工業、商業、学校、軍隊すべてを管理する組織」である。人民公社化に代表される大躍進政策の失敗は1959年から1961年までに2,000万人から4,000万人の餓死者を出した。その結果、1962年には中国全土において農業生産の採算単位が規模の大きなものから「人民公社」、「生産大隊」、「生産小隊」に整理されることになった。

第1部　現代中国の民族・宗教・社会主義

表 1-12　銀川市郊区における階級区分（土地改革実施後）

階級区分	世帯数	人民公社加入数
地主	267 （4.36%）	227 （3.78%）
土地経営	89 （1.45%）	86 （1.43%）
土地出租	25 （0.40%）	25 （0.41%）
富農	100 （1.63%）	82 （1.36%）
富中農	186 （3.03%）	178 （2.96%）
中農	1,575 （25.72%）	1,597 （26.6%）
貧農	3,429 （56.01%）	3,363 （56%）
手工業者	73 （1.19%）	71 （1.18%）
小販業者	52 （0.84%）	51 （0.84%）
小商業者	42 （0.68%）	38 （0.63%）
都市からの転業者	256 （4.18%）	255 （4.24%）
職員	28 （0.45%）	28 （0.46%）
合計	6,122 （100%）	6,001 （100%）

出典：銀川市郊区志編纂委員会（編）［2002：299、305-306］の統計資料を整理した。
注記：(1)「土地改革」とは 1951 年 8 月から 1952 年 4 月にかけて実施された政策を指す。
　　　(2)本表のパーセントは階級区分の対象となった人々が全体に占める割合を示す。

地経営者（1世帯）、富農（約10%）、中農（約20%）、中下農、貧農、雇農（約60%
から70%）に分類された。この数字は当時の様子を知る住民の概算にすぎず、
統計資料ほど正確ではないが、当時の地主および土地経営者がすべて回族で
あった点は清真寺の関係に対するインタヴュー調査によっても確認できた。こ
のことをふまえると、当時、西関寺付近の土地の大部分が回族の地元有力者（こ
の場合は地主および土地経営者を）によって所有されていたことは間違いない。第
3章で詳述するように、西関寺付近にくらしていた地主（2世帯）とは、西関寺
の宗教指導者と管理責任者のことである。つまり、西関寺の宗教指導者と管理
責任者がその地域の政治的・社会経済的・宗教的な主導権を掌握したのである
（詳細は第3章を参照されたい）。

　その後、1958 年以降の人民公社化によって、西関寺付近の農民が東風人民
公社（北塔郷、民楽郷、新民郷から構成される）に管轄されることが決まり、同人民
公社のなかの北塔大隊[93]に編入されることになった（翌年、同人民公社は「紅花
人民公社」と改称する）［馮茂 1998：36］。当時、北塔大隊に勤務していた漢族（男

93) 生産大隊とは人民公社を構成する最も基本的な集団経済組織を指す。生産大隊は 1962 年以降定
　着し、土地、家畜、農機具などの生産手段を所有する行政単位となった。まず、当時の農民は約
　20 世帯から 30 世帯を一単位として生産小隊を、次いで 10 個前後の生産小隊が生産大隊を構成す
　る（約 200 世帯から 300 世帯の農家となる）。さらに 10 個前後の生産大隊がひとつの人民公社を
　構成することになる。

156

性、60代）によれば、北塔大隊（約3,000名）は10個の北塔小隊（約300名）から構成されていた。当時の北塔大隊の共産党書記（1名）を回族（西関寺の管理責任者の父方オジの息子）が、大隊隊長（2名）を回族と漢族がそれぞれ担当していた。回族の居住分布については、北塔小隊の1隊から4隊までは回族が大多数を占め、北塔小隊の1隊には漢族が5、6世帯、北塔小隊の2隊は回族だけの村だった。そのほかの北塔小隊には漢族が多かった。西関寺を管轄した生産小隊は北塔小隊の1隊と2隊であり、これらの小隊には回族が最も集中していた（1950年代後半から1970年代末頃までの政治運動についてはおもに第2章で詳述する）。

1976年、文化大革命が終わり、1984年に紅花人民公社が解体され、人民公社は紅花郷と改称された［馮茂 1998：36］。海宝家属楼居民委員会で聴いた話によれば、その際、北塔小隊の1隊と2隊が海宝家属楼居民委員会に、北塔小隊の3隊と4隊が唐徠居民委員会に、北塔小隊の5隊以下の生産小隊が紅花郷北塔村民委員会（郊区政府の管轄下）にそれぞれ再編されることになったという。その過程で北塔小隊の1隊から4隊の住民の多くが農民から都市生活者へと転身し、同地域の農民の戸籍は「農業戸口」（農村戸籍）だったが、「城市戸口」（都市戸籍）へと変更することになった[94]。

写真 1-9　海宝家属楼の外観（2001年寧夏回族自治区銀川市で撮影）

---

94) 中国語では戸籍のことを「戸口」という。1958年戸籍の登記条例が発布され、戸籍の登録・管理が公安機関で実施されるようになった。戸籍には都市戸籍と農村戸籍があり、医療、教育、住宅などの社会保障に格差が見られた。農村戸籍登録者が都市への移動は現在でも制限されている。

第1部　現代中国の民族・宗教・社会主義

写真1-10　海宝家属楼付近（2002年撮影寧夏回族自治区銀川市で撮影）

写真1-11　海宝家属楼居民委員会（2002年寧夏回族自治区銀川市で撮影）

　その後、1984年頃、北塔小隊の1隊と2隊の回族が中心となって海宝実業開発公司という企業を設立した。この企業は、北塔小隊の1隊と2隊の農地売買を中心として建築業、商業、サービス業など様々な分野に進出した民間企業である。いわば農村部の郷鎮企業のような企業である。同企業は北塔小隊の1隊と2隊の農地を農民から買い取った後、そこにもともと住んでいた住民を対象とした集合住宅を建設した。この集合住宅が海宝家属楼である。この海宝家

158

第 1 章　中国西北のイスラームと寧夏回族の社会生活

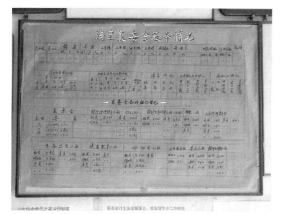

写真 1-12　海宝家属楼居民委員会の統計資料（2002 年寧夏回族自治区銀川市で撮影）

属楼を管理する「住民自治組織」として海宝家属楼居民委員会が設置された。この居民委員会のメンバーは同企業によって選出・配置された。調査当時では、居民委員会主任が回族（馬姓、男性、郊区北塔村出身）で、そのほかの委員として、回族（馬姓、女性、郊区保伏橋村出身）、回族（王姓、女性、旧北塔 3 隊出身）、漢族（王姓、男性、旧北塔 1 隊出身、小隊長）がそれぞれ環境衛生緑化、婦女工作・計画出産、治安工作を担当していた[95]。居民委員会の人事異動を見ると、回族住民が集中する地域であるからか、回族の委員が多数選出されたことがわかる。

2　清真寺の周囲に集住する回族

2-1　民族別世帯——世帯主の民族戸籍

筆者は 2000 年 10 月から 2001 年 1 月にかけて海宝家属楼居民委員会を何度も訪問し、住民の統計資料を閲覧する機会にめぐまれた。同居民委員会の統計資料によれば、調査当時、住民の世帯数は合計 259 世帯、総人口が 781 名であった。民族別の世帯数（世帯主の民族戸籍を基準とする）の内訳を見ると、回族世帯が 155 世帯（住民数が 500 名）、漢族世帯が 79 世帯（住民数 272 名）、転出・転入な

95）海宝家属楼居民委員の人事異動で指摘すべきことがある。同居民委員会の回族（馬姓、女性）の夫は海宝実業開発公司の総経理で、もうひとりの回族（王姓、女性）の夫は同企業の共産党書記を務めていた。つまり、居民委員会の人事異動は同企業関係者の「関係」（guanxi）、すなわちコネクションによって決められた人員調整であった。

第1部　現代中国の民族・宗教・社会主義

どによる不明な世帯 25 世帯が記録されていた。この数字を見るかぎり、回族住民が住民全体の約 64％を占めることがわかる。回族住民がこのように集住している主な理由は、同居民委員会管轄下の地域がもともとは回族人口の非常に多かった毛沢東時代の北塔小隊 1 隊・2 隊の管轄地域だったからである。

　回族の居住分布について西関寺の管理責任者に詳細を質問したことがある。管理責任者によれば、西関寺のある地域はジャマーアとしての特徴が際立っているという。すなわち、海宝家属楼の集合住宅の内訳は海宝家属楼 2 号楼、3 号楼、4 号楼、5 号楼、西平房区、寺南区となっており、このうち 2 号楼から 5 号楼までの団地群は西関寺の東側に建設され、南北に向かって配置されている。同居民委員会の統計資料によれば、西関寺に隣接する集合住宅は 2 号楼と 3 号楼で、西関寺に面した部屋に居住する回族が実際に多かった。西関寺の管理責任者によれば、海宝家属楼が建設されるにあたって、西関寺関係者（主に管理責任者）が企業側と交渉し、清真寺の周囲にもともと居住していた回族住民を西関寺に隣接する 2 号楼および 3 号楼に優先的に入居できることになったという。西平房区は清真寺の西側に密集する地域にあり、寺南区は清真寺の入り口付近にならぶ平屋群である[96]。いずれも土地改革以前からその地域に住んでいる回族住民が圧倒的に多い。ただし、1980 年代中頃から他省の回族や漢族が転入居し、回族の地元出身者が占める割合が減少しつつある。

2-2　世帯間の親族関係

　海宝家属楼居民委員会管轄下の世帯を世帯主の「姓」(*xing*) ごとに表 1-13 に分類した。漢語を母語とする漢族や少数民族の場合、漢字の「姓」はその人の所属する父系出自集団を意味する。ここでは同居民委員会管轄下の世帯を父系出自集団ごとに分類することによって、西関寺周辺における住民の居住分布

96）しかし、2001 年 10 月頃、海宝家属楼居民委員会管轄下の西平房区は、西関寺の西側に唐徠公園を建設する行政当局の計画によって撤去することが決定された。また、おなじ理由から、2002 年 2 月頃、西関寺の敷地内にあった回族墓地も銀川市郊外への移転を余儀なくされた。銀川市政府は墓 1 基につき 200 元を賠償金として支払い、賀蘭県習崗鎮得勝村に西関寺の一般信徒向けに墓地を建設した。ただし、墓地を移転させられた人々は墓 1 基につき 500 元を支払うことになった。ある一般信徒の家族は祖父母の代からの墓を 10 基以上購入することになったので、5,000 元以上も出費したと不満を述べていた。

160

表1-13　回族の姓別世帯数（単位：世帯数）

団地 世帯主の姓	2号楼	3号楼	4号楼	5号楼	寺南区	西平房区	合計
馬	14	10	13	5	10	15	67
王	4	4	1	1	1	2	13
馮	2		3	1	4	2	12
納	2	5	2	1		1	11
倪		3	1	1	1	2	8
哈	2		2			1	5
石		2	1	2			5
楊		2	1		1	1	5
李				4		1	5
劉	1					2	3
謝		1				2	3
趙			1			1	2
徐	2						2
温		2					2
羅			2				2
呂	1						1
裴			1				1
郭			1				1
杜			1				1
譚			1				1
張						1	1
何						1	1
史						1	1
白						1	1
不明			1				1
合計	28	29	32	15	17	34	155

出典：海宝家属楼居民委員会で閲覧した統計資料（2000年10月入手）

と親族関係とのかかわりを見ておきたい。

　筆者は2000年から2001年にかけて西関寺の関係者（男性、60歳以上の複数の高齢者）や旧人民公社の関係者（回族と漢族を含む）に対してインタヴュー調査を実施した。大部分は地元住民であったが、彼らの話によれば、1949年中華人民共和国成立以前は、海宝家属楼居民委員会の管轄地域には回族しか生活していなかったという。この真偽を現存する文献資料で確認することはできないが、西関寺周辺にくらす地元住民の大多数がおなじように回答していた。清真寺が回族の社会生活の中心となっていた歴史的経緯を考えると、回族住民が圧倒的

第1部　現代中国の民族・宗教・社会主義

多数派であった可能性は非常に高い。

　ここで、西関寺の周囲に居住する回族の「姓」について考えてみたい。西関寺関係者（主に60代から70代までの男性）の話によれば、中華人民共和国成立以前は、西関寺の周囲に暮らす回族の家族には、馮姓、王姓、李姓、馬姓、納姓、倪姓、哈姓、陳姓などが多く、全体で200世帯ほどあったという。2000年の調査当時、筆者は回族の家族には馬姓、王姓、馮姓、納姓などが多かったことを確認できている。回族の世帯間の親族関係については統計資料やインタヴュー調査では十分に解明できなかったので今後の課題としたいが、おなじ「姓」を持つからといっておなじ父系出自集団に所属するとはかぎらない。このあたりは華北漢族の事例と共通している。ただし、西関寺の周囲では、唯一、馮姓の回族の人々が、おなじ馮姓の回族であるならばおなじ父系出自集団のメンバーであると明確に自覚しており、銀川市の回族としては珍しく「同姓不婚」の原則[97]を遵守していた。西関寺の一般信徒のなかには宗教指導者や管理責任者などの有力者を輩出した馬姓の家族がいるが、馬姓の人々も父系の系譜関係を確認できるのであれば、おなじ馬姓一族としての系譜意識を広く共有していた。なお、「同姓不婚」を遵守する一部の出自集団を除外すれば、結婚希望相手が「五服内」（*wufunei*）と呼ばれるおなじ父系出自集団の範囲内に含まれない場合、つまり、エゴから見て上下4代以内の父系出自集団のメンバーではないと判断できた場合、たとえおなじ父系出自集団のメンバーであっても、「同姓結婚」は容認されているのが実状である[98]。

　表1-14は漢族世帯の「姓」を整理したものであるが、この資料から漢族世帯は世帯数が回族の半分ほどしかいないが、「姓」の種類が回族の「姓」より非常に多いことがわかる。これは、漢族住民が主に1950年代の土地改革の実施時期と1980年半ば以降の改革開放政策導入後に他地域（銀川市内や他省）から移住してきた様々な家族によって構成されることによる。かつての人民公社の生産小隊の関係者（漢族男性）の話によれば、この地域にはもともと漢族が

97）「同姓不婚」は漢族研究でよく注目される観念であり、漢族の父系出自集団においておなじメンバー同士の結婚を禁止する原則を指す。銀川市では回族の人々が「同姓不婚」の原則をある程度は共有していた事例があったのでこの観念を民俗概念として使用する。

98）「五服内」という観念は主に漢族研究でよく指摘される。銀川市では回族の人々は「五服内」という観念を知らなかったが、実態としては、「五服内」の指し示す父系出自集団内の服喪範囲を広く認識し、「同姓不婚」を実践していた。

162

表1-14　漢族の姓別世帯数（単位：世帯数）

団地／世帯主の姓	2号楼	3号楼	4号楼	5号楼	寺南区	西平房区	合計
王	1	2	2	4		4	13
張			3	2		7	12
李		1	1	3		1	6
劉				3		1	4
呉				1		3	4
劉				3		1	4
孫				2		1	3
徐	2					1	3
馬	1	1					2
呂			1			1	2
楊	1			1			2
楊	1			1			2
丁			1	1			2
梁			1	1			2
趙			1			1	2
變			1				1
計			1				1
靳	1						1
強		1					1
田						1	1
盧		1					1
郭				1			1
陳			1				1
姚			1				1
範			1				1
潘				1			1
安				1			1
何				1			1
浪				1			1
章				1			1
庄				1			1
康				1			1
蘇						1	1
袁						1	1
葉						1	1
不明	2	1					
合計	8	7	15	26	0	24	80

出典：海宝家属楼居民委員会で閲覧した統計資料（2000年10月入手）

第1部　現代中国の民族・宗教・社会主義

非常に少なく、1950年代の土地改革の実施後、他地域からの漢族が増えることになったという。つまり、おなじ父系出自集団に所属する漢族住民はもともとほとんどいなかったのである。海宝家属楼居民委員会の職員（漢族男性）の話によれば、現在の漢族世帯のあいだには親族・姻戚関係がはっきりと確認することができる家族は数世帯しかないということであった[99]。

　海宝家属楼居民委員会の職員（漢族男性）はかつて人民公社の北塔1隊の隊長を担当していた経歴がある。この人物の記憶によれば、西関寺の周囲に漢族が移住してきたのは1954年頃のことだったという。それ以前、この地域は回族が集住する村落であり、経済条件が比較的良好であったため、近隣の村落や都市（現城区）から漢族が徐々に移住し始めた。例えば、かつての北塔小隊1隊には回族が約80世帯、漢族が5, 6世帯ほどしかいなかった。その後、土地改革が開始される直前の1950年代初頭から、都市の城区から漢族の家族が移住し始めた。彼らが移住した主な理由はこの地域の村落の経済条件が良く（例えば水資源が豊富）、また、城区から近い距離にあり、交通の便がよかったことによる。1958年の大躍進政策、1966年から1976年までの文化大革命などの影響で、この地域へ移住する漢族が次第に増えるようになったという。

2-3　世帯構成

　海宝家属楼に居住する住民の世帯構成に目を向け、それぞれの団地にくらす住民の世帯構成を整理することによって、民族別の世帯構成、家族の規模、子どもの数、経済状況などの相関関係を把握しておきたい。

　海宝家属楼にくらす住民の家族形態には、世帯主の民族戸籍の別なく、核家族が非常に多い。これまでの漢族研究において中華民国期の時点で伝統的な家族形態だと理念化されてきた傍系拡大家族よりもむしろ核家族が多かったということはすでに指摘されているが［瀬川 2004：98-102］、銀川市にくらす回族にもおなじことがあてはまる。漢族・回族の別なく、ある家族集団がどのような家族形態を選択するのかということは当事者の居住環境や経済力に大きく左右されるものであり、おなじ民族に分類された人々のあいだにも偏差が広く見ら

99）現在の漢族住民のなかには、1980年代半ば以降、銀川市以外の地域から銀川市にある企業に就職するために移住してきた人々が非常に多く、海宝家属楼5号楼に集住していた。

第 1 章　中国西北のイスラームと寧夏回族の社会生活

表 1-15　回族の世帯構成（単位：世帯数）

家族類型 団地	核家族	直系家族	傍系家族	その他	子の数				合計
					1	2	3	4〜	
2 号楼	18	5	3	1	11	12	4		27
3 号楼	17	3	0	8	7	12			28
4 号楼	24	2	0	4	13	12	1	2	30
5 号楼	10	1	0	3	5	5		1	14
寺南区	12	2	1	2	1	10	3		17
西平房区	20	2	3	9	12	5		1	34
合計	101 63.33%	15 10%	7 4.66%	27 18%	46	56	11	6	150 100%

出典：海宝家属楼居民委員会で閲覧した統計資料（2000 年 10 月入手）
注記：(1)回族と漢族の異民族通婚の場合、夫側の民族戸籍にもとづいて分類した。つまり、回族男性
　　　と漢族女性の夫婦の場合、回族世帯として分類した。
　　　(2)家族類型の「その他」は夫婦のみの世帯（子がいない世帯や子と別居した世帯）、配偶者と
　　　死別したり離婚したりした単身世帯を含む。
　　　(3)世帯主が回族と登録されていても世帯構成が不明な事例は除外した。
　　　(4)西平房区には回族男性と漢族女性の夫婦が 1 世帯ある。
　　　(5)回族世帯 154 世帯のうち 4 世帯は民族戸籍しかわからないため対象外とした。
　　　(6)本表のパーセントは回族世帯全体に占める割合を示す。

表 1-16　漢族の世帯構成（単位：世帯数）

家族類型 団地	核家族	直系家族	傍系家族	その他	子の数				合計
					1	2	3	4〜	
2 号楼	5	1	0	1	0	0	0	0	7
3 号楼	4	0	0	2	3	3	0	0	6
4 号楼	11	1	0	4	10	2	0	0	16
5 号楼	21	3	0	2	19	5	0	0	26
寺南区	0	0	0	0	0	0	0	0	0
西平房区	16	5	0	2	12	8	0	1	23
合計	57 73.07%	10 12.82%	1 1.28%	10 12.82%	44	18	0	2	78 100%

出典：海宝家属楼居民委員会で閲覧した統計資料（2000 年 10 月入手）
注記：(1)回族と漢族の異民族通婚の場合、夫側の民族戸籍にもとづいて分類した。つまり、漢族男性
　　　と回族女性の夫婦の場合、漢族世帯として分類した。
　　　(2)家族類型の「その他」は夫婦のみの世帯（子がいない世帯や子と別居した世帯）、配偶者と
　　　死別したり離婚したりした単身世帯を含む。
　　　(3)世帯主が漢族と登録されていても世帯構成が不明な事例は除外した。
　　　(4)5 号楼に漢族男性と満族女性の夫婦が 1 世帯ある。
　　　(5)3 号楼と 4 号楼に漢族男性と回族女性の夫婦が 2 世帯ある（子は回族戸籍）。
　　　(6)西平房区に漢族男性と回族女性の夫婦が 1 世帯いる。息子が回族女性と結婚した世帯が 1 世
　　　帯ある（孫は回族戸籍）。
　　　(7)漢族世帯 84 世帯のうち 4 世帯は民族戸籍しかわからないので対象外とした。
　　　(8)本表のパーセントは漢族世帯全体に占める割合を示す。

れ、ある民族に固有の家族形態が存在すると考えるのは適切だとは言えない。

　核家族居住について筆者は海宝家属楼にくらす人々（回族）に質問したこと

第1部　現代中国の民族・宗教・社会主義

がある。彼ら自身の説明によれば、核家族の形態が多い最大の理由は、子ども
が結婚後、自分の親との同居を望まないからであるという。つまり、子ども夫
婦は親夫婦と同居した場合、親夫婦と衝突する機会が多くなるのではないか
と心配し、親夫婦との同居を選択肢からあえて除外するのである。1949年以
前に生まれた複数の高齢者（回族）の体験談によれば、親夫婦との別居は中華
民国の時代からごく普通に見られたことであり、珍しくはないという（その場
合、子どもに自立できるだけの十分な経済力があることが条件となる）。親子関係のほか、
居住環境も重要な要因で、集合団地には部屋数が少ないため、子ども夫婦たち
は親夫婦との同居を考えられないことも現実的な問題として存在する。例えば、
海宝家属楼の平均的な部屋数は3K（寝室1部屋、居間2部屋、台所1部屋）であり、
家族形態がどのようなもののであれ、複数の夫婦がともに生活するには十分な
広さがあるとは言えない。このような住環境の制約も集合住宅にくらす人々の
家族関係の問題を考えるにあたって重要であろう。

　海宝家属楼に居住する世帯の子どもの人数に目を向けてみよう。まず、回族
世帯と漢族世帯のあいだには著しい相違点がある。つまり、世帯主が回族の場
合、2名以上の子どもがいる事例が回族世帯全体に占める割合が非常に高く（半
数以上）、非常に際立っている。漢族世帯にも2名以上の子どもがいる世帯があ
るが、漢族世帯全体のなかでごく少数である。このような民族別世帯に見られ
る相違点は1980年代以降の産児制限政策によるもので、少数民族が優遇政策
の恩恵にあずかっていることによる。なお、2000年の調査当時、寧夏回族自
治区では少数民族は都市では子どもを2名まで、農村では子どもを3名まで産
むことができる。

　ここで注目すべきは、回族と漢族が結婚した夫婦の場合、子の民族戸籍を回
族として登録する事例ばかりで、漢族として登録した事例が一切存在しなかっ
たことである。海宝家属楼においては異民族間通婚（回族と漢族の通婚）の件数
は相対的に少なかったが、父親が漢族、母親が回族の夫婦の事例でも子の民族
戸籍を回族として登録していた。異民族間通婚における子どもの民族戸籍に
関する問題は第7章・8章で詳述するが、子が少数民族の戸籍を所有する場合、
少数民族に対する優遇政策の恩恵に与ることができるため、子の親が非常に打
算的な理由から少数民族の戸籍を選択する事例が非常に多い。

166

第6節　まとめ

　最後に、ここまで詳述した調査地の特徴を整理しておこう。まず、寧夏回族自治区の「民族自治地方」としての特色を確認しておく必要がある。寧夏は1958年に成立した少数民族の「民族自治地方」であるが、回族が自治区の代表的な少数民族として法的に認定されている。前述したように、自治区全体の民族別人口を見ると、自治区総人口に占める回族の人口比は決して多くはないが、西北地方においては回族の人口が最も集中している。また、清朝後期には回民の武装蜂起が発生した地域でもあり、地政学的な視点から見ても、寧夏は社会主義国家建設において無視できない地域である。実際、1958年前後から、寧夏では社会主義諸政策が強行された（詳細は第2章を参照されたい）。

　また、銀川市における清真寺の分布状況に視点を移してみよう。一次資料を提示して説明したように、銀川市は寧夏回族自治区の首府としての歴史は浅いが、清朝期から寧夏府の中心都市として重要な位置を占めていた。要するに、歴代王朝のころから政治の中心地だったわけだが、もとより北方の異民族が興亡した地域であり、モンゴルの支配期は多くの外来ムスリムが移住した地域でもあった。したがって、調査地近辺に現存する清真寺の歴史は比較的ふるく、大規模なジャマーアも確認できている。調査地の銀川市では清真寺は分散しているものの、回族の地元出身者の多くが清真寺の周囲に集住してきた経緯があり、回族のジャマーアの存在感は無視できない。

　こうした行政都市としての性格が強い銀川市では、清真寺の大部分が銀川市の「城区」（清朝期までは現在とほぼおなじ地域が城壁で囲まれていた）の外に建設されており、回族の人々も必然的に「城区」の外に集住することになった。清朝末期、回民の蜂起が鎮圧されると、回民の「城区」への移住が禁止されるようになったが（中華民国の成立後は容認されるようになった）。しかし、現在でも一部の清真寺をのぞくと、清真寺の大多数がかつての「城外」、つまり郊外に建設されている。このことから、銀川市の中心地に回族が相対的に少ないことは現在も変わりはないことがわかる。

第 1 部　現代中国の民族・宗教・社会主義

　ところで、清真寺の周囲に集住してきた回族の人々の居住分布はどのように変化したのであろうか。例えば、調査地の西関寺の事例によると、1950 年代以降、一連の社会主義諸政策が強行された結果、清真寺付近においても回族と漢族との混住化が進展している。すなわち、それまでの居住形態として、清真寺の周囲に集住する人々は回族であったが、異民族（主に漢族）も清真寺の周囲に居住するようになったのである。それは、1950 年代の土地改革や人民公社化による清真寺の社会経済的基盤の破壊、1958 年寧夏回族自治区建設にともなう移民（特に漢族）の増加、1978 年改革開放政策導入後の移動の規制緩和などのいくつもの要因が重なった結果である。

　それでは、回族の人々は自分たちをとりまく環境の急激な変化に対してどのような反応を示しているのだろうか。このあたりの本音を探ることは決して容易ではないが、全体として見れば、回族の人々は自分たちの居住形態の変化に対しては様々な意見を持っており、決して一枚岩ではない。読者は意外におもうかもしれないが、「おなじ回族」の地元住民といっても、それぞれの家庭環境や政治思想などによって、国家政策を含む社会変容に対する見方や立場は異なる。例えば、清真寺に対して帰属意識を持つ人々にはムスリムとしての生活を優先するため、清真寺の周囲に集住することこそが自分たちの伝統的な居住形態だと強く信じる人々が多い。それに対し、外部世界の急激な変化に直面し、あまり接触のなかった漢族との混住化もやむをえないと考える人々も存在する[100]。

100）銀川市の中心地に分散する清真寺の周囲では回族と漢族の混住化が進んでいるが、それ以前から日々の挨拶や世間話などは民族間の境界線を越える自然におこなわれてきた。漢族と回族のあいだに緊張関係は感じられない。清真寺の周囲に居住する漢族のなかには回族の食習慣を尊重し、豚肉を食べなくなった者がいる。

第2章

中国共産党の民族・宗教政策と回族社会

第1節　はじめに

　中国共産党が1978年に改革開放政策の導入を決議した後、1950年代後半から1976年にかけて「封建迷信」として批判・攻撃された民族文化や宗教信仰が公の場に姿を見せるようになった。このような「復興」の機会を提供したことは改革開放政策の長所のひとつであるが、改革開放期といっても1980年代・1990年代・2000年代によって中国共産党の民族・宗教政策の指針や内容には差異が見られ、特に1989年の天安門事件以降、中国共産党が中央・地方で住民の活動に対する統制を強化したことはよく知られている。また、地域・民族・宗教によって政策施行にも差異が見られるため、改革開放期の民族・宗教政策を一概に扱うことはできず、その政策目標や施策内容の変遷に留意する必要がある。

　そこで、本章では、中国共産党が回民（回族）に対して採った民族・宗教政策の変遷を通時的に記述し、その政策変遷を整理しながら中国共産党主導の国民統合におけるムスリム少数民族の位置付けを明らかにする。具体的な手続きとしては、まず、中国共産党が1949年以前にどのような経緯から回民をひとつの少数民族（回族）として認定したのか、次に、中国共産党が1949年以後、どのように回族を社会主義改造および政治運動に動員したのか、最後に、改革開放政策の導入後、中国共産党が回族の民族エリート（例えば、共産党員）を新たに再編しているのかを具体的に記述し、民族・宗教政策の全体像を立体的に描写する。

169

第1部　現代中国の民族・宗教・社会主義

第2節　中国共産党の民族理論と「回族」の民族認定

1　中国共産党と西北回民の遭遇

　中国共産党が中国全土を「解放」する以前、西北地方の甘粛、寧夏、青海は回民軍閥によって支配されていた。回民軍閥の出身地は甘粛河州（現在の甘粛省臨夏回族自治州臨夏市）であり、最初に登場した回民軍閥は馬占鰲という人物である。馬占鰲はスーフィー教団の一派、フフィーヤ派の宗教指導者であり、清朝末期の回民蜂起の際、宗教的権威と軍事力を背景に甘粛を制圧し、その後、清朝政府に帰順し、自分の勢力を温存した。その後、甘粛は馬安良（馬占鰲の子）とその子馬襄廷、寧夏は馬福祥、馬鴻賓、馬鴻逵、青海は馬麒（馬安良の部下）、馬麟、馬歩芳が支配し、基本的には、回民軍閥は中国国民党に協力しながら政治的・軍事的実権を拡大した［中田 1994］。

　回民軍閥が中国西北で支配権を拡大していた頃、中国共産党は中国国民党によって江西省を追われ、1934 年に長征を敢行した。中国共産党の紅軍は活動拠点の江西省から貴州省、四川省などを通過し、1936 年 10 月、甘粛省に辿り着いた。そこで紅軍の西路軍が遭遇したのが回民軍閥馬歩芳の騎兵部隊で、1937 年 1 月、紅軍の西路軍は馬歩芳の騎兵部隊によって全滅させられている。馬歩芳は紅軍西路軍を壊滅したことを評価され、1938 年、国民政府によって青海省主席に任命された。また、紅軍は甘粛省に隣接した寧夏省でも回民軍閥の抵抗に遭った。寧夏省に入った紅軍は回民軍閥の馬鴻賓・馬鴻逵の軍隊によって進入を拒まれている。馬鴻賓・馬鴻逵の騎兵部隊は 1939 年に蒙古聯合自治政府を拠点として新疆進出を企む日本軍と戦闘し、その侵攻を阻止したほどの強大な軍事力を誇っていた。これらの事例が示すように、中国西北において回民（特に回民軍閥）は中国共産党の戦略上、軽視することのできない存在であり［寺島 1984:490］、中国共産党の民族・宗教工作では回民に対する政策（以下、回民工作）が綿密に議論されていた。

170

第 2 章　中国共産党の民族・宗教政策と回族社会

2　長征期の回民工作

　中国共産党が中国領内の少数民族の存在を意識し、少数民族に関する綱領を初めて提起したのは 1922 年 7 月第二回党大会であった。1923 年の第三回党大会ではチベット、内モンゴル、新疆、青海などの諸民族の自決権が強調されていた［毛里 1998：33-34］。1931 年、中華ソビエト連邦共和国の成立後、その憲法大綱においても中国領内の少数民族の自決権が言及されていた［加々美 1992：116；王柯 2006：196］。このように、1930 年代前半までは、中国共産党の指導部は中国領内の少数民族の自決権を認める政策を打ち出していた。

　寧夏の場合、中国共産党は 1926 年頃、寧夏省都（現在の銀川市）に党支部を設立し、寧夏省で党の宣伝活動を展開していたが、回民軍閥が支配する寧夏省では地下活動を余儀なくされていた。中国共産党の影響力が回民のあいだに次第に浸透し始めるのは、1935 年 8 月 15 日、中国共産党の紅軍が寧夏南部の六盤山地区に進軍してからのことである。中国共産党は寧夏南部を中心とする回民の集住地域で「三大禁令、四項注意」という注意事項を紅軍の兵士たちに対して伝達し、回民に対する文化的配慮を強調していた。その当時の注意事項の内容は以下のとおりである［丁国勇（主編）1993：126］。

　　三大禁令、四項注意
　1　清真寺への駐留を禁止する
　2　回民の家のなかで豚肉を食べることを禁止する
　3　回民の土豪に対する攻撃を禁止する
　4　回民の風俗習慣を尊重すること
　5　回民の井戸で水を汲む時に注意すること
　6　回民の婦女子との接触を回避すること
　7　物の売買には注意すること

「三大禁令、四項注意」を見たかぎり、中国共産党が西北地方に居住する回民の伝統や慣習に特別な注意を払おうとしていたことがうかがえる。紅軍が寧夏南部に到着した当初、中国共産党は回民に警戒されていたが、中国共産党からの積極的な働きかけによって、回民の警戒心を次第に和らげることができるよ

171

うになったという。例えば、当時、紅軍の指導部は清真寺を訪問し、「回漢兄弟親如一家」（漢族と回族の兄弟は家族のように親しい）と書かれた横断幕や家畜の羊を回民に配付し、清真寺の宗教指導者たちが紅軍の指導部を訪問し、返礼をおこなったという逸話が報告されている［丁国勇（主編）1993：127］。もちろん中国共産党が宣伝する逸話であるため、そこに十分な信憑性があるとは判断しづらいが、このような文化的配慮が功を奏したせいか、中国共産党は寧夏回民の支持を徐々に獲得するようになったと公式の歴史書などには記述されている。なお、寧夏省には中国共産党ではなく、回民軍閥を支持する回民が依然として存在したことに注意する必要がある。

1935年9月23日、中国共産党の紅軍が甘粛から北上し、回民の集住地域を通過した際、中国共産党中央軍事委員会は『回民地区守則』という冊子を紅軍部隊に対して配布し、回民の伝統的な慣習を尊重するよう指示した。この冊子の内容は以下のような規則である［丁国勇（主編）1993：124-127］。

回民地区守則

1　回民地区へ進入する場合、最初に紅軍の代表者を宗教指導者のところへ派遣し、紅軍が抗日のための北上の意義を説明し、回民の許可を得てから回民の郷村に宿営すること。許可を得られないのであれば野営すること。

2　回民の信教の自由を保護し、清真寺にむやみに立ち入ること、イスラームの経典を傷つけることを禁止する。

3　回民の食器を借用すること、回民地区での豚肉やラードの使用を禁止する。

4　紅軍の民族平等の主張を宣伝し、漢民官僚による回民の圧迫に反対する。

この冊子の内容を見ると、中国共産党の紅軍が甘粛や寧夏などで支配地域を拡大した際、回民の伝統文化の保護にかかわる指示や規定を緻密に準備していたことがうかがえる。例えば、1936年5月24日、中国共産党の紅軍総政治部は『関於回民工作的指示』（回民工作に関する指示）を公布し、日本軍・国民党・軍閥・売国奴に対抗することを原則とし、三大禁令と四大注意を回民にかかわる規定として位置付けた。

その翌日5月25日、毛沢東は『対回族人民的宣言』（回族人民に対する宣言）

第2章　中国共産党の民族・宗教政策と回族社会

を公布し、回民に対する中国共産党の立場を明言した。毛沢東による宣言は回民に対する中国共産党の立場を如実に表したものであり、当時の宣言文を引用しておこう。なお、本書では丁国勇（主編）［1993：132］に掲載された宣伝文を参照した。

『対回族人民的宣言』

1　民族自決の原則によって、回民の事柄は回民自身の手によって解決すること、回民の地域では回民が樹立する自主独立の政権が一切の政治、経済、宗教、習慣、道徳、教育、その他一切の事柄を解決すること、回民が少ない地域では区、郷、村を単位とし、平等の原則に立場から、回民が自分自身で自分たちの事柄を管理し、回民自治政府の樹立を提唱する。

2　信教の自由の原則によって清真寺を保護し、宗教指導者を保護し、回民の絶対的な信教の自由を保障する。

3　武装は民族の自主独立にとって不可欠な条件のひとつである。回族のなかの武装勢力と協力してその発展を助け、さらに武装した回民が独立した回民抗日軍を設立することを願う。将来的には回民の武装が抗日連合軍の主要な勢力のひとつとなることを期待する。

4　軍閥、官僚、国民の一切の過酷な課税を廃止し、回民の生活を改善する。

5　回民の言語を保護し、回民の文化教育を発展させ、回民の新聞を刊行させ、回民の政治文化のレベルを向上させる。

6　回族と漢族の二大民族がしっかりと団結し、日本帝国主義と漢族の売国奴を打倒する。

1936年5月25日の『対回族人民的宣言』によれば、中国共産党の支配地域における漢族と少数民族との民族間関係について中国共産党指導部が具体的に検討していたことがわかる。また、この宣言の内容は三大禁令と四大注意より具体的な政策に関する記述が見られる。事実、『対回族人民的宣言』の公布後、中国共産党は、寧夏回族に対する具体策として回民の自治政府を寧夏中南部に樹立した。

1936年10月、寧夏の同心城（現在の同心県）で中国共産党の指導下、「豫海

173

第 1 部　現代中国の民族・宗教・社会主義

県回民自治政府」が成立し、1936 年 10 月 20 日から 22 日にかけて清真大寺で
回民代表大会が開催された。この大会には豫海県各地で選出された代表 180 名、
紅軍部隊と住民の代表 300 名以上、宗教指導者や地元有力者たちが参加した。
豫海県回民自治政府は同心城に設置され、回民代表大会の選挙によって主席（回
族）、副主席（回族）が選出された。自治政府には軍事、文化、財政、土地、保
衛部などの部門が設置され、各部委員はすべて回族が担当した。その管轄区域
にある各行政レベルには回民解放委員会が組織され、紅軍が掲げる抗日救国が
宣伝され、回民の武装が提唱された［丁国勇（主編）1993：134-135］。

　このように、中国共産党は陝西省に活動拠点を築いた後、中国各地における
社会主義革命を想定し、西北回民を対象とした宣撫・懐柔工作を積極的に展開
していた。当然のことながら、このような工作の狙いは中国共産党が支配地域
に居住する回民の支持を獲得するための手段であったことは間違いない。また、
中国共産党による回民に対する宣撫・懐柔工作は甘粛・寧夏・青海を支配する
回民軍閥にとっては脅威だったらしい。実際、中国共産党が回民を少数民族（回
族）として認定し、中国国民党の大漢族主義的な主張を批判し、回民軍閥の打
倒と抗日運動参加を回民に呼びかけ、馬鴻逵の支配地域から中国共産党の拠点
へ逃げ込んだ回民が多数存在した［寺島 1984：490］。

3 「回族」の民族認定

　1937 年、中国共産党は国民政府との国共合作を実現した後、陝西省延安を
拠点とした支配地域、いわゆる「辺区」（陝西省北部、寧夏と甘粛の一部）におい
てモンゴル人や回民などの少数民族に対する民族・宗教政策を本格的に検討し
始めた。例えば、延安には少数民族の研究を担当するグループ「延安民族問題
研究会」が組織されている。延安民族問題研究会の責任者は李維漢で、中華人
民共和国成立後も民族・宗教政策の企画を担当した人物である。1941 年には
延安民族問題研究会は『回回民族問題』を出版した［民族問題研究会（編）1980：
96-113；張承志 1993：139-146］。延安民族問題研究会は『回回民族問題』において
中国領内の回民を「回回民族」として新たに定義し、民族名称、民族史、宗教、
社会制度などを詳細に解説した。

　中国共産党は中国領内に居住する「回回民族」のエスニシティをマルクス・

174

レーニン主義の階級闘争の視点から説明したのであるが、『回回民族問題』には「回回民族」に対する中国共産党の立場がはっきりと示されており、資料的価値が高い。それでは、『回回民族問題』の章構成を確認しておこう。『回回民族問題』は9つの章、結論、特載から構成されており、中国において形成された「回回民族」の特徴の説明に重点が置かれている。

『回回民族問題』

第1章　回回民族的来源、名称与分布状況

第2章　長期被圧迫与長期奮闘的回回民族

第3章　什么是伊斯蘭教

第4章　回族的発展過程中的回教

第5章　回回民族的現状

第6章　空前的民族危機和回回民族的出路

第7章　回回問題是民族問題

第8章　団結回回民族共同抗戦建国的政策

第9章　陝甘寧辺区的回民

簡短的結論

特載

　中国共産党の民族理論は中国国民党のそれとは対照的である。中国国民党は「五族共和」（漢族、満洲族、モンゴル族、チベット族、回族の統合理念）を掲げたにもかかわらず、漢語を母語とする回民のエスニックな独自性を実質的には承認せず、中国国民党関係者のあいだでは「回民はイスラームを信仰する漢民である」という見解が支配的であった。それに対し、中国共産党は中国国民党の民族理念を「大漢族主義」として全否定し、「回民の問題は単なる宗教問題ではなく、民族問題である」と判断し、回民をひとつの少数民族（回族）として認定した［民族問題研究会（編）1980：96-113］。

　中国共産党が回民を「回族」として意図的に承認した主な理由は、その当時、中国は半植民地化の状態にあり、中国共産党は中国国民党、回民軍閥、日本軍などの敵対勢力に対抗すべく、主に西北地方で回民の支持を獲得する必要

第1部　現代中国の民族・宗教・社会主義

があったからだと考えられる。例えば、中国共産党は回民部隊を支配地域で編成し、軍事活動を展開したことがあった。1938年頃、寧夏南部で国民政府の役人が回民を侮辱した事件が発生し、1939年、回民住民が武装蜂起を起こし、国民党軍に反旗を翻した。ところが、国民党軍が回民蜂起を鎮圧し、1941年、一部の回民兵士が中国共産党の支配地域へ逃げ込んだ。その際、毛沢東は回民部隊を匿い、回民部隊を「陝甘寧辺区聯防司令部回民抗日騎兵団」と命名し、軍事教練と政治教育を実施したことがあった [101] ［丁国勇（主編）1993：146；張承志 1993：143-145］。また、時期が前後するが、1940年、中国共産党は陝西省延安に中国回教救国協会陝甘寧夏分会という政治団体を回民たちに設立させ、回民軍閥打倒および抗日運動を掲げ、回民を政治運動にすでに動員していた［丁国勇（主編）1993］。このように、中国共産党による回民工作は将来の社会主義革命を円滑に遂行するための布石であったと考えるのが妥当であろう。

第3節　中華人民共和国成立後の社会主義改造と政治運動

1　1949年建国当初の優遇政策

　中国共産党は長征の途中、中国領内の少数民族に遭遇し、彼らを積極的に取り込み、支配地域を拡大した。中国西北では中国共産党は回民を「回族」という新たな少数民族として認定し、マルクス・レーニン主義の民族理論（主にスターリンの民族定義）にもとづいて「民族」としての「回族」の正当性を主張し、「回族」の少数民族としての権利を尊重する姿勢を示した。このような姿勢は中華人民共和国の成立直後もさほど変わらず、中国共産党は1957年までは中国領内のムスリム諸民族に対して社会主義諸政策を施行する際、非常に慎重な態度を取っていた。例えば、土地改革法の施行の場合、中国共産党は「清真寺（イスラム教寺院）の土地は、その地の回民の同意のもとに、見計らい保留することができる」と考え、道教、仏教、キリスト教（カトリック、プロテスタント）とは異なり、例外的措置を採用し、また、ムスリム諸民族には中国共産党政権に積

101）このとき中国共産党中央西北局に派遣されたのが、楊静仁（回族）、のちに寧夏回族自治区主席を務めた人物である［丁国勇（主編）1993：146］。これは、回族の共産党員が少数民族地域の行政官僚として重用された例である。

176

極的に参加したものが多く、中国共産党はイスラームの年中行事の際に牛羊肉の屠畜税を免除するなどの配慮を払っていた［中田 1985：5］。

　ここで中国共産党が 1949 年前後に西北地方で具体的に採った政策を紹介しておこう。1949 年 8 月、中国人民解放軍政治部は「告甘寧青新回蒙蔵維哈等族同胞書」（甘粛、寧夏、青海、新疆の回族、モンゴル族、チベット族、ウイグル族、カザフ族などの同胞に対する書簡）を公布し、「民族宗教の信教の自由、回民の清真寺の保護、軍隊が清真寺への不駐留、民族の禁忌事項の尊重」を宣言した［澤井 2010b：63］。その後、1949 年 9 月 23 日、中国共産党が寧夏を「解放」した後、10 月 24 日、寧夏省人民政府が成立した際、中国人民解放軍は寧夏解放にあたって「回族、モンゴル族人民の風俗習慣の尊重、清真寺・寺廟・ゴンベイの保護」を注意事項として列挙した。1953 年、寧夏省民族事務委員会は「寧夏省民委頒布回族地区工作応注意事項暫行条例」を制定し、回族集住地域における民族工作上の注意事項を告知し、注意喚起を怠っていなかった［周瑞海 2000：75-76］。この条例の内容は以下のとおりである。

寧夏省民委頒布回族地区工作応注意事項暫行条例
1　清真寺やゴンベイ（聖者廟：筆者注）を保護し、破壊を禁止する。
2　清真寺やゴンベイに軍隊や政府機関が駐留することを禁止する。
3　清真寺やゴンベイにむやみに進入しないこと、工作上の必要がある場合は中国共産党員の同志に清真寺やゴンベイの宗教指導者や管理責任者たちのところへ派遣し、彼らの同意をえてから進入する。
4　清真寺やゴンベイのなかでは宣伝画版、漫画、人物画を掲示してはならない。回民のイスラームの経典に閲覧してはならない。
5　清真寺内での喫煙、歌唱、喧騒、放屁を禁止する。回民が礼拝する時は覗き見したり、からかったりしてはならない。清真寺の礼拝殿やゴンベイを参観する場合、清真寺の宗教指導者や管理責任者の同意を得てから靴を脱いで進入しなければならない。

　この条文を読むかぎり、建国当初、中国共産党は回族に対する民族・宗教政策の施行に対して細心の注意を払っていたことがうかがえる。すでに述べた

第1部　現代中国の民族・宗教・社会主義

ように、このような慎重な姿勢や方針は土地改革法の施行についてもあてはまる［中田 1971：162, 1985：4-5］。例えば、西北地方では実は建国前から中国共産党の支配地域で土地改革が施行されていたが、1950 年 6 月 30 日の土地改革法第 3 条には次のような規定が明記されていた。「清真寺の所有する土地に限り、その土地に住むムスリムの同意があれば保留することができる」。このように、あくまでも条文ではあるが、道教、仏教、キリスト教（カトリック、プロテスタント）とは異なり、中国共産党がムスリム諸民族に対して例外的に穏健な措置を採っていたことを確認することができる［王永亮 1999：209］。

　しかしながら、中国共産党の国家政策が効果的に施行されていたかどうかについては確証しづらく、その問題点が指摘されている。事実、1950 年代以降の社会主義政策（社会主義改造）は実際の現場では必ずしも順調に進められたわけではなかったという指摘がなされており、1949 年から 1956 年にかけて寧夏省では次のような問題が発生したという［王永亮 1999：222-223］。

1　まず、主に他省からやってきた一部の漢族幹部[102]が地元の回族幹部に対して文化的な配慮を十分に払えなかったこと
2　一部の漢族幹部が回族の伝統的な慣習を「封建的」と見なしたこと
3　さらに一部回族のなかにも自分たちの民族文化を「迷信」として糾弾する者が現れ、回族住民を憤慨させたこと
4　寧夏回族自治区の建設に際し、一部の漢族幹部が「回族が漢族を支配することになる」と誤解し、回族の報復を危惧し、寧夏からの撤退を要求したこと（回族のなかにも区域自治を漢族との分離だと誤解した者がいた）

　このように、中国共産党による回族に対する具体策には少数民族の権利保護の姿勢がはっきりと見られ、それ自体は評価すべきであるが、実際の状況として、寧夏では 1950 年代の社会主義改造の時点で漢族と回族のあいだで文化摩擦が発生し、緊張が高まったことをふまえると、地方レベルにおける中国共産党・政府の政策施行がどの程度有効であったのかどうかは検討を要する。

102）本書では「幹部」を「行政・立法・司法の国家機関で公職につく要員」の意味で使用する。単に幹部と表記した場合、それは共産党員および非共産党員を含む。共産党員の幹部を意味する表現としては「共産党幹部」または「党幹部」と使用する。

178

2　宗教制度民主改革と回民座談会の開催

　1949年当初、中国共産党が回族に対して採った政策は比較的慎重なものであったが、1957年にそれは一変する。1957年6月、寧夏でも反右派闘争が始まり、清真寺や回族社会にも荒波が押しよせた。清真寺の宗教指導者や回族の共産党幹部らが「右派分子」、「地方民族主義者」、「反革命分子」などの様々なレッテルを貼られ、寧夏各地で批判されるようになった。

　例えば、1958年8月17日から9月6日にかけて中国イスラーム教協会が銀川市で回民座談会を開催し、寧夏各地だけでなく、陝西省、甘粛省、青海省、雲南省、吉林省、河北省、新疆などから400名以上の宗教指導者を召集した。回民座談会では西北地方で有名な馬震武[103]（スーフィー教団指導者）が「反革命極右分子」と命名され、1950年代に寧夏・甘粛で発生した武装蜂起の「首謀者」として批判された［中田 1971：177-180；王永亮 1999：226］。実は、馬震武は中国イスラーム教協会の副主任を務めたことがある宗教界の名士であり、1949年当初は中国共産党からは協力的な人物であると評価されていたが、1958年の夏には待遇が一変したのである。

　写真2-1から写真2-3までは中国イスラーム教協会主催の回民座談会に関する『寧夏日報』の記事である。これらの新聞記事を参考に回民座談会の様子を紹介してみよう。

写真2-1　馬震武を批判する新聞記事
出典：『寧夏日報』（1958年8月19日）

103）馬震武は寧夏南部西吉県出身の回族である。父の馬元章はジャフリーヤ派の第7代教団指導者である（1920年大地震で逝去）。馬震武は1961年に急逝したが、1984年7月24日、中国共産党中央委員会の批准を経た後、馬震武の名誉は回復された［王永亮 1999：228］。

第 1 部　現代中国の民族・宗教・社会主義

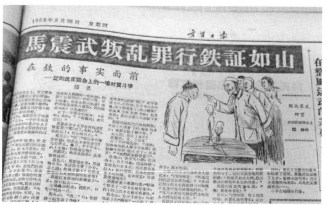

写真 2-2　馬震武を批判する新聞記事
出典：『寧夏日報』（1958 年 8 月 28 日）

写真 2-3　馬震武を批判する新聞記事
出典：『寧夏日報』（1958 年 8 月 28 日）

事例 2-1　回民座談会の様子

　1958 年 8 月 18 日、回民座談会において 400 名以上の代表がグループごとに討論会を実施し、「政治野心分子」の馬震武が犯した「反動罪行」を暴露し、批判した。各地の代表は義憤し、我先に意見を述べ、ある代表は三度以上も発言した。代表たちは 300 枚以上の壁新聞を貼り出し、馬震武の「罪行」を暴き出し、訴えた。

　代表たちが口を揃えて指摘するところによれば、「解放後、私たちムスリ

ムは共産党の指導の下、解放を勝ち取ったが、ジャフリーヤ派の者どもは政治野心分子の馬震武の封建特権的な支配と圧迫の下に置かれていた」。代表全員が馬震武という民衆に圧し掛かっている石版を取り除き、人々が社会主義路線に沿って前進することを妨げる馬震武を打倒しなければならないと表明した。

出典：『寧夏日報』（1958 年 8 月 19 日）

　このように、ジャフリーヤ派の教団指導者馬震武は中国共産党・政府が実質的には開催を指示したと考えられる回民座談会の会場において「おなじ回族」の人々から「犯罪」を非難され、中国イスラーム界における「人身御供」となったわけである。馬震武の「犯罪」の具体例が『寧夏日報』の記事で紹介されているが、当然のことながらジャフリーヤ派の反論が掲載されていないため、実際に馬震武が罪を犯したのかが客観的に検証されているとは言いがたい。あくまでも推測の域を出ないが、当時、馬震武の「犯罪」を実際に批判した人々はジャフリーヤ派あるいは馬震武に対して 1958 年以前から懐疑的・批判的・攻撃的な立場を取っており、回民座談会に乗じて個人攻撃を開始した可能性が高い。そのなかにはおなじジャフリーヤ派の信徒たちが馬震武に対する批判を証言した事例もある。

　1958 年の回民座談会の結果をふまえ、中国共産党・政府内部で「宗教は回族人民にのしかかる大山である」という問題が提起され、⑴回族に対する宗教的な負担、⑵清真寺などの封建的な所有制、⑶スーフィー教団の封建政治、⑷頻繁な宗教活動に伴う浪費、⑸女性解放の妨害、⑹子どもへの宗教教育の強制、⑺宗教指導者に存在する地主、富農、反革命分子、壊分子、右派分子の存在が問題視されるようになった［王永亮 1999：226］。

　その結果、中国共産党・政府では宗教的抑圧に対する解決策が具体的に検討され、⑴無神論教育を指す「教」、⑵宗教指導者を管理することを指す「管」、⑶宗教制度の改革を指す「改」の方針が決定され、具体的な政策として、1958年 5 月、「宗教制度民主改革」が制定された［王永亮 1999：226-227］。

第1部　現代中国の民族・宗教・社会主義

宗教制度民主改革の改革対象

1　清真寺やスーフィー教団における宗教指導者の世襲制度

2　封建的な清真寺管理運営制度

3　清真寺やスーフィー教団における土地、家畜、森林の封建的所有制度

4　宗教活動に見られる強制的な経済搾取

5　イスラームを子どもに強制する教育制度

6　宗教活動による生産労働の妨害や財産の浪費

7　婚姻の自由を侵害し、女性を差別・侮辱する制度

8　民衆の娯楽活動を制限する制度

9　宗教指導者や寄宿学生に対して労働を免除する制度

10　宗教指導者が一般信徒を処罰する制度

それとは別に、暫定的に改革の対象としない項目、例えば、(1)断食、(2)礼拝、(3)断食明けの祭、犠牲祭、預言者ムハンマドの生誕祭、(4)ムスリムの命名儀礼、(5)葬送儀礼でのクルアーンの朗誦、(6)婚姻儀礼で宗教指導者に証明書を書いてもらう儀礼、(7)宗教指導者による家畜の屠畜は対象外とされていたが、実際の宗教制度民主改革の過程ではすべての項目が禁止された［王永亮 1999：226-227］。このような宗教制度民主改革に対する反発なのか、1958年の時点で寧夏の回族の集住地域だけで清真寺の宗教指導者を中心とした 57件の「反革命預謀叛乱」（反革命的な意図から計画された叛乱）が平定されており［王永亮 1999：224］、寧夏では 1958年前後から共産党・政府と回族とのあいだで衝突が発生していた。

　そのほか、寧夏回族自治区では「地方民族主義者」に対する政治運動も展開された。1960年 5月 3日、寧夏回族自治区共産党委員会の会議で「反地方民族主義運動」が決議され、寧夏共産党書記処の共産党書記と自治区政府主席を兼任した劉格平[104]（回族の共産党幹部）を首謀者とする「地方民族主義反党集団」に対して熾烈な政治批判がおこなわれた。劉格平は寧夏回族自治区に勤務する回族の共産党幹部であったが、回族の民族衣装をめぐる主張を理由に「地方民族主義者」として打倒された。劉格平の主な罪状として次のことが指摘されて

104）劉格平は 1904年河北省出身。回族。1926年中国共産党に入党。中華人民共和国成立後、中央人民政府委員、民族事務委員会副主任、中国共産党中央統一戦線工作部副部長、寧夏回族自治区人民政府主席、中国共産党寧夏回族自治区委員会書記処書記などを務めた。1992年死去。

いる［王永亮 1999：225-226］。

1　回族の民族衣装専用の事務所を設置し、民族衣装の着用を主張したことは民族差別に相当する。
2　宗教における抑圧的な搾取制度の改革に反対した。
3　寧夏回族自治区の成立期、政府機関各部門に回族幹部の配置を要求した。
4　回族と漢族の通婚に反対し、民族融合を重視しない。
5　寧夏南部の住民の武装蜂起に対する武力鎮圧に反対した。

　この会議の開催期間中、劉格平とおなじく、寧夏回族自治区の共産党幹部だった丁毅民 [105] をはじめとする省・自治区レベルの回族の共産党幹部や一部漢族たちも不当に拘束・逮捕されて「地方民族主義者」として攻撃された。彼らの政治的立場は回族に「同情的」であるとして当時の寧夏回族自治区の党委員会によって問題視されたのであろう。「反地方民族主義運動」は 1966 年春まで継続した［王永亮 1999：225-226；周瑞海 2000：77］。
　ところで、1958 年の宗教制度民主改革の結果、寧夏回族自治区に存在した 1877 の清真寺は 1958 年の「合坊并寺」（清真寺を合併・再編する運動）の結果、1961 年には 109 にまで減少し、農村の大多数の清真寺は閉鎖され、都市の清真寺は他の機関に占用・転用された［王永亮 1999：228］。銀川市の場合、1955 年の時点で 95 の清真寺が確認されているが、1958 年にはそのうちの 55 が合併・転用された。1960 年には残る 40 の清真寺のうち、30 の清真寺が合併・転用されている［銀川市志編纂委員会（編）1998：1336］。このような清真寺の減少は寧夏回族自治区において宗教活動の場が制限されたことを如実に物語っている。なお、調査対象の清真寺のうち、清真中寺のみが 1958 年に「保留開放」、すなわち閉鎖されずに暫定的に開放され、宗教活動が容認されていたが、その他の東関寺、西関寺、新華寺、北関寺は 1958 年には合併あるいは閉鎖されてしまった。
　1958 年以降の様子について西関寺の男性（回族、60 代後半）が次のように証言している。具体的な様子を確認しておきたい。

105）丁毅民は 1921 年山東省出身。回族。1938 年中国共産党の革命に参加。1939 年に中国共産党に入党。中華人民共和国成立後、寧夏回族自治区人民政府副主席、中国共産党寧夏回族自治区顧問委員会副主任などを務めた。

第1部　現代中国の民族・宗教・社会主義

　西関寺は 1958 年、人民公社の生産大隊に合併された。清真寺の「大殿」（礼拝殿）は中国共産党の統一戦線工作部に占領され、私たちは礼拝することができなくなった。清真寺の敷地内には米や小麦の加工場、養牛場、倉庫、集団食堂などが人民公社によって建設された。1958 年頃になると、イスラームの土葬に反する火葬が奨励[106]されるようになり、「白帽」（回族男性の礼拝帽）や「蓋頭」（回族女性の被り物）などの民族衣装の着用も禁止されるようになった（具体的な政策として禁止したかどうかは未確認である：筆者注）。1964 年頃には回族男性がムスリムの慣行として鬚をのばすことさえ禁止されてしまった。そのほか、土地改革の一環として、かつては清真寺の共有財産（私有地）であった回族の共同墓地が破壊されて田畑となった。回族同士の民族内婚は禁止されることはなかったが、「破四旧」（旧思想、旧文化、旧風俗、旧習慣を打倒する）という政治運動の影響で回族と漢族との通婚が推奨されるようになった（ただし、民族内婚は自由に実施できた：筆者注）。

　この証言は、中国共産党が強行した宗教制度民主改革が清真寺の社会経済的基盤や民族文化に甚大な影響を与えたことを如実に物語っている。中国共産党はこのような行き過ぎた政策が回族と漢族の「民族団結」を妨げると考え、1962 年に寧夏回族自治区党委員会によって一度は修正・是正された[107]。しかし、実態としては、そのような措置は一時的な小休止にすぎず、その後、文化大革命が寧夏各地に波及すると、左傾化した政治運動はおさまらなかった。寧夏回族自治区共産党委員会の文件には「宗教問題は実質的には階級問題であり、帝国主義と反動階級が利用する道具である」という文言が書かれていたらしく、この文件から、寧夏回族自治区の共産党指導部がムスリムに対する階級闘争の必要性を強く意識していたことを暗示していよう［王永亮 1999：230；周瑞海 2000：77-78］。

106）西関寺の男性（回族、60 代）によれば、当時、イスラームの土葬は法的に禁止されることはなかったが、清真寺の共同墓地が破壊された結果、埋葬場所の確保が非常に不便になったということであった。なお、1980 年代以降は、寧夏回族自治区政府が回民公墓を銀川市郊外に設立し、イスラームの土葬に対して便宜を図っている（回族の墓地や葬儀については第 5 章を参照）。

107）寧夏回族自治区共産党委員会の修正案では、ひとつの人民公社にひとつの清真寺を保留すること、イスラームの二大イード（断食明けの祭りと犠牲祭を指す）の時に回族に休暇を与えること、回族には沐浴で使用する「湯瓶」（*tangping*, 水差し）や葬儀で使用する「カファン」（*kefan*, 白い布）を提供すること、イスラームの「経典」の保護などが定められた［周瑞海 2000：78］。

184

3　文化大革命という名の同化政策

1966年に始まった文化大革命も毛沢東が発動したことで少数民族地域において猛威を振るった。毛沢東を支持する「紅衛兵」たちが中心となって「右派分子」、「反革命的」、「ブルジョア分子」、「資本家」などをまさに暴力的な手段で攻撃した。寧夏回族自治区では、イスラーム教協会などの宗教団体がすべて廃止され、「破四旧」の号令の下、数多くの清真寺やゴンベイが転用あるいは破壊された。クルアーンやハディース（預言者ムハンマド伝承録）は「封建主義の残余」あるいは「人民を麻酔する精神的なアヘン」と見なされて焚書の対象となった。清真寺の宗教指導者のなかには、「牛鬼蛇神」（妖怪）と呼ばれ、街中を引き回されたり、不当な家宅捜査に遭ったり、強制的に移住させられたりした者がいた。また、清真寺の仕事を辞職させられた者や長期の政治闘争に巻き込まれた者がおり、大量の冤罪事件が捏造された〔周瑞海 2000：78〕。

写真2-4　紅衛兵となった回族女性（2002年寧夏回族自治区銀川市で撮影）

銀川市にある調査対象の清真寺の場合、1966年に西関寺、東関寺、中寺、新華寺、北関寺、南関寺のうち、中寺をのぞくすべての清真寺が破壊された〔銀川市志編纂委員会（編）1998：1336〕。西関寺の男性（回族、60代）の証言によれば、1958年に閉鎖された西関寺の場合、清真寺の柱や梁などの建築木材が、清真寺付近の3つの生産大隊に分割・転用され、清真寺の敷地内に養豚場が設置された。このほか、銀川市では次のような事例が回族の研究者によって報告されている。以下、周瑞海〔2000：78〕の報告を引用する。

　文化大革命の期間、寧夏回族自治区全土で宗教事務機関が早くも廃止され、宗教団体も破壊された。それとあわせ、ムスリム民衆の正常な宗教活動の禁止が強行された。「破四旧」と「立四新」の号令の下、紆余曲折を経て保留された文化古跡の清真寺までもが破壊あるいは解体された。イスラームの各種宗教書、クルアーン、ハディース（預言者ムハンマド伝承録）などは「封建主義の残余」・「人民を酔わせるアヘン」と見なされて焼却された。「牛鬼蛇神」

第1部　現代中国の民族・宗教・社会主義

（妖怪変化）を一掃するという旗印の下、宗教界の名士たちは全員が「牛鬼蛇神」とみなされ、市中引き回し、家宅捜査と家財没収の被害に遭い、そのなかには強制的に移住させられた者、職場で除名・解雇された者、長期間批判闘争の標的とされた者がおり、大量の冤罪事件が発生した。回族が礼拝前の沐浴に使用する「湯瓶」（水差し）や「吊罐」（天井から吊るすブリキの容器）が銅鉄の乱用と見なされ、一斉に買い上げられて焼却・溶解された。回族の男性は髭を強制的に剃られ、回族の女性は「蓋頭」というヴェールを剥ぎ取られ、髪のお下げを切られ、耳飾りも外され、葬儀の慣習（土葬：筆者注）も改変された。正常な宗教活動は階級闘争の新しい出発点とされ、回族民衆の自発的喜捨（サダカ：筆者注）は反革命経費の徴収と見なされ、秘密裏におこなわれる宗教活動が反革命の集会と位置付けられ、集団の宗教活動は反革命陰謀暴乱と命名された。その結果、「海原県灰条溝事件」、「同心県万人油香会」、「西吉県301案件」などの冤罪事件が発生し、数多くのムスリム民衆たちは未曾有の災難に苦しんだ。

周瑞海は当時の様子を活き活きと描写する。以下、いささか長いが引用し、文化大革命期間中の迫害状況を確認しておきたい。

養豚[108]の強制は1960年に社会主義教育運動のなかで二度強要されたことがあったが、その後、「文化大革命」のときに再度強要され、三度目の盛り上がりを見せた。彼らは（文化大革命支持者：筆者注）は回民の「風俗習慣」と中国共産党の民族・宗教政策を顧みることなく回民の養豚を提案することが深刻な革命であり、「新生事物」、「宣伝推広」であると考えられた。養豚問題弁論大会が開催され、回民の養豚は三つの関門、すなわち宗教の関門、家庭（家族）の関門、世論の関門を越えねばならないとされ、養豚するか否かが「進歩」か「落後」か、唯物（論者）か唯心（論者）を識別する基準（標識）とされ、労働者を集め入党させるときの重要な条件のひとつと見なされた。回民が集住する寧夏南部の涇源県では養豚指導小組が成立し、養豚現場

---

108) 寧夏全域では養豚は1960年に開始し、1964年と1972年に頂点に達した。養豚を積極的におこなった回族の若者は地庁級幹部（省の分掌単位レベル）に任命され、回族住民の怒りをかった［王永亮 1999：229］。

第 2 章　中国共産党の民族・宗教政策と回族社会

会が開催され、「党団員が養豚を率先し、貧農・中農・下農を養豚するよう説き伏せ、「四類分子」に養豚の経験を強制する」ことが広範囲に宣伝された。寧夏回族自治区の関係部門は養豚の指標を定め、借款を認め、世帯ごとの割り当てさえもおこなうよう号令を発した。宗教界のアホン（宗教指導者：筆者注）に対しては養豚を強要するだけでなく、子豚との撮影を強要し、このようなアホンは民衆から「豚アホン」と呼ばれた。

このような暴力的な政治運動に対して回族の人々は強烈な憤りを感じていたが、自分たちの目の前で繰り広げられる暴力に大多数の人々はなす術がなかった。ただし、極少数ながら不条理な暴力に屈しなかった人物の存在も確認されている。例えば、銀川市の清真寺で出会った古老は次のような話を紹介してくれた。

事例 2-2　紅衛兵に暴行された宗教指導者

　文化大革命のさなか、清真寺から追い出された回族のなかには、紅衛兵に殴打されたり、引き回されたりするなどの過酷な扱いを受けたにもかかわらず、クルアーンを大切に包んだ袋を背負って歩き続けた男性がいた。この男性はもともとは清真寺に勤務する宗教指導者であったが、清真寺から追放され、紅衛兵の格好の標的とされたのであろう。この宗教指導者の不屈の精神は改革解放後も銀川市の回族のあいだで語り継がれており、その男性は現在も英雄視されている（2000 年 11 月寧夏回族自治区銀川市におけるインタヴュー調査）。

　一方、反骨精神のある人物とは対照的に、紅衛兵に積極的に協力した人物が存在したことにも留意する必要がある。例えば、寧夏回族自治区で紅衛兵は清真寺の破壊、イスラーム経典の焼却、養豚の強制を推進したのであるが、その運動に紅衛兵とともに参加した宗教指導者が存在したことも語り継がれている。文化大革命を積極的に支持した宗教指導者は「紅色阿訇」（共産主義を象徴する赤色に染まった宗教指導者）と呼ばれており、「紅色阿訇」の存在は公の場で積極的に語られることはないが、回族のあいだでは「公然の秘密」となっている（詳細については第 3 章および第 8 章で紹介する）。このように、中国共産党の政治運動

187

第1部 現代中国の民族・宗教・社会主義

に対し、「おなじ宗教指導者」のなかにも異なる見解や立場があり、忌まわしい文化大革命に自主的に協力した者（特に宗教指導者）が存在したことは注目に値する。また、第8章で後述するように、「紅色阿訇」は過去の出来事に限ったことではなく、改革開放期の現在にも存在する。

第4節　改革開放期の民族・宗教政策の転換

それでは、ここからは文化大革命終了後の様子に目を向けてみよう。文化大革命は1976年10月に四人組の逮捕によって幕を閉じた。中国共産党の新指導部はそれまでの左傾化した民族・宗教政策を是正した。その結果、1978年以降、漢族・少数民族の別なく、民族文化の復興や宗教活動の再開が中国各地でみられるようになった。ただし、1989年の天安門事件の発生を契機として、中国共産党の政策方針はあらためて修正され、また、その後の党総書記の方針にも差異が見られるため、改革開放期の民族・宗教政策を均質的なものとして捉えることは適切ではない。

1　鄧小平時代の民族・宗教政策の軌道修正

1978年12月、鄧小平が主導した中国共産党第11期中央委員会第3回全体会議において文化大革命路線が完全に否定され、その代案として現代化路線を掲げた改革開放政策の導入が決定された。それにともない、民族・宗教政策の是正がおこなわれた。まず、民族政策に関しては、例えば、1984年5月31日、「民族区域自治法」が公布され、少数民族の集住地域における「区域自治」の再開、少数民族の文字・言語を使用した民族教育、民族自治地方における少数民族幹部の養成や優遇などが保障された（「民族区域自治法」は1984年10月1日に施行された）。

一方、宗教政策についても法令・条例があらためて公布・制定され、1958年頃から1976年にかけて長期にわたって実施できなかった宗教活動が法的に容認されるようになった。例えば、1982年3月31日、中国共産党中央委員会は19号文件「関於我国社会主義時期宗教問題的基本観点和基本政策的通知」（わが国の社会主義段階における宗教問題の基本的な観点と基本政策の通知）を発表し、マル

188

クス・レーニン主義を原則としながら「信教の自由」を正式に容認した。これは改革開放期の宗教政策の基本的な方針となっている。

表2-1　関於我国社会主義時期宗教問題的基本観点和基本政策的通知

1	マルクス主義宗教観を理解し、社会主義時期における中国の宗教状況を把握する。
2	多宗教国家が直面する宗教問題の複雑性を理解する。
3	文化大革命など政治の左傾化による宗教弾圧を反省し、党の宗教政策を再確認する。
4	無神論者である党員と信仰の自由を持つ公民の立場の違いを明確にする。
5	宗教活動従事者は法令遵守と民族団結をおこない、統一戦線活動を活発化させる。
6	政府の宗教事務機関は宗教活動拠点を整備し、宗教団体の健全な運営を促す。
7	愛国宗教組織八団体の役割を確認し、財務管理の透明化をはかる。
8	愛国的宗教人士を養成し、宗教教育機関を運営する政策を強化する。
9	党の宗教政策の原則を確認し、少数民族の党員が宗教的要素を持つ伝統的活動に参加する際には配慮をおこなう。
10	正常な宗教活動を維持し、違法な宗教活動を処罰する。
11	宗教活動における外国の影響を排除し、外国人や華僑による献金の管理方法を定める。
12	党の宗教に対する統率的役割の重要性を確認し、マルクス主義宗教研究を推進する。

出典：『民族宗教法律法規文件選編』［2000］
注記：日本語訳に関しては川田［2015］を参照した。

　ただし、一般に、1982年の19号文件は改革開放期の宗教政策の方針を定めたものであると理解されているが、実は1978年頃には中国共産党が宗教政策の是正をすでに検討していたことに注意する必要がある。例えば、1978年10月21日、中国共産党の統一戦線工作部は「関於当前宗教工作中急需解決的両個政策性問題的請示報告」のなかで宗教政策に正常に取り組み、宗教問題を適切に処理することが国内外において重要な意味を持つことを明言している［羅広武（編）2001：254］。

　このような方針転換をふまえ、1979年3月16日、中国共産党は「関於建議為全国統戦線、民族、宗教工作部門摘掉"執行投降主義路線"帽子的請示報告」を批准し、統一戦線工作部、民族部門、宗教部門などの党・行政機関において「投降主義、修正主義路線」の帽子を剝ぎ取ることを決定し、反右派闘争や文化大革命の際に冤罪事件で批判された人々（例えば、少数民族党幹部、公認宗教の宗教指導者）の「平反」（名誉回復）を容認した［羅広武（編）2001：255-256；何虎生2004：171］。また、1980年7月16日、国務院直属の宗教事務局が「関於落実宗教団体房産政策等問題的報告」を批准し、主に文化大革命の際に不当に没収された

第 1 部　現代中国の民族・宗教・社会主義

表 2-2　関於当前宗教工作中急需解決的両個政策性問題的請示報告（1978 年 10 月）

1　宗教信仰自由政策を真摯に全面的に施行する。
2　異なる性質の矛盾を厳密に区別し、宗教活動の管理を強化する。
2-1　満 18 歳の公民には宗教を信仰する自由、宗教を信仰せずに無神論を宣伝する自由がある。いかなる者も信仰あるいは不信仰を他人に強制してはならず、信仰を持つ者も信仰を持たない者を差別してはならない。
2-2　18 歳未満の青少年に対して宗教思想を注入してはならず、少年児童を引率し、宗教活動に参加してはならない。
2-3　信仰を持つ人々の正常な宗教活動は政府の保護を受ける。いかなる宗教活動も政府の政策法令を遵守しなければならない。行政、教育、婚姻に干渉してはならない。生産と社会秩序の妨げとなってはならない。財産・金品を騙しとったり、健康を害したりしてはならない。集団財産を使用して宗教活動をおこなってはならない。
2-4　すでに廃止された封建的な宗教特権および抑圧的な搾取制度を回復してはならない。
2-5　上述の規定に違反した非合法・違法活動には教育を施して停止させ、厳重に処罰する。
2-6　共産党員と共青団は宗教を信仰してはならない。宗教活動に参加する党団員に対しては教育を施し、宗教思想を放棄させる。長期にわたって改善しない者に対しては脱党・退団するよう助言する。また、幹部が特権を利用して宗教活動を支持、扇動さえもした場合には厳正に処分する。
2-7　宗教界人士に対しては団結、教育、改造をおこなう方針を徹底・継続し、彼らを団結させて新時期の総合的な任務貢献勢力をする。党の政策を真摯に実施するためには、とりわけ積極性を一貫して表現する進歩的な友人に対し、政治上、業務上、生活上において適切に処理し、彼らの困難（問題）を解決すべきである。また、実際の業務において政治上信頼できる宗教界の人士を選抜・養成し、今後の業務の需要に適用させることに注意すべきである。
2-8　宗教の外套をまとって反革命活動を展開する階級の敵に対し、民衆を動員してそれを摘発させ、攻撃させ、民衆の覚悟（意識）を向上させ、宗教の本質を認識させ、宗教勢力およびその影響をしだいに弱体化させ、無産階級の専制を強固にする。

出典：『新中国宗教工作大事概覧』［2001：254-255］

宗教関連施設の不動産の返却・賠償を検討し、宗教活動場所の確保に着手した。その後、中国共産党は 1980 年 12 月 19 日、国家事務局の「関於恢復宗教学院的意見」（宗教学校の再開に関する意見）に同意し、1982 年 9 月 10 日に国家宗教事務局が「関於開弁宗教院校的請示」を公布し、官製宗教学校の再開が認められた［何虎生 2004：174-175］。このように、1970 年代末以降、中国共産党および行政機関（国務院）は 1976 年までにほぼ壊滅状態にあった宗教界の建て直しに積極的に取り組んでおり、1980 年代の宗教政策の修正・再開は肯定的に評価できる。

190

2　江沢民時代の「愛国主義」宣伝と宗教関連法規の制定

　ところが、1989年6月4日に天安門事件が発生すると、中国各地で、漢族・少数民族の別なく、住民の自発的な活動（例えば、学生運動、労働組合、NGO・NPO）に対する取り締まりが強化された。このような全国規模の政策転換は民族・宗教政策にも波及し、江沢民が中国共産党総書記に就任した後、民族・宗教政策の引き締めが強調された。そのことを端的に示すものが江沢民の通知「民族工作と宗教工作を一層重視せよ」（1993年11月7日）である。江沢民は全国統一戦線工作会議において「祖国統一と民族団結を堅持する必要性を訴え、宗教問題に関する3つの話、つまり、①宗教政策を全面的に適切に徹底して実行すること、②法律にもとづいて宗教事務管理を強化すること、③宗教と社会主義社会の適応を積極的に指導することを重視するよう通知した」［国家宗教局政策法規司（編）2000b：18；川田2015：60-61］。

　宗教政策に関していえば、江沢民の三原則が通知される以前から宗教事務関連の法規定・条例が数多く制定されている。例えば、国家宗教事務局は1991年5月6日の「宗教社会団体登記管理実施弁法」の通知では中国領内における宗教団体の審査・登録を義務化し、1991年1月31日の「宗教活動場所管理条例」（145号令）、1994年4月13日の「宗教活動場所登記弁法」では宗教活動場所の審査・登録を制度化した。これは1980年代に住民たちが自発的に取り組み始めた宗教活動を統制・監視し、非合法の宗教活動を取り締まるための政策であった。そのほか、国家宗教事務局は中国領内における外国人の宗教活動に対しても法制度化を進め、1994年1月31日、「中華人民共和国境内外国人宗教活動管理規定」（144号令）を公布し、外国人の宗教活動に対する統制・監視を強化し、非合法な宗教活動（例えば、布教活動）に対しても目を光らせるようになった［国家宗教局政策法規司（編）2000b：114-118］。このように、1990年代以降に急増した条例や規定は、中国共産党が1980年代とは異なり、宗教活動を末端レベルから統制・監視しようとしたことを物語っていよう。

　イスラームにかかわる政策に目を向けると、中国イスラーム教協会は1993年12月17日に「清真寺民主管理試行弁法」を制定し、宗教指導者の人事異動、宗教活動、宗教教育などに対する管理の強化を中央・地方に通達している［『中国穆斯林』編集部1994：33-35］。中国イスラーム教協会は、建前上、民間の宗教団

第1部　現代中国の民族・宗教・社会主義

体であると規定されているが、実態としては、統一戦線工作部や国家宗教事務局の指導を受け、行政指示を中央・地方のイスラーム教協会および清真寺に伝達することが求められている。その詳細については第4章で紹介するが、中国イスラーム界においても1990年代以降、法規・条例が数多く制定され、宗教活動に関する規定が整備されたことに注意せねばならない。例えば、新疆ウイグル自治区では1994年7月16日に「新疆ウイグル自治区宗教事務管理条例」が公布され、清真寺や宗教指導者の登録制度、宗教指導者に対する政治思想の審査制度などが採用された［新免 1992：30；王柯 1996：213-215］。寧夏回族自治区でも1994年6月7日に「寧夏回族自治区宗教事務管理暫行規定」が公布され、宗教事務管理の規定が発表された［国家宗教事務局政策法規司（編）2000a：153］。筆者の記憶では、西北地方では1994年頃から清真寺に行政当局あるいはイスラーム教協会発行の宗教活動管理場所の登記証明書が掲示されており、1990年代前半頃から中央・地方政府が宗教活動場所の審査・認定・登録を徹底化した可能性が高いと考えられる。

　1990年代以降、宗教活動場所の審査・認定・登録のほか、憲法で定められた「信教の自由」および「不信教の自由」の原則が中国共産党・政府によってしばしば強調されている。この原則は1949年以来の基本方針であり、数多くの法規・条例の制定の際に確認されている。中華人民共和国憲法では「信教の自由」および「不信教の自由」が保障されているが、次のような注意事項が必ず明記される。いかなる公民も宗教を信仰する自由および宗教を信仰しない自由を有し、信教の自由を尊重・保護するだけでなく、不信教の自由を保護せねばならない［国家宗教事務局政策法規司（編）2000b：32-33］。また、それにくわえ、宗教政策には無神論を宣伝する自由も含まれ、中国の公認宗教の関係者はマルクス・レーニン主義の唯物論および無神論の宣伝を尊重せねばならない［国家宗教事務局政策法規司（編）2000b：40-41］。無神論の宣伝にも関連するが、法律上、18歳未満の青少年に対する宗教の強制は容認されておらず、宗教と教育の分離、無神論教育の維持がしばしば主張される［国家宗教事務局政策法規司（編）2000b：57-58］。この原則は、漢族・少数民族の別なく、広範囲に適用されるものであり、改革開放期も声高に宣伝されている。18歳未満に対する宗教の強制が禁止されているということは、つまり、たとえ自分の子であっても、親は18歳未満の青

192

少年に対しては宗教活動への参加を奨励・助言・強制できないということになる。ここでいう強制の定義は明確ではないが、中国公民個人の信仰に非当事者（他者）が干渉してはならないということが中華人民共和国における「信教の自由」が意味するものである。ただし、それは原理・原則の話であり、実態としては、18歳未満の青少年のなかには公認宗教や非公認宗教の活動に参加する者がおり、18歳未満の青少年（特に学生）の宗教活動は一般的には取り締まりの対象となっている。

　このように、中華人民共和国では宗教と教育の分離は徹底されており、実際の教育現場では、マルクス・レーニン主義の宗教観にもとづき、無神論教育が貫徹され、宗教を肯定的に解説・宣伝する授業はほとんど開講されていない[109]。一部の高等教育（例えば、大学、大学院）では学生は宗教学を専攻できるが、それは研究のための科目履修であり、学生全体に対する教養のための授業科目ではない。「中華人民共和国義務教育法」（1986年4月12日）で政教分離の重要性が明記されているように、学校教育における政教分離の原則は現在も徹底されている。それは、公認宗教であれ、非公認宗教であれ、中国共産党が宗教的世界観が青少年に浸透し、マルクス・レーニン主義の無神論がないがしろにされることを警戒しているからであろう。

　ここで、あくまでも一例であるが、筆者が寧夏回族自治区で聴いた公教育へのアラビア語授業の導入に関する逸話を紹介し、社会主義式政教分離に対する中国共産党・政府関係者の立場・姿勢を確認しておきたい。2000年10月、清真寺関係者がアラビア語授業の導入をめぐる行政当局関係者との意見交換について話してくれたことがある。

事例2-3　アラビア語教育に反対した行政機関関係者
　中国共産党は、学校教育のカリキュラムに回族の歴史や文化、アラビア語などを教える授業科目を設置する必要はないと考えている。例えば、以前、次のような出来事があった。1990年代、清真寺の宗教指導者や管理委員会

---

109) 銀川市には1980年代に回族小学や回族中学などの少数民族を優遇する教育機関が設立されている。ただし、例えば、寧夏の民族事務委員会の説明によれば、回族の民族学校の教育内容は漢族のそれとほぼ変わりはない。少数民族の学校といっても、ウイグル族やチベット族の学校とは違い、少数民族の民族文化がカリキュラムのあり方に反映されていない。

第1部　現代中国の民族・宗教・社会主義

のメンバーがアラビア語の授業を学校の授業科目として開講できないかどう
か寧夏回族自治区の行政当局に打診・要請したことがあった。その際、行政
当局関係者は「ウイグル族には自分たちの民族言語があるが、回族の民族言
語は漢語であり、アラビア語は民族言語ではない。もしアラビア語を学習し
たいならば清真寺に行けばよいではないか」と回答し、清真寺関係者たちの
要請をすぐさま却下した（2000年10月寧夏回族自治区銀川市におけるインタヴュー
調査）。

　この事例で言及された行政当局関係者（共産党員）の発言からうかがえるのは、
アラビア語がイスラームと密接な関係があり、そのような外国語の授業科目
の開講が過剰に警戒されていることであろう。行政当局関係者は回族の母語が
アラビア語ではないという事実を根拠とし、清真寺関係者らの要請を受けつけ
なかったのであるが、英語やフランス語などの外国語の授業科目とは対照的に、
アラビア語の導入に対する行政当局関係者の反応は非常に冷淡なものであった
（ただし、2000年に西部大開発が中央政府によって推進されると、寧夏回族自治区政府はア
ラビア語教育に力を入れるようになり、官製のアラビア語学校を開設した）。また、行政
当局関係者の発言によれば、宗教に関わりがあるもの[110]は清真寺のように中
国共産党・政府が認定した宗教活動場所のなかに制限されるべきだと考えられ
ており、公教育における政教分離の原則が強く意識されていることがうかがえ
る。
　筆者が調査当時に直接見聞きした事例も紹介しておきたい。現在、中華人民
共和国では宗教活動は行政当局が認可した正規の宗教活動場所でしか実施する
ことができず、それを遵守しなかった場合、行政当局は関係者を「非合法活動」
を理由として取り締まることができる。例えば、1990年代、寧夏回族自治区
では、官製の寧夏回族自治区イスラーム教経学院だけでなく、民間のアラビア
語学校（数校）が回族の篤志家によって開校・運営されていたが、一般に、宗
教教育施設の場合、民族宗教事務局および教育庁から許可を得る必要があるが、
いずれのアラビア語学校も自治区の民族宗教事務局あるいは教育庁のいずれか

---

110) たしかにアラビア語にはイスラームにかかわる語彙が多いが、アラビア語がイスラームを代表
　　する言語ではない。

第2章　中国共産党の民族・宗教政策と回族社会

一方の認可しか取得できておらず、正規の教育施設として認可されていなかった。民間のアラビア語学校は正規の宗教活動場所としては認定されていなかったため、宗教関連の授業を開講してはならないことになっていた（ただし、アラビア語の授業は開講可能である）。調査当時、行政当局が民間のアラビア語学校を閉鎖することはなく、何らかの事情で黙認していたようである。

3　胡錦濤時代の「和諧社会」と宗教事務条例

　2002年11月、胡錦濤が中国共産党総書記に就任した。胡錦濤政権の政治理念といえば、中国共産党第17回大会において提唱された「和諧社会」および「科学的発展観」（2007年10月）がよく知られている。宗教政策に関しては、胡錦濤の方針は江沢民時代の宗教の三原則（のちに四原則）を踏襲したものであり、新たな方針が特に打ち出されたわけではなかった。ただし、胡錦濤時代に「宗教事務条例」（2004年通過、2005年3月1日施行）が中国共産党の宗教政策史上において非常に大きな意味を持つ。以下、その具体的な内容を詳細に見てみよう。

表2-3　宗教事務条例（**2004年7月7日通過、11月30日公布、2005年3月1日施行**）

1　総則 　信教の自由、独立自主自営の原則
2　宗教団体 　宗教団体の設立、宗教院校の設立、内部出版物、海外の聖地証文
3　宗教活動場所 　設立、登記、内部管理、法令遵守、献金、出版物、大規模な活動、塑像建造、商業サービス
4　宗教職能者 　活仏の地位継承、就任と離任、法的保護
5　宗教財産 　土地・家屋・財産の法的保護、社会公益事業、課税減免
6　法的責任 　治安維持、違法行為
7　附則 　内地と香港・マカオ・台湾との宗教交流

出典：川田［2015：70-71］

　宗教事務条例は中央政府の国務院に公布され、中央政府の条例として宗教管理の強化を定めたことに最大の特徴がある。それまで宗教にかかわる事務や活

第1部　現代中国の民族・宗教・社会主義

動は中央・地方の宗教事務局の管轄下におかれていた。それに対して、2004年の宗教事務条例によって行政の最高機関の国務院が中央・地方それぞれの宗教事務および宗教活動に対する直接介入が可能となった。その範囲は宗教団体の組織構成や活動内容、宗教活動場所の管理・審査、宗教職能者の人事異動、宗教施設の財産管理や課税、宗教活動に付随する治安維持などの多方面に及ぶ。このような国務院による宗教統制の権限強化が中国国内の宗教的少数派に大きな衝撃を与えたことは想像に難くない。

　宗教事務条例とは別に、次のように様々な弁法も制定されたことにも留意する必要がある。主要なものに限定すると、「宗教活動場所設立審批和登記弁法」（2005年4月14日通過、同年4月21日公布・施行）「宗教教職人員備案弁法」（2006年12月25日通過、同年12月29日公布、2007年3月1日施行）、「宗教活動場所主要教職任職備案弁法」（2006年12月25日通過、同年12月19日公布、2007年3月1日施行）、「蔵伝仏教活仏転世管理弁法」（2007年7月13日通過、同年7月18日公布、2007年9月1日施行）、「宗教学院設立弁法」（2006年12月25日通過、2007年8月1日公布、同年9月1日施行）などの弁法が2000年代後半に立て続けに制定・施行され、宗教活動場所の登録、宗教職能者の人事異動・資格審査、宗教教育施設の管理などに関するもので、中国共産党・政府によるハードな側面の統制が強化されたことを確認することができる。

　イスラームに関していえば、類似の弁法がおなじ時期に制定されている。例えば、「伊斯蘭教教職人員資格認定弁法（2006年5月12日通過、2006年8月7日公布）、「伊斯蘭教活動場所主要教職人員聘任弁法」（2006年5月12日通過、2006年8月7日公布）、「清真寺民主管理弁法」（2006年5月12日通過、2006年8月7日公布）が公布・施行されており、他の公認宗教に関する政策と共通点が見られる。このような法規定の内容を見るかぎり、法規・条例の内容が江沢民時代のそれよりも細分化されたことがうかがえる。とりわけ「清真寺民主管理弁法」がながらく「試行」とされていたものが2006年になってようやく正式な「弁法」として位置付けられたことに注意したい。1990年代から清真寺に対する管理は強化されていたが、宗教事務条例とほぼおなじ時期に法制度化されたわけである。また、この弁法は中央レベルのものであるが、この弁法の制定後、地方レベルでも同様の弁法が公布されている（例えば、2015年の寧夏回族自治区清真寺民主管理実施弁法）。

胡錦濤の「和諧社会」という政治理念は宗教政策にも積極的に活用され、国家宗教事務局の王作安局長は 2010 年、「宗教と和諧という社会資源を掘り起こせ」というスローガンを打ち出し、宗教が内包している慈悲や慈愛、友愛、正義といった要素を和諧社会構築に積極的に活用せよ」と宗教界に通達した［川田 2015：75-76］。チベット仏教を調査した川田の整理によれば、「宗教と和諧」という理念は、①宗教内部の和諧、②宗教間の和諧、③宗教と社会の和諧、④政教関係の和諧を指し、法律の遵守、宗教の狂信主義と極端主義の防止、宗教を利用して人権や民主主義を論じることの禁止などが重視されたという［川田 2015：76］。このような「宗教と和諧」という理念はチベット地域では「和諧寺院」の顕彰というキャンペーンとして具現化しており、胡錦濤の政治理念が宗教政策に積極的に導入されていることがよくわかる。

第 5 節　寧夏回族自治区における民族・宗教政策の再開

改革開放政策の導入後、鄧小平時代から胡錦濤時代までの宗教政策の変遷をここまで整理したが、本章の最後に、寧夏回族自治区における民族・宗教政策、中国共産党・行政機関の再編、そこに見られる地域的特性に対して検討を加えたい。

文化大革命の終息後、1976 年 10 月 28 日、寧夏回族自治区共産党委員会は銀川市で四人組を糾弾する大会を開催した。そのなかで林彪や四人組が民族区域自治を「人為地制造分裂」、「搞独立王国」と表現し、「都社会主義了，還有什么民族不民族？」と発言したことなどの誤りが問題視された［周瑞海（主編）1993：160］。しかし、文化大革命が政治思想に及ぼした影響を短期間で抹消することは容易ではなく、左傾化した思想の影響は様々な領域に根強く、民族幹部の優遇政策は適切に施行されておらず、大部分の民族幹部が共産党・政府から排除され、回族の慣習は一部の人々から「封建迷信」、「回族と漢族の団結を破壊するもの」と見なされていた［周瑞海（主編）1993：161］。このため、1978 年 8 月、寧夏回族自治区党委員会は銀川市において「平反昭雪大会」（名誉回復のための集会）をはじめて開催し、かつて冤罪で打倒された少数民族の共産党員

197

第1部　現代中国の民族・宗教・社会主義

（129名）に対する名誉回復を宣言した。銀川市での集会の後、寧夏回族自治区各地でも名誉回復の集会が開催された。また、文化大革命以前の冤罪容疑についても捜査がおこなわれ、当時は「反革命預謀叛乱」とされた事件が冤罪と判断され、関係者の名誉が回復された［周瑞海（主編）1993：161-162］。

　ちょうどおなじ頃、寧夏回族自治区では、大民族主義を克服し、また、地方民族主義を防止すべく民族政策の再教育および再調査が実施された。1978年9月、寧夏回族自治区共産党委員会が自治区民族工作会議を開催し、民族工作の責任者や統一戦線工作部の関係者らを招集した。この民族工作会議では、共産党の民族政策を施行することの自覚性、民族工作の真摯な実施、民族工作に対する党の指導強化が提起され、その後の課題、すなわち、(1)マルクス・レーニンや毛沢東の民族問題に関する論述を読んで学ぶこと、周恩来総理の指示を学ぶこと、林彪、江青らの反革命集団が共産党の民族政策を破壊した悪事をしっかり暴き出して批判すること、各民族人民の大団結を強化すること、(2)民族政策の再教育を広範囲に、そして深く入り込んで実施すること、(3)民族区域自治政策に真摯に取り組み、少数民族幹部の養成に力を注ぐことが確認された。しかし、この時期、民族政策教育の宣伝はなされていたが、具体的な政策としてすぐさま実行に移されたわけではなかった［周瑞海（主編）1993：163-164］。

　1979年12月18日から22日にかけて中国共産党第11回中央委員会第3回代表大会が開催され、中国共産党の思想路線の是正が確認されたが、ちょうどおなじ時期、つまり12月16日から22日にかけて北京で全国民族政策宣伝工作座談会が開催された。この会議では、民族政策の再教育を民族政策の実施状況の検査（調査）と現実の問題解決を結びつけることが提唱された。この結果、1980年2月、寧夏回族自治区では共産党委員会が「在全区普遍深入開展民族政策再教育」の通知を発表し、反大漢族主義に重点が置かれていた。それは民族間関係を調整し、民族団結を実現するための鍵であり、大民族主義を是正し、地方民族主義を克服せねばならず、主な教育対象は共産党の指導層および漢族の民衆であった。同年2月25日は寧夏回族自治区の常務委員、政府副主席、政治協商会議副主席、統一戦線工作部副部長、民族事務委員会主任および副主任らが民族政策検査団として固原、銀川、石嘴山など各地を訪問し、民族政策の実施状況を視察した［周瑞海（主編）1993：164-165］。

第2章　中国共産党の民族・宗教政策と回族社会

　この視察の結果、自治区党組織が把握したのは、寧夏回族自治区でさえも少数民族幹部（主に回族を指す）の比率が低く、少数民族幹部の養成が重視されていないこと、その理由として回族は「没文化、能力低、毛病多」で落伍しているという誤った認識が流布していることであった。このため、自治区の共産党組織は少数民族幹部の育成に重点を置いた。また、少数民族の民族慣習の尊重、民族団結の強化（最も多い要望であった）、ハラール関連の商業施設や食品冷蔵庫の開設、回族の従業員の雇用といった要望が地方の幹部から提示された［周瑞海（主編）1993：167］。つまり、民族政策再教育では、1976年以前に漢族と回族のあいだに顕在化していた誤解、差別、衝突など解消するための措置が検討されたわけである。

　民族政策再教育のほか、中国共産党が主導する統一戦線工作のありかたも検討された。1979年11月、寧夏回族自治区共産党委員会は銀川市で自治区辺防統戦民族工作会議を開催し、全国規模の統一戦線工作会議、辺防工作会議、国家民族事務委員会の精神を出席者に伝えた。この会議は大規模な会議で、民族問題の検討に重点を置き、新しい時期の統一戦線工作や民族工作の方針・任務などが明らかにされた。このような会議をふまえ、寧夏回族自治区では1979年に寧夏回族自治区イスラーム教協会が復活し、それに続いて銀川、呉忠、青銅峡、霊武、平羅、同心、固原、海原、涇源、彭陽などにもイスラーム教協会が設置された［周瑞海（主編）1993：168］。イスラーム教協会の活動については第4章で詳述するが、基本的な任務は、愛国愛教の統一原則に立ち、党と人民政府に協力しながら宗教政策の施行に関わり、宗教界の信徒たちの愛国主義および社会主義国家の意識を向上させること、派閥間の紛糾を調停し、宗教界の合法的利益を保持することである。すなわち、イスラーム教協会は、中国共産党・行政機関とムスリムとのあいだのパイプ役となることが期待されているわけである。

　1981年11月5日から11日にかけて寧夏回族自治区イスラーム教協会は銀川市で第2届第3回委員会拡大会議を開催し、150名以上の宗教指導者を招集した。この会議では「寧夏回族自治区伊斯蘭教界人士愛国公約」が制定され、鄧小平が提唱した四つの現代化に貢献すること、宗教信仰自由政策を全面的に貫徹すること、宗教民主制度改革の成果を強固にし、清真寺の開放にあたって

199

第1部　現代中国の民族・宗教・社会主義

は政府の批准を得ること、共産党と政府の政策・法令を遵守すること、宗教活動を他者に強制しないこと、民族団結を強化すること、「教派」に対する偏見に反対すること、国家大事および民族の発展進歩に関心を抱き、封建迷信に断固として反対することなど確認された［周瑞海（主編）1993：169］。

　1982年5月23日から6月2日にかけて寧夏回族自治区共産党委員会は自治区統一戦線工作会議を開催し、全国規模の統一戦線工作会議および宗教工作会議の精神を伝え、「中央関於我国社会主義時期宗教問題的基本観点和基本政策」を真摯に学習（検討）し、当面の政策上の方針や内容について議論をおこなった。これらの議論をふまえ、寧夏回族自治区では1979年から1981年にかけて1,200あまりの清真寺を開放し、銀川市の清真中寺、同心県の清真寺の補修（修理）に着手した。1982年12月には寧夏回族自治区宗教事務局とイスラーム教協会が合同で宗教指導者のための研修班を組織し、伝統的なイスラーム儀礼にのっとって、宗教指導者の資格を研修生に授与した［周瑞海（主編）1993：169］。

　1984年、寧夏回族自治区は「寧夏回族自治区殯葬管理暫行規定」を公布し、イスラームの土葬をムスリム諸民族（主に回族）の権利として法的に保障した。これは、文化大革命の時期に左傾化した政治運動が熾烈をきわめ、回族の人々が伝統的なイスラームの土葬を秘密裏におこなっていたことをふまえての措置である（文化大革命期にイスラームの土葬が法的に禁止されたことはなかったが、民族・宗教的な特徴が目立った慣習を声高に主張しづらい雰囲気が漂っていたため、回族の人々は土葬を目立たない形でおこなっていた）。

　ここまで見たように、1980年代以降、寧夏回族自治区では少数民族（主に回族）に対する権利保障は非常に目覚しく、少数民族の政治参加もあらためて法的に保障されるようになった。例えば、寧夏の政府機関における少数民族の人事異動を見てみよう。調査当時、寧夏回族自治区政府の主席は回族の馬啓智（涇源出身）であり、馬啓智は当然のことながら共産党員であり、寧夏回族自治区の共産党委員会の副書記を兼任していた。馬啓智主席は中央民族学院歴史学系を卒業した少数民族の共産党幹部であった。寧夏回族自治区政府の副主席は5名おり、このうち回族は2名選出されていたが、これは少数民族への政治的配慮である。寧夏回族自治区の人民代表大会常務委員会では主任（1名）に毛如柏（漢族、自治区共産党書記兼任）、副主任（7名）のうち回族が3名選出されていた。寧

夏回族自治区の政治協商会議では主席（1名）に回族（1名、馬思忠）、副主席（9名）のうち回族が4名選出されていた［張遠成 2002：345-346］。寧夏回族自治区の人民政府の主席人事を見ると、「民族区域自治」の特徴が目に見える形ではっきりと表れている。つまり、他の民族自治地方にもあてはまるのであるが、民族自治地方の行政機関の最高責任者は少数民族であることが民族区域自治法で定められている。

しかし、その一方[111]、寧夏回族自治区の共産党組織に目を向けると、「民族区域自治」に見られる政治的配慮とは異なる側面が浮かび上がってくる。すなわち、寧夏回族自治区の共産党委員会の書記には回族ではなく、漢族が選出されている。このことは歴代の人事異動からわかることで、少数民族は共産党書記になったことがない。自治区共産党書記の人事異動の傾向をふまえるならば、寧夏回族自治区の共産党組織では、共産党書記には回族ではなく、漢族が必ず配置されることが暗黙の了解となっている可能性が非常に高い。寧夏回族自治区の共産党組織の規約などの明文化された文書で確認することはできないが、このような人事異動は、寧夏回族自治区における実質的な主導権を少数民族ではなく、漢族が掌握していることを如実に物語っている。不思議なことに、自治区の共産党書記を漢族に担当させることは他の自治区（例えば、新疆ウイグル自治区、チベット自治区、内モンゴル自治区）にもあてはまり、中国共産党内部の民族間関係を巧妙に調整した政治的配慮なのではないかと考えることができる。

それでは、続いて、寧夏回族自治区の民族・宗教事務に関わる行政機関に注目してみたい。文化大革命の終息後、中央・地方政府では民族・宗教事務をそれぞれ担当する行政機関があらためて設置された。民族事務担当機関が民族事務委員会、宗教事務担当機関が宗教事務局（または民族宗教事務局）と呼ばれている。民族事務の場合、1949年10月に中央人民政府内に民族事務委員会が設立され、1970年に廃止された後、1978年に国務院直属の国家民族事務委員会としてあらためて設置された。一方、宗教事務の場合、1950年8月に宗教問題研究小組が組織され、その後1975年5月に廃止された後、1979年4月、国

111）第1章の表1-3で示したように、寧夏回族自治区全体で回族の人口が占める割合は約30％である。中国全土でも寧夏の回族の人口が最も多いことを考慮し、中国共産党政権は寧夏を「回族の区域自治地方」として位置付けた経緯がある。このため、少数民族を優遇する具体的な政策の一環として、寧夏回族自治区の行政機関や政治協商会議には回族の共産党幹部が配置されると考えてよい。

第1部　現代中国の民族・宗教・社会主義

務院に直属する国務院宗教事務局として再編された（その後1998年国家宗教事務局に改称されている）。国家民族事務委員会であれ、国家宗教事務局であれ、それぞれの行政機関は中央の統括機関に相当し、地方の直轄市・省・市・地区・県に支部が設置されている。

寧夏回族自治区の場合、自治区政府に寧夏回族自治区民族事務委員会（1949年成立、1954年9月廃止、1978年8月成立）、寧夏回族自治区宗教事務局（1958年11月成立、文化大革命期に廃止、1979年5月）、銀川市政府に民族事務・宗教事務を担当する銀川市民族宗教事務局（1980年3月成立）が設置されている。寧夏回族自治区の民族・宗教事務には特色が見られ、それは寧夏回族自治区では民族事務委員会と宗教事務局がおなじひとつの組織として機能していることである。つまり、行政機関として二枚の看板が掲げられているが、実態としてはひとつの機関しか存在しない。

寧夏回族自治区宗教事務局（寧夏回族自治区民族事務委員会）の組織構成に目を向けてみよう。局長（1名）は呉国才（回族、同心県出身、大学卒）が、副局長（2名）は張忠孝（回族、銀川市出身、専門学校卒）、蔡明（漢族、銀川市出身、大学卒）が担当していた。局長・副局長ともに寧夏回族自治区人民代表大会常務委員会によって選出されている。宗教事務局の内部組織としては、(1)経済発展処、(2)教育文化処、(3)宗教1処、(4)宗教2処、(5)弁公室が設置されている。(1)の処長（回族）、副処長（漢族）、職員2名（ともに回族）の4名、(2)の処長（漢族）、職員（回族1名、漢族1名、ナシ族1名）の4名、(3)はイスラームに関する事務を担当し、処長（回族）を含む回族4名、(4)は道教、仏教、キリスト教に関する事務を担当し、処長（満族）と職員（漢族3名）の4名、(5)は事務作業を担当し、主任（漢族）を含む9名となっていた。(1)から(2)までの職員は全職員が共産党員であった[112]。

2000年10月、寧夏宗教事務局関係者に対して実施したインタヴュー調査にもとづけば、寧夏回族自治区全体にある宗教事務局では漢族と少数民族の職員数の割合はほぼ半数ずつで、共産党員が大多数であるが非党員もいるということであった。ただし、民族区域自治法による規定があり、自治区と市のそれぞれの局長は回族が担当することになっている（他の行政レベル、例えば、県には漢

112）寧夏回族自治区の規定では、宗教事務局の局長・副局長、民族事務委員会の主任・副主任は共産党員が務めることになっている。

202

族の局長もいる）。局長・副局長以下の人事異動は宗教事務局内の推薦（おそらく局長・副局長あるいは党組織の任命・推薦）によって決定される。なお、寧夏回族自治区には女性職員が 30 名ほどおり、処長クラスには女性の共産党員もいる。

　寧夏回族自治区宗教事務局の職員は国家公務員扱いであり、人事異動、給与支払いなどは寧夏回族自治区政府によって決定されている。寧夏回族自治区宗教事務局の幹部には 30 代から 40 代の年齢層が多く、大学（例えば、少数民族の共産党幹部を養成する中央民族大学）や専門学校（大学レベル）を卒業した高学歴者が比較的多かった。宗教事務局関係者の説明によれば、少数民族の共産党幹部が優先的に採用されるとはかぎらないが、寧夏回族自治区のように少数民族が集住する地域に関しては、中国共産党・政府の政治的配慮から少数民族が主要な役職に配置される傾向があるという。

　このような宗教事務局と共産党組織の関係性について考えてみたい。他宗教・他地域の事例であるが、福建省で仏教寺院を調査した社会学者 D・ワンクが興味深いことを指摘している。ワンクは「国務院管轄下の国家宗教事務局局長は中国共産党統一戦線工作部副部長を兼任することになっている」［ワンク 2000：284］と説明しているが、おそらく例外もあるはずで、2018 年現在、国家宗教事務局の局長は王作安（漢族）が担当し、王作安は中国共産党書記を兼任し、中国共産党統一戦線工作部に副部長として勤務するが、部長をこれまで兼任したことはない（現在の部長は尤権）。したがって、国家宗教事務局の局長職と統一戦線工作部の部長職を 1 人の党員が兼任することが慣例となっているかどうかは不明である。寧夏回族自治区の場合、宗教事務局局長が民族事務委員会主任を兼任することははっきりしている。寧夏回族自治区の特徴として指摘できることは、寧夏回族自治区では回族が自治区の「主体民族」であり、また、民族事務と宗教事務とが切り離せない関係にあるため、宗教事務局と民族事務委員会がおなじ組織として再編されたことである。また、少数民族出身の共産党幹部に宗教事務局と民族事務委員会の責任者を兼任させることによって、中国共産党は少数民族に対する優遇政策を対外的にアピールすることができる。

第1部　現代中国の民族・宗教・社会主義

第6節　おわりに

　最後に、中国共産党がこれまで採用した回民工作および 1949 年以後の民族・宗教政策にみられる特徴をまとめておこう。まず、中国共産党は 1936 年 5 月公布の『対回族人民的宣言』までは西北回民の政治的権利を「自決権」として容認する姿勢を示していたが、国民党、回民軍閥、日本軍との抗争が激化するなか、中国領内の少数民族に対しては自決権ではなく、自治権を認める方針へ修正した可能性が高い。つまり、中国というひとつの国民国家の統合性を少数民族の自決権（分離独立）より優先したわけである。その基本方針は 1949 年以後も徹底され、中国領内に居住する少数民族には自決権は現在も容認されておらず、「民族区域自治」という名の自治権しか保障されていない。序章で述べたように、「民族区域自治」は中華人民共和国に特有の概念であり、「民族自治地方」における諸民族の共同自治の権利を保障するものであり、ある「主体民族」の政治的特権を優先的に容認するわけではない。一般によく誤解されるが、民族自治地方において「主体民族」の政治的特権は特に明言されていない。民族自治地方における少数民族の無力化は寧夏回族自治区の共産党書記を少数民族ではなく、漢族が独占するという慣例によっても説明されていると言える。

　寧夏回族自治区は「回族」という名称を付与した唯一の省級民族自治地方であるが、1958 年 10 月の成立が不条理な政治運動と無関係ではなかったことを想起せねばならない。つまり、1957 年の反右派闘争、1958 年の宗教制度民主改革の強行が中国共産党の敵対勢力（例えば、「右派分子」、「地方民族主義者」）を一掃し、寧夏回族自治区の成立の布石となったのである。紆余曲折を経て出来上がった寧夏回族自治区は 1966 年以降の文化大革命によって混乱状態に陥り、自治区の共産党組織および政府のなかでも熾烈な権力闘争が展開され、その煽りを受け、回族の人々も不条理な政治運動に巻き込まれ、おなじ民族内部に分断が生じ、それは、改革開放政策の導入後も住民の集団編成や権力闘争のありかたに影を落としている。

　1978 年 12 月、中国共産党中央委員会における改革開放政策の導入の決議は

204

第 2 章　中国共産党の民族・宗教政策と回族社会

それまでの文化大革命路線を完全に否定するものであり、民族・宗教政策が正常化する契機となったという意味で肯定的に評価することができる。少数民族地域では 1989 年までは住民たち自身も中国共産党が軌道修正した政策の効果をそれなりに高く評価していたにちがいない。しかしながら、1989 年の天安門事件の後、江沢民政権時代に愛国主義が全国各地で宣伝され、民族・宗教政策関連が数多く制定されると、草の根の住民活動に対する規制・統制が強化された。改革開放政策の導入後も社会主義式政教分離や無神論教育の原則は徹底されており、公共の場における宗教活動は党国家から著しい制限を加えられている。そのことは胡錦濤政権下でも変わりなく、その基本方針をもとに民族・宗教政策の統制は国務院によって強化されており（例えば、2004 年の宗教事務条例の公布）、中国領内における少数民族が自律的に生きる空間は実態としては縮小化されていることは否定できない。寧夏回族自治区では清真寺の修復・新築は全体として見るのであれば目覚ましいが、表面上の「復興」だけでなく、清真寺をとりまく人々の関係の機微にも注意を払う必要がある。

205

第 2 部

国家権力と清真寺

第3章

清真寺の伝統秩序と権力構造

第1節　はじめに

　回族は清真寺の周囲に集住し、イスラームの五行、人生儀礼、年中行事など
を実施し、ジャマーアという「清真寺共同体」（モスク・コミュニティ）を形成し
てきた。清真寺はジャマーアの中心に位置し、その原動力となっている。基本
的には、清真寺があるところにはジャマーアがあり、清真寺の信徒集団（特に
指導層）がジャマーアを支配してきた。本書では彼らが清真寺を拠点として共
同性を形成しながら紡ぎ出す伝統秩序を「ジャマーア・システム」と呼ぶこと
にする。ジャマーアの社会結合については 1949 年以前に日本人研究者が調査
しており、内モンゴルの清真寺を調査した歴史学者岩村忍はジャマーアを「清
真寺的結合」［岩村 1949：24］、おなじ調査班にいた歴史学者佐口透は「清真寺
共同体」［佐口 1948：21］と説明し、ジャマーアの「共同体」としての特徴を注
目し、漢族の社会構造との相違点をいち早く指摘していた。筆者は岩村や佐口
の研究視点を批判的に継承しながらジャマーア・システムの仕組みを解明する。
　まず、清真寺の信徒集団がどのような人々からなるのかを整理しておく。清
真寺には礼拝をおこなう一般信徒がおり、「高目」（*gaomu,* カオム）と呼ばれて
いる。一般信徒は清真寺の周囲に集住し、清真寺を拠点としてイスラームの五
行、人生儀礼、年中行事を実施し、自主的喜捨あるいは義務的喜捨（法定喜捨）
をおこない、清真寺を社会経済的に支える。一般信徒は自分たちの代表者（数名）
を選び出し、清真寺の管理を担当させる。慣例として地元出身の有力者が選出
される傾向にあり、管理責任者の長は「学董」（*xuedong*）、その補佐役は「郷老」
（*xianglao*）と呼ばれている。管理責任者は清真寺の伝統行事の企画・実施（例え

209

第2部　国家権力と清真寺

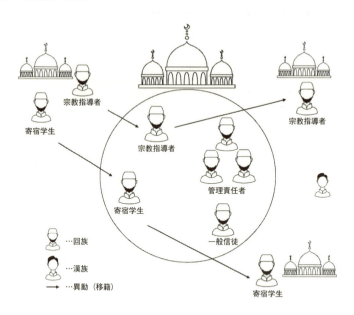

図 3-1　清真寺とジャマーアの概念図

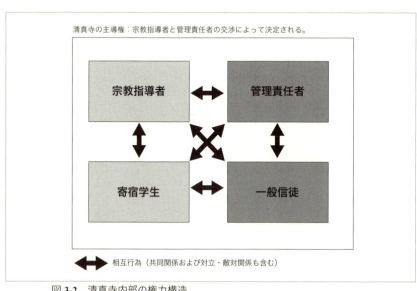

図 3-2　清真寺内部の権力構造

ば、断食明けの祭、犠牲祭）、人事異動（例えば、宗教指導者の招聘・解雇、寄宿学生の登録）、財政管理（例えば、一般信徒の喜捨の会計処理）などを担当する。管理責任者は「開学阿訇」（kaixue ahong）または「教長」（jiaozhang）と呼ばれる宗教指導者を清真寺へ招聘し、イスラームの教育や儀礼執行の指導を依頼する。宗教指導者のもとには「満拉」（manla）と呼ばれる寄宿学生（10名未満）が集まり、基本的には清真寺のなかで寄宿生活を送りながらイスラーハ諸学の研鑽を積む。宗教指導者と寄宿学生はイスラームの教育や儀礼を牽引する役割を担っており、宗教エリートの活躍ぶりや知名度が清真寺の名声や評価に影響する［澤井 2002b］。

　銀川市の場合、清真寺の建立時期を調査したかぎりでは、大多数の清真寺が遅くとも清代以降に建設され、ジャマーアが脈々と形成・維持されてきたと考えることができる（具体的な資料は第1章で提示した）。中華民国の時代は回民軍閥が寧夏を支配したが、清真寺は地元出身の回民によって自律的に管理運営されていた。しかしながら、第2章でも詳述したように、中華人民共和国の成立後、清真寺は暴力的な社会主義改造や政治運動によって閉鎖・転用あるいは破壊に追い込まれ、およそ20年近くのあいだ、清真寺およびジャマーアは完全に物理的に消滅させられたのである。本章では、改革開放政策の導入後、回族の人々が清真寺を修復した後、ジャマーアの共同性を形成しながら伝統秩序を表出する具体的な状況を描写する。

第2節　世襲化した伝統的指導層

1　清真西関寺の歴史

　本章では銀川市の西関寺を例に挙げ、清真寺の具体的状況を把握する。西関寺の正確な建設時期を証明する文字資料はほとんど残されていないが、西関寺は1687年（清朝康熙26年）に建設されたと言い伝えられている[113]［何兆国（編）1992: 21］。西関寺は1867年（清朝光緒年）、1912年（中華民国元年）に修復され、1913年（中華民国2年）に拡張工事が施工され［王興福 1998］、中華民国期には寧夏の四大清

113）調査当時、西関寺の歴史を証明する碑文や文書などは存在していなかった。銀川市では他の清真寺においてもごく一部の碑文があるだけで、文書類はほとんど保存されていなかった。

211

真寺（同心県大寺、永寧県納家戸大寺、平羅県宝豊大寺、銀川市西関寺）のひとつと称されていた［王興福 1992：1］。中華人民共和国の成立後は 1966 年まで破壊されずに運営されていた。銀川市に現存する清真寺のなかでは南関寺に次いで古い清真寺である。イスラームの「教派」についていえば、西関寺は建設当初から伝統的なカディーム派のイスラーム儀礼を実施していたが、1930 年代にイフワーン派に変更している[114]。

1958 年 10 月に寧夏回族自治区が成立したが、その直前、西関寺は宗教制度民主改革によって他の清真寺と合併されている。清真寺の共有財産は紅花郷北塔生産大隊に没収されてしまい、清真寺では宗教活動を継続させることが不可能となった。例えば、西関寺の「大殿」（礼拝殿）は中国共産党統一戦線工作部に占拠され、敷地内にあった「講堂」は米と小麦粉の加工工場、養牛場、事務室に転用され、その他の建物は食糧倉庫や集団食堂として使用された［王興福 1992：2］。西関寺の古老（男性、70 代）の話によれば、西関寺の共有財産だった土地は農地として農民へ分配された。おなじ時期、西関寺所有の回民墓地も破壊されて農地に転用されている。1966 年の文化大革命では西関寺の建物は完全に破壊され、建物の柱や壁などの建築資材が人民公社の生産大隊（北塔大隊、尹家渠大隊、保伏橋大隊）に分配され、北塔大隊の敷地内には全生産隊の養豚場が設営された［王興福 1992：2］。西関寺の付近に住む一般信徒（男性、60 代）の話によれば、その頃、回族男性が顎髭を蓄えることや回族女性が伝統的な民族衣装（「蓋頭」というヴェールの一種）を着用することさえもが実質的には不可能となったという。

1976 年に文化大革命が終わり、文革路線の是正が決定されると、西関寺の信徒たちは行動に移した。当時の発起人の王興福（男性、70 代）は「いかなる困難にあっても清真寺を修復せねばならない。清真寺はムスリムの社会生活の中心である。清真寺の機能は多方面に及ぶ。ムスリムは清真寺で沐浴、礼拝、儀礼だけでなく、宗教教育、冠婚葬祭、年中行事、紛争解決、治療などさえもおこなう。つまり、清真寺とムスリムは魚水の関係にある」［王興福 1992：

114）第 1 章でも言及したように、中国イスラーム（主に回族）の宗派はスンナ派でハナフィー法学派に属すが、下位区分として「教派」があり、カディーム派、スーフィー教団（フフィーヤ派、ジャフリーヤ派、カーディリーヤ派、クブラウィーヤ派）、西道堂、イフワーン派、サラフィー派に分類される。寧夏回族の「教派」の内訳は、カディーム派が 17％、フフィーヤ派が 17％、ジャフリーヤ派が 27％、カーディリーヤ派が 7％、イフワーン派が 30％となっている［Gladney 1991：367］。

第 3 章　清真寺の伝統秩序と権力構造

写真 3-1　1980 年代初頭、修復直後の清真西関寺の指導層（2002 年寧夏回族自治区銀川市で撮影）

2］と考え、1980 年に西関寺の信徒だった王明徳、馬生秀たちと寄付金を募り、簡単な沐浴室、宗教指導者の部屋、礼拝場所を臨時に建設した。王興福たちは 1981 年以降も毎年のように修復事業を進め、1985 年には海宝実業開発公司および紅花郷北塔村村民委員会から経済支援を得て礼拝殿を増築し、ミナレットを建設した［王興福 1992：3］。1985 年 11 月にはサウディアラビア貿易代表団がわざわざ訪問し、5,000 ドルを西関寺関係者に手渡したという［王興福 1992：6］。西関寺は 1995 年 10 月 25 日に修復・改築式典を開催し、1997 年に拡張工事を施工し、敷地内（北側）には大規模な回民墓地を修復している。

　2000 年の調査当時、西関寺には「開学阿訇」（開学アホン、宗教指導者）[115] 1 名、「満拉」（マンラー、寄宿学生）10 名、清真寺民主管理委員会 7 名、「寺師傅」（清真寺の住込み用務員）1 名、「高目」（カウム、一般信徒）600 世帯（約 2,000 名）が在籍し

---

[115] 清真寺に勤務する宗教指導者は「開学阿訇」（開学アホン）あるいは「教長」と呼ばれる。清真寺の伝統的なイスラーム教育を受け、アホンの資格を受けた者は調査地のいずれの清真寺にもいるが、正式なアホン（開学アホン）として勤務していない者は「散班阿訇」（sanban ahong）と呼ばれている。本書では煩雑さを避けるために、「清真寺で正式に勤務する宗教指導者」を指す民俗語彙としてアホンという名称を使用する。ただし、アホンの種類をあえて区別する必要がある場合にかぎり、適宜、用語を使い分ける。

213

第 2 部　国家権力と清真寺

写真 3-2　1980 年代初頭、修復直後の清真西関寺の女性信徒（2002 年寧夏回族自治区銀川市で撮影）

ていた。一般信徒たちは大部分が回族であるが、回族と結婚してイスラームに改宗した漢族も少数ながら存在する。宗教指導者は謝生林（回族、男性、60 代）という人物で、中国イスラーム教協会の副会長、寧夏回族自治区イスラーム教協会の会長を兼任する著名人である。寄宿学生（回族、男性）の大部分は農村出身者で、清真寺で寄宿生活を送っていた。清真寺民主管理委員会のメンバーは全員が旧北塔生産大隊管轄下の農村出身者（回族、男性）であり、地元出身者である。「寺師傅」は甘粛省出身（回族、男性）で西関寺に 10 年以上寄宿し、寺内の掃除や沐浴室の管理などの作業を担当していた。

　一般信徒は大部分が旧北塔大隊管轄下の農村出身であるが、河南省、甘粛省、山東省などの他省からの移住者も少数ながらいた。住民は農業と商業を兼業していたが、第 1 章で述べたように、改革開放政策の導入後は農業に従事できる環境ではなくなったため、小規模の小売業に従事する者が多くなった。銀川市では西関寺は信徒数が比較的多い清真寺のひとつであり、一般信徒たちからの自主的あるいは義務的な施しも多く、比較的裕福な清真寺である。例えば、清真寺の経済状況の指標のひとつともなるメッカ巡礼者の人数を例に挙げると、2000 年頃の時点で西関寺のメッカ巡礼者は合計 13 名ほど確認されており（こ

のうち女性2名）、銀川市の清真寺のなかでは最も多い部類に入る[116]。

2　西関寺の周囲に集住する回族

　第1章で詳述したように、中国の都市部では居民委員会という「住民自治組織」が実質的な最末端の行政機関として機能し、住民の戸籍管理や計画出産の指導などを担当する。2000年の調査当時、西関寺は銀川市の城区政府の管轄下にあり、西関寺の一般信徒の大多数が西関寺に隣接する海宝家属楼居民委員会の管轄下に置かれていた。さらに、居民委員会の管轄下にある回族住民には地元出身者（中華人民共和国の成立以前からその地域に住んでいる旧住民）が非常に多い。そこで、筆者は海宝家属楼居民委員会の管轄下にある大多数の回族住民を西関寺の一般信徒として位置付け、回族住民の人口、世帯分布、出身地などに関する定量的調査を実施した[117]。

　第1章に提示した一次資料（表1-9）によれば、西関寺の一般信徒は約600世帯（2,000名）で、他の清真寺と比較すると、一般信徒の人数が多く、ジャマーアの規模が大きい。一般信徒の大多数は西関寺の周囲に居住するが、海宝家属楼居民委員会とは別の居民委員会が管轄する地域に居住する住民もいる。西関寺周辺の回族の居住分布に目を向けると、西関寺に隣接する海宝家属楼の2号楼と3号楼、西関寺の裏手にある寺南区と西平房区に回族が集中している。回族住民の父系出自集団について調査したところ、馬姓、王姓、馮姓、納姓の回族が比較的多かった。西関寺関係者や居民委員会の話によれば、中華人民共和国の成立以前から馬姓、王姓、馮姓、納姓の回民が多かったという[118]。西関寺のある地域は1980年代半ばまでは地理的にも行政上も農村であり、地元回族の出身地は大部分が銀川市区内で、農村出身者が多い[119]。

　ここで、清真寺の成員権について確認しておこう。西関寺にかぎらず、銀川

116）2000年の調査当時、メッカ巡礼者の人数は、筆者が確認できた事例だけで、満春寺に6名、南関東寺に8名、西関寺に13名いた。一般的に、毎年の巡礼者が10名を超えると多い。

117）海宝家属楼居民委員会管轄下の回族を調査対象に選んだ主な理由を説明しておこう。西関寺の一般信徒は同居民委員会の管轄地域だけでなく、その他の居民委員会や農村部の村民委員会の管轄地域にも広く居住する。ただし、海宝家属楼居民委員会管轄下の回族の大多数は中華民国期から西関寺の周囲に暮らしており、西関寺の一般信徒としての帰属意識も強い。なお、本書では同居民委員会の管轄下に暮らしていない西関寺の一般信徒についても言及することがある。

118）ただし、第1章の表1-13を見ればわかるように、西関寺付近にくらす回族の「姓」の種類は多く、たとえ同姓であったとしてもおなじ父系出自集団に帰属するとはかぎらない。

119）回族住民の世帯主およびその配偶者の出身地については第1章を参照されたい。

第2部　国家権力と清真寺

市の清真寺の場合、地元出身の回族は自分の生まれ育った地域から最も近い清真寺に所属することが慣例となっている。例えば、自分の父親が西関寺に所属する場合、母親およびその子どもたちも父親とおなじ清真寺（正確にいえばジャマーア）に自動的に所属することになる。銀川市では、基本的には信徒たちは世帯単位で清真寺に所属する。他地域からの婚入女性の場合、結婚前は自分の生家の清真寺に所属するが、結婚後は結婚相手とおなじ清真寺に所属することになる（ただし、生家の清真寺との関係が完全に消滅するわけではない）。1980年代以降、銀川市の中心地（城区）を中心とし、住民の流動性が高まっており、清真寺の周囲にも他地域から回族や漢族が転入居しつつあるが[120]、1949年以前から西関寺の周囲に集住してきた回族には西関寺に対して明確な帰属意識を持つ傾向にある。

　寧夏回族自治区銀川市に限ったことではないが、清真寺に出入りするとき、信徒たちのあいだには「暗黙の了解」がある。信徒たちは「白帽」（礼拝帽）を必ず着用する。礼拝帽の着用はシャリーア（イスラーム法）で定められた義務行為ではないが、銀川市では清真寺へ出入りする場合、「白帽」を着用することが慣例となっている。「白帽」を被った回族（男性）が清真寺や街中で出会ったときは「アッサラーム・アライクム」（あなた方に平安がありますように）と言いながら両手で握手し、イスラーム式の挨拶を交わすことが常識とされている。さらに、「白帽」を被った回族であっても普段見慣れない者が清真寺に入ってきた場合、「你是哪個坊上的？」（どこのジャマーアの者ですか？）と誰何する。その場合、質問された者は「我是東関的」（私は東関寺の者です）といった具合に返答し、身分を明かす。このような言葉のやりとりを見ると、回族の他者認識ではその相手が回族であるかどうかということはいうまでもなく、どの清真寺に所属するのかということも重視することがわかる[121]。

120）西関寺の管理責任者や海宝家属楼居民委員会のメンバー（回族）の説明によれば、1980年代半ば以降、海宝家属楼に移り住んだ回族（「新住民」と言える）のなかには清真寺に対する帰属意識が明確ではなく、清真寺の一般信徒としての自覚がほとんどない者が多いという。当然のことながら清真寺への帰属意識には個人差が見られるが、清真寺に所属する住民の大多数は旧住民である。

121）銀川市では回族の人々は清真寺を単位としたジャマーアに対する所属意識が相対的に強い。たとえ「おなじ民族」や「おなじ教派」であっても、ジャマーアの違いを理由として日常生活のなかで自分たちを他者と差異化することもある。

216

3　歴代の宗教指導者

　それでは、ここからは西関寺の歴史を整理しておきたい。西関寺関係者にインタヴュー調査を実施したが、過去の宗教指導者や管理責任者についてはせいぜい中華民国期頃までしか遡ることができなかった[122]。西関寺にかぎらず、銀川市の清真寺には歴史を記録した文字資料がほとんど存在せず、また、それを編纂しようとする者がいなかった（関連資料が文化大革命のときに焼却された可能性が高い）。このような経緯から資料的制約があることを自覚したうえで、西関寺関係者の口述資料を手掛かりとして西関寺の歴史を再構成する。まず、歴代の宗教指導者の情報を表 3-1 にまとめた。

表 **3-1**　歴代の宗教指導者（西関寺）

時期	歴代の宗教指導者（氏名、出身地等）
中華民国期	(1)馬生俊 西関寺出身。イマーム（当時の宗教指導者の名称・呼称）。父および祖父ともにイマーム。世襲制度。西関寺主任王興福の妻の父にあたる。 李清庭：西関寺出身。ハティーブ。 馬福元：西関寺出身。ムアッズィン。
	(2)白姓 同心県出身。アホン（当時はイスラーム学教師を指す）として招聘される。当時はイマームの補佐係。
	(3)張姓 平羅県出身。アホン（イスラーム学教師）として招聘される。メッカ巡礼者。イフワーン派。当時はイマームの補佐係。
	(4)馬雲生 呉忠市出身。アホン（イスラーム学教師）として招聘されたが、イフワーン派の教えを宣伝し、イマームの世襲制度を廃止した。その以来、アホンがイマームに代わって宗教指導者を指すようになった。
	(5)馬振東 銀川市永寧県出身。正式な開学アホンとして招聘。イフワーン派。(4) 馬雲生の同級生。中寺の馬金良の父親。中寺の馬忠義の妻の父親。
	(6)馬金庫 銀川市永寧県出身。イフワーン派。馬亜斯（通貴郷出身、元はカディーム派、故郷では教務経験なし）の弟子。
	(7)王福成 銀川市郊区出身。元はジャフリーヤ派だがイフワーン派を支持した。 (5)馬振東、(6)馬金庫の弟子

---

122) 2000 年 10 月から 2001 年 3 月、2002 年 7 月から 10 月にかけて西関寺関係者に対して実施したインタヴュー調査においても具体的な話を聞くことができなかった。

第 2 部　国家権力と清真寺

中華人民共和国成立後 （1979 年〜）	(8)馬文志 　銀川市賀蘭県出身。イフワーン派。教務期間 2 年。
	(9)金長禄 　銀川市賀蘭県出身。カディーム派。教務期間 3 年。
	(10)馬万国 　霊武市出身。イフワーン派。教務期間 3 年。メッカ巡礼者。 　(4)(5)の同級生。
	(11)馬俊吉 　同心県出身。イフワーン派。教務期間 3 年。 　(3)(5)の同級生。寧夏イスラーム教協会委員。
	(12)馬自安 　平羅県出身。イフワーン派。教務期間 2 年。 　(3)(4)の同級生。
	(13)羅鴻僵 　平羅県出身。イフワーン派。教務期間 2 年。
	(14)謝生林 　平羅県出身。イフワーン派。教務期間 6 年。 　メッカ巡礼者。中国イスラーム教協会副会長。寧夏イスラーム 　教協会会長。
	(15)謝俊傑 　平羅県出身。カディーム派。教務歴 1 年。 　(7)とおなじ父系出自集団に所属する。

出典：2000 年 10 月から 2001 年 3 月までのフィールドワークで得た一次資料

　1930 年代前半頃までは西関寺は「三道掌教制」という制度によって管理運営されていた。つまり、当時、宗教指導者にはイマーム（礼拝先導者）、ハティーブ（金曜説教者）、ムアッズィン（礼拝の呼びかけ担当者）の 3 名がおり、宗教活動全般を指導していた。西関寺の管理責任者の記録によれば、中華民国成立前後から 1930 年代前半頃までの西関寺ではイマーム（馬生俊、西関寺出身）が礼拝の指導を、ハティーブ（李清庭、西関寺出身）がフトバ（金曜説教）を、ムアッズィン（馬福元、西関寺出身）が礼拝の呼びかけをそれぞれ担当し、最終的な権限はイマームが掌握していたという［王興福 1998：2］。当時の「イマーム」という役職は単なる礼拝指導者ではなく、実質的な権限を掌握した宗教指導者を指し、馬生俊の父や祖父もイマームを務めていた。おそらく清朝末期から中華民国期の 1930 年代前半頃にかけて西関寺ではイマームの世襲制度が採用されていた可能性が非常に高い。

　また、1949 年以前、西関寺ではイマームを頂点とする複数指導体制のもと、数多くのアホンが招聘されていた。当時の「アホン」は「イスラーム学教師」を意味し、現在の「開学アホン」（教長）とは異なる。西関寺の場合、白姓の

回民（同心県出身）がイマームによってアホンとして最初に招聘された。その後、張姓の回民（平羅県出身）がアホンとして招聘された。この人物は当時としては珍しく、すでにメッカ巡礼を済ませており、イスラーム改革を提唱するイフワーン派[123]のアホンであった。張姓のアホンが西関寺を立ち去った後、馬雲生（呉忠市出身）がアホンとして招聘され、事態が急展開した。馬雲生はそれまで絶大な影響力を持っていたイマームの運営方法に意義を唱え、新しいイフワーン派の学説を西関寺で宣伝し始め、宗教指導者の世襲制度を廃止し、宗教指導層を一新したのである。このような改革を契機として、「イスラーム学教師」を指すに過ぎなかったアホンがイマームに取って代わり、「宗教指導者」を意味する役職（すなわち現在の「開学アホン」）となった。

　その後、馬振東（銀川市永寧県出身）がアホン（宗教指導者）として西関寺に招聘された。馬振東は前任の馬雲生とおなじ清真寺でイスラーム諸学を学び、おなじくイフワーン派の思想の影響を受けていた。その後任の馬金庫（銀川市永寧県出身）もイフワーン派を支持するアホンであり、銀川市でイフワーン派のアホンとして有名な馬福龍（第5章で詳述）とおなじ師匠（馬亜斯アホン）のもとでイスラーム諸学を学んだことがあった。馬金庫が辞任した後、王福成（銀川市郊区出身）が新たに招聘された。王福成は当初はスーフィー教団ジャフリーヤ派でアホンを務めていたが、イフワーン派の学説を支持し、馬振東や馬金庫の弟子となった。このように、イフワーン派の学説を学んだイスラーム知識人たちは師弟関係や同級生の関係などによって西関寺の宗教指導者の役職を独占していたことがわかる。

　おそらく清朝期から中華民国期の1930年代にかけて寧夏省都（現在の銀川市）の清真寺では伝統的なカディーム派の宗教指導者（例えば、イマーム、ハティーブ、ムアッズィンの三役）が世襲制度を堅持していたが、イフワーン派の思想が1930年代に寧夏中南部から伝わると、それまでは「イスラーム学教師」にすぎなかったアホンが新たに支持者を獲得し、カディーム派の宗教指導たちを打倒し、新たな宗教指導者としての地位を掌握し、清真寺のなかで権力基盤を確立したと考えることができる。1930年代以降、寧夏省都（現在の銀川市）ではカディー

123）イスラーム改革を提唱するイフワーン派の歴史的背景・学説・運動の展開について第5章を参照されたい。

219

第 2 部　国家権力と清真寺

ム派からイフワーン派へ「改宗」した清真寺が増加した可能性が高い。なお、1940 年代以前に建設された清真寺のうちイフワーン派とされている清真寺の大多数はもともとカディーム派であった。

4　西関寺の地元有力者

それでは次に清真寺の管理責任者に目を向けてみたい。詳細な記録がないが、銀川市の清真寺では清朝期から中華民国期にかけて管理責任者は「学董」(管理責任者)、「郷老」(管理責任者の補佐係) と呼ばれていた [124]。1980 年代以降 (一説には 1950 年代ともいわれている)、国家宗教事務局および中国イスラーム教協会 (第 4 章で詳述) の指示により、清真寺のなかに「清真寺民主管理委員会」が設置されると、「学董」は「主任」、「郷老」は「副主任」、「会計」、「出納」、「委員」などのように新しい職名で呼ばれるようになった。管理責任者は誰もがなれるわけではなく、その条件として、敬虔なムスリムかどうか、清真寺の活動を仕切るに十分な経済力を備えているかどうか、外部世界 (特に共産党・行政機関) に顔が利くかどうか (人脈があるかどうか) などが吟味され、一般信徒たちが自分たちの代表を選出する。

ここで具体例として西関寺の歴代の管理責任者について説明しておきたい。2000 年の調査当時、王興福 (主任) から中華民国期の状況についてうかがったことがある。王興福主任が若い頃から西関寺の古老たちからよく聴かされた話によれば、清朝末期から中華民国期初期にかけて西関寺では倪祥、倪順、馮生貴、馬巨川、李雲といった人たちが「学董」や「郷老」を務めていたという [王興福 1998]。ただし、当時の管理責任者の具体的な人物像については生き字引の王興福主任でさえも直接会ったことがなく、具体的な情報を提供してもらえなかった。王興福主任が面識のある管理責任者は中華民国期に地元有力者としてその名を広く知られていた馬殿華、馬生貴、馬生俊 (回族) である。王興福主任だけでなく、西関寺の一般信徒たち (60 歳以上の古老) の話も手掛かりとすれば、

---

124) 銀川市では清真寺の管理責任者は清朝期から中華民国期までは「学董」、その補佐係は「郷老」と呼ばれていた。中華人民共和国の成立後も「学董」や「郷老」は存在したが、1958 年の宗教制度民主改革によってその役職を実質的に廃止された。1976 年に文化大革命が終了すると、宗教政策の軌道修正にともない、管理責任者たちは「清真寺民主管理委員会と」して再編され、宗教事務局やイスラーム教協会に登録されている。「学董」は「主任」と、「郷老」は「副主任」、「会計」、「出納」、「委員」と呼ばれるようになった。

馬殿華（1967年頃死去）は内モンゴル磴口県出身の駱駝運送業者で、中華民国期に仕事の関係で寧夏省都に移り住んだ。馬殿華は西関寺の付近に住まいをかまえ、駱駝運送業で蓄えた財を元手に広大な農地を購入し、地主となった。西関寺の古老たちの話によれば、当時、西関寺付近の土地の多くが馬殿華に所有されていたという。また、地主となった馬殿華には財力があり、3名の妻を娶っていた[125]。王興福主任の話によれば、中華民国期でさえも複数の女性を娶ることは珍しいことであったという。

　一方、馬生俊、馬生貴は兄弟で、西関寺付近の農村出身者である。馬生俊・馬生貴兄弟の父方祖父は寧夏同心県韋州鎮から銀川市に移り住んだ人物で、寧夏府出身ではなかった。兄の馬生俊（1993年死去）は西関寺付近の土地を所有する有名な地主であり、西関寺のイマームを担当していた（おそらく1930年代以前の話であろう）。イマームが世襲制であったことをふまえれば、馬生俊の父親も西関寺の管理運営に関わり、イマームを担当したことがある可能性が高い。馬生俊の親族の話によれば、馬生俊は地主ゆえ非常に裕福で、2名の妻を養っていた。このことは西関寺の古老たち（60歳以上）がよく指摘しており、非常に珍しい出来事だったのであろう。一方、弟の馬生貴（1962年死去）は西関寺の付近で八百屋を経営し、商売で稼いだ資金をもとに西関寺付近の土地を購入し、地主となった。馬生貴の親族の話によれば、馬生貴は広大な土地を耕作するにあたり、回民の小作人や使用人を多数雇っていた。西関寺の古老たちや馬生俊・馬生貴の親族の証言にもとづけば、1949年以前、馬生俊・馬生貴の兄弟が西関寺の宗教活動および管理運営を統括していたことは間違いない。

　西関寺の王興福主任が中華民国期の地元有力者について興味深い指摘をしたことがある。それは、馬殿華の息子と馬生俊の娘が結婚し、双方の家族が姻戚関係を結んでいたことである。回民の地元有力者たちが自分たちの子どもを互いに結婚させることはある種の「政略結婚」なのであろう。その背景にはいくつかの理由が考えられる。最初の理由は中国には家柄や経済的状況の釣り合った者を結婚相手として探す慣習「門当戸対」がひろく浸透していたことである。もうひとつの理由は、双方の家族・親族が「おなじ回民」の地元有力者として

125）この情報は2000年に海宝家属楼居民委員会、2002年に馬生貴の親族からうかがった。

第 2 部　国家権力と清真寺

関係強化が望ましいと考えたからであろう[126]。地元有力者の関係強化はジャマーアの求心力の強化にも繋がる。実は、このような地元有力者が姻戚関係を結ぶことはけっして珍しいことではなく、内モンゴル自治区の回族からも類似の事例を聴いたことがある。なお、図 3-3 は西関寺の有力者の親族関係を整理したものである。

　ただし、中華民国期とは対照的に、改革開放政策の導入後、かつての地元有力者の親族たちは影を潜めていた。例えば、西関寺の古老の話によれば、馬殿華の子孫たちは人数が多いが、およそ半数の人々が西関寺付近に集住するだけで、西関寺の管理運営には一切関わっていないという。馬殿華が没落した理由はよくわからないが、馬殿華が反右派闘争や文化大革命のときに打倒された可能性がある。これに対して、馬姓兄弟の場合、その子孫は大多数が西関寺の周囲に集住し、そのなかには西関寺の管理委員会のメンバーとして管理運営に積極的に関わっている者がいる。実は、そのひとりが西関寺の王興福主任である。王興福主任は馬生俊とおなじ父系出自集団のメンバーではないが、馬生俊の娘婿にあたる。王興福主任のほか、馬生貴の長男が西関寺の出納係を 15 年以上ものあいだ担当していた。馬生貴の長男と王興福主任は 1980 年以降、西関寺の清真寺民主管理委員会の中心人物であり、人事異動や財政処理を担当している。馬姓兄弟とその家族・親族は宗教制度民主改革や文化大革命のときに辛酸を舐めたが（例えば、馬生貴は宗教制度民主改革の後に熾烈な弾圧が原因となって病死している）、改革開放政策の導入後、馬生貴の息子、馬生俊の娘婿が西関寺の修復を牽引し、清真寺の主導権を掌握したことは非常に興味深い。馬生貴の息子、馬生俊の娘婿が清真寺民主管理委員会のメンバーとなった主な理由は、周囲の信徒たちが彼らを敬虔なムスリムとして高く評価していただけでなく（実際、清真寺に毎日通い、宗教活動を自主的に実践していた）、彼らがかつての地元有力者の親族・姻族であることも考慮された可能性が高い。事実、王興福主任や馬生貴の長男が西関寺の修復にあたって発起人となり、人望を集めた可能性も考えられる[127]。

---

126) 中華民国期以降の西関寺の様子については 2000 年から 2001 年にかけての調査、2002 年の補足調査の際に海宝家属楼居民委員会、西関寺の関係者から有益な情報を提供していただいた。

127) 人事異動については、2000 年に西関寺の清真寺民主管理委員会、2002 年に馬生貴の親族に対して実施したインタヴュー調査によって確認した。西関寺の地元有力者だった馬殿華の親族の多くが改革開放期に西関寺の管理運営にほとんど関与しないのはかつての暴力的な政治運動が人々

第 3 章　清真寺の伝統秩序と権力構造

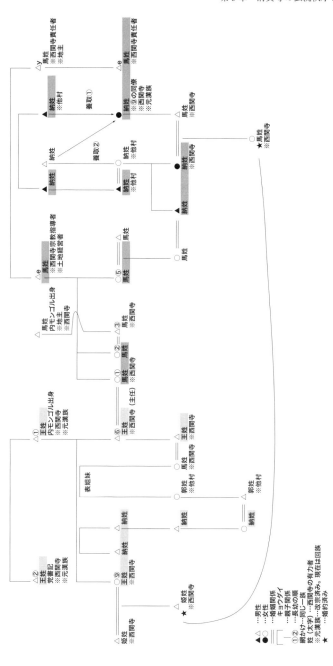

図 3-3　西関寺の地元有力者（管理責任者）の親族関係図

223

第 2 部　国家権力と清真寺

第 3 節　新興指導層の台頭

1　現場復帰した宗教指導者

　銀川市では 1950 年代後半から 1976 年にかけて清真寺の大多数が閉鎖あるいは破壊された結果、宗教指導者を招聘できなくなったが、1980 年代に入ると、清真寺の修復作業が行政機関によって容認され、西関寺では王興福たちが中心となって寄付金を自発的に募り、修復作業に取り組み始めた。西関寺の修復後、彼らがまず優先的に解決したようとした問題は宗教指導者の招聘であった。宗教指導者が 1958 年の宗教制度民主改革以降、一切の宗教活動に従事できなかったことを考えれば、およそ 20 年ぶりに清真寺が正常に管理されるようになったのである。

　改革開放政策の導入後、西関寺の最初の宗教指導者は馬文志（銀川市賀蘭県出身）である。馬文志が最初に招聘された主な理由は馬文志が純粋なイフワーン派の思想を継承していると西関寺関係者によって高く評価されたことからである（当時の教務期間は 2 年）。その後、金長禄（銀川市賀蘭県出身）が招聘された。金長禄はカディーム派のアホンであったが、銀川市でアラビア語学校の設立や運営に積極的に参加し、特定の「教派」に縛られないイスラーム諸学の宣伝に尽力していた人物で、イフワーン派の思想にも理解を示していた（教務期間は 3 年）。金長禄の尽力によって西関寺ではアラビア語学習班が組織されている[128]。

　その後に続く宗教指導者も全員がイフワーン派で、それぞれがおなじ清真寺でイスラーム諸学を学んだ経験があることが特徴的である。例えば、馬万国（霊武市出身）はメッカ巡礼を終え、イフワーン派の影響を受けていた（教務期間 3 年）。馬俊吉（同心県出身）は銀川市の主要な清真寺で宗教指導者を務めた経験があり、寧夏回族自治区イスラーム教協会の委員を担当していた（教務期間 3 年）。3 人目の馬自安（平羅県出身）は銀川市ではイフワーン派のアホンとして非常に有名

　の心に恐怖心を植え付けたことによるのかもしれない。

128）2000 年、王興福主任の話によれば、アラビア語学習班は西関寺内部の一部の反対者によって妨害されて結局は頓挫してまったという。清真寺内部のイスラーム教育のありかたをめぐって異なる思惑が交錯し、人間関係が拗れていたようである。

224

で、影響力がある（教務期間2年）。実は、彼らはおなじ清真寺出身の「同学」（同級生）であり、ある種の学閥の繋がりによっておなじ清真寺に招聘された可能性が非常に高い。その後、イフワーン派の羅鴻儒（平羅県出身）が招聘されたが印象の薄い人物ですぐ離職したという（教務期間2年）。その辞職後、謝生林（平羅県出身）が招聘された。謝生林もイフワーン派のアホンで、メッカ巡礼経験者であり、中国イスラーム教協会副会長および寧夏イスラーム教協会会長を兼任する著名人である。教務期間は6年と異例の長さを誇る。2001年下半期に謝生林が高齢を理由に辞任した後、謝俊傑（平羅県出身）が新しい教長として招聘された。実は、謝俊傑と謝生林はおなじ父系出自集団に所属しており、曽祖父をおなじくする曾孫同士の関係にある[129]。謝俊傑はイフワーン派ではなくカディーム派であったが、特定の「教派」への帰属意識は強くなく、穏健な立場にあった[130]。

　それでは、改革開放政策の導入後、宗教指導者がどのような手続きによって招聘されるのかを説明しておこう。まず、清真寺民主管理委員会が寧夏回族自治区内にいるアホン（数名）を候補者として推薦する。その数名の候補者の適正、つまり、イスラーム諸学の造詣の深さ、宗教指導者としての品格、ムスリムとしての人徳の有無などをめぐり、委員会のメンバーたちが審査をおこなう[131]。その後、最終候補者に対して、委員会が書面あるいは口頭で正式の宗教指導者として清真寺に招聘する旨を伝え、最終候補者からの回答を待つ。最終候補者は、最終的な決断を下すにあたって、赴任候補地の清真寺の「教派」や規模、立地条件や経済条件などを事前に調査し、招聘を受けるべきかどうかを十分に検討する。一般に、最終候補者が清真寺側に回答を出すまでの間、着任後の待遇条件（既婚者であるならば家族を同伴できるかどうか、戸籍を転籍できるかどうかなど）をめぐって清真寺とのあいだで綿密な交渉が繰り広げられる。例えば、銀川市の清真寺に勤務する宗教指導者（数名）の経験談にもとづけば、宗教指導者としての就任にともない、自分自身の戸籍（農村）を銀川市の都市戸籍変更できるかどうか、自分の弟子にあたる寄宿学生たちを同行させられるかどうかなど

129）この人物が宗教指導者として西関寺に招聘された主な理由は謝生林による推薦である。
130）改革開放政策の導入後のアホンの情報については2000年10月に王興福主任に対して実施したインタヴュー調査にもとづく。
131）この情報は、2000年10月から2001年3月にかけてアホンや清真寺民主管理委員会へのインタヴュー調査によって収集した。

第 2 部 国家権力と清真寺

について清真寺民主管理委員会と協議することが多いという [132]。

このような水面下の交渉が終わり、話し合いがまとまると、清真寺民主管理委員会が最終的な行政上の手続きを進める。この手続きは清真寺民主管理委員会の選出の手続きと非常に類似している。宗教指導者の招聘や解任の場合、清真寺民主管理委員会が宗教指導者の招聘に必要な書類をその清真寺を管轄する宗教事務局およびイスラーム教協会に対して提出する [133]。例えば、銀川市の場合、市レベルよりひとつ下の行政区画、つまり、区レベルの民族宗教事務局の審査を受けることになる。区レベルの民族宗教事務局の審査を通過できた後、同事務局が銀川市イスラーム教協会に宗教指導者の正式な招聘状を送付する。銀川市イスラーム教協会はその招聘状を受けとって確認した後、招聘状を清真寺民主管理委員会へ送付する。このような一連の手続きが完了すると、清真寺民主管理委員会が最終候補者に対して正規の招聘状を送付し、後日、宗教指導者の就任式典を開催する運びとなる。

2000 年の調査当時、宗教指導者の審査手続きにおいて重要な点は、宗教指導者の候補者が行政当局の発行する「阿訇証」（アホン証明書）を取得しているかどうかである [134]。寧夏回族自治区では国営の寧夏イスラーム教経学院 [135] において 3 年に 1 回、アホンの資格試験が実施されるのだが、この資格試験に合格した者に対して行政当局からアホン証明書が発行される（写真 3-3）。調査当時だけでなく、現在も清真寺に勤務する宗教指導者はアホン証明書を必ず取得しておかねばならない。つまり、清真寺でイスラーム教育を受けたアホンがイスラーム諸学にどれほど精通していたとしても、アホン証明書を取得できていない場合、正規の宗教指導者として清真寺に招聘することができないことになる。

ここで、西関寺の宗教指導者の人事異動について補足説明しておきたい。西関寺の古老（60 代）の話によれば、西関寺の場合、宗教指導者の招聘は清真寺

---

132) この情報は 2000 年 10 月から 2001 年 3 月にかけて寧夏回族自治区宗教事務局や寧夏イスラーム教協会、西関寺、南関東寺、中寺の関係者に対するインタヴュー調査によって収集した。

133) これについては 2000 年 10 月および 2002 年の調査の際、寧夏宗教事務局、寧夏イスラーム教協会、銀川市イスラーム教協会などの話から確認できた。

134) これは 2000 年寧夏回族自治区の宗教事務局およびイスラーム教協会、銀川市の清真寺関係者の話でうかがった。

135) イスラーム経学院とはイスラーム諸学だけでなく、いわゆる「宗教」以外の一般常識や政治思想を学ぶ宗教指導者の養成を目的とし、全国各地に設置されている。

226

第 3 章　清真寺の伝統秩序と権力構造

写真 3-3　宗教指導者のアホン証明書（2001 年寧夏回族自治区銀川市で撮影）

内部で一部の管理責任者たちの「民主的」な話し合いによって実は秘密裏に決められていたという。例えば、ある宗教指導者は文化大革命のときに清真寺の破壊やクルアーン焼却に協力した汚名があり、銀川市の回族のあいだでは評価は決して高くはなかった[136]。たとえ文化大革命という特殊な時代背景を考慮したとしても、宗教指導者が清真寺の破壊やクルアーン焼却に手を貸したということは美談とは言えない。西関寺の人事異動では、中国共産党・政府がその宗教指導者を着任させるよう清真寺民主管理委員会に推薦したため、清真寺民主管理委員会はどうしても拒絶することができず、招聘せざるをえなくなったという。

　それでは、銀川市の清真寺に在籍する宗教指導者の社会的・文化的背景を概観し、宗教指導者をとりまく全体像を把握しておきたい。宗教指導者の出身地に注目すると、1980 年代以降は宗教指導者が外省から招聘される事例が非常に少ないことに気付く。これは、改革開放政策の導入後、寧夏回族自治区政府の方針では、宗教指導者を外地（他省・自治区）から招聘することが招聘されていないことによる。寧夏回族自治区の行政機関関係者の説明によれば、外地からの宗教指導者の招聘を奨励しない理由は、宗教指導者が外地出身者の場合、

---

[136] 2000 年 10 月から 2001 年 3 月にかけて銀川市の宗教指導者や清真寺民主管理委員会の多くがこの問題点を指摘していた。

227

第2部　国家権力と清真寺

招聘先の清真寺の内情を事前に理解できていないことが多いため、着任後に余計な問題を起こす可能性が高いからであるという[137]。寧夏回族自治区では実際に些細なことが発端となってトラブルが発生した前例があるのだろう。

表3-2　清真寺の宗教指導者一覧

清真寺	宗教指導者	年齢	出身地	学歴	教務歴	戸籍	教派
北関寺	哈敬華	27	銀川市郊区	中学	1 年	農村	Y
西関寺	謝生林	73	平羅県	小学？	5 年	農村	Y
南関寺	周志祥	30？	固原県	？	2 年？	農村	Y
東関寺	馬占文	28	呉忠市	中学	4 年	農村	Y
新華寺	何占軍	30	平羅県	小学中退	2 年？	農村	Q
中寺	何経礼	74	平羅県	小学？	2 年	農村	Y
南関東寺	馬光田	31	銀川市郊区	中学	2 年	農村	Q
満春寺	楊文軍	34	呉忠市	中学	6 ヶ月	農村	Y

出典：2000 年 10 月から 2001 年 3 月までのフィールドワークで得た一次資料

　宗教指導者が外地出身者の場合、イスラームの「教派」が異なる場合はいうまでもなく、かりに「おなじ教派」であっても、イスラーム儀礼の解釈や方法が著しく異なることがある。宗教指導者は基本的にイスラーム儀礼（日々の礼拝、断食、婚礼、葬礼、年中行事など）の指導をおこなう立場にあるため、宗教指導者の采配次第で清真寺の人々のイスラームへの取り組み方を変えてしまう可能性がある。つまり、もし外地出身の宗教指導者の持ち込んだイスラームの知識や儀礼方法が清真寺のなかで不適切だと判断されると、清真寺内部の緊張関係、暴力事件が起きることすらある。このような問題については岩村［1950：66-67］ですでに指摘されており、中国イスラーム界では珍しいことではない。

　具体例を紹介しておこう。銀川市郊区永寧県の納家戸大寺の事例は宗教指導者の招聘の問題を考えるうえで非常に示唆的である。納家戸大寺は回族村落に位置し、全国的にも知名度が高く、歴史の古いスーフィー教団フフィーヤ派の清真寺である。1990 年代、清真寺民主管理委員会がなんらかの判断ミスによってイフワーン派の宗教指導者を招聘してしまった。イフワーン派の教義を宣伝する新しい宗教指導者はそれまではフフィーヤ派の儀礼に従っていた人々の儀礼方法や生活態度を批判する見解を公の場で提示してしまい、清真寺を二分する事態を招いてしまった。最終的には、イフワーン派の宗教指導者が自分の弟

137）これは 2000 年 10 月寧夏宗教事務局関係者の説明にもとづく。

第3章　清真寺の伝統秩序と権力構造

子（寄宿学生）たちとともに故郷へ引き揚げ、また、当時の清真寺民主管理委員会の主任が引責辞任したことによって事態はかろうじて収拾した［宋志斌・張同基（主編）1998：316］。この事例が示すように、宗教指導者の背景に関する事前検討も清真寺民主管理委員会にとって非常に重要な作業であることがわかる。

　ここまで説明したのは清真寺に勤務する正規の宗教指導者（開学アホン）の話である。実は、銀川市には正規の宗教指導者のほかに「治坊阿訇」あるいは「執坊阿訇」（zhifang ahong）と呼ばれる非正規のアホンが存在する。「治坊アホン」という民俗語彙はその名のとおり、「坊」（fang, ジャマーア）を治める役割を担うアホンを意味する。開学アホン（教長）とは「清真寺でイスラーム諸学を修め、政府発行のアホン証明書を取得した人物」を指すの一方、治坊アホンはイスラーム諸学を十分には修めておらず、アホン証明書を取得できていない[138]。ただし、治坊アホンはおなじ清真寺でイスラーム諸学を長期間学び、滞在年数が長く、清真寺内部の人間関係に非常に精通しているため、一般的に外地から招聘される開学アホンと比較した場合、治坊アホンが開学アホンよりも清真寺の事情通であることが多い。このような特殊な事情により、清真寺によっては、正規の開学アホンよりも非正規の治坊アホンを意図的に重用し、治坊アホンに清真寺内部の宗教活動を牛耳る権限を付与する事例も少数ながら存在する（第4節で後述する）。

　宗教指導者には任期制が適用されている。寧夏回族自治区の法規定によれば、清真寺の宗教指導者には3年契約の任期制度が適用されることが慣例となっている。このような任期制度は改革開放期には正式な法規定となっているが、実は、中華民国の時代から清真寺で伝統的に採用されていた慣例を踏襲したものである。事実、中華民国期は宗教指導者の任期は2年か3年と設定されていた［岩村 1949：92］。おそらく中国共産党・政府は清真寺の伝統的な慣例を新たな法規定として意図的に借用したのであろう。現在、宗教指導者は3年以内に再任しないかぎり、他の清真寺へ移籍するか、あるいは自主的に辞職しなければならない。

138）中国における伝統的なイスラーム教育においては宗教指導者からその能力を認められた者（寄宿学生）に対して、清真寺全体でアホンの資格授与式、現地の民俗語彙でいう「穿衣」（chuanyi）という卒業式典を開催する。従来は、清真寺での資格授与式を済ませるだけで宗教指導者として勤務できていた。

229

第 2 部　国家権力と清真寺

　ここまで見たように、銀川市では、1930 年代後半以降、イフワーン派の影響を受け、伝統的なイマーム世襲制度が廃止され、アホンが新たな宗教指導者として招聘されるようになった。任期制度が導入されるようになったのはその頃である。その結果、宗教指導者が清真寺に在籍する年数が原則として 3 年と規定され、宗教エリートの流動性が高められた。このような制度は 1930 年代後半から現在にいたるまで中国共産党政権下でも基本的には継続している。それでは、以下、宗教指導者を招聘・解任する側の管理責任者（現在の清真寺民主管理委員会）に焦点をあわせ、清真寺を管理運営する指導層の人間関係に話を進めてみたい。

2　清真寺民主管理委員会の選出

　1980 年代初頭に中国共産党・政府が宗教政策を再開すると、西関寺の修復作業を自発的に指揮したのは王興福や馬全山たちであった。王興福主任は中華民国期に西関寺を管理した地元有力者の馬生俊の娘婿にあたり、1980 年初頭以来、西関寺の管理責任者を 20 年近く担当した。また、馬全山は馬生俊の息子にあたり、王興福の補佐係をずっと務めていた。中華民国期の管理責任者の親族・姻族が改革開放期にも清真寺の主導権を掌握できたことは非常に興味深い。そこで、ここでは王興福の事例に注目し、清真寺指導層の人間関係について考えてみたい。

　まず、王興福の場合、彼の父親[139]は中華民国期に内モンゴルから銀川市へ移住してきたので、厳密にいえば、地元出身の回族とは言えない。しかし、王興福は西関寺の付近に生まれ育ち、西関寺の一般信徒となり、幼少の頃から西関寺でイスラーム教育を受けてきた。また、王興福は当時としては非常に珍しく高等教育を受けており、いわゆる漢学の教養も身につけていた。実際、西関寺の信徒のあいだでは、王興福は教育レベルが高く、それゆえ西関寺で頭角を現したという話をよく耳にした。また、王興福は彼自身の文化資本もさることながら、1949 年以前に西関寺で宗教指導者を務めていた馬生俊の娘婿であり、

139）実は、王興福主任の説明によれば、王興福の父親は内モンゴルの地方都市（当時は寧夏省管轄）出身の漢人（漢族）であったが、貧困家庭に育ったという理由から、西関寺の回民の豪商に養取されて育てられたという。回民の養子となった漢人（イスラーム改宗者）の子どもが清真寺の管理責任者を務めていた点は非常に興味深い。

第3章　清真寺の伝統秩序と権力構造

西関寺の内情に非常に精通していたことも管理責任者の条件として評価されていた可能性がある。実際の状況として、王興福は文化大革命の荒波を乗りこえた後、義理の父親（馬生俊）をはじめとする親族や友人らとともに西関寺の修復作業に自発的に着手し、西関寺の主導権を掌握している。

　ここで清真寺の管理責任者に関する規定・政策について説明しておきたい。1980年代以降、宗教事務局による行政指導があり、清真寺のなかに清真寺民主管理委員会が設置されることになった。この管理委員会の内実は従来の「学董」や「郷老」によって構成されてきた管理責任者の集まり（いわば長老会）とほぼおなじものであると考えてよい。清真寺民主管理委員会には原則、清真寺に所属する一般信徒であるならば、誰もが自薦あるいは他薦によって参加することができる。なぜならば、宗教政策上、管理委員会のメンバーは清真寺における「民主的な選挙」によって選出するようにと明確に規定されているからである。管理委員会のメンバーに選出された人々は、主任、副主任、会計、出納、委員などの役職につき、清真寺を運営することになる。

　清真寺民主管理委員会の選出にかかわる行政手続きを確認しておく。寧夏宗教事務局の説明によれば、清真寺で管理委員会のメンバーが選出された後、清真寺は選出されたメンバーの名簿をその清真寺を管轄する宗教事務局およびイスラーム教協会に提出し、行政上の審査を受けねばならない。例えば、銀川市の場合、市レベルより下位レベルの区レベルの民族宗教事務局が窓口となる[140]。このように、行政当局が管理委員会のメンバーを審査・承認してはじめて管理委員会を発足できることになる[141]。行政当局の法規定によると、清真寺民主管理委員会のメンバーも宗教指導者と同様、任期制度を遵守する義務があり、原則として3年任期となっている。もし清真寺において管理委員会の功績が高く評価されるならば、おなじメンバーが再任されることもある。それとは逆に再任が承認されない場合、清真寺は次期委員会のメンバーを改めて選出することになる。なお、管理委員会のメンバーには給与はなく、基本的には慈善事業である。また、原則として、行政当局が管理委員会に対して経済支援をおこなうことはない。

140）これは2000年10月に寧夏宗教事務局関係者からうかがった。
141）この情報は2000年から2001年にかけて寧夏宗教事務局や清真寺関係者から収集した。

第 2 部　国家権力と清真寺

　清真寺民主管理委員会のメンバーには誰もがなりうるとさきほど述べたが、実際の状況としては、清真寺内部に「暗黙のルール」があり、誰もが選出されるわけではない。清真寺によって異なるが、メンバー選出にあたって、敬虔なムスリムであること、慈善事業に従事するに十分な経済的余裕があること、清真寺の活動を統括できるだけの人脈を持っていることなどが資格条件として重視される傾向にある。なお、宗教政策上は、たとえ回族であっても共産党員は管理委員会のメンバーとして選出してはならないというルールがある。これは共産党員が宗教活動に従事してはならないという共産党内部の規定による（類似の事例については第 8 章を参照されたい）。例えば、西関寺の場合、1980 年代初頭、王興福たちが中心となって清真寺の修復作業にとりかかったことから、王興福たちが管理委員会を選出する権限を掌握するのが至極当然であると信徒たちは認識していた。王興福たちが西関寺の主導権を掌握できた主な要因は、王興福が 1949 年以前の宗教指導者と姻戚関係にあり、西関寺の内情に精通していただけではなく、王興福が清真寺の修復・改築事業に自主的に取り組み、当初の目標を達成したという目に見える業績があったことによる[142]。

表 3-3　清真寺民主管理委員会（主任に限定）

清真寺（人数）		氏名	年齢	出身地	学歴	職業	戸籍
北関寺（7 名）	主任	馬英才	62	銀川市	？	農民	都市
西関寺（7 名）	主任	王興福	79	銀川市	中学	農民 市イスラーム協会 メッカ巡礼者	農村 →都市
南関寺（7 名）	主任	保進貴	72	銀川市	小学退学	商人 市イスラーム協会 メッカ巡礼者	都市
東関寺（5 名）	主任	馬登亮	60	銀川市	未就学？	農民	農村 →都市
新華寺（5 名）	主任	李生芳	68	霊武県	小卒	商人？	都市
中寺（3 名）	主任	王興奎	66	霊武県	小卒	農民 市イスラーム協会	都市
南関東寺（8 名）	主任	趙生祥	61	銀川市	小学？	工員	農村 →都市
満春寺（3 名）	主任	陳光林	70	銀川市	未就学？	農民 メッカ巡礼者	都市

出典：2000 年 10 月から 2001 年 3 月までのフィールドワークで得た一次資料
注記：(1)清真寺民主管理委員会のメンバー全員の基礎資料はあるが、本表では主任に限定した。
　　　(2)メンバーの「教派」に言及していないが、いずれも清真寺の「教派」とおなじである。

142）ただし、残念なことに、2001 年頃、王興福主任は体調を崩して辞任することになった。

第 3 章　清真寺の伝統秩序と権力構造

　清真寺の管理責任者の人脈に焦点をあわせ、個人的な「関係」(*guanxi*) の持つ意味を確認しておきたい。中華民国期に宗教指導者や管理責任者を輩出した馬姓の父系出自集団は 1950 年代後半以降、宗教制度民主改革と文化大革命を経験し、清真寺の主導権を喪失せざるをえなくなった。ところが、1980 年代以降、馬姓の父系出自集団と姻戚関係にあった王興福が西関寺の重要な役職に就任し、西関寺の主導権を掌握した。王興福の家族構成に目を向けてみると、王興福が管理責任者として手腕を発揮できた条件がうかがえる。すなわち、王興福の家族には中華人民共和国成立後に高等教育を受けた優秀な政府官僚や経営手腕に長けた企業家らがいる。例えば、王興福の次女は郊区政府に勤務する共産党幹部であり、その夫も郊区政府の共産党幹部で、三男は海宝実業開発公司の責任者を務めていた [143]。いわば地元の有力者一族と言える。西関寺にかぎらず、このような家族関係をも含む人脈の広さも清真寺の管理責任者の能力や資質として重視される傾向にある。

　ただし、ここで注意すべきは、王興福自身の家族・親族は中華民国期に清真寺の管理運営に従事していなかったことである。王興福の場合、西関寺の宗教指導者（馬生俊）の姻戚関係を形成したこと、また、王興福自身も西関寺の敬虔な一般信徒 [144] であったこともあり、管理責任者の資格を獲得できたと考えるのが妥当であろう。その一方、王興福には中国共産党・行政当局・イスラーム教協会とのコネクションもあり、実際、銀川市イスラーム教協会の委員に選出（または任命）され、中国共産党・行政当局の宗教政策にも一定の理解を示し、中国共産党・行政当局ともある程度は良好な関係を築いていた。つまり、王興福は清真寺だけでなく、中国共産党・行政当局と交渉するにあたって絶妙なバランス感覚を身につけていたため、西関寺において一目置かれる存在となっていたと考えることができる。

---

143) この情報は 2000 年に海宝家属楼居民委員会や西関寺関係者の家族に対して実施したインタヴュー調査にもとづく。

144) 王興福は幼少の頃から清真寺でクルアーンの朗誦を学び、イスラーム学の素養があった。銀川市では一般にイスラーム儀礼をおこなう場合、清真寺の宗教指導者や寄宿学生にイスラーム儀礼の代行を依頼する慣習があり、実質的には一般信徒がイスラーム儀礼の主催者とは言えない。王興福は毎週金曜日、亡き妻のために墓参を単独でおこない、クルアーン朗誦を他人に依頼せずに独力で実施していた。このような些細な取り組み方も王興福がムスリムとしての威信を高めたのではないかと考えられる。

233

第2部　国家権力と清真寺

表 3-4　西関寺の清真寺民主管理委員会

氏名	役職	年齢	出身地	学歴	職業	戸籍	党籍
王興福	主任	79	旧北塔2隊	中学	農業 市イスラーム教協会 ※馬生俊の婿	農村 →都市	無
王光徳	副主任	68	旧北塔2隊	中学	旧北塔大隊党書記 ※主任の父方オジの子	農村 →都市	有
馬全山	出納	68	旧北塔1隊	小学	農業 ※馬生貴の子	農村 →都市	無
哈万良	保管	65	旧北塔3隊	小学	農業 ※幹部	農村 →都市	無
李金倉	会計	63	旧北塔3隊	小学	農業	農村 →都市	無
劉興発	委員	78	城区西門	小学	飲食業	都市	無
陳学忠	委員	67	旧北塔1隊	小学？	農業	農村	無

出典：2000年10月から2001年3月までのフィールドワークで得た一次資料
注記：委員の情報には不明な箇所もある。委員の教派はイフワーン派である。

3　周縁化した寄宿学生

　清真寺民主管理委員会が宗教指導者の招聘にあたって考慮すべき問題がある。それは宗教指導者のもとでイスラーム諸学を学ぶ寄宿学生[145]の受け入れである。銀川市では清真寺でイスラーム諸学を学ぶ人々は原則として寄宿することになっており、本書では寄宿学生と呼ぶことにする。寄宿学生は清真寺のなかで伝統的なイスラーム教育を受ける一方、宗教指導者の補佐係としてイスラーム儀礼の執行を担当する[146]。明代中期頃、宗教指導者が教師、寄宿学生が弟子となる徒弟制度が清真寺に形成され、清真寺のなかで現在まで脈々と受け継がれてきた。このようなイスラーム教育は現地語では「経堂教育」といい、中国各地に数多くのイスラーム学者を養成した。彼らは複数の清真寺を転々と移籍し、中国各地にイスラームの知的ネットワークを形成してきた［Gladney 1991; Lipman 1984］。いわば寄宿学生は宗教指導者予備軍であり、寄宿学生の受け入れや育成は清真寺の重要な関心事のひとつである。

　ここで西関寺の具体例を紹介しておきたい[147]。2000年の調査当時、西関寺

145）寄宿学生は西北地方ではマンラーと呼ばれるが、他の地域（内地）では「哈里凡」（halifan, ハリーファ）と呼ばれている。本書では西北地方の事例を記述するときにはマンラーとし、その他の地域についてはハリーファと表記する。
146）清真寺で寄宿学生が養成され始めた時期は明代中期頃であると考えられている［勉維霖（主編）1997：222］。
147）この情報は2000年10月から2001年3月にかけて西関寺の寄宿学生に対して実施したインタ

には 10 名の寄宿学生が在籍していた。彼らの大部分は寧夏北部・中部の農村からやってきた青年たちで、最年少が 22 歳、最年長が 45 歳で比較的年齢層が高かった。学歴は高校卒業者が 1 名しかおらず、その他の学生は中学卒業者または中学途中退学者であった[148]。清真寺における学習期間（総年数）は大部分が 10 年以上で、10 名のうち 9 名がアホンの資格をすでに取得していた[149]。西関寺の寄宿学生の大部分は宗教指導者として十分な能力をすでに備えていると清真寺で認められている。それとは別に、全員が寧夏イスラーム教経学院で実施されたアホン資格検定試験に合格し、行政当局発行のアホン証明書を取得しており、正規の宗教指導者として勤務する資格を行政当局によって認可されていた。

表 3-5　西関寺の寄宿学生

氏名	年齢	出身地	学歴	期間	修了資格	戸籍	教派
呉研科	45	賀蘭県立崗鎮	高校	18 年	有	農村	Y
李建雲	30	銀川市郊区	中学	14, 5 年	有	農村	Y
陳国林	32	銀川市郊区	中学	16 年	有	農村	Y
白明忠	27	同心県豫旺郷	小学	11 年	有	農村	Y
馬学成	24	同心県下流水郷	中学	10 年	無　※未婚	農村	Y
謝懐仁	30	平羅県通伏郷	中学	12 年	有	農村	Y
羅	33	平羅県通伏郷	中学	19 年	有	農村	Y
王銀平	22	銀川市通貴郷通	中学	5 年	有	農村	Kh
米志海	33	海原県羅川郷	中学	15 年	有	農村	Y
張	27	平羅県二門郷	?	?	有	農村	Y
康	22	固原県	?	?	無　※未婚	農村	Y

出典：2000 年 10 月から 2001 年 3 月にかけてフィールドワークで得た一次資料

　　銀川市の清真寺に在籍する寄宿学生の全体像を確認しておこう。表 3-6 は清真寺の寄宿学生の情報を整理したものである。この表を見れば、寄宿学生の大部分が銀川市出身者ではないことが一目瞭然であろう。寄宿学生の多くが寧夏

　　ヴュー調査によって入手した。詳細については拙稿［澤井 2008］で報告したことがある。
148）中国の公教育制度（普通教育に限定）では、初等教育（小学校 6 年）、前期中等教育（中学校や職業中学 3 年）、後期中等教育（高等学校や中等専業学校など 3 年）、高等教育（大学や高等専科学校など 2 年から 6 年）が実施されており、前期中等教育（日本の中学校にほぼ相当）までが義務教育と定められている。
149）宗教指導者は寄宿学生がアホンになるに必要なイスラーム知識を修得できたと判断した場合、「穿衣」という資格授与式を清真寺で開催する。この式典には清真寺関係者が全員出席し、アホンの資格を取得した寄宿学生に対してイスラームの経典や生活用品を贈呈する慣行である。なお、伝統的なイスラーム教育の場合、イスラーム教経学院とは異なり、アホン証明書を発行する制度はない。

第 2 部　国家権力と清真寺

図 3-4　西関寺の寄宿学生の出身地

の北部や中部の農村出身の青少年である。彼らの家庭環境についていえば、大部分が 1980 年代前半の産児制限政策が実施される前に生まれ、兄弟姉妹が 3 名以上いる事例が非常に多かった。ある寄宿学生（20 代）は実体験をふまえて「親が家の経済的負担を軽減するために自分の子ども（年長の男子）を清真寺に寄宿させる事例が多い」と話していた。彼にかぎらず、他の寄宿学生に話を聞いたところでは、農村では親が自分の子どもの養育費の負担軽減のため（農村では回族は 3 人の子どもを出産できる）、子どもの 1 人を清真寺に寄宿させることは実際に存在するという[150]。銀川市の清真寺関係者（60 代の古老）の体験談によれば、自分の子どもを清真寺に寄宿させて家計の負担を軽減するやりかたは改

[150] 清真寺にいた寄宿学生たちから個人的な体験談を聞いてみたところ、たしかに寄宿学生のなかにはイスラーム諸学を修得して宗教指導者となることを目指す者がいるが、大多数は清真寺に在籍した頃は中学生ほどで、親の助言によって寄宿学生になる道を「選択」した事例が非常に多いと語っていた。銀川市の寄宿学生全員の事例を確認したわけではないが、このような話は複数の宗教指導者からも聞いたことがある。

表3-6　銀川市の寄宿学生

清真寺	出身地	学歴	アホン資格取得者	戸籍	教派
北関寺 12名	同心県(4)、海原県(2)、平羅県(1)、銀川市(1)、甘粛省(1)、山東省(1)	高卒(2) その他は中卒	9名	農村	Y(12)
西関寺 10名	平羅県(3)、銀川市(2)、賀蘭県(1)、通貴郷(1)、同心県(2)、海原県(1)	高卒(1) 中卒(8) 小卒(1)	9名	農村	Y(10) Kh(1)
南関寺 4名	?	?	?	?	Y(4)
東関寺 10名	平羅県(7)、恵農県(2)、不明(1)	中卒	6名	農村	Y(10)
新華寺 10名	平羅県(8)、青銅峡(1)、内蒙古(1)	中卒	7名	農村	Y(10)
中寺 4名	同心県(2)、海原県(1)、銀川市(1)	中卒	4名	農村(3) 都市(1)	Y(4)
南関東寺 10名	平羅県(4)、賀蘭県(2)、恵農県(1)、銀川市(1)、通貴郷(1)	高卒はいない 中卒が多い	2名	農村	Q(10)
満春寺 6名	平羅県(2)、同心県(2)、永寧県(1)、不明(1)	高卒はいない 中卒が多い	1名	農村	Y(6)

出典：2000年10月から2001年3月までのフィールドワークで得た一次資料
注記：(1) Q（カディーム派）、Kh（フフィーヤ派）、Y（イフワーン派）
　　　(2)本表の丸括弧内の数字は人数を示す。

革開放政策の導入後の新しい現象ではなく、中華民国期にもおなじような話が
あったという。

　銀川市の寄宿学生に農村出身者が圧倒的に多い他の理由は銀川市という都市
とその他の農村との間に存在する経済格差である。前述したように、銀川市に
は清真寺でイスラーム諸学を学ぶ若者が極めて少なく、都市出身者はほとんど
存在しない。中華民国期の場合、寧夏省都の清真寺ではイスラーム諸学を学ぶ
子どもたちが多く（最少で数十名）、都市・農村の別なく、若者に対するイスラー
ム教育は浸透していた。しかし、中華人民共和国の成立後、一連の暴力的な政
治運動を経た結果、公教育を受ける若者は確実に増加したこととは対照的に、
清真寺のなかでイスラーム教育を受ける若者は減少している。また、農村には
清真寺が多く、寄宿学生の数も多いが、寄宿学生を無制限に受け入れる余裕は
ない。そのため、農村出身の寄宿学生は農村より経済条件がよい都市の清真寺
へ必然的に移籍する。

　寄宿学生の受け入れの手続きとしては、宗教指導者に寄宿学生の人数を決め

第2部　国家権力と清真寺

る権限があり、清真寺民主管理委員会は宗教指導者の決定を承諾するだけである。もちろん寄宿学生を養うための経済力については清真寺民主管理委員会の意向に沿う必要があるが、原則、清真寺民主管理委員会はイスラーム教育の運営に干渉することはなく、宗教指導者の個人的判断に任せている[151]。銀川市の清真寺では寄宿学生の人数は最少の事例が中寺の4名、最多の事例が南関東寺の12名、平均人数は10名となっていた（2000年の調査当時、甘粛省臨夏回族自治州臨夏市の清真寺では一般に数十名の寄宿学生を受け入れていた）。

　寄宿学生の生活条件について説明しておこう。清真寺に寄宿する学生たちは衣食住を全面的に保障される。日常生活に必要な最低限の食費・宿舎費・雑費などは清真寺がすべて負担する。例外として、新華寺では管理委員会から寄宿学生に対して生活費（現金）が支給されていたが、銀川市の清真寺では現金が支給されることはない[152]。清真寺では、寄宿学生たちは宗教指導者とともに儀礼執行に追われるが、その際、儀礼執行を依頼する一般信徒たちがサダカという自発的喜捨を寄宿学生たちに手渡し、寄宿学生は臨時収入を得ることができ、それを生活費にする。銀川市の清真寺では、清真寺の規模にもよるが、寄宿学生たちは普段から自発的喜捨を受け取る機会は少なくない[153]。

　寄宿学生たちは清真寺を転々と移籍するわけであるが、どのような手続きを踏むのであろうか。銀川市の清真寺の場合、寄宿学生たちは自分たちの師匠（宗教指導者）や同級生の寄宿学生たちから清真寺の情報を普段から収集しており、清真寺に空きのポストがないかどうかを常日頃から調べており、移籍予定先の清真寺の宗教指導者に対して受け入れを個人的に打診する。例えば、中寺の寄宿学生たちの話によれば、彼らは中寺に寄宿する以前、他の清真寺やイスラーム教経学院の同級生の関係にあり、清真寺や宗教指導者に関する様々な情

151）2000年10月から2001年3月にかけて西関寺、北関寺、新華寺、中寺、南関東寺、満春寺の清真寺関係者がこのように説明した。この点についてはどの清真寺にもあてはまる。

152）新華寺の宗教指導者によれば、新華寺は他の清真寺と比較すれば、一般信徒の人数が相対的に少なく、寄宿学生が自主的な施しを受ける機会が少ないため、管理委員会が寄宿学生に対して生活費を定期的に支給するということであった。

153）清真寺の一般信徒たちは主に婚姻儀礼、葬送儀礼、死者祈念儀礼、年中行事（断食明けの祭、犠牲祭）、預言者ムハンマドの聖誕祭などの場面で宗教指導者や寄宿学生に対してサダカ（自発的喜捨）を手渡す。施しの金額は当事者の経済条件や儀礼の規模などによって変動するが、2000年の調査当時、参加者1人あたり平均して5元から10元（1元＝15円）ほどであった。また、儀礼当日は施しだけでなく、饗応も受ける。調査当時、銀川市住民の平均月収は500元（約7,500円）であったが、寄宿学生の臨時収入は平均して月額300元から500元前後で、決して少ない金額ではなかった。

238

報を共有していた。それとは別に、西関寺や満春寺の事例のように、寄宿学生たちが自分の師匠（宗教指導者）とともに他の清真寺から移籍した事例も少なからず確認できている[154]。宗教指導者が自分の弟子を引き連れて他の清真寺へ移籍する事例は他省でもよく見られる現象らしい。寄宿学生のなかには同郷出身者の宗教指導者を見つけ出し、同郷出身者としての「関係」（*guanxi*）を作り出し、清真寺への受け入れを打診する事例も少なくなかった。例えば、銀川市で有名な宗教指導者金長禄氏は「我是哪里的阿衡，收哪里的満拉」（アホンは自分とおなじ出身地の寄宿学生であるならば誰でも受け入れる）といい、宗教指導者が寄宿学生の受け入れる場合、その学生の出身地を判断基準のひとつとして考慮することもあると説明していた。このような寄宿学生が清真寺の移籍にあたって同級生や同郷出身者という共通性をもとに「関係」（*guanxi*）を紡ぎだそうとする主体性は興味深い。

　それでは、寄宿学生が清真寺に在籍する期間（年数）に目を向けてみよう。表 3-7 は銀川市の清真寺で出会った寄宿学生の在籍期間やアホン資格取得年数などの一次資料を整理したものである。おなじ清真寺に在籍した最長年数が 5 年、最短期間が 1 ヶ月で、在籍期間が 1 年未満から 2 年未満の事例が非常に多い。このような滞在期間の短さを見ると、寄宿学生は清真寺になぜ長期滞在しないのだろうかという疑問が浮かぶにちがいない。その主な原因は清真寺のイスラーム教育制度にある。近代的な公教育とは異なり、清真寺には明確なカリキュラムが設定されておらず、修学年限や学習期間などの規定がほとんどなく、入退学が自由におこなわれる。例えば、寄宿学生が清真寺に入門し、宗教指導者の教授法や人柄、寄宿学生全体の雰囲気などが自分に合わないと感じた場合、ただちに移籍することができる。宗教指導者や管理委員会は寄宿学生の在籍年数に制限を加えることはない。したがって、全体的な傾向として寄宿学生の流動性は非常に高い（図 3-5、図 3-6 は個別の移籍履歴を図示したものである）。おなじ清真寺に宗教指導者とともに在籍し続けることもありうるが、一般に転出・転入は自由である。

154）このような同郷出身者同士の「関係」（*guanxi*）による移籍については銀川市の宗教指導者の多くがその事実を指摘していた。例えば、2002 年上半期、西関寺が新しい宗教指導者を招聘したときの事例では、新しい宗教指導者とともにその弟子たちも西関寺に移籍することになり、前任の宗教指導者の寄宿学生の大多数が自分たちの師匠とともに他の清真寺へ移籍している。

第 2 部　国家権力と清真寺

表 3-7　寄宿学生の移籍履歴

氏名	所属先	職業	滞在・学習年数、教派など
MG	南関東寺（現在の所属先）	アホン	2 年 Q
	(1)寧夏銀川市郊区満春郷新水橋村	マンラー	2 年 Q
	(2)寧夏石嘴山市平羅県宝豊鎮呉家湾村	同上	1 年 Q
	(3)寧夏銀川市郊区銀新郷豊登村	同上	1 年 Q
	(4)寧夏銀川市郊区紅花郷高台寺村	同上	1 年 Y
	(5)甘粛省臨夏市堡子寺	同上	3 年 Y
	(6)寧夏銀川市賀蘭県金貴鎮聯星村	同上	1 年 Q　※修了資格取得
	(7)寧夏銀川市郊区満春郷新水橋村	同上	1 年 Y
	(8)同上	同上	2 年 Q　※修了証取得
	(9)寧夏銀川市郊区大新郷民楽村	アホン	2 年 Q（2000 年）
HJ	北関寺（現在の所属先）	アホン	1 年 Y
	(1)寧夏銀川市賀蘭県豊登郷西湖村	マンラー	5 年 Q
	(2)寧夏銀川市郊区銀新郷寧城村	マンラー	2 年 Y　※修了資格取得
	(3)寧夏銀川市城区北門外	マンラー	2 ヶ月 Y
	(4)寧夏銀川市郊区銀新郷羅家庄村	マンラー	1 年 Y
	(5)寧夏銀川市城区北門外	マンラー	5 年 Y
	(6)同上	アホン	1 年 Y
MZ	中寺（現在の所属先）	マンラー	2 年 Y
	(1)寧夏海原県李旺郷団庄村	マンラー	2 年 Y
	(2)甘粛省臨夏市堡子寺	マンラー	2 年 Y
	(3)陝西省西安市洒金橋西寺	マンラー	1 年 Y
	(4)河南省焦作市アラビア語学校	学生	6 ヶ月　※ 1 学期のみ通学
	(5)寧夏銀川市寧夏イスラーム経学院	学生	1 年（卒業）※修了資格取得 ※ SJ と同級生
	(6)寧夏銀川市城区中寺	マンラー	2 年 Y（2000 年）
SJ	中寺（現在の所属先）	マンラー	1 年
	(1)寧夏銀川市郊区紅花郷高台寺村	マンラー	5 年 Y
	(2)甘粛省臨夏市枝石郷中庄寺	マンラー	1 年 Y
	(3)甘粛省臨夏市新華寺	マンラー	1 年 Y
	(4)甘粛省臨夏市木場寺	マンラー	1 年 Y
	(5)寧夏銀川市賀蘭県金貴鎮聯星村	マンラー	1 年 Y
	(6)寧夏霊武県崇興鎮台子村	マンラー	3 ヶ月 Y ※ PA と同級生
	(7)寧夏銀川市郊区紅花郷高台寺村	マンラー	1 年 Y　※修了資格取得
	(8)寧夏イスラーム経学院	研修	1 年（卒業）　※修了証取得 ※ MZ と同級生
	(9)寧夏銀川市郊区紅花郷高台寺村	アホン	2 年 Y
	(10)寧夏銀川市城区中寺	マンラー	1 年 Y（2000 年）
PA	中寺（現在の所属先）	マンラー	1 年 Y
	(1)寧夏同心県偉州鎮偉一村	マンラー	2 年 Y
	(2)寧夏銀川市北門外新華寺	マンラー	2 年 Y
	(3)寧夏銀川市賀蘭県金貴鎮聯星村	マンラー	1 年 Y
	(4)寧夏霊武県崇興鎮台子村	マンラー	1 年 Y　※ SJ と同級生
	(5)寧夏海原県関橋郷関橋村	マンラー	1 年 Y　※修了資格取得

6 寧夏同心県偉州鎮偉二村	マンラー	4ヶ月 Y
7 寧夏同心県偉州鎮?村西台寺	アホン	2年 Y
8 寧夏河南省鄭州市アラビア語学校	学生	1ヶ月弱
9 寧夏銀川市城区中寺	マンラー	8ヶ月 Y
(10)内モンゴル自治区フフホト市小寺	教員	4ヶ月 Y
(11)寧夏同心県偉州鎮偉一村	帰郷	2年
(12)寧夏銀川市城区中寺	マンラー	1年 Y（2000年）

出典：2000年2月から2001年3月までのフィールドワークで得た一次資料
注記：Q（カディーム派）Y（イフワーン派）

図 3-5 寄宿学生の移籍（北関寺 HJ 氏）

　寄宿学生の最大の目標はイスラーム諸学の修得にあるが、清真寺のイスラーム教育は伝統的な徒弟制度の形式によるため、宗教指導者がどれほど博学であるのかといったことのほか、親切な教育者であるかどうか、ムスリムとして尊敬できるかどうか、性格が合うかどうかなども考慮する。宗教指導者と寄宿学生は清真寺のなかで日常生活をともに営みながらイスラーム諸学の実践に専念するため、対面的な人間関係の調整は重要な問題のひとつであり、避けること

241

第 2 部　国家権力と清真寺

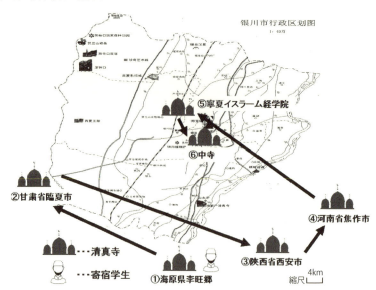

図 3-6　寄宿学生の移籍（中寺 MZ 氏）

ができない。実際の状況として、師匠と弟子の性格の不一致といった問題は清真寺のイスラーム教育において容易に発生する。例えば、2004 年初頭、中寺に在籍する寄宿学生がイスラーム教育とはまったく関係のない些細な出来事で宗教指導者と揉めてしまい、他の清真寺へ移籍した出来事が発生した。この「放校」事件は寄宿学生自身の知識や能力の低さによるのではなく、師匠と弟子の相性に起因するものであった。

　一般に、清真寺のイスラーム教育における知識の伝達は「非効率的」であるとして外部者や一部の関係者からしばしば批判される。例えば、1980 年代以降、近代的な教育制度を導入したアラビア語学校が西北地方を中心として設立された。このような学校の開設はイスラーム教育の効率化にあるが、実際、イスラーム知識は公教育の教科書を使用した文字情報の習得だけでは不十分で、ムスリムが営む日常生活のなかでイスラーム知識を実際に活用することも重視される。例えば、儀礼などでクルアーンを朗誦する場合、独特の声調やリズムの調節は宗教指導者やおなじ寄宿学生たちとともに実践してはじめてそのコツを体得できるものであり、近代的な学校教育では身体を通して修得できるものではない。

242

近年、清真寺に寄宿する学生たちを「吃油香的」(信徒たちの施しを受け取るだけの者)
と揶揄する一部の信徒たちがいるが、寄宿学生が経済自由化の進む都市社会の
なかで「周縁化」されているのは事実であるが、イスラームの知的伝統を継承
する学生たちの努力を非生産的であると批判するのは不適切である。

　それでは、「周縁化」した寄宿学生たちが清真寺への移籍・残留をどのよう
な経緯で決めるのかを見ておこう。

事例 3-1　寄宿学生の卒業祝いをめぐる揉め事

　2001 年 1 月頃、A 寺のある寄宿学生（農村部出身）がアホンの資格授与式
を迎えることになった。彼と個人的に親しい A 寺の一部一般信徒たちが卒
業祝いを彼に贈ることにした。その一般信徒たちは祝い金を清真寺民主管理
委員会にあずけ、卒業生に手渡すように頼んでおいた。しかし、管理委員会
は一般信徒たちから預かった祝い金を卒業生には手渡さず、「清真寺への自
主的な施し」として着服したという。

　卒業生たちの師匠の宗教指導者は着服事件を一般信徒たちから聞かされて
激しい憤りを覚えたが、管理委員会に対して異議を唱えることができなかっ
た。その話を耳にした寄宿学生たちは管理委員会の杜撰さに失望し、全員が
他の清真寺への移籍を真剣に考えるようになった。事実、その翌年、宗教指
導者が他の清真寺へ移籍することを決めると、寄宿学生たち全員が A 寺を
立ち去った（2001 年 1 月寧夏回族自治区銀川市におけるインタヴュー調査）。

　この事例では、清真寺民主管理委員会とのトラブルに端を発し、寄宿学生た
ちが宗教指導者とともに他の清真寺へ移籍したが[155]、清真寺における待遇の
良し悪しを理由に寄宿学生が他の清真寺へ移籍することは少なくない。寧夏回
族自治区では、宗教指導者は清真寺に 3 年しか在籍することができないが、職
場環境や待遇に不満を抱き、管理委員会との話し合いがうまくいかない場合、
任期中に他の清真寺へ移籍することが可能である。寄宿学生には任期制度が適
用されておらず、転入・転出が自由であるため、個人差は見られるが、数ヶ月

---

155) その他の事例として、満春寺の宗教指導者と大多数の寄宿学生は銀川市永和郷納家戸村の北寺
　　から移籍した。

第 2 部　国家権力と清真寺

単位で移籍する事例が多かった。

　それとは対照的に、寄宿学生がおなじ清真寺に残留し続ける事例もあった。銀川市の清真寺関係者の経験談によれば、寄宿学生がおなじ清真寺に長期間留まる事例は非常に稀であるということであったが、2002 年の調査当時、実例を見聞きすることがあった。以下、具体例を紹介してみよう。

事例 3-2　清真寺に残留し続ける寄宿学生

　B 寺に在籍する寄宿学生の LJ 氏と CG 氏は二人とも銀川市出身の寄宿学生である。二人とも 30 代後半の既婚者で、B 寺の近くに自宅を構え、毎日、自宅から清真寺へ通っている。寄宿学生は原則、清真寺に寄宿せねばならないが、地元出身の既婚者を理由に寄宿を免除されていた。彼らの滞在年数はB 寺で最も長い。二人の話によれば、B 寺付近で生活基盤を築いたため、他の清真寺への移籍は現実的な選択ではなく、自分たちの選択肢にはないということであった。

　ところが、2002 年のことである。彼らの師匠であった宗教指導者が辞任し、その後任者として若い宗教指導者の招聘が決定され、新しい宗教指導者が自分の弟子たちを引き連れて B 寺に移籍することになった。このような場合、一般的には、辞任した宗教指導者の寄宿学生たちは師匠とともに他の清真寺へ移籍しなければならない。しかしながら、他の寄宿学生とは違い、古参のLJ 氏と CG 氏は個人的に管理委員会と交渉し、折り合いをつけ、自分たちが残留できるように便宜を図ってもらった（2002 年 9 月寧夏回族自治区銀川市におけるインタヴュー調査）。

　このような事例は銀川市では件数としては少ないが、寄宿学生がおなじ清真寺に長期間在籍する場合、管理委員会と個人的に交渉を試み、なんらかの便宜を図ってもらうということは寄宿学生の生活戦略のひとつとなっていた。実際、これを裏付ける証言を銀川市の清真寺で聞いたことがある。2001 年の冬、筆者が清真寺の寄宿学生たちとともに外出したときのことである。筆者が寄宿学生と二人きりになったとき、その学生が「自分たち寄宿学生が清真寺で生活す

るには「関係」（*guanxi*）が非常に大事だ[156]」と呟いたことがあった。この言葉が意味するのは、清真寺において寄宿学生たちが個人的な「関係」（*guanxi*）を拡大しておけば、清真寺関係者たちから便宜を図ってもらえる可能性があるということである。それは、裏を返せば、人脈作りが不得意な場合、待遇や移籍などで不利な立場に立たされる可能性もあることを暗示する。清真寺のなかでも外部世界でも「関係」（*guanxi*）の調整は常に付きまとう。

　ところで、寄宿学生にとって最も重要な関心事は、宗教指導者の資格を取得し、清真寺に勤務することである。寄宿学生にとって重要な事柄をここで確認しておきたい。銀川市の寄宿学生の事例を見るかぎり、彼らの多くが7年から10年ほどで宗教指導者の資格を取得できている。特殊な事例では4年で取得した事例が1件だけあるが、全体としては10年前後である。宗教指導者の資格取得に必要な年数は、寄宿学生自身の個人的能力（学力）によって左右される一方、寄宿学生と宗教指導者の師弟関係がそれを左右することもある。例えば、銀川市の宗教指導者（複数）から経験談を聞いたところ、「1980年代はイスラーム諸学の水準が一定の水準に到達しないかぎり、寄宿学生に対して宗教指導者の資格を授与することはなかったが、1990年代には、寄宿学生が結婚するときに宗教指導者の資格を授与する事例が広まるようになった」という。この理由について宗教指導者に説明を求めたところ、「寄宿学生が一人前として早く家庭を築き、経済的に自立する必要があるため、清真寺のなかで宗教指導者の資格が形式的に授与されるようになった」ということである[157]。実際、2000年・2001年当時、清真寺で宗教指導者の資格を取得した学生の大多数は結婚を機に卒業式典を開催してもらっていた。このような資格授与は銀川市の一部の宗教指導者たちは儀礼の形骸化として問題視していた。

---

156) ここでいう「関係」（*guanxi*）とは、寄宿学生が清真寺関係者から便宜を図ってもらうために袖の下を手渡すといった「金銭の授受」を意味するのではない。彼らがいう「関係」（*guanxi*）とは、寄宿学生が日々の生活のなかで一般信徒の要望に応えてイスラーム儀礼を積極的に代行したり、管理委員会が寄宿学生に指示する雑務を積極的にこなしたりすることによって、清真寺関係者とのあいだに一定の信頼関係を形成しておくことを意味する。

157) 1978年改革開放政策の導入後、都市・農村の別なく、経済条件が向上したにもかかわらず、寄宿学生をとりまく経済環境は根本的には改善されていない様子であった。つまり、清真寺に長期間在籍した学生たちは正式な宗教指導者として就職できず、また、家庭をすでに持っている場合、普段の生活自体が不安定となる。寄宿学生が宗教指導者として勤務できない場合、実社会でも働き口を見付けることが難しい。このような現実的な問題を清真寺関係者が憂慮し、宗教指導者の資格を寄宿学生の個人的な状況を考慮し、早めに授与する事例が一般的となっていた。

第 2 部　国家権力と清真寺

　それでは、中国共産党・行政当局が寄宿学生に対してどのような政策を取るのかを確認しておきたい。中華人民共和国の法規定によれば、18 歳未満の青少年が宗教活動に従事することは禁止されている。つまり、18 歳未満の青少年は公教育において中学校卒業まで義務教育を受ける義務があり、公教育ならざる宗教教育を受けることは法的に認められない。このような基本原則に依拠するのであれば、もし 18 歳未満の青少年が寄宿学生として清真寺に在籍しているとしたら、行政当局は「違法行為」として判断し、寄宿学生を含む関係者を処罰する。寧夏回族自治区の宗教事務局関係者（共産党員）が「行政当局は 18 歳未満の子どもが清真寺に寄宿学生としているのを発見すれば、ただちに強制退学させる」と説明していることから、中国共産党・行政機関が無神論を前提とした政教分離の基本原則を徹底させようとしている姿勢がよくわかる[158]。

4　宗教指導者の解任

　本節の最後に、宗教指導者の待遇や解任についても整理しておきたい。正規の宗教指導者は清真寺に常駐し、イスラーム諸学を寄宿学生や一般信徒に教え、儀礼執行を代行し、清真寺の清真寺的シンボルとしての役割を担っている。宗教事務局の規定によれば、寧夏回族自治区では、宗教指導者の任期は 3 年と定められ[159]、宗教指導者は任期満了以前に他の清真寺へ移籍するかまたは宗教指導者を辞職するか、身の振り方を決めなければならない。宗教指導者の在職・教務期間（年数）は最短のもので 1 年、最長のもので 6 年となっており、平均年数は数年程度である。銀川市の清真寺指導層の説明によれば、「いずれの清真寺も 3 年の任期制を導入し、それを遵守する」といい、宗教指導者を 3 年で解任することが一般的だという。ただし、宗教指導者をいったん雇用した場合、その仕事能力や勤務態度の評価の如何にかかわらず、最低 1 年は勤務してもらうことが慣例となっている。その理由は、もし信徒たちのあいだで宗教指導者に対する評価が低く、宗教指導者が最初の 1 年目に解任された場合、「面子」（mianzi）、すなわち社会的な評価や威信を失ってしまう。それゆえ、管理委員

158）この話は 2000 年 10 月に寧夏宗教事務局および寧夏イスラーム教協会の関係者からうかがった。
159）この情報は 2000 年 10 月に寧夏宗教事務局関係者からうかがった。

会側は宗教指導者に対して特別な配慮を心がけ、最低1年は勤務させるという。また、宗教指導者が着任した後にすぐさま解任された場合、宗教指導者を招聘した管理委員会側の責任能力が信徒たちによって問われることになるため、管理委員会は細心の注意を払う。

銀川市の清真寺では、宗教指導者の年齢は最年少で27歳、最年長で74歳、20代後半から30代前半までの青年が多かった。30代前半までの宗教指導者は1980年代に入ってからイスラーム教育を受けた人々で、残る年老いた宗教指導者（2名）は中華民国期にイスラーム教育を受けた古参である。銀川市の清真寺（8箇寺）のうち、銀川市出身の宗教指導者は2名だけで、他の宗教指導者は石嘴山市（平羅県3名）、銀南地区（呉忠県2名）、固原地区（固原県1名）などの農村出身であった。銀川市出身者が2名いるが、二人とも市郊外の農村の出身で、寄宿学生と同様、宗教指導者にも農村出身者が多いことがわかる。

宗教指導者の学歴に目を向けると、寄宿学生と同様、高校卒業者はおらず、中学卒業者あるいは途中退学者、小学卒業者が圧倒的多数である。宗教指導者の大多数は寄宿学生とおなじように農村出身であり、中学校を卒業できていたら優秀な方である。寧夏回族自治区を含む中国西北では農村の学校進学率が都市より低いことをふまえれば、それは容易に想像できることで、公教育を続けられなかった若者たち（あるいはそれに魅力を感じなくなった若者たち）が清真寺に入門することが一般的であると言える。

銀川市の清真寺に勤務する宗教指導者の場合、彼らの出身地の大多数は銀川市ではなく、地方の農村であり、他地域から招聘された宗教指導者の振る舞いは彼ら自身に対する評価や生活上の待遇をおおきく左右しかねない[160]。例えば、宗教指導者が「あるまじき行為」を犯してしまうと、清真寺のなかでそれまで獲得した宗教指導者としての権威や信用を失うことにつながり、最悪の場合には解任または辞職に追い込まれることがある。銀川市の清真寺で発生した事例を見ておこう。

160）銀川市の場合、宗教指導者は清真寺民主管理委員会から平均300元から500元ほどの給料を毎月受給されている。給料が最も少ないのが新華寺の300元、最も多いのが西関寺の1,000元であった。ただし、定額の月給のほか、宗教指導者は一般信徒たちからサダカ（自発的喜捨）を貰い、臨時収入を得ている。臨時収入の金額は寄宿学生のそれより若干多く、数百元ほどである。宗教指導者の収入の多寡は清真寺の経済条件に大きく左右される。全体的に、一般信徒の多い清真寺の場合、清真寺に対するサダカ（自発的喜捨）やザカート（法定喜捨）が増加することになる。

第2部　国家権力と清真寺

事例 3-3　突然解任された宗教指導者

　銀川市の郊外にC寺という清真寺がある。C寺の宗教指導者はふだんから清真寺の近くにある美容室に通い、理髪してもらっていた。一般に、中国の美容室といえば、美容室と風俗店の2種類の営業形態があるため、美容室という言葉は淫靡なイメージを喚起する。特に中国西北の農村ではそのような不健全な印象が強い。

　2001年のある日のこと。C寺の清真寺民主管理委員会に対してある密告が舞い込んできた。密告者はS寺に在籍する寄宿学生である。その密告によれば、C寺の宗教指導者が美容室の女性店員と「よからぬ関係」になっているという。美容室の女性店員は北京市からの出稼ぎ労働者（非回族）であり、美容室に勤務していたことは事実である。

　密告の後、その噂が清真寺内外で飛び交うようになり、その女性店員はいつのまにか美容室を辞め、北京へ帰ってしまった。残された宗教指導者はただひとりの当事者として自分自身の「身の潔白」を証明するために、行方をくらました女性の後を追いかけたが、結局、その女性を見つけ出して証人にすることはできなかった。

　宗教指導者が清真寺に常駐していないあいだ、清真寺民主管理委員会は「事件」の真相を十分に検証することなく、思い切った措置を取った。つまり、宗教指導者を正式に解任しないうちに、新しい宗教指導者の招聘を決定し、事態を収拾させようとしたのである。美容室店員との関係が事実かどうか検証されないまま「容疑者」とされた宗教指導者は宗教界で仕事を続けられなくなり、やむをえなく帰郷してしまった。（2002年9月寧夏回族自治区銀川市におけるインタヴュー調査）

　この事例は清真寺内部の人間関係および処世術について様々なことを教えてくれる。まず、たとえ「事件」の真相がどのようなものであろうと、宗教指導者の普段の生活態度や振る舞いが清真寺関係者（特に管理委員会）によって「不適切」であると見なされると、宗教指導者はいとも簡単に解任される可能性が高い。宗教指導者はイスラーム諸学に精通するという学者としての能力だけでなく、宗教指導者は清真寺の精神的シンボルと見なされるため、宗教指導者と

第 3 章　清真寺の伝統秩序と権力構造

しての品格・品性を厳しく問われるのである[161]。特に、寧夏回族自治区では宗教指導者が他地域から招聘されることが慣例となっていると、宗教指導者は「外様」の立場に置かれ、その基盤は決して磐石なものではない。それゆえ、清真寺においても「関係」（*guanxi*）を張り巡らせ、人脈を作ることが非常に重要なのである。

それとは対照的に、宗教指導者としての能力に対する評価が清真寺関係者の間で高くないにもかかわらず、宗教指導者が清真寺に長期間残留できる事例を直接見聞きしたことがあるので紹介しておこう。2001 年のある日、B 寺で出会った一般信徒（男性、60 代）がある宗教指導者[162]について次のように不満をもらしたことが印象深かった。

事例 3-4　宗教指導者に対する不評

　B 寺の宗教指導者は中国イスラーム教協会副会長と寧夏回族自治区イスラーム教協会の会長の肩書きを与えられている。それが理由なのかは確かめられないが、宗教指導者は毎週金曜日の説教のときには中国共産党の宗教政策についてしか話さないし、イスラームのについて話すことなどほとんどない（宗教関連の話題について一切話さないことはない：筆者注）。あのような人物が宗教指導者を担当しているのが自分には不思議で仕方がない。君（筆者）は知らないだろうが、あの宗教指導者は文化大革命のときに中国共産党が強行した清真寺の破壊、養豚、クルアーン焼却を積極的に支持したことがある。だから、あの宗教指導者は「政策阿訇」（政治宣伝に専念する宗教指導者）と揶揄されている。実際、私人はあの人物が「政治家」としての地位が高いことは認めるが、宗教指導者としての資質は決して素晴らしいとは言えない[163]
（2001 年 3 月寧夏回族自治区銀川市におけるインタヴュー調査）。

161）2001 年から 2002 年にかけて D 寺の宗教指導者が管理委員会や一般信徒たちから辞職を求められたことがある。その理由は、当時の宗教指導者が単に高齢者であっただけでなく、冠婚葬祭などの場面で過剰な自発的喜捨をしばしば要求したことが問題視されたからである。当時の宗教指導者はイスラーム改革を提唱したイフワーン派の馬福龍（詳細は第 5 章）の直弟子であったが、晩年の振る舞いに対する評価は決してよくなかった。

162）宗教指導者に対する不評は B 寺だけでなく、その他の清真寺でも耳にする機会が多かった。

163）そのほか、B 寺の宗教指導者は 2001 年の犠牲祭で集団礼拝を先導した際、義務礼拝の回数を間違えてしまい、その場にいた参加者に失笑されたことがある（B 寺の一般信徒だけではなく、普段は B 寺には来ないムスリムもいた）。イスラームの重要な年中行事での失態は、彼自身の名誉だけでなく、B 寺の評判をも落とすものであった。

249

第2部　国家権力と清真寺

歯に衣を着せない男性の発言に筆者は正直驚いたが、実は、おなじような話を筆者は銀川市の清真寺の信徒たちから何度も聞いている。実際の状況として、その宗教指導者は清真寺で数々の失態を犯したにもかかわらず、なかなか解任されることなく、それどころか再任し続けていた。筆者は不思議に思い、清真寺関係者に質問したことがある。B寺関係者がいうには、「あの宗教指導者には行政機関とのあいだに太いパイプがある（そのためどうしようもない）」という回答が返ってきた。他の清真寺関係者たちも「あの宗教指導者が清真寺に長いあいだ残留できるのは、中央・地方のイスラーム教協会の要職に就任し、寧夏では政治力を持っている」と指摘していた。B寺の宗教指導者と中国共産党・行政関係者の「関係」(guanxi) を証明する具体的な証拠を提示することは不可能であるが、B寺の宗教指導者が寧夏回族自治区イスラーム教協会の会長を務め、自分の勤務する清真寺だけでなく、銀川市の清真寺全体に対して大きな発言権を行使できていたことは想像に難くない。実際、寧夏回族自治区では清真寺で記念行事が開催される場合、B寺の宗教指導者が来賓として招待されることが多く、筆者はB寺の宗教指導者が丁重に扱われている場面を何度も目撃している。

第4節　清真寺の主導権をめぐるせめぎあい

　ここからは清真寺に通う信徒たちの相互行為から立ち現れる権力構造に焦点をあわせ、その問題点について考えてみたい。先行研究においては清真寺の権力構造は宗教指導者がイスラームの教育や儀礼にかかわる主導権を、地元出身の管理責任者たちが財政管理や人事異動を統括するという二元的制度として説明されてきた［岩村 1949；良警宇 1999；楊文炯 2002］。たしかに、そのような二元的制度が清真寺では実際に運用されており、宗教指導者と管理責任者たちの微妙な力関係の調整に左右されることは認めるが、銀川市の事例にもとづけば、宗教指導者と管理責任者のどちらか一方が清真寺の主導権を一元的に掌握する事例が多く、筆者にはそのことが気になった。以下、具体的な事例を紹介し、論じてみたい。

250

1　宗教指導者の招聘をめぐる揉め事

　最初に紹介するのは宗教指導者の人事異動に端を発した派閥同士の争いである。事件はB寺で発生した。

事例3-5　宗教指導者の人事異動をめぐる派閥争い

　B寺の宗教指導者（X1氏）は寧夏の平羅県出身で、銀川市での生活が長い。B寺では10年以上も宗教指導者を務めていた。この宗教指導者は中国イスラーム教協会および寧夏回族自治区イスラーム教協会の要職に就いており、寧夏回族自治区だけでなく、全国的にも有名な宗教指導者である。清真寺に寄宿する学生たち（10名）のなかには知名度の高い宗教指導者に魅力を感じて入門した者もいた。

　その一方、一般信徒のあいだでは宗教指導者に対する評価は賛否両論である。実質的には「政治家」として名高い宗教指導者を支持する人たちがいる一方、普段から会議が多いせいか清真寺にあまりやってこない宗教指導者を批判する人たちもいた。また、宗教指導者を支持しない人たちは宗教指導者が清真寺でのアラビア語学習班の開設に反対したことに不満を抱いていた。実際、宗教指導者が清真寺でイスラーム教育をおこなう時間はごく限られており、寄宿学生たちは基本的には自習していた。イスラームの重要な年中行事では宗教指導者が集団礼拝の回数を間違え、参加者の失笑を買ったことがあり、宗教指導者個人だけでなく、清真寺の一般信徒たちの体面をも汚すこととなった[164]。

　このように周囲の非難や陰口が増えるなか、宗教指導者は清真寺から名誉教長の称号を付与され、辞任を決意した。ただし、その後の人事をめぐる駆け引きが発生した。宗教指導者（X1氏）は辞任するにあたって後任に若い宗教指導者（X2氏）を指名した。実は、この若者は辞任するX1氏とおなじ父系親族集団の成員であり、あきらかに縁故主義にもとづく人事異動の裏工作であった。これに対し、別の若者を宗教指導者（F氏）に推薦した人たちが

164）B寺のX1氏は「政治家」としての名声は高い反面、冠婚葬祭や年中行事などの場面で一般信徒たちから陰口をたたかれることが多かった。例えば、清真寺で葬送儀礼が執行されたとき、遺族が用意する葬儀費用（自主的な施しで参列者に分配される）の多寡をめぐって、X1氏が遺族を叱責したことがあり、遺族をはじめとする一部の一般信徒たちは不信感を募らせていた。

251

第 2 部　国家権力と清真寺

存在し、一般信徒たちの意見がなかなかまとまらずにいた。最終的には、清
真寺民主管理委員会が X2 氏を後任の宗教指導者として招聘することを決め、
事態は収拾した。清真寺の管理責任者たちは結局のところ X1 氏の意向にそっ
たかたちで人事異動の手続きを進めたのであった（2001 年 2 月寧夏回族自治区
銀川市におけるインタヴュー調査）。

　B 寺の管理責任者や一般信徒の話によれば、B 寺の場合、宗教指導者（X1 氏）
が管理委員会よりも強大な発言権を行使できており、清真寺の行事実施に対す
る最終的な決定権は宗教指導者にあったという。実際、筆者はこの宗教指導者
に対してインタヴュー調査を実施したことがあるが、宗教指導者（X1 氏）との
会話からも威厳とは別にある種の威圧感を感じた。それは、彼自身の性格だけ
でなく、当時、彼が中央・地方のイスラーム教協会の重要な役職に就いており、
政治的な権限を付与されていることから滲み出る力強さだったのであろう。と
ころが、彼（X1 氏）が高齢のため辞職し、若い宗教指導者が新たに招聘されると、
管理委員会の発言力があきらかに大きくなった。これは、清真寺内部では管理
委員会の長老衆が若い宗教指導者より優位な立場にあることと関係している。
例えば、2004 年前後、B 寺の敷地内にアラビア語学校が設立されたが、前任
の宗教指導者が在任中は学校設立にずっと反対していた。おそらく若い宗教指
導者の方がイスラーム教育に対して相対的に意欲的であることも要因のひとつ
だが、管理委員会が自分たちの要望を新しい宗教指導者に対して通せたことに
よるにちがいない。

2　清真寺の内部分裂

　そのほか、清真寺の管理運営の妥当性をめぐって信徒たちが分裂した事件が
発生したことがある。1990 年代後半、E 寺の一部の一般信徒たちは管理委員
会（主に管理責任者）の横暴さに不満を抱き、E 寺から立ち去り、自分たちの清
真寺（F 寺）を新たに建設したのであった。

事例 3-6　清真寺の信徒たちが分裂した事件

　E 寺と F 寺とはそもそもはひとつの清真寺であった。E 寺では文化大革命

の終了後、BJ 氏が管理責任者となり（主任）、清真寺の主要な役職を自分の一族（おなじ父系親族）に独占させ、清真寺を「一族の所有物」にしていると揶揄されることが多かった。例えば、それを象徴する出来事として、E 寺の入場券代の徴収、清真寺の不動産の貸借、清真寺土産物店の経営は主任の親族によってなされていた。1949 年以前の E 寺の様子を知る回族の古老（男性、60 代後半）の話によれば、BJ 氏は 1970 年代末頃まで E 寺の管理運営にまったくかかわっておらず、経済自由化政策の導入後、羊肉の販売業で経済力をつけ、E 寺の修復作業に着手し、清真寺の主導権を掌握できたということであった。

　現在、E 寺では主任の発言力は強大で、宗教指導者の招聘や解任は主任の一声による。例えば、宗教指導者の招聘をめぐって次のような出来事があった。1990 年代後半、E 寺にイフワーン派の宗教指導者が招聘されるようになった。E 寺はカディーム派の宗教指導者を招聘する清真寺であったが、主任が個人の判断にもとづいて「教派」の異なる宗教指導者の招聘を決断したわけである。このような強引な決定や人事に対して不満を抱いたのが従来のカディーム派の作法に従う人々であった。管理委員会の主任が他の信徒の意見を確認せずに他の「教派」の宗教指導者を招聘したため、不満が一気に爆発したのであろう。主任に反対した人々は郊外に土地を購入し、清真寺（F 寺）を新たに建設し、カディーム派のジャマーアを形成した（2002 年 9 月寧夏回族自治区銀川市におけるインタヴュー調査）。

現在、E 寺と F 寺は互いに干渉することがなく、それぞれのやりかたで清真寺を管理運営しており、適度な距離を保っており、敵対しているわけではない。E 寺にはその後もイフワーン派の宗教指導者が招聘されており、一般信徒たちはイフワーン派の作法に従っている。主任の一族に大きな権限があることには変わりはない。一方、F 寺は市中心地から少し離れた場所にあり、交通の便は E 寺ほどよくないが、管理委員会がアラビア語学校の開設に携わったことがあり、地元回族のあいだでは評価が高かった。E 寺がイフワーン派に固執した理由については確認できていないが、第 2 章および第 4 章で詳細に記述したように、寧夏回族自治区においてイフワーン派の宗教指導者たちが宗教政策におい

第2部 国家権力と清真寺

て優遇されていることを察知しての政治的な判断によるのかもしれない。

3 儀礼執行の主導権をめぐる駆け引き

宗教指導者間の駆け引きも実は熾烈であった。銀川市の清真寺には正式な宗教指導者、つまり開学アホン（教長）のほか、治坊アホンという非正規の宗教指導者が存在する。通常、治坊アホンが正規の開学アホンを補佐するのであるが、状況によっては両者のあいだで緊張が生じることがあった。

事例 3-7　宗教指導者間の駆け引き

F寺には正規の宗教指導者（銀川市出身、30代前半）のほか、治坊アホンと呼ばれる非正規の宗教指導者（60代）が存在した。この治坊アホンはF寺でイスラーム教育を受けたことがあるが、何らかの理由により開学アホンとなる機会がないまま、清真寺の地域活動にひさしく関わってきた人物である。その人物は正規の宗教指導者ではないが、地元出身者であり、清真寺の内情に精通していることから管理委員会に一目置かれていた。F寺で実施する儀礼では正規の宗教指導者よりも治坊アホンの方に大きな発言権があり、正規の宗教指導者は自分の主導権を十分に発揮できていなかった。一般には、正規の宗教指導者（30代前半）が葬送儀礼や死者祈念儀礼などの打ち合わせや当日の作業の計画を立てるが、正規の宗教指導者よりも年老いた治坊アホン（60代）の方に大きな発言権があるという不可思議な事態が発生していた[165]（2002年9月寧夏回族自治区銀川市におけるインタヴュー調査）。

F寺の治坊アホンの事例は正規のルートで外部から招聘した「表」の宗教指導者（開学アホン）ではなく、「影」の宗教指導者とも呼びうる治坊アホンが地域密着型の利益追求を具現化した存在であることを物語っている。これは中華民国期のイマームの世襲制度の弊害に類似している。

そのほか、管理委員会の人事異動についても言及しておきたい。宗教政策上、

---

165) 2002年の夏、F寺の宗教指導者が死者祈念儀礼を実施したとき、死者祈念儀礼の過程でクルアーンをどのくらいの時間朗誦するのか、ワアズ（イスラームの訓戒）をやるかどうかをめぐって、治坊アホンが正規の宗教指導者の意向を汲むことなく、自己流の方法で主催した出来事が発生した。この一件にかぎらず、正規の宗教指導者は自分の立場を無視するかたちで宗教活動を仕切ろうとする治坊アホンの性格に対して不満を募らせていた。

254

管理委員会のメンバーは、原則上、清真寺の一般信徒全員が「民主的」に選出することになっている。しかし、清真寺関係者の証言によれば、歴代の管理責任者らが中心となり、新たな後任者（候補者）を選定したうえで一般信徒を召集し、形式的な「民主選挙」を開催し、新しい委員会を組織する手続きが多い。例えば、本章の前半で述べたように、西関寺の事例では、中華民国期に西関寺の地元有力者と姻戚関係にあった人物が清真寺を修復・再建し、その後の管理委員会内部の人事権を掌握した。南関寺では、改革開放政策の導入後に台頭した新興企業家およびその親族が清真寺の主導権を掌握し、宗教指導者はその「傀儡」にすぎないと囁かれていた。これらの事例は、清真寺内部の不均衡な力関係が重要な人事異動を規定する事例である。清真寺内部の人間関係の調整においても外部世界と同様、個人的な「関係」（guanxi）が幅を利かせているわけである。なお、清真寺内部の揉め事に対し、行政当局が原則として干渉することはない。

　第4章で詳細に記述するが、清真寺の主導権に言及するにあたって中国共産党、行政機関、宗教団体、清真寺の政治力学にも注意を払う必要がある。中華民国期には一部のイフワーン派を支持する宗教指導者たちが回民軍閥の保護のもとで影響力を拡大したことがあった。これと同様、銀川市では、実質的には行政機関として機能するイスラーム教協会の要職に就く宗教指導者が強大な発言権を行使することができる。また、政治的ポストの付与のほかにも、アホン証明書の発行や清真寺の人事異動などの重要な局面において宗教管理機構の審査は回避することができない。その結果、中国共産党の国家政策を積極的に支持する宗教指導者や管理委員会が宗教管理機構によって重用される構図ができあがっており、宗教指導者がいちじるしく「官僚化」しつつある。こうした現象を調査地の回族が問題視していた点が非常に示唆的であった。

第5節　おわりに

　本章では、回族が清真寺のなかで形成するジャマーア・システム（伝統秩序）の特徴を見究め、それが中華民国期から中華人民共和国期にかけてどのように

第 2 部　国家権力と清真寺

持続しながら変容したのかを詳細に記述した。ジャマーア・システムは中国近現代史において大きな社会変動に二度直面し、その関係性を変容させた。ひとつは 1930 年代に中国西北で広まったイフワーン派の改革運動であり、もうひとつが中国共産党の革命およびその後の社会主義改造であった。イフワーン派の改革運動では宗教指導者の伝統的な世襲制度が廃止され、新しい宗教指導者が外部から定期的に招聘される新たな制度が受容され、清真寺指導層の世襲化は基本的には根絶された。

　1950 年代以降、中国共産党が号令をかけた宗教制度民主改革と文化大革命では清真寺の大多数が閉鎖・破壊され、ジャマーアは物理的に消滅させられた。宗教指導者、管理責任者、寄宿学生たちは清真寺から追放され、数多くの清真寺指導層はそれまで掌握していた権限を喪失し、ジャマーアの求心力も失ってしまった[166]。改革開放政策の導入後、回族の人々は清真寺を自発的に修復し、ジャマーアを再建したが、清真寺指導層は社会主義の洗礼をかつて受けた新興勢力であり、現実的な処世術として中国共産党・行政当局と「関係」(*guanxi*)を紡ぎ出しながら清真寺の管理運営にたずさわっている。また、それと同時に、新たに修復された清真寺の内部では個人的な利害関係をめぐる政治的駆け引きが水面下で展開されることが目立つようになり、中華民国期とは異なり、清真寺指導層は強固な凝集性を表出しえなくなっている。図 3-7 は 1949 年以降の中国共産党・政府と清真寺の関係性を図示したものである。

　清真寺指導層を中心とするジャマーアの人的結合は強固な「共同体」として外部者の目には映るかもしれないが、これまで紹介した事例をふまえれば、実態として、ジャマーアの人的結合は清真寺に集う人々が相互に切り結ぶ個別的関係の連鎖によって構成されていると捉えるのが現実に即している。華北農村

---

166) 1949 年以前、西北地方や内モンゴルで清真寺の宗教指導者がシャリーアの規定を違反した者（例えば、アヘン吸引者）に対して処罰・処分する事例が岩村［1949:121-122］によって報告されている。「寧夏甘粛の回教徒の中心地においてはアホンは屡々劇場、飲食店、盛場等を巡回し歩き、違反者を摘発処分する由である」［岩村 1949：121］。管理責任者（内モンゴルの「郷老」）についても岩村は次のように報告している。「清真寺の経営と共に宗教上の問題にも関与する。教義上の疑義を論じる場合とか、教長裁判とかに立ち会い、また教長がハリーファに「阿訇」の資格を与えるには郷老の同意を必要とする。その他教胞の間の家事や紛争の調停にも当り、教長を輔けて観劇、賭博、吸煙、喫煙、飲酒その他教律違反行為を監視すると同時に、対外関係すなわち漢人と集団及びその所属教胞との間の関係、紛争等に関与する。漢人と回教徒と間の紛争、或は教胞間の紛争が法廷に持ち出される場合は、必ず郷老が集団の利益擁護者或は代弁者として証人に立つ」［岩村 1950：44］。

256

第 3 章　清真寺の伝統秩序と権力構造

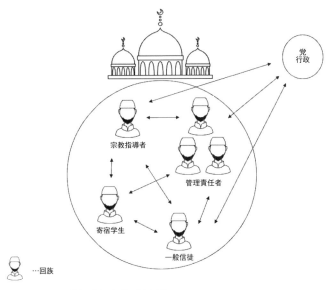

図 3-7　中華人民共和国成立後の党国家と清真寺の関係

　の漢族を調査した小田則子は、「『親しい』農民どうしの協力関係で特徴的なのは、それが緻密な経済計算に裏付けられない非合理的なものである」［小田則子 2010：8］と述べ、「その一方で、こうした協力関係は永続的ではなかった。個人を繋ぐ紐帯は私的な結びつきに終始し、それを越えた公共的な機構を生まない」［小田則子 2010：9］と指摘した。また、小田は村落の幹部や隊長が村民の支持を得るためには「公正」・「公平」であることに注目し、「『公正』や『公平』が親しく濃い関係にある者を身びいきしないこと、また疎遠な関係にある者にも考慮を払うことを意味する」［小田則子 2010：12］とし、「私的な個人の紐帯を優先させることなく、また『圏子』の外に位置する者にたいしても無関心であってはならないという内容を含意する」［小田則子 2010：12］と看破した。

　これとおなじことはジャマーアの人的結合にもあてはまる。清真寺指導層も一般信徒たちも自分たちと親しい関係にある者を縁故採用する傾向があり、自分たちと無関係な他者を公平に扱うことができず、第三者から「不公平」だと非難・糾弾されることが少なくない。特にイスラームの価値規範では人間同士

257

第 2 部　国家権力と清真寺

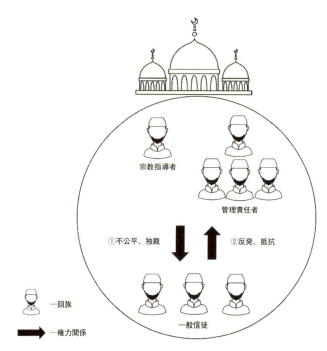

図 3-8　清真寺指導層と一般信徒の緊張関係

の平等性が強く意識されるため、「公平」・「公正」は清真寺の管理運営においても非常に重視される（図3-8）。清真寺指導層の人々は指導的立場にあるため、自分と「関係」(guanxi) のある人々だけでなく、そうでない人々に対しても「公平」・「公正」に対処しようとしないかぎり、その支配の正統性を獲得することができないのである。小田則子［2010］は中国の集団編成におけるリーダーシップを考察するにあたって寺田浩明［1994］が取り上げた「約」に注目し、ある指導者（首唱者）は自分の主張を周囲の人々に対して提唱し、それによって同調させることによってはじめて集団の意思統一および行動基準の共有を実現させ、集団の内実が整うという［小田則子 2010：11］。中国社会の集団編成では「関係」(guanxi) が個人を起点とする以上、二者関係を紡ぎだす中心的人物の能力・人格・魅力が重要視されることがわかる。

258

第 3 章　清真寺の伝統秩序と権力構造

　改革開放政策の導入後、中国共産党が党・行政機関・宗教団体・清真寺の連携関係を再編するなか、清真寺指導層たちは中国共産党主導の政治宣伝に否応にも参加せざるをえなくなっている。このような清真寺指導層の「政治家」に対して回族のあいだに不満がないわけではない。宗教指導者や管理委員会が中国共産党・行政当局に飼い馴らされており、また、彼らが私的な「関係」(guanxi)を人事異動に駆使する状況を目の当たりにし、清真寺の管理運営の方法が「公平」を欠くと考える一部の信徒たちが登場するようになった。彼らは清真寺には積極的には近づかなくなり、従来のジャマーアとは異なる社会的繋がりを形成しつつある[167]。このような人々は寧夏回族自治区の宗教事務局やイスラーム教協会から「フルージュ派」(Khuruj, 脱出、攻撃、抵抗) と命名されている。この名称はあくまでも他称であり、「中国共産党に抵抗する人々」を意味するが、フルージュ派と呼ばれる人々の見解によれば、「自分たちはムスリムとしてあるべきイスラームを追求している」ということである。このように清真寺を拠点としない草の根の運動は、寧夏回族自治区では 1990 年代中頃には水面下で展開されており、2002 年の時点では中国各地で広範囲に拡大していた[168]。

　フルージュ派の理念を聞いたかぎりでは、彼らは親族・出身地・学歴・職業・教派・民族などの違いをこえた個人的ネットワークを形成し、自分たちの理想像としてのウンマ（イスラーム共同体）の建設を目指している。一般に、清真寺の指導体制は、おなじ地域に生活してきたことや同郷出身者であることなどを根拠として、主に血縁や地縁などの伝統的な組織原理によって形成される傾向にある。これに対して、フルージュ派の人々は既存の組織原理の弊害を問題視し、清真寺を活動拠点として活動することはない。彼らの活動拠点はあくまでも個人を起点としたネットワークであり、「おなじムスリム」として社会運動に共感する者であるならば誰もが参加することができる。つまり、フルージュ派の人々が活用する組織原理は「おなじムスリム」としての帰属意識、つまり、ムスリム・アイデンティティによって強く特徴付けられている。彼ら自身は自分たちの集まりを「ジャマーア」と呼んでいる。

　このように新しいタイプの宗教運動は清真寺の「枠」・「場」とは関係なしに

---

167)　これは 2000 年 10 月から 2001 年 3 月にかけて銀川市の清真寺関係者からうかがった。

168)　例えば、雲南省におけるインフォーマルなイスラーム勉強会については奈良［2016］の報告に
　　　詳しい。

259

第2部　国家権力と清真寺

個人的なコネクションのみの連鎖を特徴とするため、清真寺を中心としたジャマーアの結合原理や権力構造に拘束されることがない。したがって、フルージュ派の参加者が紡ぎ出す社会関係の網の目は伸縮自在であり、既存の清真寺およびジャマーアの範囲を越えるものであろう。実際、行政当局の関係者の話によると、フルージュ派の活動は行政機関にとって見過ごせない「静かなる脅威」となりつつあり、取り締まりを強化しているという。

第4章

清真寺に介入した国家権力

―― 共産党・行政・宗教団体・清真寺の共棲 ――

第1節　はじめに

　中華人民共和国における「結社の自由」の問題は1949年の建国以来、ジャーナリズムや学術界においてたえず議論されてきた。2008年の「チベット騒乱」、2009年の「ウルムチ騒乱」、2010年の「08憲章」などをめぐるメディア報道をみると、「結社の自由」の問題が少数民族、宗教、民主化、人権などの問題と密接に関連しており、中国人の日常生活とは切り離すことのできない重要な問題のひとつであることがよくわかる。

　本章で取り上げるのは、1949年以後に中国共産党の指示によって組織されたイスラーム教協会という「宗教団体[169]」である。現在、イスラーム教協会は中国領内のムスリム少数民族の利益を代表する宗教団体として中国共産党・政府によって位置付けられており、一般的には、イスラーム教協会は中国ムスリムが「自発的」に組織したアソシエーションとして説明されるが、その活動内容を仔細に観察すれば、イスラーム教協会は中国共産党・行政機関の下位団体として実質的に機能しており、中国領内にくらすムスリム民衆の利益を守る

---

169)「宗教団体」という用語は、中国の「社会団体登記管理条例」（1998年10月25日公布・施行）によって規定された「社会団体」（中国公民が自発的に組織し、会員の共同の願望を実現するために、その規約にしたがって活動を展開する非営利の社会組織）とほぼおなじ意味で使用する。2008年の時点で中国国内にはおよそ220,000の「社会団体」が登録されている。なお、「社会団体登記管理条例」や「社会団体」に関する最新の情報に関しては「社会組織管理局」が運営するホームページ、「中国社会組織公共服務平台」（http://www.chinanpo.gov.cn/index.html）に詳しい（2018年11月7日最終閲覧）。社会組織管理局とは国務院民政部に設置された組織である。

261

「結社」であると判断するのは適切ではない。実際、銀川市では一部の清真寺指導層や一般信徒たちが「イスラーム教協会は官製の宗教団体にすぎない」と隠すことなく明言し、イスラーム教協会の活動を揶揄する場面に筆者は遭遇したことがある。回族の人々が中国ムスリムの利益団体を批判すること自体に戸惑いを禁じえなかったが、現地調査の終了後、そのような言動がイスラーム教協会という宗教団体の持つ特殊性に由来することに気付いた。

　そのような出来事をふまえ、本章では中央・地方のイスラーム教協会の活動や組織構成などを仔細に検討し、中国共産党政権下における宗教団体の特徴を見究め、党・行政機関・宗教団体・清真寺のあいだに形成される「共棲」について考察する。はじめに、中国研究における国家・社会関係論のアプローチの特徴を紹介し、本章の研究視点および議論の方向性を具体的に提示する。その後、既存の文献資料、清真寺の行事への参与観察、イスラーム教協会関係者に対するインタヴュー調査で得た一次資料にもとづき、中央・地方のイスラーム教協会の設立趣意・活動内容・組織構成などの諸特徴を記述・分析する。最後に、銀川市の清真寺で実際に観察した行事を例に挙げ、その場にいる中央・地方のイスラーム教協会、共産党・行政関係者、一般聴衆の発言内容や態度を手がかりとして、共産党・行政機関・宗教団体・清真寺の力関係およびその問題点を明らかにする。なお、本章は拙稿［澤井 2011］を大幅に修正したものである。

第2節　国家・社会関係論

　まず、本章で援用する分析枠組みについて説明する。本章の事例分析では中国研究における国家・社会関係（*state-society relations*）論のアプローチを援用する。これまでの中国研究では、主に改革開放政策導入後の社会変動に焦点をあわせ、党国家と社会の動態的な力関係が研究されてきた。ここでいう党国家とは「中国共産党が主導する国家体制」、社会とは「党国家から相対的に独立した領域」を指すものとしてさしあたって定義しておこう。1990 年代以降の中国研究では、「村民委員会」の選挙、「社区」の建設、労働組合の組織、宗教復興の発生などが国家・社会関係論の視点から議論されてきた。メディア報道における分

析枠組みには「党国家」対「社会（一般市民、少数民族、宗教勢力、民主活動家など）」のような二項対立の図式が現在でも根強いが、国家・社会関係論では党国家と社会のあいだには相互交渉の余地があるという見方があり、現実に即したアプローチが提示されている。

　国家・社会関係論では「党国家」対「社会」という二元論的図式は脱構築されており、党国家と社会が繰り広げるポリティクスに対する関心が強調されている。筆者はこのような視点が現時点では現状把握に際して有効であると考え、国家・社会関係論を援用してイスラーム教協会の事例を分析することにした。現代中国における国家・社会関係論を積極的に取り上げる代表的な研究者に政治学者の菱田雅晴がいる。以下、菱田の定義を確認してみよう。

　菱田の定義によれば、国家・社会関係とは第一義的には「一つの政体における支配者と被支配者との間の力の配分関係を指すもの」［菱田 2000：5］であるが、菱田は具体的には次のように説明する。

　　「中央」対「地方」、「公」対「私」、「官」対「民」あるいは「政治」対「経済」、「都市」対「農村」等の二項対立（*dichotomy*）に分解することとし、然るのちに、「国家」とは直截的には中央政府に代表される各二項対立の第一項を意味するものの、それのみにとどまらず、公的権威世界から発せられるすべてのものを「国家」と規定する。他方、「社会」とは、組織的（*organizational*）／未組織的（*unorganizational*）ないし制度的（*institutional*）／「非制度的（*uninstitutional*）とを問わず、あらゆる社会関係、利害構造のスペクトルの総和と簡単に押さえておこう［菱田 2000：5-6］。

「国家」とは中国共産党が主導権を掌握する中央政府を基本的には指すが、「公」や「官」のよう「国家」から派生したものをもふくむ。それに対して、「社会」は「国家」とは相対的に独立したものを指す。もちろん中国社会では「公」・「私」の区別それ自体が困難であるとよく指摘されるように、「国家」・「社会」の区別は必ずしも容易ではないが、あくまでも分析概念として両者を分類して使用することは可能であろう。

　菱田は国家・社会関係に対する研究視座を次のように分類している。

第 2 部　国家権力と清真寺

　　菱田による国家・社会関係論の分類
①レーニン主義アプローチ
　　現代中国の社会主義期に発生した（する）諸問題を党＝国家体制の成立や
　　変革そのもののうちに見出す立場を指す
②儒教伝統アプローチ
　　改革開放期にみられる新しい変化がプレ社会主義期以来の儒教的伝統の所
　　産であると考え、中国固有の政治文化の伝統にその変革の源泉を求める立
　　場である
③改革アプローチ
　　現代中国における変化の過程を改革措置そのもののなかに見出し、改革を
　　新旧の価値意識の交替過程として描き、そうした価値の転換の速度に既存
　　の集団や組織や制度が不整合となるところから党＝国家体制そのものの揺
　　らぎを示す立場である
④市民社会（論）
　　現代中国における「市民社会」の自律性の強弱から党＝国家体制の変質（統
　　制機能の低下）を読みとろうとする立場であり、アメリカの中国研究にもっ
　　とも特徴的なアプローチである
出典：菱田［2000：5-6］

　国家・社会関係論は菱田だけでなく、近年、中国の NGO を調査・研究した
李妍焱（編著）［2008］や古賀［2010］によっても援用されており、そのアプロー
チが分類・紹介されている。李や古賀の整理は菱田のものとは若干異なるので、
以下、紹介しておこう。李や古賀によれば、国家・社会関係論のアプローチは
①「市民社会」論、②コーポラティズム論、③動態的プロセス分析の 3 つに大
別することができるという［李妍焱・朱惠雯・趙秀梅 2008：44-49；古賀 2010：21］。

　李や古賀による国家・社会関係論の分類
①「市民社会」論
　　中国に「市民社会」が出現しつつあるという立場に立って、「社会団体」
　　を分析対象として「市民社会」の形成過程を分析するという特徴がある。

第 4 章　清真寺に介入した国家権力

1978 年の改革開放政策の導入後、社会主義的な計画経済および集団化が
廃止された結果、「国家」から相対的に自律的な「社会」が増加するよう
になった。その代表例が、私営企業、NGO・NPO、労働組合などの「民
間非営利団体」の成長である。このような新しい動きが「市民社会」の兆
候とみなされ、「市民社会」論が提唱されるようになった[170]。

②コーポラティズム論

「国家」の「社会団体」に対する管理や指導的役割に焦点をあてて分析す
る点に特徴がある。中国研究でコーポラティズム論が頻繁に援用されるこ
とになったのは 1990 年代半ばのことである。1989 年 6 月 4 日の天安門事
件で民主化の可能性が消えてしまい、①「市民社会」論にみられる二元論
が修正を迫られた結果、「社会」に対する「国家」の統制・管理の側面に
力点を置くコーポラティズム論の方がより説得力をもつ枠組みとして援用
されるようになった[171]。

③動態的プロセス分析

「国家・社会関係」を両者間の相互作用という動態的枠組みで分析しなけ
ればならないという立場である。①「市民社会」論が「国家」から独立し
た「社会」を強調し、②コーポラティズム論が「社会」の「国家」に対す
る依存（国家制度内の連結と協力）を強調するのに対して、③動態的プロセス
分析は「国家」・「社会」が展開する複雑な相互作用に注意を払い、「国家・
社会関係」を相互交渉のプロセスとして捉えようとする[172]。

出典：李妍焱（編）［2008］、古賀［2010：21］

このように、国家・社会関係論は中国の中間集団を対象とした研究から始ま
り、市民社会論、コーポラティズム論、相互交渉論などを吸収しながら展開さ

170）例えば、代表的な先行研究に『中国における国家と社会（*State and Society in China*）』［Arthur
　Rosenbaum (ed.) 1992］、『中国市民社会（*Civil Society in China*）』［Timothy Brook and Michael Frolic
　(eds.) 1997］などがある。
171）代表的な先行研究として「革命かコーポラティズムか？毛沢東時代の労働者と労働者組合
　（"Revolution or Corporatism ? Workers and Trade Union in Post-Mao China"）』［Anita Chan 1993］、『中
　国の市民社会を求めて（*In Search of Civil Society in China*）』［Gordon White, Jude Howell and SHANG
　Xiaoyuan 1996］などがある。
172）主要な先行研究に『中国のガヴァナンスと政治（*Governance and Politics of China*）』［Tony
　Saich 2001］などがある。

265

れた。研究者によって分類方法箱となるが、党国家と社会あるいは党国家と個人のあいだに生成する権力関係を射程に入れていることは共通している。菱田は国家と社会の関係をたんなる対立関係として設定しているわけではなく、むしろ二項対立の図式による一面的な理解に対して警鐘を鳴らし、国家・社会関係を「共棲・両棲関係」として捉えなおしている。菱田は、党国家体制による社会への政治的征服をめぐって中国の国家・社会関係が展開されているという見解に立ち、市場経済体制の浸透にともなう社会領域の自律性の高まりにもかかわらず、今なお党国家体制の権力メカニズムが厳然と存在しており、国家と社会のあいだには両義的な「共棲・両棲関係」が成立しつつあると考えている。国家と社会の両義的な「共棲・両棲関係」は、①国家と社会の領域が曖昧である、②国家と社会の相互浸透が見られる、③国家・社会関係は個別ケースによって異なり、一様ではないといったことに由来しているという［菱田 2000：15］。

　また、菱田は次のように主張する。「改革・開放プログラムによって、現代中国には国家と社会との共棲関係 (symbiosis)、あるいはより素直には「怪しげな、胡散臭い両棲関係」がもたらされている」［菱田 2000：12］。ここでいう「怪しげな胡散臭い関係」とは、国家と社会のあいだの領域自体が曖昧であること、両者のあいだに相互浸透 (filtration) が見られること、個別の事例におうじて不確定であることに特徴付けられるものである。実際、党＝国家体制がかなりの程度確立された時期 (例えば文化大革命期) においてですらその制度的間隙をぬって社会の側の自律性が蓄積され続けてきたし、また、現代中国の社会変動の現状は国家に対する社会の自律性の高まりとして描くことが可能ではあるが、それでもなお党＝国家体制の権力メカニズムが厳然と存在していることは強調せねばならない［菱田 2000：14-15］。筆者は、菱田が整理した4つのアプローチであれ、李や古賀の3つのアプローチであれ、それぞれが排他的な関係にあるのではなく、個々の研究者が個別の地域や民族の実際状況におうじて取捨選択して援用するのが現実的ではないかと考えている。

　ここで現代中国の宗教に関する先行研究において国家・社会関係がどのように検討されてきたのかを俯瞰しておきたい。序章でも述べたように、中国宗教の研究では、主に1980年代から1990年代にかけて文化・社会人類学者が中心となってフィールドワークを実施し、中国各地の宗教復興の具体的な様子を詳

細に報告してきた。例えば、文化人類学者の足羽與志子は中国東南の福建省における仏教復興を調査し、国家・社会関係に関する従来の分析枠組みを簡単に整理し、次のようにまとめている。足羽は、従来の分析枠組みが支配者（党国家）と被支配者（社会）の上下関係という二項対立的相互関係を前提としているため、そのほかの外的な要素を射程に入れていないと指摘した。また、中国東南で発生しているめざましい仏教復興のなかに仏教徒の自律性を安易に読み取ろうとする一面的な解釈を痛烈に批判し、調査地の仏教復興が党国家のヘゲモニーを形成する側面に留意する必要性を強調する［足羽 2000：270］。おなじく福建省アモイ市の仏教寺院でフィールドワークを実施したワンクは、中国共産党・行政機関（宗教事務局）・宗教団体（仏教協会）・仏教寺院が繰り広げたポリティクスを緻密に分析し、仏教協会という官製宗教団体が果たす両義的な役割を見事に解明している［ワンク 2000：275-304］。人類学では公認宗教のポリティクスがさほど調査されていない現状に鑑みるならば、現代中国における仏教の集団・組織の動態に注目した足羽やワンクの調査報告は非常に資料的価値が高く、また、研究視点が批判的である。足羽やワンクのように、中国共産党から「お墨付き」を付与された公認宗教の集団・組織を丹念に調査する作業は公認宗教の宗教団体が中国共産党主導の宗教管理機構のなかにどのように組み込まれ、どのように中国共産党に対して支持を表明するのかを具体的な事例をもとに解明することができる。

第3節　中国イスラーム教協会の成立と活動

　中華人民共和国では 1950 年代半ば以降から 1970 年代末頃にかけておよそ 20 年ものあいだ、中国国内の宗教政策が停滞していた。1980 年代前半に経済自由化政策が本格的に導入された後、中国各地で「宗教復興」が開花し、1989 年の天安門事件まで継続した。1990 年代以降、それまでの一部の加熱しすぎた「宗教復興」が党員の信仰問題という事態をまねき、共産党によって問題視されるようになった。結果、中央・地方の別なく、宗教政策の法制化が加速されたわけである。

第 2 部　国家権力と清真寺

　このような政策の転換は当然のことながら清真寺にも波及した。例えば、1993 年 12 月 17 日、「清真寺民主管理試行弁法」が中国イスラーム教協会の第6 回全国代表大会で採択され、中国各地の清真寺に対する管理運営方法が制度化されることになった。この弁法は現在では本格的に施行されており、そこで中心的な役割を担っているのが、中央・地方のイスラーム教協会である。本節では、イスラーム教協会の総本山とも言うべき中国イスラーム教協会の事例を紹介し、その設立趣意・活動内容・人事異動などを具体的に把握してみたい。以下、中国イスラーム教協会の発行する機関誌『中国穆斯林』の記述を参照しながら要点を確認しておく。

1　設立趣意と任務

　まず、1993 年 12 月 18 日中国イスラーム教協会の「第 6 回全国代表会議」で採択された規約を見てみよう。中国イスラーム教協会は「中国のムスリム諸民族の全国的な宗教団体」と定義されており、設立趣意と任務は次のように規定されている [『中国穆斯林』編集部（編）1994：32]。

表 4-1　中国イスラーム教協会の設立趣意と任務

1	协助人民政府贯彻宗教信仰自由政策
2	发扬伊斯兰教优良传统，代表伊斯兰教界人士和穆斯林的合法权益，本着独立自主自办原则办好教务
3	团结各族穆斯林，爱国爱教，拥护社会主义
4	拥护"一个中心，两个基本点"的基本路线，推动穆斯林积极投入改革开放，发展经济，为建设有中国特色的社会主义服务
5	加强民族团结，教派团结，维护国家和社会隐定，促进祖国统一大业
6	发展和加强同各国穆斯林的友好联系和团结合作，维护世界和平

出典：『中国穆斯林』編集部（編）［1994：32］

　中国語の逐語訳はわかりづらいため翻訳しておくと、①人民政府の宗教信仰自由政策に対する助力、②イスラームの素晴らしい伝統の発揚、イスラーム界の人士と民衆の合法的権益を代表しての保護、自主独立の原則による教務、③ムスリム各民族の団結、愛国愛教、社会主義の擁護、④「ひとつの中心、ふたつの基本点」の基本路線の擁護、改革開放に対するムスリムの積極的参加の推進、経済発展、中国の特色を持つ社会主義建設のための服務、⑤民族団結およ

び教派団結の強化、国家・社会安定の保持、祖国統一の促進、⑥各国ムスリムとの友好関係および共同事業の発展・強化、世界平和の維持となる。

1993 年の第 6 回全国代表会議によれば、この設立趣意の文面はそれ以前の設立趣意の一部を修正したものである。例えば、それ以前の「愛護祖国」という文言が「愛国愛教」に変更され、「中国の特色を持つ社会主義建設のための服務」という表現が追加されている。また、それ以前の「団結各族穆斯林」が「加強民族団結、教派団結 , 維護国家和社会穏定 , 促進祖国統一大業」に変更されている [173]。詳細については後述するが、「民族団結」や「教派団結」という文言が追加された背景には、1992 年に寧夏で発生したスーフィー教団、ジャフリーヤ派内部の武力衝突がある [174]。いずれにしても、中国イスラーム教協会の設立趣意を仔細に検討すると、中国イスラーム教協会は「宗教団体」であるけれども、共産党の宗教政策に助力することを前提として活動を定めていることがわかる。

2 主な活動内容

ひきつづき、中国イスラーム教協会の主な活動内容を確認してみよう。以下、中国イスラーム教協会の規約から活動内容にかかわる箇所を抜粋し、翻訳する。

このように、中国イスラーム教協会の主に活動内容は、①法律の範囲内での

---

173) ところで、その 8 年後、2001 年 1 月 30 日には次のように修正されている。

1　协助政府宣传贯彻我国的宗教信仰自由政策 ；

2　高举爱国主义旗帜，发扬伊斯兰教的基本精神和优良传统 ；

3　独立自主自办教务 ；

4　代表全国各民族穆斯林的合法权益，发挥桥梁作用 ；

5　积极引导伊斯兰教与社会主义相适应 ；

6　拥护中国共产党的领导和党在社会主义初级阶段的基本路线 ；

7　在邓小平理论指引下，推动各民族穆斯林积极参加社会主义物质文明和精神文明建设，遵守社会道德规范 ；

8　加强民族团结，维拥社会隐定，促进并维护祖国统一，维护世界和平。

①我が国の宗教信仰自由政策の施行・宣伝に対する助力、②愛国主義の旗印を掲げてイスラームの基本精神および素晴らしい伝統を発揚すること、③自主独立の原則による教務、④全国のムスリム諸民族の合法的権益を代表して橋梁しとしての役割を担うこと、⑤イスラームと社会主義の相互適応に対する積極的な指導（牽引）、⑥党の「領導」と社会主義初期段階の基本路線の擁護、⑦鄧小平理論の指導下、ムスリム各民族を社会主義の物質文明および精神文明の建設へ積極的に参加させ、道徳規範を遵守させること、⑧民族団結の強化、社会安定の維持、祖国統一の促進・保持、世界平和の維持。

174) この事件については張遠成 [2002] に詳しい。

第2部　国家権力と清真寺

表4-2　中国イスラーム教協会の活動内容

1　在宪法，法律，法规和政策规定的范围内开展伊斯兰教务活动；
2　举办伊斯兰教育，培养伊斯兰教教职人才；
3　发掘，整理伊斯兰教的优良历史文化遗产，开展伊斯兰学术文化研究，翻译、出版经籍书刊；
4　建立，健全伊斯兰教内部的各项管理规章制度；
5　指导各地伊斯兰教办会的教务工作，交流经验；
6　促进各地伊斯兰教办会和清真寺兴办利国利民，服务社会的公益和自养事业；
7　开展同各国穆斯林和伊斯兰教组织的友好往来，增进交流与合作。

出典：『中国穆斯林』編集部（編）［2000：31］

イスラームの教務活動、②イスラーム教育および宗教指導者の育成、③イスラームの素晴らしい歴史文化遺産の発掘・整理、イスラームの学術文化研究の発展、イスラームの教義書の翻訳・出版、④イスラーム内部の管理規則の確立、⑤各地のイスラーム教協会の教務に対する指導、相互の意見交換、⑥各地のイスラーム教協会や清真寺による公益事業などの促進、⑦各国のムスリムやイスラーム組織との相互訪問、交流および共同事業の強化である［『中国穆斯林』編集部（編）2000：31］。これらの活動内容を見るかぎり、中国イスラーム教協会が中華人民共和国の定めた法律の範囲内においてイスラームの教育・文化活動や対外交流の促進を目指していることがわかる。また、中国イスラーム教協会は中央の統括機関として地方に散在するイスラーム教協会や清真寺に対して指導的な立場にあることも確認できる。

　ここで、2000年1月27日から30日まで開催された「中国イスラーム教第7回全国代表会議」における活動報告を参照し、活動内容を詳細に把握しておきたい。「第7回全国代表会議」では過去6年間の業務内容が総括された。中国イスラーム教協会の秘書長（宛耀賓）が報告した内容の一部を引用しておく。宛耀賓秘書長は1986年から1993年までの活動報告を表4-3のように整理している。

　当時の活動内容を和訳すると、①愛国主義宣伝教育の強化、民族宗教政策の施行への助力、社会安定の維持およびムスリムの合法的権益の保護、②真摯な教務活動の展開、イスラームと社会主義社会の相互適応への積極的な指導（牽引）、③イスラーム教育および学術文化研究の強化、『中国ムスリム』誌の刊行、④友好的な対外交流の積極的な展開、メッカ巡礼の管理の強化および服務の

第4章　清真寺に介入した国家権力

表4-3　中国イスラーム教協会の活動報告

1	加强爱国主义宣传教育，协助政府贯彻落实民族宗教政策，积极维护社会隐定和穆斯林的合法权益
2	认真开展教务活动，积极引导伊斯兰教与社会主义社会相适应
3	加强伊斯兰教育和学术文化研究，办好《中国穆斯林》杂志
4	积极开展对外友好往来和文化交流活动，加强朝觐组织管理工作，提高服务质量
5	加强自身建设，完善组织机构，提高工作效益，全心全意为穆斯林群众服务

出典：『中国穆斯林』編集部（編）［2000：11-14］

充実化、⑤自己建設の強化、組織機構の整備、業績向上、ムスリムに対する誠心誠意の服務となる［『中国穆斯林』編集部（編）2000：11-14］。活動内容の文言をひとつひとつ読むと、中国イスラーム教協会は中国共産党および国家宗教事務局の推進する政策（特に愛国主義の宣伝教育）に対する助力を強く期待されており、また、中国イスラーム教協会もその任務の遂行を自覚していることを読み取ることができる。

3　組織構成

　それでは、ひき続き、中国イスラーム教協会の組織構成に目を向けてみよう。中国イスラーム教教会の最高機関は「全国代表会議」である。この会議は4年に1度開催され、全国各地の「代表」が参加する。例えば、1993年の「第6回全国代表会議」には全国各地から代表（309名）が出席している。代表の定員数や人選は「常務委員会」（後述）の会議によって決定される。全国代表会議において協会の活動内容の確認・審査、規約改定、「委員会」（後述）の改選などがおこなわれる。

　全国代表会議における選挙によって委員会のメンバーが選出・決定される。委員会の任期は次回の全国代表会議までで、任期はおよそ6年と定められている。委員会の会議は2年に1度開催され、イスラーム教協会の活動内容が検討される。1993年の「第6回全国代表会議」では委員（211名）が選出されている。これらの委員のなかから「常務委員会」が選出される。常務委員会は全国代表会議や委員会の決議を執行し、重大な事項を検討・決議する役割を担う。常務委員会の会議は毎年1度開催される。1993年の「第6回全国代表会議」では常務委員（57名）が選出されている。

271

第2部　国家権力と清真寺

　全国代表会議で選出された委員会および常務委員会のなかから「会長」(1名)、
「副会長」(若干名)、「秘書長」(1名)が選出される。これらの役職の人事異動
は委員会の協議および選挙によって決定される。会長と副会長は常務委員会の
委託を受け、日常の業務活動の組織や指導を担当する。秘書長は会長や副会長
の業務を補助する。秘書長の補佐役に「副秘書長」(若干名)がいるが、副秘書
長は秘書長に指名された後、常務委員会の承認を得て決定される。このほか、「顧
問」は委員会での協議および推薦によって決定される。1993年の「第6回全
国代表会議」では、会長(1名)、副会長(15名)、秘書長(1名)、副秘書長(4名)、
顧問(4名)が選出されている［『中国穆斯林』編集部(編)1994:39-47］。表4-4は「第
6回全国代表会議」の主要な役職のメンバー一覧である。

表4-4　中国イスラーム教協会の組織構成(1993年第6回全国代表会議)

役職	姓名
会長(1名)	安士偉(北京)
副会長(15名)	阿布都拉大毛*(新疆)、宛耀賓(在京単位)、玉賽因阿吉****(新疆)、馬進成*****(甘粛)、馬賢(在京単位)、韓麦掃日**(青海)、阿吉亜克巴爾***(新疆)、馬人斌(上海)、蓋世明(河南)、阿伊明*(在京単位)、馬良驥(陝西)、謝生林(寧夏)、買買提・賽来*(新疆)、馬雲福(北京？名簿に氏名なし)、夏木西丁*(在京単位)
顧問(4名)	瀋遐熙(在京単位)、白寿彝(在京単位)、張秉鐸(在京単位)、艾買提・瓦吉地*(在京単位)
秘書長(1名)	宛耀賓(在京単位)※兼副会長
副秘書長(4名)	馬忠傑(在京単位)、馬善義(在京単位)、楊特立(在京単位)、馬立克(名簿に氏名なし)
常務委員(57名)	※省略
委員(211名)	※省略
全国代表(309名)	中国イスラーム教協会および在京単位(27名)北京市(8名)、天津市(7名)、河北省(10名)、新疆(74名)、寧夏(22名)、内モンゴル(8名)、甘粛省(21名)、チベット(3名)、陝西省(6名)、青海省(13名)、山西省(4名)、河南省(14名)、山東省(10名)、安徽省(6名)、黒竜江省(6名)、吉林省(4名)、遼寧省(7名)、上海(6名)、江蘇省(6名)、浙江省(4名)、湖南省(3名)、湖北省(5名)、江西省(2名)、海南省(2名)、雲南省(12名)、福建省(3名)、広東省(3名)、広西チワン族自治区(3名)、四川省(5名)、貴州省(5名)※ほかの情報は省略

出典：『中国穆斯林』(1994年第2期)から抜粋したデータ
注記：氏名(代表を務める地域)
氏名*：ウイグル族、氏名**：サラール族、氏名***：カザフ族、氏名****：クルグズ族、
氏名*****：東郷族、氏名：回族(*マークなし)

ここまでの情報を整理する。まず、北京および地方のイスラーム教協会のなかから代表が選出される。その代表たちが全国代表会議に出席し、そのなかから委員が選出されて委員会が組織される。この委員会のなかからさらに常務委員が選出され、常務委員からなる常務委員会が中国イスラーム教協会を実質的に運営する。会長、副会長、秘書長、副秘書長、顧問は委員会における協議によって全国の代表のなかから選出される。このような組織構成および人事制度の特徴を見るかぎり、イスラーム教協会の組織構成が中国の近代的な政治組織（例えば、中国共産党や全国人民代表大会）のそれと非常に似通っていることがわかる。

中国イスラーム教協会の会員とその民族構成に注目すると、中国イスラーム教協会は全国各地にあるイスラーム教協会の本部に相当するため、中国のムスリム少数民族（10の少数民族）の人々が代表として参加できるようになっている。表4-4からムスリムの人口が多い新疆ウイグル自治区、寧夏回族自治区、甘粛省などの代表の定員数が多いことがわかる。ただし、回族の人口が多く、人口分布が広いため、回族の代表が結果的に多い。なお、イスラームのジェンダー規範を考慮したせいかどうか確認できないが、イスラーム教協会の会員の大多数は男性である。地域によっては女性の代表も選出されているが、極めて少ない。

第4節　寧夏回族自治区イスラーム教協会の成立と活動

それでは、本節では調査地の寧夏イスラーム教協会の事例を紹介する。2000年の調査当時、筆者は寧夏社会科学院の協力の下、寧夏イスラーム教協会を訪問し、インタヴュー調査を実施する機会にめぐまれた。寧夏イスラーム教協会の関係者から主な活動内容を具体的に説明してもらい、一般の新聞や雑誌には掲載されない貴重な情報を記録・整理することができた。以下、当時の記録にもとづいて寧夏イスラーム教協会の概況を記述する。なお、寧夏イスラーム教協会の設立趣意・活動内容・組織構成には中国イスラーム教協会のそれとのあいだに大きな違いは見られないため、中国語の文言のすべてを和訳することはせず、相違点のみを指摘する。

273

第 2 部　国家権力と清真寺

1　設立趣意と任務

まず、寧夏イスラーム教協会の設立趣意は以下のとおりである。

表 **4-5**　寧夏回族自治区イスラーム教協会の設立趣意

1	拥护中国共产党的领导和社会主义制度，发扬伊斯兰教优良传统，爱国爱教
2	代表伊斯兰教人士和穆斯林的合法权益，办好教务
3	加强民族团结和伊斯兰内部团结。维护社会隐定，推动全区穆斯林积极参加社会主义物质文明和精神文明建设，促进祖国统一大业
4	加强同兄弟省区穆斯林的联系，发展同世界各国穆斯林的友好联系和往来，维护世界和平

出典：2000 年 10 月から 2001 年 3 月までのフィールドワークで得た一次資料

　設立趣意の文言を一読すれば、寧夏イスラーム教協会の設立趣意は中国イスラーム教協会の文言を参考にして作成した可能性が高いことがうかがえる。ただし、寧夏イスラーム教協会の設立趣意には「伊斯蘭内部団結」（イスラーム内部の団結）という特殊な表現が盛り込まれていることに注意したい。この表現は中国イスラーム教協会の設立趣意には書かれておらず、寧夏イスラーム教協会の地域性を如実に示している。すなわち、「イスラーム内部の団結」という文言がわざわざ加筆された主な理由は中国共産党・行政府関係者が寧夏回族自治区にイスラームの「教派」が多いことを考慮したからである。詳細については後述するが、寧夏にかぎらず、西北地方においてイスラームの「教派」間関係や「教派」内関係は非常に複雑であり、中国共産党が宗教政策を効果的に実施するにあたって無視することのできないファクターとなっている。

2　主な活動内容

　寧夏イスラーム教協会の活動内容を見てみよう。活動内容も設立趣意とおなじように、中国イスラーム教協会と寧夏イスラーム教協会の文言には大差は見られない。両者ともに中華人民共和国の法律の範囲内での「正常」な宗教活動、宗教教育、宗教指導者養成に対する指導が強調されている。ただし、寧夏イスラーム教協会の場合、清真寺の「民主管理」や宗教指導者の養成・管理が具体的に言及されている点が特徴的である。その理由は、中央の北京とは異なり、寧夏にはムスリムが集住し、宗教指導者が多いからであると考えられる。

　1995 年 8 月 21 日の第 5 回代表会議で寧夏イスラーム教協会の会長（謝生林）が過去 5 年の活動内容を次のように報告している。以下、要点を列挙し、同協

第 4 章　清真寺に介入した国家権力

会の活動内容を具体的に把握しておきたい。

表 4-6　寧夏回族自治区イスラーム教協会の活動内容

1	协助人民政府宣传，贯彻宗教信仰自由政策和宗教法规，开展对伊斯兰教界人士和穆斯林群众的爱国主义和社会主义教育，团结他们积极为社会主义现代化建设服务
2	指导帮助清真寺搞好民主管理，进行正常的宗教活动；培训、考核、管理阿訇，提高他们的素质
3	维护伊斯兰教界人士和穆斯林的合法权益，反映他们的意见和要求，向政府提出积极有益的建议
4	收集、整理伊斯兰教史料，开展有关宗教经典和宗教学术的研究
5	根据国家的对外开放政策，积极开展同国外和港、澳、台伊斯兰教界人士和穆斯林的友好往来

出典：2000 年 10 月から 2001 年 3 月までのフィールドワークで得た一次資料

表 4-7　寧夏回族自治区イスラーム教協会の活動内容

1	认真学习、宣传贯彻党和政府的宗教信仰自由政策
2	参政议政，协助政府维护社会隐定，增进了民族团结
3	积极引导伊斯兰教界人士和穆斯林群众为社会主义两个文明建设服务
4	坚持阿訇考核，提高教职人员的素质
5	认真做好朝觐服务工作
6	坚持编辑《宁夏穆斯林简讯》，交流了情况，增进了了解
7	配合政府有关部门，完成了外事接待任务

出典：2000 年 10 月から 2001 年 3 月までのフィールドワークで得た一次資料

　　活動内容を項目ごとに補足説明する。①寧夏各地のイスラーム教協会[175]関係者の召集、清真寺の宗教指導者や管理責任者の座談会の開催、党・行政の政策の宣伝などを実施した。党の統一戦線工作部はイスラーム界の人士とともに党中央の統一戦線工作部、国家民族事務委員会、国家宗教事務局の関係者に接見した。②寧夏イスラーム教協会の会長・副会長は人民代表大会や政治協商会議の会議や視察に積極的に参加した。また、寧夏におけるハラール食品の管理方法に関する意見交換、イスラームを侮辱する事件に関する座談会などを開催した。③清真寺での金曜説教で「愛国愛教」を宣伝させ、社会安定を維持させるよう努めた。清真寺や宗教指導者を表彰する行事を企画し、貧困地域への

175) 寧夏回族自治区にあるイスラーム教協会の本部は寧夏イスラーム教協会（銀川市）である。そのほかの地方支部は、賀蘭県、永寧県、石嘴山市、平羅県、恵農県、陶楽県、呉忠市、霊武県、青銅峡市、同心県、中衛県、中寧県、塩池県、固原県、海原県、西吉県、涇源県、彭陽県、隆徳県に設置されている（2000 年から 2001 年にかけて実施したフィールドワークで得た情報にもとづく）。

275

第 2 部　国家権力と清真寺

寄付をおこなった。④宗教指導者の水準を向上させるために宗教指導者の資格
審査試験を実施し、「アホン証」（宗教指導者の資格証明書）を合格者に発行した。
⑤寧夏ではメッカ巡礼者が毎年増加しているが、メッカ巡礼団を組織した。⑥
寧夏のイスラーム界の関係者に機関誌を配布し、イスラーム教協会の活動内容
を紹介した。⑦政府関連部門と中国イスラーム教教会の指示と支援の下、寧夏
イスラーム教協会は外国人ムスリムの訪問団を接待し、寧夏ムスリムの生活状
況を紹介した。また、他省・自治区のイスラーム教協会の訪問を受け入れて情
報交換をおこなった。

　寧夏イスラーム教協会の活動内容を中国イスラーム教協会のそれと比較する
と、当時、中国共産党・行政によって宣伝されていた社会主義建設の必要性が
強調されている点はおなじであるが、寧夏イスラーム教協会の場合、地域的特
性をふまえ、「民族団結」、「愛国愛教」、宗教指導者の資格審査などが具体的に
明記されている点が際立っている。

3　組織構成

　それでは、寧夏イスラーム教協会の組織構成を以下の表 4-8 で確認しておき
たい。

　表 4-8 は 1995 年の第 5 回代表会議で選出された主要メンバーの一覧表であ
る。寧夏イスラーム教協会関係者の説明によれば、2000 年の時点でもほぼお
なじメンバーであった。その内訳は 1995 年から 2000 年にかけて会長（1 名）、
副会長（12 名）、秘書長（1 名）、副秘書長（2 名）、常務委員会（46 名）、委員会（175
名）であった。中国イスラーム教協会に代表として参加した寧夏の代表は 1993
年の時点で 22 名(このうち女性 2 名)、2000 年の時点 24 名(このうち女性 3 名)となっ
ていた。寧夏の代表の多くが寧夏イスラーム教協会のメンバーであるが、寧夏
回族自治区内の他の市や県のイスラーム教協会のメンバーも含まれていた。

　寧夏イスラーム教協会のメンバーは、中国イスラーム教協会とおなじく、基
本的には全員が回族である。寧夏回族自治区は 5 つの地域に分類され、それぞ
れの地域からメンバーが選出されるが、寧夏中南部のように回族の人口が集住
する地域の場合、定員数が多めに設定されている。寧夏イスラーム教協会のメ
ンバーの多くは各地域の主要な清真寺に勤務する宗教指導者や管理責任者であ

276

第4章　清真寺に介入した国家権力

表 4-8　寧夏回族自治区イスラーム教協会の組織構成（**1995 年第 5 回代表会議**）

役職	姓名
会長（1 名）	謝生林（73 歳、平羅県出身、小学校卒、中国イスラーム教協会副会長、Y）
副会長（12 名）	治正剛（80 歳、平羅県出身、大学卒、共産党員、Y）
	洪維宗（同心県出身、高校卒、Kh）
	馬智仁（63 歳、同心県出身、大学卒、共産党員、Q）
	金仲華（60 歳〜 70 歳、呉忠市出身、小学卒、J）
	呉清芳（60 歳、海原県出身、小学校卒、Q）
	鮮培礼（70 歳、西吉県出身、小学校卒、固原地区政治協商会議主席、Kh）
	李徳貴（62 歳、海原県出身、小学校卒、Q）
	馬桓（60 歳、涇源県出身、小学卒、J）
	馬廷秀（65 歳、固原県出身、小学校卒？、Q）
	厳正清（57 歳、銀川市出身、大学卒、共産党員、寧夏イスラーム経学院副院長）
	馬子安（61 歳、霊武市出身、小学校卒、Y）
	王明貴（60 歳、平羅県出身、小学校卒、Q）
顧問（1 名）	馬成才（年齢？、同心県出身）
秘書長（1 名）	馬智仁（63 歳、同心県出身、大学卒、共産党員、Q）
副秘書長（2 名）	丁文（54 歳、賀蘭県出身、中学校卒、共産党員、Y）
	馬成才（37 歳、海原県出身、大学卒、共産党員、Kh）
常務委員（46 名）	※省略
委員（175 名）	①自治区直轄機関（22 名）、
	②銀川地区（23 名）（銀川市三区（10 名）、賀蘭県（7 名）、永寧県（6 名））、
	③石嘴山地区（32 名）（石嘴山市三区（7 名）、平羅県（19 名）、恵農県（5 名）、陶楽県（1 名））
	④銀南地区（74 名）（呉忠市（23 名）、霊武県（17 名）、青銅峡市（6 名）、中衛県（1 名）、中寧県（1 名）、塩池県（2 名）、同心県（24 名））、
	⑤固原地区（94 名）（固原県（24 名）、涇源県（12 名）、彭陽県（8 名）、海原県（24 名）、西吉県（23 名）、隆徳県（3 名））
	※省略

出典：2000 年 10 月から 2001 年 3 月までのフィールドワークで得た一次資料
注記：(1)教派を示す略号：
　　　Q（カディーム派）、Kh（フフィーヤ派）、J（ジャフリーヤ派）、Y（イフワーン派）
　　　(2)寧夏イスラーム教協会の主要メンバーは全員が回族である。

る。このように、地元出身の宗教エリート層の動員は中国イスラーム教協会の場合とまったくおなじものである。

　寧夏イスラーム教協会の秘書長・副秘書長にも他の役職と同様、回族が配置されるが、原則、共産党員が担当することが慣例となっていた。共産党員とい

第 2 部 国家権力と清真寺

うことは原則、宗教を信仰しないことになっているのであるが、漢族ではなく、回族の共産党員がイスラーム教協会に対して意図的に派遣されているのであろう。共産党員の派遣は中央の中国イスラーム教協会にも他地域（例えば、内モンゴル自治区）のイスラーム教協会にもあてはまる。それは、中国共産党による特別な配慮で、中国共産党による宗教団体の統制を意味することは一目瞭然である。共産党員の秘書長は中国共産党の方針にそってイスラーム教協会の実務を担当するが、他の会員（非共産党員）とは異なり、原則、無視論論者であるがゆえ、イスラームの「教派」間の力関係に左右される可能性が低いことも重宝される一因なのであろう。なお、銀川市の場合、共産党員は清真寺の管理運営には参加できないことになっており、また、清真寺側も共産党員を管理委員として採用しないため、清真寺民主管理委員会のなかには共産党員は存在しなかった [176]。他地域（北京市、内モンゴル）の清真寺民主管理委員会には共産党員がメンバーとなっている事例があり、寧夏の事例は特殊なのかもしれない。

　ここで寧夏回族自治区におけるイスラームの「教派」に注目する。なぜなら寧夏イスラーム教協会の人事異動の特徴を見究めるにあたって「教派」というファクターを無視することはできないからである。つまり、寧夏・甘粛・青海・陝西・新疆などの西北には、北京とは対照的に、イスラームの「教派」がいくつも乱立し、清真寺間の力関係にも影響を及ぼしている。したがって、中国共産党・行政機関（宗教事務局）・宗教団体（イスラーム教協会）が宗教政策を実施するにあたって各地域の「教派」間の力関係を慎重に考慮せねばならないということである。例えば、フランス人研究者フランシス・オービン（Francoise Aubin）によれば、中国イスラーム教協会および地方のイスラーム教協会のメンバーの多くがイスラーム改革派と称されるイフワーン派であるという［Aubin 1991：342］。実は、これとおなじことが回族作家の張承志によっても指摘されている［張承志 1993：176］。実際の状況について調査したところでは、寧夏回族自治区の場合、寧夏イスラーム教協会および銀川市イスラーム教協会の会長のポストにはイフワーン派の宗教指導者が選出されており、イフワーン派を代表する宗教指導者が重用されていることは間違いない。さらに、寧夏および銀川市のイ

176）2000 年から 2001 年にかけて寧夏銀川市で実施したフィールドワークで確認した情報にもとづく。なお、省（自治区）によっては、ムスリム少数民族の共産党員が清真寺民主管理委員会のメンバーとなっている地域もある。

278

スラーム教協会のそれぞれの会長はおなじイフワーン派の師弟関係にあり、両者のコネクションも人事異動に影響を及ぼした可能性が高い。中央・地方のイスラーム教協会がイフワーン派を優先的に重視する決定的な理由は確認しづらいが、イフワーン派が他の「教派」（特に西北地方に多いスーフィー教団）のように教団ネットワークを形成する可能性が低く、中国共産党・政府にとって脅威とはならないと認識されているからではないかと考えられる。

イフワーン派について補足説明しておけば、2002年の調査当時、銀川市の中心地にある清真寺の大部分がイフワーン派の清真寺であった。その理由は、イフワーン派が中華民国期の1930年代半ば頃、当時の寧夏省南部から寧夏府城（現在の銀川市城区にほぼ相当）へ伝播し、イフワーン派の支持者たちが回族のほとんど集住していなかった寧夏府城の空白地帯に活動拠点を定めたからである（第1章で述べたように、銀川市では郊外に回族の集住地区が形成されていた）。現在、銀川市の中心地ではイフワーン派の教義解釈や儀礼方法が広く浸透しており、イスラーム教育や宗教指導者の養成にも一定の影響力を及ぼしている。

いずれにしても、寧夏イスラーム教協会は主に寧夏出身の清真寺指導層（例えば、宗教指導者や管理責任者）によって構成されており、寧夏回族の「宗教団体」として宗教事務局と清真寺を架橋する役割を期待されていることはあきらかである。中国イスラーム教協会と寧夏イスラーム教協会にみられる相違点はイスラームの「教派」というファクターである。寧夏では清朝期に回民蜂起が発生し、中華民国期に回民軍閥が台頭したことからわかるように、寧夏回族は「おなじムスリム」とはいっても、必ずしも一枚岩の連帯・結束を誇っているわけではない。寧夏イスラーム教協会は清真寺間の力関係の調整だけでなく、イスラーム教協会内部のポスト配分においても「教派」間の力関係を慎重に吟味しなければならない。あくまでも仮定であるが、寧夏回族自治区において「教派」間の衝突が発生した場合、「教派」間の矛盾をきっかけとして寧夏だけでなく、西北全体の政治秩序が不安定化しないとは断言できない。このような宗教集団間の権力関係を念頭に置き、寧夏回族自治区の中国共産党および行政機関がイスラーム教協会の人事異動に適切な「指導」をおこなっている可能性はある。

第2部　国家権力と清真寺

第5節　清真寺の記念行事に招待された党幹部たち

1　清真寺の宗教指導者の就任式典

ここまで中央・地方のイスラーム教協会の全体像を詳細に記述した。本節では、銀川市で実際に観察した宗教指導者の就任式典を例に挙げ、その就任式典に参加した中国共産党・行政機関やイスラーム教協会の関係者がどのような政治力学を繰り広げたのか、また、清真寺関係者たちが外部からやってきた人々に対してどのような態度をとったのかを記述し、その意味を仔細に検討したい。

事例 4-1　清真寺における宗教指導者の就任式典

2002年の夏のことである。銀川市の清真寺で宗教指導者の就任式典が開催された。新しく就任する宗教指導者（MH氏）はアラビア語が堪能であり、イスラーム教育に熱心で地元で人望のあつい。寧夏イスラーム教協会のメンバーであったが、清真寺では一般信徒の大多数がMH氏の着任を支持していた。

就任式典の当日、銀川市周辺の清真寺から数多くの参加者が集まり、清真寺はにぎわっていた。参加者数は200名以上。清真寺の敷地内には政治スローガン（例えば「愛国愛教」）の書かれたポスターがところどころに貼りだされていた。式典の会場としては普段は礼拝をおこなう礼拝殿が使用された。

就任式典は清真寺の清真寺民主管理委員会が進行した。まず、前任の宗教指導者がクルアーンを朗誦した。それに続き、新しい宗教指導者（MH氏）がイスラーム式の挨拶をおこない、銀川市イスラーム教協会の中国共産党幹部が就任式を取り仕切った。ちょうどそれが終わる頃、寧夏回族自治区や銀川市の中国共産党・行政政府関係者が背広姿で入場し、各機関代表者が挨拶をおこなった。はじめに、清真寺の管理責任者（主任）が挨拶をおこなった。その後、寧夏イスラーム教協会の会長（XS氏）が演説を始めた。XS氏は「共産党・行政の宗教政策を支持せねばならない」とたびたび強調し、「愛国愛教」、「民族団結」、「教派団結」などのスローガンを連呼していた。最後に、銀川

280

市の中国共産党統一戦線工作部の代表がごく簡単な挨拶をおこない、その直後、中国共産党・行政機関関係者は退席した。この後、各清真寺の宗教指導者（数名）が新しく着任した宗教指導者に祝辞を述べた。

　礼拝殿に集まった参加者を観察したところ、清真寺の一大行事とも言うべき新しい宗教指導者の就任式典を静粛に見守っているかとおもいきや実際はそうではなかった。例えば、寧夏イスラーム教協会の会長 XS 氏が演説を長々と続けていたときには、聴衆の多くがお喋りに興じ、なかには居眠りする人々が続出した（数名ではない）。演説を聞き飽きた人々のなかには演説中である

表 4-9　清真寺の宗教指導者の就任式典（儀礼の過程）

登場人物	行動
①清真寺民主管理委員会・一般信徒	清真寺の敷地内に横断幕や貼紙を掲示 キーワード：「民族団結」、「愛国愛教」、「熱烈歓迎」 参加者の出迎え
②清真寺民主管理委員会主任	挨拶
③前任の宗教指導者	クルアーン朗誦（数分）
④新しい宗教指導者：MH 氏	イスラーム式の挨拶（数分）
⑤銀川市イスラーム教協会の党幹部	就任式典の司会（数分） MH 氏就任の承認を宣言
⑥寧夏同族自治区・銀川市党幹部 （10 人前後）	遅刻して来場。 メッカの方向を示すミフラーブ（壁龕）の前に着席した。
⑦清真寺民主管理委員会主任	演説（数分） キーワード：「党の指導への感謝」、「宗教信仰政策の支持」
⑧イスラーム教協会会長：XS 氏	演説（10 分程度） キーワード：「党の指導への感謝」、「愛国愛教」、「民族団結」、「教派団結」、「多民族国家としての中国」、「社会適応」 ※聴衆のお喋りが始まり、党幹部が退場するまで続いた。
⑨銀川市党統一戦線工作部代表	演説（数分） キーワード：「党の民族宗教政策の重視」、「団結強化」、「社会適応」
⑩寧夏同族自治区・銀川市党幹部	退場。
⑪各清真寺の宗教指導者（数名）	挨拶（各五分程度） ※この頃には、聴衆のお喋りはおさまり始めた。

第 2 部　国家権力と清真寺

にもかかわらず、礼拝堂の外へ途中退出する人も目立つようになった。

出典：2002 年寧夏回族自治区銀川市におけるフィールドワーク

2　就任式典の裏側

　まず、この事例で注目したいのは、中国共産党・行政機関関係者およびイスラーム教協会関係者の発言内容である。今回の行事に出席した中国共産党・行政機関関係者は、寧夏宗教事務局の処長、寧夏イスラーム教協会の副主任、寧夏回族自治区人民代表大会の主任、銀川市人民代表大会の副主任、銀川市政治協商会議の副主席（兼銀川市統一戦線工作部部長）、銀川市城区民族宗教事務処の処長であった。中国共産党・行政機関関係者としては、銀川市政治協商会議の副主席だけが式典でごく簡単な挨拶をおこない、「中国共産党の民族宗教政策」、「団結強化」、「社会適応」などを聴衆に対して訴えていた。ただし、所要時間は数分間と極めて短かった。これに対して、寧夏イスラーム教協会の会長（XS 氏）の演説は 10 分以上も続き、中国共産党・行政機関関係者の演説より長く、また、演説内容にはいくつもの政治宣伝のイディオム、例えば、「共産党への感謝」、「清真寺の民主管理」、「愛国愛教」、「民族団結」、「教派団結」、「多民族国家中国」、「社会適応」などの美辞麗句がいたるところに散りばめられていた。清真寺に新しく着任した宗教指導者に対して祝辞が一切伝えられなかったこととは対照的である。

　もうひとつ注目したいのが礼拝堂にいた聴衆の反応である。寧夏回族自治区ではおそらく他地域と同様、中国共産党・行政機関関係者が清真寺の行事に参加することはすでに「恒例行事」となっており、特に珍しいことでない。清真寺に普段から通う一般聴衆があからさまに異議を唱えることはない。それどころか、主催者とも言うべき清真寺の指導層（主に清真寺民主管理委員会）は「愛国愛教」といった政治スローガンの印刷された横断幕や貼紙を清真寺の敷地内に自主的に掲示し、中国共産党・行政機関関係者の来訪を歓迎しているかのようであった（そのように振舞っていた）。このような光景を目の当たりにすると、少なくとも清真寺関係者たちは中国共産党・行政機関の宗教政策を積極的に支持しているように見える。

　しかし、清真寺指導層の対応とは対照的に、清真寺に集まった一般聴衆は中

第 4 章　清真寺に介入した国家権力

写真 4-1　宗教指導者の就任式典（2002 年寧夏回族自治区銀川市で撮影）

国共産党・行政機関関係者を「熱烈歓迎」しているようには見えなかった。そのことは中国共産党・行政機関関係者およびイスラーム教協会の会長が演説をおこなっている最中の聴衆の態度にはっきりとあらわれていた。会場となった礼拝殿は清真寺のなかでも最も静粛にすべき場所である。ある意味、神聖な空間でもある。礼拝殿でのお喋り、居眠り、途中退出などの行動は信徒たちが自発的に企画・実行する行事（例えば、断食明けの祭り、犠牲祭など）ではまず目にすることはない。一般的に、中国共産党・行政機関の関係者が出席するフォーマルな行事ではそのような行為は非礼にあたる。そうでなくとも、清真寺の行事でもあまり目にすることのない尋常ならざる行動であった。実際、筆者は銀川市でこれほどまでに騒がしい行事を見たことはなかった。

　ここで素朴な疑問が生じる。礼拝堂にいた一般聴衆はなぜ「非常識」な態度をとったのであろうか。一般聴衆（主に男性）の反応には意識的なものも無意識的なものもあるが、中国共産党・行政機関関係者の登場およびイスラーム教協会会長の演説内容に対する無関心の表れではないかと筆者は考えている。あくまでも筆者の観察によれば、清真寺の行事ではまず見かけることのないある種の無力感が聴衆の視線や態度から醸し出されていた。筆者はその場にいた一

283

第 2 部　国家権力と清真寺

写真 4-2　就任式典の会場（2002 年寧夏回族自治区銀川市で撮影）

般聴衆に対してインタヴュー調査を実施していないが、彼らの「やる気のなさ」を肌でひしひしと感じた。外部者の深読みかもしれないが、その場にいた聴衆たちが清真寺という自分たちの生活世界のなかに「介入」した中国共産党・行政機関の関係者に対して何らかの抗議の意思を表明したと解釈することも可能であろう。中国共産党・行政機関の関係者は清真寺に普段出入りする信徒たちとは異なり、ムスリムの礼拝帽やヴェールを着用しているわけでもなく、イスラーム式の挨拶をするわけでもない。共産党員だということは無神論者なのであろう。清真寺の信徒たちは彼らの服装や振る舞いを一目見ただけで「よそ者」とすぐ判断する。また、式典当日、中国共産党・行政機関の関係者たちは遅刻し、演説のときには党国家政策を賛美するいつもの政治宣伝を繰り返すばかりであった。そのような状況に置かれると、清真寺に集まった信徒たちの多くは、中国共産党・行政機関関係者を物理的に排除しようとはしないが、一般的には「非常識」に見える行動をあえて選択し、「よそ者」に対して面従腹背の姿勢を示したと解釈できないだろうか。

第4章　清真寺に介入した国家権力

第6節　共産党・行政機関・宗教団体の共棲

　ここまでの事例分析をふまえ、国家・社会関係論の視点から、寧夏回族自治区における中国共産党、行政機関、宗教団体、清真寺がどのような共棲関係を形成し、それが寧夏回族自治区の地方政治でどのような力学を生起させているのかという問題について検討する。

1　共産党・行政の「指導」と宗教団体の「協力」

　中央・地方のイスラーム教協会と共産党・行政機関との関係を整理しておこう。中国イスラーム教協会であれ、寧夏イスラーム教協会であれ、それぞれの設立趣意を一瞥すればわかるように、宗教団体として中国共産党・行政機関の政策に積極的に協力することが重要な任務とされている。そのことは、中央・地方のイスラーム教協会の活動内容や代表会議における活動報告でもくりかえし強調されていることからよくわかる。特に、中央・地方のイスラーム教協会の会議に中国共産党・行政機関の関係者（例えば、中国共産党の統一戦線工作部、国家宗教事務局）がほぼ毎回のように出席し、中国共産党・行政機関の宗教政策の方針を会議出席者（主に清真寺の宗教指導者や管理責任者）に通達することは、中国共産党・行政機関・宗教団体の連携関係が意識されていることを如実に示している。

　例えば、2001年1月15日から18日にかけて寧夏回族自治区銀川市において寧夏イスラーム教協会の会議が開催されたが、当日、寧夏イスラーム教協会のメンバーだけでなく、寧夏回族自治区宗教事務局や寧夏の市・県の民族宗教局の関係者、すなわち、行政機関の関係者も出席していた。寧夏回族自治区宗教事務局の局長（呉国才）は演説のなかで、中央・地方の共産党・行政機関の政策方針をふまえたうえで、寧夏イスラーム教協会に対するいくつかの要望（宗教信仰自由政策の貫徹、宗教活動の法制度化、「愛国主義」や社会主義の宣伝、イスラーム教協会自身による政策の強化など）を提示している。このような中国共産党・行政の意向を汲みながら、寧夏イスラーム教協会会長は、寧夏回族自治区における

285

「政治穏定」、「経済発展」、「民族団結」、「社会進歩」が共産党の「宗教信仰自由政策」のおかげだと高く評価し、鄧小平理論の指導下、江沢民を中心とする中国共産党中央のもとに団結し、寧夏の中国共産党および政府の指導の下でイスラーム政策の新たな局面にむかって奮闘せねばならないと会議を総括した。

あくまでも「社会団体」の規定に鑑みると、中央・地方のイスラーム教協会は民間の「宗教団体」のひとつである。建前上、民間の団体であることには間違いはない。しかしながら、イスラーム教協会の規約・活動内容・会議内容などを仔細に検討すると、イスラーム教協会は中国共産党・行政機関の政策方針に則って運営されており、実質的には、中国共産党の主導で確立された宗教管理機構の一翼を担っていると考えるのが妥当であろう（図4-1）。図4-2は清真寺の行事にみる関係者の移動を示したものである。

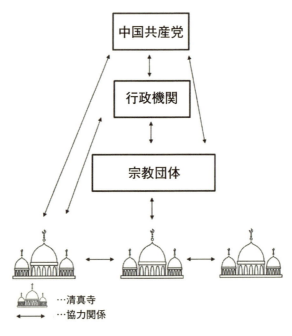

図4-1　改革開放期の宗教管理機構

第 4 章　清真寺に介入した国家権力

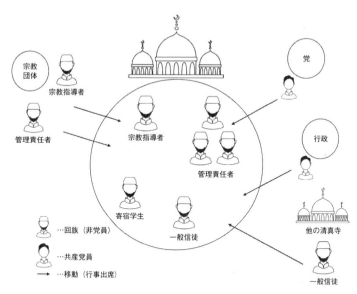

図 4-2　清真寺の行事にみる関係者の移動

2　共産党員の存在

　すでに指摘したように、中央・地方のイスラーム教協会には共産党員のメンバーが配置されており、秘書長・副秘書長に就任することが慣例となっている。この人事異動だけを見ると、イスラーム教協会があたかも中国共産党・行政機関の指導下にあるように見えるが、ここで注意せねばならないことがある。たしかにイスラーム教協会では回族の共産党員が重要な役職に就いて実務を担当しており、中央でも地方でも「ありふれた光景」となっている。しかし、だからといってイスラーム教協会の共産党員が中央・地方の政策方針をイスラーム教協会に対して強要するわけではない。実際、イスラーム教協会の共産党員のなかには、中国共産党・行政機関の政策方針を地方政治の実状に照らし合わせて慎重に検討し、清真寺の関係者と緊密に意見交換をおこない、必要におうじて中国共産党・行政機関と清真寺の関係調整に奔走する人物も存在する。イスラーム教協会に勤務する共産党員の立場や役割を共産党員という属性だけを判断基準として一面的に理解することには注意を要する。

287

第 2 部　国家権力と清真寺

中央・地方のイスラーム教協会のメンバーの多くは清真寺指導層（例えば、宗教指導者や管理責任者）であるが、そのなかにはイスラーム教協会の公的利益よりも自分の所属する清真寺の私的利益を優先しようとする人たちもいる。特にイスラームの「教派」関係が複雑な西北地方においては個々人の私的な利害関係にもとづく政治的駆け引きは根強い。中国社会では「関係主義」［園田 1991：190］が人々の行動文法として活用されることが指摘されているが、中国社会の場合、個々人のコネクションが集団や組織に対する帰属意識（忠誠心）を凌駕することが少なくない。中国人は「一盤散砂」（孫文）と形容されたことがあるが、イスラーム教協会の場合も会員のあいだに「おなじ宗教団体」に所属しているというひとつの帰属意識や連帯意識が共有されているとは断言しづらい。このような状況をふまえるならば、イスラーム教協会の共産党員は個々の会員をひとつの宗教団体としてまとめあげる役割を担っていると解釈することができる。

3　宗教団体の「自律性」

中国のイスラーム教協会は、実際の活動を見るかぎり、中国共産党・行政機関とは切っても切り離せない関係にあると言える。イスラーム教協会の秘書長・副秘書長（共産党員）は中国共産党・行政機関とイスラーム教協会をむすびつける役割を担っている。当然のことながら党・行政機関の政策方針や法規定などに関する事務連絡は秘書長・副秘書長が担当する。中国のイスラーム教協会は 1950 年代の設立当初から共産党員をメンバーとして加入させている時点で、中国共産党・行政機関と付き合っていかざるをえない「運命」にある[177]。中央・地方のイスラーム教協会の成立過程の詳細については未調査であるが、中国共産党が社会主義革命支持を表明したムスリムの有識者に結成を指示したのでは

---

[177] 中国イスラーム教協会は 1952 年、当時のムスリムの著名人、馬堅、楊静仁、劉格平、ブルハン、サイフジンたちが発起人となり、1953 年 5 月に成立した。1953 年 5 月に第一次委員会（主任：ブルハン）、1956 年 12 月に第二次委員会（主任：ブルハン）、1963 年 10 月に第三次委員会（主任：ブルハン）、1980 年 4 月に第四次委員会（主任：張傑）、1987 年 3 月に第五次委員会（会長：潘遐熙）、1993 年 12 月に第六次委員会（会長：安士偉）、2000 年 1 月に第七次委員会（会長：陳広元）、2006 年 5 月に第八次委員会（会長：陳広元）が開催されている［朱越利（主編）1994：177］。なお、張承志の見解によれば、第四次委員会主任の張傑はかつての「解放区」の延安モスクのアホンで、第五次委員会会長の潘遐熙は上海出身で革命に貢献した人物だったとのことである［張承志 1993：177］。中国イスラーム教協会成立前後の具体的状況については不明な点が多く、今後あらためて調査する必要がある。

288

ないかという見解もある。

　最後に、イスラーム教協会の成員権（入会資格や入会条件）を確認しておきたい。中央・地方のイスラーム教協会ともに会員の多くは清真寺の宗教指導者や管理責任者であるが、イスラーム教協会の規約には入会資格や入会条件に関する記述がみあたらず、具体的にどのような手続きをふめば入会できるのかが明らかにされていない。このことについても諸説あるが、中国共産党の統一戦線工作部あるいは宗教事務局が「適正な人材」と見なした者をメンバーに「任命」していると調査地で聞いたことがある。銀川市の清真寺関係者の説明によれば、イスラーム教協会の人事異動は中国共産党・行政機関との「関係」（guanxi）、すなわちコネクションによるらしい。

　このような組織の性格をふまえると、イスラーム教協会の「宗教団体」としての自律性をあらためて検討する必要性が出てくる。中国の「社会団体」も西洋社会における「結社」とおなじように「メンバーが自発的に組織する側面」を主な特徴としているが、イスラーム教協会の場合、ムスリムの人たち（特に中国共産党・行政機関と関係のない人たち）がどの程度自発的に組織したのかが明らかにされていない。また、イスラーム教協会の活動方針・活動内容は中国共産党・行政機関の意向に沿うかたちで企画・決定・実施されている。このような側面にも注意を払うと、イスラーム教協会をムスリムの人たちが自発的に組織した「宗教団体」だと無条件に結論付けることは難しい。現代中国にかぎらず、国家権力がその活動に過剰に「介入」できる宗教団体の場合、「結社」に本来的に備わるべき「自発性」や「自律性」が保障されるとはかぎらない[178]。中国のイスラーム教協会は、国家と個人を結びつける自律的な「結社」というよりもむしろ、個々人を国家権力の支配領域に積極的に誘導する「官製結社」あるいは「準行政組織」として理解するのが実状に合っている。

第 7 節　おわりに

　本章では、中央・地方のイスラーム教協会の「宗教団体」としての位置付け

178）現在の中国の「社会団体」がかかえる問題については小嶋・辻中［2004：56-57］に詳しい。

第2部 国家権力と清真寺

を見極めるにあたって菱田［2000］の国家・社会関係論を援用し、中国共産党・政府とイスラーム教協会のあいだに形成された上下関係・優劣関係の特徴に検討を加えた。菱田は現代中国における国家と社会のあいだの領域が曖昧であるがゆえ、そこには相互浸透が見られると論じたが［菱田 2000：12-15］、中国領内のイスラーム界にもそれはあてはまり、イスラーム教協会の活動を観察したかぎり、そこにはムスリム民衆の利益を代表する民間団体としての自律性は感じられない。例えば、中央の中国イスラーム教協会は法規定上、民間の「宗教団体」ではあるが、実態としては、中国共産党統一戦線工作部、国務院直属の国家宗教事務局の指導下にあり、党国家体制の一翼を構成していることは間違いない。そのことは、中国共産党や行政機関の関係者がイスラーム教協会主催の会議や活動に参加すること、共産党・行政当局がイスラーム教協会に様々な指導を通達すること、中央・地方のイスラーム教協会には共産党員の書記が配置されていることによって具体的に証明されている。このような実態を根拠とするのであれば、イスラーム教協会という「宗教団体」は中国共産党・政府から無関係な自律的結社であるとは言うことはできず、それはむしろ党国家体制に寄生することによってその存在を保障されていると言える。

　それでは、現地にくらす回族は官製の「宗教団体」をどのように眼差しているのであろうか。本章の就任式典の事例が示すように、中国共産党・政府関係者による清真寺への介入に対して、清真寺関係者には不快感を示す人々が多い。これはあくまでも筆者の実感にすぎないのであるが、中国共産党・政府やイスラーム教協会が清真寺の人事異動や年中行事などに対して過剰に介入した場合、ごく一部の模範的な追従者は別として、非常に多くの信徒たちが不信感を抱くことは間違いない。やはり、清真寺に集まる信徒たちにとって清真寺は自分たちの生活世界であり、そのなかへ無神論者の共産党員やその支持者が我が物顔で出入りすると、冷ややかな視線を投げかける。もちろん彼らが党国家体制に対して反旗を翻しているわけではなく、あくまでも違和感の表明である。共産党員は原則、無神論者であるとされているが、無神論者に対する視線が冷ややかなのは容易に想像できるが、共産党員に追従するイスラーム教協会関係者に対する評価も手厳しい。それはおそらくイスラーム教協会関係者が自分たちと「おなじムスリム」であるがゆえ、その反発が余計に強くなるのであろう。

しかし、清真寺関係者の多くが中国共産党・行政当局に協力するイスラーム教協会を全面的に指示しているわけではないが、改革開放政策の導入後、中国共産党を頂点とする宗教管理機構がすでに確立されている状況をふまえると、全体の趨勢としては、清真寺関係者（特に清真寺指導層）の現実的な選択肢として中国共産党・政府に対する「協力」をまったく考慮しないことは不可能である。それゆえ、状況によっては、中国共産党・行政当局やイスラーム教協会に対する意図せぬ「協力」は清真寺関係者にとって悩ましいことであり、その判断の妥当性をめぐって清真寺内部で信徒たちが揉め事を起こすこともある。したがって、そのような揉め事はイスラーム教協会という「宗教団体」の自律性の欠如に本来的に起因するものであり、官製結社ないしは準行政組織の脆弱さを如実に示す。

第3部

変貌する宗教儀礼と民族文化

第5章

異端視される死者儀礼

——イスラーム改革の理想と現実——

第3部では回族の宗教儀礼と民族文化を取り上げる。文化大革命の時代と比較すると、改革開放政策の導入後、回族の人々は「イスラーム復興」を進めるなかで宗教儀礼や民族文化に自由に取り組めるようになった。ただし、その実践を仔細に観察してみると、儀礼や文化の実践には再イスラーム化だけでなく、それとはベクトルを異にする「漢化」・世俗化・脱宗教化などの変化も表出していることに気付かされる。第5章・第6章・第7章では回族の死者儀礼、民族内婚、婚姻儀礼を個別の事例として取り上げ、宗教儀礼と民族文化からジャマーアの伝統秩序とその変容について考察する。

第1節　はじめに

1　儀礼の「正統性」をめぐる論争

　19世紀末頃から20世紀初頭にかけて中国西北を中心にイスラーム改革運動が発生した。その当時、メッカ巡礼を終えたムスリムたちがイスラーム改革運動を声高に主張し、それまでの清真寺の管理運営制度、イスラーム教育、宗教儀礼や民族文化などのありかたを批判し、中国イスラーム界において大きな社会運動の一潮流を形成した。中華人民共和国が成立した後、改革開放政策の導入後、「イスラーム復興」が自生的に発生するなかでイスラーム改革運動が西北地方を中心に再開され、中国各地のイスラーム界において「正統性」をめぐる論争が発生し、イスラームの「教派」間関係が複雑化している。

　本章で注目するのは中国西北のイスラーム改革運動で提唱された死者儀礼の

295

第 3 部　変貌する宗教儀礼と民族文化

改革である。1949 年以前、中国西北のイスラーム改革運動では死者儀礼の形式・細則に対する見直しが検討され、死への対処方法、葬送儀礼の細則、喪服着用の禁止、死者・生者関係の是正などがイスラーム改革の支持者たちによって強行された。おそらく死者儀礼が他の儀礼よりも宗教的世界観と密接な関係にあるせいか、イスラーム改革の荒波は西北にとどまらず、「内地」にも押し寄せた。寧夏の銀川市の場合、その当時、清真寺の大多数は伝統的なカディーム派やスーフィー教団であったが、1930 年代以降、イスラーム改革派へ「改宗」した清真寺が増加し、現在、銀川市の中心地にはイスラーム改革派の清真寺が集中している。

　しかしながら、寧夏回族自治区銀川市の中心地にイスラーム改革派の清真寺が集中しているとはとはいえ、調査当時、銀川市の清真寺においてイスラーム改革が実質的に成功しているようには筆者の目には映らなかった。第 3 章で詳述したように、銀川市ではイスラーム改革の宗教指導者たちが 1930 年代に登場し、清真寺の主導権を掌握したのだが、改革開放政策が軌道に乗った 1990 年代後半から 2000 年代にかけてイスラーム改革の痕跡は実態として観察できず、イスラーム改革がその理念に忠実に実践されているわけではなかった。青海省西寧市や甘粛省蘭州市ではイスラーム改革派の影響力が現在も目立っているのとは対照的に、銀川市ではイスラーム改革の理念はすでに忘却されたかのようで、イスラーム改革は現実の儀礼実践や日常生活のなかでは停滞しているように筆者には感じられた。

　死者儀礼は回族の人々にとって非常に身近な儀礼のひとつであり、男女の別なく、物心がついた頃から参加する機会が多い。イスラームでは死者儀礼への参加が推奨されており、死者が自分の家族・親族ではない場合でも回族の人々は清真寺に馳せ参じ、葬送礼拝に参列することが一般的である。また、儀礼の細則の是非が近現代中国の回民社会では数々の論争を引きこしてきたことからわかるように、死者儀礼のありかたはイスラームの正統性に密接に関わる重要な関心事となっている。さらに、死者儀礼には数多くの清真寺から参列者が集い、遺族から多額の喜捨が配付されることもあり、清真寺内部で利害関係が発生しやすく、伝統秩序の形成や権力構造の機微を見極めるにあたって貴重な情報を提供してくれる。

2　イスラーム改革という概念

　中国のイスラーム改革運動は19世紀末頃にアラビア半島の聖地メッカから帰国した甘粛省のムスリムによって提唱された。このため、イスラーム改革運動はアラビア半島をかつて席巻したワッハーブ主義運動の影響を受けたのではないかと議論されてきた。社会人類学者大塚和夫の整理[179]によれば、ワッハーブ主義運動は近現代のイスラーム主義運動（例えば、サラフィー主義運動）の系譜上の「始祖」にあたるとされ、「サラフを理想化する点、聖者信仰をビドアとして激しく糾弾する点（中略）、さらにおなじハンバル派に属していた法学者、イブン・タイミーヤの称揚など」を主要な特徴とする［大塚2000：136］。本章の後半で詳述するが、中国のイスラーム改革の理念にはワッハーブ主義運動とのいくつもの共通点が見られるが、直接的な影響を受けたかどうかは不明である。すなわち、中国ムスリムが19世紀後半にメッカへ巡礼したことは事実なのであるが、中国人の巡礼者がメッカでワッハーブ主義者とどのように接触し、どのような影響を受けたのかを具体的に示す証拠は提示されていない。ただし、中国人巡礼者がメッカで数多くの外国人ムスリムと出会い、自分たちの思想や儀礼を内省する機会を持った可能性は容易に想像できる。また、18世紀末から19世紀にかけて東南アジアや南アジアでもイスラーム主義的運動が発生しており、中国のイスラーム改革運動を中国近代史上に発生したイスラーム主義的運動のひとつとして捉えることは誤りではない。

　先行研究を紐解けば、中国のイスラーム改革運動は日本軍占領期に内モンゴルや華北地方などの清真寺で確認されており、当時、イスラーム改革の思想が西北から華北にかけて次第に拡大・浸透しつつあったことが報告されている［岩村1950：63；佐口1969：14］。戦後日本の学術界では中田［1993］、張承志［1991］、松本ますみ［2000, 2003b］たちが文献史学の手法によってイスラーム改革の背景・展開・特徴を整理している。そのなかでも中田［1993］の研究はイスラーム改革の地域的展開を仔細に検討した先駆的な研究である。欧米の学術界では文化人類学者のグラドニー［Gladney 1991］、ジレット［Gillette 2000］、リップマン［Lipman 1984］が文献調査やフィールドワークに依拠して言及しているが、概説程度の

179）アラブ・ムスリム社会を研究する大塚はワッハーブ主義運動を「厳格主義的思想」と表現している［大塚2000：135］。

第3部　変貌する宗教儀礼と民族文化

記述に留まっている。中国の学術界では高文遠（編）[n.d.]、馬克勲 [1982]、馬通 [1983, 1987]、勉維霖（主編）[1997]、王永亮 [1990] が文献資料にもとづいて報告しているが、中華人民共和国成立後のイスラーム改革についてはほとんど言及しておらず、イスラーム改革の実状が解明されていない。なお、中国近代史上のイスラーム改革は、「近代主義運動」[佐口 1968:19]、「維新伊斯蘭教活動」[馬克勲 1982：439]、「原教旨主義」[王永亮 1990：41]、「改革運動」[中田 1993：29] など様々な名称で表現されるように、用語・概念は統一されていない。また、中国の学術界ではイスラーム改革の歴史的展開の記述に重点が置かれるため、イスラーム改革が現代中国にくらす回族の日常生活に与えた影響についてはほとんど議論されていない。

　ここで、本章の鍵概念となるイスラーム改革（イスラーム改革運動）という分析概念について説明しておかねばならない。イスラーム改革は中東研究やイスラーム地域研究で 1990 年代に議論されたイスラーム復興に密接にかかわる概念である。例えば、中東地域研究者の小杉泰はイスラーム復興の諸現象を「イスラーム覚醒」、「イスラーム復興運動」、「イスラーム復興主義」に区分し、それぞれの異同を説明した [小杉 1996a：19-23]。まず、「イスラーム覚醒」とは「ムスリム社会でありながらイスラーム社会ではないこと、ムスリムでありながらイスラーム的には生きていないことに、しばしば批判的認識」[小杉 1996a：21] である。ただし、「イスラーム覚醒」は「個々人に起こることなので、その実践も個人的レベルで行われる」[小杉 1996a：21]。しかし、「イスラームは社会性の強い宗教なので、個々人の覚醒はやがて社会化する傾向がある」[小杉 1996a：21]。モスク建設運動、困窮者のための福祉活動、クルアーン学校の開設、有志の医師の奉仕活動などに見られるように、「イスラームの実践を社会的に組織するようになったものを、個人レベルでの覚醒と区別して、『イスラーム復興運動』と総称する」[小杉 1996a：22]。そして、小杉は、「イスラーム復興運動」のうち、政治に特化した運動へと変化したもの（例えば、イスラーム国家建設を不可欠とする思想）を「イスラーム復興主義」と命名する [小杉 1994：140-141、1996a：22-23]。

　小杉はアラブ・ムスリム社会を中心にイスラーム復興を研究しており、イスラーム復興の概念整理は中東のイスラーム世界を念頭に置きながらなされたも

のであるが、小杉の概念整理にもとづくと、中国国内のイスラーム改革が単に個人レベルで実践されるだけでなく、何らかの集団によって実践されること、また、それがイスラーム国家建設といった政治改革運動とは結び付けないことを根拠とすれば、それは「イスラーム復興主義」ではなく、「イスラーム復興運動」であると位置付けることができる。ただし、中東・中央アジアを研究する山内昌之が小杉の概念整理を若干修正したように［山内 1996：4-5］、小杉のいう「イスラーム復興運動」を「イスラーム復興現象」と「イスラーム復興運動」に細分化し（後者は前者が実践をともなって運動へと変化したもの）、「イスラーム復興主義」を「イスラーム主義」と言い換えた方がわかりやすい。ここでいう「イスラーム主義」とは大塚和夫の用語法に類似したものである。つまり、大塚は「イスラーム主義」を「『近代化』の流れを十分に意識し、近代思想の影響をさまざまな形で被りながら、それでもあえてイスラームを『政治的イデオロギー』として選択し、それにもとづく社会改革運動を行おうとするムスリムの活動」［大塚 2000b：130］と定義したように、「イスラーム主義」はあくまでも近現代的文脈における政治的イデオロギーであることに留意する必要がある。

第2節　回民墓地

　第2節から第4節までは、基礎情報として、銀川市にくらす回族の死者儀礼の全体像を記述し、その特徴を確認する。

1　現代中国の葬儀改革

　まず、現代中国における葬儀改革を俯瞰しておきたい。中央政府では葬儀関連政策は国務院直属の民政部が管轄しており、民政部は次のような葬儀改革を提唱している。その主な目的は火葬の実施、土葬の改革、土地の節約、葬送習俗の廃止などである。中国各地には行政機関が殯儀館、火葬場、骨灰堂、公墓などの葬儀改革に関連する施設を運営し、関連施設の利用に際しては遺体処理、葬儀手続き、墓地建設、管理費などに関する細則を規定している［王夫子 1998：596-611］。このような火葬は中国全土で推進されており、中国共産党主導の葬

第3部　変貌する宗教儀礼と民族文化

儀改革の中心的なプロジェクトの一環であり、葬儀改革は社会主義国家の建設事業のひとつとして位置付けられている。

　しかしながら、少数民族地域、特にムスリム少数民族が集住する地域では葬儀改革の実施状況は異なる。国務院民政部が1997年7月21日に公布した「殯葬管理条例第1章第6条」によれば、「少数民族の葬儀習俗を尊重すること。葬儀習俗の改革希望者に対しては他の者は干渉してはならない[180]」と定められており、少数民族の伝統的な死者儀礼の実施が容認されている。また、時間が前後するが、民政部が1992年8月25日に公布した「公墓管理暫行弁法第4章第22条」には、「回民公墓」に関する特別規定が明記され、「回族はイスラームを信仰し、土葬を伝統的な習俗として実施する」、「都市部では回族の人口増加にともない、近郊に回民公墓を建設することによって少数民族の葬送習俗を尊重する[181]」ことなどが具体的に確認されている。実際、寧夏回族自治区では国営の回民公墓が運営されており、イスラームの土葬の実施が容認されている。

　ここまでの話は一般的な葬儀改革の概況である。これに対して、中国共産党員に対しては厳格な規定がある。中国共産党の推進する火葬の実施率は都市と農村によって格差が生じており、主に農村で伝統的な葬送習俗（土葬を含む）が復活している。この現状をふまえ、国務院民政部は火葬の実施および葬儀の簡略化を共産党員に対して強く提唱している。また、国内外に影響力のある国家高級幹部は例外だが、一般の共産党員に対しては葬儀のほか、告別式や追悼式をも開催しないように行政当局が奨励している。万一、共産党員が大規模で煩雑な儀礼や「迷信」とも言える慣習をおこなった場合、中国共産党の紀律にしたがって厳罰に処分される。

　漢族の共産党員の場合とは対照的に、少数民族の共産党員は少数民族独自の葬儀のやりかたが尊重される。中国共産党の提唱する火葬の実施に関しては、まず、故人の「民族習慣」を尊重するかどうかを考慮したうえで火葬を選択するかどうかを決定することができる[182]。例えば、ムスリム少数民族の共産党

180）「殯葬管理条例」は1997年7月21日公布された。なお、詳細については〈http://www.mca.gov.cn/article/gk/fg/shsw/201507/20150715849122.shtml〉を参照した（2018年11月7日最終閲覧）。
181）詳細については「公墓管理暫行弁法」〈http://www.zgbzxh.org/zcfg/zgbzjtzcfg/7433.html〉を参照した（2018年11月7日最終閲覧）。
182）詳細については「関於党員幹部帯頭推動婚葬改革的意見」〈http://news.12371.cn/2015/10/29/

第 5 章 異端視される死者儀礼

員の場合、ムスリム少数民族の非共産党員と同様、自分たちの「民族習慣」に
したがってイスラームの土葬を選択することができる。葬儀改革の規定によれ
ば、ムスリム少数民族の共産党員は土葬と火葬のどちらか一方を選択できるこ
とが容認されている。

　ただし、原則上、中国共産党の紀律では、民族戸籍にかかわらず、共産党員
は宗教信仰を原則として放棄しなければならない。この紀律は漢族だけでなく、
少数民族に対しても適用される。つまり、原則上、共産党員には、非共産党員
とは対照的に、中華人民共和国憲法で保障される「信教の自由」を選択する権
利がない。したがって、回族の共産党員もほかの共産党員と同様、「信教の自由」
ではなく、「不信教の自由」を自動的に選択せざるをえないことになる。つまり、
理念上、共産党員は宗教活動に従事できないのである。

　ムスリム少数民族の共産党員の実際の活動に目を向けてみよう。1980 年代
以降、中央・地方において中国共産党・政府が宗教政策を再開すると、ムスリ
ム少数民族が集住する地域では、実質的には 20 年以上ものあいだ禁止されて
いた宗教活動が法的に容認されることになった。例えば、銀川市では、回族の
人々はイスラームの宗教儀礼や年中行事、回族の人生儀礼などを自主的に実施
できるようになった。回族の共産党員は建前としては「宗教活動」に従事して
はならないことになっているが、彼らはイスラームの土葬を「宗教活動」では
なく、あくまでも「民族習慣」と再解釈して実施している。回族の共産党員は
イスラームという宗教信仰を放棄したはずなのであるが、死者儀礼を「民族習
慣」という新しいカテゴリーを使用することによってイスラーム儀礼を実質的
には実践しているのが実状である。

　回族の共産党員がイスラーム儀礼を実施する状況について銀川市で知り合っ
た回族の共産党員たちに質問したところ、「民族習慣」は中国共産党が厳禁す
る「宗教」の領域に含まれるものではなく、イスラームの土葬が法的に保障さ
れた「民族習慣」であるかぎり、共産党員であっても土葬を「民族習慣」とし
て公然と実施しても問題は生じないと説明されることが多かった。このような
説明様式の意味を考えると、西北地方のムスリム少数民族が中国共産党では禁
止された「宗教活動」を日常生活のなかでは「民族習慣」へ読み替えて実践し

　ARTI1446106882675982.shtml）を参照した（2018 年 11 月 7 日最終閲覧）。

301

ていることがわかる。

　このような現状に対して、地方レベルの中国共産党はどのように対処しているのだろうか。寧夏回族自治区の宗教事務局関係者に個人的意見を聞いてみたところ、寧夏回族自治区の場合、回族の共産党員が「民族習慣」を実践することを実態としては「黙認」しているという回答が返ってきた。第1章で述べたように、寧夏回族自治区は現代中国の国民統合において非常に重要な地域として位置付けられている。地政学的に見ると、寧夏回族自治区は西北地方の交通の要衝地であり、また、回族の人口が集中する地域である。寧夏回族自治区の共産党・政府機関には回族の共産党員や行政幹部が多い。中国共産党は少数民族のエリートに対する政治的配慮として回族共産党員が「民族習慣」を実践することを「黙認」している可能性が高い。

2　回民墓地

　それでは、回族の埋葬・墓地に関する政策を概観する。寧夏回族自治区では回族の場合、イスラームの土葬の実施が法的に保障されている。回族の人々が土葬を実施する場合、寧夏回族自治区政府が運営する「回民公墓」あるいは清真寺が運営する「回民墳地」(回民墓地)で土葬実施に必要な手続きをおこなう(写真 5-1、写真 5-2)。

写真 5-1　寧夏回族自治区銀川市の回民公墓（2001 年寧夏回族自治区銀川市で撮影）

第 5 章　異端視される死者儀礼

写真 5-2　回民公墓の墓碑（2004 年寧夏回族自治区銀川市で撮影）

　回民公墓の基本状況を整理しておく。回民公墓は 1988 年に寧夏回族自治区および銀川市の政府によって設営された国営の墓地である。回民公墓は寧夏回族自治区民政廳の管轄下にある「回民殯儀館」によって管理されている［丁国勇（主編）1993］。回民公墓の敷地内に回民殯儀館があり、殯儀館には宗教指導者が常駐する。回民公墓では、基本的には、銀川市在住のムスリム少数民族（主に回族）の土葬を受け付ける。回民公墓の利用料金は土地使用料や埋葬費などをすべて含めると、最低金額が 2,000 元、高額なものだと数万元ほどかかる。回民殯儀館の職員の説明によれば、回民公墓の利用者は 1950 年代に寧夏回族自治区建設前後に他省から移住してきた回族が多いという。実際、回民公墓にあった墓碑を観察すると、河北省や山東省などの華北地方から寧夏に移住した回族が多い（全体のおよそ 60% を占める）。

　清真寺が管理する「回民墳地」（回民墓地）は銀川市の中心地には存在せず、一般的には市郊外に設営されている。回民墓地の多くが清真寺に隣接し、清真寺指導層が管理している。このような民営の回民墓地は大部分が中華人民共和国の成立以前に設営されたものである。例えば、銀川市の西関寺の場合、1950年代前半頃まで清真寺の敷地内に回民墓地が存在した[183]。そのほか、北関寺、

183）第 2 章・第 3 章で述べたように、西関寺の回民墓地は文化革命期間中に一度破壊されて農地にされたが、1980 年代には入ってから西関寺の信徒たちによって自発的に修復され、2002 年まで継続して利用されていた。しかしながら、2003 年、西関寺の裏手にある公園造営の工事によって回

第3部　変貌する宗教儀礼と民族文化

南関東寺、新華寺なども銀川市郊外に回民墓地をそれぞれが所有する[184]。回民公墓の利用者に他省出身の回族が多い一方、銀川市出身の地元住民（回族）は自分たちの所属する清真寺に墓地がある場合、遺体を清真寺の墓地へ埋葬することが一般的である。

第3節　死者儀礼の準備

1　死者と遺族

　ここから死者儀礼の事例を紹介してみよう。1998年5月、筆者が銀川市で予備調査を実施していた際、西関寺で葬儀が実施される知らせを聞いた。筆者は寧夏社会科学院の研究協力者とともに西関寺を訪問し、遺族の許可をえて観察させてもらった。本章の死者儀礼の記述は、西関寺における死者儀礼の参与観察および遺族に対して実施したインタヴュー調査にもとづいて儀礼の過程を再構成したものである［澤井 2002a］。

　1998年5月22日午前、西関寺の回族（男性、馬姓、享年75歳、カディーム派）が他界した。故人の祖父は清朝期に寧夏同心県から銀川市へ移り住んだという。故人は西関寺付近の集合住宅にくらす工場労働者であった。家族構成は、妻（納姓、銀川市永寧県出身、60歳、専業主婦）、息子2名（48歳、43歳）、娘1名（39歳）である。全員が回族である。故人の息子と娘は既婚者で親元を離れている。長男・次男はともに銀川市の工場に勤務し、長女は専業主婦である。息子夫婦と娘夫婦の子どもはそれぞれ1男1女で、息子と娘の夫婦には大学進学者がいた。故人の妻は葬儀の数年後、メッカ巡礼を済ませており、故人は比較的裕福であったことがうかがえる[185]。故人は西関寺の人々のあいだで敬虔なムスリムであったという評判で、実際、葬儀参列者数は非常に多かった[186]。

　民公墓へ移転させられた。

184）銀川市では、清真寺の所有する回民墓地にはそれぞれの清真寺に所属する回族しか土葬できないという「暗黙の了解」がある。例えば、西関寺の回民墓地の場合、西関寺の信徒しか利用していなかった。ただし、西関寺の信徒の配偶者（婚入女性）は利用できる。銀川市における回民墓地の利用方法を見ると、回族がジャマーアをひとつの単位と見なし、おなじ民族内部の人間関係をさらに細分化することがわかる。

185）メッカ巡礼における経済的出費と社会的威信の獲得については第3章を参照されたい。

186）回族の葬儀では死者の遺族は別として、基本的に男性しか参列することができない。若干の例

304

第 5 章　異端視される死者儀礼

2　葬儀の主宰者

　葬儀の準備作業をおこなっていたのは故人の長男夫婦、次男夫婦、娘夫婦、それぞれの子どもたちだった。故人の長男の話では、他の親族は当日の葬儀に参列した後に簡単な弔問をすませるとすぐに帰宅した。儀礼の準備に深く関わるのは死者の近い親族に限定されていた。葬儀終了後の死者祈念儀礼には、故人の兄弟姉妹やその子ども夫婦たちも儀礼に参加したが、儀礼全般の準備作業を担当するのは故人の子ども夫婦たちである。

　葬儀にあたって遺族のなかから儀礼の主宰者（1名）を決める必要がある。西関寺の宗教指導者や遺族の話によれば、死者が父親の場合は死者の息子（長男が優先される）が、死者が母親の場合は死者の夫が葬儀の主宰者を務めることが一般的であるという。西関寺の事例では死者の長男が主宰者を務めた[187]。なお、現地の回族社会の場合、葬儀の主宰者は「喪主」とは呼ばれない[188]。おそらくこれは漢族の服喪に由来する「喪」という言葉を回族が忌避するからであると考えられる。

　回族の葬儀で人目をひくのが葬儀参列者の多さである。遺族は言うまでもなく、遺族の所属する清真寺の宗教指導者、寄宿学生、管理委員会、一般信徒、他の清真寺の信徒たちも大挙して葬儀に駆けつける。遺族は西関寺だけでなく、南関寺、新華寺、東関寺、双渠口寺にも連絡を入れ、数多くの清真寺関係者を招待していた。葬儀参列者の人数が増加すれば、遺族が参列者に分配する自発的喜捨の金額も増えることになり、遺族がどの清真寺に連絡を入れるのかは遺族の経済状況によって左右される。

　葬儀参列者の人数は遺族の「面子」（mianzi, 社会的な名誉や体面）に関わるため、遺族はできるかぎり多くの参列者を招待する。実際、西関寺の遺族はどのような人々を招待するのかを慎重に検討していた。シャリーア（イスラーム法[189]）によれば、葬儀参列者の人数や自発的喜捨の金額はあくまでも遺族の心付け次

　外はあるが、本文における葬儀参列者とは基本的には男性を指すものと理解されたい。

187）死者に息子が複数いる場合、一般的に、長男が優先される。それに対して、男子がいなくて女子しかいない場合は、娘よりもむしろ娘の夫が優先されることが多い。

188）これは2000年に遺族および西関寺の寄宿学生から聞いた話にもとづく。

189）アッラーの意志を具現化し、絶対的真理から演繹されたもの。スンナ派では法源としてクルアーン、スンナ（預言者ムハンマドの慣行）、キヤース（法学者による学問的類推）、イジュマー（合意事項）が認められている。これらは原則的にムスリムの生活総体を包括的に規定するものである［大塚 1989：50, 60］。

第3部　変貌する宗教儀礼と民族文化

第であるとされているが、実際の葬儀の場面では、葬儀参列者の人数調整が遺族の名誉や威信をかけた「権力ゲーム」のように繰り広げられることが少なくない。

　このように、回族の葬儀には、遺族の所属する清真寺（正確にはジャマーア）の範囲をこえた広範囲の地域から数多くの信者たちが参加する。葬儀参列者のうち、葬儀執行の責任者は遺族の所属する清真寺の宗教指導者と清真寺民主管理委員会である。宗教指導者は当日の葬儀の細則を確認し、管理委員会は葬儀参列者を会場へ案内したり、葬儀の役割分担などを調整したりする。通常、清真寺で実施される葬儀は遺族だけでは実施することは物理的に不可能であり、遺族の所属する清真寺関係者（特に指導層）の協力が必要不可欠である。換言すれば、清真寺関係者（特に指導層）の関与が死者儀礼に対して正統性を付与するのである。例えば、銀川市の宗教指導者の話によれば、死者が生前、不真面目なムスリムだった場合、清真寺関係者はあえて葬儀への参列を拒み、葬儀参列者の人数が明らかに少なくなるという。このような現象は、ジャマーアの信徒集団が生前、不真面目なムスリムだったと見なした故人に対して加える社会的な制裁なのである。

3　服喪――「戴孝」

　葬儀当日以降、遺族は服喪の慣習に従う[190]。回族の服喪は、「戴孝」（daixiao）といい、漢族とおなじ民俗語彙で表現されていた。銀川市では主に葬儀当日、遺族が「白帽」（baimao）を頭に被り、（遺族には左腕に腕章をはめる者もいる）、死者の平安を祈念して40日間墓参する。西関寺の事例では遺族は全員が白帽をかぶっていた。服喪のときに着用する白帽は普段かぶる礼拝帽でも構わない。故人の妻、息子夫婦とその子どもたち、娘夫婦とその子どもたちは白帽を着用していた。息子と孫（男性）にかぎり、白帽だけでなく、左腕に喪章を着用していた。実際に喪章を着用した故人の孫の話によれば、「世代が死者より低い親族は原則として喪章をはめる義務がある。（喪章を筆者に見せながら）これは死者を哀悼するためのものだ」と説明していた。しかし、故人より世代ランクが低い遺族

190）赤堀［1997］はエジプト・ベドウィンの服喪、清水［1992］はヨルダンのアラブ・ムスリムの服喪期間に言及している。シャリーアにおける服喪規定は不明であるが、服喪慣行は各地のムスリム社会において民族慣習として広く実践されている。

306

のなかには、例えば、息子の妻、故人の娘夫婦とその子どもたちは喪章を着用しておらず、喪章着用がどの程度遵守されているのかは詳細を確認することはできなかった。他の清真寺の葬礼では喪章着用者をほとんど見かけなかった。

その一方、故人の娘の夫とその子どもたちの服喪の細則は異なる。彼らも葬儀に参列し、故人の子どもや孫とおなじように白帽を着用していたが、喪章は着用していなかった。また、葬儀当日の夜、故人の父系親族（男性の近親）が中心となって墓参をおこなっていたが、故人の娘は参加していたが、娘の夫は参加していなかった。こうしたことから、死者（男性）の姻戚の場合、死者の父系親族とおなじように服喪遵守や墓参慣行を実施する必要はないことがわかる。ここで服喪規定の要点を整理しておけば、まず、故人の妻、故人より世代ランクが低い父系男性親族（例えば、息子、孫）とその配偶者、故人の父系女性親族（娘）は服喪を実際に遵守していたのに対し、故人の姻戚にあたる娘の夫とその子どもは白帽を着用していただけで、喪章着用や墓参の義務は免除されていた。銀川市で観察した回族の服喪では、漢族のそれと同様、父系出自の原則を確認することができる。なお、死者が女性の場合、その夫は喪に服す必要はない[191]。

写真 5-3　喪章を着けた遺族（1998 年寧夏回族自治区銀川市で撮影）

遺族の説明によれば、服喪期間は死者の妻が 21 日、死者の父系親族（例えば、息子とその子どもたち、死者の娘）が 40 日であると認識されていた。服喪期間中の遵守すべき行為は、白帽の着用、喪章の着用、婚礼や宴会などに出席しないこと、夫婦間の性交渉などを慎むことなどである。銀川市では回族は死後 40 日を重要視しており、死後 40 日に最も盛大な死者記念儀礼に実施することが一

---

[191] 故人の長男の話によれば、死者と同世代の親族や姻族には服喪の義務はない。実際、西関寺の事例では遺族宅へ弔問しにきた故人の息子の嫁の親は普段着で来訪し、喪に服していなかった。

第3部　変貌する宗教儀礼と民族文化

般的である。死後40日目を重視する理由については清真寺関係者や遺族に質問してみたが、明確な回答は得られず、また、シャリーアの規定もなく、詳細については確認することができなかった[192]。

　銀川市ではイスラーム改革を提唱するイフワーン派の影響力が依然として大きく、イフワーン派を支持する人々には服喪の実施を批判する傾向がある。西関寺の遺族はイフワーン派の西関寺に所属しているが、故人は先祖代々、カディーム派の儀礼を実施してきたため、服喪慣行を細々と実施している。死者の息子たちは「服喪は亡くなった家族の死を嘆き悲しむためではなく、死者に哀悼の意を示すためのものだ」と説明し、服喪慣行の正当性を強調していた[193]。

第4節　葬送儀礼

1　死のとらえかた──「帰真」

　家族・親族などの親しい関係にある人の死はどのような人にとっても悲しい出来事であるが、死の受けとめ方はそれぞれの民族社会の宗教的世界観によって強く特徴付けられている。回族は死に言及するとき、漢族と同様に「死」という表現を忌避する。「死」をあらわす言葉として「去世」や「逝去」といっ

---

192) 40日という服喪期間について、清水が類似した事例を指摘している。アラブ・ムスリムは喪明けの日をアルバイーンと呼び、死者の家族が饗応をおこなう［清水 1992：138-140, 1993：34］。清水は、ギリシャ正教徒の村でも服喪期間が40日となっていることから、40という数字が必ずしもイスラームとは関係がないかもしれないと考えている［清水 1992：150］。シャリーアの法源のひとつ、ハディースによれば、夫の死後、つまり、夫の死を契機とする婚姻関係の解消後、妻による待婚期間が4ヶ月と10日、それ以外の者のためには3日以上喪に服すべきではないとされているが［ブハーリー 2001a：24］、40という数字に関する記述はない。40という数字はイスラームの法的規定とは直接関係がないのであろう。

193) 河北省に住む回族の葬儀の事例の場合、遺族と参列者全員が葬儀の当日のみ「孝」(xiao)という字が刺繍された黒い「袖章」(xiuzhang, 喪章)をはめる。死者が男性ならば左腕に、女性ならば右腕にはめる。遺族は死者が父方親族ならば藍色の喪章を、母方親族ならば赤色の喪章をはめる。さらに遺族は、「孝服」(xiaofu)（7日間）、「孝帽」(xiaomao)（40日間）、「孝靴」(xiaoxie)（40日間）を着用する。死者の息子とその配偶者、死者の娘は死後7日目に新しい「孝靴」にはきかえ、死後20ヶ月の間その「孝靴」を履き続ける。ただし、死者の娘が既婚者の場合は10ヶ月間に短縮される。この事例については、1998年、韓萍氏（当時、東京学芸大学大学院在籍）から教えてもらった。これと類似した事例は山東省の回族を調査した李彬［1994：53］によって報告されている。

第5章　異端視される死者儀礼

た言葉が使用されることがあるが、回族は、「帰真」（guizhen）[194]、「無常」（wuchang）、「冒体」（maoti）などの民俗語彙をよく使用する。とりわけ、「帰真」という言葉は「死んだ人間がアッラーのもとへ帰る」という意味であり、イスラームの死生観を端的にあらわす語彙として特別に重視されていた。

「死」にまつわる回族の民俗語彙を紹介しておく。回族の人々は死んだ人間を「亡人」（wangren）あるいは「埋体」（maiti）と呼ぶ。「亡人」は字義通り「亡くなった人」を意味するが、状況によっては「話者と何の関係もない死者全体」を指したり、「話者と父系出自の系譜関係や姻戚関係にある死者」を指したりする[195]。「埋体」はアラビア語起源の語彙であり、「死者の遺体」や「死者個人」を意味する。どちらかといえば、「亡人」が「抽象的で没個性的な人間の集合」としての「死者全体」を指すのに対し、「埋体」は「具体的で個別的な顔のみえる個々の人間」を指すことが多い。

このように、「死」にまつわる回族の民俗語彙はイスラームの死生観によって強く特徴付けられている。例えば、銀川市の回族は葬儀参列者の作法について説明するとき、「人間の寿命はアッラーによって定められているのであるから、遺族が葬儀の場面で家族の死を必要以上に嘆き悲しむべきではない」とよく強調する[196]。実際、回族の人々が墓参した際、遺族の女性にその場で泣く人が多いため、宗教指導者らの男性が泣かないように戒めるのであるが、言葉遣いにしろ、振る舞いにしろ、イスラームの死生観を表す民俗語彙は多く、また、それを適切に使用できるかどうかが回族らしさ（Hui-ness）を問う場合に重視される。

ここで、葬儀の過程に話をもどそう。銀川市では回族の家庭で家族に死期が迫っているとき、自分たちの所属する清真寺にすぐさま連絡し、宗教指導者や寄宿学生たちを自宅へ来訪してもらう。臨終の際、宗教指導者が臨終間近の者に「清真言[197]」というイスラームの聖句をアラビア語で唱えさせる。これは

194）この民俗語彙は「帰順真主」の略語である。

195）死者個人をより明確に特定する場合は、死者の親族名称を使用することがある。例えば、「今日は祖父が亡くなった日です」というように表現する。おそらく死者がエゴ（話者）と生前比較的近い関係にあり、エゴの記憶のなかでも新しい場合は、「亡人」よりは死者の親族名称を使用する傾向がある。

196）1998年や2000年、銀川市の回民墓地で家族の死を悲しんで泣く女性を葬儀参列者の老人たち（男性）が叱る場面を目撃したことがある。

197）この聖句は「アッラーのほかに神なし。ムハンマドはアッラーの使徒なり」を意味する。

309

第 3 部　変貌する宗教儀礼と民族文化

シャリーアで規定された義務行為であり［イブン・アル＝ハッジャージュ 1987：75］、
その目的は臨終間近の者に自分がムスリムであることを自覚させることにある。
ただし、当人の健康状態が悪く、自分自身で聖句を朗誦できない場合は、宗教
指導者が代行してもかまわない。

　臨終の確認後、宗教指導者がクルアーンを朗誦し、「討白」（タウバ）、すなわ
ちアッラーへの懺悔をおこなう。クルアーンの朗誦には、死者の生前の罪を
アッラーに赦免してもらおうとする清真寺関係者や家族の願いが込められてい
る。クルアーン朗誦の後、遺体は自宅の寝室に安置される。このとき、遺体は
仰向けに寝かせられ、頭を北の方角に、遺体の顔はメッカの方向（中国から見て
西の方角）に向けられ、白い布がかけられる。西関寺の寄宿学生の説明によれば、
死後、遺体の顔をメッカの方向へむけることはアッラーとの対面を死者に準備
させる意味があるという。

2　遺体の沐浴──「洗埋体」

　その次の作業は遺体の清めである。遺体の浄めは「洗埋体」（*xi maiti*）と言わ
れている。主な目的は、遺体を清潔に洗い、死者にアッラーとの対面の準備を
させることにある。この作業は温水を「湯瓶」（如雨露のような容器）に入れる係、
温水をかける係、遺体をこする係によって分担される。死者が男性であるなら
ば男性、死者が女性ならば女性がおこなうことが義務付けられている[198]。西
関寺の寄宿学生の話によれば、イスラーム諸学を学んだ者は別として、一般に、
遺族には浄めの方法を知らないので、清真寺関係者が代行することが多い。実
際、西関寺の事例では遺族ではなく、寄宿学生が遺体を浄める作業を担当し
ていた。遺体は寄宿学生が「水床」（沐浴用の板）のうえに置き、頭を北向きに、
顔をメッカの方向へむけて洗う。遺体をこする係を担当する者は、遺体の右側
を先に洗ってから、左側を後に洗う。この作業を三回繰り返す。

　遺体の沐浴後、遺体を「カファン」という白い布で包む。カファンの使用も
シャリーアで規定された義務行為である。西関寺の事例では遺族ではなく、寄

198）これはムスリム社会に顕著な男女の社会的隔離の原則によると考えられる。回族社会の場合、
死者の妻が夫の遺体を浄めることはできるが、夫が妻の遺体を沐浴することは禁止されている。
妻が死去した場合、夫と妻の婚姻関係が解消され、亡き妻は婚姻関係を持たない一般の女性に
戻ると考えられているからだという［納国昌 1995：53］。夫が逝去した場合、亡き夫と妻の婚姻
関係も解消されるはずだが、妻が夫の遺体を浄めることはできる理由については不明である。

宿学生がカファンで遺体を包んでいた。死者が男性ならば3枚、女性ならば5枚のカファンを使用する。男性用の3枚のカファンとは、大きさに応じてそれぞれ大カファン、中カファン、小カファンと言われている。最初に遺体を小カファンで包む。次に中カファン、大カファンを順々に着せる。その際、カファンは左前、つまり、遺体から見て左側を手前にして右側をその上に重ねる。女性の場合、男性用の3枚に加えて、ヴェール、胸あてが使用される［丁国勇（主編）1991；李鴻然 1994］。遺体の防臭剤として香料（主に樟脳）をカファンに染み込ませ、遺体の耳や鼻の穴などに詰め物をする。

　最後に、大カファンの両端と腰の部分を白い布でしばる。その後、遺体を「ターブート」という担架（医療用担架のような形）のなかに安置する。この担架は清真寺が貸し出す特別な用具であり、イスラームを象徴する緑色でアラビア語の聖句が書かれている。西関寺の事例では、遺体は寄宿学生によって担架のうえに安置され、クルアーンやハディースの聖句が刺繡された黒色の綿布がかけられていた。

　なお、遺体沐浴の理由は遺体が「不浄」であると考えられているからではない。回族は死んだ人間の遺体を「穢れている」と表現することはない。なぜなら回族は死者や遺体に対するケガレ観念を持っていないからである。遺体沐浴は礼拝前におこなう沐浴と同様、アッラーに対面するための準備作業として執りおこなわれるのであり、そこにはケガレ観念を確認することはできない。この点は東アジアのケガレ観念とは根本的に異なる。

3　贖罪儀礼──「転費達耶」

　遺体が葬式用担架に安置されると、遺族たちが清真寺の中庭へ運び出す。西関寺の事例では、死者の息子とその他の父系男性親族が遺体を運び出していた。その後、遺族は「乜貼」（ニエティエ，自発的喜捨）を葬儀参列者に分配する。「乜貼」という民俗語彙はアラビア語のサダカの意味であるが、葬儀で分配される自発的喜捨は特別に「フィドヤ」（*fidya*, 贖い）と表現される。フィドヤとは「遺族が死者の生前の罪業を贖う行為」を意味するが、葬儀参列者に分配される自発的喜捨を指すようになった。葬儀参列者に対して自発的喜捨を分配する儀礼は「フィドヤをまわす」と表現される。一般に、どのようなムスリムもシャリー

第 3 部　変貌する宗教儀礼と民族文化

写真 5-4　贖罪儀礼（2000 年寧夏回族自治区銀川市で撮影）

アで規定された義務行為を確実に実行できるとはかぎらないのであるが、義務行為を遵守できなかった人間は最後の審判によって地獄へ行くことになるかもしれないと現地の回族社会ではしばしば説明される。そのため、遺族は死者が生前履行できなかった義務行為を現金に換算し、その現金を自発的喜捨として葬儀参列者に配り、死者が善行を積めるようにアッラーに祈念するのである。このような遺族の行為にはアッラーによる赦免に対する期待・願望が表現されている。なお、葬儀における自発的喜捨はハディースで奨励されているが［イブン・アル＝ハッジャージュ 1988：135-136］、フィドヤをまわす行為は回族独自の慣習であり、シャリーアでは言及されていない。

　西関寺の場合、贖罪儀礼は午後のアスル礼拝[199]が終わった後に実施された。葬儀参列者（男性のみ）が清真寺の中庭に安置された遺体を囲むように大きな円を作って直立する（写真 5-4）。贖罪儀礼も遺族の葬儀主宰者（1 名）が担当し、死者の息子が務めることが慣例となっている。長男の場合が多いが、次男であっても問題はない。死者に息子がいない場合、娘の夫または娘の息子が担当してもかまわない。死者の息子を優先する理由は父系出自の原則による影響であろうが、死者の娘の夫も候補者として容認されることに注目すれば、贖罪儀礼は父系出自の原則に必ず依拠するわけではない。なお、死者の親族・姻戚で

199）イスラームの義務行為である五行の一つである礼拝は 1 日 5 回おこなう。本文の礼拝とはそのうちのサラート・アル＝アスル（午後の礼拝）を指す。

あっても女性が贖罪儀礼に参加することは禁止されている。西関寺の事例では故人の長男が贖罪儀礼を担当した。長男が参列者の円のなかに入り、白い包みを西側に立っている参列者から左回りに回していく。長男は白い包みを参列者に手渡す時、「ビスミッラー」(*Bi-ism Allah*, アッラーの御名において) とアラビア語で唱えねばならない。参列者は「ビスミッラー・ワ・カビルト」(*Bi-ism Allah wa qabiltu*, アッラーの御名によって受け取った) と唱えながら白い包みを受けとり、「スンマ・ワハブトゥカ」(*Thumma wahabtuka*, 続けて手渡した) といって長男に返答し、白い包みを長男に返す。長男は「ビスミッラー」(*Bi-ism Allah*, アッラーの御名において) と唱えながら白い包みを受けとる。このようなキャッチボール式のやりとりが長男と参列者のあいだで繰り返される[200]。白い包みが一巡すると、長男が白い包みを開封し、そのなかから札束を取り出し、参列者全員に自発的喜捨として分配する。

　銀川市の宗教指導者の話によれば、贖罪儀礼で分配される自発的喜捨の金額には特別な決め方があるという。一般的に、都市では1日5回の礼拝が21元(1元=約15円)に相当すると考えられており、ヒジュラ暦では1年はおよそ354日[201]であるから1年分で約7,434元と換算される。ただし、その7,434元は一般市民の経済状況に照らしあわせると高額すぎるため、その半額の3,717元が自発的喜捨と見なされる。宗教指導者の経験によれば、自発的喜捨が多い場合で10,000元、少ない場合で700元ほどのお金が用意されたことがあったという。西関寺の事例では葬儀参列者が約300名で、全員が5元ずつ受けとっていた。単純計算で遺族は自発的喜捨だけで少なくとも約1,500元出費したことになる。なお、自発的喜捨は死者の遺産や遺族の財産から捻出することが慣例となっている。

4　葬送礼拝──「站者那則」

　贖罪儀礼が終わると、葬儀参列者 (男性のみ) が「站者那則」(*zhan zhenaze*) という葬送礼拝を実施する。ジャナーザ礼拝はシャリーアで義務行為として規定

---

200) 銀川市の宗教指導者によれば、白い包みをまわす回数は死者の年齢や敬虔の程度によって異なるということだった。

201) 回族はヒジュラ暦、農暦、西暦を併用している。イスラームの年中行事ではヒジュラ暦が重視される。

第 3 部　変貌する宗教儀礼と民族文化

写真 5-5　葬送礼拝（2004 年寧夏回族自治区銀川市で撮影）

されている［Bosworh et al. 1991：441-442；イブン・アル＝ハッジャージュ 1988：94-98］。遺体は頭を北に向けて清真寺の中庭に安置されたままである。まず、遺体の東側に、西関寺の宗教指導者が先頭に立ち、その後ろに、他の宗教指導者、寄宿学生、管理委員会、遺族、一般信徒が靴を脱いで横数列になって並ぶ。このとき、カディーム派では靴を脱がなくてよいが、イフワーン派では靴を脱ぐ[202]。西関寺の事例ではイフワーン派のやりかたに従い、全員が靴を脱いでいた。葬儀参列者は体をメッカの方向に向けて静かに整列する。この場面でも女性は遠巻きに傍観するだけで、葬儀の礼拝に参加することができない。

　葬儀参列者が整列した後、宗教指導者が先導する形でタクビール、つまり「アッラーフ・アクバル」（アッラーは偉大なり）という聖句を合計 4 回唱える。タクビールを唱える際、参列者は一般の礼拝とは異なり、頭を上下に動かすだけである。1 回目のタクビールの後に葬送の礼拝の始まりを意味する聖句、2 回目のタクビールの後に預言者ムハンマドを讃える祈禱文、3 回目のタクビールの後に死者のための祈念、4 回目のタクビールの後、「アッサラーム・アライクム・ワ・ラフマトッラー」（あなた方に平安とアッラーの慈悲を）という聖句を唱える。葬送礼拝の目的は葬儀参列者全員で死者の生前の罪をアッラーに赦免してもらい、死者が来世で平穏な生活を送られるように祈念することにある。

[202]　これは岩村［1950］によっても報告されている。

5　埋葬——「下埋体」

　葬送礼拝の終了後、葬儀参列者（原則として男性のみ）が遺体を葬式用担架にのせ、西関寺の回民墓地へ運搬する。遺体の運搬は「送埋体」(song maiti)と表現される。一般に、死者の遺体は4名で運搬することがスンナ（預言者ムハンマドの慣行）であると考えられているが、人間の身体は男性4名で運べるほど軽くはないので、実際は10名近くの遺族によって運ばれる。西関寺の事例では故人の息子や孫などの父系親族（男性）だけでなく、故人の娘の夫、故人の父方オジの娘の子ども（男性）のように死者と姻戚関係にある人々も遺体を運んでいた[203]。なお、調査地では、女性は原則として回民墓地の敷地内に入ることが禁止[204]されているが、遺族の女性だけは回民墓地へ入ることが容認されつつある。

写真5-6　西関寺の共同墓地（2000年寧夏回族自治区銀川市で撮影）

　遺体が回民墓地に到着すると、遺体を墓穴に埋葬する。これは「下埋体」(xia maiti)と呼ばれている。墓穴は「墳坑」(fenkeng)といい、穴の形は直方体で南北に長い。一般に、清真寺が雇った墓堀人（おなじ清真寺の一般信徒）が墓穴を掘る。イスラームの教義では、この穴のなかの西側に、もうひとつ穴、「拉哈洞」(lahadong, ラハド)を掘ることが定められている。ただし、銀川市の土壌は柔ら

---

203) 遺体運搬の際、遺体運搬用の担架を決して地面に直接置いてはいけない。
204) 回族の男性たちは女性が泣きやすいと考え、葬儀の多くの場面から女性を物理的に排除する。なお、葬儀における女性の隔離に関する記述はハディースにも見られる［イブン・アル＝ハッジャージュ 1988：89-91；ブハーリー 2001a：24］。

第3部　変貌する宗教儀礼と民族文化

写真5-7　埋葬（2004年寧夏回族自治区銀川市で撮影）

写真5-8　死者祈念儀礼でのクルアーン朗誦（2002年寧夏回族自治区銀川市で撮影）

かく、墓穴をふたつも掘ることができないので、墓穴はひとつだけでよいと清真寺関係者に判断されていた。

　通常、遺体を埋葬する係は清真寺の寄宿学生が務めることが多い。西関寺の事例では寄宿学生数名が担当していた。遺体は右脇腹を下にし、体の正面をメッカの方向へ向け、頭を北向きに、脚を南向きにし、墓穴のなかに安置する。その後、墓穴を石板で蓋をし、土をかける。最後に、直方体の緩やかな土

盛り[205]を作れば完成する。

　埋葬が終了するまでのあいだ、葬儀参列者たちは墓を円形に囲む形で静かに座っていた。遺族たちは悲しみのあまりうなだれている。墓ができあがる頃合いを見計らい、宗教指導者がクルアーンを朗誦し始める。このときのクルアーンの朗誦箇所は、基本的には任意であるが、第1章、第2章の一部、第112章、第113章、第114章を朗誦することが多い。墓が完成すると、葬儀参列者が全員一斉に死者の平安を祈り、ドアー（祈念）をおこなう。その後、葬儀参列者はすみやかに墓地を後にした。

6　死者祈念儀礼——「過乜貼」

　葬儀の終了後、一連の儀礼が続く。銀川市では死者祈念儀礼が定期的に実施される。西関寺の事例では死後3日目、5日目、7日目、14日目、21日目、28日目、30日目、35日目、40日目、100日目、1年、「開斎節」（断食明けの祭）、「古爾邦節」（犠牲祭）、「聖紀節」（預言者ムハンマドの生誕祭）などの機会に遺族が墓参と饗応を実施していた。毎回、遺族（男性）は、西関寺の宗教指導者や寄宿学生たちと墓参し、墓参終了後、彼らを自宅へ招待し、饗応儀礼をおこなう。遺族の女性は墓参に参加せず、自宅で訪問客を接待するための料理を用意する。このような死者祈念儀礼はアラビア語起源の「アマル」（善行）または「過乜貼」（グオ・ニエティエ）と言われている[206]。西関寺の事例では死後40日が経過するまでの間、故人の父系男性親族（死者の息子と孫）が毎日朝晩、宗教指導者や寄宿学生たちとともに「走墳」（*zoufen*, 墓参）を実施していた。故人の妻や娘、故人の息子の妻、故人の孫娘らは墓参に参加していなかった。女性は墓地に行くべきではないとされているからである。

　銀川市のカディーム派の場合（一部のイフワーン派も含むが）、死者祈念儀礼のなかで特に盛大に実施されるのは死後21日目と死後40日目の儀礼である。その理由は、故人の長男の話によれば、死後21日目が特別に重視される理由は「死後21日目の頃、遺族が精神的にも肉体的にも苦痛から解放されて楽になるから」という。その他、「ちょうどその頃、死者のルーフ（霊魂）が肉体から離れ、

205）サイズは縦が約180cm、横が約30cm、高さが約15cm。
206）アマルの語源については Bosworh（et al.）［1986: 427-429］を参照した。回族の死者祈念儀礼については拙稿［澤井 2003］で報告したことがある。

317

第3部　変貌する宗教儀礼と民族文化

天国にむかって浮遊する」と説明する遺族もいた。西関寺の寄宿学生は「死後、7日経過するごとに死者の肉体は原形を留めなくなり、死者のルーフが肉体から分離する」と説明し、死後21日目の霊魂と肉体の分離の重要性を強調していた。なお、死者祈念儀礼の規定はクルアーンやハディースには明記されていない。

　筆者が参加した故人（馬氏）の死後21日目の儀礼について簡単にまとめておく。まず、遺族は死後4日目の時点で、死後21日目に招待する予定の回族の隣人や友人（主に西関寺関係者）に「油香」（揚げパン）と牛羊肉の煮込みを手渡す。それを受けとった人々は死後21日目に「端乜貼」（duan nietie）と呼ばれる遺族への弔問を実施することになる。その際、遺族が注意すべきは弔問客の選別であり、故人と友人関係を思い出し、慎重におこなう。なお、「端」という漢字は「両手で物を渡すこと」、「乜貼」は自発的喜捨を指し、死後21日目の当日、弔問客が自発的喜捨を遺族に直接手渡すことを意味する。

　西関寺の事例では死後21日目の儀礼のときに遺族は西関寺の宗教指導者、寄宿学生、管理委員会たちを自宅へ招待し、クルアーン朗誦を依頼していた。クルアーン朗誦後、参加者全員でドアー（祈念）をおこない、死者の平安を祈る。当日の弔問客は西関寺の信徒たち（およそ100名）が遺族宅を訪問し、遺族に対して自発的喜捨（現金）を手渡し、自発的喜捨は5,000元ほどになったという。遺族の話によれば、当日の儀礼の諸経費はおよそ3,000元で、結果的には黒字なのであるが、残額の約2,000元はその後の死者祈念儀礼に充当された。当日、遺族たちが「これだけ多くの人々が死者の平安を一緒に祈念したわけだから、死者は天国に近づけるにちがいない」としんみりと話していた様子が印象的であった[207]。

　死後21日目の儀礼で重要なのは墓碑である。銀川市のカディーム派やスーフィー教団には死後21日目に墓碑を建てる慣習がある[208]。西関寺の事例では遺族は墓碑をあらかじめ購入し、死後21日目、墓碑をたしかに建てていた。石板の墓碑の正面の上部にはバスマラというイスラームの聖句（「慈愛あまねく

207）ハディースには、預言者ムハンマドが「亡くなったムスリムのために100人もの同胞たちが執り成しの祈りを捧げれば、その執り成しは受け入れられる」という記述がある［イブン・アル＝ハッジャージュ 1988：96］。
208）1998年西関寺の回民墓地にあった墓碑の日付を調べたところ、すべての墓碑が死後21日目に建てたわけではなかった。墓碑を建てる時期には個人差が見られる。

慈悲深きアッラーの御名によって」という意味」）がアラビア語で、墓碑の中央に故人の氏名（漢字）、左右に生年月日、死去年月日、子の氏名、墓碑建立日が漢字で刻まれる。息子の説明によれば、墓碑を建てる目的は死者が土葬された場所を明らかにすること、死者の亡くなった年月を記録することにあるという。一般に、イフワーン派は墓碑を奨励していないが、銀川市ではどの「教派」の清真寺でも墓碑の慣習が容認されていた。

　ここで、銀川市の事例をふまえ、回族の人々が死者儀礼をどのように実施し、それを解釈するのかということを確認しておきたい。死者儀礼には、クルアーンやハディースなどで言及されたイスラームの死生観と密接な関係のある儀礼行為もあれば、イスラームの法規定とは関わりのない慣習もある。回族の人々はシャリーアで規定された義務行為や漢文化の服喪や墓参などを巧妙に組みあわせ、独自の方法で死の対処法を編み出しているのである。また、死者儀礼は儀礼参列者に清真寺内外の繋がりや力関係を確認させる効果を発揮することがある。死者儀礼を準備する遺族は清真寺指導層との交渉や調整をとおして清真寺内部の序列関係を再確認することになる。一般の儀礼参列者は儀礼の規模や施しの金額を確認し、死者や遺族の名声や財力を推測する。つまり、ここでいう死者儀礼とは単なる死者をムスリムとして処理する文化装置であるだけではなく、個々人の利害が交錯するようなポリティクスの場を提供することもありうる。

第5節　イスラーム改革と死者儀礼

　ここからはイスラーム改革が死者儀礼にどのようにかかわるのかを論じたい。

1　中国西北におけるイスラーム改革

　まず、中国のイスラーム改革運動が発生した経緯を通時的に整理する。本書で紹介するイスラーム改革運動とは19世紀末頃、甘粛省の馬万福が提唱した「尊経革俗」（クルアーンとハディースによって習俗を改革する）を指す[209]。このスロー

―――――――――
209）清朝康熙年間にイスラーム学者舎蘊善がイスラーム改革運動を提唱し、その後、イスラームの

第3部　変貌する宗教儀礼と民族文化

ガンは「凭経立教」（クルアーンとハディースによって教えを立てる）ともいい、クルアーンとハディースにもとづくイスラームの刷新という点で中東や中央アジアにみられる「イスラーム復興」の一潮流として位置付けることができる。以下、馬克勲 [1982]、馬通 [1995]、中田 [1993] の研究を参照し、馬万福のイスラーム改革運動の全体像を記述する。

　馬万福は現在の甘粛省東郷族自治県出身で、回民ではなく、東郷回（現在の東郷族に相当する）である。馬万福は 1849 年（清朝道光 29 年）[210]、スーフィー教団の貧しい家庭で生まれ育った。彼の祖父と父親はともにアホン（当時は「イスラーム学教師」を意味した）であった。馬万福は幼少の頃から清真寺でイスラーム諸学を学び、アラビア語やペルシア語に精通し、13 歳の頃に東郷県一帯でイスラーム学の教師と呼ばれるほどの人材だったという。1875 年（清朝光緒元年）ごろ、馬万福はスーフィー教団のアホンの資格を取得し、故郷にある清真寺に勤務するようになった [馬克勲 1982：439-440]。

　その後、馬万福はメッカ巡礼の旅費を貯金した後、1886 年（清朝光緒 12 年）、自分の師匠や地元有力者とともにメッカへ旅立った [馬克勲 1982：442-443]。馬万福は世界各国からメッカに集まった巡礼者たちが自分とは違うことに気付いた。つまり、馬万福は中国イスラームには漢文化の影響が大きく、シャリーアに反した儀礼が生まれたのではないかと反省するようになり、メッカでイスラーム諸学の研鑽を積むことにした [211][馬克勲 1982：443]。馬万福は 1890 年頃に帰国し、1893 年故郷へ帰った後、おなじメッカ巡礼者が所属する清真寺でアホンに就任した。メッカを巡礼した馬万福の周囲にはアホンたちが集まり、馬万福がメッカから持ち帰った「経典」をめぐって議論していたという [馬克勲 1982：446]。馬万福のイスラーム諸学は甘粛に大きな影響を及ぼしたが、彼の主張には中国西北で強大な勢力を持つスーフィー教団を批判する見解が多く、

「正統性」をめぐる議論が「古行」や「新行」という派閥によって展開されたことが佐口 [1968, 1969] によって指摘されている。佐口の検証によれば、清朝末期の回民のイスラーム改革運動は必ずしも国外からもたらされたものではなかった。一般に、回族研究ではイスラーム改革運動といえば、馬万福が提唱したものを指すことが多いが、それは中国に数あるイスラーム改革運動の潮流のひとつに過ぎない。馬万福の事例のほかにも王静斎アホンのイスラーム改革運動が近年注目されている [松本ますみ 2004]。なお、本書では中国西北のイスラーム改革運動に限定して議論を進める。

210) 別の説では 1853 年（清朝咸豊 3 年）に生まれたともいわれている [中田 1993：30-31]。

211) ハリール・パシャはウラマーであったと同時にメッカを管理する役人でもあった [馬克勲 1982：443]。

スーフィー教団の反発を必然的に招くこととなった。ちょうどその頃、1895年に甘粛で河州事変[212]が起こり、ムスリム内部の衝突が多発したのであるが、馬万福は身の危険を感じて逃亡し、清真寺に潜伏した。

　1896年、馬万福をとりまく情勢が一変する。馬万福は甘粛省を支配する回民軍閥馬安良[213]の故郷（現在の甘粛省臨夏回族自治州）にある清真寺にアホンとして招聘されることとなった。清真寺の管理責任者は馬安良の弟で、馬万福は回民軍閥の庇護を受けたのである。馬万福は清真寺で50名以上もの寄宿学生を受け入れ、最新のイスラーム諸学を教授するようになった。馬万福のイスラーム学の教授法に対する評判は高く、馬万福の唱えたイスラーム改革は西北各地の清真寺に広まった。馬万福の支持者たちは自分たちを「伊赫瓦尼」（*yihewani*, 原語はアラビア語のイフワーン, 兄弟）と称し、その後、イフワーン派という「教派」（学派）を形成するようになった［馬克勲 1982：448］。

　ところが、馬万福は清朝政府や敵対勢力の攻撃を警戒し、各地の清真寺を転々とした。馬万福は1908年（光緒34年）頃、陝西省に潜伏し、1911年に辛亥革命が発生した後になってようやく帰郷した。馬万福は甘粛の清真寺でイフワーン派の学説を広めようとしたが、その時もスーフィー教団の強烈な反対に遭っている。回民軍閥の馬安良はスーフィー教団に対する配慮から馬万福の宣伝活動を禁止せざるを得なくなった［馬克勲 1982：453-454；勉維霖（主編）1997：356］。

　その後、1914年頃、馬万福は新疆省へ移ったが、1917年に逮捕されてしまい、甘粛省での処罰が決定された。馬万福は甘粛省へ護送される途中、青海省の回民軍閥馬麒[214]に救出され、活動の拠点を青海省西寧へ移すこととなった。

---

212) 現在の青海省循化県のサラール族（当時は「撒拉回」という）内部のイスラームの教派をめぐる衝突に端を発し、甘粛省や青海省を中心とするムスリムの蜂起となった。馬万福は当初は清朝政府に反対していたが、最終的には投降した。主な理由は、馬万福が清朝政府の回民軍閥馬安良と通じていたからであるらしい［中田 1993：32］。

213) 馬安良（？〜1918）の父親は清朝同治年間の回民蜂起の際、甘粛の河州（現在の臨夏）で清朝の左宗棠の軍隊に投降した馬占鼇である。馬占鼇は河州出身のスーフィー教団のアホンで、1872年河州近くで清朝軍を破ったのを機に清朝に帰順した。馬安良は河州事変では清朝軍の董福祥の指揮下で「反乱鎮定」に大きな功績を立てた。辛亥革命の際は陝西省まで軍を進め、中華民国政府を脅かしたほどである（袁世凱の説得に応じ、中華民国の共和制を認め、甘粛の軍事・政治上の権限を掌握した）［中田 1971：72、1993：33］。彼らこそが中華民国期に名をはせた回民軍閥の祖である。その後、甘粛では馬安良の子馬廷襄、青海では馬安良の部下馬麒（？〜1931）、馬麒の後はその弟馬麟、馬麒の子の馬歩青（1898〜？）と馬歩芳（1903〜）、寧夏では馬福祥（1876〜1932）（河州出身、馬安良の部下）、その兄の子馬鴻賓（1883〜1960）、馬福祥の子馬鴻逵（1893〜）が西北部で軍事・政治上の実権を掌握することになった［中田 1971：115-122］。

214) 甘粛を支配した馬安良の部下。河州出身。1928年青海省成立後、政府委員を経て主席に任命。

321

第3部　変貌する宗教儀礼と民族文化

1922年、回民軍閥の馬麒が青海省西寧の東関寺に「寧海回教促進会」を設立し、馬万福にイフワーン派のアホン（宗教指導者）を養成させた［馬克勲 1982：455-456；勉維霖（主編）1997：357］。このような経緯から、イフワーン派は清朝政府に「新興邪教」と呼ばれたが、青海省の回民軍閥の庇護下で温存された。1929年、馬麒が他界すると、弟の馬麟とその子馬歩芳が青海省の支配権を継承し、馬麒とおなじようにイフワーン派を擁護した。西寧の東関寺では宗教指導者のポストは1916年から1930年までは馬麒の弟子、1932年から1946年までは馬歩芳の従弟によって独占され、また、1932年には東関寺が青海省と甘粛省にある1,000もの清真寺をイフワーン派の支部として統括することとなった[215]［劉徳文 1982：311-315］。

2　イフワーン派の学説

　1920年代から1930年代にかけて青海省や甘粛省を中心として馬万福の支持者が増加したのだが、馬万福は『布華里咱徳』（ブハラザード）という冊子を編纂し、イフワーン派の主張を体系的に整理した[216]。イフワーン派の支持者たちは中国イスラームの解釈や儀礼を「漢化」したものとして批判し、クルアーンとハディースに依拠したイスラーム改革を提唱した。イフワーン派の主張にはスーフィー教団を批判した見解が多く、甘粛省の回民軍閥馬安良は馬万福の冊子を発禁処分としている［馬克勲 1982：449；勉維霖（主編）1997：356］。ここで馬万福の提唱したイスラーム改革運動の特徴を整理しておきたい。

　　彼の実権は弟馬麟を経て、子の馬歩芳に継承される［中田 1971］。
215）青海省の西寧を中心として、イフワーン派の宣伝運動は活発となり、青海省や甘粛省の各地で既存の「教派」からイフワーン派へ改宗させられる清真寺が急増した。例えば、1936年馬歩芳が青海省主席に就任した後、強制改宗がおこなわれたようである。実際、1949年までのあいだに甘粛省の臨夏の八坊というムスリム居住区にあった16の清真寺のうち、12の清真寺がイフワーン派に改宗させられている。西北だけでなく、イフワーン派の学説は、北京、河北、河南、山東、雲南などにも波及した［馬克勲 1982：457-458；馬通 1995；中田 1993：38-39］。
216）馬万福たちが『ブハラザード』を編纂するにあたって参照したクルアーンとハディースの注釈書は10種ある。それは、(1)タリーカ・ムハンマディーヤ（バルカウィー著、1905年）、(2)シャーミー（イブン・アブジーン著、1907年）、(3)マジュムウ・イフタッワ（イブン・アブジーン著、1905年）、(4)イルシャーイール（イブン・アブジーン著、1907年）、(5)インガーズ・ナウミーン（バルカウィー著、1908年）、(6)イブダーヤ（アリー・マフフーズ著、1922年）、(7)イルシャード（ムハンマド・アファンティ著、1923年）、(8)タフットゥフ・イスカーティ（スナアーン著、1908年）、(9)マクトーバート（アフマド・ラッバーニー著、出版年不明）、(10)ムルク（著者不明、出版年不明）である［王永亮 1990：41；勉維霖（主編）1997：365］。なお、「経典」のアラビア語転写の詳細が不明なためカタカナ表記を施した。補足調査は今後の課題としたい。

第5章　異端視される死者儀礼

イフワーン派の主張

1　イーマーンの堅持

2　礼拝の奨励

3　クルアーンの正確な朗誦

4　イスラーム式の挨拶の奨励

5　男性の割礼の奨励

6　クルアーンとハディースにもとづく葬儀

7　男性はターバンをかぶり、髭をのばすこと

8　男性は辮髪を切り落とし、頭髪を剃ること

9　女性はヒジャーブを着用し、纏足をやめること

10　宗教活動の簡素化

出典：高文遠（編）［n.d.：17-40］

　馬万福の主張、例えば、クルアーンの正確な朗誦、男子のターバン着用や髭をたくわえること、辮髪や女性の纏足の禁止などを見たかぎり、馬万福がアラビア半島の「正統なスラーム」の作法を強く意識していたことがうかがえる。馬万福の学説はその後、十箇条にまとめられている［王永亮 1990：44-45；馬通 1995；勉維霖（主編）1997：355；高文遠（編）n.d.：39-40］。十箇条の条文は以下のとおりである。十箇条の改革項目を見ると、イフワーン派の提唱した改革項目のいずれもが死者儀礼と密接に関わる儀礼であることがわかる。

馬万福の十箇条

1　クルアーンは複数で一斉に朗誦するのではなく、単独で朗誦すること

2　預言者ムハンマドの讃歌は大声で朗誦しないこと

3　ドア―（祈念）を頻繁にしすぎないこと

4　スーフィー教団の聖者墓は参詣しないこと

5　懺悔は本人がおこなうこと

6　死者の忌日に死者祈念儀礼を実施しないこと

7　クルアーンを使用した贖罪儀礼を実施しないこと

8　義務行為を遵守し、任意の行為は優先しないこと

第 3 部　変貌する宗教儀礼と民族文化

　　9　イスラームの教義や儀礼を煩雑にしないこと
　10　死者祈念儀礼は遺族が自主的におこない、他人に代行を依頼しないこと

　十箇条には明記されていないが、イフワーン派の学説を端的に示すものに「念経不吃飯、吃飯不念経」という標語がある。これは翻訳すると「クルアーンを詠めば饗応を受けてはならない。饗応を受けるのであればクルアーンを詠んではならない」となるが、現在もイフワーン派の代表的な標語であり続けている。この標語が提唱された背景について説明しておくと、伝統的なイスラームの「教派」（例えば、カディーム派やスーフィー教団）では死者儀礼の際にクルアーンやハディースに依拠しない儀礼が数多く含まれている。例えば、宗教指導者は死者儀礼の際にクルアーンを朗誦した後、一般信徒は宗教指導者のために饗応を準備し、自発的喜捨を手渡すことが慣例となっている。本来は「自主的」におこなうはずの饗応や喜捨が実態としては「強制的な慣習」となっていた。カディームはスーフィー教団の宗教指導者はクルアーン朗誦をルーティーンとして繰り返し、饗応を何度も受け、「自発的喜捨」を得て生活していたのである。イフワーン派はこのような状況を打開すべきだと問題視し、神聖なクルアーンを使用して利益追求に専念するカディーム派やスーフィー教団の宗教指導者を痛烈に批判したのである［中田 1993：32-33；勉維霖（主編）1997：356］。

3　寧夏のイスラーム改革

3-1　虎嵩山

　ここからはイフワーン派が現在の寧夏回族自治区にどのように展開したのかを説明する。1949 年以前、当時の寧夏省では郭士高（寧夏呉忠県出身、馬万福の弟子）、虎嵩山（寧夏同心県出身）たちが寧夏の呉忠県、同心県、固原県などでイフワーン派の学説を宣伝していた。馬万福の弟子だった郭士高が中心となり、寧夏中南部でイフワーン派を宣伝し始めたが、寧夏全域に影響力があったのは虎嵩山という人物である［冶正剛 1987：308］。

　虎嵩山は 1880 年、寧夏同心県のスーフィー教団の家庭に生まれた。父親は甘粛平涼にあるスーフィー教団の命を受け、修道場を運営するほどの宗教指導者であった。虎嵩山は幼少の頃から父親の後継者を約束されていたが、1897 年、

父親から後継者に任命されたが、それに応じず、寧夏海原県にいた宗教指導者（甘粛河州出身、イフワーン派の支持者）のもとでイスラーム諸学を研鑽することを選んだ。1902年、虎嵩山は宗教指導者の資格を取得し、故郷の同心県へ帰った。虎嵩山は故郷同心県の清真寺を拠点にイフワーン派の学説を説き、若い人々の支持を獲得し、イフワーン派の学説は寧夏全域に広まった［冶正剛 1987：309-310］。虎嵩山は馬万福の十箇条をもとに次のようなイスラーム改革を展開した。

1　（死者儀礼の場面などで：筆者注）クルアーンの朗誦者に報酬を与えないこと
2　イスラーム儀礼で浪費しないこと
3　スーフィー教団に反対すること
4　祖国を熱愛すること
5　ムスリムの学校を設立すること
6　宗教書を翻訳・編纂すること
7　イスラームを合理的に解釈すること

　第1の項目は馬万福の十箇条でも言及したことで、当事者が自発的な意志によって儀礼を実施しない場合、その行為は売買行為に等しいという見解である。クルアーン朗誦による報酬獲得を禁止行為としている。それまで一般的だった「依教求食」、つまり、宗教指導者がクルアーン朗誦などの儀礼を実施して生活の糧とすることをイフワーン派の立場から「誤りである」と判断したわけである［冶正剛 1987：311-313］。第2の項目も寧夏でその当時広まっていた死者儀礼の煩雑さを批判したものである。カディーム派やスーフィー教団の死者儀礼では遺族の服喪儀礼や自発的喜捨などは煩雑だっただけでなく、大きな経済的負担でもあり、その状況を憂慮した虎嵩山は中国イスラームの死者儀礼が漢文化の影響によるものであると解釈した。虎嵩山は漢文化に由来する慣習を打破すべく、寧夏各地で「破孝運動」（服喪を廃止する運動）を展開したという［冶正剛 1987：311-312］。第3の項目はスーフィー教団に対する批判である。虎嵩山はスーフィー教団の家庭に生まれ育ち、伝統的なイスラーム教育を受けただけに、スーフィズムがクルアーンやハディースに従っていないと認識するようになった可能性が高い。例えば、虎嵩山の父親は1899年に他界したときに彼の故郷

に父親の聖者廟が建設されたのであるが、虎嵩山は聖者廟が「迷信」であると指摘し、父親の聖者廟を破壊したという逸話が語り継がれている［冶正剛 1987：316-317］。

また、虎嵩山はイスラーム改革運動を寧夏で宣伝する一方、近代中国の愛国主義やナショナリズムにも強く傾倒しており、寧夏の回民軍閥（例えば、馬福祥や馬鴻逵）に重用されたことにも注意を払うべきであろう[217]。馬万福が甘粛省や青海省の回民軍閥と協力関係にあったこととおなじように、寧夏においてもイフワーン派の宗教指導者と地方政治家の協力関係は無視できない。例えば、1934年、虎嵩山は寧夏省都（現銀川市）の省立第一中阿学校に教員として着任している［馬世清 2001：29］。このアラビア語学校は寧夏省の回民軍閥が愛国主義や漢文化の素養を備えた宗教エリートを養成するために設立した近代的教育機関であった。つまり、イフワーン派の思想家として虎嵩山は寧夏の地方政府（回民軍閥）から庇護を受けたことからイフワーン派の宣伝活動に従事できたのではないかと考えられる。

3-2　馬福龍——銀川市のイフワーン派

それでは、続いて、銀川市におけるイスラーム改革運動に目を向けてみたい。銀川市で有名なイフワーン派の宗教指導者といえば馬福龍である。調査当時、銀川市には馬福龍やその弟子からイスラーム教育を受けた者が少なからず存在し、イフワーン派の学説が馬福龍によって伝えられた形跡は確認できている。

馬福龍は1919年、寧夏賀蘭県に生まれた。馬福龍は幼少の頃より祖母から礼拝の仕方を教わり、7歳の頃、父親と清真寺へ通い始め、アラビア語、ペルシア語、漢文、イスラーム諸学を学んだ。13歳の頃、当時、中央アジアのブハラからハビーブッラーという外国人が寧夏省都（現在の銀川市）の東寺を訪問したのだが、馬福龍はこの人物からタジュウィード（クルアーンの標準的な朗誦方法）を教えてもらったという[218]。1932年、馬福龍は賀蘭県から寧夏省都（現

217）1914年に回民軍閥の馬福祥が寧夏省主席を務め、イフワーン派を重用し始めた。その子馬鴻逵も寧夏における軍事的・政治的勢力を拡大するためにイフワーン派を支持した可能性が高い［中田 1993：43-44］。

218）当時、回民軍閥は外国人ムスリムの宣教活動を黙認していた可能性が高いが、1934年、アラブ人サイード・ブハラーが青海省の西寧で宣教活動を展開したとき、回民軍閥の馬歩芳はイフワーン派の宗教指導者と親しかったサイードを信頼し、彼の説く学説を積極的に宣伝した。また、馬

在の銀川市）へ移り住み、省立第一中阿学校でイスラーム諸学と漢語を学んだ。そのときの教員のひとりが虎嵩山であった［馬世清 2001：29］。馬福龍はクルアーンの注釈書、ハディースの注釈書、イスラームの神学・哲学・倫理学などを学んだだけでなく、『史記』や『資治通鑑』など中国の古典書も愛読していたという［馬世清 2001：38］。注目すべきは馬福龍が世界のイスラーム諸国の動向について虎嵩山と意見交換し、アブド・アル＝ワッハーブ、ジャマール・アル＝ディーン・アル＝アフガーニーなどのイスラーム主義の始祖たちから思想的影響を受けていた痕跡が見られる［馬世清 2001：41-52］。虎嵩山と馬福龍が中東起源のイスラーム改革運動をすでに意識していた点は非常に興味深い。1940 年、馬福龍は省立回民師範学校（前身は省立第一中阿学校）を卒業した後、寧夏省都の東寺に開設されたイスラーム講習所（責任者は東寺のイフワーン派の王子忠）の教務係を担当した。イスラーム講習所の学生は東寺の寄宿学生を含めて 20 名ほどしかいなかったが、馬福龍は当時珍しかったタジュウィードによるクルアーンの朗誦法や中国語によるクルアーンの注釈方法などを教え、学生のあいだで好評であったという［馬世清 2001：99］。

　1941 年、中国イスラーム界で有名な宗教指導者のひとり、王静斎 [219] が回民軍閥馬鴻逵の要請で寧夏を訪問し、クルアーンを中国語に翻訳したとき、馬福龍は王静斎の助手を担当した。1942 年、馬福龍は中国回教協会寧夏省分会 [220] に勤務し、イスラーム教育事業に参画している［馬世清 2001：81-86］。馬福龍は1945 年には馬鴻逵および中国回教協会寧夏省分会の支援のもと、自分の故郷に雲亭小学校を開校した。このような行動から馬福龍が近代主義的なイスラーム教育活動に傾倒していたことがわかる。1946 年、馬福龍は寧夏省教育庁の

　歩芳はサイードの提案を受け入れ、アラビア半島へ使者を派遣し、イスラームの「経典」のひとつ、『ルーフ・アル＝バヤーン』を 100 万冊購入し、青海省や甘粛省の清真寺に配布したという。しかしながら、甘粛省河州（現在の臨夏市）のカディーム派の宗教指導者祁明徳がその「経典」をワッハーブ主義の書物であると指摘したところ、馬歩芳はその「経典」を回収して焼却した。この事件の後、馬歩芳はサイードを青海省から追放した［馬通 1987：307］。ただし、祁明徳は甘粛省で著名なカディーム派の宗教指導者で、イフワーン派と敵対関係にあり、「経典」の真偽をとわず、イフワーン派と親交のあったサイードをば排除しようとした可能性が考えられる。事実、祁明徳およびその支持者たちはイフワーン派を全面的に批判する書物を積極的に刊行している［明徳清真寺（編）1996 ？］。

219) 王静斎は哈徳成、達浦生、馬松亭とともに中華民国期の「四大アホン」と称される［馬世清 2001：35］。

220) この前身は 1940 年 1 月馬鴻逵が設立した中国回教救国協会寧夏省分会で、1943 年中国回教協会寧夏省分会に改称された［丁国勇（主編）1993：118-119］。

第3部　変貌する宗教儀礼と民族文化

派遣で北京大学東方語言文学系へ行き、現代アラビア語、中国の文学、歴史、哲学、宗教学、社会学、言語学などを受講する。北京大学での研修期間中、馬福龍は全国的に有名なイスラーム学者の馬堅に出会い、イスラーム諸学の研鑽を深める機会を得た。また、ちょうどその頃、馬福龍は国内の新聞や雑誌にイスラーム関連の記事を積極的に投稿していた[221]［馬世清 2001：193-194］。1949 年、馬福龍は寧夏に帰り、寧夏省都にある新華寺の宗教指導者に就任した。馬福龍は清真寺のイスラーム学校を新民学校と改称し、アラビア語と中国語を回族だけでなく、漢族にも教えていた。当初は 200 名にも満たなかった学生が 400 名近くまで増えたという。さらに、馬福龍は寄宿学生（数十名）を新華寺に受け入れ、伊斯蘭学社というイスラーム学校[222]を開校し、宗教指導者の育成やイスラーム研究に積極的に関わった［馬世清 1993：229-234］。なお、馬福龍は中国イスラームの「教派」を問題視することはなく、回民内部の連帯や団結を優先課題として考えていたようである[223]。このような穏健なスタンスはイフワーン派の創始者馬万福や虎嵩山とは異なる。

第6節　異端視される儀礼

1　イフワーン派が唱える儀礼改革

　ここからはイフワーン派の支持者たちが死者儀礼をどのような理由から改革すべきであると考えていたのかを詳細に記述する。イフワーン派の創始者馬万福や寧夏で有名なイフワーン派の虎嵩山たちはイフワーン派が伝わる以前の中国イスラームが「漢化」したもの、正統ではないもの、堕落したものであると主張し、イフワーン派支持者による根本的な改革の必要性を強調した。例えば、カディーム派やスーフィー教団などが伝統慣習として実施する服喪慣行や死者

221）馬福龍が 1954 年に脱稿した『伊斯蘭浅論』は彼の研究成果をまとめたものである。

222）この学校は中華人民共和国成立後もしばらく存続し、国営新華書店の漢語教材を採用したり、中国政府の民族事務委員会の幹部に民族・宗教政策関連の講義を依頼したりした［馬世清 2001：127-130］。

223）馬福龍はスーフィー教団の指導者馬騰靄と親交があり、馬騰靄が銀川市にやってきたときは新華寺で一緒に礼拝していた［馬世清 1993：234］。このような出来事からイフワーン派といってもスーフィー教団に敵対する人物ばかりではなかったことがわかる。

第 5 章　異端視される死者儀礼

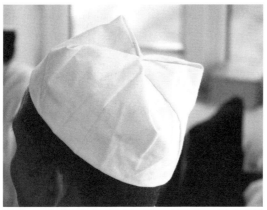

写真 5-9　遺族が被る「孝帽」(2003 年内モンゴル自治区フフホト市で撮影)

祈念儀礼は「クルアーンやハディースに依拠しない儀礼」であると判断され、漢文化の影響を受けた「反イスラーム的」な儀礼であるとして批判された。当時、漢族や少数民族にナショナリズムが勃興していた時期にあたり、イスラーム改革運動は宗教復興の思想や学説だけでなく、マジョリティの漢文化に抗するエスノ・ナショナリズムの性向を備えていた。以下、具体的な例を挙げて説明しておきたい。

　最初の例として服喪慣行を取り上げる。2000 年の調査当時、1949 年以前に銀川市の西関寺で服喪慣行を実際に観察したことがある回族（女性、70 代前半）から具体的な話を聞いたことがある。その女性が言うにはカディーム派の服喪慣行には次のような特徴があるという。西関寺の場合、家族が逝去した後、その遺族が「孝服」（xiaofu）、「孝帯」（xiaodai）、「孝帽」（xiaomao）などの漢文化に由来する複雑な喪服を着用していた。「孝服」とは「葬儀の際に死者と特別な関係にある親族（遺族）が着用する衣服」、「孝帯」は「遺族が腰に締める帯」、「孝帽」は「遺族が被る葬儀用の帽子」を指し、いずれも儒教の服喪制度に由来する喪服である。カディーム派やスーフィー教団の回族は服喪慣行が漢文化に由来することをはっきりと認識しているが、自分たちの伝統慣習として実践している。このようなイスラームとは無関係の漢文化由来の服喪慣行に対してイフワーン派の支持者たちは強く憤り、批判したのである。

329

第3部　変貌する宗教儀礼と民族文化

　2000年の調査当時、筆者は銀川市で死者儀礼を何度も観察したことがあるが、前述したような漢文化由来の喪服を着用する回族にほとんど出会ったことはなかった。ごく一部のカディーム派やスーフィー教団の人々は「孝帽」を被ったり、近代的な喪章を着用したりしていたが、銀川市の清真寺では喪服はすでに簡素化されており、喪服着用という伝統慣習は実質的には廃止されていると考えてよい[224]。ただし、その代わり、近代的な喪章（例えば、リボンや腕章）が着用する人々が存在し、筆者が回民墓地で目にしたのは白帽に紅いリボンを付けた遺族、腕章を腕にはめた遺族である。これらの喪章やリボンの使用はイスラーム改革運動によるものではなく、中国共産党・政府の葬儀政策によって普及しつつある喪服の一種なのであろう。喪章のデザインは漢族のそれとおなじものである。

　イフワーン派の支持者たちが服喪慣行の次に問題視したのは墓参慣行である。すでに詳述したように、伝統的なカディーム派やスーフィー教団の死者祈念儀礼には、地域差が見られるが、死後7日目、14日目、21日目、28日目、35日目、40日目、100日目、1周忌、3周忌に実施する。その場合、死者祈念儀礼には必ず墓参慣行がともなう。墓参慣行の時期については諸説あるが、7の倍数の日は中国仏教の追善供養、100日と1周忌は儒教の死者供養、40日は西アジアや中央アジアのイスラーム儀礼に由来するのが有力な説である。このように、カディーム派やスーフィー教団の儀礼は儒教、仏教、イスラームの異なる儀礼要素を複雑に融合し、一般信徒たちはそれらが混合した儀礼をごく自然に実施している。

　それとは対照的に、イフワーン派の支持者たちは伝統的な死者祈念儀礼および墓参慣行を混淆宗教的な儀礼として批判し、クルアーンやハディース（預言者ムハンマドの言行録）にもとづかない「非イスラーム的」な行為として攻撃する。ただし、回族の死者祈念儀礼の開催時期が民俗仏教の追善供養に酷似するからといって回族が民俗仏教の宗教的世界観を内面化しているわけではなく、回族の死者祈念儀礼はあくまでもイスラームの宗教的世界観（主に死生観）と関連付けられて実施されている。

---

224) このように、喪服が簡素化された背景には、イフワーン派によるイスラーム改革運動および中華人民共和国成立後の殯葬改革の影響があると考えられる。

第 5 章　異端視される死者儀礼

　そのほか、イフワーン派の支持者たちは死者祈念儀礼にともなう饗応もイスラーム改革の標的と見なした。イフワーン派の創始者が掲げた標語をいまいちど思い出してみたい。その標語とは「念経不吃飯，吃飯不念経」（クルアーンを朗誦するならば饗応を受けてはならない。饗応を受けるのであればクルアーンを朗誦してはならない）であった。伝統的なカディーム派やスーフィー教団の死者祈念儀礼では、埋葬当日や墓参の日、遺族は清真寺関係者を自宅へ招待し、クルアーンと預言者ムハンマド讃歌を全員に朗誦してもらい、死者の平安を祈念する。その後、遺族は大規模な饗応儀礼を主宰し、清真寺関係者を接待することが慣例だと考えられている。このような饗応儀礼の目的は遺族が儀礼参加者に対して謝意を示すためであるが、イフワーン派の支持者たちは「饗応儀礼はあたかも仏教の追善供養のように頻繁に実施されるため、遺族の経済的な負担が大きくなってしまう」、「神聖なクルアーンを使って遺族に負担をかけることはクルアーンやハディースに依拠した行為ではない」と指摘し、アッラーの神聖な言葉[225]を宗教指導者たちが随意に朗誦し、現金収入を得ることに対して批判の声を上げたのである。

2　イスラーム改革の現実

　イフワーン派の儀礼改革に関する主張をここまで確認した。それでは、実際の状況として、イフワーン派の理念がどの程度行動に移されているのかといえば、銀川市の清真寺では死者儀礼の抜本的な改革は実現されていなかったと筆者は考えている。以下、イフワーン派の西関寺の事例（例えば、服喪慣行、墓参慣行、饗応儀礼）を参考にしながらイスラーム改革の実態を確認しておこう。

　まず、服喪慣行については、銀川市では、おそくとも中華人民共和国の成立以前は、ごく一部のイフワーン派の支持者たちを除けば、回族の人々は儒教の服喪慣行を自分たちの文化として流用し、それを伝統慣習と再解釈したうえで死者儀礼に取り込んでいた。2000 年の調査当時、伝統的な服喪・喪服着用がほとんど廃止されていたことから、イスラーム改革運動の影響が見られること

225）中国ムスリム社会では聖典クルアーンの文字だけでなく、一般のアラビア文字をも人間が作った普通の文字ではなく、アッラーの言葉であると拡大解釈されることもある。例えば、クルアーンやハディースの聖句が書かれた印刷物をゴミ箱には捨てずに焼却する光景をよく見かけた。当事者は神聖な文字が他のゴミと一緒になるのは禁忌なので焼却する方がよいと説明していた。

331

第3部　変貌する宗教儀礼と民族文化

は間違いない。しかし、銀川市では「教派」の別なく、喪服着用は全体として
は減少傾向にあるが、カディーム派のなかには「孝帽」を現在でも着用するこ
とが少数ながら存在し、イフワーン派の宗教指導者たちは黙認することが一般
的である。例えば、イフワーン派の西関寺に在籍する寄宿学生に質問したとこ
ろ、「かつての儒教の服喪を模倣した喪服の着用は漢文化の表徴として批判さ
れるべきであるが、ムスリムの礼拝帽と形状の変わらない「孝帽」の着用はそ
れほど問題ではない」と個人的な意見を述べていた。実際、西関寺の葬儀当日、
遺族が「孝帽」を清真寺の敷地内で葬儀参列者に対して配布していたが、清真
寺関係者（特に清真寺指導層）のなかに批判する者はいなかった。

　次に、イフワーン派の支持者たちは回族の墓参についてどのように考えてい
るのだろうか。西関寺にかぎらず、他のイフワーン派の清真寺においても民俗
仏教の追善供養に類似した墓参が定期的に実施されていた。実際の状況として、
回族の墓参の形式は儒教や仏教に由来する儀礼要素を流用したことは一目瞭然
なのであるが、清真寺関係者はカディーム派の墓参がクルアーンやハディース
に依拠していない地域的慣行であり、また、漢文化を流用したものであると認
識しているにもかかわらず、カディーム派とほぼおなじ方法で実施している。
一般的にはイフワーン派の墓参は毎週金曜日、死後40日目に実施することが
提唱されているのだが、銀川市のイフワーン派の宗教指導者たちはカディーム
派とおなじやりかたを採用していた。

　最後に、死者儀礼などで客人を接待する饗応儀礼はどうなのであろうか。イ
フワーン派の学説によれば、クルアーン朗誦後の饗応は「好ましくない行為」
であり、重要な改革項目である。本体的には、クルアーン朗誦が死者の平安を
祈念するための重要な儀礼なのであるが、中華世界では饗応が死者祈念儀礼の
ときに必ず実施せねばならない儀礼となり、遺族に対して心理的・経済的負担
を負わせる傾向にある。実際、銀川市では「クルアーンを朗誦したら饗応は受
けない」というイフワーン派のスローガンを行動に移す宗教指導者や寄宿学生
はほとんどいなかった（筆者が見聞きしたかぎりであるが）。イフワーン派のスロー
ガンは本来的にはイフワーン派を他の「教派」と差異化するための改革理念で
あったはずなのであるが、銀川市の宗教指導者たちは特に問題にすることなく、
黙認していた。

332

第 5 章　異端視される死者儀礼

　ここまでの記述をふまえ、銀川市におけるカディーム派とイフワーン派の死者儀礼の異同を確認しておきたい。表 5-1 から銀川市のイフワーン派が死者儀礼をどの程度改革したのか、また、それと同時に改革できていないのかがよくわかる。つまり、改革開放期に限定するかぎり、イフワーン派とカディーム派の死者儀礼の方法におおきな違いは見られない。たしかに喪服の着用、贖罪儀礼、クルアーン朗誦の仕方などに注目すれば、イフワーン派の改革はある程度は成功していると言えるかもしれないが、イフワーン派の馬万福、虎嵩山、馬福龍たちが声高に提唱した根本的な改革はほとんど実現できていないことがわかる。例えば、西関寺の死者儀礼の場合、遺族は先祖代々カディーム派であるが、西関寺の近くで生活してきたため、イフワーン派の宗教指導者に儀礼執行を依頼することに特に違和感を抱いていなかった。一方、西関寺の宗教指導者は「教派」間の差異を問うことなく、また、イフワーン派の儀礼方法を遺族に強要することもなく、それをカディーム派の方法と折衷させながら死者儀礼を

表 5-1　西関寺の死者儀礼における「教派」間の異同

儀礼　　教派	カディーム派	イフワーン派
服喪	葬儀用の孝帽や喪章などを着用。服喪期間は 40 日。 →喪服着用の観念あり	普段の礼拝用の白帽のみ着用。服喪期間は 40 日間。 →服喪期間の観念あり
贖罪儀礼	遺族が白い布で包んだクルアーンを参列者にまわす。 →イフワーン派の方法に従う	遺族が白い布で包んだ施し（現金）を参列者にまわす。
埋葬	死後 21 日目に墓碑を立てる。 →漢族の慣習の流用	死後 21 日目に墓碑を立てる。 →カディーム派の方法に従う
クルアーン朗誦	清真寺関係者が全員で朗誦する。 →イフワーン派の方法に従う	宗教指導者が単独で朗誦する。
墓参	死後 7, 14, 21, 28, 35, 40, 100 日 , 1 年 , 3 年 , 5 年。毎年の忌日、断食明けの祭、犠牲祭。 →儒教・仏教・イスラームの慣習	死後 7, 14, 21, 28, 35, 40, 100 日 , 1 年 , 3 年、5 年。毎年の忌日、断食明けの祭、犠牲祭。 →カディーム派の方法に従う
饗応	クルアーンの朗誦後、遺族宅で饗応儀礼。	クルアーンの朗誦後、遺族宅で饗応儀礼。 →カディーム派の方法に従う
施し	参加者全員に分配。	参加者全員に分配。

出典：1998 年から 2001 年までのフィールドワークで収集した一次資料

第3部　変貌する宗教儀礼と民族文化

粛々と実施していた。饗応儀礼では宗教指導者や寄宿学生たちは遺族宅でクルアーンを朗誦した後も、あたかも当前の権利であるかのように遺族の饗応を受け、そのことを問題視していなかった。このようなことは西関寺だけではなく、銀川市の他のイフワーン派の清真寺にもあてはまる。

第7節　死者の救済と生者の威信のために

1　イスラーム改革の形骸化

　ここまでの記述から銀川市の現状としてはイフワーン派の学説が具体的なかたちで十分には実現できていないことを確認することができた。20世紀前半に提唱されたイスラーム改革運動で批判の対象とされたはずの「漢化」した儀礼の大部分は現在もごく自然に実施されている。特にイフワーン派の支持者たちがかつては声高に批判した饗応については、不思議なことに、イフワーン派の宗教指導者たちが推進している風潮すら感じられる。なぜこのような一見矛盾した現象が発生しているのであろうか。その問題を考察するにあたってイスラーム改革運動と清真寺の権力構造の関連性に注目しなければならない。

　西関寺の古老（70代）の話によれば、銀川市では1930年代からイフワーン派の学説が公然と宣伝されるようになったという。このことは、第3章で詳細に記述したように、西関寺では1930年代頃まではカディーム派のイマーム（旧来の宗教指導者）が清真寺の主導権を掌握していたが、新興のイフワーン派のアホン（新しい宗教指導者）が主導権を奪取し、宗教指導層の世襲化が廃止されたことがあった。ただし、イフワーン派の宗教指導者たちの理念とは異なり、イスラーム儀礼についてはイフワーン派の改革は強行されなかった可能性が高い。それゆえ、イフワーン派の学説が西関寺のなかで宣伝され始めた後も大多数の信徒たちはカディーム派であり、伝統的なイスラーム儀礼のやりかたが容認され続けたのではないだろうか。

　もしイフワーン派の宗教指導者たちがカディーム派の清真寺でイスラーム改革運動を強行すれば、一般信徒たちの支持を獲得することができなかったにち

第5章　異端視される死者儀礼

がいない[226]。西関寺の一般信徒（男性、60代後半）の個人的見解によれば、「当時、新興勢力であったイフワーン派の宗教指導者はカディーム派の一般信徒の反発を招かないよう、カディーム派の儀礼を容認しながら儀礼の方法を徐々に刷新しようと試みたのではないか」とい説明していたが、筆者も実態としてはその可能性が高いと考えている。実際、銀川市の清真寺でイフワーン派の宗教指導者や寄宿学生にイスラーム改革について具体的な質問を投げかけたところ、カディーム派の儀礼に対して批判的な見解（例えば、カディーム派の儀礼は「漢化」したものであって「異端」である）をよく聞いたが、その一方、イフワーン派の宗教指導者や寄宿学生はイフワーン派の改革を理念通りに実践しているわけではなかった。カディーム派を痛烈に批判するイフワーン派の信徒たちはなぜイスラーム改革を実践できておらず、形骸化しているのだろうか。

2　宗教的権威と生活の便宜

　銀川市でイフワーン派の儀礼を直接観察し、筆者が不思議に思ったことはイフワーン派の支持者たちがカディーム派とほとんど変わらない儀礼を当たり前のように実施していたことであった。ここで注目したいのはイフワーン派の理念や学説の内容ではなく、イフワーン派の支持者たちが清真寺のなかでどのような社会関係の網の目に組み込まれているのか、そして、それが彼らの言動をどのように規定するのかという問題である。

　まず、清真寺の宗教指導層はイスラーム儀礼を指導する立場にある一方、清真寺民主管理委員会や一般信徒によって社会経済的に従属する立場にもある。宗教指導層が一般信徒のためにイスラーム儀礼を実施する場合、宗教指導層は一般信徒が本来はおこなうはずの儀礼を代行することによって「自発的喜捨」という名の経済的報酬を獲得することができる。第3章で詳細に述べたように、宗教指導層の大多数は地方の農村出身者であり、都市生活者と比較すると経済的条件が決してよいとは言えない。そのため、実態としては、宗教指導層は一般信徒から自発的喜捨を得ることによって自分たちの経済的生活を安定

---

[226]　当時のイスラーム改革は回民軍閥の保護下で進められていた。回民軍閥は中国国民党の五族共和（漢族、満洲族、回族、モンゴル族、チベット族の共存）を支持していたので、教派によるムスリム内部の矛盾や衝突を危惧し、急激なイスラーム改革を奨励しなかったと推測することもできるのではないだろうか。

335

第3部　変貌する宗教儀礼と民族文化

させている。宗教指導層による経済的報酬の確保と一般信徒による儀礼代行の依頼という双方の利害が一致するかぎり、当事者の相互依存関係は維持され続ける。これは中国イスラームの「教派」の異同にかかわらず、いずれの「教派」にもあてはまる。近現代以降、清真寺の宗教指導層がイスラーム儀礼を全面的に改革することのできない主な原因は清真寺内部の利害関係にある。

　そのことを具体例にもとづいて説明しておきたい。本章の事例に取り上げた西関寺の死者儀礼（葬送儀礼）の場合、葬儀当日、葬儀にかかる費用をめぐって遺族は清真寺の宗教指導者と険悪な関係になったことはすでに述べた。後日、遺族の話を聞いたところ、遺族が葬儀のために負担した費用総額は決して少額ではなかった。また、遺族が言うには、イスラーム法学的見地から見た場合、葬儀費用は遺族が自分たちの経済状況によって決めるべきものであり、他の人々が干渉すべきではないという。それにもかかわらず、宗教指導者が葬儀費用について苦言を呈した結果、遺族は宗教指導者に反感を覚えつつも葬儀費用の増額を決めた。それは苦渋の決断ではあったが、遺族（故人の息子）の話によれば、最終的には、自分の母親が「面子」（mianzi, 社会的な名誉や体面）を気にしたため、遺族全員が母親の判断を尊重したという。

　西関寺の宗教指導者は中央・地方のイスラーム教協会の要職に就いた政治家でもあり、経済的な生活を保障されている。そのような社会的地位の高い人物がなぜ遺族に対して葬儀費用を多く捻出するように指示したのであろうか。おそらく宗教指導者が葬儀の現場で考慮したのは他の清真寺から葬儀に参列した人々から投げかけられる眼差し（外部評価）だったのかもしれない。つまり、銀川市の清真寺では遺族が葬儀参列者全員に対して自発的喜捨自を分配する慣習があるのだが、もし葬儀参列者がその金額が少ないと判断すると、遺族だけでなく、遺族の所属する清真寺に対する評価も急落することになり、さらには、清真寺の代表者である宗教指導者が「面子」（mianzi）を失うことになる。建前としては、イスラーム法の観点から見れば、自発的喜捨の多寡は当事者の気持ち次第で、遺族が自主的に決定すればよい。しかしながら、西関寺の事例が示すように、イフワーン派の宗教指導層も他の「教派」の宗教指導層と同様、清真寺内部の利害関係を憂慮せざるを得ず、イスラーム改革運動を理念通りには展開できないでいる。

第5章 異端視される死者儀礼

このようなことから、イスラームにかぎらず、他の宗教にもあてはまるのか
もしれないが、死者儀礼は儀礼参加者の「面子」(mianzi)をかけたある種の「権
力ゲーム」としての様相を呈する傾向にある。死者祈念儀礼では宗教指導層は
饗応儀礼の意義についてイスラームのイディオムを巧みに使いながら儀礼参加
者に説明することが慣例の見せ場となっている。例えば、「饗応をおこなう私
たちにサワーブ（報奨）がありますように」、「死者に平安がありますように一
緒に祈念しましょう」、「ここにいる私たち全員で祈念すれば善行を積むことに
なる」といった言葉が宗教指導層の口々から発せられる。これらの美辞麗句は
宗教指導層が饗応の意義を正当化するためのイディオムであろうが、イフワー
ン派の理念を参照したかぎり、いかなるイディオムも発言者の経済的報酬や社
会的威信の獲得を保証するための道具に聞こえてしまう。

ただし、儀礼の場面で飛び交う美辞麗句の言葉が必ずしも聴衆の心に響くも
のではないとしても、儀礼参加者にとっては饗応を無事済ませることが最大の
目的であるため、その場で言い争いや口論などのトラブルが生まれることは基
本的にはない。もし儀礼の作法をめぐって意見の不一致や食い違いが生じたと
しても、儀礼参加者は互いの「面子」(mianzi)を尊重しあい、その場で矛盾を
表面化させないよう回避しようと努力する。当事者同士に見られるその場を調
和させようとする配慮は儀礼遂行のための「暗黙の了解」と見なされている。
実際、イフワーン派の支持者たちに意見を聞いたところ、クルアーン朗誦の後、
饗応儀礼を実施することに対して特に違和感を抱いていなかったし、また、た
とえイフワーン派の支持者たちが違和感を抱いたとしてもその感情を表情に表
すことはない。なぜならば儀礼主宰者の最大の関心事は儀礼それ自体をいつも
とおなじように遂行することにあり、儀礼の解釈や細則に対する意見表明は「空
気を読まない行為」とされているからである。

第8節　おわりに

銀川市においてイスラーム改革運動が実態としては停滞しているが、回族の
人々のあいだに不満がまったくないわけではない。例えば、イフワーン派の無

第 3 部　変貌する宗教儀礼と民族文化

能ぶりを痛烈に批判し、現状打破を目指そうとする新たなイスラーム改革運動が発生している。その代表的な一例として、1940年前後に甘粛省の河州（現在の臨夏市）で発生したサラフィーヤ派の運動を挙げることができる。サラフィーヤ派はメッカ巡礼者がイフワーン派を含む既存の学説を批判し、甘粛省を拠点としてイスラーム改革運動を展開している。サラフィーヤ派の宗教エリートの多くが1980年代以後サウディアラビアの大学に留学していることから、サウディアラビアを拠点としたダアワ（呼びかけ）運動から思想的影響を受けている可能性が高いと考えられている。寧夏回族自治区では中南部を中心としてサラフィーヤ派の信徒が増えているらしいが、サラフィーヤ派が既存の教派の独自性を認めようとしない姿勢が、他の「教派」の反発を招き、支持者は決して多いとは言えない。2018年現在、寧夏回族自治区には調査当時には存在しなかったサラフィーヤ派の清真寺がすでに存在すると寧夏回族の研究者から聞いている。

　サラフィーヤ派はイフワーン派を刷新するかたちで誕生したイスラーム改革運動であるとすれば、1990年代以降、「教派」という観念に依拠しない新しい運動が発生している。それは、中国西北を中心としながら中国各地で展開されているタブリーグ宣教運動という草の根の宣教運動である。第3章でも言及したように、タブリーグ宣教運動の支持者たちは、サラフィーヤ派までもふくむ既存の「教派」や学説を否定する立場にある。タブリーグ運動には清真寺を退職した宗教指導者や寄宿学生のほか、イスラーム諸学を学んだことのない一般信徒たちも自発的に参加し、タブリーグ宣教運動の支持者のなかにはパキスタンやマレーシアなどの外国でイスラーム諸学の短期研修を受けたり、また、自分たちの子どもを中国国内のアラビア語学校へ通わせたりすることによって、彼らが理想化した「正統なイスラーム」を中国国内で広めようとしている。このような宣教運動は清真寺内部で展開されておらず、あくまでも運動支持者の個人的なネットワークによって非公式に展開されている。また、草の根のタブリーグ宣教運動の支持者は中央・地方の行政当局から「フルージュ派」と呼ばれ、その運動自体が非合法活動だと見なされている（詳細については第8章を参照されたい）。

　最後に、イスラーム改革運動がジャマーアにどのように関連しているのか

第 5 章　異端視される死者儀礼

を確認しておきたい。イスラーム改革運動は 20 世紀前半に中国西北に拡大し、その創始者と支持者たちが「漢化」したと一方的に見なした宗教や儀礼を変革するための近代主義的運動のひとつであった。中国のイフワーン派がワッハーブ主義運動から直接影響を受けたかどうかは証明できないが、ワッハーブ主義に通ずる共通点があることは否定できない。また、イフワーン派のイスラーム改革運動が実質的には中華民国期に広範囲に定着したことを考慮すれば、イスラーム改革運動が近代中国に勃興していた中華ナショナリズムや回民のエスノ・ナショナリズムに部分的に共鳴しながら形成された側面も看取することができる。なお、アラブ・ムスリム社会のイスラーム主義運動を分析した大塚［2000：249］が指摘するように、イスラーム改革運動は一見したところ「原点回帰」の特徴が際立つが、実は近代の産物であることに留意する必要がある。

　イフワーン派の支持者たちは中国ムスリムの生き方を「正統ならざるもの」と自分たちの価値基準をもとに判断し、清真寺内部の宗教指導者の世襲制度や儀礼の作法などに対する改革に着手した。メッカ巡礼を済ませたイスラーム知識人たちは師弟関係や派閥に依拠しながらイフワーン派の運動を拡大し、既存の清真寺の組織形態や権力構造に不満を抱く人々を吸収することによって、中国各地に点在する清真寺にまで自分たちの影響力を広めることができた。明代・清代に建設された清真寺のうち、現在、イフワーン派として登録されている清真寺の大多数は本来的にはカディーム派あるいはスーフィー教団の清真寺であったが、中華民国建国前後にイフワーン派に「転向」した清真寺である。

　しかし、その後の、特に中華人民共和国成立後のイフワーン派の改革運動に目を向けると、大きな成果を上げているとは言いづらい。なぜなら、イフワーン派は運動創成期の理念を忘却し、彼らが当初痛烈に批判した他の「教派」（カディーム派やスーフィー教団）とおなじように既得権益の確保に邁進するようになったからである。銀川市のイフワーン派に関するかぎり、運動創成期の理念、すなわち「念経不吃飯, 吃飯不念経」を実践しておらず（または実践できておらず）、イフワーン派の人々も他の「教派」とおなじように自分たちの「教派」や清真寺のための利益政治に奔走している。

339

第6章

異民族には嫁がせない

――民族内婚の論理とその変容――

第1節　揺らぐ民族内婚

　改革開放政策の導入後、中国各地の大都市では急速な再開発にともない、漢族・回族の別なく、伝統的な居住形態はあきらかに瓦解しつつある。例えば、北京市にある回族集住区のひとつ、牛街の場合、中国共産党・政府主導の「危改」政策（危険家屋の取り壊し計画）の結果、伝統的な民家（平屋）がトップダウンで近代的な集合住宅に改築され、伝統家屋に居住していた数多くの住民が他地域へ転居せざるをえなくなり、礼拝寺（清真寺）を中心としたジャマーアがその規模を縮小した事例がある[227]。実は、このような現象は珍しいことではない。例えば、甘粛省の蘭州市、四川省の成都市、寧夏の銀川市などにおいても再開発が実施され、清真寺の移転・破壊が問題となったことがある。銀川市では、「城区」を中心とした再開発の場合、清真寺の周囲に漢族の転入者（主に出稼ぎ労働者）が増加し、回族と漢族の混住化は徐々に進んでいる。特に銀川市の中心地では、改革開放期に他の省や県からの移住者（主に漢族）が増加し、回族と漢族との自由恋愛・結婚が増加しつつあるといわれている。2000年の調査当時、「回族の若い世代（20代）は漢族と何の抵抗もなく結婚し、そのうち「漢化」してしまうのではないか」と心配する声を清真寺関係者からよく聞いた。

　実態として、寧夏回族自治区だけでなく、中国各地において回族と漢族の通婚、いわゆる「回漢通婚」が目覚ましい勢いで増加している。2000年頃、筆

227）牛街の「危改」については良警宇［2006：260-298］に詳しい。

者が銀川市の清真寺で出会った回族の人々は回漢通婚の増加に対して危機感を募らせていた。都市・農村の別な区、回族の人々は自分の兄弟姉妹や子どもの結婚相手の民族的出自に対して注意を向ける傾向にある。中国西北では、回族が漢族と結婚した場合、回族の人々のあいだで揶揄・嘲笑されることがある。とりわけ回族女性が漢族男性と結婚した場合、回族女性およびその親族に対して冷ややかな視線がしばしば投げかけられる。シャリーアにおける婚姻規定によれば、漢族が結婚前にイスラームに改宗するのであれば、回族と漢族の結婚は合法的な婚姻として容認されるにちがいないが、筆者が寧夏回族自治区銀川市で見聞きした実際の状況に鑑みれば、漢族がイスラームに改宗したにもかかわらず、漢族を結婚相手として選ぶことそれ自体が回族の人々のあいだでは「禁忌」と見なされ、極力回避される傾向にあった。このように漢族を結婚相手として忌避する性向は西北地方にのみ観察されるものではなく、例えば、北京や内モンゴル自治区フフホト市などの回族社会においてもごく日常的に自覚されている。

　中国回族の学術界では回族の民族内婚（*ethnic endogamy*）があたかも「伝統モデル」として規定婚であるかのように説明される傾向にあるが、一部の回族の文化人類学者による調査（例えば、楊文炯の調査［2007］）を例外とすれば、回族の民族内婚の実態（すなわち回漢通婚の増加）は実証的に調査・検討されてきたとは言えない［澤井2007］。調査当時、銀川市の城区（中心地）を中心として、清真寺の周囲でさえ漢族の移住者（主に出稼ぎ労働者）が増加しており、回族と漢族のあいだの文化接触、恋愛・結婚はすでに珍しいものではなくなりつつあった。回族と非回族（主に漢族）の異民族間通婚は実施されており、イスラームへの改宗を必要条件としたシャリーア婚（宗教内婚）が厳密には遵守されているわけではない。調査当時、銀川市の都市部には回族と結婚した漢族は少なからず存在し、また、結婚前にイスラームに改宗していない漢族に筆者は実際に出会ったことがある。筆者が銀川市でたまたま知り合った回族と漢族の夫婦（1980年代以降に結婚した5組前後）に結婚の経緯について質問したところ、漢族の配偶者数名がイスラームに改宗していなかった。一般的な傾向であるとは断言しづらいが、特に回族と漢族の両者が共産党員の場合、回族側が漢族側に対してイスラーム改宗を結婚条件として要求していなかった。このような実際の

第3部　変貌する宗教儀礼と民族文化

状況をふまえ、本章では、回族が「伝統モデル」と見なす民族内婚の特徴および変容に注目し、民族内婚の実施状況、回漢通婚の増加、漢族と結婚した回族の事例、回漢通婚に対する拒否反応を具体例として取り上げ、回族と漢族の民族間関係の機微に対して検討を加える。

第2節　民族別居住分布と通婚関係

1　清真寺周辺の居住分布

　はじめに、筆者が銀川市で収集した統計資料を提示し、回族の民族内婚の実状を確認しておきたい。2001年、筆者は清真西関寺のそばにあった海宝家属楼居民委員会を訪問し、同委員会管轄下の世帯の統計資料を閲覧・記録させてもらうことができた。同居民委員会の統計資料には住民の人数、世帯数、民族戸籍、年齢、既婚・未婚などが明記されており、住民の基本状況を具体的に把握することができる。また、住民の民族戸籍が明記されているため、住民がどの民族と結婚したのか、つまり回族が民族内婚を選択したかどうかがわかるようになっている。まず、同居民委員会の統計資料を依拠し、西関寺の周囲に集住する住民の居住分布状況を図6-1および6-2に整理しておいた。第1章で説明したように、海宝家属楼居民委員会管轄下の集合住宅の内訳は海宝家属楼2号楼、3号楼、4号楼、5号楼、西平房区、寺南区となっており、2号楼および3号楼が西関寺に隣接し、回族の居住者が他の棟よりも多かった。

　それと関連するが、表6-1は海宝家属楼居民委員会管轄下の住民を対象とし、各世帯の世帯主（原則、男性）の民族戸籍にもとづき、民族内婚や回漢通婚の状況を整理したものである。統計資料には不明な箇所があるが、この統計資料を見ると、住民が民族内婚をしたかどうかがある程度は把握できる。海宝家族楼居民委員会管轄下の住民の世帯数は合計259世帯であり、このうち回族（男性）が世帯主の家庭は155世帯、回族世帯（155世帯）のうち民族内婚を選択した世帯は151世帯が記録されていた。回族と漢族が結婚した世帯は8世帯しかなかった。世帯主の年齢や職業を一切考慮せずに統計資料のみを見るかぎり、西関寺の周囲には回族と回族の内婚が非常に多いことがわかる。その理由は、西関寺

342

海宝家属楼 2 号楼

四単元		三単現		二単元		一単元	
403 回回	402 回漢	402 回回	402 漢漢	402 漢漢	401×	402 回回	401×
303 漢漢	401 回回	303 漢漢	401 回回	302 回回	301 回回	302 漢漢	301×
302 ×	301 回回	302 回回	301 回回	202 回回	201 漢漢	202 回回	201 回回
203 回回	202 回回	203 回回	202 回漢	102 回回	101 回回	102 漢漢	101 回回
103 回回	201 回回	103 回回	201 回回				
102 回回	101 回回	102 回回	101 漢漢				

海宝家属楼 3 号楼

四単元		三単現		二単元		一単元	
403 回回	402 漢漢	402 ×	401 回回	402 回回	401 漢漢	402 漢漢	401 回回
303 回回	401 回回	302 回回	301 回回	302 回回	301 回回	302 回回	301 回回
302 回回	301 回回	202 回回	201 漢回	202 回回	201 回回	202 漢漢	201 回回
203 回回	202 回回	102 回回	101 回回	102 漢漢	101 回回	102 漢漢	101 回回
103 回回	201 漢漢						
102 回回	101 漢漢						

海宝家属楼 4 号楼

四単元		三単現		二単元		一単元	
603 漢漢	602 回回	602 ×	601 漢漢	602 回回	601 漢	602 漢漢	601 漢漢
503 漢漢	601 漢漢	502 回回	501 回回	502 回回	501 漢漢	502 ×	501 回回
502 回回	501×	402 回回	401 回回	402 回回	401 回回	402 漢漢	401 漢漢
403 漢漢	空室	302 回回	301 回回	302 回回	301 ×	302 回回	301 回回
402 漢漢	401 回回	202 ×	201 回回	202 回回	201 回回	202 漢漢	201 漢漢
303 回回	302 回回	102 回回	101 回回	102 漢漢	101 回回	102 回回	101 ×
203 回回	201 漢漢						
102 漢漢	101 漢漢						

海宝家属楼 5 号楼

四単元		三単現		二単元		一単元	
602 ×	601 漢漢	602 漢漢	601 ×	602 漢漢	601 漢	602 漢漢	601 漢漢
502 回回	501 回回	502 漢漢	501 漢漢	502 漢漢	501 漢漢	502 漢漢	501 回回
402 漢漢	401 漢漢	402 回回	401 回回	402 漢漢	401 回回	402 漢漢	401 ×
302 漢漢	301 漢漢	302 漢漢	301 回回	302 漢漢	301 回回	302 漢漢	301 漢漢
202 漢漢	201 回回	202 回回	201 回回	202 漢漢	201 回漢	202 漢漢	201 漢漢
102 ×	101 漢漢	102 回回	101 漢漢	102 漢漢	101 回回	102 回回	101 回回

図 6-1　海宝家属楼居民委員会管轄下の世帯の居住分布（海宝家属楼 2 号楼～ 5 号楼）
出典：2000 年から 2001 年にかけて銀川市で収集した統計資料（筆者作成）

第3部　変貌する宗教儀礼と民族文化

寺南区

73　回回	72　回回	77　回回	74　回回
68　回回	67　回回	71　回回（転出）	69　回回
64　回回	63　回回	66　回回	65　回回
59　回回（転出）	57　回回	62　回回	61　回回

西平房区

1　回回（転出）	2　回回	3　漢漢	4　回回
5　回回	6　回回	7　漢回	8　漢漢
9　漢漢	10　×	11　漢漢	12　漢漢
13　回回	14　漢漢（転出）	15　回回	16　漢漢（離婚）
17　回回	18　回回	19　回漢	20　回回
21　回回	22　回回	23　回回	24　回回（離婚）
25　漢漢	26　回回（転出）	27　漢漢	28　回回
29　回回	30　漢漢	31　回漢	32　漢漢
33　回回	34　漢漢	35　回回	36　×
37　回回	38　回回	39　回回	40　回回
41　回回	42　漢漢	43　漢漢	44　漢漢
45　回回	46　漢漢	47　回回	48　漢漢
49　回回	50　漢回→回回	51　回回	52　回回→×
53　回回→×	54　漢漢→×	61　漢漢	93　漢漢
94　漢漢	97　漢漢	98　回回→×	99　回回
118　漢漢	119　回回		

図 **6-2**　海宝家属楼居民委員会管轄下の世帯の居住分布（寺南区、西平房区）
出典：2000 年から 2001 年にかけて銀川市で収集した統計資料（筆者作成）

の周囲に集住する回族の大多数が 1949 年の建国以前からおなじ地域で生活しており、民族内婚をできるかぎり遵守してきたからである。このことは西関寺の回族に対するインタヴュー調査によっても確認することができ、西関寺に普段から出入りする回族の人々のあいだでは回族と漢族との通婚は想定外の選択肢として認識されていた。西関寺の周囲には回族の住民が多く、回族が回族の結婚相手を見つけることは比較的容易なことであった。一方、8 件の回族と漢族の通婚が存在するが、その世帯主の多くが改革開放期に銀川市へ移り住んだ

344

第 6 章　異民族には嫁がせない

表 6-1　海宝家属楼居民委員会管轄下の民族別世帯数（単位：世帯数）

団地名 \ 婚姻形態	回族内婚	回族男性と漢族女性	漢族内婚	漢族男性と回族女性	不明	総数
2 号楼	27	1	7	1	4	40
3 号楼	28	1	6	1	3	39
4 号楼	32	0	15	0	5	52
5 号楼	15	0	25	0	4	44
寺南区	17	0	0	0	0	17
西平房区	32	2	22	2	9	67
合計	151	4	75	4	25	259

出典：海宝家属楼居民委員会で閲覧した統計資料（2000 年 10 月入手）
注記：世帯主の民族戸籍が判明していても夫婦の婚姻形態が不明な事例や配偶者と死別した事例、世
　　　帯の転居によって登記表に掲載されていなかった事例などは「不明」とした。

若い世代（20 代前半）の住民で、1949 年以前から西関寺の周囲にくらしてきた
住民（旧住民）ではない。これらの情報にもとづけば、西関寺の周囲に集住す
る回族の人々は民族内婚を最優先事項として選択する傾向があると判断するこ
とができる。

　世帯主の出身地を表 6-2 で確認しておきたい。世帯主の民族戸籍にかかわら
ず、世帯主には海宝家属楼居民委員会管轄地域の出身者が多いことがわかる。
彼らの大多数は 1949 年以前から居住し（漢族には 1949 年以後に移住した者が目立つ）、
1950 年代から 1990 年代にかけておなじ地域で生活してきた。そのなかでも回
族の世帯の方が漢族の世帯より地元出身が多いが、これは西関寺の周囲には回
族の住民が 1949 年以前から暮らしてきたことによる。西関寺の周囲に集住す
る回族の住民は、1950 年代以降の社会主義改造後、北塔生産小隊 1 隊、北塔
生産小隊 2 隊に分類されてほぼおなじ地域で人民公社の労働作業に従事してい
た。なお、1980 年代以降、海宝家属楼居民委員会の管轄下に移り住んできた
回族がいるが、彼らは回族の集住する地域を選んで転入したということだった。
　その一方、漢族の世帯に目を向けると、1949 年以後、回族とおなじように
北塔生産小隊の 1 隊、北塔生産小隊 2 隊の管轄下に置かれていたが、その世
帯数は非常に少なく、18 世帯しかなかった。海宝家属楼居民委員会の関係者
に質問したところ、1950 年代初頭から銀川市の城区や郊区から移り住んだ漢
族世帯が数世帯いたが、大多数の漢族住民は 1980 年半ば以降に他地域（例えば、
他の省や市）から転入したのだという。特に目立つのは他省からの移住者であり、

345

第3部　変貌する宗教儀礼と民族文化

表6-2　世帯主の出身地（単位：世帯数）

民族名 世帯主の出身地	回族（世帯）	漢族（世帯）
海宝家属楼居民委員会 （旧北塔小隊1, 2隊）	旧北塔小隊1隊：38 旧北塔小隊2隊：72	旧北塔1小隊：17 旧北塔2小隊：1
唐徠居民委員会 （旧北塔小隊3, 4隊）	旧北塔小隊3隊：3 旧北塔小隊4隊：1	旧北塔1小隊：0 旧北塔2小隊：0
銀川市郊区	11	5
銀川市城区	9	8
銀川市新城区	0	1
銀川市新市区	0	0
銀川市永寧県	1	0
銀川市賀蘭県	5	2
他市・県（自治区内）	12	10
他省	1	22
不明	7	11
合計	160	79

出典：海宝家属楼居民委員会の統計資料（2000年10月入手）
注記：(1)世帯主の出身地が不明な世帯は対象外とした。
　　　(2)回族と漢族の異民族通婚の場合、夫側の民族戸籍にもとづいて分類した。
　　　　例えば、回族男性と漢族女性の夫婦の場合、回族世帯として分類した。

回族の他省出身者より多い。おそらくこれは、中国の戸籍管理制度が以前より緩和され、住民の移動が容易になり、出稼ぎ労働者として寧夏に移り住んだ漢族が増えているからであろう（もちろん回族の移住者も存在するが）。

2　地元住民の通婚圏

　それでは、世帯主の配偶者の出身地も確認し、地元住民の通婚圏を把握しておく。表6-3の統計資料は世帯主の配偶者の出身地を整理したものである。この統計資料からわかることは、回族の世帯の場合、世帯主の配偶者の出身地は、件数が多いものから並べると、銀川市の郊外（47件）、海宝家属楼居民委員会の管轄地域（30件）、賀蘭県（19件）、他の市・県（16件）となっている（図6-3）。銀川市の郊外から嫁いだ女性が多いが、これは銀川市郊外に回族が集住しており、回族の結婚相手を見つけやすいからであろう（銀川市では郊外に回族の人口が集中していることは第1章で指摘したとおりである）。それとは別に、おなじ居民委員会の管轄地域から嫁いだ女性がいるが、それはほぼおなじ村落内で結婚相手を

第 6 章　異民族には嫁がせない

表 6-3　世帯主の配偶者（婚入者）の出身地（単位：世帯数）

婚入者の出身地 \ 民族名	回族（世帯）	漢族（世帯）
海宝家属楼居民委員会	旧北塔 1 小隊：11	旧北塔 1 小隊：3
（旧北塔小隊 1, 2 隊）	旧北塔 2 小隊：19	旧北塔 2 小隊：1
唐徠渠居民委員会	旧北塔 3 小隊：6	旧北塔 3 小隊：0
（旧北塔小隊 3, 4 隊）	旧北塔 4 小隊：3	旧北塔 4 小隊：0
銀川市城区	9	9
銀川市新城区	4	5
銀川市郊区	47	8
銀川市新市区	0	0
銀川市永寧県	6	5
銀川市賀蘭県	19	4
他市・県（自治区内）	16	13
他省	3	20
不明	10	8
合計	154	77

出典：海宝家属楼居民委員会で閲覧した統計資料（2000 年 10 月入手）
注記：(1)婚入者の出身地が不明な世帯は対象外とした。
　　　(2)回族と漢族の異民族通婚の場合、夫側の民族戸籍にもとづいて分類した。
　　　　 例えば、回族男性と漢族女性の夫婦の場合、回族世帯として分類した。

見つけたことを意味している。回族の人々のあいだでは村内婚に対する抵抗感
は見られないのであろう（結婚相手を探す場合、おなじ村落の出身者であるかどうかよ
りもおなじ回族であるかどうかという問題を優先的に考える）。

　銀川市郊外出身の結婚相手が多いことについて、西関寺の周囲にくらす回
族男性（60 代）が興味深いことを話してくれた。「回族が結婚相手を探す場合、
自分の親族・姻戚や友人からおなじ回族を紹介してもらう。一般に、自分たち
の出身村落にはおなじ父系出自集団のメンバーが多いため、おなじ村落出身の
回族を結婚相手には選ばず、他地域（例えば、銀川市郊外）の回族を必然的に選
ぶことになる」（2000 年 11 月寧夏銀川市におけるインタヴュー調査）。銀川市の村落
の場合、単姓村は非常に少なく、多姓村が一般的で、回族の村落にも複数の父
系出自集団が存在する。つまり、おなじ村落といっても父系出自を共有してい
ない村民は多数存在し、村内婚をおこなっても差し支えはないはずだが、統計
資料を見るかぎり、銀川市郊外の他村から回族女性が嫁いだ事例が多いという
ことは、血縁・姻戚関係を共有しない者を優先的に選択したのであろう。後述
するが、回族の人々も漢族と同様に「同姓不婚」の観念を共有しており、おな

347

第 3 部　変貌する宗教儀礼と民族文化

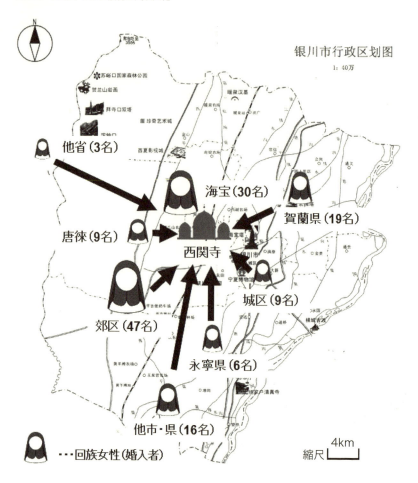

図 6-3　西関寺の一般信徒女性（婚入者）の出身地
注記：出身地不明（10 名）

じ父系出自集団の成員との結婚を忌避する。ただし、どうしても結婚相手が見みつからない場合は、相手の素性や家庭環境を確認できるのであれば、近隣に住む回族を結婚相手として選ぶこともある。

　これに対して、漢族の世帯の場合、回族とは対照的に、西関寺の周囲に1949 年以前から生活していた漢族が本来的に少なかったため、漢族の世帯主の配偶者には他省や他の市・県から嫁いだ女性が非常に多い。海宝家属楼居民

委員会の関係者（回族）の説明によれば、西関寺の周囲にかつて移り住んだ漢族の多くは既婚者で、移住前にはすでに結婚相手を見つけていたということだった。このあたりの詳細については確認しづらいが、地元住民の記憶によれば、漢族の住民の場合、世帯主にも配偶者にも他の省・市・県からの出身者が多く、と地元出身者がほとんどいないことがわかる。さらに、漢族住民の大多数は改革開放政策が本格化した 1980 年代以降に転入した人々であった。したがって、西関寺の周囲に関するかぎり、地元住民といえば、回族を指すことになる。

第3節　増加する異民族間通婚

1　大都市の回漢通婚

　ここまで見たように、銀川市の西関寺の場合、改革開放政策の導入後も回族の集住率が高く、回族と漢族の日常的つきあいが普段から見られる一方、地元出身の回族の人々は民族内婚を最優先することがわかる。ただし、西関寺の事例は銀川市では特殊な事例であり、銀川市の中心地には清真寺がいくつも建設されているが、回族の人々がその周囲に集住できているわけではなく、1990 年代以降、回族と漢族の混住化が進んでいる。それにともない、回族と漢族の通婚の比率が銀川市の中心地では非常に高くなっている。

　中国の大都市における回族と漢族の通婚状況に目を向けると、文化人類学者の良警宇、楊文炯、馬宗保が中国都市部の回族集住区を調査し、回族の民族内婚と回漢通婚に関する一次資料を発表している。以下、他地域の状況にも目配りし、銀川市回族の通婚状況が中国回族全体のなかでどのように位置付けられるのかを考えてみたい。

　まず、北京市の牛街における回族の民族内婚の事例を紹介しておこう。中央民族大学の良警宇（回族）の統計調査によれば、1949 年に中華人民共和国が成立する以前、回族は民族内婚を厳格におこなっていたが（当時、親が子どもの結婚相手を決める事例が多かった）、1949 年以降は回族の婚姻観に変化が見られるようになったという。例えば、良警宇が牛街街道弁事処で結婚登記表を閲覧した

第3部　変貌する宗教儀礼と民族文化

ところ、回族と非回族の通婚率は 1987 年に 36.4%、1989 年に 35%、1991 年に 41.5%、1994 年に 62.3%、1996 年に 56.7% となっており［良警宇 2006：170］、1980 年代から 1990 年代にかけて回族の民族内婚が激減したことがわかる。

　寧夏回族自治区の場合、寧夏大学の馬宗保（回族）が既婚者（362 名）に対して実施したアンケート調査によれば、回族男性と漢族女性の通婚率が 6.47%、回族女性と漢族男性の通婚率が 4.32%、回族と漢族の通婚率が 6.07% で、回族の民族内婚の比率が寧夏では相対的に高いという［馬宗保 2002：123-124］。また、馬宗保による統計調査によれば、銀川市新城区における回族と漢族の通婚率は 26%、寧夏の同心県韋州鎮では回族と漢族の通婚率が 6% という結果をふまえ、農村部より都市部の方が回族と漢族の通婚率が高いという結論が提示されている［馬宗保 2002：123-124］。一方、蘭州大学の楊文炯（回族）は、2000 年前後、陝西省西安市、青海省西寧市、甘粛省蘭州市、寧夏回族自治区銀川市で回族と漢族の通婚に関する比較調査を実施し、回族と漢族の通婚率は西安市で 11.04%、西寧市で 3.24%、蘭州市で 9.8%、銀川市で 33.93% となっており［楊文炯 2007：264-265］、寧夏回族自治区の銀川市では回族と漢族の通婚率が西北地方の他の都市よりも非常に高いという結果を指摘している。

　これらの先行研究で指摘されたように、中国各地の大都市では、改革開放政策の導入後、回族の民族内婚が 1949 年以前ほど厳格には遵守されなくなり、回族と漢族の通婚が当事者によって自主的に選択されるようになりつつあることは否定できないと考えられる。楊文炯の調査に示されるように、銀川市では回族と漢族の通婚率が他の西北諸都市より高く、民族内婚が「伝統モデル」として厳格に遵守されているとは言いがたい実状がわかる。

2　銀川市中心地の回漢通婚

　2000 年前後、筆者は回族の民族内婚の実施状況を把握したいと考え、寧夏社会科学院回族イスラーム教研究所の所員たちと統計資料を閲覧・収集したことがある。私たちは銀川市民政局を訪問し、共同研究者の寧夏社会科学院の所員たちに統計資料を閲覧・記録してもらい、筆者が統計資料のデータ入力を担当した。当時、寧夏社会科学院所員が閲覧・記録できた統計資料は 1996 年 1 月から 1998 年 6 月までに銀川市民政局に提出された「婚姻登記表」（婚姻届）

350

である。筆者たちが整理した婚姻登記表は 1996 年 1 月から 1998 年 6 月までの
ごく限られた記録ではあったが [228]、統計資料を整理・精査したことではじめ
て気付いたことがあった。つまり、1996 年に銀川市民政局に提出された婚姻
登記表のうち、回族の民族内婚および回漢通婚の総件数は 196 組、このうち回
族の民族内婚が 95 組であった（全体の 48％を占める）。1997 年は回族の民族内婚
および回漢通婚の総件数は 187 組、このうち回族の民族内婚が 66 組であった
（全体の 35％を占める）。1998 年上半期は回族の民族内婚および回漢婚の総件数が
116 組、このうち回族同士の内婚が 56 組で全体の 48％を占めていた。これら
の統計資料を参照したかぎり、1996 年 1 月から 1998 年 6 月までの約 2 年半の間、
新規婚姻登録者のうち、回族の民族内婚は全体の 50％に達しておらず、回漢
通婚が回族の民族内婚を上回っていることが明らかとなった。

　しかし、ここで統計資料の性質（資料的制約）に留意せねばならない。銀川市
民政局の婚姻登記表を参照したかぎりでは、銀川市の中心地における回漢通婚
の増加を確認することはできるが、それはあくまでも新規婚姻登録者（初婚者）
にしかあてはまらない。つまり、銀川市民政局の婚姻登記表についていえば、
婚姻届提出者の大多数が 20 代（男性は 22 歳以上、女性は 20 歳以上）の青年層であり、
中高年層は一切含まれていない。したがって、婚姻登記表統から指摘できるこ
とは、銀川市の中心地に暮らす 20 代の新規婚姻登録者（初婚者）に関しては回
族と漢族の通婚が非常に多いということである [229]。とはいうものの、改革開
放政策の導入後、銀川市の中心地に暮らす回族の若い世代が「伝統モデル」の
民族内婚を必ずしも遵守していないという事実は否定できず、このような事実
は厳しい現実を清真寺関係者に突きつけるにちがいない。また、回漢通婚の割
合の高さは中国回族の学術界において民族内婚を「伝統モデル」として定式化
する多数派の見解に対する反証となるだろう。

---

　228) 中国では外国人研究者が閲覧できる統計資料は非常に限られている。
　229) 銀川市民政局の婚姻登記表に記載された夫婦それぞれの年齢をみたところ、大部分が 20 代だっ
　　た。これに対して、後日、西関寺付近での統計資料調査によれば、その調査対象となった既婚者
　　は 20 代から 70 代までといった具合に年齢層が幅広く、回族の青年層よりも中高年の人々が多かっ
　　た。このように、銀川市城区の統計資料は青年層を対象としたのに対し、清真寺付近で収集した
　　統計資料は主に中高年を対象としたことになる。これらの統計資料の比較は、厳密な意味では、
　　客観性の高い比較分析とはいえないが、銀川市城区および清真寺付近における「民族内婚」およ
　　び異民族間通婚の概況を把握するという点においては全く無意味な統計資料だとは言えないと考
　　え、本書で参照することにした。

351

第3部　変貌する宗教儀礼と民族文化

ここで回漢通婚に対する宗教指導者の見解を紹介しておきたい。寧夏回族自治区ではシャリーア婚の場合、清真寺の宗教指導者が必ず招待されることになっている。調査地の回族結婚事情にもっとも精通していると言える宗教指導者が次のように語ったことがあった。

　近年、銀川市では回族と漢族との結婚が増加し、これまでと違って漢族がイスラームに改宗しない事例がある。回族と漢族が結婚するにあたって漢族がイスラームに改宗しない場合、自分たち宗教指導者は結婚式に招待されることはない。そのため、イスラーム式婚礼（シャリーア婚）をおこなわない夫婦について自分たちはまったく把握できないのが実情である。（2001年1月寧夏回族自治区銀川市におけるインタヴュー調査）

この話はひとりの宗教指導者が発した個人的な見解にすぎないが、清真寺に勤務する宗教指導者は、長年、イスラーム式婚礼を執り行ってきた専門家であり、「歴史の証人」でもあるため、その言葉には重みがある。また、イスラーム改宗をともなわない結婚の増加に対する宗教指導者のやるせなさが痛いほど伝わってくる。

第4節　漢族男性と結婚した回族女性——共産党員の選択と苦悩

それでは、回族と漢族の通婚の具体例を紹介しておこう。筆者が銀川市でたまたま知り合った回族女性（WM氏）にここで登場してもらう。彼女は漢族男性と自由恋愛のすえに結婚したのであるが、駆け落ちに近く、彼女の父親は漢族男性との結婚をながらく認めようとしなかった。その結果、彼女は父親から一時的に絶縁されてしまい、長期間、親子関係を修復できずにいた。ただし、調査当時、彼女と父親の関係はすでに修復されていたため、彼女は自分の体験談を筆者に詳しく話してくれた。

主要な登場人物は、回族の女性（WM氏）、その結婚相手の漢族の男性（L氏）、回族女性の父親（WX氏）である。筆者は清真西関寺に通うWX氏と親しくなり、

352

第 6 章　異民族には嫁がせない

WX 氏の自宅を訪問したり、WX 氏主催の行事に参加したりする機会に恵まれ、WX 氏の娘（WM 氏）、その結婚相手の L 氏と言葉を交わすようになった。当初、西関寺の古老である WX 氏の昔話を聞いていたのだが、家族・親族の話が話題に上がり、WM 氏の実体験を聞かせてもらえることになった。

事例 6-1　漢族男性と結婚した回族女性

調査当時の 2000 年、回族女性（WM 氏）は 40 代で、銀川市の行政機関に勤務する共産党員であった。彼女の夫（L 氏）は同世代の漢族（40 代、銀川市出身）で、彼女とおなじく銀川市の行政機関に働く共産党員であった。改革開放政策が本格的に始まった 1980 年代はじめ、2 人は勤務先で知りあい、恋に落ちた。1980 年代当時、回族社会では非常に珍しかった自由恋愛である。1986 年 4 月頃、漢族男性の L 氏が回族助成の WM 氏に求婚した。L 氏が WM 氏に求婚し、WM 氏が快諾するまでは時間がかからず、順風満帆であった。

しかしながら、漢族男性の L 氏が WM 氏の父親（WX 氏）に挨拶すべく自宅を何度も訪問したが、L 氏はまったく相手にされなかった。思い悩んだ L 氏は WM 氏との結婚を成就させるべくイスラームへの改宗を決断した。L 氏は WM 氏と 1986 年 5 月に婚約し、WM 氏の兄（回族、40 代）からイスラームの礼拝の仕方をわざわざ教えてもらった。L 氏はイスラームへの改宗をつうじて自分の誠意を婚約者の家族・親族に伝えようとしたわけである。それにもかかわらず、WM 氏の父親（WX 氏）は自分の娘と L 氏との結婚を断固として認めようとしなかった。

1986 年 10 月頃、回族女性の WM 氏と漢族男性の L 氏は WX 氏の承諾を得ずに結婚に踏み切った。それは、WX 氏の反対を押し切った挑戦的な行動であった。結婚式当日、WM 氏は自分の家族が普段通う清真寺ではなく、他の清真寺の宗教指導者を結婚式に招待し、クルアーンの朗誦を依頼した。WX 氏・WM 氏の家族・親族が普段から世話になっている清真寺の宗教指導者を招待すると、結婚それ自体を拒否される可能性が高かったからである（WX 氏は清真寺の重要な役職に就いていた）。自分の娘の挑戦的な行動に対し、WX 氏は苛立ちを隠さず、自分の娘が数年後に子どもを産んだ後も娘夫婦に

353

第 3 部　変貌する宗教儀礼と民族文化

自宅の敷居を跨がせようとはしなかった。

　当時の様子について WM 氏が説明するには、漢族男性に嫁いだ WM 氏は、結婚当初、夫方親族との付き合いになかなか慣れず、非常に苦労したという。なぜなら彼女の夫方親族は漢族であり、回族と漢族の慣習が大きく異なるからであった。例えば、1995 年に彼女の夫（L 氏）の父親が逝去したときのことである。WM 氏は共産党に入党していたが、純粋な無神論者とは言えず、イスラームの宗教儀礼や回族の民族文化を実践していた。それゆえ、彼女はイスラームに改宗していた夫とともに義理の父親のためにあえて服喪しなかった。亡くなった親族のために喪に服さないことは漢族社会では非礼な行為にあたるため、WM 氏の夫方親族のなかには、漢族の伝統慣習に従わない WM 氏を「奇妙な嫁」と言い、陰口をたたく人もいた。このように、回族女性の WM 氏と漢族男性の L 氏との結婚生活は必ずしも順風満帆と言えるものではなかった。

　1997 年頃、事態を一変させる出来事がおきた。WM 氏の兄が仕事上の付き合いで漢族のレストランへ行かねばならない用事があった。WM 氏の兄が漢族のレストランでたまたま出会ったのが L 氏であった。銀川市で漢族のレストランに出入りする回族は非常に少なく、漢族料理を食べることは回族としての忍耐力を試す苦行でもある。WM 氏の兄は妹の夫にあたる L 氏が自分とおなじように漢族料理に一切手をつけないことに気付き、後日、そのことを自分の父親（WX 氏）に伝えた。その話を直接聞いた WX 氏はようやく自分の娘（WM 氏）の結婚を承認し、娘夫婦との付き合いが始まった。実際、調査当時、清真寺のそばにくらす WX 氏の自宅には、娘（WM 氏）だけでなく、娘の夫（L 氏）も出入りし、年中行事などを一緒に祝っていた（2000 年 11 月寧夏回族自治区銀川市におけるインタヴュー調査）。

　どちらかといえば、中国西北では回族男性が漢族女性を娶ることは容認されているが、それとは対照的に、回族女性が漢族男性に嫁ぐことは強く忌避される［馬平 1998：180］。このような忌避観念は、シャリーアにおける婚姻規定とは関係なく、回族女性を他民族（主に漢族）の男性に嫁がせることに対して回族男性が強烈な不安感や恐怖心を抱くからであると考えられる。例えば、銀川市

354

の場合、回族の人々は結婚後、夫方居住の原則に依拠して生活を営むことが一般的であり。回族男性が漢族女性をイスラームに改宗させる場合、漢族女性は自分の夫側、つまり回族側の生活様式に必然的に従うことになる。それに対して、回族女性が漢族男性と結婚した場合、回族女性は自分の夫、つまり漢族男性の生活様式に必然的に従うことにある。ここでいう生活様式とは主に夫婦間の食習慣を指し、漢族男性と結婚した回族女性が婚出先の食習慣をどの程度許容しうるのかが回族社会のなかで論争のひとつとなる。当然のことながら個人差はあるが、回族女性の場合、その女性の家族・親族たちが漢族男性との結婚に強烈に反対する傾向がある。

　実は、回族女性（WM 氏）の父親（WX 氏）は清真寺の重要な役職に就いており、銀川市では非常に敬虔なムスリムとして評判の高い人物であった。実際、筆者自身の観察によれば、WX 氏は毎日のように自宅近くの清真寺に通い、クルアーンを自分で朗誦していた。銀川市ではクルアーンを自分で朗誦できる回族は必ずしも多数派ではない。WX 氏は 1949 年前後、清真寺でイスラーム教育を受けたことがあり、銀川市のイスラーム界ではその名を知られていた。しかしながら、清真寺の地元有力者の娘が中国共産党に入党し（入党の行事では宗教信仰の放棄が要求され、無神論を信奉することになる）、それだけでなく、父親の反対を押し切って漢族の共産党員と結婚したのである。筆者がインタヴュー調査を実施した際、WX 氏は娘（WM 氏）の結婚について話すときはいつも神妙な表情を見せ、本心としては回族と漢族の通婚に承諾できていない様子であった。WX 氏は、娘（WM 氏）の夫（漢族）がイスラームにわざわざ改宗したにもかかわらず、娘夫婦との付き合いを長年拒み続けたことから、WX 氏の心中は複雑だったにちがいない。

第5節　民族内婚の論理

　ここまでの記述から、主に銀川市城区では回族と漢族との民族間通婚が確実に増加していることを確認することができた。また、それと同時に、民族間通婚がかかえる現実的な問題の一端を具体的な事例をとおして把握することが

第3部　変貌する宗教儀礼と民族文化

できた。ここで注目したい点は、たとえ漢族がイスラームに改宗したとしても、回族の人々は漢族との結婚を積極的に選択しないという厳しい現実である。第4節の事例でも紹介したように、清真寺近くに暮らす回族のなかには異民族（主に漢族の非ムスリム）との結婚を根強く忌避する傾向がある。統計資料にはなかなか表れないが、清真寺付近でのインタヴュー調査の際、おなじ回族との民族内婚を厳守すべきであるという意見を地元回族の人々からよく耳にしたし、実際、清真寺付近では回族の民族内婚が最優先される傾向にある。それでは、ここで、回族の人々が民族通婚を忌避し、おなじ回族の民族内婚を優先しようとする論理について考えてみたい。

1　イスラーム改宗への疑念

　中国回族の学術界において回族の民族内婚があたかも規定婚であるかのように記述されてきた問題点は本章の冒頭で指摘した［馬平 1995；王正偉 1999］。これまでの事例分析で明らかにしたように、銀川市城区に関するかぎり、回族と漢族との通婚が増加している事実はきちんと捉える必要がある。実際、寧夏にかぎらず、他地域でも、都市部を中心として、若者のあいだで自由恋愛の風潮が高まっており、回族と漢族との自由恋愛も次第に増えている。

　このような風潮に対して、清真寺付近に居住する回族の人々の声を聞いてみると、漢族との結婚を極力回避しようとする気持ちが強く、実際、清真寺付近で回族内婚が重視されることは統計資料によって指摘したとおりである。前述したが、清真寺に一定の帰属意識を持つ回族の人々は、おなじ回族同士の結婚を優先する傾向が相対的に高い。また、回族同士の組みあわせであっても、一方が敬虔なムスリムである場合、もう一方（結婚相手）に信仰心の有無を確認することはよくあることである。例えば、本章の事例に登場した回族の WX 氏が見せたような漢族に対する距離のとりかたは清真寺付近では決して珍しいわけではない。もちろん、だからといって、銀川市で回族が漢族に対して反発心や敵愾心を持っているわけではない点にも注意しておきたい。

　このように、おなじ銀川市城区といっても清真寺付近とそれ以外の地域とのあいだには地域差があり、また、おなじ回族にも民族内婚の捉えかたには温度差がある。全体として見れば、銀川市城区に分散する回族は、地元出身の回族

がもともと少ないこともあり、清真寺付近の回族と比較すると、それほど保守的ではない。当然のことながら、イスラームの年中行事や人生儀礼などへの取り組み方にも違いが見られる。誤解を恐れずにいえば、清真寺付近の回族は地元意識が相対的に強固であり、他地域に住むおなじ回族に対してすら排他的な態度をとることがある。

　それでは、ここで、清真寺付近の回族に対するインタヴュー調査にもとづき、彼らが民族内婚を優先しようとする論理を読み解いていきたい。銀川市の西関寺付近でインタヴュー調査（主に男性）を実施したところ、次のような反応を見聞きすることが非常に多かった。

　　シャリーアの視点から見れば、イスラームに改宗するという条件のもとでは、漢族との結婚は容認されるが、実質的には、漢族のイスラームへの改宗は「便宜的な手続き」にすぎないので、結婚した後、漢族がどの程度ムスリムとして生活するのかは第三者には知りようがない。だから、個人差はあるとしても、イスラームに改宗した漢族がどの程度熱心なムスリムとなるのかはわからない。あまり見聞きしたことはないが、もし漢族がイスラームに改宗したとしても、回族の男性が漢族の女性を娶ることは許容範囲ではあるが、漢族の男性が回族の女性を娶ることはあまり好ましいことではない[230]（2001年2月寧夏回族自治区銀川市におけるインタヴュー調査）。

　このような発言は銀川市では清真寺指導層だけでなく、一般信徒からもよく聞くことがあった。ここで注意すべきは、シャリーアで容認された、つまりイスラームへの改宗を前提とした回族と漢族との通婚が回族の人々のあいだでは実質的には忌避されているということである。そうなると、銀川市にくらす回族の人々が漢族のイスラーム改宗をどのように受けとめるのかを具体的に考察

---

230) ピルスバリーやグラドニーは回族が漢族の血を「不浄」であると考えると報告している［Gladney 1991：237-238］。台湾回民を調査したピルスバリーの報告によれば、回族の民族起源にまつわる民間伝承にもとづき、回族女性の体には「漢族の血」が流れているので、回族女性の血は「不浄」であると回族男性が考えるという。この現象をピルスバリーは「血のエスニシティ」（blood ethnicity）と名付けている［Pillsbury 1973：74］。筆者が銀川市で聞いたのは、「女性には生理があるから清真寺に入るべきではない（女性は「不浄」である）」という回族男性（主に宗教指導者）の発言であり、回族女性の血が「不浄である」という観念は回族男性のあいだで広く共有されているようである。

第3部　変貌する宗教儀礼と民族文化

する必要がある。

　ここで、シャリーアの婚姻規定を確認しておこう。シャリーアの規定によれば、ムスリム男性は啓典の民（ユダヤ教徒、キリスト教徒）との結婚が容認されるが、その一方で、ムスリム女性はムスリム男性との結婚しか容認されない。実際の状況としては、銀川市にはキリスト教徒（漢族）は少ないわけではなく、宗教を異にする漢族同士の結婚（例えば、仏教徒の漢族とキリスト教徒の漢族の結婚）はごく自然におこなわれていた。回族男性と漢族のキリスト教徒女性の通婚はシャリーアの規定によれば合法な結婚と見なされるはずであるが、少なくとも銀川市の清真寺付近で回族と漢族の通婚が少なく、啓典の民同士の結婚について具体的な事例を聞いたことはない。

　調査当時、回漢族内婚の実態について清真寺の宗教指導者に対してインタヴュー調査を実施したことがある。宗教指導者が個人的に把握している情報ではあるが、どの清真寺でも「ほぼ毎月、若干名ではあるが、回族との結婚を理由にイスラームに改宗する漢族がいる」という話を聞いた。銀川市の宗教指導者から聞いた話をまとめると、南関東寺で6組、北関寺で7、8組、西関寺で2、3組、東関寺で11組、新華寺で10組、満春寺で2組の回漢内婚が確認されている。夫婦の民族戸籍の内訳は、南関東寺では6組のうち4組が回族男性と漢族女性、満春寺では2組とも回族男性と漢族女性、東関寺では大部分（10組ほど）が回族男性と漢族女性の夫婦であった（なお、回族との結婚を契機にイスラームに改宗した漢族が大多数であったという）。

　あくまでも宗教指導者の個人的な印象ではあるが、漢族改宗者の多くが形式上の手続きにすぎないのではないと思わせる印象を周囲の人々に与えているという。漢族のイスラーム改宗に実際に立ち会ったことがある宗教指導者は次のように語っていた。

　　私たち宗教指導者は、イスラームに改宗した漢族がその後の生活のなかでイスラームの規範をどの程度遵守するのかということを確認することができないし、また、そもそもイスラームの信仰とはアッラーと個人との契約であるため、第三者が口をはさむべきではない（2001年2月寧夏回族自治区銀川市におけるインタヴュー調査）。

358

第6章　異民族には嫁がせない

　イスラームに改宗する漢族は絶対数としては少ないが、漢族の改宗者には回族との結婚を契機に改宗した事例が一般的である。シャハーダ(信仰告白)のきっかけは多種多様であり、結婚のための改宗の是非を問うことは愚問であろうが、「イスラームへの改宗手続きを終えると、清真寺からおのずと足が遠のく人たちが多い」と宗教指導者が寂しそうに呟いていたことが印象的であった。他の宗教とおなじように、イスラームの実践程度にも個人差が見られるし、それは当然のことである。そのような個人差はさておき、回族の人々はイスラームに改宗した漢族をおなじムスリムとして受けいれることにはかわりはない。たとえ漢族であってもイスラームに改宗し、六信五行を遵守しようとするのであれば、回族の人々が実質的にはおなじ回族と見なすことは少なくない。本章の事例で紹介した漢族の共産党員のようにイスラームに改宗したにもかかわらず、周囲の回族から信用をなかなか得られない事例も存在するが、その事例では漢族改宗者が共産党員であり、回族の人々の不信感が非常に強いからである。

　調査当時、中国共産党・政府の民族政策の規定によれば、もし漢族がイスラームに改宗し、ムスリムとなったとしても、漢族改宗者の民族戸籍はあくまでも漢族の民族戸籍のままであり、回族の民族戸籍に変更することは原則としては認められていない。行政機関の見解によれば、原則上、「民族」と「宗教」とは次元の異なる個別の観念であり、どのような宗教を信仰したとしても自分の民族戸籍を変更することはできない。ということは、たとえ漢族のイスラーム改宗者がムスリム・アイデンティティを新たに獲得し、周囲の回族の人々によって回族社会の一員として認められ、自分の民族戸籍を回族の民族戸籍へ変更したいと考えたとしても、原則上、漢族改宗者の民族戸籍の変更は容認されることはない。調査当時、民族戸籍管理上は、イスラームに改宗した漢族は、民族戸籍は回族ではなく、漢族の民族戸籍のままである。

2　食の規範の遵守

　ここまでは漢族のイスラーム改宗について言及したが、回族と漢族との通婚の場合、当事者が最初に考慮すべき問題に注目してみたい。回族と漢族が結婚する場合、必ず浮上する問題は食生活のありかたである。あくまでもフィールドワークから得られた実感にすぎないが、調査当時、銀川市の回族のなかには、

第3部　変貌する宗教儀礼と民族文化

日々の礼拝を一切おこなわない者、普段から煙草やアルコール類を嗜む者をよく目にしたが、イスラームの食の規範に関しては厳格に遵守する人々が多かった。ここでいう食の規範とはシャリーアの規定にもとづくものである。すなわち、中国ムスリム社会においてはシャリーアで規定された方法で処理・加工された食物は「清真」(qingzhen, ハラール)、それとは逆に、飲食を禁止された食物は「哈拉目」(halamu, ハラーム) として認識されている。筆者が銀川市で知り合った回族の人々には「自分たちは世俗化した」と語る人々が少なくなかったが (漢族と通婚した回族はほとんどいなかった)、回族と漢族が結婚した場合、食生活はどうなるのかと強烈な危機感を抱く人が非常に多かった[231]。

　一般的には、中国社会の食事事情といえば、漢文化を主流とした中国料理では日常的によく食べられる肉といえば豚肉を指す。さらに、菓子類を含む中国料理では豚肉だけでなく、豚の油脂 (ラード)、肉エキスなどもよく使用される。それゆえ、回族の人々は普段の食生活において食物の購入では細心の注意を払うことになる。イスラームの食の規範は清真寺周辺や回族集住地区(例えば、陝西省西安市、北京市の牛街) では特に苦労することなく遵守することができるが、それとは対照的に、回族と漢族の混住地域 (例えば、浙江省、福建省) ではハラール食品を容易に購入できるわけではなく、また、職場や隣近所の漢族との儀礼的な付き合いも考慮せねばならず、イスラームの食の規範を遵守することは困難を極める。

　調査当時、筆者は銀川市の行政機関に勤務する回族 (女性、30代) と知りあい、インタヴュー調査を実施したことがある。彼女は銀川市出身の共産党員で、漢族男性と結婚した。彼女の夫もおなじく共産党員である。彼女の話によれば、漢族の夫はイスラームには改宗しておらず、「自分の夫が家の外で何を食べているのか自分には関心がない」とはっきりと述べていた。彼女の体験談を参照したかぎり、彼女の夫は自宅の外ではハラール料理ではなく、漢族料理を食べている可能性が高い (ただし、彼女自身は漢族料理を一切食べないと強調していた)。この事例は銀川市の中心地でたまたま見聞きした一例にすぎないが、回族と漢族の夫婦が日常生活のなかで直面する食習慣上の問題を如実に物語る事例であ

---

231) イスラームでは豚肉だけが禁忌であるかのように考えられることがあるが、厳密にいえば、ムスリムが屠畜していない牛肉・羊肉・鶏肉などの食肉も禁忌と見なされる。

360

第 6 章　異民族には嫁がせない

ると言えるだろう。

　全体的な傾向として、清真寺の周囲に集住する回族の人々には、回族と漢族が結婚した場合、日々の食生活に支障が生じるにちがいないと事前に予想し、漢族ではなく、おなじ回族を結婚相手として優先的に選択する傾向が見られた。そのような民族内婚の志向性は、都市・農村の別なく、清真寺の周囲にくらす回族の人々のあいだでは広く共有されていたと考えられる。また、イスラームの食の規範とは別の理由として、漢族のイスラーム改宗が便宜的な手続きにすぎないのではないかという疑念が回族の人々のあいだで根強いことも無視できない。例えば、漢族との結婚に強硬に反対する回族の人々は「たとえ結婚相手がイスラームに不熱心な回族であったとしてもおなじ回族として安全な食生活を送ることができる」という発言を耳にすることが多かった。このような実感は、漢族が主流の中華世界のなかでイスラームの食の規範をできるかぎり遵守しようとする回族の人々の正直な気持ちなのであろう。

　ただし、だからといって、筆者は中国において回族と漢族の通婚が必ず失敗をもたらすと主張するつもりはない。ここで指摘しておきたいことは、回族と漢族が結婚する場合、たとえ両者に恋愛感情や夫婦愛といった心理的な結びつきがあるとしても、それとは別の次元の問題として、漢族の配偶者が回族の配偶者の伝統慣習に対して文化的な配慮をおこなわないかぎり、異民族間の夫婦関係を円滑に続けることは決して容易ではないということである。もちろんこのようなことは回族と漢族の通婚にとどまらず、他地域や他国の異民族間通婚にもあてはまる。

3　異民族間の贈答慣行

　回族と漢族とが結婚した場合、当事者が直面しうる他の問題について考えてみたい。ここで注目したいのが夫方親族・妻方親族とのあいだで頻繁におこなわれる贈答慣行である。一般に、中国社会では、男女が結婚した後（正確には結婚前の準備段階から）、夫方親族と妻方親族は儀礼的な贈答慣行を実施する機会が必然的に多くなる。とりわけ、中国社会においては贈答慣行における物品の交換は夫方親族・妻方親族双方の「関係」(guanxi) の形成・強化において必要不可欠な文化装置として非常に重視されている。ここで言うまでもなく、贈答

361

第3部　変貌する宗教儀礼と民族文化

慣行は漢族にかぎらず、少数民族の社会においても人生の節目に定期的に実施されることが一般的で、特に食品の贈答が際立っている。

　回族と漢族が結婚した場合、夫方親族・妻方親族がまず考慮するのが回族側親族が漢族側親族からの贈り物（主に食品）を受けとるかどうかということである。もし漢族側がイスラームの方法で加工・処理された食品、つまり、ハラールの食品を購入し、回族側に贈答するのであれば、特に問題が発生することはない。しかしながら、ハラールの食品ではなく、漢族が調理した食品が回族側に提供されるとすれば、回族側は対応に苦慮することになる。例えば、漢族側の姻族が冠婚葬祭を実施し、回族側の姻族を饗宴の場に招待した場合、漢族の料理がテーブルの上に並べられると、回族側の姻族は箸をつけることさえ躊躇する。銀川市の回族は他の西北の回族から「イスラームの遵守において不真面目である」としばしば揶揄されるが、筆者が銀川市で出会った回族の人々は、非回族（主に漢族）が豚肉や油脂を使用せずに調理した料理を決して食べようとしないし、さらには豚肉や油脂に接触した調理器具さえも「不清真」（不浄）だと受けとめる人々は非常に多い。極端な事例ではあるが、ごく一部の回族のなかには漢族との外食さえも敬遠する人々がいる。

　例えば、2000年、筆者が銀川市で回族の結婚式に出席したときに印象深い出来事があった。イスラーム式の婚礼が無事終ると、市内のハラール料理店で披露宴が始まった。筆者は回族の知人・友人と食事をしていたのであるが、隣のテーブルの座席に買物袋（ビニール袋）が置かれていた。買い物袋のなかには食べ物らしき物が入っているのだが、外から眺めただけではそれが何なのかはさっぱりわからない。すると、回族の子どもがそのテーブルに近づき、買物袋に気付いたのだが、豚肉が入っているではないかと思い、遠巻きに眺めていたのである。このように、回族の人々は「清真」（ハラール）ではない可能性のある食物に対して非常に強い警戒心を抱く。筆者自身が銀川市で回族のレストランに買物袋を持ち込んだときは、回族の店主が私の持参した袋の中身が何なのか、つまり、豚肉がないかどうか何度も質問したことがある。

　中華世界のなかで贈答慣行は漢人（漢族）が中心となって積み重ねてきた社会規範のひとつである。中国における日常生活や冠婚葬祭の場面では食事を共有するという行為は個々人の社会関係を円滑にするための重要な文化装置であ

ると考えられている。ここでいう食事とは喫煙や飲酒をも含む広義の概念である。例えば、漢族が職場やレストランなどでタバコを吸う場合、その場で同席する者全員にタバコを勧めることがエチケットと認識されている。中国社会では基本的には喫煙が強要されることはないが、タバコ[232]はイスラーム学者のあいだでは忌避されるべきもの（makruh）と考えらえており、タバコの授受はその場に居合わせる回族の人々にとって「漢文化」への同調圧力となる（もちろん普段から喫煙する回族は例外であるが）。そのほか、タバコのほかにも同調圧力の発信源はある。それは仕事上の付き合いでの飲酒である。中国社会では飲酒も強要されることはないが、飲酒は職場関係の調整や仕事上の人脈作りなどを進める場面で重要な意味を持つ。当然のことながら気心の知れた友人同士の付き合いであるならば飲酒を拒否することは可能であるが、職場や仕事上の付き合いとなれば、そう簡単には拒否することはできない。中国社会ではたとえ飲酒しない場合であっても唇をグラスにつけることが相手に対するエチケットとされることもある。このような場面に遭遇した場合、回族の人々が苦悩する様子は容易に想像できるだろう。

　食習慣や喫煙・飲酒のほかにも考慮すべき問題はさらに発生しうる。それは葬送儀礼のやりかたである。回族と漢族の夫婦で、どちらか一方が逝去した場合、死者をどのような方法で埋葬すべきかという問題を考えねばならない。例えば、回族が先に他界した場合、漢族の配偶者がイスラームに改宗したのであれば、漢族の配偶者は故人のためにイスラーム式の土葬を清真寺関係者に依頼するので問題は発生しづらい。それとは対照的に、漢族の配偶者がイスラームに改宗しておらず、宗教に対する文化的配慮を欠いた場合、イスラーム式の土葬ではなく、漢族式・無神論式の葬法（火葬）を選択し、配偶者の遺体を処理してしまう可能性がある。

---

232) クルアーンやハディースには喫煙の是非をめぐる明確な記述がない。そのため、喫煙がシャリーアで容認されるのか、あるいは禁止されるのかという問題に関しては法学上の様々な見解がある［大塚和夫・小杉泰・小松久男・東長靖・羽田正・山内昌之（編）2002：305］。一般には、タバコはハラーム（禁止行為）ではなく、マクルーフ（忌避行為）として解釈されることが多いのであるが、清真寺の宗教指導者のあいだではタバコをハラームと見なす人々は多かった。なお、中国イスラーム界では、アラブ・ムスリム社会のファトワー（fatwa, 法学的意見）に相当するものとして、宗教指導者がフクム（hukum）という法学上の見解を非公式に出すことがある。ファトワーと同様、フクムには法的な拘束力はないが、その見解内容はムスリムに対する「訓戒」として受けとめられる。例えば、寧夏や甘粛省などの清真寺の敷地内にはフクムが書かれた貼り紙が掲示されることがある。

第3部　変貌する宗教儀礼と民族文化

　このような事態を示す具体的な事例を紹介しておこう。詳細は第8章で説明するため本章では要点のみを述べるに留めておく。1999年、寧夏回族自治区で衝撃的なニュースが報道された。そのニュースとは回族の中国共産党員（高級官僚）が火葬されたという報道であった。火葬された男性の民族戸籍は回族であるが、イスラームを信仰しておらず、マルクス・レーニン主義の無神論を信奉していた生粋の中国共産党員であった。当然のことながらその男性の妻は漢族で、イスラームには改宗していない。その回族男性の遺体は生前の遺言にのっとって銀川市郊外において散骨された。寧夏回族自治区政府は死者のために告別式を企画・主催し、亡くなった回族男性は式場で「優秀な中国共産党員」として称賛された。このニュースを目の当たりにした回族の人々（特におなじ回族の共産党幹部）は回族の火葬を痛烈に批判し、回族の火葬は銀川市の回族のあいだで物議を醸した事件となった。たとえ火葬が故人（回族）の遺言で言及されていたとしても、回族の葬儀をイスラーム式で実施したかどうかという問題は回族のエスニシティの真正性を測る基準のひとつと見なされているため、回族社会のなかで論争の火種となる可能性が非常に高い。

4　子どもの民族戸籍

　異民族間通婚の場合、子どもの民族戸籍をどうするのかという問題が必ずといっていいほど浮上する。回族と漢族が結婚し、子どもがうまれた場合、子どもの民族戸籍を父親の民族戸籍と母親の民族戸籍のどちらを選択する傾向にあるのだろうか。中華人民共和国では民族戸籍が登録制度として制度化されており、民族戸籍の選択は民族の慣習法上だけでなく、法制度上の問題でもある。第4節で紹介した回族女性と漢族男性の夫婦のあいだには二人の子どもがいるのだが、漢族男性は結婚前にイスラームに改宗しているため、妻の回族の伝統慣習を尊重できており、子どもの民族戸籍は妻とおなじく回族として登録されていた[233]。実は、西関寺付近での世帯調査にもとづけば、回族と漢族が結婚した場合、子どもの民族戸籍は例外なく「回族」として登録されており、漢族

233）この事例で紹介した子どもたちをその母方親族たちは「回族の子ども」と見なしている。それは親族にかぎったことではなく、隣近所に住む回族の人たちにもあてはまる。回族の隣人たちはその子どもたちが漢族料理店で食事しないことを見聞きしたうえで子どもたちを自分たちとおなじ回族であると説明していた。

364

第6章　異民族には嫁がせない

の民族戸籍が選択された事例はまったく存在しなかった。調査当時、中国の法制度においては子どもの民族戸籍は子ども自身が18歳になるまではその親が選択した民族戸籍が登録されるが、子どもが18歳になれば自分の意志で民族戸籍を変更することができる。しかしながら、銀川市では回族と漢族のあいだに生まれた子どもが「回族」として一度登録された後、自分の民族戸籍を「回族」から「漢族」へと変更した事例は聞いたことはない[234]。

　異民族間通婚の夫婦が子どもの民族戸籍を少数民族の戸籍として登録することにはいくつかの理由が考えられる。最初の理由は1950年代から少数民族に対して施行されてきた優遇政策である。1984年の民族区域自治法で保障されるように、調査当時、漢族が一人っ子政策の産児制限を受けるのに対して、都市部の少数民族は2人、農村部では3人まで子どもを産むことができた[235]。また、少数民族は大学入学試験で合格判定基準をひきさげてもらえる。一般に、漢族と少数民族が結婚した場合、たとえその子どもが実質的に漢族の生活習慣に従っていたとしても、民族戸籍はすでに少数民族として登録されているので、あくまでも法制度上は少数民族として優遇政策の恩恵にあずかることができる。

　しかし、そのような「少数民族」の子どもが増加するのであれば、回族社会に新たな問題が発生する。つまり、それは、民族戸籍は「回族」であるが、「漢族」とほとんど変わらない名ばかりの「回族」が大量生産される事態である。例えば、民族戸籍は「回族」ではあるが、普段の生活ではイスラームの戒律を学ぶこともなく、何の罪悪感を抱かずにハラームの食品を罪悪感を抱くことなくごく普通に摂取し、漢族のように祖先祭祀をおこなう「回族」である。銀川市においては、漢族とほとんど変わらないと周囲の回族に見なされた戸籍上の「回族」は「半回」（半分の回族）と揶揄されていた。

　中国共産党・政府の公式見解によれば、マルクス・レーニン主義の民族理論に倣い、「民族」と「宗教」とは別個の概念として理解されている。つまり、ある回族がたとえイスラームを信仰しなくなったとしても、その回族はあくまでも回族のままであり、民族戸籍も回族のままである。このように、中国共産党の論理に従うのであるならば、たとえ回族の子どもが「半回」であったとし

234）2000年に寧夏回族自治区民族事務委員会の関係者から詳細をうかがった。
235）2018年現在、一人っ子政策の撤廃がすでに実施されている。

ても法制度上はまったく問題は生じない。しかしながら、銀川市にくらす回族のあいだではイスラームという「宗教」と回族という「民族」は切りはなせない関係にあると考える人々が多数派であり、回族のエスニシティの根幹はイスラームであるという捉え方が非常に根強い。実際、銀川市、特に清真寺付近では、回族が「自分はイスラームを信仰しない（つまり棄教した）」と公言した場合（極めて稀な事例であるが）、周囲に暮らす回族の人々から非常に冷ややかな眼差しが投げかけられ、場合によっては無神論者と名指しされる可能性が高い。かりにイスラームを放棄した回族がどこかの清真寺（正確にはジャマーア）に所属していた場合、その回族は清真寺から締め出され、ジャマーアから追放されることになる。

第6節　集団の規制と個人の選択

　中国共産党主導の国家政策（例えば、婚姻法、民族政策）を見たかぎり、中国共産党・政府は異民族間通婚を強要あるいは推奨しているわけでなく、「婚姻自由」（婚姻の自由）の名のもとで少数民族の内婚の選択・実施を法的に保障している。一部の中国国外のメディア報道で中国共産党が少数民族の婚姻慣行にまで圧力をかけているかのような情報が発表されることがあるが、それは誤報である。文化大革命の時期、漢族と少数民族のあいだの接触・交流・連帯が「民族団結」の旗印のもとで過剰に強調されたことがあったが、改革開放期は少数民族は自分とおなじ少数民族との内婚を自由に選択することが可能であり、中国共産党・政府が少数民族の民族内婚を意図的に抑制しようとする施策は確認できていない。

　銀川市において清真寺関係者が危惧していたのは、中国共産党・政府が異民族間通婚を強制または推奨していないにもかかわらず、近年、回族と漢族の通婚が増加しつつあることである。本章で提示したように、ごく限られた統計資料ではあるが、回族と漢族の通婚が銀川市の中心地にくらす若年層（ここでは20代を指す）を中心に非常に高い割合でおこなわれていた。清真寺の宗教指導者の実感として聞いた話では、イスラームへの改宗を条件としない回族と漢族

第6章　異民族には嫁がせない

の通婚さえもが増加傾向にあるということであった。回族が漢族とおなじ屋根の下で生活できるかどうかという問題は無視できない問題のひとつであり、特に回族・漢族夫婦の子どもがいかなる民族に帰属するのかということは回族の人々のあいだでよく話題に上げられる。自分の結婚相手の民族的出自や自分の子どもの民族戸籍の選択は個人的な問題であるはずだが、回族の人々のあいだではあたかも回族社会全体にかかわるような重要な問題として議論の格好の話題にされる。この意味において、個人差はあるものの、回族の婚姻慣行に関していえば、集団の規制が個人の選択よりも前景化する傾向が強いと言うことができる。

　調査当時、筆者が頻繁に出入りした清真寺（例えば、西関寺、中寺、南関東寺）では、回族同士の内婚があたかもシャリーアで規定された「義務」であるかのように説明される傾向にあった。しかし、実態としては、回族と漢族の通婚は実施されており、漢族がイスラームに改宗するのであれば、回族と漢族の通婚は社会的に容認される。ただし、漢族のイスラーム改宗者は結婚後もイスラームを自発的に実践することが周囲の回族から期待される。このような反応は銀川市にかぎったことではなく、西北地方ではよく耳にすることである。銀川市にある回族集住地区の場合、回族の人々は「漢族のイスラーム改宗者にはあくまでも結婚のためだけの動機が一般的である」と受けとめているからか、おなじ回族との結婚をできるかぎり選好し、回族としての生活維持を図ろうとしていた。実際、漢族と結婚した回族のなかには周囲の回族から冷ややかな視線を向けられことをときどき見聞きしたことがある。清真寺付近では異民族（主に漢族）との結婚が生理的な反応として忌避されていたせいか、回族の民族内婚が優先的に選好されて実践されていたことは事実であろう。このように、おなじ民族との内婚を優先的に選択する論理は回族に身体化されたエスノ・イデオロギーであると言える。

　異民族間の接触・交際について回族研究者が興味深い統計資料を発表している。寧夏大学の馬宗保が回族と漢族に対して質問紙調査を実施し、次のような結果を報告している（調査地は公表されていないが、おそらく寧夏の銀川市である可能性が高い）。その調査によれば、漢族（242名）の場合、回族と普段から接触があって付き合いのある者が14.87％、付き合いが少しだけある者が18.59％、偶然付

367

き合う者が31.82％、接触があるが付き合いのない者が34.72％で、回族（183名）の場合、漢族と普段から付き合いのある者が12.02％、付き合いの少しだけある者が16.93％、偶然付き合う者が25.13％、接触があるが付き合いのない者が45.9％という。この数字を根拠として馬宗保は異民族間の交際頻度は高いと結論付けているが［馬宗保 2002：122-123］、筆者の見解は異なる。つまり、回族・漢族をとわず、普段から付き合いのある者の割合は非常に低く、漢族の場合が14.87％、回族の場合が12.02％となっている。この数字は回族と漢族の間で深い付き合いがおこなわれていないことを示しているのではないだろうか。馬宗保は別の質問用紙調査に依拠し、漢族の友人がいる回族が37.7％、回族の友人がいる漢族が29.9％と報告しているが［馬宗保 2002：144］、馬宗保の見解に反して、この質問用紙調査の資料も異民族間の友人付き合いの少なさを示している。

　しかしながら、ここで留意すべきことがある。回族と漢族の通婚（特にイスラームへの改宗を条件としない通婚）があきらかに増加傾向にあるとはいえ、民族間通婚それ自体がある少数民族の「衰退」または「消滅」にすぐさま結びつくと結論づけることはできない。回族の民族形成史をいまいちど思い起こしてみよう。回族の遠い祖先は外来ムスリム（男性）とイスラームに改宗した漢人（女性）であり、回族という民族集団は異民族間の絶え間ない接触・交流・共生によって形成されたわけである。したがって、回族の人々が民族内婚を優先するイデオロギーを共有しているからといって、回族と漢族の通婚に対して否定的な評価を下すことは適切ではない。例えば、筆者が銀川市で知り合った友人のなかには漢族女性と結婚した回族男性（共産党員）がいるが、回族・漢族の両者が結婚相手の生活習慣を互いに尊重しており（必然的に漢族女性が回族男性の生活習慣を気遣うことになるのだが）、夫方親族・妻方親族も彼らの生き方に深い理解を示していた。清真寺付近には回漢通婚の話を聞けば、「夫婦生活が長続きするはずなどない」と背後で揶揄する人々がいるが、結婚当事者の夫婦およびその親族・姻族たちがそれぞれの生活習慣を互いに尊重するのであれば、私たち外部者が危惧するほどの深刻な問題が発生するわけではない。

第7章

酒がならぶ円卓

―― 婚礼にみる回族の「漢化」 ――

第1節　はじめに

　改革開放政策の導入後、中国各地では富裕層が数多く登場し、中国国民の生活環境は大幅に改善・向上した。そのことは寧夏回族自治区銀川市にもあてはまり、漢族だけでなく、西部大開発に示されるように、回族も経済成長の恩恵にあずかっている。経済自由化の急速な進展にともない、清真寺の修復・改築にしろ、宗教儀礼や民族文化にしろ、回族の人々のあいだでも消費行動も顕著になりつつある。例えば、経済自由化政策をきっかけとして、様々な情報やモノが外部世界から中国社会へもたらされ、漢族社会だけでなく、少数民族地域にも流通している。その結果、イスラームや民族文化とは無関係なモノが回族社会にも数多く流通し、儀礼や慣習の「漢化」、世俗化、脱宗教化が発生している。例えば、婚姻儀礼[236]について例を挙げれば、胸元を露出する花嫁衣装（ウエディングドレス）、披露宴で大量に提供される酒類、客人に配られるタバコなどが当たり前のように婚姻儀礼（特に披露宴）で消費されている。

　中国の改革開放政策がグローバル化の一潮流であることをふまえれば、儀礼・慣習・文化などのハイブリッド化が中国社会でも生起するのは不自然なことではないが、ここで注目したいのは清真寺関係者（特に清真寺指導層）の反応である。例えば、銀川市では清真寺指導層たちのあいだで披露宴にはあえて出席しない

236）本書でいう「婚姻儀礼」という概念は配偶者探しから婚約、結婚式、披露宴、花嫁の里帰りまでの一連の儀礼を含む。

第3部　変貌する宗教儀礼と民族文化

という「暗黙のルール」が共有されており、それが実際に実践されていた。結婚披露宴といえば、どのような人々にとっても「喜ばしい行事」であるはずなのだが、清真寺指導層はアルコール類が提供される披露宴への出席を断固として拒否していた。このような現象は改革開放期の民族文化の持続と変容を考察するにあたって興味深い情報を提供してくれる。すなわち、回族がおこなうイスラーム式の婚姻儀礼では清真寺指導層を招待しないかぎり社会的承認を得られないのであるが、清真寺指導層は「無礼講」の結婚披露宴には出席せずにその場から姿を消していた。調査当時、筆者は銀川市で回族の結婚式と披露宴に何度も参加したことがあるが、結婚披露宴が始まる前には清真寺指導層がいつのまにか退席していたことに違和感を覚え、また、非常に印象深い出来事であった。清真寺指導層は結婚式では不可欠な存在であるにもかかわらず、なぜ披露宴に出席しないのか。このような疑問を出発点とし、本章では回族の婚姻儀礼（婚礼）に注目し、伝統的な民族文化の変容の具体的状況、また、その変容を清真寺指導層との関連性について考察する。

第2節　民俗生殖理論と婚姻規制

　ここでは婚姻儀礼について述べる前に、回族の民俗生殖理論、婚姻規制、婚姻形態について記述し、回族が婚姻・生殖に対して持つ独自の論理を炙り出す。

1　民俗生殖理論

　漢族研究では風水理論と民俗生殖理論の密接な結びつきが指摘されてきた。例えば、漢族社会には「父骨母血」、「父骨母肉」などの民俗語彙がある。それは子どもの身体が父親の「骨」と母親の「肉」によって形成されるという発想で、民俗生物学または民俗生殖理論と呼びうる独特な認識である［中生 1992；渡邊 2002］。このような知識体系にもとづけば、人間の身体は次のように形成される。父の「精液」と母の「血」との2つの気が感応しあい、「精液」が「骨」を造り、「血」が「肉体」をつくる。そこに霊魂が宿ってはじめて生を得る。生きている人間は「気」の集合した存在であり、とりわけ「気」は「骨」に集

中する。人間の死後、「骨」は「気」が集まる場所に埋葬される。死んだ人間は特定の子孫から祭祀されることによって、祖先となって子孫の繁栄を保障する。すなわち、好い「気」が集まる土地に埋葬された祖先の「骨」と子孫のそれは「同気」であるがゆえに、祖先から子孫へ「生気」が伝達される。人体のなかでも父親から受け継いだ遺伝子の「骨」に「気」が凝結し、「骨」の「気」が「地気」と感応することによって人体は「地気」を吸収する［渡邊2002］。

　このような民俗生殖理論は中華世界では漢族社会を中心に広く共有されているが、回族はどのような民俗生殖理論を形成しているのであろうか。調査当時、清真寺で宗教指導者や寄宿学生にインタヴュー調査を実施し、清真寺の宗教エリートたちが考える民俗生殖理論を聞き出して見たことがある。それによれば、回族の民俗生殖理論はその大前提としてイスラームの死生観・霊魂観と密接な関係があることがわかった。ある宗教指導者は次のように筆者に説明した。

　　　インサーン（人間）は創造主アッラーによって泥土からその肉体をつくられた。アッラーは泥土とそこからつくった一滴の精液で「血」のかたまりをつくり、「血」のかたまりから「肉」のかたまりをつくった。その「肉」のかたまりから「骨」を造り、「骨」を「肉」で覆って人間の姿にした。まず、男性をつくり、それから男性の「あばら骨」から女性をつくり出した。最後に、アッラーが「霊魂」をそれぞれの「肉体」に吹き込んで人間が誕生したのである [237]（2000年11月寧夏回族自治区銀川市におけるインタヴュー調査）。

　このような民俗生殖理論は実はイスラーム世界では広く共有されているものであり、特に珍しい説明方式ではない。中国イスラームの宗教エリートの説明において興味深い点は「父精母血」、「男精女血」などの民俗語彙を使用して自分たちの民俗生殖理論を説明していたことである [238]。「父精母血」、「男精女血」の観念は漢族の「父骨母血」、「男骨女血」に非常に類似するが、その意味するところは根本的に異なる。すなわち、回族が使用する「父精母血」、「男精女血」

---

237) 2000年から2001年にかけて西関寺や中寺の関係者から収集した話にもとづく。
238) 銀川市の中寺に寄宿していた学生や西関寺の一般信徒がこの民俗語彙を使用したことを確認した。ただし、彼ら自身が「このような説明を知る人は少ない」とあらかじめ断っていたことに留意する必要がある。なお、中寺の寄宿学生はクルアーンの典拠を逐一指摘して説明してくれた。

第 3 部　変貌する宗教儀礼と民族文化

は創造主アッラーが人間の肉体を「泥土」から形作ったというイスラームの人間観を前提としたものであり、父親から「精液」、母親から「血」がその子へ伝達され、子の身体が形成されるという説明様式である。

　このような説明様式の違いは儀礼の形式にも反映される。ここでは死者儀礼を例に挙げて説明してみたい。漢族の祖先祭祀では、死者の「骨」をその子孫が風水的に良いと考えた土地へ土葬し、死者を特定の「祖先」として祀り、迎福攘災を実現する。これに対して、回族の死生観によれば、人間は死後復活し、アッラーの審判に備える必要があるため、死者は死後も「骨」と「肉体」を持っていなければならない。それゆえ、回族は火葬を忌み嫌い、土葬を遵守する[239]。漢族社会の場合、父系出自の原則によって特定の祖先から子孫に「骨」を伝えることが重視されるが、回族の場合、父親から継承する「骨」だけでなく、母親から継承する「肉体」も同程度に大切であると考えられている。漢族社会には地域によっては洗骨の慣習、つまり「骨」から不浄な「肉」をとる行為があるが、「骨」から「肉」をとる行為など回族にとっては「ありえない行為」となる。

　ただし、ひとつ付け加えておけば、回族の民俗生殖理論は清真寺の宗教指導者や寄宿学生から聞くことのできたものであり、回族社会のなかでどの程度広く共有されているのかを確認することができなかった。おそらく、一般信徒のあいだではあまり知られておらず、宗教エリートしか共有していない説明様式である可能性が高い。このような知識の不均衡配分が見られるとはいえ、中国のイスラーム知識人層が独自の民俗生殖理論を共有することは留意せねばならない。

2　回族の「同姓不婚」

　「父精母血」、「男精女血」を鍵概念とする民俗生殖理論は回族が創り出したローカルな生物学的知識であるが、それとは別に「同姓不婚」の観念も婚姻慣行を理解するにあたって重要である。漢族の親族研究では婚姻規制のひとつとし

239）第 5 章で詳述したように、銀川市では、イスラームに熱心な人もそうでない人も、共産党員のような民族エリートも、回族の場合はイスラームの土葬を遵守することが法的に容認されており、また、実際、土葬を実施する人々が圧倒的に多い。ただし、少数ながら、イスラームを放棄し、無神論を信奉する回族のなかには火葬を選んだ事例がある。

て「同姓不婚」の原則がしばしば注目されてきた。漢族の「同姓不婚」の原則によれば、おなじ父系出自集団に所属するメンバーは「骨」を共有すると考えられており、おなじ父系出自集団の男女の結婚は「骨肉倒流」として忌避される。「骨肉倒流」とは、「精子と血が子孫に逆流すること」を指し、すなわち父系出自の原則で子孫に伝わる「骨」がおなじ父系出自集団のメンバーが共有する「血」と結合し、「骨」と「血」の循環が損なわれ、理想的な「気」の流れが遮断されることを意味する。それゆえ、漢族社会では父方平行イトコ婚はもちろんのこと、父方交差イトコ婚も忌避される［植野 2000；中生 1992；渡邊 2001, 2002a］。このように、「同姓不婚」の観念・規範は風水の「気」の理論にもとづくものであり、中華民国期まで中国各地で伝統慣習として実践されていた。

　それでは、回族社会では「同姓不婚」は実践されているのであろうか。西北回族の場合、おなじ「姓」の人々のあいだでもごく自然に結婚はおこなわれている。例えば、中国西北には「馬」という「姓」が非常に多く、おなじ馬姓の男女の結婚はごく自然におこなわれている。ただし、このような同姓婚の場合、おなじ父系出自集団には所属していないことが前提となっている。中生［1990］は華北漢族が「同姓不婚」を遵守していないことを指摘したが、回族社会においてもおなじ「姓」を持つ人々であっても、おなじ父系出自集団のメンバーでないかぎり、同姓婚は許容されている。また、もしおなじ父系出自集団のメンバーであったとしても、漢族の「五服内」に相当する範囲に含まれていないのであれば、同姓婚とは見なされずに許容されることが一般的である。また、漢族社会と同様、回族社会でも父方平行イトコ婚を意図的に回避する傾向があり、実際、父方平行イトコとの結婚はまずありえない。ただし、漢族研究では父方交差イトコ婚が忌避されるが、回族社会では忌避されることなく許容されている[240]。

　ところが、1980 年代以降、中国共産党・行政当局が婚姻法施行を積極的に

---

240) 宗教指導者たちはシャリーアで定められたインセストを指摘し、父系親族や母方親族との結婚をすべて禁止しているわけではないと説明することが多かった。シャリーアでいうところのインセストの範囲とは、エゴの母親、姉妹、娘、父方・母方オバ、姪、乳母、乳姉妹、妻の姉妹を指す［大塚和夫・小杉泰・小松久男・東長靖・羽田正・山内昌之（編）2002：322］。この規定にもとづけば、中国社会で忌避される父方平行イトコ婚および父方交差イトコ婚が容認されることになる。なお、中東のアラブ・ムスリム社会については、父方平行イトコ婚が選好される傾向があると報告されている［大塚 1994］。

宣伝し始めると、回族の婚姻規制にも少なからず変化が見られるようになった。例えば、現行の婚姻法によれば、父方・母方にかかわらず、自分自身（エゴ）からみた上下3代以内の親族との結婚は「近親婚」として厳禁されている。つまり、この「近親婚」の禁止はシャリーアで許容される父系親族との結婚だけでなく、漢族社会においても広く許容されてきた母方イトコとの結婚禁ずるものであり、そのような禁止事項は法律上、伝統的な結婚形態に規制が加えられたことを意味する。このような婚姻法に見られる法的措置は中国共産党・行政当局による人口管理や計画出産と密接にかかわっており、現在、回族社会のなかにも「近親婚」を意図的に回避する人々は存在する。

現代中国の婚姻法に関心を持ち、筆者は「近親婚」について回族の人たちに質問したことがある。清真寺の周囲に居住する回族の人たちの話によれば、1980年代以前は、都市でも農村でも、回族がおなじ回族の結婚相手を見つけられなかった場合、自分とおなじ回族の親戚（主に母方親族）との結婚を優先的におこなっていたという話をよく聞いた。実際、ある回族が漢族との結婚を回避すべく、おなじ回族の親戚との近親婚をあえて選択したいくつかの事例を確認している。ただし、改革開放政策の導入後、主に大都市にくらす回族には、漢族と同様、父方・母方の別なく、近親者との結婚を回避する傾向がある。おそらくこのような認識の変化は、回族が中国共産党・行政当局が宣伝する優先遺伝学にもとづく婚姻法を内面化し、「近親婚」に対して拒否反応を示すようになったからであろう。

3　婚姻形態

回族の伝統的な婚姻形態についても簡単に説明しておく。シャリーアでは一定の条件付きで一夫多妻婚が容認されている。回族の場合、中華人民共和国憲法の民法の規定に従い、一夫一妻婚をおこなうことが一般的である。第3章において中華民国期に回民の地元有力者が複数の妻と結婚した事例を紹介したが、それはごく一部の土地所有者や富裕層にあてはまる特殊な事例にすぎず、一般の民衆は漢族と同様、一夫一妻婚をおこなっていたという。中華人民共和国の成立後は社会主義的な価値観にもとづく婚姻法が積極的に宣伝されており、回族社会にも広く浸透しつつある。

第7章　酒がならぶ円卓

　清真寺関係者にインタヴュー調査を実施したところ、中国共産党・行政当局が「模範的」として積極的に宣伝する一夫一妻婚のなかにも実は多様な婚姻形態があることに気付いた。例えば、「招女婿」と呼ばれる婿入り婚、一組の兄弟と一組の姉妹がそれぞれ結婚する「換頭親」、兄の死後に弟が兄嫁を娶る「念嫂子婚」、母方交差イトコ婚の「姑表親婚」などが実際におこなわれていた。それぞれの形態を簡単に紹介してみよう。

　「招女婿」は、経済的に裕福ではない男性がシャリーアで規定された婚姻に必要な婚資を支払うことができない場合や女性側の家族に男子がいない場合、男性が女性の家に住むことを前提に婚資を少なめに払うかあるいは払わずに結婚する形態である。男性は結婚後改姓する必要はないが、生まれた最初の子どもに母方の姓を、二番目の子どもに父方の姓つける慣習[241]がある。婿入りした男性は新居の準備を妻方の家族に負担してもらうことになるが、妻方の家族の財産相続権は得られない。

　「換頭親」は、男性側と女性側の家族の経済条件が良くない場合におこなわれることが多いとされている。一組の兄弟と一組の姉妹がそれぞれ結婚するが、そのときに男性側から女性側へ婚資を贈る必要はない。双方の家族の経済的負担をかけないための手段である。例えば、2中寺にいた寄宿学生（MS氏、同心県出身）の場合、彼の父親は自分の姉とともに蘇姓の兄妹と結婚している[242]。こうした兄弟姉妹の交換婚は農村部で散見される。回族の人々が比較的近い親戚関係のなかで回族内婚を実施した結果、回族内部の親戚関係が非常に複雑化する。そのような親戚関係を回族の人々は「回回親転来転去一家人」（回族の親戚はいろんなところで繋がっているので結局は一家族である）、「回回親螺絲丁」（回族の親戚関係はボルトのように上下に動く）と表現する。これらの表現が意味するのは、例えば、エゴの母方オバが自分の妻の母（義母）でもあるように、血縁・姻戚関係が複雑に交錯する状態である。銀川市では筆者がインタヴュー調査を実施した回族の情報提供者からいくつもの実例を教えてもらった。

　「念嫂子婚」は、その名のとおり、弟が「嫂子」（兄嫁）と結婚する形態を意味する。兄の死後、経済的に余裕がない兄嫁に対し、兄とおなじ家で育った弟が

241）1980年代以降は、中国の民法上、父方・母方の姓のどちらを選択してもよいことになっている。
242）西園寺の寄宿学生（MZ氏）の場合、彼の母親の兄弟（黒姓）が一組の姉妹（周姓）と結婚した事例があった。

375

第3部　変貌する宗教儀礼と民族文化

再婚相手として候補にあがるわけである。これは特に兄嫁に子どもがいる場合に選択される。子どもは自分の父方親族との生活に慣れているので、兄嫁にとって子どもの父方オジとの再婚は心理的に抵抗感がないという。また、連れ子の兄嫁が他の男性と再婚した場合、連れ子が冷遇される可能性があるため、兄嫁と弟との再婚が最初に考えられるということであった。再婚の儀礼では弟側が兄嫁側に対して婚資を支払う必要はない。ただし、宗教指導者によるニカーフ儀礼（シャリーア婚）は必要不可欠である。これとは逆に、兄が弟の嫁を娶ることも少数ながら存在するが、「不能大占小」（大きい者が小さい者をとる）ことは倫理的によくないと認識されているらしく、極力回避される傾向にある。

「姑表親婚」は一般に漢族社会では父方交差イトコ婚と母方交差イトコ婚を指すが、回族の場合、「姑媽児子能娶舅々的女児」（オバの息子はオジの娘を娶ることができる）、「舅々的児子不能娶姑媽的女児」（オジの息子はオバの娘を娶ることができない）と言われており、母方交差イトコ婚のみを指す。例えば、シャリーアの法規定によれば、父方の平行・交差イトコ婚は許容されるが、あくまでも慣習として、回族は父方親族との結婚をできるかぎり回避する。それとは対照的に、回族には母方平行・交差イトコ婚を選好する傾向が見られる[243]。結婚適齢期の回族がおなじ回族の結婚相手をなかなか見つけられない場合、親戚（主に姻戚）のなかから結婚相手を選ばれる。なお、親戚との結婚の場合もシャリーアで定められた婚資を支払わねばならない。

このように、回族の婚姻形態にはいくつかの形態が見られるが、清真寺付近でインタヴュー調査を実施したところ、地元回族の住民にかぎっていえば、さきほどの婚姻形態のうち実例として確認できたのは、「換頭親」、「念嫂子婚」、「姑表親婚」などの婚姻形態だけであり、「換頭親」、「念嫂子婚」は銀川市出身の回族ではほとんど実施されていなかった。

243）例えば、2000年に中寺にいた寄宿学生（SJ氏、銀川市郊外出身）の場合、その父親が自分の母方交差イトコ（馬姓）と結婚していた。この場合、寄宿学生の父親から見れば自分の母方オジ（馬姓）が舅でもあることになる。

第7章　酒がならぶ円卓

第3節　おなじ民族と結婚する作法

　ここからは回族同士が結婚した場合、婚姻儀礼がどのように実施されるのかを紹介し、伝統モデルの持続と変容について考察する。2000年の調査当時、銀川市で何度も婚姻儀礼に参加する機会があったが、ここで紹介する婚姻儀礼は、西関寺のMJ氏（1974年実施）、WS氏（2000年実施）、南関東寺のLF氏（2000年実施）たちの事例で、それぞれの情報を整理・編集し、儀礼の過程をひとつのモデルとして記述することにした。なぜなら筆者が直接観察できたのは結婚式・披露宴であり、それ以前の儀礼（例えば、婚約）には立ち会ったことがなく、厳密に言えば、婚姻儀礼の全過程を観察することができなかったからである。資料的制約から、本章で事例として取り上げる婚姻儀礼の情報には参与観察にもとづく情報だけでなく、情報提供者へのインタヴュー調査にもとづいて確認した情報もあることを断っておく。

1　仲人──「媒人」

　回族の人々はどのようにして結婚相手を探すのだろうか。回族の民族内婚の事例では、第一に親族や姻戚、第二に回族の友人・知人による結婚相手の紹介が非常に多いことがわかった。また、回族の結婚相手を紹介する者も回族だった。1980年代以降、中華人民共和国の婚姻法やマスコミで宣伝される自由恋愛が少数民族地域でもひろまりつつある。しかし、調査地においては、中華民国期でも中華人民共和国成立後でも回族の親族・姻戚あるいは知人・友人が回族の結婚相手を紹介する事例が非常に多かった。

　結婚相手を紹介する人は、「媒人」（*meiren*）と呼ばれていた。「媒人」が結婚相手の紹介者となる慣習は中国各地にも見られるが、漢文化由来の慣習ではない。銀川市では「媒人」がいないことには、結婚の手続きを進めることができないと考えられており、「媒人」の存在は軽視することはできない。もし「自由恋愛」のように、実質的には「媒人」を仲介しない事例においてさえ、あくまでも形式的な手続きとして、「媒人」を手配しなければならないと考えられ

377

第3部　変貌する宗教儀礼と民族文化

ている[244]。

　回族同士の結婚では、おなじく回族の第三者が「媒人」を務めることが一般的であった。「媒人」は回族に対して回族の結婚相手を紹介せねばならないことから、「媒人」自身も回族でなければならないし、回族の婚姻慣行のしきたりにも精通していないとその資格はない。もちろん、「媒人」にはおなじ回族だけでなく、漢族の同僚や同級生などの知人・友人もいるが、回族の婚姻慣行や葬送慣行などに身内ではない漢族が深く関わることは銀川市で目撃したことはない。銀川市で清真寺の周囲に居住する回族（既婚者）に質問したところ、彼らの「媒人」には回族しかいなかった[245]。西関寺のWS氏（男性、回族、29歳）の事例（2000年結婚）では、1999年3月頃、WS氏の父方祖父から見て父方平行イトコの妻が「媒人」を務めていた。男女のどちらが「媒人」を務めるのかはそれぞれの事例によって異なる。なお、銀川市では男性側が「媒人」（1名）を探してくるのが慣例となっていた。

2　お見合い——「相親」

　おなじ回族の結婚相手が見つかると、お互いの家族が相互訪問を繰り返し、相手の家庭環境や経済条件などについての詳細な情報を収集する。これは「相親」（xiangqin）と呼ばれる儀礼である。まず、結婚を希望する男性側が、「媒人」をとおして女性側に事前に連絡してもらい、男性本人、「媒人」、父母、父方のオジやオバたちと女性宅を訪問する。訪問日にはヒジュラ暦[246]の休日、ジュムア（金曜日）が選ばれることが多い。その日、男性側は手土産を女性側へ持参する。男性側が持参するものは、一般的に、茶葉や果物など（両方あわせてだいたい100元以内）である。もちろん、場合によっては、話がまとまらないこと

244) 銀川市にかぎらず、回族の人々は「ムスリム同士の婚姻を成就させることができた場合、アッラーから多くの報奨をもらえる」と考える人々が非常に多く、未婚のムスリムを見つけると、その人物のために結婚相手を積極的に見つけようと努める。

245) 2000年のインタヴュー調査によれば、南関東寺のLF氏（男性、回族、60代）の家族の結婚の事例12件（すべて回族同士の結婚）のうち、回族が「媒人」を務めたのが9件、漢族が「媒人」を務めたのが2件（LF氏の孫と孫娘）、「媒人」を介していないのが1件。回族が「媒人」を務めた9件のうち1件がLF氏の同級生による紹介で、その他の事例はLF氏の父方親族や母方親族が「媒人」を務めていた。2000年2月20日、LF氏の孫娘の結婚式では「媒人」は近隣の漢族であった。行政機関での婚姻手続きは前年11月頃に実施していたという。

246) 現在、中国では公用暦として西暦が採用されている。ただし、カレンダーでは農暦も記されるように、民衆の日常生活では農暦も重視される。回族の場合、それら二種類の暦のほか、西暦622年を元年とするヒジュラ暦も併用する。

378

第 7 章 酒がならぶ円卓

もあるため、受け取る相手に心理的負担をかけないように高価なものは持参しない。

男性側が女性宅を訪問すると、男性側に同行した「媒人」が男性側の訪問の意図を女性側に伝える。例えば、「媒人」は、男性の氏名、経歴、職業、収入、学歴、性格、教派などの個人情報を女性側に詳細に説明する。女性側は、女性本人、父母、父方親族たちとともに男性側の来訪者を歓迎し、情報交換を試みる。このとき、女性側が男性側に用意するのはお茶程度である。この日に女性側がご馳走を用意しない理由は、男性側に心理的負担を加えたり、期待や誤解を招いたりしないための配慮による。

回族の民族内婚では、結婚相手を選ぶときの条件として「門当戸対」という慣習が重視される。この慣習は中華民国期から現在にいたるまで根強い慣習であり、結婚相手の家柄、職業、階級などがつりあっているかどうかを最初に考慮する。例えば、文化大革命期は、かつての右派闘争で地主や富農などに分類された人々がおなじ階級の人々と結婚する例が必然的に多くなったらしい[247]。調査地では、1980 年代以降、経済自由化政策が本格的に導入された後は、漢族社会では一般的な自由恋愛を回族の人々も選択するようになり、当事者たちがお互いの事情を了解していれば特に問題はないと考えられることが多くなっている。

ところで、男性側の訪問者との話しあいのなかで、女性側が男性側の条件に関心を示すと、女性側は男性側が持参した物を受け取ることになっている。逆に、女性側が男性側の条件に満足できない場合、男性側が持参した物を受け取ることはない。男性側の持参物を受けとるかどうかによって、女性側は男性側への関心の有無を婉曲的に伝えるわけである。もし女性側が男性側の条件が結婚相手のそれとして適当だと判断した場合は、その後、女性側も男性宅を訪問することができる[248]。

---

247) 南関東寺の LF 氏（男性、回族、60 代）の場合、1949 年以前に結婚したが、当時から裕福な農民だったので、おなじように経済条件が良い農民の家の回族と結婚している。また、自分の娘が大学医学部出身でその夫も大学卒業者で研究者だったが、夫の経済条件があまり良くなく、婚資を支払う余裕がなかったので、LF 氏は婚資の支払いを免除した。このように、子ども夫婦の個別の事情をみて臨機応変に対処する事例も多いという。

248) 西関寺の一般信徒の説明によれば、中華民国期は男性側からの訪問だけで、女性側の訪問がなされることはなく、1960 年代以降、女性側からの訪問もおこなわれるようになったという。例えば、西関寺の WS 氏（男性、29 歳、回族）の事例では女性側が最初に訪問していた。

379

第 3 部　変貌する宗教儀礼と民族文化

3　縁談の申し出――「提親」

　男性側と女性側とが数回の相互訪問を済ませた後、男性側が女性側との縁談を進めるために具体的な準備作業にとりかかる。男性側の親族[249]は「媒人」とともに茶葉、果物、ナッツ類（胡桃、胡麻、龍眼）など（前回よりは少し品数を増やして総額200元以内）を持参し、女性宅を訪問する。こうした縁談の持ちかけは「提親」（tiqin）と呼ばれている。もし女性側は男性側の意図を汲み、縁談を真剣に考えることになると、女性側は男性側が連れてきた「媒人」に自分たちの気持ちを伝える。中華民国期の頃は、男性側は「媒人」しか出席しなかったので、女性側は「媒人」に快諾するかしないかを伝えていたらしい。現在は、男性側の親族も必ず出席するため、女性側は男性側の贈り物を受けとるかどうかで自分たちの気持ちを伝える。

　女性側が男性側の気持ちに応えた場合、男性側の親族と女性側の親族がお互いに婚約の日取り、婚資の内容などについて相談する。中華民国期の頃までは、女性側が男性側の用意する婚資（現金や物品の種類など）を男性側の「媒人」に提示し、「媒人」が女性側の要求を男性側に伝えていた[250]。男性側は女性側が提示した婚資の条件を丹念に吟味し、その条件に同意できるならば、「媒人」を通して快諾の返事を女性側に伝えてもらっていた。若干の調整が必要な場合、「媒人」が男性側および女性側の自宅を往復することになる。現在では少なくなっているが、西関寺付近にくらすある家族のように、双方のあいだで揉め事が起こらないように、「拉単子」する慣習があった。これは、男性側の婚資の現金をどのように使って女性側の持参財とするのかを逐一紙に記録した証明書である。筆者が参与観察することができたいくつかの事例では、婚約の日取りや婚資の内容などはだいたい口頭での話しあいで決められていた[251]。なお、結婚希望者の男性と女性が二人きりで話しをすることができるようになる。

249）西関寺の納姓家族の事例では、長女の結婚の時は相手の父親、兄嫁、姉が、次女の結婚の時は相手の父母、父方オジ夫婦、兄嫁が、長男（末子）の結婚の時はその父母、母方オジが相手先を訪問した。

250）1980年代以降、婚約条件で特に重視されるのが男性側に新居があるかどうかである。男性側に新居がない場合、結婚を前提とした個人的なつきあいは認めても、婚約や婚礼を正式に実施しないことがある。例えば、西関寺に所属する回族の娘はおなじ西関寺の男性と結婚する予定であったが、その男性に新居を用意するに十分な経済的余裕がなかったため、必要な資金が貯まるまで、およそ数年のあいだ婚礼を延期していた。

251）この儀礼では双方の話し合いの後に、お茶を飲むことによって婚約が変更できないことを双方が了解することがある。こうした取り決めから、婚約儀礼は「定茶」（dingcha）とも呼ばれている。

第 7 章　酒がならぶ円卓

ただし、それには条件があり、男性側あるいは女性側の親族がおなじ家屋の隣接する室内にいることが条件である（このような男女隔離の原則はイスラームの社会規範によるものである）。

4　婚約──「道喜」

　婚姻契約はイスラームでは合法的な結婚の絶対条件と見なされている。このことはイスラーム世界にひろく見られる規範のひとつであり、シャリーアにもとづく婚約（証人の立会、婚資の贈答など）は近代国家の婚姻法とは別に重要視されている。銀川市では、回族の人々は婚約をその後の結婚式と同様、必ず執り行う。イスラーム式の婚約手続きを済ませていない男女は、慣習法上、「非合法な結婚」であると現在でも受けとめられ、非難される。

　銀川市での婚姻契約の作法では婚姻契約は男性側（将来の新郎の親族）が女性宅を訪問し、そこで執り行われる。婚約儀礼[252]には男性側および女性側の主要な親族が出席し、男性側・女性側がそれぞれ帰属する清真寺の宗教指導者も必ず招待し、立ち会いを依頼する。シャリーアの規定では、婚姻契約には当事者の男性・女性、証人 2 名が立ち会わなければならない。調査地では、男性側・女性側の父母、男性側・女性側が招待した宗教指導者（各 1 名）が「証婚人」（証人）として立ち会うことが一般的である。

　婚約の日、「提親」と同様、金曜日が選ばれることが多い。イスラームでは金曜日が集団礼拝の日として重視されるからである。「提親」を終えてからどのくらいの期間をおいて実施するのかは当事者の家族によって異なる。例えば、西関寺の WS 氏の事例では、2000 年 10 月 15 日に婚約が取り交わされたが、WS 氏の親族が縁談を女性側に話した 1999 年 3 月から 1 年以上も期間が空いていた（およそ 1 年半のあいだに男女双方のあいだで自宅の訪問がおこなわれていたわけだが）。

　婚約当日の朝、女性側の親族は婚約の無事を祈り、自分たちの所属する清真寺の宗教指導者、寄宿学生、管理委員会など主要メンバーを自宅に招待し、「過乜貼」（guo nietie）と呼ばれる死者祈念儀礼を執り行う。婚姻儀礼での死者祈念

252）銀川市では回族の人々は婚姻契約儀礼を「道喜」（daoxi）あるいは「説色蘭」（shuo selan、原義は「イスラーム式挨拶をおこなう」）と表現していた。ただし、1980 年代以降、一般的に婚約を意味する「定婚」（dinghun）という語彙も民俗語彙とは別に使用されることもあった。

381

儀礼とは、新たな夫婦の誕生を死者に伝え、かつ死者の平安を祈るための儀礼である。その日の死者祈念儀礼には、女性側の女性本人、父母、兄弟姉妹、父方親族、母方親族たちが出席し、宗教指導者や寄宿学生にクルアーンを朗誦してもらい、家族の幸せを祈念する。クルアーン朗誦が終わると、出席者全員でドアー（祈念）をおこなう。その後、女性側の親族は、清真寺関係者を自宅に招待し、ご馳走をふるまい、彼らに「乜貼」（ニエティエ、自発的喜捨）、すなわち心づけを手渡す。この儀礼はシャリーアでは規定されていないが、回族の伝統慣習として寧夏では広く実施されている。死者祈念儀礼は、新しい夫婦の婚約の無事を祈るという本来の目的のほかに、回族同士の婚約を「合法的な契約」として社会的に承認してもらうという意味が込められている。

　婚約儀礼は男性側の親族（男性、父母、父方オジ、父方オバなど）が女性宅を訪問することに始まる。男性側は自分たちの所属する清真寺の宗教指導者や寄宿学生を招待し、女性宅を訪問する。女性側も自分たちの所属する清真寺の宗教指導者や寄宿学生を招待する。男性側が女性宅へ到着した後、男性側から女性側に対してイスラーム式の挨拶をおこない、それに女性側が返答する。その場にいる男性側と女性側の男性たちは互いに両手で握手を交わし、女性宅へ入る。婚約儀礼では、男性側の宗教指導者による挨拶、ワアズ（wa'z）というイスラームの訓戒が最初におこなわれる。宗教指導者は縁談が「媒人」の紹介によること、イスラームの婚約として婚資の贈答がなされることなどを説明し、シャリーアの見地から見て合法であることをその場にいる出席者に伝え、最後に、ムスリムの夫婦としてあるべき姿を説く。

　宗教指導者による訓戒が終わると、男性側の親族がマハル（婚資）として現金（1,000元から5,000元ほど）、羊肉（骨つきの胸部2対、300元から400元）、茶葉やナッツ類（包みで偶数個、10個から40個）、衣服や装飾品（1,000元程度）などを女性側に手渡す[253]。マハルの贈与はシャリーアで決められており、女性側は躊躇することなく受け取る。マハルを受け取る者は一般的に女性側の父母であり、結婚当事者の女性に所有権はない。マハルの現金が、後日、女性側が用意する新

---

253) 中寺の寄宿学生（SJ氏、銀川市郊外出身）によれば、包みは40個ほど送るという。贈り物の包みが偶数である理由は、奇数は「新郎・新婦の二人が別れること」を暗示させ、忌避されるからである。よって、祝い事には偶数が好まれる。女性側は、男性側から受け取った包みの一部を男性側へ返すことが礼儀とされる。

第7章 酒がならぶ円卓

婦側の嫁入り道具の資金にあてられる。マハルの金額についてシャリーアでは具体的な規定はなく、金額の多寡は男性側の経済条件に左右されるのであるが、2000年の調査当時、相場は数千元[254]であった。

　婚資の受け渡しが完了したことで縁談がまとまったことになり、また、ムスリムの夫婦としての婚姻契約が社会的に承認されたことになる[255]。その後、女性側親族による男性側親族への饗応が始まる。女性側親族は、数日前から準備したご馳走を男性側親族の出席者にふるまう。女性側親族も同席するが、女性側はあくまでもホスト側であるため、ゲスト側の男性側親族とともにテーブルについても料理に箸をつけることは慎まれる。饗応の途中、婚礼の日取りや披露宴などについて双方のあいだで話し合いがなされる。また、饗応に加え、女性側親族から男性側の出席者（特に男性の父母）に対して贈り物が手渡されることが多い。これは女性側親族が男性側の出席者に対して謝意を示すことを意味する。饗応[256]が済むと、男性側あるいは女性側が招待した宗教指導者がアッラーに対して祈念をおこない、婚姻契約が無事成功したことを感謝する。一般的には、婚約の後、合法的な夫婦となった男女は、行政機関で結婚手続きを進め、中華人民共和国の婚姻法上も合法の夫婦と見なされることになる[257]。このように、銀川市にくらす回族の人々はイスラームの婚姻契約によってはじめて合法的な夫婦となると第一に考えている（もちろん民法上の結婚手続きも重視されるのだが）。

---

254) 南関東寺のLF氏の孫娘の場合、男性側からの婚資の羊が1頭、現金が1,000元、茶葉や白砂糖などの包みが40個だった。銀川市での結婚費用は8,000元から10,000元という。銀川市郊外の場合、2,000年に中寺の寄宿学生（SJ氏）によれば、婚資に含まれる現金の額は4,000元、平均で3,000元から5,000元ほどだという。西関寺の納姓家族の場合、長女への婚資は現金が1,200元で包みが20個（男性側へ6個返礼）、次女への婚資は現金だけで1,000元、長男（末子）の場合も現金だけで2,000元だった。

255) 銀川市における婚姻契約は書面契約ではない。なお、寧夏の地域によっては、婚約儀礼は、新婦になる女性が美しい花を髪飾りにすること因んで「挿花」と呼ばれる地域もある。

256) 女性側親族による饗応儀礼の費用は数百元から500元程度であった。婚約儀礼で双方がイスラーム式の挨拶をおこなえば、原則として結婚を取り消すことはできないと説明されることが多かったが、例外的に破談となった事例は存在する。その場合、男女双方の親族間で調整を試みることになる。なお、中華民国期は男女双方の所属する清真寺の宗教指導者が仲介役を務めたが、現在は当事者間での話し合いによることが多いという。

257) 西関寺の納姓回族の事例では、1995年6月に婚約を済ませ、同年11月に行政機関で結婚の登記手続きをおこない、その翌年の1996年1月に婚礼を実施した。

383

第 3 部　変貌する宗教儀礼と民族文化

5　結婚式——「念尼卡哈」

　婚姻契約の後は婚礼がおこなわれる。回族の人々は婚礼を「念尼卡哈」(*nian nikaha*, ニカーフ儀礼) と呼んでいる。この語彙に「尼卡哈」(ニカーフ)、つまりシャリーア婚という単語が含まれることからわかるように、シャリーアにもとづく婚礼は回族にとって社会的に必要不可欠な儀礼である。一般に、婚約から結婚式までの日数 (期間) は短期間であることが理想的とされているが、実際は、1 週間 (西関寺の WS 氏の事例) から 1 年以上 (西関寺の納姓家族の事例) というように個人差があり、男女双方の家族による準備作業の進捗状況によって決まる。婚礼の日取りはヒジュラ暦の休日にあたる金曜日が選ばれることが慣例とされている。ただし、現在は西暦が公用の暦なので、平日の金曜日に各種行事を予定することは難しく、週末の土曜日や日曜日が選択されることが多い。

　結婚式当日の朝、男性側親族が自分たちの所属する清真寺関係者 (主に宗教指導者、管理責任者、寄宿学生) を自宅に招待し、婚約のときと同様、「過乜貼」(*guo nietie*) という参加者全員の平安を祈る儀礼を行う。宗教指導者や寄宿学生たちがクルアーンを静かに朗誦し、出席者全員で祈念をおこない、婚礼の無事を祈る。その後、男性側親族が清真寺関係者にご馳走をふるまう[258]。男性側親族は清真寺関係者を招待することによって初めてその日の婚礼を合法的な手続きとして社会的に認知してもらうことができる。

　当日の午前中、男性側親族は新婦を迎えにいく準備にとりかかる。これは「娶親」(*quqin*) と呼ばれている。一般に、新郎とその父方親族が中心となって新婦宅を訪問することになる。ただし、そのなかの同行者として新郎に伴う者には条件があり、父母が存命であり、子どものいる夫婦が新郎とともに参加する。このような特別な配慮は、新郎・新婦が将来子どもを授かれるよう願うためのものである。新郎側は羊肉や茶葉 (包装された物、偶数個) などを持参する。新郎側は何台もの高級車に乗って新婦宅を訪問する。高級車は大部分がレンタカーであるが、高級車を何台も走行させることには新郎側親族の経済能力を世間に誇示する意味がある。新郎側が新婦宅へ到着すると、新婦の父母、兄弟姉

---

258) 南関東寺の LF 氏 (男性、回族、60 代) の孫娘の事例のように、婚礼前日、女性側も死者祈念儀礼をおこなう慣習もある。この場合、女性側の父系親族のなかの年長者である LF 氏および新婦の父親が必要な費用を負担していた。LF 氏の家族は 1950 年代に「富農」と称されたほど広い土地を所有しており、現在は借家を持っていて非常に裕福である。婚礼前日は、牛 1 頭、羊 3 頭、鶏 20 羽を屠畜していた。

384

妹、新婦の所属する清真寺の宗教指導者たちが新郎側と運転手たちにお茶や軽食をふるまい、労いの言葉をかける。新郎側は新婦側に対して簡単な挨拶をすませると、新婦と新婦側を車に乗せて新郎宅へ戻る。

　このとき、新婦側の代表者として、新婦とその父母、兄弟姉妹、オジやオバ、イトコなどの比較的近い親族が同乗し、新郎宅で開催される婚礼に出席する。新婦側は新郎側の高級車に乗るとき、新郎・新婦が新居で使用する嫁入り道具を車に載せる。嫁入り道具をぎっしり積んだ高級自動車が何台も連なって街中を走る様は壮観であり、このような演出にも新婦側の経済的能力を世間に示す意味がある。新婦側の用意する持参財はシャリーアでは特に規定されていないが、銀川市に居住する回族の慣例としては、持参財[259]は婚資のつぎに必要不可欠な儀礼的道具と考えられている。なお、新婦側が用意する持参財は結婚後の生活では夫婦双方によって使用されるのであるが、男性側から離婚を申し出た場合は女性に所有権が、女性が離婚を申し出た場合は男性側に所有権が発生することになる。

写真 7-1　回族の新郎・新婦（2000年寧夏回族自治区銀川市で撮影）

---

259) 婚約儀礼の日に男性側親族が女性側親族に手渡した婚資の一部（現金）を使って、女性側が嫁入り道具を購入する。この場合の嫁入り道具とは、新居で使用するテレビ、洗濯機、DVDプレーヤー、衣類などである。男性側親族からもらった現金が小額で足りない場合は女性側がいくらかお金を足して用立てることになる。一般的に、婚資の現金の金額については事前に話し合っているので、足りなくなることはありえない。

第 3 部　変貌する宗教儀礼と民族文化

　結婚式が実施される新郎宅では、新郎側の所属する清真寺の宗教指導者、寄
宿学生、管理責任者、新郎の父方親族や母方親族、友人や隣人たちが新郎・新
婦の到着を待ち構えている。新婦・新婦たちが到着すると、新郎側親族と新婦
側親族が新郎宅の居間に集まり、宗教指導者が先導する形で、双方がイスラー
ム式の挨拶をおこなう。その後、新郎側の招待した宗教指導者によって簡単な
挨拶とイスラームの訓戒がおこなわれる。このとき、宗教指導者が居間の上座
に座り、上座に座った宗教指導者側からみて右手に新郎、左手に新婦が着席す
る。宗教指導者の訓戒では、ムスリムの新婚夫婦としてのあるべき姿、ムスリ
ムの家庭を築くことの意義などがクルアーンやハディースを引用して説明され
る。訓戒が終わると、新郎側の宗教指導者が新郎・新婦に「清真言」というイ
スラームの聖句[260]を朗誦させ、新郎・新婦が「清真言」をアラビア語で朗誦
できるかどうか、それを漢語に翻訳できるかどうかをその場で確認する[261]。

　このように、新郎・新婦がムスリムの夫婦となるための最低限の条件が承認
された後、新婦側の招待した宗教指導者がクルアーンとハディースの章・節を
朗誦する。この儀礼は本来的には「念尼卡哈」（ニカーフ儀礼）と呼ばれるもの
であったが、現在では結婚式を指すようになった。結婚式の際に朗誦されるク
ルアーンとハディースの箇所は、ミシュカート・アル＝マサービーフの 1 節、
クルアーン第 4 章第 1 節、第 2 章第 102 節、第 33 章第 70 節と 71 節（第 70 節
と第 71 節は必須）、ハディースの 1 節などが一般的である[262]。表 7-1 に整理し
た婚礼のワアズ（訓戒）に示されるように、ムスリムの夫婦としてのありかた
がわかりやすく説明される。このような朗誦は婚姻がシャリーアにもとづいて

260）この聖句はアラビア語でカリマ・アル＝タイイバといい、「アッラーのほかに神なし。ムハン
　　マドはアッラーの使徒なり」という意味である。
261）宗教指導者が新郎・新婦に質問する項目はムスリムならば誰でも朗誦すべき聖句である。しか
　　し、筆者が銀川市で出席した回族の婚礼 7 件のうち、新郎・新婦がカリマを試されて正確に答え
　　ることができた例は 2 例しかなかった。その他の 5 件では、宗教指導者や周囲の者が助け舟を出
　　す形でなんとかカリマを唱えることができた結果となった。このように、銀川市にはイスラーム
　　の最も基本的なカリマを暗誦することができない回族が非常に多く、清真寺の関係者によって問
　　題視されていた。
262）銀川市では婚姻慣行の手続きやクルアーンやハディースの朗誦箇所については、カディーム派
　　でもイフワーン派でもほぼ同様の方法をとっていた。ただし、銀川市郊外で実施された回族の婚
　　礼（新郎はカディーム派で、新婦がフフィーヤ派）では、カディーム派の宗教指導者がハディー
　　スを朗誦した際にペルシア語の聖句を挿入していた。後日、ペルシア語の聖句について、中寺（イ
　　フワーン派）の寄宿学生に質問したところ、「この宗教指導者はでたらめな表現を引用している」
　　といってペルシア語の聖句の朗誦を暗に批判していた。なお、回族の儀礼に見られる「教派」間
　　の異同については第 5 章を参照されたい。

386

第7章　酒がならぶ円卓

実施されたことを意味する。

表 7-1　回族の結婚式における訓戒

WS 氏（新郎）・WF 氏（新婦）の婚礼
日時：2000 年 10 月 22 日
場所：WS 氏自宅
録音：筆者，整理：ZC 氏
⑴宗教指導者の訓戒
"我们的●●氏（WS 氏の父方祖父）说了，我也就不客气了，年经人，伊玛尼是我们的根本，穆民的根本，我们也就不说别的，我们就仅仅考考你们的伊玛尼。今天我们依的是圣行，上次道喜是法雷则，主命，今天是圣行。圣人的哈迪斯：那个从我的逊乃提上转脸的那个人，就不属于我的教生。我们都是圣人的教生，圣人的隐麦提。但凡是我们为穆民的，圣人的隐麦提，我们要把伊玛尼的根本要学会呢。那么，今天，首先我们要考一考你们的伊玛尼。你们的伊玛尼会不会我们还不清楚。男方先念，念伊玛尼。"
（和訳）
「私たちの●●氏（WS 氏の父方祖父）がすでに発言されたので，私も発言させてもらおう。（新郎・新婦にむかって）若者たちよ，イーマーン私たちムウミンの根本である。他のことはもういわないことにするが，お前たちのイーマーンを試させてもらう。本日の婚礼は〈聖行〉，つまりスンナに，前回の婚約は「主命」，つまりファルド（義務）によっている。預言者のハディースには「預言者ムハンマドのスンナを遵守しない者は預言者ムハンマドが導く者ではない」とある。つまり，私たちは預言者ムハンマドからイスラームを学ぶ者であり，預言者ムハンマドのウンマでもある。しかし，およそ私たちはムウミンであり，預言者ムハンマドのウンマであるからには，イーマーンの根本をきちんと学ばねばならない。そこで本日，最初にお前たち（新郎・新婦）のイーマーンを試すことになった。お前たちのイーマーンが正しいものかどうか，私たちはまだはっきりわからないからな。新郎が先にイーマーンを朗誦せよ」
⑵新郎の信仰告白
シャハーダ（信仰告白）の聖句を唱える。
⑶宗教指導者の発言
"好，俩一俩海，印兰拉乎，穆罕默德，勒苏仑拉习。念，要念正确，不要着忙，慢慢念。念，女方念"
（和訳）
「よし。『ラー・イラーハ・イッラッラー。ムハンマド・ラスールッラー』。正確に朗誦せよ。焦らずゆっくり朗誦すればよい。それでは新婦も朗誦せよ」
⑷新婦の信仰告白
シャハーダ（信仰告白）の聖句を唱える。

387

第3部　変貌する宗教儀礼と民族文化

⑸宗教指導者の訓戒

"你们都听着，不要说话。这个问题我们就不说别的了，再一个问题，因为我们都是国家公民，但凡是念尼卡哈，这个手续我们应该问到：结婚证，领了没有？　领了就算了，就不用掏了。这个问题问一问就行。因为我们都是国家公民，这属于国家的法律问题。●●氏，我们也就不说别的了，我们就念尼卡哈，在没念以前，我给大家说一个问题，大家要注意听，因为是们真主的阿叶提，圣人的哈迪斯，在念尼卡哈的时候，你们乱喊乱吵，这东西就不符合教门了。没念以前，我先给大家说一下，念的时候，我们大家要侧耳细听呢。"

(和訳)

(会場にいる参加者に対して)「お前たち、お喋りはやめなさい。イーマーンに関わる問題はここでもう話す必要はない。ただし、別の問題がある。私たちは中華人民共和国の公民であるから、婚礼の際に確認せねばならない。結婚証明書は発行してもらったか。結婚証明書があるなら問題はないし、もう質問する必要もない。このことは簡単に質問するだけでよい。私たちは中華人民共和国の公民であるから、結婚証明書を取得したかどうかは国の法律に属する問題である。●●氏（WS氏の父方祖父）、私たちはもう余計なことが話さない。あとはニカーフ（イスラーム式婚礼）をおこなうだけだ。私がクルアーンを朗誦するにあたってひとつの問題を伝えておく。この場にいる者たちよ、注意して聴くがよい。（これから朗誦するのは）アッラーのアーヤ（クルアーンの節）、預言者ムハンマドのハディース（言行伝承録）である。したがって静粛にしなさい。騒がしいところでクルアーンを朗誦するのはシャリーア（イスラーム法）に反する。クルアーンを朗誦する前にこの場にいる者たちにまず伝えておいたので、クルアーン朗誦中は注意深く聴きなさい」

⑹宗教指導者によるクルアーンとハディースの朗誦
　　省略。

⑺新郎・新婦が宗教指導者に対してイスラーム式の挨拶をおこない、宗教指導者が胡桃や飴などをその場にいる人たちに向かってばら撒く。

出典：寧夏回族自治区銀川市で出席した婚礼（2000年10月）

　宗教指導者がクルアーンを朗誦した後、その場にいる全員で祈念をおこない、新郎・新婦の幸せを祈る。その後、宗教指導者がテーブルに上に置いてある紅ナツメ、落花生、飴玉などをその場にいる新郎・新婦や出席者にむかってばらまく。このときにばら撒かれる菓子類には新婚夫婦に子どもが早く授かることや夫婦円満の願いが込められている。これは「撒喜」(saxi) と呼ばれる特殊な儀礼である [263]。宗教指導者がばら撒いた紅ナツメ、落花生、飴玉などはその場にいる婚礼出席者が奪い合い、その場は一時的に混乱する。なぜなら結婚式

---

263) この儀礼は早くも元朝末期から明朝初期にかけて中国で生活していたムスリムによっておこなわれていたと考えられている［王正偉1999：146］。

第 7 章　酒がならぶ円卓

写真 7-2　イスラーム式婚礼での祈念（2000 年寧夏回族自治区銀川市で撮影）

で撒かれる菓子類は「アッラーからのバラカ（恩寵）である」と見なされており、数多く受け取った者が幸福になると考えられているからである。この儀礼で結婚式は終了する。

6　披露宴――「婚宴」

　さて、新郎宅での婚礼が終了すると、新郎の自宅からホテルやレストランへ場所を移し、新郎側による披露宴が開催される。一般に、回族の人々のあいだでは婚姻契約（男性側から女性側への婚資の贈答）がワージブ（義務）、婚姻儀礼がスンナ（預言者ムハンマドの慣行）であると考えられており、婚約や婚礼は回族の人々のあいだでほとんど必ず実施され、宗教的な意味付けが付与される（婚姻儀礼は義務ではないが）。それに対し、披露宴は主催者の新郎側が新婦側、新郎側の友人・知人らをねぎらうために実施するもので、そこに宗教的な意味付けは見られない。つまり、清真寺関係者（特に宗教指導者）が婚約および婚礼に出席した時点でイスラームの合法的な婚姻手続きは完了したわけである。また、それとは別に、新郎・新婦が行政機関で婚姻登記手続きを済ませた時点で行政上の合法的な手続きも完了している。これら二種の手続きを完了させているわけであるから、新郎・新婦は披露宴が客人をもてなすための世俗的なイベントであると考えており、盛大に執り行う。調査当時、銀川市では、一般に清真寺関係者（特に宗教指導者）が婚礼の後、披露宴に出席するのを筆者はほとんど目撃

389

第 3 部 変貌する宗教儀礼と民族文化

していない。清真寺関係者が披露宴に出席しない理由は、結婚披露宴が宗教的
に重要な行事としてまったく認識されていないからである。とりわけ、銀川市
の披露宴では飲酒や喫煙が一般的であるから、清真寺関係者は披露宴にあえて
欠席するわけである。

表 7-2 レストランでの披露宴

WS 氏（新郎）・WF 氏（新婦）の披露宴
日時：2000 年 10 月 22 日
場所：WS 氏自宅
録音：筆者、整理：ZC 氏
⑴司会の挨拶 　司会者 　　"请願大家们坐，WS 氏，WF 氏結婚典礼，現在開始！" 　　（和訳） 　　司会者「皆さん、お座りください。WS 氏と WF 氏の披露宴を開始します」
⑵入場 　　入場（鞭炮，鼓掌，婚礼进行曲） 　　最初に、新郎・新婦の入場。爆竹の騒音。出席者の拍手。西洋式の入場曲。
⑶結婚証明書の提示 　　邀请证婚人王俊方同志宣读结婚证 　　（拍手） 　　（宣读结婚证） 　　（和訳） 　　「新郎側の証人王俊方同志に結婚証明書を朗読してもらいます」 　　（拍手） 　　（結婚証明書を読みあげる）
⑷新郎新婦の贈答交換 　　新娘新郎互戴胸花（鼓掌）。互戴胸花，互亲互爱。 　　（和訳） 　　新郎・新婦が花飾りを互いの胸につける（拍手）。
⑸拝天地 　　新郎・新婦がそれぞれの両親にむかってお辞儀 　　司会 "三鞠躬。一鞠躬，二鞠躬，三鞠躬，向后转。新娘新郎向来宾敬礼，一鞠躬（"不 　　够，鞠的不够，再低一点"），二鞠躬，三鞠躬" 　　"鞠得不够吗！" 　　（和訳） 　　新郎・新婦がお互いの家長に対してお辞儀をする。一回、二回、三回。 　　お辞儀の向きをかえて、新郎・新婦が来賓にお辞儀をする。

司会者「一回（「お辞儀が浅い。もっと深く」）、二回、三回」
司会者「お辞儀はもっと深く！」

新郎新娘相互敬礼，鞠躬（笑声）。
（和訳）
新郎・新婦がお互いにお辞儀をする。
司会者「お辞儀して！」。
参加者一同爆笑。

⑹来賓の挨拶
请来宾讲话。请●●党委书记讲话。
（鼓掌）
来宾"首先，我代表我们老同学、老朋友，向 WS 氏表示祝贺；第二，代表我们所有来宾，向两位新人表示祝贺；愿你们互敬互爱・・・・・"
（和訳）
司会者「共産党書記の●●氏、お話ください」
（拍手）
来賓：「まず私たちの古くからの同級生、友人を代表して新郎の WS 氏にお祝いの言葉を述べさせていただきます。次に、この場にいるすべての来賓を代表して新郎・新婦のお二人に祝辞を述べます。これからお互いを敬い、愛しあい・・・」。

⑺司会の進行（閉会）
司会者"不要说话了，下面有节目，我们的节目短小精悍，不耽误来宾的就餐时间。下面的一项，请我们●●同志和●●同志为 ** 乔装打扮。好。下面，新郎背新娘也好，抱新娘也好"
（绕场走一圈）
（和訳）
司会者「お静かにしてください。次のプログラムですが、手短にして来賓の皆様のお食事の時間を短縮してしまわないように注意します。●●同志と●●同志（中略）次に新郎が新婦を抱きあげてください。きちんと抱えていますね」
（会場を一周）

⑻閉会
司会者"最后一项，结婚典礼结束，请来宾入席"
（和訳）
司会者「これで披露宴は終わりました。皆様、ご着席ください」

出典：寧夏回族自治区銀川市で参加した披露宴（2000 年 10 月）

　銀川市では 1980 年代以降、結婚披露宴が自宅以外で開催されるようになった。市内のホテルやハラール・レストランが披露宴の会場として選ばれる。一般に、回族が結婚する場合、回族が経営するホテルやレストランを必ず利用する。それはハラール料理が提供されるからである。披露宴では新郎側が雇った

司会が進行役を務め、披露宴を円滑に進める。新郎側親族、新婦側親族、新郎側の友人・知人が会場に集合すると、会場の演台（上座）に向かって右手に新郎側親族の代表者（4名）、左手に新婦側親族の代表者（4名）が着席する。一番奥にある中央の座席に新郎・新婦が座り、奥から手前にむかって年長者から着席する（例えば、祖父、祖母、父、母、父方オジ夫婦、母方オジ夫婦など）。司会の手馴れたマイク・パフォーマンスが会場の雰囲気を和やかにするなか、新郎・新婦のプロフィール、馴れ初めなどを司会は冗談を交えながら巧みに聞きだし、その場を盛り上げる。その後、新郎側の上司あるいは仲人が証人として結婚証明書（写真7-3）をその場で読み上げ、二人の婚姻が法律上、合法であることをその場で確認する[264]。結婚証明書の朗読は合法性を対外的に示すための現代中国の儀式のひとつであり、漢族・少数民族の披露宴でもよく見られる。それにひき続き、新郎側親族の年長者あるいは上司による簡単な祝辞が続く。

写真 7-3　結婚証明書（2001年寧夏回族自治区銀川市で撮影）

結婚証明書の読みあげが終わると、新郎・新婦が花飾りあるいは結婚指輪の交換をおこなう。表7-2で紹介したWS氏の事例では、花飾りが交換されていたが、これは本来的には欧米諸国起源の儀式である。新郎・新婦が入場したと

264）現在、回族の婚姻手続きとしては、シャリーアにもとづく婚約と婚礼および行政機関での婚姻登記の手続きをふむ。中華人民共和国の婚姻法では、行政上の結婚手続きを事前に街道弁事処で済ませ、「婚姻証明書」を最初に取得しないといけないため、ほぼ例外なく、伝統的な慣習法上の婚礼の前には行政手続きを済ませている。婚礼後の披露宴では、行政手続きの際に発行された「結婚証明書」が公の場で朗読され、新郎・新婦の結婚が「行政上も合法であること」が対外的に示される。

きに放送される楽曲、新郎・新婦が着用する洋服（例えば、スーツ、ウェディング・ドレス）も西洋式の衣装であり、中国各地で一般的な結婚衣装である。花飾りや結婚指輪の交換も披露宴と同様、1980年代以降に普及した。筆者が銀川市で参加した他の回族の婚礼・披露宴でも西洋式の儀式はごく自然に実施されていた。

　結婚証明書を確認した後、新郎・新婦が双方の親族（主に祖父母、父母、オジやオバ）に対して「拝天地」という儀式をおこなった。この儀式の手順は次のとおりである。まず、新郎が新婦の家族へ、それに続き、新婦が新郎の家族へ深々とお辞儀をし、最後に新郎・新婦が出席者全員に対してお辞儀をする。王少斌の親族の説明によれば、お辞儀は互いの家族・親族に対して感謝の気持ちを示す行為であると理解されていた。

　ここで注目したいのがお辞儀という行為である。一般に、天地の神に対するお辞儀は異宗教の神に対する偶像崇拝に相当し、回族のあいだでは忌避される行為である。また、「拝天地」はあきらかに漢文化に由来する儀式であり、イスラームとは無関係である。それにもかかわらず、WS氏の事例では、新郎・新婦およびその家族・親族は「拝天地」を問題視することなくおこなっていた。ここで興味深いのが、新郎の父方祖父が清真寺の管理責任者であることで、管理責任者の孫が漢文化の儀式を公然と実施していたのである。この事例は、都市部にくらす回族の若い世代（20代）の宗教・民族観を探るうえで非常に貴重な情報を提供してくれる。一般に、清真寺の指導層や一般信徒は異宗教の神に対してお辞儀をする行為は「漢化」（漢族への同化）の表徴として強く非難するが[265]、宗教教育を受ける機会が非常に乏しい回族の若者のなかにはイスラーム的なもの、漢文化由来のものを区別することができないのであろう。

　さて、新郎・新婦の紹介や挨拶が終わると、その場にいる出席者が会食を始める。披露宴の主催者は新郎側の親族であるため、新郎側の親族は原則としてホスト役に徹することが一般的である。ゲスト側として饗応にあずかるのは新婦側の親族・姻戚、新郎の職場の上司や同僚、学生時代の同級生や友人などである。ホスト側の新郎側親族もゲスト側から促されて同席・食事することもあ

265）銀川市の清真寺関係者（複数）に「拝天地」の妥当性を質問すると、「イスラームではアッラーに対する叩頭しか認められていない。「拝天地」は「被造物に対するお辞儀」であるから禁止すべきだ」といった趣旨の回答をよく耳にした。

第3部　変貌する宗教儀礼と民族文化

るが、それはあくまでも儀礼的なパフォーマンスであり、ゲスト側の出席者は披露宴で食事する権利が自分たちにあることを十分承知している。

　披露宴の出席者は基本的に世帯単位で新郎側に「紅包」（婚礼の祝儀）を手渡しており、「紅包」を手渡した者の家族は遠慮することなくテーブルにつく。他方、新郎側は、当日の招待客に対して「請貼」と呼ばれる招待状を事前に配布しているので、招待客の人数および祝儀の総額をおおよそ把握することができる。実際、銀川市で筆者が出席したいずれの事例においても新郎側が受け取った祝儀の合計金額が披露宴の金額を上回っていた。

　披露宴の座席は、会場の演台に近いところから新婦側親族、新郎側親族、新郎の上司や同僚、友人や知人たちが座ることになる。演台から最も近い場所に双方の親族が座るという暗黙の了解はあるが、そのほかは細かい決まりはない。調査地ではイスラームの男女隔離を遵守しようとする意識は全体的に弱く、男女が別々に座ることはない。新郎側親族に経済的に十分な余裕がある場合、新郎側親族と新婦側親族に別室の個室に入ってもらうことがある。新郎側および新婦側の親族だけがテーブルに着席する場合、双方の親族のうち、年齢ではなく、世代ランクが高い人から上座に座ることが慣例となっている。これは漢族の慣習とおなじである。

　披露宴の費用についても言及しておきたい。筆者が銀川市で出席した披露宴を見たかぎり、その費用はすべて新郎側親族が負担していた。例えば、西関寺の納姓家族の場合（平均的な中流家庭）、長女の披露宴の費用が5,000元、次女が2,000元、長男（末子）が4,000元ほどであった。銀川市の平均月収の4倍から10倍の費用に相当する。そのほか、西関寺の王少斌の場合（比較的裕福な家庭）、披露宴の費用は10,000元ほどで、11,000元ほどの祝儀が集まった。銀川市郊外に住むZC氏（大学教員）の場合（他省からの移住者）、披露宴の費用は3,700元、祝儀が5,000元ほどであった。このように、披露宴の経費の支出状況を見ると、新郎側親族の披露宴にかかる費用は最終的には披露宴出席者の祝儀で相殺されることがわかる。

　このほかの儀式としては、披露宴が終わると、だいたい夕方頃、新郎側の親族や友人たちの若者の一群（主に男性）が嫌がる新郎・新婦を新居まで連れて行き、新婚夫婦をからかう儀礼がある。これは「閙洞房」と呼ばれ、漢文化由

来の慣習である。具体的には、その場にいる男性たちが、新郎・新婦に接吻させようとしたり（実際はその一歩手前でとめる）、新郎の体を強く叩いたり、新郎・新婦が嫌がることを繰り返す[266]。このような行為はあくまでも儀礼的な悪ふざけであり、新郎・新婚夫婦に対して同世代の友人・知人たちが祝福の気持ちを伝えることが目的である。

7　花嫁の里帰り──「回門」

　婚礼の翌日、新婦が新郎とその親族（主に祖父母、父母、未婚の兄弟姉妹）とともに新婦の実家へ戻る慣習がある。これは「回門」（huimen）と呼ばれている。新郎・新婦たちはその日の朝、新婦の実家を訪問し、新婦側親族の饗応に与り、その日の正午までに新居へ帰宅する。これもシャリーアで規定されていない回族の地域的慣習であるが、調査地では広くおこなわれていた。この儀礼に参加する新郎側親族は、当日、婚礼とは対照的に、新婦側のもてなしがあることをわかっているのだが、返礼の気持ちとして、手土産を持参する。このとき、新郎側が用意する手土産には茶葉や果物やナッツ類程度のもの（100元未満）が多い。というのも、あまり高価なものを持参するとホスト役の新婦側親族の「面子」を損なうことになるからである。

　新婦側は数日前からご馳走を準備する。当日の食事は周到に用意される。なぜなら、新婦側（新婦の親）は、その前日に新郎側主催の婚礼と披露宴に招待されており、また、自分の家の女性が嫁として今後世話になることなどを考慮するからである。この日の饗応は新郎側の披露宴ほど豪華にする必要はない。ただし、新婦側は新郎側の来訪に対して感謝の気持ちを表し、また、新婦側の「面子」（mianzi）も保つ必要もあるため準備作業に抜かりはない。

　新郎・新婦たちが新婦の実家に到着すると、新婦側親族一同は満面に笑みをたたえて室内へ招き入れる。そのとき、双方のあいだでイスラーム式の挨拶がなされることが多いが、簡単な握手だけの事例もあった（それは、双方がすでに「身内の間柄」になっていて「他人行儀」の挨拶をしなくなったことによるのかもしれない）。

266）このように新郎を叩く儀礼は中国ムスリムの伝説と関係があるらしい。安史の乱（755年）が平定された後、その鎮圧に協力したアラブの兵士たちは長安への定住を皇帝に許可された。その際、アラブ人は漢人との結婚をも容認され、彼（女）らが結婚したとき、現地の漢人たちがアラブ人の新郎たちを叩くことで、祝福の気持ちを伝えたという［李仁馬・羅韵希・馬達・馬建春・王正偉・楊洪（編）1994：91］。

第3部　変貌する宗教儀礼と民族文化

新郎側は室内の上座（出入り口から最も離れた所にある座席）に案内され、新郎の祖父母、父母、新郎・新婦、新郎の兄弟姉妹の順に着席する。新婦側は、新郎側一同が着席するのを見とどけてから、年長者から順々に下座に着席する。この座順を見ると、新郎側・新婦側親族の役割分担が明確に意識されていることがわかる。

　新郎側と新婦側とのあいだでは、婚約以来、物のやりとりがある程度はおこなわれているので、当日は儀礼的な挨拶が省略されることが多い。参加者一同が着席すると、新婦が新郎側に対して新婦側親族をひとりずつ紹介する。新郎側は、新婦側が用意した料理を口に運びながら、新婦側の挨拶に耳を傾ける。新婦側はときおり軽妙な冗談をいってその場を和ませ、新郎側・新婦側のあいだの距離をできるかぎり縮めようとすることが一般的である。

　ところで、銀川市では「花嫁の里帰り」は、饗応儀礼も含め、正午までに済ませなければならない。したがって、新郎側は新婦の実家で食事をゆっくり楽しむ余裕がない。新婦側の自己紹介、新郎側による手土産の贈答、共食と歓談が済むと、新郎側は早めに帰宅する支度にとりかかる。新郎側が正午までに帰宅する理由であるが、「正午を過ぎると予定していた物事が遅れ、不吉なことがおこる可能性があるからだ」[267]と調査地の回族の人々が話していた。これは、漢字の「午後」という単語の「午」（wu）が「誤」（wu）と同音で、否定的な意味を持つからであろう。

　新郎側が帰宅する際、新婦側が食べ切れなかった料理を新郎側に手渡すことが慣習となっている。これも互酬的な交換である。新郎側が新婦側に対して感謝の気持ちを示し、別れの言葉を交わすと、新婦側が新郎側を玄関まで見送る。そのとき、男性同士はお互いに握手を交わす。帰りの車代は、余裕があれば、新婦側が負担するが、基本的には、新郎側の自己負担となる。このように、「花嫁の里帰り」はその日の正午までに完了する。

267）これとほぼおなじような論理で、「死者祈念儀礼も午前中に済ませなければならない」と調査地の回族の人々が説明することが多かった。

第7章　酒がならぶ円卓

第4節　豪華な婚礼、酒を飲む回族

　ここまで回族夫婦が実施した婚礼の実状を具体的に紹介した。筆者が銀川市で参加できた回族の婚礼に関するかぎり（いずれの事例も回族同士の夫婦）、イスラームの規範にのっとった儀礼（例えば、宗教指導者によるクルアーン朗誦、新郎新婦の信仰告白など）は必要最低限なものとして実施されていたが、それと同時に「漢文化」、「西洋文化」、「政治文化」などの数多くの要素が散りばめられていて、正直なところ、筆者は驚きを隠せなかった。第4節ではさきほど紹介した事例にもとづき、都市にくらす回族の婚姻慣行に見られる「漢化」、世俗化、脱宗教化の問題を考察する。

1　宴席を避ける清真寺関係者たち

　それでは、披露宴に目を向けてみよう。銀川市の回族の場合、披露宴はホテルあるいはレストランで開催される。披露宴そのものに宗教的な意味づけは一切なく、あくまでも新郎側が新郎側・新婦側の親族・友人・知人をもてなすために企画するものである。どちらかといえば世俗的なものであるが、婚礼の際に省略できない重要な行事となっている。宗教的な義務ではなく、民族的な慣習として認識されている。筆者が銀川市で披露宴に出席するたびに気になったのが清真寺関係者、例えば、宗教指導者や管理責任者たちが同席しないことであった。

　結婚披露宴のテーブルに並べられる料理はイスラーム法で規定された方法で処理・加工された料理である。しかし、披露宴では、イスラームにおいて決して奨励されてはいないタバコやアルコール類が当たり前のように提供されていた。清真寺関係者の話によれば、これは1980年代以降顕著になった現象であり、銀川市のホテルやレストランでは回族の喫煙や飲酒はごくありふれた現象である。清真寺の宗教指導者や管理委員会が披露宴に出席しない最大の理由は、同席者のタバコの煙やアルコール類を回避するためである。現在、宴会の席での

397

第 3 部　変貌する宗教儀礼と民族文化

喫煙や飲酒は清真寺関係者ですら抑制しえないのが現状である[268]。

　銀川市郊外の回族村落では若者が飲酒や喫煙をする場合、村落から離れて他の県や銀川市へ移動することを米国の人類学者グラドニーが報告しているが、喫煙や飲酒に対する嫌悪感は農村では都市よりも根強い。グラドニーが指摘したように、文化大革命の期間は喫煙や飲酒が回族村落でもよくある光景で［Gladney 1991：127］、文化大革命以降、個人レベルではなく、集団レベルで喫煙や飲酒に抵抗感がなくなった可能性が高い。寧夏では反右派闘争、宗教制度民主改革、反地方民族主義運動などが各地で展開されたからであろうか、改革開放以降も喫煙や飲酒は調査地の銀川市ではよく目にした。また、自分たちが喫煙や飲酒を嗜むことを回族の人々自身が悪びれていない様子が印象深かった。当然のことながら葬式などの場で喫煙や飲酒はありえないが、披露宴での喫煙や飲酒はもはや恒例行事となっており、新郎・新婦が白酒（蒸留酒）を出席者にふるまう光景をたびたび目撃したことがある。西関寺の古老（60代、男性）の話によれば、1957年頃までは清真寺関係者が喫煙や飲酒をする不謹慎な信徒を咎めることができたが（それだけの権限が信徒のあいだで認められていた[269]）、改革開放期の場合、清真寺関係者は披露宴にあえて参加しない。そうすることが彼らの態度表明なのであろう。

　筆者が出席した婚礼では、宗教指導者の訓戒に際しても聴衆はお喋りに夢中になっており、非常に騒がしかった。一般的に、清真寺関係者が儀礼を執行する場合、その場にいる信徒たちは静粛にせねばならないが（特に死者儀礼）、結婚式は例外のようであった。ごく一部の事例（イスラーム式婚礼）を除けば、会場内が騒がしいあまり、宗教指導者は不快感をあらわにすることが多かった。前述したように、回族の婚礼には清真寺の宗教指導者を招待し、クルアーンを

---

268) 銀川市とは異なり、内モンゴル自治区の首府フフホト市では清真寺のなかで結婚式および披露宴を実施することが慣例となっていた。例えば、2003年に筆者がフフホト市を訪問したとき、フフホト市回民区を中心に8箇寺の清真寺があり、回族の人々は清真寺敷地内のホールで結婚式および披露宴を自発的におこなっていた。これらの清真寺では婚礼以外の人生儀礼や年中行事なども清真寺内で実施していたことが興味深かった。清真寺関係者がいうには、ホテルやレストランを利用すると、諸経費が高額になり、アルコール飲料やタバコなどが提供されるため、清真寺内で開催することとなった。1990年代末頃には西寺を筆頭に清真寺内で各種行事を実施するようになっていた。

269) 例えば、1945年以前、内モンゴルの包頭では、アヘン吸引者に対して清真寺の宗教指導者がアヘン吸引を止めないのであれば宗教上の儀礼を執行しないという警告を発した事例を岩村忍調査団が記録している［岩村 1949：122］。

398

朗誦してもらわないと、婚姻が社会的に認知されない。婚礼それ自体は改革開放期に消費の対象となりつつあり、「漢化」や「西洋化」の影響が見られるようになったが、宗教指導者によるクルアーン朗誦は現在も忘れさられることはない。しかし、婚礼の重要な場面で宗教指導者に大きな発言権があるわけではなく、あくまでも客人として形式的に招待され、消費されているにすぎない。

2　結婚当事者の「漢化」あるいは脱イスラーム化

　さきほど紹介した婚礼の事例で気付いたのは新郎・新婦の「漢化」（あるいは脱イスラーム化）である。「漢化」を示す文化要素を順々に列挙すると、花嫁が着用するウエディングドレス、披露宴での「拝天地」、出席者へアルコール飲料のお酌、大量の爆竹の使用など、清真寺関係者にとっては不自然なものが目に付いた。ここで興味深いことは新郎・新婦をはじめとする当事者およびその親族たちが漢文化や西洋文化由来の自文化ならざるものを「自文化」として違和感なく受け入れていることである。

　まず、花嫁衣裳に注目してみたい。銀川市にかぎらず、他の地域の都市部では回族の花嫁が中国の伝統衣装だけでなく、西洋のウエディングドレスも着用することが一般的である。調査当時、筆者が出席した婚礼で花嫁がヒジャーブを着用している事例をほとんど見たことはなかった。つまり、髪の毛にしろ、腕や足の露出にしろ、花嫁たちは「羞体」（*xiuti*, アウラ）というイスラームの観念をほとんど意識していなかった。「羞体」というのはアラビア語のアウラに相当し、シャリーアで決められた肌の露出の禁止を意味する（男性にも女性にも適用される）。現在、地域や教派によっては異なるが、全体としては、回族の場合、アウラの観念が弱く、例えば髪や肌の露出を躊躇しない女性が目立つ。おそらくかつての宗教制度民主改革や公教育における無神論教育の影響もあるのだろうが、半袖のシャツを身に纏い、膝丈スカートをはいた回族女性を目撃して驚いた記憶がある（特に政府機関の職員や教育機関の教員によく見られる）。

　次に、披露宴における「拝天地」の儀礼も衝撃的であった。なぜならこの儀礼は漢族の婚姻文化のひとつで、天地の神や祖先・親に対してお辞儀をして拝む行為だからである。さきほど紹介した事例では新郎・新婦は司会に促されながら天地、祖父母・両親に対してお辞儀を深くおこなっていた。ここで問題

第3部　変貌する宗教儀礼と民族文化

となるのがムスリムのお辞儀である。「拝」(bai)という漢字は神や人に対する
お辞儀を意味するが、イスラームの作法としては唯一神アッラー以外に対する
お辞儀やその他の礼は忌避されている。これは中国ムスリムにかぎったことで
はなく、他の国のムスリム社会にもひろくあてはまる。本章の事例で問題とな
るのは「天地」に対するお辞儀であろう。ここでいう「天地」とは天の神と地
の神を指し、ムスリムにとっては異宗教の崇拝対象にあたる。回族の人々は
1950年代以降に社会主義化改造を経験し、かなりの程度で世俗化していると
はいえ、天地の神を拝む光景を筆者は初めて目撃し、驚いた。さらに衝撃的だっ
たことは新郎・新婦はともに回族であるが、それぞれの両親・祖父母が「拝天
地」を阻止しようとしなかったことである。

　新郎・新婦が円卓を順々にまわり、積極的にお酌していたことにも驚いた。
このような行為は日本の披露宴などでもごく自然におこなわれるから筆者は見
慣れていたが、回族の披露宴においてもアルコール飲料がごく普通に提供され、
また、新郎・新婦が酒類を出席者にふるまったことは想定外のことであった。
中東や中央アジアなどのムスリム社会でも地酒や地ビールが生産・消費されて
いるため、ムスリムが飲酒するという予備知識はあったが、寧夏回族自治区で
実際に目撃し、カルチャーショックを受けた。披露宴には非ムスリム（特に新
郎・新婦の職場の同僚・上司）も出席するため、アルコール飲料を用意することは
容易に想像できるが、回族の新郎・新婦およびその親族が当たり前のように飲
酒する光景にはどうしても違和感を覚えずにはいられなかった（その後、回族の
飲酒を目にする機会が多く、現在では見慣れてしまったが[270]）。

　また、婚礼や披露宴の会場となったホテルやレストランの前では爆竹が盛大
に鳴らされていた。爆竹といえば、もともとは邪気を祓うためのもので、漢族
文化に由来する花火である。調査地では回族の伝統行事でほとんど使用されな
いが、結婚式や披露宴のときに稀に点火されることがあった。本章で紹介した
披露宴では爆竹が盛大に鳴らされていた。一般的には、爆竹は邪気を祓うため
のもので、漢族の民間信仰と関係があるため、回族の人々は忌避する傾向にあ

270）蘭州大学の楊文炯による回族の飲酒に関する報告が興味深い。楊文炯は西北の陝西省西安市・
　青海省西寧市・寧夏銀川市で15歳から18歳の回族青年に対してアンケート調査を実施した。そ
　れによれば、飲酒しないと回答した者が西安市では96.55％、西寧市では70.81％、銀川市では
　27.98％であった。この統計調査を一般化するには注意を要するが、銀川市では回族の若者のあい
　だで飲酒率が高いことがうかがえる［楊文炯2007：516］。

第 7 章　酒がならぶ円卓

る。ただし、銀川市では婚礼のようなハレの場面だと何も知らない回族の若者が爆竹を鳴らして騒いでいたので、爆竹の消費は散見される。

3　ムスリムの夫婦になるための婚礼

　それでは、ここまで述べた「漢化」あるいは脱イスラーム化が著しい回族の婚礼に対して、清真寺関係者たちはどのように受けとめ、どのような意見を持っているのであろうか。筆者が宗教指導者たちに率直な意見を質問したところ、回族同士が結婚する場合、当事者がどの程度敬虔なムスリムであるかどうかはそれほど気には留めないという回答が返ってきた。回族と漢族の通婚の場合、漢族がイスラームに改宗したかどうかを宗教指導者が確認してから婚姻儀礼を実施するのとは非常に対照的である。清真寺関係者にとって最も重要なことは回族がおなじ回族と結婚するかどうかであり、新郎・新婦が敬虔なムスリムであるかどうかを実は問うことはない。例えば、銀川市の婚礼で新郎・新婦が誰もが知っているイスラームの聖句を正確に朗誦できなかった場面に遭遇したことがあったのだが、だからといって、宗教指導者は新郎・新婦を非難せずに婚礼を粛々と進めていた[271]。もし新郎・新婦が喫煙や飲酒を嗜む者であったとしても、回族同士が結婚するのであれば、清真寺関係者が新郎・新婦が熱心なムスリムかどうかを詮索することもないしない。そこで重視されるのは回族同士の結婚、つまり民族内婚かどうかという一点である[272]。

　もちろん回族がおなじ回族の結婚相手をみつける場合、結婚相手の民族戸籍しか考慮しないわけではない。結婚相手の職業、年齢、収入、性格、家族構成なども念入りに検討される。結婚相手の出自も重要なファクターである。例えば、結婚相手がおなじ父系出自集団のメンバーではないかどうかも必ず調査される。銀川市の清真寺付近では、回族の「姓」は漢族のそれほど多様ではなく、おなじ「姓」の回族が多い。必然的に、おなじ「姓」の回族同士が結婚するこ

271）楊文炯が陝西省西安市・青海省西寧市・寧夏銀川市で 15 歳から 18 歳の回族青年に対して実施したアンケート調査によれば、イスラームの最も基本的な聖句（カリマ・アル＝タイイバ）を知っていると回答した者は西安市では 99.31％、西寧市では 98.92％、銀川市では 46.43％となっており［楊文炯 2007：517］、銀川市の回族青年のあいだでイスラーム知識が祖父母や親の世代から伝承されていない可能性が高い。もちろん回族の家庭内のイスラーム教育のみに原因があるわけでなく、公教育における無神論教育の影響、清真寺の機能不全などもファクターとして考えられる。

272）宗教指導者としては新郎・新婦がイスラームを非常に熱心におこなうのであれば、理想的な夫婦なのであろうが、実態として銀川市では礼拝や断食を実践する若者（20 代）は非常に少ない。

401

第3部　変貌する宗教儀礼と民族文化

とも少なくない。その場合、お互いがおなじ「姓」ではあるが、実際に血縁関係があるかどうかを必ず確認する。つまり、漢族と同様、配偶者選択にあたって「同姓不婚」の原則が活用されるのである。回族の「同姓不婚」の原則によるインセストの範囲（五服内）とシャリーアで規定されたそれとは大きく異なっているばかりか、それぞれの原理が相反する関係にあるが、配偶者選択の場面ではシャリーアの婚姻規制よりも漢文化由来の「同姓不婚」の原則の方が優先される。ただし、「おなじ父系出自集団」のメンバーといっても、自分自身（エゴ）からみて「五服」の範囲外にあり、相互の系譜関係をはっきりとたどることができない場合にかぎり、「同姓不婚」の原則は適用されない。

4　婚礼という名の権力ゲーム

　銀川市で回族の一連の婚姻儀礼をみた場合、男性側と女性側とが贈与交換を頻繁に実施していた。これは、当事者双方の「面子」（*mianzi*）にかかわる、ある種の「駆け引き」として捉えることができるだろう。例えば、近年の中国研究では儀礼的な贈与交換が「贈答経済」（*gift economy*）という言葉で表現されて注目されている［閻雲翔 1998；Yan 1996；Yang 1994］。「贈答の経済」に注目すると、まず、ある個人が国家や社会のなかで就職や昇進などの個人的な目標を達成する場合、それを実現してくれる能力のある他者に対して有形無形の情報や物品を贈る。すると、授受者の他者は、依頼者の要求に応えることが、依頼者との今後の関係性や自分の名誉や威信などに及ぼす影響を考慮したうえで、最終的な回答を出す。つまり、「贈答経済」とは、基本的には、最小単位としての「二者関係」にもとづく名誉や威信に深くかかわる社会資本の交換体系と考えることができる。

　このような「贈答経済」を支えるのが中国社会でひろく共有される「関係」（*guanxi*）、「面子」（*mianzi*）、「人情」（*renqing*）といった民俗概念で表現される行動である。これらの概念は本来、漢族研究において精緻化された概念であり、中国人（主に漢族）の社会関係を考えるうえで非常に有効だと見なされてきたが、序章で述べたように、漢語を母語とする少数民族の社会研究にも十分に応用することができる。その理由は、例えば、回族の人々も、婚礼や葬儀といった様々な生活の場面で、「関係」、「面子」、「人情」などの民俗概念を積極的に活用し、

402

第 7 章　酒がならぶ円卓

自分たちの社会関係を再生産しているからである。

　本章で紹介した婚約儀礼では、新郎側が「妻の受け手」としてどのような婚資を新婦側に贈答するのかということに最も細心の注意が払われていた。前述したように、新郎による婚資の贈答はシャリーアで規定されているが、それとは異なる次元で、当事者の名誉や威信をかけた戦略が展開される。実際、銀川市の事例では、婚資の内容は当事者のあいだで協議されて決定されるのだが、婚礼出席者が婚資の具体的な内容を根掘り葉掘り質問し、自分たちの世間話の話題にすることが多い。つまり、婚資ひとつを取ってみても、新郎側・新婦側の「面子」（*mianzi*）に深くかかわりかねないのである。例えば、寧夏の同心県で実際に目撃した興味深い出来事がある。夫婦は両者ともに回族である。新婦の父親が新郎側と事前にとりきめた婚資の条件を無視し、それとは別に大型のオートバイも贈るように新郎側に要求した。予想外の要求に直面し、新郎側の親族は不快感を露わにし、その場で親族会議が招集されることになった。その場にいた婚礼招待客の脳裏には「もしかすると婚礼は不成立か」という一抹の不安感が過ぎったが、最終的には、新郎側の親族が不本意ながら妥協し、新婦側の要求に応じたことによって事態を収拾した。その際、新郎側が最も懸念したのが自分たちの「面子」（*mianzi*）であった。

　このように、揉め事が起こらないように、婚資の取り決めに関しては、新郎側も新婦側も注意を払うことになる。婚姻儀礼も同様に新郎側が主催するのだが、披露宴の会場、招待客の人数、料理の品数などは、婚礼出席者によって厳しく確認される。なぜならば、婚礼出席者にとっては多額の祝儀と披露宴の料理とは「おなじ価値の交換財」だと理解されているからである。よって、新郎側親族は、自分たちが企画した披露宴が終わるまでのあいだ、社会的な名誉や経済的な能力などを第三者にたえず吟味される運命にある。このような婚礼における「腹の探り合い」を目のあたりにすると、婚姻儀礼にともなう様々な贈答交換や饗応儀礼が、その本来の目的とは別に、第三者を巻き込んだ「権力ゲーム」へと発展する可能性が常にあると言える。

第 3 部　変貌する宗教儀礼と民族文化

第 5 節　おわりに

　銀川市で筆者が出席した婚礼に関するかぎり、文化大革命期とは異なり、回族の宗教儀礼や民族文化が中国共産党・政府によって規制されることはない。中国では 1980 年の婚姻法では中国公民に対して「婚姻自由」(婚姻の自由) が保障されており、一夫多妻婚などの複婚、非当事者による結婚の取り決め、児童婚、近親婚などが禁止されている。少数民族の場合、婚姻法を遵守するのであるならば、一部の伝統的な婚姻慣行を実施することが可能である。中国の回族の場合、1949 年以前は親が子どもの結婚相手を決める事例が少なからずあったが、それは中国の婚姻法だけでなく、シャリーアの婚姻法にも反するものであった。現在、劣悪な環境ではないかぎり、親が子の結婚相手を強引に決めることは少なく、家族・親族による結婚相手の紹介が一般的で、都市部では自由恋愛を選択する回族が増えつつある。中国共産党・政府の婚姻法を見るかぎり、党国家の法律と回族の婚姻慣行が衝突することはほとんどない。

　第 6 章でも述べたように、回族の婚姻慣行では、清真寺付近に集住する回族の場合、おなじ回族の仲人に回族の結婚相手を探してもらうことが一般的であった。結婚相手探しから婚姻儀礼までの一連の手続きはシャリーアに強く規定されている。重要な儀礼の場面では清真寺の指導層たちが必ず登場し、彼らの参加によってはじめて結婚手続きがシャリーアの見地から合法な契約であると判断され、新郎・新婦のそれぞれが帰属するジャマーアから承認される。それと同時に、回族の民族内婚は結婚当事者をムスリムの夫婦にするだけでなく、婚礼に出席した人々 (主に回族) に対しても彼ら自身の民族的な帰属や宗教信仰などを確認させる重要な場面を提供する。

　一方、都市部の婚礼では枝葉末節の儀礼要素に「漢化」や「西洋化」の片鱗がみられることも見過ごせない。当然のことながら婚礼には清真寺関係者 (特に指導層) が招待され、シャリーアで規定された婚資の確認、クルアーンの朗誦や新郎・新婦のシャハーダ (信仰告白) が執り行われるため、回族の婚礼はイスラーム式のものであることに疑いの余地はない。ただし、それと同時に、

回族の人々が婚礼において漢文化に由来する文化装置や社会規範を自主的に活用していた点にも注意を払う必要がある。例えば、回族の新郎側・新婦側が繰り返した贈答慣行はシャリーアで規定されていない地域的慣行であり、漢文化の影響が根強い。また、当事者が儀礼行為を語るにあたって「関係」、「面子」、「人情」といった漢文化に由来する民俗概念を特に違和感を抱かずに流用し、自分たちの慣習の特徴を説明していた。このように、中華世界で誕生した少数民族であるがゆえ、回族の宗教儀礼や民族文化ではイスラーム的な価値規範と中国の文化装置（主に漢文化）が巧妙に組み合わされている。

　繰り返しになるが、漢文化の儀礼行為が盛り込まれた儀礼が回族の人々によって全面的に支持されているとはかぎらないことにも留意する必要がある。クルアーンやハディースに依拠しない漢文化由来の儀礼行為が過剰に流用される傾向を問題視する人々も実際に存在する。例えば、調査地の銀川市の場合、披露宴での飲酒や喫煙は蔓延しており、イスラーム改革に熱心な回族の人々はそのような「因習」を痛烈に批判し、敬遠する。イスラーム改革を支持する人々には、婚姻儀礼にかぎらず、その他の儀礼についても漢文化の儀礼要素を意図的に排除しようとする傾向がある。例えば、2000年に銀川市で参加した婚礼は示唆的であった。婚礼当日、新郎・新婦は宗教指導者に対してクルアーン朗誦を最初に依頼し（しかも標準アラビア語）、その後、イスラームの訓戒に長い時間をあえて割いてもらっていた。また、その後の披露宴では、漢族の招待客も同席していたにもかかわらず、アルコール飲料や煙草は一切提供されなかった。

　調査当時、このような事例は宗教色が濃く、非常に珍しい特例であり、典型的な事例であるとは言えないが、ごく一部の人たちが自分たちの生活様式を意識的に変革しようとしている兆候を垣間見ることができる。それはまさに銀川市においてずっと頓挫してきたとも言えるイスラーム改革である。将来的には可能性が低いかもしれないが、例えば、婚礼の変革をきっかけとして、回族の人々がイスラーム改革に傾倒し、自分たちの「教派」の伝統に異議を申し立てることもありうるし、その結果、イスラームの「教派」が意図的に変更される可能性がないとは言えない（例えば、イスラームの宣教活動タブリーグにのめり込む回族の若者たちがいた）。

　とはいえ、全体を見渡せば、銀川市ではおなじ回族同士の結婚それ自体が社

第3部　変貌する宗教儀礼と民族文化

会的に問題視されることはまずありえず、回族の民族戸籍を持っている者同士が結婚するのであれば、清真寺関係者（特に指導層）はその婚姻を承認し、婚礼に参加していた。新郎・新婦がイスラームの規範をどの程度遵守するのか、婚礼がどれほどイスラーム的であるのか、喫煙や飲酒がなされるのかどうかといった問題は清真寺関係者のあいだでさえ不問とされていた（もちろん清真寺指導層は披露宴には出席しないのであるが）。改革開放期が軌道に乗った時期（1990年代以降）、回族の経済状況が改善されるにつれ、回族のなかにも富裕層・中間層が登場し、人生儀礼や年中行事の祝い方には消費主義の色彩が濃くなりつつある。消費行動それ自体は普遍的な現象であるが、その際に危惧されるのが脱宗教化および「漢化」の問題であり、銀川市の中心地では深刻な問題として清真寺関係者らは受けとめていたのである。

第4部

中国イスラーム界に流布する愛国主義

第8章

統制される宗教、脱宗教化される民族

　本章では、中国共産党・政府が1990年代から2000年代にかけて宗教政策を
どのように宣伝し、それに対して回族がどのように反応したのかということを
メディア報道の記事やフィールドワークで得た一次資料にもとづいて考察す
る。筆者が銀川市でフィールドワークを実施した時期は江沢民政権が愛国主義
教育を進めていた時期にあたり、「愛国主義」や「愛国愛教」といったスロー
ガンが清真寺のなかで飛び交っていた。また、1999年に法輪功の中南海事件
が北京市で発生したため、中国各地では「邪教」を打倒するキャンペーンが宣
伝・展開されており、筆者の調査時期は中国共産党・政府が非合法の宗教活動
に対する取り締まりを強化していた時期にちょうどあたる。当時の国内情勢を
背景として、本章では、中国共産党・政府による宗教活動の統制（例えば、イ
スラーム教育、メッカ巡礼）、中国イスラーム界における愛国主義の受けとめ方、マ
ルクス・レーニン主義を信奉してイスラームを放棄した回族の共産党員の火葬、
イスラームに一切関わらない回族などを例に挙げ、改革開放政策の導入後、「イ
スラーム復興」と並行して生起している社会主義式政教分離、愛国主義宣伝、
宗統統制の実態を描写し、その特徴を考察する。

第1節　清真寺に浸透する愛国主義

1　「愛国愛教」を叫ぶムスリムたち

　1980年代、中国共産党・政府は宗教政策を再開し、その後、宗教事務を担
当する行政機関が中央・地方の各レベルで編成した。寧夏回族自治区では文化
大革命期に廃止された宗教事務局が1979年11月に復活し、寧夏における宗教

活動を管轄することになった。文化大革命以前にすでに廃止された寧夏回族自治区イスラーム教協会が再編され、宗教団体の活動を再開できるようになった。第4章で詳述したように、中央・地方のイスラーム教協会は中国領内のムスリム少数民族の利益を確保するための宗教団体であり、行政機関ではないが、中央・地方のイスラーム教協会は中国共産党・政府の主導で組織された経緯があり、実態としては半官半民の宗教団体と化している。また、中央・地方のイスラーム教協会には共産党員の秘書長が配置されており、共産党員が実質的な主導権を掌握している。つまり、非共産党員の宗教指導者たちには実質的な決定権は付与されていない。宗教事務局とイスラーム教協会の力関係に目を向ければ、行政機関の宗教事務局がイスラーム教協会を指導する立場にあり、中国共産党・政府の指導が宗教事務局からイスラーム教協会に対して上意下達で伝達される図式ができあがっている。

　宗教管理機構の全体像を整理すると、中国共産党を頂点として、その指導下に宗教事務局、イスラーム教協会、清真寺が位置付けられている。中央・地方にはそれぞれの行政レベルにひとつの階層組織が確立されている。例えば、メッカ巡礼の場合、巡礼希望者全員が渡航できるわけではなく、省・自治区ごとに申込み制度が適用されており、それぞれの行政レベルの宗教事務局とイスラーム教協会が資格審査を実施する。ちなみに、中国ではメッカ巡礼者は中国共産党・政府の指導のもとでイスラーム教協会が組織したメッカ巡礼団（「公団」）に参加せねばならず、個人組織の「私団」（後述）での巡礼は禁止されている。

　このように、中国共産党・政府の政策方針に鑑みると、現在、中国領内の清真寺はジャマーアの中心であるだけでなく、外部世界と密接に繋がった政治空間となっていることがよくわかる。つまり、中華民国期の終わり頃までは中央・地方政府の支配力は清真寺には浸透しておらず、基本的には、清真寺の自治は広範囲に容認されていた。しかしながら、それとは対照的に、中華人民共和国の成立後、清真寺が社会主義改造や政治運動を経験すると、清真寺のなかでさえも中国共産党のスローガンが連呼されるようになった（特に1990年代以降顕著である）。中国各地では1980年代以降、改革開放政策の導入をきっかけとして清真寺や聖者廟がムスリム少数民族によって自主的に修復されてジャマーアが再建されたが、その反面、中国共産党・政府の統制力はムスリム少数民族の生

第 8 章　統制される宗教、脱宗教化される民族

活世界の隅々にまで浸透しつつある。

　ただし、中国共産党・政府の政治宣伝を論じるにあたって注意せねばならないことがある。すでに詳述したように、1990 年代以降、中国各地で宗教政策関連の条例の制定や行政指導の通知が数多くおこなわれるようになったように、宗教政策の法制化が強化されているが、宗教活動の統制がどの程度徹底されているのかといえば、調査当時の知見にもとづけば、政治宣伝とは裏腹に徹底されているわけではなかった。どういうことかと言えば、調査当時の状況に限定するかぎり、中国共産党・政府が清真寺に対して行政指導を通知・伝達した場合、清真寺の指導層には行政指導を検討し、その後、しかるべき対策を講ずる余地が残されているのである。清真寺の指導層が中国共産党・政府の指導を完全に拒絶することは不可能であろうが、中国共産党・政府からの「お達し」を字義通り聞き入れなくても済む状況も実際に生じる。当然のことながらそのような臨機応変な対処が可能かどうかは清真寺の指導層を構成する人々の個人的な力量や中国共産党・政府とのコネクションによって大きく左右されることは言うまでもない。

2　「愛国は信仰の一部」なのか？

　ここで具体的な事例を挙げてみよう。2000 年前後から中国共産党・政府は「愛国愛教」というスローガンを公認宗教に対する政治宣伝において頻繁に使用している。とりわけ、中国共産党・政府はムスリム少数民族に対して「愛国是信仰的一部分」、すなわち「愛国は信仰の一部である」という標語をメディア報道などで積極的に活用し、宗教信仰と愛国主義を密接に結び付けようとしている。この標語は「フッブ・アル＝ワタン・ミン・アル＝イーマーン（*hubb al-watan min al-iman*）」というアラビア語の「聖句」に由来し、1930 年代に中東へ留学した回民の宗教指導者（王静斎）が中国へ持ち帰ったものであると考えられている［松本ますみ 2000：112］。この「聖句」の日本語訳は「国（ワタン）への愛は信仰の一部である」となるが、問題は「ワタン」というアラビア語の訳語である。アラビア語の「ワタン」とは本来は「郷土」、「故郷」を意味するのに対し、中国のイスラーム界では「ワタン」には「国家」という訳語が採用され、さきほどの「聖句」は「愛国は信仰の一部である」と翻訳されるのが慣例となっ

411

ている。中国語訳の「国」という漢字がはたしてウンマ（イスラーム共同体）を指すのか、あるいは近代国民国家としての中国（例えば、中華民国、中華人民共和国）を指すのかは発話者の意図に左右されるため、その意味を確定することはできないのであるが、「愛国是信仰的一部分」という「聖句」が中国共産党に対する忠誠心をムスリム少数民族に持たせるための政治宣伝上の常套句となっている点に留意する必要がある［澤井 2013］。

　それでは、中国共産党・政府の政治宣伝に対する中国ムスリムの反応に目を向けてみると、興味深いことに気付かされる。調査当時の銀川市に限定するかぎり、回族の人々は中国共産党・政府が使用する政治的なスローガンに対して嫌悪感を示すことなく、清真寺や聖者廟などの活動でポスターや横断幕などに頻繁に使用していた（写真 8-1）。回族の人々が中国共産党・政府の政治宣伝を面と向かって拒絶・批判することなどありえず、実態としては、政治的なスローガンを自分たちのやりかたで再解釈して流用する傾向にある。それは彼らが中国共産党・政府の「お墨付き」を獲得し、自分たちの宗教活動の正当性を承諾してもらうためなのであろう。例えば、第 4 章の事例分析で指摘したように、清真寺の就任式典の準備作業の際に「愛国愛教」のポスターを貼り出していた人々は中国共産党・政府の役人ではなく、清真寺の管理委員会を中心とする人々であった。つまり、清真寺に普段から通う回族の人々が中国共産党・政府の政治的なスローガンを「自発的」に宣伝していたのである（少なくとも表面

写真 8-1　清真寺に飾られた標語（2002 年寧夏回族自治区銀川市で撮影）

第8章　統制される宗教、脱宗教化される民族

上は)。もちろん、だからといって、清真寺の管理委員会が中国共産党・政府の政治宣伝や宗教政策に盲従していると判断することはできない。第4章で詳述したように、清真寺の就任式典で共産党幹部や寧夏回族自治区イスラーム教協会の会長が演説を始めると、大多数の聴衆がその場でお喋り、居眠り、途中退出などを繰り返し、彼らにとっては退屈な政治・政策の話に対する「無関心」を婉曲に示したように、意外なことに、回族の人々は自分たちが違和感を覚える事態に対して狡猾な方法で対処する。

　そのような現場を目の当たりにしたせいか、少なくとも調査当時の銀川市に関するかぎり、中国共産党・政府が回族を圧倒的な支配力によって統制していると判断することは適切ではないと筆者は考えている。こうしたことは銀川市にかぎったことではなく、寧夏全体、さらには青海省や甘粛省などの西北地方の他地域にもある程度はあてはまる。そのことを示す一例を紹介しておこう。中国西北にはムスリム少数民族の人口が集中しており、実は、共産党員のなかにも日頃から清真寺で礼拝したり、メッカへ巡礼したりする者が存在し、中国共産党・政府による共産党員に対する宗教統制は必ずしも徹底されているわけではなかった。例えば、2001年、筆者が寧夏回族自治区政府の共産党幹部に対してインタヴュー調査を実施していたとき、清真寺の管理責任者と一般信徒（共産党員）が来訪し、共産党員がメッカ巡礼できるかどうか共産党幹部に質問する場面に居合わせたことがある。その際、共産党幹部は共産党員のメッカ巡礼希望者に対して「共産党員はメッカへ巡礼してはならない」と再三注意喚起していたのであるが、この事例はムスリム少数民族の共産党員のなかには宗教活動を公然と実施しようとする人々が実際に存在するということである。共産党員の宗教活動は非常にセンシティヴな問題であり、改革開放政策が導入された当初（1980年代）、共産党員の宗教活動の是非が寧夏回族自治区の中国共産党組織で問題視されたことがある。

3　「紅色阿訇」の台頭と影響力

　ここまで見たように、中国共産党・政府の政治宣伝に対して清真寺の信徒たち（一般民衆）が面従腹背の姿勢を示すことはわかったが、その一方、清真寺の指導層、特に宗教指導者のなかには愛国主義や愛国愛教の宣伝活動に積極的

413

第4部　中国イスラーム界に流布する愛国主義

に参加する者が多いことも事実である。当然のことながら清真寺の宗教指導者や管理責任者の全員がそうだとは言えないが、寧夏回族自治区や銀川市のイスラーム教協会には数多くの宗教指導者や管理責任者が役職に就いており、中国共産党・政府の宣伝部隊を構成している（第4章）。銀川市の場合、最も典型的な事例がB寺の宗教指導者（XS氏）であり、この宗教指導者は寧夏回族自治区イスラーム教協会の重要な役職に就いていた[273]。

　B寺のXS氏は1927年生まれで寧夏平羅県出身の回族である。国民小学校に4年通った後、1942年から1950年まで清真寺に学び、寧夏省立高級阿訇講習所でイスラーム諸学を修め、卒業後、寧夏の呉忠、甘粛の平涼、化平、固原などでアラビア語やペルシア語の経典を学んだ。1950年、銀川市の西関寺で宗教指導者の資格を取得し、その後、平羅県の通城寺、銀川市の余家寨寺、銀川市の南関寺、中大寺、北関寺、西関寺で宗教指導者として勤務した。また、謝生林は、1950年以降、銀川市人民代表大会の代表、寧夏回族自治区人民代表大会の代表、寧夏回族自治区青年聯合会副主席、全国青聯委員、寧夏回族自治区政治協商会議委員および常務委員、石嘴山市政治協商会議副主席、銀川市政治協商会議副主席、中国宗教和平委員会委員、寧夏回族自治区イスラーム教協会の委員、常務委員、副会長、会長、中国イスラーム教協会の委員、常務委員、教務指導委員会委員、副会長などを担当し、中央・地方でその名を知られていた。

　このように数多くの政治的役職を担当していたXS氏は主に1990年代から2000年にかけて中国国内の新聞や雑誌の取材に応じ、寧夏回族自治区のイスラーム界を代表する広告塔となっていた。ここでは政治家でもあった宗教指導者の活動を具体例として取り上げ、政治宣伝と宗教指導者のかかわりを仔細に検討してみたい。XS氏は生前、中国国内の取材に応じ、次のような発言を残している。XS氏の政治的立場を示すと考えられる発言を抜粋してみたい。

事例8-1　中国共産党に感謝する宗教指導者

　●●（XS氏：筆者注）は1927年8月、寧夏省平羅県のごく普通の回族（回民：筆者注）の家庭に生まれた。小学校を卒業せずに、10歳のときに清真寺でク

273）XS氏は2015年6月15日に逝去した。享年87歳。葬儀の際、寧夏回族自治区共産党委員会書記の李建華、同自治区主席劉慧の委託を受け、同自治区共産党委員会常務委員（統一戦線工作部長）の馬廷礼、同自治区副主席馬力が遺族を慰問した。

414

第 8 章　統制される宗教、脱宗教化される民族

ルアーンを学ぶようになった。解放初期（1949年頃）、22歳のときに銀川市
の西関寺でイスラーム諸学を学び、1950年、寧夏人民代表会議の代表、銀
川市人民代表大会の代表に選出される。「あのときに私は宗教界の代表とし
て政界へ入り、それ以来、数十年途絶えたことはない。1952年から2000年
にかけて私は銀川市の南関寺、北関寺、西関寺で教長に就任し、また、同時
に銀川市政治協商会議の委員、常務委員、副主席、自治区政治協商会議の委
員、常務委員、全国政治協商会議の委員、常務委員を歴任した。ごく普通の
回族の家庭に生まれた子どもが全国政治協商会議の常務委員になれたことは
党の民族宗教政策のおかげであり、党の配慮と養成とは切り離せない」。
出典：『中国民族報』（2008年9月19日）

　この発言からわかることは、XS氏が1950年から宗教界の代表として寧夏回
族自治区の政界に深く関わり、自分を全国レベルの政治家にまで育ててくれた
中国共産党に感謝していることである。もちろん中国国内のメディア報道であ
るからXS氏の発言は社交辞令であり、XS氏の本心をそのまま事実として捉
えることには慎重を要するが、寧夏回族自治区のイスラーム界の重鎮であった
XS氏の言動を見るかぎり、XS氏が中国共産党の政策を高く評価し、中国共
産党に対して謝意を示すことは驚くに値しない。XS氏が清真寺に宗教指導者
として勤務していた期間、一般信徒たちのあいだで評価が高くなかった主な理
由はXS氏が実質的には「政治家」として活躍していたことと密接に関係して
いる。つまり、XS氏は行政機関や宗教団体の会議に出席する機会がどうして
も多く、清真寺に常駐しておらず、一般信徒たちはなにかあるたびに不満を口
にしていた。それゆえ、XS氏が年中行事のイードで礼拝の回数を間違えるな
ど失態を演じた際、数多くの信徒たちが陰口をたたいたのである。特にイード
の日には普段は清真寺へなかなか来ない回族の人たちも集まるため、宗教指導
者の失態を数多くの人たちが目撃し、宗教指導者の失態によって清真寺の管理
委員会は「面子」（mianzi）を潰されたことになる。筆者はその場面を直接目撃し、
驚いた記憶がある。
　その事件の数年後、XS氏は宗教指導者を辞任し、寧夏回族自治区イスラー
ム教協会の会長の座からも退いた。表向きの理由は高齢のためである。清真寺

415

第4部　中国イスラーム界に流布する愛国主義

関係者は辞職する XS 氏に対して「名誉教長」の称号を授与し、「面子」(*mianzi*) を潰さないように配慮を忘れなかった。非常に興味深いのは XS 氏の引退後の人事異動である。まず、寧夏回族自治区イスラーム教協会では会長に楊発明（中国イスラーム教協会の現会長）が就任した。楊発明は XS 氏が会長だった時期に銀川市イスラーム教協会の会長を務めた人物であり、XS 氏の弟子のひとりである。XS 氏はイフワーン派の清真寺に学び、楊発明もおなじイフワーン派の若い世代の宗教指導者である。第4章で指摘したように、寧夏回族自治区のイスラーム界においてイフワーン派の宗教エリートが重用される傾向にある。そして、清真寺の人事異動に目を向けると、XS 氏が辞職した後、後任の宗教指導者を XJ 氏（1965 年生）が担当することになった。XJ 氏も XS 氏とおなじく平羅県出身で、二人はおなじ父系親族集団に所属する。XS 氏は自分の辞任に際し、XJ 氏を後任として招聘するように清真寺民主管理委員会にあらかじめ指示していたのである[274]。このため、清真寺内には賛成派と反対派が生まれ、新しい宗教指導者の招聘をめぐって議論がしばらく紛糾したが、最終的には XS 氏の推薦が承認されることとなった。

　XS 氏の事例が示すように、中華人民共和国の成立後、より正確に言えば、改革開放政策の導入後、中国共産党・政府がイスラーム界の有力者を政治活動に積極的に動員するようになると、宗教指導者のなかには中国共産党・政府の政治宣伝に積極的に協力し、自分たちの政治的立場を高めようとする人々が登場した。このような現象は反右派闘争の時期であれ、文化大革命の時期であれ、改革開放期であれ、普遍的に見られることである。特に改革開放期の後期、1990 年代に江沢民政権下で愛国主義教育が中国各地で声高に叫ばれると、イスラーム界のなかにもそれに呼応する人々が姿を見せるようになった。その代表例がイスラーム教協会で重要な役職に就いた人々であり、彼らの取り巻きがイスラーム界で発言力を持っているのが現状である。当然のことながら中国共産党・政府の政治宣伝に賛同しない一般信徒たちは XS 氏のような宗教指導者を「紅色阿訇」と揶揄し、冷たい眼差しを投げかけていた。

---

274) 2002 年 7 月に寧夏回族自治区銀川市で実施したインタヴュー調査にもとづく。

416

第2節　党国家の管理下におかれた宗教活動

1　イスラーム教経学院の成立と運営──イスラーム教育の官営化

　本書では現代中国のイスラーム教育の実状について議論する余地がないが、中華人民共和国の成立後、中国共産党・政府によってイスラーム学校が開設・運営され、イスラーム教育の官営化（画一化）が進んでいることに言及しておこう。中華人民共和国の成立後、中国イスラーム教経学院は1955年に官営の宗教教育施設として中国共産党・政府によって組織・設立されたことはよく知られている。中国イスラーム教経学院は北京の回族集住区のひとつ、牛街にある。中国イスラーム教経学院では中国共産党・政府の意向に沿ったかたちでイスラーム教育が実施されている。中国では明代後期から清真寺のなかで「経堂教育」というイスラーム教育（寺院教育）が実施されてきたが、それとは別に、中国共産党・政府は中国各地からムスリム少数民族の学生を募集し、近代的な教育制度を導入し、宗教指導者を養成している。北京にある中国イスラーム教経学院を頂点として、中国の地方都市（例えば、蘭州、ウルムチ、銀川、昆明、鄭州、瀋陽、西寧、石家庄）にはいくつかのイスラーム教経学院が開設されている。中国イスラーム教経学院は中国領内では最高峰のイスラーム学校と位置付けられている。

　それでは、中国イスラーム教経学院の制度を確認しておきたい。以下のデータは中国イスラーム教経学院の募集要項を翻訳したものである。この要項には、中国イスラーム教経学院の目標、応募条件、応募人数、学費、待遇などが明記されており、同学院の特徴がよくわかる。改革開放政策の導入後、中国イスラーム教経学院は1980年12月にアホン進修班（研修クラス）を開講した後、1982年に学生募集を再開し、本科生が入学した[275]。第1期生の学生数は42名で、全国各地から集まり、大多数が高校を卒業したムスリム男性であった（第

275）卒業生の記憶によれば、1980年代前半当初、宗教指導者の家庭の子弟が入学することが多かったという［従恩霖　2016：21］。ただし、第1期生の沙宗平は、出身家庭や出身地域によってすべての学生が敬虔なムスリムであるとは言えなかったと指摘している。詳細については沙宗平の文章（http://www.360doc.com/content/16/0516/08/1417717_559509753.shtml）を参照した（2017年8月8日最終閲覧）。

417

第4部　中国イスラーム界に流布する愛国主義

1期生沙宗平の回想)。修学年数は5年である (現在は4年制となっている)。授業科目は、アラビア語 (文法、会話、読解、修辞学など)、イスラーム諸学 (クルアーン注解学、クルアーン朗誦学、法学、ハディース学、イスラーム史など)、現代中国語、中国史、中国文学、マルクス主義や中国革命史などの政治理論、地理、体育などが開講され[276]、大学生と同じレベルの宗教指導者を育成することが目標とされていた。普段の礼拝やラマダーンの斎戒だけでなく、毎週金曜日には学院内の礼拝施設で学生がワアズ (訓戒) をおこなっており (沙宗平による回想)、非常に実用的な教育が施されていたのではないかと考えられる。本科生のほか、短期在学の進修生も募集しており、2016年の時点で本科生・進修生の卒業生は合計1500名以上にのぼる [高占福2016：15]。

　中華人民共和国の成立後、1955年から1958年、1982年から現在にいたるまで中国イスラーム教経学院は中国共産党・政府の管轄下にあるため、政治思想の授業科目が必ず開講されており、学生たちはマルクス・レーニン主義、毛沢東思想、鄧小平理論などの政治思想、宗教事務・宗教政策の理論や法規定などにかかわる基礎知識を習得することが義務化されている。共産主義の思想の学習というのは社会主義諸国によく見られる思想教育の一環であり、清真寺の伝統的なイスラーム教育では教授されないものである。中国イスラーム教経学院の副院長 (高占福) が指摘するように、中国イスラーム教経学院は政治思想教育と道徳教育に力を入れている [高占福2016：15]。一般的な清真寺のイスラーム教育と比較すれば、当然のことながらイスラーム教経学院の教育では祖国社会主義国家への関わり、つまり社会貢献が強調されている点が際立っている。

　それでは、中国イスラーム教経学院の卒業生の進路はどうなっているのだろうか。一般に、卒業生には、北京市界隈の清真寺に宗教指導者として勤務する者、アラビア語通訳・翻訳業に従事する者、企業 (例えば、貿易会社) に勤務する者、自分で起業する者などに分類される。寧夏回族自治区や内モンゴル自治区で筆者が観察したかぎりでは、中国イスラーム教経学院を卒業した者はイスラーム教協会に勤務する者が多く、清真寺の宗教指導者に就任した者はほとんどいなかった (中央・地方のイスラーム教経学院で研修を受けた宗教指導者は数多くいる

---

276)　改革開放期の第一期生だった沙宗平の文章 (http://www.360doc.com/content/16/0516/08/1417717_559509753.shtml) に詳しい (2017年8月8日最終閲覧)。

418

第 8 章　統制される宗教、脱宗教化される民族

表 8-1　中国イスラーム教経学院の募集要項

募集要項の説明文
1　目標 　　祖国を熱愛し、党の指導と社会主義制度を擁護し、高度なイスラーム知識及び大学レベルの学識を兼ね備えた若手宗教指導者を育成すること。
2　学制 　　4 年制。
3　応募条件 　　党の指導と社会主義制度を擁護し、愛国愛教を堅持し、作風正派。 　　敬虔な宗教信徒であり、イスラーム事業への従事を志す者。 　　高校卒業程度の学歴。清真寺で 1 年以上在籍した者。 　　年齢は 19 歳から 25 歳まで。健康な者。 　　高等学校に就学経験のある者は応募できない。
4　応募人数 　　25 名。
5　応募方法 　　省・自治区・市の民族宗教管理部門の推薦を経た後応募可能。 　　民族宗教管理部門の推薦書。 　　清真寺の推薦書。
6　協議 　　民族宗教管理部門で協議書に署名し、持参すること。
7　在学中の待遇 　　宿舎費は免除。日用品や食費は自費。 　　成績優秀者には奨学金を付与する。 　　学費は 1 年 2,000 元。
8　卒業 　　4 年在学し、最終試験に合格した者に卒業証明書を交付する。 　　卒業後の就職先については関知しない。

出典：『中国穆斯林』［2006］

が）。おそらくこれは中国イスラーム教経学院が卒業生に就職先を斡旋した結果なのであろうが、卒業生が半官半民の宗教団体の職員として重宝されているからであろう。ただし、調査地の銀川市で清真寺の管理責任者たちに質問したところ、清真寺の伝統的なイスラーム教育を受けた宗教指導者の方が地元の事情に精通しており、また、地元住民にとって親しみやすいらしく、中央・地方のイスラーム教経学院の卒業生を宗教指導者としてあえて招聘・採用する気は

419

ないという意見を耳にすることが多かった[277]。もちろん高等教育を受けた経学院卒業生たちには清真寺内部の複雑な人間関係に縛られたくないと考え、清真寺に勤務しない事例もある。なお、北京市の清真寺にはイスラーム教経学院卒業生が宗教指導者として派遣されている。

　当然のことながら清真寺によってはイスラーム教経学院の卒業生が宗教指導者として就任する事例もあるだろし（例えば、北京市の清真寺）、さきほどの管理責任者たちの指摘をどの地域の事例にもあてはまる事実としてそのまま受けとめることには注意を要する。しかし、清真寺関係者が発言したこと、すなわちイスラーム教経学院卒業生を採用するつもりはないという意見は傾聴に値する。イスラーム教経学院卒業生たちは清真寺のなかだけで伝統的なイスラーム教育を受けた宗教指導者とは異なり、社会主義式の近代的な宗教教育を受けているため、清真寺のムスリム知識人にとっては新興勢力である。清真寺のなかだけでイスラーム教育を受け、イスラーム諸学を修めた者が伝統的なムスリム知識人であるとすれば、中央・地方のイスラーム教経学院を卒業した者は現代的なムスリム知識人であり、両者の立ち居地（特に政治的立場）は部分的に重なるところがあるが、合致するわけではない。伝統的ムスリム知識人は清真寺が伝統的なイスラーム教育によって育成した学者たちであり、彼らは清真寺で重用されるのは当然の結果であるといえる（もちろん国営のイスラーム教経学院の近代的教育に対して憧れを抱き、清真寺からイスラーム教経学院へ進学・移籍する学生たちは存在する）。

　それとは別に、中国イスラーム界には、中国共産党・政府の普通学校で高等教育を受けたムスリム少数民族出身の知識人（例えば、中国共産党員のムスリム少数民族、北京大学や中央民族大学などを卒業したムスリム少数民族）も存在し、中国ムスリム知識人の勢力図は複雑化している。特に、改革開放政策導入後の中国イスラーム界の動向を探る場合、(1)伝統的ムスリム知識人、(2)現代的ムスリム知識人、(3)現代的民族知識人のそれぞれの宗教的価値観、政治的立場、個人的思惑などを視野に入れる必要がある。

277）2000 年から 2001 年にかけて寧夏回族自治区銀川市の清真寺で聞いた情報にもとづく。

第 8 章　統制される宗教、脱宗教化される民族

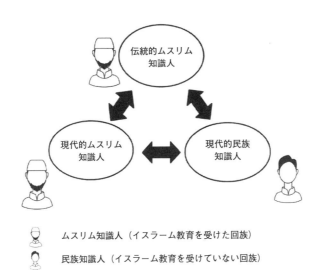

図 8-1　中国ムスリム知識人の分類
注記：
①伝統的ムスリム知識人・・・清真寺出身の宗教指導者
②現代的ムスリム知識人・・・イスラーム教経学院卒業生
③現代的民族知識人・・・普通学校卒業生、共産党員

2　党国家の管理下にあるメッカ巡礼

　ところで、宗教統制といえば、メッカ巡礼を忘れてはならない。中華人民共和国の成立後、1958年から1976年までは一時的にメッカ巡礼団が組織されなくなったが、改革開放政策の導入後、1990年の中国政府とサウディアラビア政府の国交樹立を契機としてメッカ巡礼が正規のルートで組織されるようになった。一般に、サウディアラビア政府が世界各国に対して各国のメッカ巡礼者数を告知し（当該国のムスリム人口の0.2％）、ムスリムを抱える国々がメッカ巡礼者の定員数内でメッカ巡礼希望者を募集する。中国にはムスリム少数民族が2,000万名いるため、サウディアラビア政府は2万名のメッカ巡礼者定員数を中国政府に対して提供することになっている。

第4部　中国イスラーム界に流布する愛国主義

表 8-2　寧夏回族自治区のメッカ巡礼者定員数（2009 年）

地区単位	定員数
銀川市	15 名
銀川市興慶区	95 名
銀川市金鳳区	57 名
銀川市西夏区	23 名
石嘴山市	15 名
大武口区	28 名
恵農区	52 名
平羅県	90 名
呉忠市	15 名
利通区	293 名
太陽山開発区	5 名
青銅峡市	28 名
紅寺堡開発区	67 名
塩池県	10 名
同心県	298 名
固原市	15 名
原州区	90 名
西吉県	57 名
彭陽県	6 名
隆徳県	10 名
涇源県	12 名
中衛市	15 名
海原県	157 名
中寧県	53 名
沙坡頭区	8 名
寧煤集団	12 名
合計	1,526 名

出典：寧夏回族自治区穆斯林朝覲報名網

　中国各地では、省レベルの宗教事務局（または民族宗教事務局）、イスラーム教協会がメッカ巡礼の準備作業にとりかかる。中央政府が地方政府に対して各省のメッカ巡礼者定員数を決めるため、地方政府はそれにしたがってメッカ巡礼者を募集する。一般に、宗教事務局とイスラーム教協会が連携しながらメッカ巡礼者の受付、審査、研修、派遣などの作業を進める。中国各地でメッカ巡礼者の募集が始まると（近年は中国イスラーム教協会などのホームページで告知される[278]）、メッカ巡礼者が条件を確認したうえで必要な書類を準備し、イスラー

278）寧夏のメッカ巡礼の申請・登録業務をおこなうホームページ（http://www.nxmslcj.cn/）を参照した（2018 年 11 月 7 日最終閲覧）。

422

ム教協会および宗教事務局に提出する。その後、イスラーム教協会および宗教事務局が応募者の年齢、性別、家族構成、健康状態などを審査し、巡礼するにふさわしいかどうかを審査する。一般に、西北地方のように希望者が多い地域では4、5年、長くて10年近く待機する。長期間待機した後、審査を通過すると、メッカ巡礼者に認定され、地方のイスラーム教協会で研修を受け、その後、北京へ移動し、出国する。

　中国共産党・政府が組織する官営のメッカ巡礼の準備作業は、近年、比較的円滑に進められているが、実は問題がないわけではない。まず、中国からメッカを巡礼した者の人数を見ると、毎年度、2万名には達していない。これは中国共産党・政府がメッカ巡礼希望者の定員数を2万名より少なく設定していることによる。サウディアラビア政府は中国国内から2万名のメッカ巡礼者を受け入れる姿勢を見せているが、それに対し、中国政府の見解では2万名という数字は最大限の人数であり、2万名の中国ムスリム全員をメッカへ派遣するようには見られない。このような人数調整には中国共産党・政府の政治的配慮が見え隠れしている。

　次に、中国の省（自治区）ごとの人数調整にも問題がある。中国各地のメッカ巡礼者の定員数は中央の中国共産党・政府が決めるわけであるが、ムスリム人口が集中する西北地方の場合、メッカ巡礼希望者が多く、待機年数がどうしても長くなる。高齢者の希望者の場合、待機する余裕がない者もいる。そのような場合に編み出されたのが裏技である。すなわち、メッカ巡礼希望者はイスラーム教協会や宗教事務局の関係者に心付けを手渡し、便宜を図ってもらうのである。パスポートの申請・取得が困難な地域（例えば、新疆ウイグル自治区）の場合、パスポート申請とは別に公安当局の関係者に袖の下を贈ることがある（ただし、新疆ウイグル自治区にかぎったことではない）。このため、メッカ巡礼へ行けるかどうかはメッカ巡礼希望者に経済力があるかどうかによって左右される傾向にあり、残念なことに、中国領内のムスリムに関していえば、イスラームの聖地メッカへの巡礼という一大行事には腐敗・汚職という神聖ならざるイメージがつきまとう。そのほか、中国共産党・行政当局によるメッカ巡礼希望者の審査では希望者の政治思想も検討され、中国共産党・政府と良好な関係を築いていない者に対してはメッカ巡礼の許可が下りないこともある。

第4部　中国イスラーム界に流布する愛国主義

　このように、腐敗・汚職がつきまとう審査に対して不平や不満を抱く信徒たちが存在し、彼らは正規ルートでのメッカ巡礼を選択しない。つまり、メッカ巡礼には非正規のルートがあり、それを利用するメッカ巡礼団は「私団」と呼ばれている。「私団」は中国共産党・政府から見れば非合法のメッカ巡礼団である。近年、雲南省から東南アジアへ抜けるルートがウイグル族亡命者の移動経路として注目されたが、非合法の巡礼ルートもほぼおなじルートである。1990年代から2000年代にかけて「私団」に参加したことがある回族（女性、50代）の話によれば、当時、まず雲南省から陸路でミャンマーへ移動し、その後、ミャンマーからタイへ移動し、タイの空港からサウディアラビアまで飛行機で移動する手段が利用されていたという。中国本土からのメッカ巡礼団を接待したり、巡礼ビザ取得に協力したりするのはミャンマーやタイに暮らす雲南回民の移民たちである。例えば、2000年代初頭、タイ在住の雲南回民のメッカ巡礼者（男性）が中国ムスリムのメッカ巡礼団を積極的に受け入れ、便宜を図っていたことは中国イスラーム界ではよく知られていた。中国ムスリムのメッカ巡礼団は雲南回民移民から便宜を図ってもらった後、雲南回民移民のモスクやイスラーム学校に多額の寄付をおこなっていたという。ただし、2000年代後半以降、中国政府による「私団」の取り締まりが厳しくなったため、雲南省からメッカ巡礼を強行するルートは現在ではほとんど利用されていない。その代わり、モンゴル国やマレーシアなどを経由したり、サウディアラビア人に直接招聘してもらったりする手段が新しく利用されている。

3　非合法化された宣教活動──タブリーグの浸透と拡散

　非合法のメッカ巡礼のほか、西北地方にかぎらず、中国各地で取り締まりの対象となっているのがタブリーグ宣教活動である。タブリーグはインド起源のイスラーム宣教活動で、1920年代にインド北部のイスラーム学者によって創始された宗教復興運動のひとつであると考えられている。タブリーグの宣教活動に見られる特徴は、宣教活動の主体がイスラーム学者というよりは一般信徒であり、タブリーグの宣教活動に共鳴した信徒たちが自発的に宣教活動を展開することにある。タブリーグの宣教活動の支持者たちは原則、毎月3日、毎年40日、生涯4ヶ月の期間、出身国あるいは国外で宣教活動に従事することが

第 8 章　統制される宗教、脱宗教化される民族

要求される。タブリーグの宣教活動は少人数での行動が指示され、支持者たち
は世界各地のモスクやイスラーム団体などを訪問し、宣教活動への参加を呼び
かける [279]。

　中国国内では改革開放政策の導入後、外国人ムスリムの中国渡航（例えば、
観光旅行、商用出張）、中国ムスリムの海外留学・旅行が 1976 年以前より格段に
容易になり、遅くとも 1990 年代には中国国内では中国ムスリムによるタブリー
グの宣教活動が展開されていた可能性が高い。中国西北にはムスリム少数民族
が数多く居住し、2000 年代初頭、青海省、甘粛省、寧夏回族自治区などにタブ
リーグの宣教活動の支持者が多かったが、西北地方だけでなく、華北、東北、
華中、華南などにもタブリーグの宣教活動の支持者は存在し、中国各地にタブ
リーグの宣教活動の支持者が形成するネットワークが拡大しつつあった。当然
のことながらタブリーグの宣教運動は南アジアの本部を拠点として世界各地で
展開されるトランス・ナショナルな運動であるため、宣教活動の参加者は中国
ムスリムに限定されておらず、外国人ムスリムの支持者も参加している。例え
ば、筆者が 2000 年代に西北地方で偶然目撃したタブリーグ宣教活動の参加者
はアラブ諸国出身者であった。なお、このような宣教活動は中国共産党・政府
の公式見解によって非合法活動と判断されており、宗教政策上、禁止されている。

　タブリーグの宣教活動は中国共産党・政府によって非合法化されているため、
中国国内でタブリーグの宣教活動をおこなう支持者たちは清真寺を活動拠点と
することはない。タブリーグの宣教活動の支持者たちは主に個々の支持者（お
そらくは中心人物）の自宅に集合し、宣教活動について情報交換をおこなう。な
ぜならば中国国内では清真寺は中国共産党・政府が認定した正式な宗教活動
場所であるが、タブリーグの宣教活動の支持者たちが清真寺に出入りすると目
立ってしまい、公安当局の取り締まりの対象となるからである。ただし、タブ
リーグの宣教活動の支持者であるといっても、他の信徒たちとおなじく、清真
寺で礼拝をおこなったり、年中行事を祝ったりすることもあり、宣教活動と見
なされない一般の宗教活動に関しては清真寺のなかで実施することができ、清
真寺指導層はそれを咎めることはできない。

　279）タブリーグの宣教活動の背景や現状についてはタイのタブリーグを調査した小河［2016］、日
　　本国内のタブリーグを研究する岡井［2007］などに詳しい。

425

第4部　中国イスラーム界に流布する愛国主義

　中国国内のタブリーグの宣教活動のあらましを再構成してみよう。南アジア諸国（例えば、パキスタン、インド、バングラデシュ）のタブリーグの宣教活動にも言えることだが、タブリーグの宣教活動の支持者は大人数ではなく、少人数で行動する決まりがある。中国国内ではタブリーグ宣教活動の支持者たちの自宅を順々に訪問し、タブリーグ宣教活動の理念を伝え、賛同者を募る。中国各地(例えば、省や市のレベル）にはタブリーグ宣教活動の支持者が代表を務める活動拠点（自宅）があり、中国人であれ、外国人であれ、タブリーグ宣教活動の支持者が来訪する際、各地の代表者が来訪者を接待し、宿泊先や訪問先などを用意する。このような活動はタブリーグ宣教活動の支持者同士の個人的ネットワークでおこなわれるため、タブリーグ宣教活動の支持者とは関係のない者には一切知らされることはない。外国人ムスリムの支持者が来訪する場合、中国国内にいるタブリーグ宣教活動の支持者が外国語に堪能な通訳（支持者）を手配し、中国国内にいる支持者が外国人ムスリム訪問者に同行し、宣教活動を中国各地でおこなう（この際、中国ムスリムが付き添うのはセキュリティへの配慮によるものであろう）。タブリーグ宣教活動の支持者たちは中国国内では宣教活動が非合法化されていることをあらかじめ理解しており、中国国内に長期間滞在することはなく、短期間のうちに訪問先を転々と移動する。

　中国国内の清真寺関係者のあいだではタブリーグの宣教活動はどのように受けとめられているのだろうか。筆者がフィールドワークを実施した寧夏回族自治区や内モンゴル自治区などで聞いた話にもとづくと、清真寺関係者、特に指導層はタブリーグの宣教活動には非常に批判的な立場にある。中国共産党・政府がタブリーグの宣教活動を非合法化していることを根拠とし、原則、清真寺指導層はタブリーグの宣教活動を支持することはない。また、宗教政策上の規定とは別に、外国人ムスリムの来訪者がイスラームを自己流に清真寺内外で宣伝しようとするため（支持者の勧誘はいささか強引である）、清真寺指導層はそのような失礼な言動に対して強烈な嫌悪感を抱く傾向にある。清真寺のなかからタブリーグ宣教活動の支持者が登場すると、清真寺内部の秩序が乱されることにもなりかねず、清真寺指導層はタブリーグ宣教活動の支持者を歓迎することはない[280]。

---

280) したがって、中国国内の清真寺では外国人ムスリムが来訪し、宗教指導者や一般信徒らと接触

第 8 章　統制される宗教、脱宗教化される民族

タブリーグの宣教活動は中国国内では非合法化されており、中国国外とは異なり[281]、タブリーグの宣教活動は自由に展開できるわけではない。それにもかかわらず、タブリーグ宣教活動の支持者が中国各地に拠点を形成し、宣教活動のためのネットワークを拡大させていることの意味は注目に値する。タブリーグ宣教活動の支持者たちは中国国内の清真寺やイスラーム教育のありかたに対して不満を募らせており、危険を冒してまで非合法活動に参加している。中国共産党・政府の見解ではタブリーグの宣教活動は禁止されるべき運動なのであろうが、タブリーグ宣教活動の支持者たちが改革開放期に中国国内のムスリム社会から自然発生的に登場したことの意味は考えるべきであろう。ただし、タブリーグ宣教活動は崇高な理念を掲げているように見えるが、その宣教活動の方法をめぐっては世界各地のムスリム社会から批判の声が投げかけられており、タブリーグの宣教運動が中国国内で成功しているとは言いがたい。中国国内の場合、清真寺指導層はタブリーグ運動に共鳴するどころか、宣教活動への参加の自粛を信徒たちに説いている。

第 3 節　イスラームを放棄した共産党員

1　ムスリム少数民族の共産党員

ここまでは中国共産党・政府が統制する宗教活動について言及したが、ここからはムスリム少数民族出身の共産党員による無神論の選択（脱宗教化）に注目する。本節で具体例として取り上げるのは回族共産党員の火葬である。一般的にはあまり知られていないのであるが、漢族と同様、ムスリム少数民族のなかにも共産党員が少なからず存在する。回族の共産党員は 1930 年代から 1940 年代にかけて中国共産党の支配地域（主に西北）に登場するようになり、新興の民族エリート（民族知識人）として中国共産党の政治工作に積極的にかかわった。例えば、回族の共産党員が 1949 年の「解放」、1950 年代の土地改革、1957 年の反右派闘争、1958 年の寧夏回族自治区の建設などの際に回族集住地域の社

　　するとタブリーグの支持者ではないかと非常に警戒されることがある。
　281）サウディアラビアのようにタブリーグを禁止している国は例外とする。

427

第4部　中国イスラーム界に流布する愛国主義

会主義建設に果たした役割は非常に大きい。

　中国共産党に入党したムスリム少数民族は宗教信仰にどのように向き合うのだろうか。原則上、中国共産党員はマルクス・レーニン主義を信奉し、宗教信仰を放棄しなければならない。このことは漢族だけでなく、少数民族の共産党員にもあてはまり、ムスリム少数民族も例外ではない。ムスリム少数民族の共産党員たちもマルクス・レーニン主義を信奉し、無神論を選択せねばならない。つまり、ムスリム少数民族の共産党員たちは自分たちの伝統的な世界観（イスラーム）を自主的に放棄し、無神論を新たに信奉することになるのである。理念と現実の乖離については後述するが、あくまでも建前としては、いささかわかりにくいが、ムスリム少数民族の共産党員はムスリムであってはならないのである。このような宗教信仰の放棄はムスリム少数民族が入党する際の「踏み絵」となっている。

　しかしながら、実際の状況に目を向けると、興味深い現象が散見される。例えば、寧夏回族自治区を含む西北地方では、ムスリム少数民族の共産党員のなかにはイスラームの世界観を完全には放棄していない者が少なからず存在し、清真寺で礼拝をしたり、断食をしたりする者は実は珍しくはない。宗教活動に参加する共産党員の人数を統計資料に依拠して証明することは不可能ではあるが、寧夏回族自治区では礼拝をおこなう者、断食する者、メッカへ巡礼した者、死後土葬された者など、イスラームの宗教実践となんらかのかたちでかかわっている回族の共産党員は確実に存在する。当然のことながら寧夏回族自治区の共産党組織は共産党員による宗教活動を厳禁しているが、回族の共産党員は宗教活動に参加しているときに緊張感や罪悪感を抱いていないように筆者の目には映った。清真寺の信徒たちが回族の共産党員の「宗教信仰」を冗談交じりに咎めると、回族の共産党員は「自分たちの活動は『宗教信仰』ではなく、『民族文化』であるから問題はない」と決まって反論する。ここで注目すべきは回族の共産党員が「宗教」と「民族」を臨機応変に近づけたり、切り離したりする説明様式の技法である。

　それでは、寧夏回族のあいだで話題となったある事件を取り上げ、ムスリム少数民族にとっての「宗教信仰」・「民族習慣」について考えてみたい。1999年、寧夏回族自治区では地元のニュース番組や新聞などで回族が火葬されたという

428

ニュースが報道された。地元の新聞記事によれば、火葬された回族は寧夏回族自治区で自治区建設事業にかかわった古参の共産党員で、中央の共産党組織においても高級幹部だった男性である。火葬された回族の男性はまず北京で火葬され、その後、後日、寧夏回族自治区で散骨されたのであるが、その様子が寧夏のニュース番組や新聞で報道されると、火葬の是非や報道のありかたが地元の回族の人々のあいだに物議を醸し出した。この事例で注目すべき点は、回族の共産党員の火葬に対しておなじ回族の共産党員が強烈な拒否反応を示したことである。後述するように、火葬された回族の共産党員は単なる地方政府の共産党員ではなく、中央政府の高級幹部でもあった。このように政治的地位が高い共産党幹部の火葬に対し、地方の回族共産党員たちが強烈な嫌悪感を示したこと、つまりおなじ回族の共産党員のなかでさえも火葬をめぐる解釈や姿勢は一枚岩ではないということが印象深く、また、現代中国におけるムスリム少数民族に対する完全な社会主義化（例えば、「宗教信仰」の払拭）の困難さを如実に物語っているといえる。

2　ある共産党員の火葬

　1999年10月5日のことである。北京市でひとりの共産党員が病死した。享年84歳。河北省宣化出身の回族の男性である。死後、遺体は北京市の八宝山革命公墓で火葬された。北京でもっとも代表的な官営の墓地である。この人物は1957年11月に寧夏回族自治区の建設事業に参加し、1958年10月に寧夏回族自治区政府副主席の地位についたことがあるほどの高級幹部だった。1966年に始まった文化大革命の期間は熾烈な政治的迫害に遭ったが、1973年に銀川市の革命委員会主任と共産党委員会書記を兼任している。改革開放政策の導入後、寧夏回族自治区の主席および副主席、共産党委員会書記などの要職につき、さらには、中央政府の中国人民政治協商会議全国委員会常務委員にも選出されてもいる。今回、この人物の葬儀には、中央政府の江沢民、朱鎔基、李瑞環、胡錦濤、温家宝などの名立たる指導者らが参列し、哀悼の意を示した[282]。

　1999年10月24日、故人の妻と子たちが北京市から遺灰をたずさえて寧夏

---

282)『寧夏日報』（1999年10月22日）を参照した。この新聞は寧夏回族自治区の国営の新聞であり、中国共産党および政府の見解を宣伝する役割を担っている。

第4部　中国イスラーム界に流布する愛国主義

回族自治区にやってきた。翌日、寧夏回族自治区の共産党委員会と政府が告別式を挙行し、「中国共産党の優秀党員」、「忠誠心のある共産主義の戦士」として故人を称えた。告別式の責任者は寧夏回族自治区共産党委員会の常務委員、寧夏回族自治区の副主席、つまり、寧夏の共産党組織のトップクラスの人物が担当した。この日、寧夏回族自治区の主席、政治協商会議の主席、共産党委員会や人民代表大会常務委員会の党員、共産党組織や政府機関の退職者たちも参列し、遺族を慰問した。翌日26日午前11時頃、銀川市の郊外にある賀蘭山において親族や友人らが見守るなか、故人の娘が骨壺を覆った中国共産党の党旗を捲り、献花し、天空にむかって遺灰をまいた。このような散骨方法は故人の遺言にもとづいた措置であった[283]。

　ところが、故人の遺灰が撒かれた光景が寧夏回族自治区の国営メディアで報道されると、銀川市にすむ回族の人々のなかには強烈な嫌悪感を示し、辛辣なコメントを口にした。詳細については後述するが、特に興味深いのは故人とおなじく中国共産党に入党した回族の共産党員たちが示した反応である。

3　死者の背景

　まず、火葬された回族の背景を把握しておきたい。当時の新聞報道によれば、火葬された回族の共産党員は寧夏回族自治区出身者ではなく、河北省出身であった。つまり、他省からやってきた非地元民である。亡くなった回族は1937年7月に抗日戦争に参加し、1942年3月中国共産党に入党した。1949年中華人民共和国成立後、社会主義建設事業に従事するようになった。1957年に寧夏に転属された後、数多くの重要な役職に就き、およそ50年以上もの年月を「中国人民」の「解放事業」と社会主義の建設事業に費やした[284]。故人は抗日戦争の激戦区であった河北省で中国共産党に入党し、また、寧夏回族自治区の建設に参加しており、社会主義国家の建設事業に非常に意欲的だったのではないかと考えられる。このような政治的背景に鑑みれば、火葬された回族の共産党員は寧夏回族自治区の共産党および政府の中枢で勤務していた民族エ

283）『寧夏日報』（1999年10月27日）を参照した。新聞記事によれば、故人は次のような遺言をのこしていた。「いまでは自分と一緒になり、寧夏回族自治区の建設と発展に心血を注いだ同志は少なくなった。自分の遺骨は、死後、寧夏の大地にまいてもらいたい。中国共産党の同志や寧夏の人民から永遠に離れたくはない」。

284）『寧夏日報』（1999年10月27日）を参照した。

430

リート（民族知識人）であったと位置付けることができよう。

調査当時、筆者は回族の共産党員が火葬された事件について清真寺付近にくらす回族の人々に話を聞いてみたのだが、そのときの回答として、「亡くなった人は社会主義国家の建設に熱心に参加していたので、イスラームの決まりごと（例えば、礼拝や土葬など）を自分たちのような西北の回族ほど自覚していなかったにちがいない」といった声を耳にすることが多かった。これらの発言は、故人が回族であったにもかかわらず、生前にイスラームの規定を守らず（もちろん実際はどうだったのか確認できないが）、実際に火葬されたという事実を主な根拠とした清真寺に通う信者たちの率直な感想であったと考えられる。

それとは別に、故人とおなじく共産党員の回族（男性）に個人的な意見をたずねてみたことがある。この共産党員（男性）の話によれば、故人は漢族の女性（イスラームには改宗していない）と結婚していたということだった[285]。このあたりの詳細については、故人と実際に面識のある別の共産党員（回族男性）から直接聞いた情報であり、信憑性は高い。最初の共産党員は故人の家族関係について次のように話していた。

　　故人とその妻には子どもが2名いる。おそらく子どもの民族戸籍は回族なのであろうが、自分の親を火葬するような回族の子どもはムスリムではないはずだ。常識的に考えてみればわかるように、もし子どもがムスリムであるならば、回族の父親の火葬に反対するに決まっているからだ。（2000年10月寧夏回族自治区銀川市におけるインタヴュー調査）

このように回族の火葬はおなじ回族の共産党員のあいだで驚くべき出来事、衝撃的な事件として話題となっていた。

4　火葬への猛烈な反発

　それでは、回族の火葬に対する具体的な反応を紹介する。銀川市で火葬の

285）イスラームの婚姻規定では、ムスリム男女相互間、またはムスリム男性とキリスト教徒またはユダヤ教徒の女性とのあいだでのみ婚姻契約が成立する。調査地では、回族男女間、または回族とイスラームに改宗した漢族（男女を問わない）との婚姻が広くおこなわれている。だが、若干ながら、回族とイスラームに改宗しない漢族との通婚が徐々に増えつつある。詳細は第5章を参照されたい。

第4部　中国イスラーム界に流布する愛国主義

ニュースを聞いた回族の男性（自治区政府機関に勤務する共産党員）の話によれば、回族の火葬が報道されると、彼のまわりにはニュースに驚愕あるいは憤慨した回族が多かったという。実際、話し手であるその男性自身、寧夏回族自治区の地元テレビ局に苦情の電話をかけ、回族の火葬を報道した行為を痛烈に批判した [286]。それだけではなく、故人の家族関係を語った共産党員（回族男性）の話によれば、大規模な抗議はしなかったが、テレビ番組のニュースを見た後、不快感を露骨に示した回族の共産党員（政府機関に勤務する女性）がいたという。

　2000年10月、筆者はテレビ局に苦情の電話をかけた回族の共産党員（男性）から当時の様子を実際に質問し、詳細をうかがった。苦情の電話をかけた回族の男性は寧夏で生まれ育った人物で、共産党員である。普段は清真寺に行くことはない。仕事の関係で稀に清真寺を訪問し、清真寺の信徒に出会ったときでさえもイスラーム式の挨拶を一切おこなおうとはしない。この回族男性はマルクス・レーニン主義を信奉する、非常に模範的な共産党員である。この共産党員に個人的な見解をたずねたところでは、回族の火葬という事件は寧夏回族自治区成立後、メディアでほとんど報道されたことのない珍しい出来事であり、非常に心外な行為であると話した [287]。

　後日、他の回族共産党員の見解も確認しようと思い、筆者は苦情の電話をかけた共産党員の紹介をつうじて寧夏回族自治区政府に勤務する回族の共産党幹部にインタヴュー調査をおこなう機会にめぐまれた。この共産党幹部（回族男性）は、火葬された回族と同様、寧夏回族自治区の政府機関に勤務する民族エリートである。2001年1月、筆者は銀川市の某所で回族の共産党幹部に会い、火葬された回族のニュースについて個人的な意見をうかがった。回族の共産党幹部は「いまから話すことはあくまでも個人的な意見である（つまり、中国共産党の公式見解ではないと念を押した）」と断ったうえで回族の火葬について次のように話した [288]。

---

286) この人物は寧夏回族自治区の研究機関に勤務する回族である。
287) その後、2001年1月にインタヴュー調査を実施した。
288) インタヴュー調査に応じた回族の男性は寧夏回族自治区出身の共産党員である。インタヴュー調査は2001年1月に実施した。

432

事例 8-2　火葬に反発した回族の共産党員の見解

　最初に、原則として、民族と宗教とは個別の概念である。それゆえ、回族の共産党員でも（漢族とおなじように）唯物論を堅持しなければならない。ただし、回族とイスラームとは非常に密接な関係にあるため、中華人民共和国憲法では回族の民族習慣が容認されている。例えば、回族の食習慣、年中行事、葬儀、婚姻などは少数民族の権利として法的に保障されている。しかし、農村に暮らす年老いた回族の共産党員のなかにはイスラームを信仰し、宗教活動に積極的に参加する者がいるのは事実である。彼らのなかには中国共産党の党籍を捨ててまでイスラームの戒律を遵守しようとする者までいる。

　火葬された回族は生前、寧夏回族自治区の主席、中国共産党委員会書記、全国政治協商会議の常務委員を務めたことのある共産党の高級幹部だった。故人の民族戸籍は回族でああったが、おなじ回族とは結婚せず、漢族と結婚した。おそらく故人の妻や子どもたちはイスラームについて何も知らず、（イスラームの土葬によらず）故人を火葬したにちがいない。

　ここからはあくまでも個人的な見解だが、今回問題となった回族の火葬には私自身は次のような問題があると考えている。まず、第一に、故人はマルクス・レーニン主義の唯物論を正確には理解できていない。もし理解できていたとしても、それは一面的な唯物論の理解にすぎない。なぜならばマルクス・レーニン主義の唯物論は中国の少数民族の権利を保障しているからである。火葬された回族は中華人民共和国における少数民族の権利保障を無視し、火葬をあえて選択した。このような行動を見たかぎり、故人はマルクス・レーニン主義の唯物論を正確に理解できていたとは私自身は考えられない。

　第二に、回族の火葬は中国共産党がこれまでおこなってきた民族政策に泥を塗る行為である。繰り返しになるが、中国共産党の民族政策では少数民族の権利は法的に保障されている。このような法的な優遇措置があるにもかかわらず、回族、特に回族の共産党幹部が火葬をあえて選択したという行為は中国共産党の民族政策の実態を歪曲する危険性をはらんでいると私は認識している。事実、中国共産党は回族の火葬を奨励しているわけではない。

　最後の問題点は回族の火葬をめぐる報道のありかたである。事件発生当時、メディアの報道は回族の民族的な感情を害しただけでなく、中国国内のムス

リム少数民族全体に対して極めて好ましくない印象をあたえた。もし故人が回族であるならば、死後、土葬すべきであった。このような意見を述べるのはなにも私だけではない。回族の共産党幹部のなかにも今回の事件に対して強烈な反感を抱いた知人がいた。今回の事件が回族の民族感情を傷つけたわけであるから、テレビや新聞は報道すべきではなかったと私自身は考えている（2001年1月寧夏回族自治区銀川市におけるインタヴュー調査）。

　このように自分の見解を明言した共産党幹部は火葬された回族と同様、寧夏回族自治区の政府機関に勤務する自治区レベルの高級幹部であり、マルクス・レーニン主義を信奉する民族エリートである。この共産党幹部の個人的な見解を見たかぎり、彼自身はムスリムとしての宗教意識よりも回族としての民族意識の方が強い印象を受けたが、おなじ回族の共産党員が火葬を自主的に選択し、遺族がそれを承諾したことに対して強く反発していた様子が印象深かった。また、彼の発言内容は現代中国における社会主義・民族・宗教の複雑な関係性を考察するための貴重な知見を提供してくれるものと筆者は考えている。以下、回族の共産党員の火葬が痛烈に批判された背景や意味に対して検討を加えていこう。

5　火葬に抗する論理

　火葬を痛烈に批判した回族の共産党幹部の主張の論点を整理しておく。彼の論点は次の三点にまとめることができる。まず、最初の論点は火葬された故人（回族）がマルクス・レーニン主義の唯物論を正確に理解できていないこと、第二の論点は中国共産党の民族政策で回族の土葬が「民族習慣」として容認されているにもかかわらず、故人（回族）が火葬を自発的に選択したこと、最後の論点は回族の火葬が公共のメディアで報道されたことである。このような論点を参照し、火葬に反対する回族の論理を探ってみたい。

　最初の論点はマルクス・レーニン主義の唯物論の解釈にかかわる問題である。火葬を批判した回族の共産党幹部の発言を思い出そう。彼は「故人はマルクス・レーニン主義の唯物論を正確には理解できていない。もし理解できていたとしても、それは一面的な唯物論の理解にすぎない」と発言していた。あく

第 8 章　統制される宗教、脱宗教化される民族

までも彼自身の理解によれば、マルクス・レーニン主義の唯物論では少数民族の「民族習慣」は容認されうるとのことであるが、これはあくまでも現代中国の法制度上の話ではなく、あくまでも彼自身の唯物論解釈である。実際、彼は唯物論が少数民族の権利を容認していることを示す文献資料の典拠を示せていない。彼の発言はあくまでも回族の共産党幹部として個人的な経験にもとづく、唯物論に対する主観的な理解によるものである。

　次の論点は少数民族の「民族習慣」にかかわる問題である。彼が再三強調したのは中国共産党の国家政策が少数民族の「民族習慣」（例えば、イスラームの土葬）を法的に保障しているという法制度上の規定である。第5章で詳述したように、中国共産党員には火葬が義務付けられているが、少数民族の共産党員に関していえば、少数民族に固有の「民族習慣」に則り、火葬を選択する必要はないと考えられている。しかし、今回の事例を見たところ、少数民族の「民族習慣」が法的に保障されているにもかかわらず、故人の回族共産党員は中国政府が奨励する火葬を自らの意志で選択し、その選択を遺族が尊重した。当事者にとっては論理的に何の矛盾もない合理的な選択なのであるが、そのような選択を筆者が出会った回族の共産党幹部は中国共産党の民族政策を愚弄する行為として批判したのである。彼がそこまで批判した理由は、中国共産党の民族政策が少数民族の権利を保障しているにもかかわらず、ムスリム少数民族が火葬を自主的に選択したとなれば、中国共産党があたかも火葬を強要したかのような印象を第三者に与えかねないと危惧したからであろう。

　最後の論点は回族の共産党員の火葬が国営メディアで報道された問題である。この問題は第二の論点にもかかわる。つまり、中国共産党の民族政策が少数民族の権利を法的に保障しているにもかかわらず、故人は中国共産党によって奨励される火葬を自主的に選択した。そして、寧夏回族自治区で散骨された様子が公共の電波によって放送されたのである。回族の共産党員がイスラームで忌避される火葬を自発的に選択したというニュースが報道されると、中国領内のムスリム少数民族の感情を害することは容易に想像できる（もちろん埋葬方法の選択は個人の自由なのではあるが）。火葬を痛烈に批判した回族の共産党幹部は回族の火葬という出来事がムスリム少数民族全体に対して及ぼす不快感を危惧したのであろう。

435

第4部　中国イスラーム界に流布する愛国主義

これらの論点を整理すると、火葬に反対した回族の共産党幹部の政治的な立場がはっきりと見えてくる。すなわち、回族の共産党幹部が筆者に対して再三強調したのは、文化大革命時代の左傾化した政策はすでに改善されており、現在は少数民族の権利は法的に保障されているということである。彼は中国共産党の民族政策がムスリム少数民族の権利を法的に優遇しているという事実を筆者に再確認させたかったにちがいない。彼自身の個人的見解を見るかぎり、中国共産党の民族政策を第三者に誤解されたくないという気持ちが一目瞭然で、彼自身が中国共産党の原理原則・政策方針を回族の共産党員として支持していることがよくわかる。このような共産党幹部の発言や姿勢は彼自身の政治的立場の「正当性」を必然的に担保することになる。

また、中国共産党の政策に対する態度表明とは別に、中国ムスリム少数民族全体に対する配慮を回族の共産党幹部の発言から読み取ることができる。例えば、回族の共産党幹部は会話の後半部分で回族の火葬の報道が「中国国内のムスリム少数民族全体に対して極めて好ましくない印象をあたえた」と述べたように、この指摘は彼自身が回族の共産党幹部として中国領内のムスリム少数民族全体に対して示した政治的配慮ではないかと考えられる。おそらく彼自身は回族の火葬を知ったムスリム諸民族が中国共産党に対して余計な敵対心を抱くのではないかと懸念したのではないだろうか。実際、火葬された回族の報道は中国共産党が火葬を漢族だけでなく、ムスリム少数民族に対しても奨励しているかのような印象を与えかねない。もしムスリム諸民族が中国共産党の国家政策のありかたに不信感を過剰につのらせてしまうと、中国共産党は中国イスラーム界に対する求心力を失いかねない。明言されていないが、火葬を痛烈に批判した回族の共産党幹部はそのようなことを危惧したのではないか。

第2章で述べたように、寧夏回族自治区ではムスリム民族（主に回族）に対する優遇政策は改革開放政策の導入後に再開され、回族の共産党員はイスラームで義務化されている土葬を「宗教信仰」としてではなく、「民族習慣」として実施することを法的に保障されている。このような特別措置は中国共産党が寧夏回族に対して示した政治的配慮である。中国共産党は漢族に対しては火葬を奨励する一方、ムスリム少数民族の共産党員に対してはイスラームの土葬の遵守を事実上は黙認し続けている。寧夏回族自治区は他省より回族の人口が集

第8章　統制される宗教、脱宗教化される民族

中しており、中国共産党や政府機関には回族の共産党員が数多く勤務する。実際、寧夏回族自治区の民族・宗教事務を担当する政府機関には回族の共産党員が多い。このような政治的状況下、中国共産党は西北回族のイスラームを「民族習慣」として尊重することによって回族の共産党員や住民の支持や協力を獲得せざるをえないのであろう。

第4節　「民族」と「宗教」の狭間で揺れ動く

1　イスラームを放棄した回族

　それでは、さきほどの火葬の事例をふまえ、現代中国における「民族習慣」というカテゴリーに注目し、「民族」と「宗教」の関係について考えてみたい。中国の行政機関のひとつ、民政部では火葬の実施および葬儀の簡素化を全国規模で強く提唱している。少数民族の共産党員の葬儀については、少数民族の場合、共産党員は死後、火葬を実施するかどうかについては、その人物の少数民族の「習俗」(*xisu*, 習慣)を尊重することができる」と規定されている[289]。この規定をみるかぎり、ムスリム少数民族の共産党員も他のムスリムではない民族とおなじように自分たち少数民族の「民族習慣」にしたがって土葬を選択することが法的に容認されていると理解できる。

　このような法規定をふまえたうえで、回族の火葬について考えてみたい。はじめに、さきほどの事例の故人は遺言で火葬を希望していた。故人は回族の民族戸籍をもっていたが、生前、イスラームを信仰していなかったことは間違いない。そのことはおなじ回族の共産党幹部によって指摘されている。また、新聞記事を読んで見たかぎり、故人がイスラームの土葬を共産主義の無神論に反するものであると考え、火葬を自主的に選択したことも確認することができる。故人はマルクス・レーニン主義を信奉しており、寧夏回族自治区で開催された告別式においては「模範的な少数民族の共産党員」として寧夏回族自治区政府機関関係者によって賞賛されていた。実際、葬儀の喪主をつとめた故人の妻は

289）共産党員網のホームページ（http://news.12371.cn/2015/10/29/ARTI1446106882675982.shtml）に掲載されていた「関於党員幹部帯頭推動殯葬改革的意見」を参照した（2018年11月7日最終閲覧）。

437

第4部　中国イスラーム界に流布する愛国主義

漢族であり、イスラームには改宗していない（と周囲には考えられていた）。つまり、遺族が故人の遺言に従い、イスラームの土葬を選択せずに火葬したということは当事者の遺族にとっては論理的に問題のない行為であると言える。

　中国共産党の規律では民族戸籍の別なく、原則として、共産党員は宗教信仰を放棄することが規定されている。このことについては、漢族は言うまでもなく、ムスリム少数民族も例外ではない。非共産党員とは異なり、共産党員には「信教の自由」あるいは「不信教の自由」のどちらか一方を選択する余地がないのである。このような宗教信仰に対する法的な拘束力は、文化大革命の時期にイスラームの行事を実施していた回族の共産党員たちが「地方民族主義者」として激しく糾弾されたことを思い起こせば容易に想像できるだろう（詳細は第2章を参照されたい）。

　ところが、文化大革命が幕を閉じ、1980年代に入ると、中国共産党の新指導部は民族・宗教政策の刷新を決断した。ムスリム少数民族が多い地域ではそれまでは一時的に禁止されていた「イスラームおよびそれに由来するとみなされた民族習慣」が法的に容認されることとなった。例えば、寧夏回族自治区では回族の伝統的な婚姻儀礼、葬送儀礼、断食明けの祭、犠牲祭などが回族の共産党員によって「民族習慣」としてひろく実施できるようになった[290]。つまり、イスラームの信仰を放棄したはずの回族の共産党員でさえもが実質的には「民族習慣」という名目でイスラームを実践できているのである。実際、寧夏回族自治区には「中国共産党は宗教信仰を禁止しているが、『民族習慣』を禁止しているわけではない」、「回族の共産党員はあくまでも『民族習慣』としてイスラームにかかわってもかまわない」という意見を回族の共産党員たちからよく聞いた。もちろんこのような説明は回族の共産党員による自己流の解釈にすぎないのであるが、イスラームを「民族習慣」として実践する共産党員の戦術の一端を垣間見ることができる。

290）銀川市の郊外にある回民公墓を訪問したときに興味深い話を聞いたことがある。かつての文化大革命の期間、火葬を強制された回族がいた。1980年代に入ると、その遺骨（遺灰）がもともと保管されていた場所から掘り出され、回民公墓にあらためて土葬（正確に言えば保管）されたということである。この事例からも火葬に対する嫌悪感が回族の人々のあいだで根強いことがわかる。

第8章　統制される宗教、脱宗教化される民族

2　死者の「人民化」

　回族の火葬に反対した人々の事例を紹介したが、現実の問題として、火葬を自主的に選択する回族の共産党員が公然と登場した新たな現象を回族の人々はあるがままに受けとめざるをえない。1949年以前の状況を想起すれば、当時、回族といえばムスリムであることが当然視されていたが、1949年以降（おそらく文化大革命以降）にイスラームを公然と放棄し、無神論を信奉する回族の人々が姿を見せるようになった。このような現象は寧夏回族自治区では普段から目にするごく自然の現象であるとは言えないが、回族社会のなかで現実的な問題として実際に発生している。回族がイスラームの棄教を選択する理由には個人差がみられるため一般化することはできないが、1949年以降、中国共産党が強行した社会主義改造や政治運動を経験した結果、回族の人々が伝統的な宗教観や民族観を自己流で再解釈しつつあることは間違いない。実際、マルクス・レーニン主義のような「新しい世界観」に魅力を感じ、イスラームを自主的に放棄した回族の話はときどき耳にする。

　また、寧夏回族自治区の共産党組織に在籍する回族の共産党員のなかに地元民がそれほど多くないことに注意せねばならない。このような傾向性は寧夏回族の地元住民からよく指摘される。寧夏回族自治区成立の裏には1957年・1958年に展開された政治運動の成功がある。1957年から寧夏では中国共産党に敵対した勢力あるいは非協力的な勢力が物理的に排除され、その結果、寧夏回族自治区という新しい民族自治地方の建設が実現した。その際、1950年代後半から「内地」[291]から寧夏への移住者が増加し、漢族と回族の混住化が本格的に始まった。ちょうどその時期から漢族とおなじように、中国共産党に入党する回族の人々が増加した可能性が高い。特に注目すべきは「内地」から寧夏へ移住した回族のなかには共産党員が多かったことである［劉宝俊（主編）1998：195-207］。実際、本章で紹介した火葬された回族の共産党幹部もそのなかのひとりであった。このような「外地人」と呼びうる回族の多くにはもちろん個人差はあるものの、清真寺の周囲に集住する地元の回族住民とは違い、清真寺と深く関わりながら生活しているわけではない。外地から移り住んだ回族の多く

　291）ここでいう「内地」とは、河北省、山東省、山西省、北京、天津、黒龍江省、吉林省、遼寧省、河南省、安徽省、江蘇省、上海、浙江省、福建省、台湾、雲南省、貴州省、四川省、江西省、湖北省、湖南省、広東省、広西壮族自治区を指す［劉宝俊（主編）1998：195-207］。

439

第4部　中国イスラーム界に流布する愛国主義

は清真寺の周囲に住んでいるわけではなく、仕事の関係上、漢族とともに混住する傾向があるため、清真寺関係者との付き合いは少なく、ジャマーアとの繋がりは地元回族ほど強くはない。

　ここで、回族の火葬の事例に話をもどしてみよう。すでに詳述したように、中国共産党の見解では、死者を火葬するかどうかの決定権は故人自身の意志（遺言）にある。このことは現代中国にかぎらず、法治国家の近代国民国家では普遍的な約束事である。火葬された回族の共産党員は生まれながらの回族ではあったが、イスラームを自発的に放棄し、中華人民共和国憲法で保障された「不信教の自由」を根拠として、火葬を自分の意志で選択した。その結果、中国共産党が奨励する火葬を自主的に選択した故人（回族）は告別式の場面で中国共産党の高級幹部によって模範的な共産党員として称賛された。このような社会主義的なイニシエーションによって、故人および遺族は中国の政界でその政治的地位を格上げされたことになるのであろう。

　このように、少数民族の人々が自民族の伝統的な「宗教信仰」および「民族習慣」を放棄するかわりに、中国共産党・政府から政治的地位や社会的名誉を付与されるシステムは現代中国が社会主義的国民統合を推進するうえで非常に有効な手段のひとつとなっている。葬儀の例を挙げるならば、中国共産党は全国各地で火葬の実施を提唱し、各民族の伝統的な「宗教信仰」や「民族習慣」を自発的に放棄するようにいわゆる同調圧力を増大させている。その結果、中国共産党は死者を中国共産党に忠実な「人民」として火葬する。このような葬儀の形式を本書では「死者の人民化」と名付けておきたい。火葬された回族の事例がはっきりと示すように、「死者の人民化」とはムスリム少数民族が自分の意志で「宗教信仰」を放棄し、中国共産党が推奨する葬儀の方法（例えば、火葬や散骨）を自発的に選択する現象を意味する。「死者の人民化」のような現象は葬儀にかぎったことではなく、その他の政治宣伝、宗教統制、教育制度、婚姻慣行、地域社会の再編などとも実は密接に関わっている。

3　「戸籍回族」と揶揄される人々

　ここまで火葬の事例をもとに「民族」と「宗教」の問題を論じてきたが、民族戸籍の問題に目を移そう。第6章・第7章で回族の婚姻慣行を紹介したが、

第8章　統制される宗教、脱宗教化される民族

その際、回族の人々のあいだで話題となったのが「戸籍回族」と呼ばれる人々である。「戸籍回族」とは民族戸籍上は回族であるにもかかわらず、「回族らしさがない」と回族の人々によって揶揄される者を指す。一般に、回族と漢族が通婚した結果、その夫婦の子どものうち、回族の宗教信仰や民族文化を自文化として認識していない子どもを意味することが多い。調査当時、銀川市の中心地では回族と漢族の通婚が増加していたが、清真寺の周囲では異民族間通婚は回族社会では伝統的な婚姻形態であるとは見なされていなかった。

　第6章で紹介した回族女性の共産党員と漢族男性が結婚した事例は非常に稀な事例であるがゆえ、回族女性と漢族男性のあいだに生まれた子どもは地元の回族社会のなかで微妙な立場に置かれていた。例えば、筆者は清真寺周辺で直接目撃したのだが、地元回族の人々はその子どもが普段何を食べているのか、イスラームの年中行事に参加するのかどうかさりげなく質問し、その子どもが回族なのかまたは漢族なのか確認しあっていた。回族女性と漢族男性のあいだに生まれた子どもの場合、自分の父親（漢族男性）がイスラームに改宗し、ハラール料理しか食べなくなったため、母親の親族や近隣の回族から回族の子どもとして見なされていた。おそらく子どもの母方祖父が清真寺関係者であり、母親自身もイスラームの規範をある程度は遵守していたからであろうが（ただし、何らかの行事が開催された時でさえもヒジャーブを被る女性ではなかった）、回族と漢族の夫婦が生んだ子どもの場合、多かれ少なかれ、回族らしさ（Hui-ness）の真正性が周囲の回族によってよく話題にされる。当然のことながら当事者の子どもにとっては余計なお世話なのであろうが、ハーフの子の民族性は回族社会のなかではおおきな関心事のひとつである。

　回族と漢族が生んだハーフの子どものほか、「戸籍回族」と揶揄される人々も存在することを忘れてはならない。「戸籍回族」はイスラームの規範を遵守しようとしない回族の人々を指す。第7章の婚姻慣行（特に披露宴）の事例で詳述したように、筆者が銀川市で回族の披露宴に参加したとき、飲酒や喫煙を嗜む回族の人々を毎回目にした。筆者は当初、そのことを不思議に思い、新郎・新婦の親族に質問したところ、「自分たちは漢化した回族だから（飲酒するし、喫煙もする）」という返答を聞き、唖然とした（現在はもはや見慣れてしまったが）。西アジアや中東アジアの民族誌を読むと、飲酒や喫煙をごく普通に嗜むムスリ

441

第 4 部　中国イスラーム界に流布する愛国主義

ムがいることは頭では理解していたが、調査当時、「漢化」したことを公言する回族に寧夏回族自治区で遭遇し、非常に驚いたことを覚えている。

　ただし、帰国後、民族誌的資料を整理するうち、「漢化した」と公言した回族の人々の発想や彼らが置かれていた状況に思いをはせるようになった。彼らはなぜ「漢化した」と後ろめたさを抱かずに発言したのであろうか。実際の状況として、調査当時、寧夏回族自治区の銀川市では、結婚披露宴にかぎらず、飲酒や喫煙はごく普通に見られ、イスラームの規範などを守ろうとしない回族の人々は少なくなかった。このような人々の存在は清真寺関係者のあいだでも問題視されていたが、それにもかかわらず、清真寺指導層が飲酒する回族の行動を取り締まることはなかった（他省ではアルコール不買運動などが清真寺関係者によって組織されることがある）。清真寺指導層は飲酒や喫煙を嗜む回族に対して愛想を尽かせており、結婚披露宴の事例で記述したように、彼らと決して同席しようとしなかった。新郎・新婦の親族のなかには飲酒や喫煙を常習化する者がいるため、披露宴それ自体は宗教色の消えうせた行事となっており、「漢化」や脱宗教化の表徴を容易に読み取ることができる[292]。ただし、他地域、例えば、寧夏回族自治区に隣接する内モンゴル自治区では事情が大きく異なり、フフホト市では 1990 年代後半頃から婚礼と披露宴を清真寺で開催することになり、伝統行事に酒や煙草が提供されることはなく、現在もその改革は清真寺全体で継続されている。フフホト市では清真寺指導層や一般信徒たちが飲酒や喫煙にははっきりと批判的な見解を述べ、伝統行事の再イスラーム化は目覚ましい。フフホト市の事例とは対照的に、銀川市では清真寺指導層には一般信徒に対する発言力が弱い。なぜ清真寺指導層の影響力が低下したのかといえば、それは 1958 年代以降の政治運動の影響による可能性が高い。

292）ただし、2000 年代後半頃からそれまでは飲酒していた回族の人々がムスリムの客人を接待する場合、アルコール類を販売しないハラール料理店へ招待するなど自分たちの体裁を繕うようになった。このように、近年、銀川市では少なくとも公共の場ではアルコール類を回避する回族が登場している。

第8章　統制される宗教、脱宗教化される民族

第5節　おわりに

　ここまでみたように、改革開放政策の導入後、中国共産党の新指導部が宗教政策を再開した結果、中国各地では清真寺や聖者廟がムスリム住民によって自発的に修復され、ジャマーアがあらためて形成された。宗教政策の是正だけでなく、民族政策も新たに再開されたことで、寧夏回族自治区には民族区域自治法が適用され、寧夏にくらす回族は「主体民族」としてある程度の優遇政策の恩恵にあずかっている。このようなことから、改革開放期に限定したかぎり、1980年代以降、寧夏回族自治区で「イスラーム復興」が目覚ましい勢いで発生・拡大したことは否定できない事実である。ただし、それと同時に、1990年代以降（天安門事件の発生後）、江沢民政権が民族・宗教政策を引き締め、宗教活動に対する様々な法律や条例などの制定・規制が増加したことを見過ごしてはならない。

　中国共産党・政府が宗教統制を強化するなか、中国のイスラーム界では次のような反応が見られるようになった。つまり、それは中国イスラーム界の指導層が中国共産党・政府の政治宣伝に対する指示をそれまで以上に積極的に表明するようになったのである。そのことを示す好例が「愛国愛教」を過剰に連呼する宗教指導者の存在であり、現在、中国各地の清真寺には「愛国愛教」をスローガンとして自主的に使用する宗教指導者や管理責任者は少なくない（もちろん全員がそうであるとは言えないが）。清真寺の管理運営は言うに及ばず、イスラーム教経学院の運営、メッカ巡礼などの様々な活動においても中国共産党主導の宗教管理機構は中国共産党・政府に対する支持や協力を清真寺関係者に対して要請する。もし既得権益の保護を最優先するのであれば、清真寺関係者が中国共産党・行政機関・宗教団体に呼応することは「賢明」な判断であり、実際の状況として、清真寺関係者の多くはそのような立場を選んでいる。

　その一方、清真寺関係者が中国共産党・政府の指導に盲従するあまり、清真寺から距離をおき、タブリーグの宣教活動に関与する人々が登場した。タブリーグの宣教活動はインド起源の近代的な宣教活動のひとつであり、世界各地に支

第4部　中国イスラーム界に流布する愛国主義

持者が分散し、本部・支部・支持者のあいだにはネットワークが形成されている。中国国内ではタブリーグ宣教活動の支持者同士が個人的ネットワークを形成・拡大し、省・自治区の境界線を越えて布教・宣教活動を展開している。中国国内ではタブリーグの宣教活動などのイスラームの布教活動は非合法化されているが、清真寺やイスラーム教経学院などの既存の宗教集団・団体に共鳴しなくなった信徒たちがタブリーグの宣教活動に心血を注いでいる。清真寺関係者たちは基本的にはタブリーグの宣教活動を支持しておらず、宣教者を受け入れようとしないが、宣教者たちが地下に潜り、また、外国人宣教者も深く関与しているため、タブリーグの宣教活動は中国の宗教政策では無視できない敵対勢力となっている。

　中国国内ではポスト改革開放期も「イスラーム復興」は進行しているが、それと同時に、それとは反対のベクトルに突き進む現象があることにも留意せねばならない。つまり、それは脱宗教化の現象である。中国イスラーム界にはイスラームを放棄する人々（特に共産党員）が存在する。おそらく1949年以降増加しつつある。中国西北の回族社会においてイスラームを放棄したことを公言する人物は表舞台にはほとんど登場しないが、本章の火葬の事例で紹介したように、まったく存在しないとは言えない。ムスリム少数民族の共産党員はイスラームを「民族習慣」として営むことが現時点では容認されているとはいえ、イスラームという「宗教」を「封建的」、「非科学的」、「落伍したもの」と表現するムスリム少数民族がいないわけではない。例えば、2000年代後半、筆者が銀川市で回族の友人と食事したときにヴェール着用が話題となった。その友人が同席する娘に「将来、ヴェールを着用してみてはどうか？」とにこやかに話しかけると、娘は「ヴェールは『封建迷信』だから絶対かぶらない！」と一刀両断した場面を目撃したことがある。彼女の両親はともに寧夏回族自治区出身の回族であり、イスラームを比較的実践する夫婦であるが、娘はヴェールが「封建迷信」であると解釈し、その着用を断固として拒否し、痛烈に批判していた。彼女自身はイスラームの食の規範を毎日のように遵守するが、それはあくまでも回族の「民族習慣」であって、ヴェール着用やイスラーム教育のような「宗教」の戒律としては認識されていないのであろう。このように、社会主義式政教分離や無神論教育が実施される環境下では、ムスリム少数民族自身が

第 8 章　統制される宗教、脱宗教化される民族

「宗教」と「民族」を意図的にあるいは無意識に切り離す現象が散見される。

　改革開放政策の導入後、回族と漢族の通婚が都市部で増加しており、その場合、問題として浮上するのが子どものエスニシティである。中国では異民族間通婚の場合、子の民族戸籍を少数民族にすることが一般的で、子がどの程度まで少数民族であるかどうかが巷の話題となる。回族と漢族の夫婦に生まれた子の場合、その子がイスラーム名を付けてもらったか、イスラームの食の規範を守っているかどうかなどが詮索される。かりにその子がイスラームの知識や回族の慣習をほとんど実践できていないと、「半回」（半分の回族）と周囲の回族にからかわれたり、酷い場合には排除されたりする。回族の民族史を紐解けば、実は、回族と漢族を親に持つ子は実はごく自然に存在したはずで、その子がムスリムでない場合は漢人に同化し、回民社会から抹消された。現代中国の文脈で複雑なのは、漢族に同化したにもかかわらず（回族としての民族意識もムスリムとしての宗教意識も持たない人々）、「回族」の民族戸籍を保持し続けることである。このような「戸籍回回」は現代中国で確実に増加傾向にある。

445

第9章

「右派分子」から殉教者へ

——政治運動に翻弄された宗教指導者——

　本章ではかつての反右派闘争・文化大革命にその人生を翻弄された回族の事例を紹介し、中国共産党主導の政治運動が少数民族社会に及ぼす影響について検討する[293]。

第1節　文化大革命と少数民族

　文化大革命に関する研究といえば、主に漢族に関する研究が圧倒的に多く、少数民族の個々人が主人公として登場する機会はほとんどない。このため、中国の少数民族地域[294]における文化大革命の実態は現在でも明らかにはされていない。チベットの文化大革命に関する報告書を紹介した藤野によれば、「少数民族が集中的に居住する広大な『中国辺境』の、ある意味で特殊な環境下で展開された文革は、これまでずっと人々の——少なくとも圧倒的多数派である漢人たちの——視野の外にあった」という［藤野 2009:382］。この理由は、第一に、「文革運動自体が北京あるいは上海といった中国心臓部の政治を表舞台として展開され、必然的な帰結として中央の視点からの文革史が主流になっていること」［藤野 2009：382］を指摘することができ、第二に、「少数民族側の被害をとりたてて強調することは、漢民族側の「加害者性」（中略）を浮き彫りにすることにつながりかねず、共産党の「安定・団結」重視の民族政策上好ましくない

293）本章は拙稿［澤井 2015］を加筆修正したものである。
294）ここでいう少数民族地域という概念は、新疆ウイグル自治区、チベット自治区、寧夏回族自治区、内モンゴル自治区、広西チワン族自治区などの「民族自治地方」だけでなく、民族自治地方には含まれない少数民族の集住地域をも含む。

446

との判断がある」[藤野 2009：382] からだと考えられる。藤野だけでなく、楊海英 [2012a：338] も指摘したように、文化大革命に関する研究は中国国内の政治的制約を受けていることもあり、情報量の比較的豊富な「内地」に偏るあまり、少数民族の存在を等閑視する傾向にあることは否定することはできない。

　近年、例外的な先駆的研究として、楊海英 [2009, 2014] が取り組む内モンゴルの文化大革命に関する研究は世界的な注目を集めており、ネイティヴ人類学者（内モンゴル自治区出身のモンゴル人研究者）として楊海英が整理・公開した貴重な資料、そして、その鋭い指摘は人類学だけでなく、その他の学問分野でも高く評価されている。楊海英のほかには、北京在住のチベット人作家ツェリン・オーセル氏が整理したチベット自治区における文化大革命の記録資料も学界内外で注目を集めている [オーセル 2009]。文化大革命が「中国人民」全体を巻き込んだ全国規模の政治運動であったことを踏まえれば、「『どの民族もどの地域も同様に被害をこうむった』という貧弱な発想、上からの視点」[楊海英 2012a：339] からではなく、漢族だけでなく、少数民族の個々人が体験・経験した階級闘争の過程や経緯も丹念に再構成し、文化大革命の意味を複眼的な視点から検討する必要があることは言うまでもない。

　繰り返し強調しておくと、全体の傾向としては、少数民族地域における文化大革命を正面から研究する者は非常に限られている。本章で取りあげる中国ムスリムに関していえば、ウイグル族であれ、回族であれ、文化大革命を正面から取り上げた研究はほぼ皆無であり、中国ムスリムが体験・経験した文化大革命の実態は具体的には解明されていない。改革開放政策の潮流のなか、現在、中国ムスリムに関する研究はおおきな盛り上がりを見せてはいるが、1950 年代から 1970 年代までの政治動乱期については雲南省の沙甸事件に関する報告 [沙甸回族史料編写組編 1989] を除けば、個別実証的な研究が積極的におこなわれているとは言い難い。とりわけ、1957 年 6 月に始まった反右派闘争、1958 年の宗教制度民主改革、1966 年 5 月から 1976 年 10 月まで続いた文化大革命など中国共産党が強行した一連の政治運動が清真寺、ジャマーア、宗教指導者、地元有力者たちを翻弄した具体的状況については今後も緻密に調査・研究される必要がある。

　こうした状況をふまえて、本章ではかつての反右派闘争と文化大革命の荒

第4部　中国イスラーム界に流布する愛国主義

波に巻き込まれたムスリムの宗教指導者の事例を取りあげる。2000年代初頭、筆者は寧夏回族自治区の書店である宗教指導者の伝記『陳克礼伝』[2003]を偶然入手した。この宗教指導者は名前を陳克礼といい、文化大革命期に「不当」に処刑された回族の男性である。『陳克礼伝』は陳克礼ではなく、彼の友人が執筆したものであるが、遺族やその他の関係者に対するインタヴュー調査にもとづき、当時の具体的状況が再構成されており、資料的価値が非常に高い。また、中国ムスリム社会において重要な役割を担う宗教指導者に関する自伝ということで、『陳克礼伝』は中国ムスリムがその当時置かれていた状況を如実に示してくれる。本章では宗教指導者の生い立ち、反右派闘争や文化大革命における迫害、改革開放期の再評価など一連の過程を再構成し、イスラーム知識人が中国共産党主導の政治運動に翻弄されたことの意味を考察し、さらには現代中国の国民統合と少数民族のあいだに立ち現れる権力作用を検討する。

第2節　中国共産党の政治運動とムスリム少数民族

　第2章ですでに詳細に記述したが、本節では中国共産党がムスリム少数民族に対して採用した民族・宗教政策と中華人民共和国成立後の政治運動を概観し、中華民国期から中華人民共和国期にかけて中国ムスリムが置かれていた状況を予備知識として整理・確認しておきたい。具体例としては、寧夏回族自治区の事例を取りあげる。寧夏回族自治区の事例に注目した主な理由は、寧夏回族自治区では1950年代後半から1970年代後半にかけてムスリム少数民族（主に回族）に対する暴力的な政治運動が他省よりも大規模に展開されたことがあり、中国ムスリムが政治運動に巻き込まれた状況を具体的に理解するに最も適しているからである。

　さて、中国共産党は1935年に長征を終えた後、西北地方に位置する陝西省延安を活動拠点として、陝甘寧一帯にくらす回民を中国共産党に積極的に動員しようと画策した。例えば、中国共産党は1936年5月24日に「三大禁条、四項注意」および「関於回民工作的指示」、翌日25日に「対回族人民的宣言」をそれぞれ公布し、中国共産党の支配地域にくらす回民の民族自決権を容認する

姿勢をはっきりと示していた。1936年10月20日には「豫海県回民自治政府」という回民の自治政府が陝甘寧省豫海県（現在の寧夏同心県にほぼ相当する）に中国共産党の指示のもとで樹立されている［中共同心県委党史資料征集弁公室編 1986：12］。「豫海県回民自治政府」は中国国内の少数民族に最初に容認された「自治政府」であった。また、中国共産党は1941年4月、陝西省延安で『回回民族問題』を出版し、漢語を母語とする回民を「回族」という少数民族に認定するという政策方針を明示した。このような少数民族に対する「配慮」から、中国共産党が少なくとも支配地域においては回民の伝統慣習を尊重する政策を積極的に採用しようと試みていたことがわかる。

　しかし、1949年10月1日、中華人民共和国が成立すると事態が一変した。1950年6月30日に土地改革法が公布されると、中国各地では、漢族と少数民族の別なく、伝統的なコミュニティの社会経済的基盤が完全に破壊されたのである。1957年6月8日に開始した反右派闘争や1958年秋に実施された宗教制度民主改革などの社会主義的諸政策も現地住民の生活世界のありかたに大きな変化をもたらした。例えば、寧夏をはじめとする西北地方を中心として、清真寺やゴンベイの多くが閉鎖・統合・転用され、ムスリムの共有財産が没収された。中華人民共和国の成立当初、寧夏全土には清真寺は590寺あったが、1958年には109寺にまで減少した。銀川市には1955年に清真寺が95寺あったが、1958年には40寺にまで減少している［銀川市志編纂委員会編 1998：1336］。こうした清真寺や聖者廟の閉鎖・統合は土地改革の徹底化、すなわち社会主義建設の一環として強行されたことは言うまでもない。

　清真寺や聖者廟でイスラーム諸学を学んでいた宗教指導者や寄宿学生は追放され、管理責任者を務めていた地元有力者（主に地主や豪商）は中国共産党およびその支持者らによって打倒された。例えば、中国西北地方の寧夏や甘粛などで強大な勢力を持つスーフィー教団のひとつ、ジャフリーヤ派の場合、教団指導者の馬震武[295]（回族）が槍玉に挙げられた。1958年5月中旬、甘粛省人民代表大会で「右派分子」に認定された後、馬震武は1958年8月17日から9月6

295）馬震武は寧夏西吉県出身の回族。中国のスーフィー教団のひとつ、ジャフリーヤ派教団の第8代指導者であった。1949年以後、甘粛省政府委員、西北民族事務委員会委員、西海固回族自治区人民政府主席、中国イスラーム教協会副主任などを担当した。1958年に「右派分子」に認定された後、すべての職務を解任された。1961年1月逝去。1984年に名誉回復されている。

第4部　中国イスラーム界に流布する愛国主義

日にかけて寧夏の銀川市で開催された回民座談会において「残害群衆」、「勾結
日寇」、「利用宗教進行剥削」、「策動一九五〇年的"五・八"反乱、一九五二年
的"四・二"反乱、一九五八年的甘粛張家川"四・四"反乱和固原地区的預謀
反乱」などの「罪名」を指摘され、政府機関の役職から解任させられている［張
遠成 2002：65-66］。

　回民座談会を契機として、中国イスラーム界では宗教指導者に対する攻撃が
公然と展開されるようになった。中国イスラーム界における「右派分子」の粛
清がちょうど終わった後、1958 年 10 月 25 日に寧夏回族自治区が成立したこ
とは非常に示唆的な出来事であろう。ただし、寧夏回族自治区が成立した後も
暴力的な政治運動が完全に終息することはなかった。例えば、寧夏回族自治区
の場合、1960 年 5 月には中国共産党委員会書記兼自治区主席の劉格平[296]（回族）
が「地方民族主義反党集団」の「首謀者」として批判され、政治の表舞台から
姿を消している［張遠成 2002：87-89］。劉格平は中国共産党に入党した回族とし
て有名な政治家であるが、劉格平の粛清は、1957 年の反右派闘争以降、中国
共産党に忠誠を誓った古参の党幹部ですら粛清の対象となったことを如実に示
している。

　その後、1966 年 5 月 16 日以降、文化大革命が本格的に始まると、寧夏では
回族をとりまく状況が一層悪化した。なぜなら、この時期、少数民族の知識人
だけでなく、一般民衆も政治運動に積極的に動員され始めたからである。例え
ば、回族の集住地域では、清真寺や聖者廟の大部分が破壊され、宗教指導者や
管理責任者は紅衛兵を急先鋒とする「造反派」に攻撃されることになった。当
時の被害者のなかには「労働改造所」（強制収容所）に送られた者が数多くいた。
日常生活においては、1 日 5 回の礼拝、断食、メッカ巡礼などは言うまでもな
く、ムスリムの礼拝帽やヒジャーブなどの伝統的な民族衣装までもが実質的に
は着用しづらくなった。このほか、ムスリムの共同墓地が破壊されて更地とな
り、イスラームの土葬を実施する場所が消滅している。さらに、文化大革命以
前、清真寺の周囲には回族が集住していたが、清真寺が破壊された後、人民公
社が建設されたことにより、漢族が徐々に移り住むようになり、回族・漢族の
混住化が結果として加速化することとなった。

　296）劉格平（1904 〜 1992）については第 2 章第 3 節で説明した。

450

中国共産党が 1930 年代から 1970 年代にかけて採用した民族・宗教政策の推移を整理したが、当然のことながら中国共産党の政策には地域差や民族差が見られ、また、中華人民共和国成立後のムスリム少数民族地域における政策については資料的制約があるため、その全体像を網羅的に記述することは困難を極める。しかしながら、寧夏回族が歩んできた近現代史を俯瞰することによって、中国領内のムスリム少数民族が体験・経験した政治変動のあらましを把握することは可能であろう。それでは、以下、反右派闘争と文化大革命に翻弄された回族の宗教指導者の個別事例を具体的に紹介する。

第3節 ある宗教指導者の事例

本章が取りあげる宗教指導者は陳克礼という回族の男性である。中国の漢族社会ではまったく知られていないが、中国ムスリム、主に回族のあいだでは非常に有名な人物である。陳克礼は、1949 年 10 月中華人民共和国成立後、急激な社会変動のさなか、反右派闘争に巻き込まれ、その後、文化大革命期の 1970 年 7 月に銃殺刑に処せられた。陳克礼は「右派分子」として処刑された後、1980 年代に名誉を回復され、最近になって「シャヒード」（*shahid,* 殉教者）として再評価されている。本節では、まず、陳克礼の生い立ちから処刑されるまでの過程を再構成する。当時の状況の再構成にあたっては、陳克礼の遺族や友人たちの証言（既発表の文章）を手がかりとする。

1 陳克礼の生い立ち

1923 年 4 月、陳克礼は河南省襄城県兵部営村の回民家庭に生まれた。家庭の経済状況は芳しくなく、普通学校へ通えなかったが、そのかわり、1931 年から清真寺でイスラーム教育を受けるようになった。1939 年からは故郷を出発点として、禹県、魯山県、塚頭、洛陽などにある清真寺を転々として、アラビア語の文法や修辞学、イスラームの法学や倫理学などを学んだ。1931 年には日本軍が鄭州を攻撃し始めたため、戦禍を避けるべく、1943 年から西安経由で甘粛省平涼へ行き、イスラーム諸学の研鑽を積むことにした。辿り着いた

第4部　中国イスラーム界に流布する愛国主義

先は国立隴東師範学校[297]で、陳克礼はこの学校で正規の教育をはじめて受けた。同学校は新式の近代教育を取り入れたイスラーム学校で、当時の教員には中国国内で著名な王静斎[298]や達浦生[299]がいた。1946年春、陳克礼は卒業し、帰郷した後、襄城県の清真寺の宗教指導者に就任した［陳克礼 2010（1948）：6；陳月華 2010c：79］。

1947年7月、宗教指導者を辞めた後、北京市の北平回教経学院に入学した。この学院は馬松亭[300]が設立した近代的なイスラーム学校であり、教員には、院長の馬松亭のほか、龐士謙[301]、馬堅[302]、歴史学者白寿彝などの著名な学者がいた。陳克礼はイスラーム諸学や漢語などを学び、1949年4月に卒業した。その後、故郷に帰り、同年6月から1952年6月まで河南省の清真寺でふたたび宗教指導者となる。在任期間中、陳克礼はイスラーム書籍『ムハンマドから見たイスラーム』を出版している[303]。

1952年6月、陳克礼は北京大学の馬堅の推薦を受け、東方語言文学系（学部）の教員となった。北京大学ではエジプトへ留学した教員たちとともにアラビア語教育に従事し、若い人材の育成に心血を注いだ。ところが、職場環境や体調不良などを理由に、1955年5月に辞職し、帰郷する。また、ちょうどおなじ頃、妻と離婚する。陳克礼は、故郷で療養した後、北京へもう一度足を運び、海淀や西単の清真寺で翻訳業務に従事した［馬紀堂 2003；陳月華 2010a：8］。

しばらくしてから、1956年2月（または下半期）、陳克礼は、北京に新しく開設された中国イスラーム教経学院に招聘されて教員となる。中国イスラーム教経学院は中国共産党・政府が1955年11月に設立した国営の宗教学校であり、

---

297) 前身は上海イスラーム師範学校であったが、1938年に甘粛省へ移転して改称した。

298) 王静斎（1879〜1949）は天津出身の回民（回族）。「中国四大阿訇（イスラーム学者）」の一人。なお、「中国四大阿訇」は達浦生（1874〜1965）、哈徳成（1888〜1943）、馬松亭（1895〜1992）、王静斎（1879〜1949）と一般に考えられている。

299) 達浦生（1874〜1965）は江蘇省出身の回民（回族）。「中国四大阿訇（イスラーム学者）」の一人。1949年以後、メッカ巡礼団団員、中国イスラーム教協会副主任、中国イスラーム教経学院院長などを担当した。1965年急逝。

300) 馬松亭（1895〜1992）は北京出身の回民（回族）。1949年以後、中国イスラーム教協会の副主任、中国イスラーム教経学院の副院長を担当した。1992年逝去。

301) 龐士謙（1902〜1958）は河南省出身の回民（回族）。1938年頃にエジプトのアズハル大学に留学した。1949年以後、中国イスラーム教協会の常務委員を担当した。1958年逝去。

302) 馬堅（1906〜1978）は雲南省出身の回民（回族）。中国で著名なイスラーム学者、アラビア語研究者。1931年にエジプトのアズハル大学留学。帰国後、北京大学に着任。中国イスラーム教協会の発起人の一人。1978年逝去。

303) 同書は現在でも漢語を話すムスリムのあいだで広く読まれている。

452

第9章 「右派分子」から殉教者へ

北京の回族集住地域のひとつ、牛街にあった回民学院[304]の敷地内に設立された。この学院は中国ムスリムの「社団」（宗教団体）、中国イスラーム教協会の管轄下に置かれた。院長は中国イスラーム教協会副主任兼回民学院院長の馬玉槐、副院長は馬松亭、達浦生、李恕らが担当し、教職員は30名ほど、学生数は140名ほどで、四年生の教育制度が導入されていた。実は、同学院の母体は回民学院のアラビア語専修班で、教職員の大多数が回民学院から異動した人たちだった。また、エジプトから派遣されたアラブ人教員が4名ほど在籍し、アラビア語による授業もおこなわれていた［馬賢2013：27-28］。このような新式の教育施設で陳克礼はクルアーン、クルアーン注解学、イスラームの法学や哲学などの授業を担当した。陳克礼の人事は、当時、中国イスラーム教経学院の教務長であった楊文昌の推薦によるものであった［馬紀堂2003；馬忠傑2010：37］。清真寺で宗教指導者として教務経験のある陳克礼は北京大学勤務時代からアラビア語能力を高く評価されて知名度があったことを同学院の教員だった馬賢（中国イスラーム教協会の元秘書長）が証言している［馬賢2013：28］。

2 中国イスラーム教経学院での反右派闘争

中国イスラーム経学院における業務は陳克礼にとって非常に有意義なものであったと想像されるが、陳克礼が着任してからおよそ1年半後、大規模な政治運動に巻き込まれることになった。その運動とは1957年夏に始まった反右派闘争で、まさに「右派分子」を打倒する暴力的な政治運動であった。北京の各大学では同年夏に反右派闘争が始まり、中国イスラーム教経学院にもその荒波が波及した。中国イスラーム教経学院における反右派闘争では、副院長の馬松亭と教員の龐士謙が「反共産党」、「反社会主義」の言動をもつ「右派分子」のレッテルを貼られて批判された[305]。両者ともに陳克礼の師匠であったが、陳克礼の身にも危険が及んだ。同年9月中旬のある日、陳克礼は学院内の「大字報」（壁新聞）に自分に対する批判記事があることを知る。当時の壁新聞では陳克礼は「宗教狂熱分子」と形容され、また、一部の教員や学生が批判の声を陳克礼に浴びせかけた［馬紀堂2003:101-102；馬忠傑2010：37］。

304) 1949年10月、成達師範学校と西北中学が統合されて回民学院が成立した。中華人民共和国成立後、最初に設立された少数民族学校であった。
305) 当時、馬松亭は「少数民族六大右派」の1人と呼ばれた。

453

第4部　中国イスラーム界に流布する愛国主義

1957年9月下旬、午前九時、陳克礼を批判する大会が中国イスラーム教協会で開催された。これは同学院の党委員会の決定による。まず、共産党委員会書記（党委書記）が学生を陳克礼の自宅へ派遣し、陳克礼に出席を促した。ところが、陳克礼が応じなかったことから、今度は教務長の楊永昌を派遣し、説得にあたらせた。楊永昌を派遣した理由は楊永昌が陳克礼を同学院に紹介したからである。

陳克礼が会場へ入ると、「徹底批判陳克礼的右派言論！」（陳克礼の右派言論を徹底的に批判する！）、「堅決与陳克礼画清界線！」（自分たちを陳克礼と明確に区別する！）、「不承認錯誤、就厳属打撃！」（自分の誤りを認めなければ容赦なく攻撃する！）などの発言が場内で叫ばれた。党委書記は開会を宣言した後、「陳克礼一貫堅持右派立場、反党反社会主義、大放右派言論。今天大家対他的一系列右派言論要進行批判、如果陳克礼不認錯、堅持反動立場、就要予以厳属打撃」（陳克礼は一貫して右派の立場、反党反社会主義、右派言論の宣伝を堅持している。本日、陳克礼の一連の右派言論に対して批判をおこない、もし陳克礼が自分の誤りを認めず、反動的な立場を堅持するならば、容赦なく攻撃する）と言い、陳克礼に対する批判を行った。批判大会は翌日も続けて開催されたが、陳克礼は北京をすでに離れていたため、欠席裁判となった。2日目の大会は教員・学生がそれぞれ批判大会を開催した。学生の大会は陳克礼の擁護者がいたため、うまく進まなかったが、教員の大会は順調に進んだ。本人不在のまま批判大会は幕を閉じたが、結局、党委書記は陳克礼を「右派分子」とは認定しなかった［馬紀堂 2003：102-103］。なお、陳克礼を同学院に紹介した楊永昌は後に北京郊外へ追放されて「労働改造」を強要されている。陳克礼の師匠にあたる龐士謙は1958年11月に急逝している［馬賢 2013：29］。

こうした闘争の結果、同学院では教員だけでなく、学生までもが「右派分子」と見なされて学院を離れている。例えば、第三班の馬守清、楊棠、楊耀文などが学生の「右派分子」とされた。また、馬雲福、洪貴顕が中国イスラーム教協会へ移り、楊宗山、馬善義、秦徳光、王恩成が同学院に残り、陳広元（中国イスラーム教協会の前会長）と張樹棠が北京の清真寺で宗教指導者となったが、他の学生たちは自分たちの故郷に帰った。1960年頃には、陳進恵、馬義明、馬学良、曹忠、杜勇などを除くと、ほとんどの学生がいなくなっていたという［馬賢 2013：28-

第 9 章 「右派分子」から殉教者へ

29]。

　批判大会から逃亡した陳克礼は北京を離れた後、河南省襄城県の実家に身を寄せた。離婚後、2人の幼い子どもを抱えていたが、1ヶ月ほどで身辺を調査されるようになったため、子どもたちを抱えて放浪の旅に出ざるをえなくなった。その頃、清真寺に自由に宿泊することができなくなっており、汽車の駅や汽船の埠頭などで夜を明かしていた。放浪のあいだ、陳克礼は北京や内モンゴル自治区の知人・友人のもとへ行く。北京では友人の呂朝光の自宅を訪問したところ、龐士謙が「右派分子」として批判されたことを聞かされる。内モンゴル自治区では、北京回教学院時代の同級生だったフフホト市民政局の黄万鈞[306]を頼るも、黄万鈞も「右派分子」として労働作業に従事させられていることを知る。フフホト市の清真大寺では宗教指導者の蘇文通（黄万鈞とおなじく北平回教経学院時代の同級生）から金曜礼拝の際に訓戒をおこなうよう提案されたが、その頃には党統一戦線工作部・公安庁・民政庁の工作組が毎週金曜日に清真寺へ派遣され、ムスリム住民の言動を監視するようになっていたため、陳克礼はすぐさまフフホト市を離れ、1957年10月に一度帰郷した［馬紀堂 2003：107-108]。

3　帰郷

　1958年9月初旬、陳克礼は2人の子どもを連れて、河南省から西北へ旅立とうとした。西北の青海省あるいは甘粛省の清真寺で働けるのではないかと考えてのことであった。陳克礼は襄城県で汽車に乗り、西へ向かった。旅費がほとんどない陳克礼は短距離切符を購入し、汽車を何度も乗り換え、車掌や駅員の乗車券チェックを免れた。ところが、陝西省に入った後、途中下車した駅で駅員に見つかってしまう。駅の治安室で警察に尋問され、身分証不携帯を指摘され、陳克礼と子どもたちは西安駅の公安派出所へ移送された。拘留期間中、陳克礼は身元を調査され、中国イスラーム教経学院で開催された批判大会のことを追及される。その結果、陳克礼は「右派分子」として「労働教養」[307]を科

306）河南省出身の宗教指導者。文化大革命が終息する以前から清真寺におけるイスラーム教育の改革に貢献した。代表的な活動拠点は内モンゴル自治区フフホト市の清真小寺であった。2013年2月逝去。

307）「労働教養」とは公安当局が司法手続き（例えば、裁判判決）を経ずに科すことのできる強制労働を意味する。

第4部　中国イスラーム界に流布する愛国主義

せられることになった。その2日後、陳克礼は西安市の労働教養収容所へ移送され、最終的には陝北山区で労働作業に従事することになった（収容所生活については省略する）。

　1962年2月、陳克礼は収容所から釈放される。およそ3年半の収容生活であった。陳克礼は西安市の児童教養院で生活していた子どもたちと再会し、故郷の河南省へ帰る。帰郷後、陳克礼は公安派出所に「労教解除証明」（釈放証）を提出し、戸籍を改めて登録してもらい、故郷での新たな生活を再開した。しかし、劣悪な生活環境が改善されることがなく、1962年4月には周恩来総理に私信を送り、アラブ諸国への渡航を請願している。そのような折、1962年5月、河南省葉県にある馬庄清真寺が陳克礼を宗教指導者として招聘することを決定し、陳克礼の自宅に招聘状を送った。この清真寺には1958年から4年間、教長が不在であり、同年5月30日、陳克礼は馬庄清真寺に着任し、宗教業務を再開できることになった［馬紀堂2003：141-146］。

　ところが、現地の人民公社の党委書記は当初、清真寺の業務に干渉せずに黙認していたが、陳克礼が着任してから3回目の金曜礼拝の日、陳克礼の着任が「非合法」であると突然告げる。その理由は陳克礼が戸籍を移していなかったからで、およそ四週間後、陳克礼はやむなく辞職することになった。なお、その後、文化大革命の最中、陳克礼を清真寺に招聘した人たち十名が粛清されている［馬紀堂2003:149］。陳克礼の受難はまだ終わらない。

　1962年9月、中国共産党は第八期中央委員会第十回全体会議で「千万不要忘記階級闘争」（階級闘争を忘れてはならない）をスローガンとし、階級闘争を再開した。河南省襄城県では1963年1月から2月にかけて陳克礼を逮捕する準備作業が着々と進められ、同年3月、県のある機関が陳克礼を「厳密に監視するべき潜在的な敵」と認定し、陳克礼の思想言論に対する監視、公安機関への報告などの強化を決定した。同年5月には県の党校で陳克礼を「右派分子」として批判する大会が開催された（大会は三日間開催され、2日目は清真寺で開催された）。鎮政府の指導者が階級闘争の引き締めを会場内で強調し、「思想が反動的である」と説明して陳克礼を「右派分子」と認定した。これを機に陳克礼は労働作業を管理・統制されることになり、周囲の人々は陳克礼に気軽に声をかけることもできなくなった［馬紀堂2003:153；陳月華2010：13］。

456

第 9 章 「右派分子」から殉教者へ

　1964 年に「四清運動」が県全体で始まると、陳克礼の階級区分が再検討されることになった。陳克礼の戸籍は「城鎮戸口」（都市戸籍）で、階級区分は「城市場貧民」に区分されていたが、「四清運動」[308] の最中に「富農」に変更された。1964 年 9 月下旬、街政府が「群衆大会」（民衆大会）を開催した。この大会の席上、鎮の指導者が「陳克礼は富農出身者であったが、階級区分で除外されていた。このため、本日をもって陳克礼を富農とする」と宣言した。陳克礼は「自分の階級区分は貧民である」と反論したが、鎮の指導者は「母方祖母が富農であり、陳克礼は母方祖母の自宅に 3 年滞在したわけであるから富農とみなすべきである」と説明した。こうした強引な手法によって陳克礼の階級が修正された。ただし、1965 年になると、中央・地方の政策が突然緩和され、「黒五類」（地主、富農、反革命分子、右派分子、犯罪者）に対する監視・管理も弱まった。陳克礼は馬志仲や黄万鈞と手紙をやりとりし、イスラーム書籍出版の準備作業を徐々に再開しつつあった［馬紀堂 2003：154］。

4　文化大革命

　しかし、1966 年 6 月、北京において紅衛兵が誕生すると、中国各地にも紅衛兵が誕生し、河南省襄城県でも各機関で紅衛兵が組織された。紅衛兵は農作業中の陳克礼を捕まえ、「高帽子」（円錐状の牛皮製）を無理やり被せ、「遊街」させるべく連行した。「高帽子」には「牛鬼蛇仙」（邪悪な妖怪）と書かれていた（その頃、街中には「牛鬼蛇仙」が 4、5 名いた）。別の日には、陳克礼は「反動宗教権威陳克礼」と書かれたプラカードを首からぶらさげるよう紅衛兵に強要されて街中を行進させられている。1966 年 8 月には「黒五類」に対する紅衛兵の家宅捜査が県内でもおこなわれるようになった。紅衛兵は「文化大革命万歳」、「打倒牛鬼蛇仙」、「破四旧立四新」と叫びながら陳克礼の自宅を捜査し、家屋内から中庭の隅々までありとあらゆる物に不審な点がないか汲まなく調べた。このとき、陳克礼のアラビア語書籍が没収されている［馬紀堂 2003：167-169］。

　1967 年 7 月 20 日、陳克礼は北京へ行き、中央政府への「上訪」（直訴）を試みた。中国共産党中央の「群衆来訪接待室」で階級区分の是正および右派分子認定の

308）1963 年に毛沢東が発動した社会主義教育運動で、政治・経済・組織・思想の是正を目的として、階級闘争や反修正主義の必要性が再確認された。この運動は 1966 年まで継続したが、その後の文化大革命の準備作業であったと考えられている。

第4部　中国イスラーム界に流布する愛国主義

無効を訴えた。党中央の批准証明書を河南省まで携え、鎮長と県党委書記に提出するも「現在は権限がない」と応じてもらえず、文革期間中の最高指導者の「造反司令」に提示するも受け取りを却下された。1969年初冬、街政府の幹部が陳克礼の自宅を訪問し、「最高指標」を陳克礼に告げる。この指標とは「下放」を意味し、陳克礼の娘が地方の農村部へ送られることになった。

　1970年2月の早朝、陳克礼が自宅で夜明け前の礼拝を済ませた後、紅衛兵2名がやって来た。紅衛兵たちは陳克礼を連行し、陳克礼を臨時の「牢房」（拘置所）に移送した。この拘置所は「黒五類」を収容する施設である。およそ10日後、陳克礼は公安看守所へ移送された。ここから公共の場での「批斗」（批判大会）が次々と実施されるようになった。ある時には清真寺、またある時には映画館、工人倶楽部や党校などが会場となった。陳克礼に対する「批斗」は初期の段階ではまだ暴力的なものではなかったが、回を重ねるごとに熾烈な闘争へと変貌した。

　ある日、県城の工人倶楽部で開催された批判大会には城内の各「単位」（行政・学校・企業など個々人が所属した職場）の知識人が集められ、陳克礼の問題点について議論が繰り広げられた。その際に問題とされたのは、北京大学や中国イスラーム教経学院に勤務していた頃の陳克礼の発言内容、つまり「反動言論」であった。このような批判大会の状況は革命委員会の指導者に逐一報告され、記録も保管された。革命委員会の通達によって、陳克礼に対する批判大会にかぎらず、襄城県では「黒五類」を拘置所からもともと所属していた職場へ戻し、「階級敵人」に対する「批斗」が展開されることになった。「批斗」の会場には、批判される者と親しい関係にあった人々も動員され、自発的な発言を要求された。陳克礼とおなじ宗教指導者が批判者として指名されて批判を強要されたこともあった。陳克礼は数十日もの間、県城の様々なところで批判大会に引きずり出されたという［馬紀堂2003：12-21, 25］。

『陳克礼伝』の著者馬紀堂の調査によれば、陳克礼は1970年2月26日に正式に逮捕され、投獄された。6月23日、中国人民解放軍県公安機関軍事管制度小組が陳克礼の死刑判決文書を印刷した（写真9-1）。陳克礼の罪状は、1964年頃から執筆した30あまりの「反革命信件」（その中には周恩来総理に宛てた手紙も含まれる）、「反動文章」110篇であった。この判決は現地の党組織が発した

458

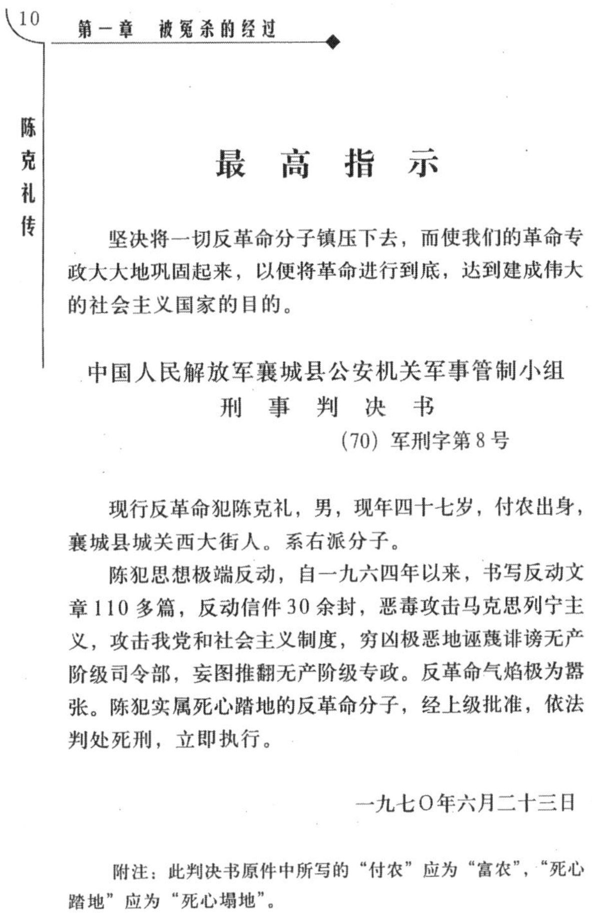

10 　第 一 章　被冤杀的经过

陈
克
礼
传

最　高　指　示

　　坚决将一切反革命分子镇压下去，而使我们的革命专
政大大地巩固起来，以便将革命进行到底，达到建成伟大
的社会主义国家的目的。

　　中国人民解放军襄城县公安机关军事管制小组
刑　事　判　决　书
(70) 军刑字第8号

　　现行反革命犯陈克礼，男，现年四十七岁，付农出身，
襄城县城关西大街人。系右派分子。
　　陈犯思想极端反动，自一九六四年以来，书写反动文
章110多篇，反动信件30余封，恶毒攻击马克思列宁主
义，攻击我党和社会主义制度，穷凶极恶地诬蔑诽谤无产
阶级司令部，妄图推翻无产阶级专政。反革命气焰极为嚣
张。陈犯实属死心踏地的反革命分子，经上级批准，依法
判处死刑，立即执行。

一九七〇年六月二十三日

　　　　附注：此判决书原件中所写的"付农"应为"富农"，"死心
踏地"应为"死心塌地"。

写真 9-1　「右派分子」としての処刑を指示した文書
出典：『陳克礼伝』［2003］

「最高指示」に相当する。6月24日、陳克礼は法廷で死刑判決を言い渡された。
法律上、10日以内であれば「上訴」（控訴）が可能であったが、そうした手続
きは実質上、文化大革命の混乱期には不可能なことであった。その後、7月5
日、東風広場で「反革命分子公判大会」が開催され、陳克礼は銃殺された［馬
紀堂 2003：10］。

第4部　中国イスラーム界に流布する愛国主義

第4節　「右派分子」となった理由

　ここまでの記述からわかるように、陳克礼という宗教指導者はあまりにも「不当」な理由によってその命を絶たれた。その具体的な過程に関しては、現時点では、娘の陳月華、友人の馬紀堂、作家の孫永安たちが発表した著作などでしか知ることができず、詳細については不明な点がまだ多い。ただし、本章ではそのような資料的制約を自覚したうえで陳克礼の個人史を再構成し、陳克礼が「右派分子」と見なされて処刑されるにいたった原因を確認しておきたい。

1　陳克礼の「問題点」

　1957年6月に反右派闘争が始まって以来、陳克礼は中国イスラーム教経学院や故郷の人民公社などでその言動を問題視されたと言われている。例えば、文化大革命期には30あまりの「反革命信件」、110篇の「反動文章」が批判の対象となったのであるが、ここでは馮今源［2010］の指摘にならって五つの「問題点」を取り上げることにする。中国社会科学院に勤務する馮今源によれば、陳克礼は「中国イスラーム教経学院に在籍した期間中、授業や教室で発したいくつかの言葉が「右派言論」とみなされ、それらが「罪行」となった［馮今源 2010：44］。以下、そのときに注目を集めた五つの「問題点」を整理しておきたい。

　　⑴「6億5000万人が信仰を持つか、持たないかは君たちの世代による」
　　⑵「私たちはイスラームの血液を伝統的な中華民族の血管の中に注入せねばならい」
　　⑶「6億5000万人をおなじひとつの思想を持たせることは不可能である」
　　⑷「私は反胡風[309]批判大会には参加しない。イスラームとは関係がないのだから」
　　⑸「マルクス・レーニン主義はイスラーム主義に融合されねばならない」

---

309) 中国の文芸理論家。1955年批判運動が展開され、「反革命分子」として逮捕された。

第9章 「右派分子」から殉教者へ

　陳克礼は北京大学、中国イスラーム教経学院、故郷の河南省などでこうした発言をおこなったという。それぞれの発言は異なる場所でなされたのであるが、反右派闘争、文化大革命などのそれぞれの時期に「問題発言」として注目された。(1)から(5)までの発言内容を読むと、マルクス・レーニン主義や国家政策に対する反発を感じさせる表現が見受けられ、中国共産党関係者に警戒心を抱かせた可能性が高い。陳克礼自身にとっては特に問題のない発言内容だったのだろうが、それぞれの文言が反右派闘争や文化大革命のさなか、陳克礼の「政敵」に意図的に利用されてしまったのであろう。

　例えば、1957 年、反右派闘争が勃発する以前、陳克礼は北京大学に教員として勤務していたが、当時、陳克礼は北京大学においても政治活動に積極的に参加しなかったらしく、そのことが一部教員によって問題視されていたという［馮今源 2010：44］。もしそれが正確な情報であると仮定すれば、北京大学勤務時代から、陳克礼が同僚やその他の一部の人物から恨みを買っていた可能性があり、結果として、個人間の関係の拗れが反右派闘争や文化大革命の最中に悪い方向に爆発してしまったと考えられる。

2　ムスリム社会内部の葛藤

　陳克礼の発言内容とは別に、陳克礼をとりまく中国ムスリム社会内部の矛盾や葛藤にも目配りしておきたい。ここまでの記述で断片的に言及したように、反右派闘争や文化大革命の期間中に発生した「右派分子」や「反革命分子」の粛清は、必ずしも「中国共産党対少数民族」、「漢族対少数民族」といった単純な二項対立の図式では捉えられない。なぜなら、少数民族の人々が「造反派」や「右派分子」などの異なるカテゴリーに分類され、少数民族同士（少数民族内部あるいは少数民族間）が熾烈な抗争や闘争を繰り広げたからである。例えば、チベットの文化大革命に関するチベット人作家オーセルの報告では、チベット人僧侶を非難・攻撃する回族男性の存在が指摘されている［オーセル 2009：139］。チベット自治区には、自治区の「主体民族」であるチベット族を容赦なく攻撃した少数民族の回族が存在したわけである。陳克礼の場合、勤務先の中国イスラーム教経学院で反右派闘争に巻き込まれたわけであるが、同学院はムスリム知識人を養成するための国営の教育施設であり、いわば小規模なムスリム知

第4部 中国イスラーム界に流布する愛国主義

識人社会のなかで政治運動が展開されたわけである。もちろん反右派闘争は外部世界（すなわち漢族社会）から中国イスラーム教経学院に波及したものであり、ムスリム社会内部から自発的に発生したものではない。しかしながら、外部世界からもたらされたとはいえ、おなじムスリムの人々が右派闘争に関わったことは看過すべきではないだろう。

　実際、おなじムスリムであるからといっても、嫉妬や不信感のような感情の縺れや利害関係の不一致などが原因となって、敵と味方に分かれて衝突することは一般的に容易に想像することができるし、また、実際に発生している。陳克礼の事例で指摘したように、陳克礼は北京大学勤務時代から一部の同僚との関係が良好ではなく、また、中国イスラーム教経学院においても上司や同僚との職場関係で誤解を招く言動をとっていたという。このような個人間の矛盾が日々積み重なった結果、最終的に反右派闘争や文化大革命などで暴力行為となって表面化したわけである。『陳克礼伝』に記述されているように、1957年の反右派闘争が中国イスラーム教経学院で勃発した際、陳克礼が槍玉にあげられ、さらに、教員であれ、学生であれ、おなじイスラーム教経学院に在籍するムスリム（特に知識人）が陳克礼を「右派分子」と見なして攻撃し始めたわけであるから、同学院内部の「階級闘争」は示唆に富む事例である。

第5節　改革開放期の再評価

1　名誉回復

　陳克礼は1957年頃から文化大革命が終わるまで政治的弱者として生活を送っていた。1958年9月に中国イスラーム教経学院で起こった反右派闘争において陳克礼は「右派分子」として認定されなかったが、その後、故郷河南省の政治集会の会場で「右派分子」のレッテルを一方的に貼られ、また、階級まで「富農」へと不当に変更され、文化大革命で格好の標的とされてしまった。

　ところが、1976年9月に毛沢東が急逝し、10月に四人組が打倒されると、文化大革命が幕を閉じた。その後、1978年4月、「右派分子」の帽子をすべてとりはらうこと、つまり「右派分子」の名誉回復を中国共産党が決定し、国内

の政治情勢が急展開した。その結果、中国各地で文革期まで不当に批判・粛清された人々の「平反」(名誉回復)が中央・地方の中国共産党内で検討されるようになった。

　陳克礼の場合、名誉回復にいたるまで紆余曲折を経たらしい。文化大革命の終息直後、陳克礼の息子や娘は、恐怖心のあまり、自分たちの父親の無罪を晴らすべく動こうとはしなかった。陳克礼のために最初に声をあげたのは、親族ではなく、甘粛省イスラーム教協会副主任の馬汝隣であった。馬汝隣はかつて隴東師範学校の校長を務めた人物で、陳克礼の師匠のひとりであった。1978年以後、馬汝隣は中国イスラーム教協会および中国イスラーム教経学院に手紙を書き、陳克礼の冤罪事件について調査するよう両機関の指導者に要請した。その後、陳克礼の友人だった黄万鈞や陳克礼の娘たちが雪冤活動に取りかかった。1978年12月はじめ頃、陳克礼の息子と娘が県の中国共産党統一戦線工作部に対して父親の「右派」認定の是正を要請したが、「陳克礼は平反の対象ではない」と冷淡な反応で突き放されてしまい、その後、県・市・省の各レベルの司法機関(裁判所)に対して冤罪事件の調査を申請するも明確な回答を得られなかった[馬紀堂 2003：35-36]。

　ところが、その後(あるいは同時期)、中国イスラーム教協会および中国イスラーム教経学院が陳克礼の雪冤嘆願書などを受け取った後、河南省の中国共産党委員会に働きかけ、同省の各級機関が遺族の声に耳を傾けるようになった[馬紀堂 2003：36]。李華英の記録[李華英 2010：29-30]によると、1980年4月、中国イスラーム教協会第四次代表会議が開催された際、河南省代表の張学智が中国イスラーム教協会の発起人の1人(張傑)に陳克礼の名誉回復について意見を仰いだことがあり、その時のやりとりが雪冤活動を前進させたのではないかと考えられている。その時の両者の会話内容を紹介しておこう。参照文献は李華英[2010：29]である。

張傑　　「陳克礼がイスラーム教経学院で批判されたことは知っているが、「右派」には分類されていない。つまり、「右派」に分類されただけで、特に重大な問題を犯していなければ、名誉回復すべきだ」
張学智　「陳克礼の名誉を回復しなければ、ムスリム民衆の反響が非常に強

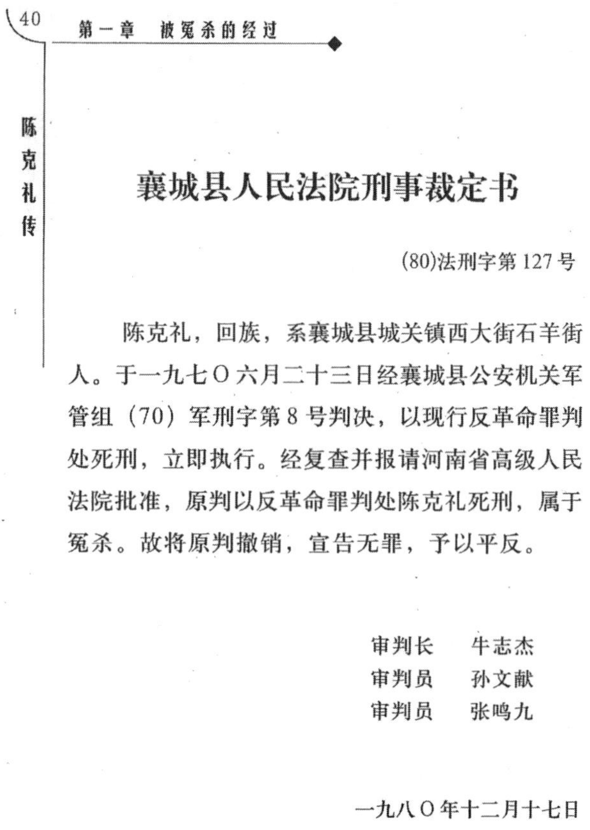

第4部　中国イスラーム界に流布する愛国主義

40

陈
克
礼
传

第一章　被冤杀的经过　◆

襄城县人民法院刑事裁定书

(80)法刑字第127号

陈克礼，回族，系襄城县城关镇西大街石羊街人。于一九七〇六月二十三日经襄城县公安机关军管组（70）军刑字第8号判决，以现行反革命罪判处死刑，立即执行。经复查并报请河南省高级人民法院批准，原判以反革命罪判处陈克礼死刑，属于冤杀。故将原判撤销，宣告无罪，予以平反。

审判长　　牛志杰
审判员　　孙文献
审判员　　张鸣九

一九八〇年十二月十七日

写真 9-2　陳克礼の名誉回復を裁定した文書
出典：『陳克礼伝』［2003］

くなる。その一方、名誉を回復すると、この案件に深く関わった人たち（加害者側：筆者注）は必ず反対する」

張傑　　「反右派闘争の期間中、全国には数十万の『右派』が誕生し、大多数が『右派』の帽子をすでに取り払われており、中国共産党に敵対した一部の人々はまだ『右派』のままである。陳克礼は『右派』と誤って分類されて死刑に処せられた。現時点でも名誉を回復していないので、どうしても顔向けができない」

464

中国イスラーム教協会の重鎮の一人とも言うべき張傑の意見を拝聴した後、張学智は陳克礼の名誉回復に関する文書を発行するよう中国イスラーム教協会に要請（提案）した。それが功を奏したのか、李華英の記録によると、1980年12月17日、河南省の各所に人民法院刑事裁定書が掲示され、陳克礼の無罪が共産党組織によって正式に通達されたという［李華英 2010：29-30］。このようにして、中国イスラーム教協会における陳克礼の名誉回復に関する意見交換をふまえ、無実の罪で銃殺刑に処せられた陳克礼は「右派分子」の汚名を返上され、また、中国イスラーム史上に再登場できるようになったのである。

2　殉教者としての再評価

「右派分子」の陳克礼は中央・地方の合法的な手続きを経て名誉を回復された。もちろんそれはすでに命を絶たれた本人の努力によるものではなく、陳克礼に対して敬意を抱く人々（主に回族）の尽力によるものであった。1980年12月に正式に名誉回復されたとはいえ、1980年代から1990年代にかけて、陳克礼の事例にかぎらず、反右派闘争や文化大革命がもたらした災難、特に少数民族や宗教に関する出来事（事件）は正面から取り上げられることが非常に少なかった。それゆえ、中国の少数民族地域における文化大革命の実態に関してはつい最近までほとんど研究対象とされてこなかった。陳克礼の場合も例外ではなく、死後10周年、20周年、30周年などは遺族を中心にひっそりと行事がおこなわれていただけであった。

　ところが、2010年の40周年の行事は特例らしく、遺族以外の有志たちによって盛大に開催され、また、民間の特集雑誌が出版・刊行された。最近では、中国イスラーム教協会の機関誌においても陳克礼を取り上げる記事が徐々に掲載されるようになっている。例えば、2013年10月23日には北京市で陳克礼生誕九十周年を記念する行事が開催され、中国イスラーム教協会の陳広元（会長）、馬賢（元副会長）、中国イスラーム教経学院の高占福（副院長）、陳克礼の学生（李華英、馬忠傑、張志華）、清真寺の宗教指導者、大学教員ら100名以上が会場に集まっている[310]。民間の特集雑誌やメディア報道などでは、陳克礼は「シャヒード」

310）詳細については中国イスラーム教協会のホームページ（http://www.chinaislam.net.cn/cms/news/xhxw/201310/28-5821.html）で報道された（2014年4月3日最終閲覧）。

（殉教者）と必ずと言ってよいほど表現・形容される。アラビア語起源のシャヒードという表現からわかるように、陳克礼を哀悼する人々のあいだでは、陳克礼はイスラームのために殉教した人物であり、一般の死者とは明らかに異なる存在として認識されている。中国イスラーム史上、特に現代史上（1949年10月の中華人民共和国成立後）、シャヒードという語彙がある特定の人物に使用されることはそれほど多くはないことをふまえると、回族の人々が死者をシャヒードとして格上げし、公の場で記念行事を開催することは非常に珍しいことだと言える。

第6節　名もなき証言者たち

　中国イスラームの歴史に目を向ければ、実は、陳克礼だけでなく、中国国内には数多くの無名のシャヒードが存在することに気付く。ここでいうシャヒードとは中華人民共和国成立後の一連の政治運動に翻弄された結果、不本意に急逝したムスリム（特に宗教指導者）を意味する。例えば、本章の事例で取りあげた陳克礼のほかにも、馬震武、麗士謙、馬福龍などが中国イスラーム界で名の知れたシャヒードである。第2章で言及したように、寧夏出身の馬震武は回民座談会やその後の宗教制度民主改革などの一連の政治運動のなかで痛烈に批判された代表的な人物であり、その名をよく知られている。馬震武はスーフィー教団のひとつ、ジャフリーヤ派の指導者であったが、1958年8月・9月に山東省青島で開催された回民座談会で槍玉に挙げられた。回民座談会は実質的には官営の中国イスラーム教協会が開催した会議であり、馬震武がその会場で正式に批判された後、中国イスラーム界で宗教指導者に対する批判が全国的に展開されるようになった。つまり、馬震武がいわば「人身御供」となったことで、中国イスラーム界における政治運動が中央・地方において共産党のお墨付きを得て発生したのである。このような熾烈な政治運動は1958年秋の宗教制度民主改革から文化大革命の終結（1976年10月）まで基本的には継続し、中央・地方のムスリム社会は大きな混乱に陥った。

　第5章で述べたように、寧夏のイスラーム改革を牽引した馬福龍もシャヒー

第9章 「右派分子」から殉教者へ

ドとしてよく知られている。馬福龍は中華民国期からイスラームや回民に関する文章をよく執筆し、1954年4月に『伊斯蘭浅論』を出版した後、事態が急変してしまった。同書は中国共産党によって発禁処分となり、1955年3月、馬福龍は「非合法な著作活動」の容疑で刑務所に投獄されてしまったのである[311]。当時の刑務所は非常に劣悪な環境下にあったにもかかわらず、馬福龍は刑務所内でも礼拝や断食を続けただけでなく、執筆活動を続けたが、16年もの間、獄中生活を余儀なくされた［馬世清 2001：240］。例えば、刑務所の職員が馬福龍にイスラームを放棄させようとしても、馬福龍は断固としてイスラームの五行を続けたようと抵抗したらしい。その結果、服役中、馬福龍は職員から酷い暴力を受け、精神的にも追いつめられた。例えば、1967年、馬福龍の家族が面会に行った時のことである。馬福龍が胸元まで伸ばしていた顎鬚が強制的に切り取られていたという。その後、1969年、馬福龍は寧夏平羅県の機械工場（政治犯の監獄）へ移送され、銀川市の刑務所より劣悪な条件下に置かれた。移送後も馬福龍に対する厳しい処罰は変わらず、1970年、馬福龍は銃殺刑で処刑されてしまった[312]［馬世清 2001：242-246］。

　外部者は想像しがたいかもしれないが、漢族社会と同様、中国ムスリム内部においても「保守派」、「造反派」、「右派分子」などのように様々な派閥がかつて形成され、おなじ少数民族あるいはおなじムスリムの人々が敵と味方に分かれて争う事件が少なからず発生したことがあった。このような少数民族内部の権力闘争は見落とされがちであるが、少数民族地域における反右派闘争や文化大革命を考察するにあたっては等閑視すべきではない。ポスト改革開放期と呼ばれる現在でも文化大革命時代の政敵が隣近所に暮らしていたり、おなじ職場に勤務していたりすることはけっして珍しいことではない。これは漢族社会にも少数民族社会にもあてはまる普遍的な事実であり、民族研究の場合、おなじ少数民族内部の権力闘争、そして、そのことがもたらした少数民族社会内部の

---

311) 中華民国期に銀川市の清真寺でイスラーム諸学を学んだ回族の古老（男性、60代）の話によれば、馬福龍は中国国民党の軍服を着用して清真寺に出入りしていたという（2000年11月寧夏回族自治区銀川市におけるインタビュー調査による）。もしこのことが正確な情報であるとすれば、馬福龍が中国国民党と密接な協力関係にあった可能性が考えられる。

312) 1979年に、文化大革命によって冤罪で弾圧された人々は名誉を回復された。馬福龍の遺族が裁判所に問い合わせたところ、馬福龍は20万字近くの「反動的な文章」を書いたため処刑されたとの回答をうけた［馬世清 2001：242-246］。

第4部　中国イスラーム界に流布する愛国主義

分裂には綿密に分析する必要があるだろう。

　中華人民共和国の成立後、暴力的な政治運動の荒波にのみこまれて不幸にも急逝したシャヒードの多くは現時点でも中国共産党・行政機関・宗教団体などの関係者によって積極的に取り上げられることはない。それは「禁忌」とみなされているからで、数多くのシャヒードたちは中国イスラーム史にはなかなか登場できずにいる。たとえシャヒードの大多数がその名誉を1978年以降に回復されているといえども、中国イスラーム界では話題にしづらい存在であることにはかわりはない。1990年代から2000年代にかけて、シャヒードの遺族や友人たちがシャヒードを哀悼するために伝記を編纂・出版したことがあるが（例えば、陳克礼、馬福龍）、あくまでもそれらは中国国内に限定された内部出版であり、海外向けの販売は予定されてはいない。

　陳克礼や馬震武のようなシャヒードたちは宗教指導者であったため、中国イスラーム界では知名度が高いが、名もなきシャヒードは他にも数多く存在する。宗教指導者のほかにも、清真寺でイスラーム諸学を学んだ宗教学生にしろ、清真寺の管理責任者にしろ、中国イスラームの事業に関わった人々のうち、暴力的な政治運動のなかで非業の死を遂げた者は全員がシャヒードと呼びうる。その際に重要なのはその人物に知名度があるかどうかではなく、中国イスラームや清真寺の活動にかかわっていたかどうか、中国ムスリム社会に貢献していたかどうかであり、中国各地の清真寺には無数のシャヒードの逸話が語り継がれているにちがいない[313]。

　本章では偶然にも伝記が出版された陳克礼の事例を取り上げたが、伝記・自伝が残されているシャヒードは現在もなお少なく、シャヒードの氏名、出身地、人数などを体系的に把握することは非常に困難である。中国イスラーム界全体を射程に入れるとすれば、回族だけでなく、東郷族、保安族、ウイグル族、カザフ族など他のムスリム少数民族の事例にも目配りする必要があることはいうまでもない。特に、新疆ウイグル自治区のテュルク系ムスリムについては、かつての暴力的な政治運動がイスラーム界に及ぼした影響について詳細な調査報告が公表されていない。その主な理由は、中国共産党政権を建国後ずっと悩ま

313）2013年12月、筆者は北京市で河南省出身の回族男性にたまたま出会い、陳克礼について質問したところ、陳克礼の事件は地元では公の場で語られることは少なく、現在でもセンシティヴな話題と見なされているということであった（2014年12月北京市におけるインタヴュー調査）。

せている新疆問題が影を落としているからであり、文革研究が現在の中国政治
と無縁ではないこと、より正確に言えば、現在の中国共産党主導の民族・宗教
政策が学術研究の方向性を左右する現状を如実に物語っている。

終　章

現代中国における「イスラーム復興」のゆくえ

　本書は、現代中国における「イスラーム復興」の動態を回族の生活世界の次元から考察した民族誌である。これまでの各章では、中華人民共和国の成立後、回族がどのような政治運動に巻き込まれたのか、その後、清真寺がどのように修復されてジャマーアが再構築されたのか、宗教儀礼や民族慣行がどのように実施されているのか、中国共産党・政府と清真寺がどのような関係性を切り結んでいるのかを詳細に記述・分析した。本書の結論に相当する本章では現代中国における「イスラーム復興」のゆくえについて筆者の見解を述べる。本章の構成として、第1節で国家権力と清真寺の関係を近現代中国史の歴史的文脈のなかで検討し、第2節で寧夏回族が社会主義を経験したことの意味、第3節でジャマーア・システム（伝統秩序）の持続性、第4節でジャマーアが改革開放期に直面している変容（中国共産党の少数民族支配と自治の関係性）に対して検討を加える。

第1節　近現代中国における国家権力と清真寺

　調査地の銀川市は寧夏平原に位置する。寧夏平原は甘粛から寧夏を流れる黄河の流域に土砂が堆積してできあがった。寧夏平原には河川や水路が多く、水資源が豊富で、農業が発達した。そのような地理上の特徴から銀川は「塞上江南」（万里の長城の北側に位置する江南）と呼ばれている。現在の寧夏に相当する地域は遅くとも唐代の頃から遊牧民族が行き交い、漢人から見れば「北夷」が割拠する土地で、万里の長城の北に位置する。11世紀にはタングートが西夏を建国し、宋を脅かしたことはよく知られている。13世紀前半にモンゴルが

471

西夏を滅ぼし、13世紀に元朝が成立すると、モンゴル軍に従ったムスリムたちが寧夏・甘粛付近に移り住み、元代から明代にかけて土着化したムスリムが増加した（代表的な人物は寧夏に定着したとされるナスル・アル゠ディーンの子孫）。寧夏北部に現存する最も古い清真寺は銀川市郊外の永寧県納家戸村の清真大寺で、1524年建立と記録されている。また、銀川市の城内には回紇礼拝寺というモスクがかつて存在し、明の永楽年間に建設されたとされている。これらの文物から寧夏北部には明代に回民の清真寺およびジャマーアが形成され始めたのではないかと現時点では考えることができる。

　本書では中国ムスリムの前近代・近代史について論じる余裕はないが、明代から清朝末期にかけて寧夏府（現在の銀川市）にくらす回民は城外にいくつもの清真寺を建設し、その周囲に自分たちのジャマーアを形成し、基本的には比較的自由に自治を享受していた。例外として、清朝期に回民蜂起が発生し、清朝政府が蜂起を鎮圧した後、清真寺の破壊、回民の強制移住などが強行され、清朝政府役人に任命された「郷約」という役職が設置されたことがあったが（清真寺がある地域によって「寺約」と「回約」に区別された［勉維霖（主編）1997：207]）、戦争や蜂起などのない平時の場合、清真寺は宗教指導者・管理責任者・一般信徒たちが自発的・自主的に管理運営することが可能であった。明代・清代の王朝では一般的には漢文化を中心とした伝統・儀礼・教育が称揚されたが、中華世界の周縁に位置する回民社会では漢文化を部分的に吸収しながらイスラームの知的伝統（六信・五行、人生儀礼、年中行事など）が細々と維持されていた。それゆえ、漢人社会とは異なり、回民社会では明清代で正統とされた「文化」が教育や儀礼などをつうじて広範囲に再生産されておらず、「伝統」と呼ばれる知識と行為の体系が王朝と人々のあいだで構築されたわけではなかった（伝統や文化をめぐる王朝と漢人の相互交渉については川口［2013：380]に詳しい）。

　ジャマーアの伝統秩序と自治は清朝政府滅亡後もある程度は維持されていたと考えることができる。すなわち、中華民国の時代、西北では回民軍閥が支配権を掌握し、寧夏は馬福祥や馬鴻逵によって1949年まで統治されていた。西北の回民軍閥は中央の国民政府と同様、近代的な国民国家体制の整備を模索し、地方行政制度、徴税制度、兵役制度などに着手したが、清真寺に関するかぎり、近代的な宗教管理機構を確立せず、基本的には地元有力者たちに管理運営を任

終　章　現代中国における「イスラーム復興」のゆくえ

せていた。当時、清真寺が回民軍閥に対して税を納めていたかどうかわからないが、人事異動や宗教活動に関するかぎり、清真寺では王朝期とおなじように自治が容認されており、地方政府の漢人官僚が町・村レベルの清真寺の活動に基本的には干渉することはなかったのではないかと考えられる。中華民国の時代、ジャマーアにおいて近代的な制度改革が行政機関によって実施された形跡は極めて少なく（住民の戸籍制度は実施されたが）、清真寺の管理運営、人事異動、宗教活動などはその伝統的な形式を維持できていた可能性が高い。当然のことながら漢人と同様、中華民国期には回民社会にもナショナリズムが勃興し、近代主義的な教育・文化改革運動が中国各地で展開されたが、それはあくまでも教育・文化面の出来事であり、ジャマーアの権力構造が根本的に変化したわけではなかった。中国近現代史を研究する奥村が前近代中国の社会結合について「村の自治の弱さと、国家の支配力の緩やかさが対応していた」［奥村 2004：19］とし、中華民国期については「上部権力は地域内の処理の仕方も管理しようとはするが、限界はあまりに大きく、結局は『自治』にまかせるしかなかった」［奥村 2004：22］と指摘したように、寧夏省は国民政府が直接的に支配できた地域ではなかったため（もちろん保甲制は導入されたが）、寧夏省政府は清朝政府とおなじように都市・農村の末端レベルでは地元有力者に支配を委ねざるをえなかったのではないだろうか。また、第3章で言及したように、1949 年以前、清真寺の宗教指導者や管理責任者はシャリーアの規定を違反した信徒たちに対して司法権を行使していた事例が報告されており［岩村 1949：121-122］、このような事例から清真寺指導層はジャマーアを統括する有力者としての地位を獲得していたと考えられる。

　しかし、そのような状況が急変したのが 1949 年以降のことである。中国共産党は中華人民共和国を建国した後、1953 年に社会主義的改造に着手した。これは 1949 年以前の私有制を公有制へ変換するための抜本的な政策であり、中国各地で土地改革を強行した。この土地改革は地主や富農が所有していた個人の不動産を収奪したものであり、中国共産党は土地改革によってそれまでの地元有力者の経済基盤を破壊し、彼らの土地を貧困層（例えば、貧農）へ分配することによって貧困層の支持を獲得した。清真寺の場合、信徒集団がサダカ（自発的な施し）として寄進した土地や家屋が中国共産党・政府によって没収された。

473

このような暴力的な土地改革は町・村レベルの権力構造を根底から破壊するものであり、伝統的な地元有力者から支配権を奪い取る政策でもあった。そのほか、中国共産党は人民公社の建設、戸籍管理制度の実施などをつうじて町や村レベルの末端にまで党の支配権を浸透させ、王朝や中華民国が実現できなかった究極的な上意下達の統治体制を確立したのである。その結果、中国近現代史を研究する奥村の言葉を借用すれば、「マルクス・レーニン主義を掲げる党が国家と一体化し、政治・経済・社会を一元的に掌握・運営することであり、社会は私的領域をほとんど喪失する」［奥村 2004：24］にいたったのである。

　その後も中国共産党は社会主義建設のための新しい政策をやめることはなかった。中国共産党は 1957 年の反右派闘争で「右派分子」を徹底的に拘束・攻撃し、「人民」の増大を図った。清真寺では党の政策方針に協力的ではないと見なされた宗教指導者たちが「右派分子」とされ、公共の場で吊るし上げられた（例えば、寧夏の馬震武）。また、中国共産党は 1958 年の宗教制度民主改革で宗教施設の社会経済的基盤を実質的には破壊し、宗教勢力の強大な権限を奪取した。清真寺では宗教指導者や管理責任者たちの権限が大幅に縮小された。1960 年の反地方民族主義運動では中国共産党は社会主義建設に非協力的あるいは敵対的だと見みなした人々に対して「民族主義者」のレッテルを貼り、中国共産党・行政・教育機関から駆逐した。このような反対勢力の排除が頂点に達したのが文化大革命のときである。「破四旧」の旗印の下、それまで伝統的とされたものが破壊の対象とされ、紅衛兵たちが急先鋒となって暴力的な運動を中国各地で展開した。文化大革命のときに大多数の清真寺が破壊された。このように、1949 年から 1976 年にかけて中国共産党は共産主義イデオロギーを中国社会の末端にまで浸透させるべく、社会主義建設を最大目標とし、様々な政治運動を広範囲に展開した。そこには住民、特に少数民族の共同性や自治が考慮される余地はまったくなかった。

　中国共産党は 1976 年 10 月に四人組を逮捕した後、1978 年に改革開放政策の導入を決定し、それまでの政策路線を根本的に修正した。それは経済政策の自由化を根幹としたものであり、毛沢東時代の行き過ぎた政策を実質的には否定するものである。文化大革命時代の政策と比較するのであれば、改革開放政策は暴力性を正面から掲げることをしない、どちらかといえば柔軟な性質を

終　章　現代中国における「イスラーム復興」のゆくえ

備えていると言える。広東省漢族を調査した川口が指摘するように、「共産党はそれまで一括りにして否定してきた文化や信仰をより個別的に対象化し、現実的かつ柔軟な、言い換えるならば恣意的な政策をとりはじめた」［川口 2013：382］と考えることができよう。公認宗教についていえば、中国共産党は道教、仏教、キリスト教、イスラームに対してまったく同じような政策を施行するわけではなく、それぞれの特徴を確認しながら臨機応変に対処する傾向がある。状況によっては、文化大革命時代には周縁に追いやられていた人々が中国共産党・政府と対話や交渉をつうじて自分たちの要求を主張することも可能ではある。例えば、ムスリム少数民族の人々が自分たちの置かれた状況を改善する場合、中央・地方政府と何らかの交渉を試みるべく中央・地方のイスラーム教協会という宗教団体を利用することができる。しかしながら、中国全土を揺るがした 1989 年の天安門事件、ウイグル族やチベット族に関連した事件が示すように、中国共産党が治安維持のために強大な統制力を行使することには改革開放政策導入後も変わりはない。

第 2 節　社会主義を経験した回族

　寧夏回族自治区という民族自治地方は中国回族を代表する少数民族地域として位置付けられているが、そのような特殊性ゆえ、1958 年の寧夏回族自治区の成立以降、回族の人々が歩んできた道は平坦なものではなかった。寧夏には 1930 年頃から共産党が地下活動を展開していたが、1949 年に回民軍閥の馬鴻逵が台湾へ逃亡すると、中国共産党の勝利は確実なものとなった。それを境として、寧夏は中国共産党の支配下に置かれることになった。

1　現代中国の民族・宗教・社会主義

　中国共産党は 1949 年以後、社会主義建設のために中国式共産主義イデオロギーを具体的な政策に反映させ、邁進してきた。少数民族政策についていえば、中国共産党は漢族のほかに少数民族を認定し、少数民族に対して一定の優遇政策を実施している。近年、その優遇政策の妥当性が一部の漢族の党幹部や

475

研究者によって疑問視されつつあるが、中国共産党は1930年代から少数民族に対する政策を検討しており、優遇政策は中華人民共和国という新しい近代国民国家建設のために欠かすことのできない重要な政策のひとつであった（例えば、内モンゴル自治区は建国よりも早い1947年に成立している）。1949年以前、中国西北では特に回民の存在が中国共産党によって注目され、回民の勧誘・動員が急務とされていた。西北の回民軍閥が強大な軍事力をもって中国共産党を脅かしていたことを考えれば、中国共産党による回民工作の必然性はよくわかる。

　1940年前後、中国共産党は少数民族政策の原則を修正した。つまり、中国共産党はそれまでは少数民族に対して民族自決権を容認していたが、日中戦争が熾烈化し、中国の半植民地化が進むにつれ、少数民族に対して自治権しか保障しないことにした。中国共産党が広大な中国の領土を統一するにあたって少数民族の自決権を認めないことは最も現実的な政策であり、その民族政策上の原則は現在も堅持されている。それは中華民国期と中華人民共和国期の大きな相違点のひとつである。ただし、中国共産党が民族政策を検討するにあたってソ連だけでなく、中国国民党、日本軍の民族政策をも参照していた可能性はあり、各政権の民族政策に共通点が見られることにも留意する必要がある。

　寧夏の場合、中央政府とは異なり、その地域の特殊性を考慮した政策が実施されている。第2章で詳述したように、寧夏では中国共産党は党に敵対する勢力や党に協力的ではない勢力（例えば、「地主」、「右派分子」、「地方民族主義者」）を暴力的に排除した後、寧夏回族自治区という民族自治地方を建設した。寧夏回族自治区で現在も貫徹されている原則は自治区の共産党組織の最高責任者（党書記）を漢族、自治区の行政機関の首長を回族が担当することになっている。回民軍閥の統治時代、回民の軍人が寧夏省の最高責任者であったことと寧夏回族自治区の自治区主席を回族が担当することには共通点が見られるが、中華人民共和国期の場合、行政機関（政府）より上位に位置する中国共産党組織が存在し、その最高責任者の党書記を漢族が担当することが大きな特徴であり、中国共産党の原則を如実に物語っている。つまり、寧夏回族自治区という民族自治地方では、他の自治区と同様、少数民族ではなく、漢族の共産党幹部が実質的な主導権・決定権を掌握しているのである。このような漢族が少数民族を指導するというシステムは中華民国期の寧夏省、より正確にいえば、回民軍閥統

治下の甘粛・寧夏・青海には見られなかったことである。

2　党国家と清真寺の力関係

　寧夏回族自治区は回族という名を付けられた民族自治地方のモデルケースで
あるが、寧夏回族自治区の成立以前から中国共産党が寧夏で回族に対する社会
主義政策および政治運動が積極的に展開したことは非常に重要な点である。寧
夏、甘粛、青海は中華民国期に中国国民党の立場に近い回民軍閥に支配されて
いたため、1949 年以後、中国共産党・政府は自分たちへの協力を拒む抵抗勢
力を取り締まり、粛清した。1950 年代中頃以降、中国共産党・政府は土地改革、
反右派闘争、宗教制度民主改革、文化大革命を強行し、清真寺の伝統的宗教知
識人（例えば、宗教指導者、寄宿学生）や現代的民族知識人（例えば、回族の共産党員）
を数多く迫害・弾圧した。1950 年代後半から 1970 年代後半までのおよそ 20
年のあいだ、大多数の清真寺は閉鎖・転用あるいは破壊され、清真寺を中心と
したジャマーアは一度消滅させられてしまった。この間、寧夏回族自治区では
清真寺およびジャマーアはほとんど機能しておらず、イスラームの知的伝統は
公の場では継承されなくなった。

　1978 年に改革開放政策の導入が決定されると、中国共産党はそれまでの民
族・宗教政策の方針を是正した。これをうけて、漢族・少数民族の別なく、宗
教活動や民族文化の再開が容認され、回族は清真寺を自発的に修復し、ジャマー
アをあらためて作り直した。1957 年から 1976 年にかけて表舞台から消えてい
た宗教指導層や一般信徒たちが清真寺に集まり、日々の礼拝、断食、年中行事、
人生儀礼などの伝統儀礼を再開した。ただし、1980 年代に清真寺に復帰した
宗教指導者にはかろうじて生き残った高齢者が多く、中年層・青年層の宗教指
導者はほとんどいなかった。それゆえ、1980 年代からは清真寺で寄宿学生を
受け入れ、新世代の宗教指導者を積極的に育成した。このように、清真寺にお
ける草の根の運動が功を奏し、調査地の銀川市では 1990 年代には清真寺の修
復、ジャマーアの再編、宗教エリートの育成は軌道に乗った。現在、清真寺が
正式な宗教活動場所として認定されているのであれば、その清真寺では基本的
な宗教活動を実施することができる。

　また、清真寺内部の権力闘争や指導層の世俗化などの問題も顕在化している。

もちろん個人差があるため一般化しづらいが、例えば、清真寺指導層が実権を
めぐって内紛を起こしたり、冠婚葬祭の予算の多寡をめぐって宗教指導者と一
般信徒が口論したりする事例は実は少なくない。このような揉め事はなかなか
表面化することはなく、清真寺の信徒たちによって積極的に話されることはな
いが、長期滞在のフィールドワークによって筆者はしばしば見聞きした。当然
のことながら、ある民族や宗教内部の抗争や衝突は清朝や中華民国の時代にも
発生しており、珍しいことではないが、ここで注意すべきは、現代中国の文脈
では改革開放政策の導入後、中国共産党・政府が清真寺指導層を政治活動に積
極的に動員するため、一部の宗教指導者や管理責任者が政界に進出し、イスラー
ム界内部で権力闘争が熾烈化していることである。そのことを最も端的に示す
事例が中国共産党・政府に協力的な「紅色阿訇」の存在である。事実、中国イ
スラーム界で主導権を掌握するのは「紅色阿訇」と呼ばれる人たちである。

3 宗教儀礼・民族文化

　改革開放政策の導入後、回族の人々は清真寺を自発的に修復し、その作業は
基本的には順調に進められた。しかしながら、その一方、寧夏回族自治区にく
らす人々の生活条件が改善され始め、漢族と同様、回族のなかにも富裕層が姿
を見せるようになると、宗教儀礼や民族文化の「漢化」、世俗化、脱宗教化（イ
スラーム的規範の意図的な排除）という現象が目立つようになった。清真寺の制度
や組織といったハードな側面と比較すると、宗教儀礼や民族文化はソフトな側
面であり、文化そのものの柔軟さゆえ、異文化接触による変化・変容は容易に
観察される。例えば、第7章で詳細に記述したように、そのような現象が最も
具体的に観察できたのが婚姻儀礼（特に披露宴）であり、ごく自然な飲酒・喫煙、
漢文化由来の儀礼・文化の受容、花嫁の肌の露出などが「漢化」、世俗化、脱
宗教化の表徴として非常に際立っていた。当然のことながら、これらの現象は
中国共産党の国家政策によって引き起こされたのではなく、回族の個々人と外
部世界との異文化接触によって生起したものである（漢族が一方的に異文化をもた
らすわけではない）。それゆえ、清真寺指導層を中心とする信徒たちは自分たち
の身近なところで起こる「漢化」、世俗化、脱宗教化に対して警戒心や危惧の
念を抱いていた。

終　章　現代中国における「イスラーム復興」のゆくえ

　第5章で詳述したように、イスラーム改革運動のように、回族の人々が自発的に展開した儀礼・文化の刷新・純化運動が西北地方を中心に猛威を振るった時期があったが、1949年以降の状況に目を向けてみると、イフワーン派を中心としたイスラーム改革運動は少なくとも寧夏回族自治区の銀川市ではその効力をほとんど発揮できておらず、イフワーン派の人々は運動創成期の理念を忘却しているかのように見える（そのような堕落した状態は甘粛省や青海省においてイフワーン派が現在も強大な影響を行使できている状況とは非常に対照的である）。イフワーン派の人々が改革を徹底しない理由は、筆者の推測の域を出ないが、イフワーン派の信徒たちは「転向」以前はカディーム派あるいはスーフィー教団の信徒であり、旧勢力の反発を危惧し、また、信徒間の利害関係も考慮し、銀川市ではイスラーム改革運動を強硬に実施できないからではないかと考えられる。実際、銀川市では、イフワーン派が改革の標的と見なした伝統儀礼の多く（「非イスラーム的」というレッテルを貼られた儀礼要素）は現在もごく自然に実施されている。

　なお、補足説明しておけば、文化大革命以前と以後を比較すると、中国共産党・政府は少数民族の権利保障にどちらかといえば積極的な姿勢を示しており、寧夏回族自治区の場合、調査当時、回族の文化的自治は広範囲に容認されており、中国共産党・政府による統制・規制は外部者が想像するほど強くはなかった。そのような状況は新疆ウイグル自治区の状況とはおおきく異なる。

4　中国共産党の政治宣伝とイスラーム界の反応

　改革開放政策の導入後、清真寺が回族の人々によって自発的に修復され、ジャマーアが新たに形成されたことを見れば、「イスラーム復興」が中国各地で発生していることが疑いのない事実ではあることを認めざるを得ない。しかし、その内実を仔細に観察すると、「イスラーム復興」が回族の人々による草の根の運動だけで実現されたのではなく、中国共産党・政府の政策転換によってはじめて容認されたことに留意する必要がある。寧夏回族自治区で回族の文化的自治が広く容認されていると述べたが、それはあくまでも中国共産党の指導下にあるからこそ実現・達成可能なのであるということを忘れてはならない。実際、銀川市の清真寺では回族の人々は中国共産党・政府に対する支持や協力の表明を「暗黙の了解」と考えており、中国国内のイスラーム界は「民の論

479

理」よりむしろ「党の論理」によって強く方向付けられているのが実状である。1990年代以降、清真寺指導層のなかには中国共産党に対する支持・協力を積極的に表明することによって自分たちの政治的地位や清真寺の既得権益を獲得しようとする人々が登場し、宗教指導層や清真寺のあいだで政治的な駆け引きが熾烈化している。例えば、第4章で述べたように、中国イスラーム界では中央・地方においてイフワーン派の宗教指導者が中国共産党・政府に協力的な勢力として重宝されており、「教派」間のパワーバランスが「党の論理」によって大きく左右されている。

　要するに、改革開放政策の導入後、中国イスラーム界では中国共産党が牽引する政治に参加するかどうかが中国共産党に対する忠誠心を測る重要な踏み絵となっているのである。それでは、回族の大多数はなぜ中国共産党・政府に積極的に協力するのであろうか。寧夏回族自治区の場合、暴力的な社会主義政策および熾烈な政治運動がかつて大規模に展開されたため（第2章）、回族の人々は中国共産党の力強さを自分たちの身をもって経験としてよく知っている。そのような経験をふまえ、寧夏回族自治区では回族の人々が中国共産党・政府に果敢に抵抗することはまずありえない。寧夏回族の人々は中国共産党・政府の意向を汲みながら自分たちの言動を決める傾向が強い。このような傾向を数値化することは不可能であるが、中国共産党・政府が清真寺指導層になんらかの宣伝や協力を打診した場合、清真寺指導層はそれを拒否しようとしないし、拒否することはできない。現実的な処世術として、清真寺指導層は中国共産党・政府とのあいだに強力な「関係」（guanxi）を形成し、自分たちの既得権益を確保しようとする。中国共産党・政府とのコネクションは清真寺内部で紡ぎ出されるコネクションほど太く、強いものではないが、中国共産党・政府との細く、弱いコネクションも現代中国における生存競争において必要不可欠なものとなっている。ここで指摘するまでもなく、国家権力と住民の相互交渉の必要性は現代中国にのみあてはまることではなく、清朝期や中華民国期の中国社会にもあてはまる。ただし、現代中国の文脈において指摘すべきは、中国共産党の国家権力が生活世界の末端にまで深く浸透しているがゆえ、国家権力と住民の政治的駆け引きが日常化しており、国家権力からの働きかけが強いことである。

終　章　現代中国における「イスラーム復興」のゆくえ

第3節　現代中国のジャマーア・システム

　中国共産党が1978年に決議した改革開放政策はその性格を観察すれば、グローバル化の一潮流をなしていると言える。その証拠として、1980年代初頭には社会主義国の中国において資本主義的市場経済が本格的に導入され、毛沢東時代の社会主義建設で理想的な共同体と見なされた人民公社や「単位」（*danwei*）が解体され、グローバル化とともにネオリベラリズムの余波が中国にも押し寄せている。改革開放政策の導入後、中国社会で表面化したのは個人のアトム化や社会の断片化・液状化であり、毛沢東時代とは対照的に、マルクス主義や毛沢東思想などのイデオロギーの求心力は日常生活の場面では明らかに弱体化しつつある。

　改革開放政策がグローバル化とともに急速に進展するなか、回族の人々は文化大革命の時代には「封建迷信」と見なされた清真寺を自発的に修復し、文化大革命期に破壊されたジャマーアをあえて形成した。それはいわば個人のアトム化に対する回族の人々による抵抗であり、経済自由化のなかに放り出された彼らなりの戦術であると考えることができる。そこで、ここからはジャマーアの伝統秩序に見られる特徴に注目し、その持続と変容について考えてみたい。そのための手続きとして、(1)清真寺内部の権力構造、(2)ジャマーアの結合原理、(3)清真寺を越えるネットワークの三点に絞ってそれぞれの特徴を整理する。

1　清真寺内部の権力構造

　中国回族の学術界では「清真寺是社区的霊魂」（清真寺はジャマーアの魂である）［楊文炯 2002：184］とよく表現される。この言葉はジャマーアが清真寺の根幹である、清真寺が存在しなければジャマーアは成立しないということを意味する。文化人類学者の馬強（回族）は「有寺有坊」（清真寺があるところにジャマーアあり）［馬強 2011：124］という概念を使用し、その意味を端的に表現している。基本的には「有寺有坊」という現象は中国各地の回族社会にあてはまる。「基本的には」と書いたのは例外が存在するからであるが、中華人民共和国の成立後、1950

481

年代以降の社会主義改造、政治運動、1980年代以降の都市再開発の結果、「有寺有坊」が実体をともなわなくなった地域があることを念頭に置いている。西北地方の多くの地域では「有寺有坊」の状態は辛うじて維持されている。寧夏回族自治区首府の銀川市ですら回族の集住形態は瓦解しつつあるが、本書で取り上げた西関寺の場合、地元回族の住民が清真寺の周囲に比較的集住しており、また、清真寺指導層が大きな権限を行使することができており、ジャマーア・システムが維持されている珍しい事例である。

　ジャマーア・システムでまず考えねばならないのは権力構造である。基本的なモデルとしては、清真寺内部では宗教指導者と清真寺民主管理委員会は分業をおこなっており、清真寺によって若干の差異はみられるが、清真寺内部では政治権力の二極化が大きな特徴となっている（図10-1）。つまり、外部から招聘される宗教指導者と地元出身の管理責任者たち（清真寺民主管理委員会）がそれぞれの既得権益を抜け目なく考慮しながら立ち振る舞っている。一般的な理解では、宗教指導者は清真寺の精神的なシンボルであるかのように説明されることが多いが、改革開放以降の実態としては、宗教指導者は他地域から招聘され、任期制を適用される被雇用者となっている。特に改革開放期、清真寺民主管理委員会が人事異動権を掌握しており、宗教指導者は比較的弱い立場に置かれている。当然のことながら宗教指導者は清真寺内部のイスラーム教育において絶大なる権力を行使しうるが、その一方、宗教指導者には管理運営の権限はまったく付与されていない。清真寺指導層の分業体制は中華民国期にもあてはまることではあるが、中華民国期の場合、宗教指導者が管理運営にも関与することがあり、宗教指導者には強大な権限が認められていた［e.g. 岩村1950］。これは中華人民共和国期の清真寺の状況とは対照的であると言える（図10-2）。

　改革開放政策の導入後、清真寺に復帰した管理責任者たちは中華民国期の管理責任者たちとはその性格が異なる。つまり、改革開放期に登場した管理責任者たちは中国共産党が牽引した暴力的な政治運動を経験し、社会主義の洗礼を受けた新興勢力である。新興勢力の彼らはその実務能力や経済力を一般信徒たちから高く評価され、一般信徒の代表者に選出あるいは任命されたのである。新興勢力の管理責任者たちは1949年以前の管理責任者たちと比較すると、伝統的なイスラーム教育を十分に受けておらず、宗教的知識・素養が劣るが、実

終　章　現代中国における「イスラーム復興」のゆくえ

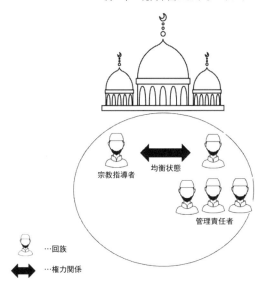

図 10-1　清真寺内部の二重権力（均衡状態）

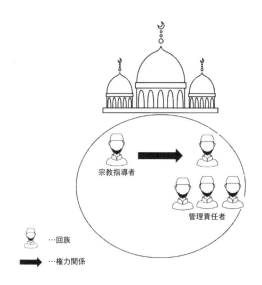

図 10-2　宗教指導者に強大な権限が容認されている場合（例えば、中華民国期）

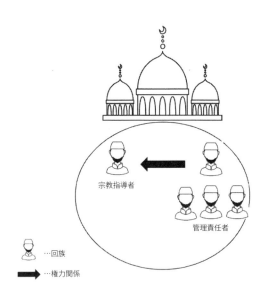

図 10-3　管理運営者たちに強大な権限が容認されている場合（例えば、改革開放期）

務経験があるため管理能力に長けている。それゆえ、改革開放政策の初期、新興勢力は新たな管理責任者として清真寺内部の実権を掌握し、宗教指導者の勤務態度、一般信徒の業務評価、宗教指導者と寄宿学生の師弟関係などにもとづき、宗教指導者を解任・招聘できるようになった（図10-3）。

　清真寺内部の政治権力の二極化については、実は、先行研究（例えば、1949年以前に内モンゴルで清真寺を調査した岩村［1949:18-19］の報告）で指摘されており、けっして珍しいことではない。中華民国期から現在にいたるまで宗教指導者と管理責任者のあいだで「綱引き」（政治的な駆け引き）が状況に応じて繰り広げられていたことは十分に考えられる。したがって、清真寺内部の政治権力の二極化が中国共産党・政府の社会主義政策がもたらした結果であると考えるのは事実誤認であり、慎重に検討する必要がある。実状に即した理解としては、図10-1、図10-2、図10-3のモデルは清真寺内部の権力関係の変容に応じてどの時代にも生起するもので、それぞれのモデルがあたかも振り子のように立ち現れると捉えるのが適切であろう。中華人民共和国の成立後に清真寺内部に発生した権力構造の変化・変容として指摘できることは、改革開放政策の導入後、信徒集

終　章　現代中国における「イスラーム復興」のゆくえ

団が管理責任者を選出する際、宗教的知識・素養よりも経済力の有無を判断基
準として優先するようになり、管理責任者が実務家の性格が前景化するように
なったことである。もちろん中華民国の時代も経済力を発揮できる富裕層が管
理責任者を務め、清真寺の主導権を掌握していたのであるが、旧来の管理責任
者はイスラームの知識や素養を身につけており、本人が敬虔なムスリムである
ことが重要視されていた。それと同時に、旧来の管理責任者は個人ではなく、
信徒集団全体の利益を考慮し、人望が篤かったようで、清真寺の古老たちは現
在でも寧夏回族自治区や他地域（例えば、内モンゴル自治区フフホト市）で懐かし
そうに語る傾向にある。

2　ジャマーアの結合原理

　続いて、ジャマーアを形成する信徒の結合原理に注目する。回族というエス
ニック集団は外来ムスリムが中国社会のなかで漢人を吸収しながら形成した集
団であり、回族は漢語を母語とし、漢文化にも親しみ、漢文化由来の関係主義
を日常生活のなかで積極的に活用する。序章で説明したように、関係主義は
個人的な二者関係の連鎖を基礎とする「類」の原理［横山 1987：210］に依拠し、
人格的で個別的な私人関係の形成を特徴とし、私人関係を超越するような普遍
的な道徳観念や価値判断が形成されづらい［佐々木 1993：29］。換言すれば、「関係」
（*guanxi*）は個々人の対面的な関係のなかですぐさま形成され、それは個人を起
点とする関係の網の目となるが、境界線の明確な集団や組織が形成されるわけ
ではなく、かりに形成されたとしても持続性が非常に乏しく、流動性が高い（そ
れゆえ、個人間の贈与交換が関係強化のために頻繁におこなわれる）。「関係」（*guanxi*）の
なかにいる個々人が集団や組織に所属することがあったとしても、個人と個人
の「関係」（*guanxi*）の近しさが重視されるため、親しい者同士が集団や組織の
なかに派閥を形成することになり、集団や組織に対して全人格的に帰属し、忠
誠心を抱くわけではない（「私」の集合体は形成されるが、それが公共性に結びつくわ
けではない）。それゆえ、集団や組織をまとめるには指導的立場にある者は「関
係」（*guanxi*）の有無を問うことなく他者に対して公平に扱わなければならない。
第3章で述べたように、清真寺指導層が個人的に親しい人々を縁故採用したり、
近しい関係にある人々の利益のみを最優先したりした結果、周囲の信徒たちか

485

ら不公平ではないかと批判され、信徒集団の代表としての正当性を疑問視され
たのである。

　改革開放の初期、回族の人々は有志を募り、清真寺を自力で修復し、清真寺
の周囲に集住し、ジャマーアをあらたに形成した。その際、おなじ志を持った
人々同士で境界線がある程度は明確な集団を形成したことは否定できない。し
かし、清真寺の管理運営が軌道に乗ると、清真寺指導層が細心の注意を払った
のは私的な利害関係の調整であった。例えば、第3章で清真寺内部の人事異
動、第5章で死者儀礼をめぐる揉め事の事例で指摘したように、清真寺指導層
には個人的な利益の追求を最優先して物事を推し進めるあまり、清真寺全体の
ための利益をそれほど考慮しないという功利主義的な一面が目立つようになっ
た。清真寺内部の政治に注目したことで個々人が利潤の最大化を目指し、合理
主義的に行動するのかのように外部者の眼には映るのかもしれないが、その他
の政治とは関係のない場面においても清真寺指導層は個人的な思惑や打算など
によって「関係」(guanxi)を活用し、自由選択的に行動していた。このような
行動パターンはポリティカル・エコノミーと形容することができよう。おそら
く現代の文脈に限定せず、清真寺を中心としたジャマーアでは外部世界と同様、
個々人の利益をめぐる権力闘争が本来的に熾烈なのであろうが、ここで注意す
べきはそれが特に中国共産党が主導権を握る権力ゲームのなかで一層複雑化し
ていることである。

　ただし、ジャマーアの結合原理が関係主義モデルによって説明できるから
といって、ジャマーアの集団性・共同性を完全に否定することは適切ではな
い。本書の個別事例で示したように、ジャマーアは清真寺という「場」(地域性)、
対面的関係、帰属意識を再生産する個々の信徒によって実体化されている。例
えば、清真寺に集う信徒たちにとって最大の関心事は清真寺という「場」を政
府公認の宗教活動場所として確保し続けることである。もちろん清真寺指導層
の人事異動は非常に重要であり、清真寺指導層がどのような能力・知識・教養・
人柄を備えているのかということは話題とされるが、どのような人的資源を確
保するのかということよりもむしろ、清真寺という「場」・「枠」を合法的に自
分たちの資源として維持・活用することの方が究極的には一般信徒のあいだで
は重視される。意外な印象を与えるかもしれないが、清真寺という「場」・「枠」

終　章　現代中国における「イスラーム復興」のゆくえ

が維持されるのであれば、そのなかで活動する人々の性格や変更（異動）が考慮されない事例も状況によっては観察される[314]。たとえ清真寺指導層が中国共産党・政府に対して従順な態度を示し、政治宣伝に非常に熱心であったとしても、清真寺という「場」・「枠」を維持し、宗教活動を平常通り実施することができるのであれば、清真寺指導層を積極的に批判し、解任させようと考える一般信徒はごく少数派である[315]。このように、一部の信徒の言動に対して不満を抱きながらもジャマーア全体の秩序をできるかぎり維持しようとする行動パターン（ある種の処世術）は清真寺のなかで醸成されたモラル・エコノミーと呼ぶことができるだろう。

3　清真寺を越えるネットワーク

　それでは、清真寺内部ではなく、外部へと広がる個人的ネットワークの動きに注目しておきたい。調査地では銀川市城区および郊外を中心にいくつかの清真寺が点在し、宗教指導者、管理責任者、寄宿学生、一般信徒たちが個人的ネットワークが清真寺を相互に結び付けていた。つまり、清真寺に在籍する宗教指導者や寄宿学生などの宗教エリートはそれぞれが個人的コネクションを駆使し、清真寺を定期的あるいは不定期に移籍（異動）し、帰属を変更する。第3章で紹介したように、宗教エリートが清真寺を転々と移籍（異動）することによって、清真寺と清真寺を繋ぐ個人的ネットワークが形成・集積され、清真寺の範囲を越えるネットワークが多層的に積み重なる。実は、このような宗教エリートの移籍（異動）は中華民国期にも散見されたことであり、1949年以前は省の範囲を越える移籍（異動）がごく普通に見られたのに対し、1949年以降（主に改革開放期）には移籍範囲に対して中国共産党・政府から制限が加えられ、特に宗教指導者の場合、寧夏回族自治区内の移籍異動しか認められていない。ただし、改革開放政策の導入後、戸籍管理制度が若干緩和され、住民の移籍（例えば、農村から都市への移住）が比較的容易になって流動性が高まったことには留意する必要がある。

---

314) ここでいう「場」・「枠」は沖縄の家（ヤー）を研究した田中真砂子が述べた「スロット」［田中 1977：12］に類似したものであると言えるかもしれない。このスロット・システムの特徴を小田は「成員の交替にかかわらず存続する『箱』のようなもの」［小田 2010b：131］と説明している。
315) ただし、一般信徒たちが「清真寺指導層が自分たちの利益を考慮せずに私欲を優先している」と判断した場合、宗教指導者や管理責任者たちを批判し、辞職を迫る事例はある。

487

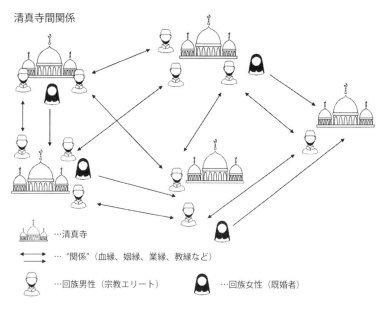

図 10-4　清真寺を結び付ける「関係」(*guanxi*) の概念図

　具体的な事例として、宗教エリートによって形成される個人的ネットワークが清真寺間の連携関係を強化する事例を確認しておきたい。第5章の死者儀礼の事例で述べたように、清真寺において死者儀礼（葬送儀礼）が実施される場合、遺族は自分たちの帰属する清真寺だけでなく、銀川市内の清真寺に対しても訃報を告知し、死者儀礼への参列を積極的に呼びかける。このような呼びかけはシャリーアで定められた義務行為ではないが、銀川市では伝統慣習として実施されていた。その場合、遺族ではなく、宗教指導者が通達先の清真寺を選別する。一般的な傾向として、できるかぎり多くの清真寺に声をかけるのであるが（もちろん遺族の経済的余裕による）、宗教指導者は自分と「関係」(*guanxi*) のある清真寺を優先的に選択するらしく、宗教指導者の個人的采配によって招待する清真寺の数が変わり、また、葬礼参列者の人数や規模も増減する。このように、銀川市の場合、宗教エリートが紡ぎ出す個人的コネクションが清真寺と清真寺を結び付けるネットワークを構成していた（図10-4）。

　それとは別に、清真寺民主管理委員会や一般信徒が清真寺の範囲を越えた個

終　章　現代中国における「イスラーム復興」のゆくえ

人的ネットワークを形成することも見逃してはならない。第 5 章で述べたように、西関寺の周囲に集住する回族の場合、民族内婚をあたかも規定婚であるかのように実施する傾向が高く、おなじ回族の結婚相手を自分たちの出身村落の周囲に点在する村落から選び出していた。このような傾向はあくまでも西関寺の事例に言えることであり、一般的な傾向であるとは断言しづらいが、西関寺の周囲に集住する回族は清真寺のある村落を拠点として主に銀川市区の範囲内で民族内婚を再生産し、その結果、婚姻ネットワークを重層的に形成してきたことは間違いない。このような民族内婚のネットワークは、清真寺を中心としたジャマーアの範囲を越え、自分たちのジャマーアを他のジャマーアと結び付けることとなり、また、一般信徒間の情報交換の手段ともなっている（図10-4）。ただし、銀川市の中心地では 1990 年代以降、回族の若者のあいだでも漢族とおなじように自由恋愛が普及しつつあり、回族と漢族の結婚が増加し、回族の民族内婚は減少傾向にあるため、民族内婚にもとづく婚姻ネットワークにも根本的な変化がみられる。

第 4 節　保存される清真寺、溶解するジャマーア

　さて、改革開放政策の導入後、清真寺や聖者廟の大多数は宗教事務局やイスラーム教協会によって合法的な宗教活動場所として認定・登録されている。地域によっては未認可の礼拝場所や聖者廟があるが、基本的には、大多数の清真寺や聖者廟は合法的な宗教空間として認定されており、観光地化が進む大都市では清真寺が文物保護単位として手厚く保存される事例が散見される。例えば、北京市の牛街礼拝寺は世界的に有名な観光名所であるが、1990 年代後半、牛街では「危改」政策によって清真寺の周囲に集中していた伝統的な民家（主に平屋）が破壊され、その代わりに近代的な集合住宅が建設された。旧住民の一部（一説には 30%から 40%までの割合）が牛街以外の地域へ転居せざるをえなくなった結果、牛街礼拝寺は文物保護単位として保護され続けているが、その一方、ジャマーアは規模を縮小せざるをえなくなった。中国共産党の宗教政策としては、清真寺を中国共産党・政府党の文物として保存することには意欲的である

489

写真 10-1　甘粛省蘭州市のジャマーア解体の危機を報じた新聞記事

が、清真寺はあくまでも中国共産党・政府にとってはムスリム少数民族を統制・監視するための施設であり、ジャマーアの規模縮小や解体という問題には積極性を示さない。

　北京市の牛街の事例にかぎらず、回族の人々にとって深刻な問題は清真寺の周囲に確実に集住し、ジャマーアを形成できるかどうかという根本的な問題である。西北地方のようにムスリム少数民族が本来的に集住する地域の場合、清真寺の周囲にムスリム少数民族が集住し、ジャマーアを形成・維持することは比較的容易であるが、それとは対照的に、東北・華北・華東・華南などの地域では回民が非常に分散していたため、清真寺はかろうじて保護されているが、ジャマーアが実質的に機能していない事例が目立つ[316]。例えば、四川省の成

316) 例えば、2000年前後に中国全土で愛読されていた中国ムスリムの新聞『穆斯林通訊』には、陝西省西安市のジャマーアの危機 [伊卜拉欣 2001]、都市における地縁的紐帯の変化とジャマーア [楊文炯・達吾 2001]、甘粛省蘭州市の開発にともなう清真寺の移転問題 [曼爾素穆 2002]、天津市の小規模なジャマーアの建設 [馬博忠 2002] などのジャマーアの変容を取り上げた記事が連載されている。

490

都、寧夏回族自治区の銀川市などでは、都市の再開発によって清真寺で移転させられ、清真寺の周囲にもともと集住していた回族が分散し、ジャマーアは縮小または解体してしまった。酷い状況としては、北京市の海淀清真寺のように、清真寺の周囲に回族がほとんど住んでいない事例もある。このような状況は文化人類学者の馬強（陝西師範大学）の言葉を借りるならば「有寺無坊」と形容することができる。つまり、「清真寺は存在するが、ジャマーアは存在しない」という非常に特殊な状況である。換言すれば、清真寺は中国共産党・政府によって保存される傾向にあるが、ジャマーアは溶解しつつある（写真10-1は甘粛省蘭州市におけるジャマーアの解体危機を報道した記事）。

　そのような新しい現象は、現在、少数民族が中国領内において地域密着型のコミュニティを自発的に再編する場合、国家政策の方向性を絶えず意識せざるをえないことを如実に物語っている。銀川市の事例をふまえれば、回族の人々は清真寺を修復または改築し、自分たちの慣習的な作法で作業に取りかかることが可能である。しかしながら、中国共産党・政府の意向、いわば「国家の見えざる力」を意識しないわけにはいかず、清真寺関係者たちは中国共産党・政府に対して服従を示し、自分たちの意見や行動を自粛しようとする傾向が見られる。そのような状況は、朱倫［2012］が提唱した「民族共治」（*jointonomy*）であるとは言えず、それはむしろ清水盛光の二重自治論を援用すれば、中国共産党・政府の支配（構成的自治）が住民たち自身による自己管理（生成的自治）を物理的に圧倒している状況であると判断することができる。このような事態が継続するのであれば、当然のことながら自分たちの置かれた状況に対して閉塞感を抱く人々が現れ、清真寺には出入りせず、自分たち独自の個人的ネットワークによって宗教活動に従事するようになる。それが中国共産党政権下では非合法化されているタブリーグの宣教活動である。第8章で述べたように、タブリーグはその運動の性格から、中国だけでなく、中央アジアや一部の中東諸国などでも禁止されているが、改革開放期に中国ムスリム社会内部からタブリーグに共鳴する人々が登場したことは注目に値する。なぜならば、彼らタブリーグの宣教活動は清真寺を中心としたジャマーアのありかたに対する認識の見直しを迫るものだからである。

　それでは、将来的に、現代中国にくらすムスリム少数民族の自治はどのよう

な局面を迎えるのだろうか。中国共産党が政治的主導権を掌握し続ける中華人民共和国においては、政治エリートではない一般民衆はマルクス・レーニン主義や毛沢東思想などの政治イデオロギーの解釈枠組みを大前提としてしか個人的あるいは社会的な生活世界を形成することができない状態にある。各章で指摘したように、寧夏回族自治区銀川市にくらす回族に関するかぎり、回族の人々は理念としては世界宗教としてのイスラームのウンマ建設を志向しているはずであるが、実際の行動の次元では中国共産党・政府が形成した政治空間でしか自分たちのイスラームを実践することができない。

　1949 年の中華人民共和国の成立後、回族の人々はあくまでも清真寺という限定された社会空間のなかでのみイスラームを実践するように中国共産党・政府に指導されてきた。また、それと同時に、回族の人々自身も中国共産党・政府の指導に対する服従を「自主的」に選択する傾向にある。第 1 部で詳細に論じたように、宗教指導者や管理責任者のなかに国家政策を全面的に支持する姿勢を示す者が多いことによって裏付けられていよう。現在、中国において回族が中央アジアや中東で見られるイスラーム主義者の武装勢力のように暴力的な政治活動に従事することはまずありえない。回族は中華人民共和国というひとつの政治的空間のなかで自分たちが理想とするイスラームを中国共産党の提唱するマルクス・レーニン主義、中華ナショナリズム、愛国主義などと結びつけるかたちで再定義・再解釈せざるをえない。このような行動パターンはおなじ中国領内にくらすウイグル族の事例とはおおきく異なる。

　旧ソ連や中国のように社会主義を経験した地域では、「民族」が国家権力によって制度化・実体化されている場合、ムスリム少数民族のように、たとえ「民族」と「宗教」とが本来的に密接な関係にあったとしても、中国共産党が「脱宗教化」を積極的に推進する状況下では、「民族」と「宗教」の関連性が国家権力によって過小評価されたり、全面的に否定されたりすることはけっして珍しくない。現在、中華人民共和国では経済自由化政策が本格的に急展開する一方、社会主義式政教分離の原則が徹底化され、無神論教育は依然として継続されている。道教、仏教、キリスト教、イスラームが「公認宗教」としてその宗教活動を法的に容認されてはいるが、それはあくまでも中国共産党・政府との協力関係を大前提としたある種の「紳士協定」のようなものにすぎず、実際は、

終　章　現代中国における「イスラーム復興」のゆくえ

「公認宗教」といえども宗教活動の内容や宗教活動場所の範囲は「政教分離」の原則によって大きく制限されている。また、それと同時に、「公認宗教」を信仰する人々は中国共産党政権下で生活を営むうちに自分たちの行動を制御・統制する傾向にある。そのような傾向は例えるならばパノプティコン（一望監視施設）と呼びうる状態であり、住民たちが自分たちの言動を訓化するメカニズムを再生産している。

　2000年代以降も中国共産党主導の国民統合ではマルクス・レーニン主義を根幹とし、中華ナショナリズムや愛国主義などが取り込まれながら社会主義国家が絶え間なく建設されている。2008年以降、チベット族やウイグル族の分離独立にかかわる文化摩擦や民族紛争がそれまで以上に発生し、中国共産党・政府と一部の少数民族のあいだで緊張が高まっている。ムスリム少数民族に目を向けると、近年、新疆ウイグル自治区でイスラーム服の着用規制や「去極端化」（イスラームの脱過激化）のキャンペーンが広範囲に展開され、テュルク系ムスリムに対する統制・監視はあきらかに強化されつつあり、世界各国のマスメディアでしばしば報道されている（中国国内の新聞・雑誌では積極的に取り上げられることは非常に少ない）。また、中国国内における「抹黒穆斯林」の言論（主にインターネット上でムスリムを中傷する記事・投稿）も中国イスラーム界にとってはおおきな脅威になりつつあり、中国共産党・政府が注視している。このような状況下、回族がジャマーアをいままでとおなじような条件のもとで自分たちの手によって再編し続けられるかどうかという問題は予断を許さない。例えば、中国共産党・政府は2016年の全国宗教工作会議の後、2017年頃から「宗教中国化」という新しいキャンペーンを打ち出し、その一環として宗教施設の建築様式に対する取り締まりを展開しており、寧夏回族自治区では清真寺の屋上にあるアラブ風ドームが撤去されたことが報道されている[317]。

　筆者が現時点で指摘できることは、中国共産党・政府が現行の民族政策を今後も継続させるかぎり、「回族」という名称を付与された「民族戸籍」およびそれが具現化する回族という「民族実体」が消滅する可能性はきわめて低いということである。それとおなじことは宗教政策にもあてはまる。中国共産党・

317）多維新聞ホームページ「寧夏政務官微詭異被清　曝清真寺被拆現場」（2018年4月26日掲載）http://news.dwnews.com/china/news/2018-04-26/60054347.html（2018年5月1日最終閲覧）。

政府がイスラームを「公認宗教」として法的に保障し続けるのであれば、イスラームそれ自体が中国国内において抹消させられることはない。この意味において現代中国における「民族」と「宗教」の存続に対して筆者は実は悲観的ではない。しかしながら、それと同時に、中国共産党が牽引する社会主義国家建設において「脱宗教化」の政策が今後も強化され続けるのであれば、回族の宗教儀礼や民族文化からイスラームの特性が意識的または無意識的に抹消され、1949 年以前までは「一心同体」としてごく普通に考えられていた「民族」と「宗教」との結び付きが分断され、回族社会のなかでさえ「民族」と「宗教」が全く関係のないものとして認識される可能性がある。そのことを如実に示すのが第 8 章で紹介した火葬された回族共産党員の事例である。中国共産党政権下では理論上、イスラームの棄教、他の宗教への改宗、宗教信仰それ自体の放棄は可能なのであり、ジャマーアが急速に溶解しつつある現在、イスラームの棄教を公言するような回族の脱イスラーム化が実際の現象として中国内地を中心に発生する可能性がないとは言えない。

参照文献一覧

日本語文献（五十音順）

赤堀雅幸　1997　「死をめぐるイスラームの儀礼」比較家族史学会（監修）『シリーズ比較家族（9）　家族と死者祭祀』早稲田大学出版部、pp. 189-216。

足羽與志子　2000　「中国南部における仏教復興の動態──国家・社会・トランスナショナリズム」菱田雅晴（編）『現代中国の構造変動 5　社会－国家との共棲関係』東京大学出版会、pp. 239-274。

綾部恒雄　1988　『クラブの人類学』アカデミア出版。

アンダーソン、ベネディクト　1987　（白石隆・白石さや訳）『想像の共同体──ナショナリズムの起源と流行』リブロポート。

安藤潤一郎　1996　「『回族』アイデンティティと中国国家──1932 年における『教案』の事例から」『史学雑誌』12：67-96。

───　2014　「日本占領下の華北における中国回教総聯合会の設立と回民社会──日中戦争期中国の「民族問題」に関する事例研究へ向けて」『アジア・アフリカ言語文化研究』87：21-81。

石田　浩　1986　『中国農村社会経済構造の研究』晃洋書房。

磯村英一・星野光男　1990　『地方自治読本』東洋経済新報社。

イブン・アル＝ハッジャージュ、ムスリム　1987　（飯森嘉助・磯崎定基・小笠原良治訳）『日訳サヒーフムスリム──ムスリム正伝集』（第 1 巻）日本サウディアラビア協会。

───　1988　（飯森嘉助・磯崎定基・小笠原良治訳）『日訳サヒーフムスリム──ムスリム正伝集』（第 2 巻）日本サウディアラビア協会。

今中崇文　2011　「回族の葬送儀礼から見る人々のつながり──中国・西安市の化覚巷清真大寺における葬送儀礼を事例として」『総研大文化科学研究』7：25-45。

───　2015　「「共生」のために守るべきものとは──中国・西安市の回族による宗教実践を事例として」『境界研究』5：153-168。

今永清二　1964　「中国回民共同体研究に関する一資料──清末民国時代の包頭における回民社会の概況」『別府大学紀要』12：11-29。

───　1966　『中国回教史序説──その社会史的研究』弘文堂。

岩村　忍　1949　『中国回教社会の構造（上)』日本評論社。

――――　1950　『中国回教社会の構造（下）』日本評論社。

植野弘子　2000　『台湾漢民族の姻戚』風響社。

ウェンガー、エティエンヌ／R・マクダーモット／W・スナイダー　2002　（櫻井祐子・野中郁次郎・野村恭彦訳）『コミュニティ・オブ・プラクティス――社会の新たな知識形態の実践』翔泳社。

内山雅生　2003　『現代中国農村と「共同体」――転換期中国華北農村における社会構造と農民』御茶の水書房。

ウチラルト　2013　「気功と現代中国――河南省における気功師の神格化現象」瀬川昌久・川口幸大（編）『現代中国の宗教――信仰と社会をめぐる民族誌』昭和堂、pp.156 -184。

江口伸吾　2006　『中国農村における社会変動と統治構造』国際書院。

王　柯　2006　『20世紀中国の国家建設と「民族」』東京大学出版会。

王　崧興　1987　「漢人の家族と社会」伊藤亜人（編）『現代の社会人類学1――大川謙作　2004　「「政教分離」の限界――中国チベット自治区ラサにおける騒乱の分析から」『アジア経済』45（7）：29-44。

大塚和夫　1989　『異文化としてのイスラーム――社会人類学的視点から』同文舘。

――――　1994　「身内がヨメにくると――アラブ社会の父方平行イトコ婚をめぐって」田中真砂子・大口勇次郎・奥山恭子（編）『シリーズ比較家族（3）　縁組と女性』早稲田大学出版部、pp. 31-53。

――――　1996　「イスラーム主義とイスラーム復興――（ポスト）モダンにおけるイデオロギーとアイデンティティ」山内昌之（編）『「イスラム原理主義」とは何か』岩波書店、pp. 69-92。

――――　1999　「ポリティカル・エコノミー論の射程――グローバル／ローカルの対立図式を超えて」『国際交流』83：20-27。

――――　2000a　『近代・イスラームの人類学』東京大学出版会。

――――　2000b　『イスラーム的――世界化時代の中で』日本放送出版協会。

――――　2002　『いまを生きる人類学――グローバル化の逆説とイスラーム世界』中央公論社。

――――・小杉泰・小松久男・東長靖・羽田正・山内昌之（編）　2002　『岩波イスラーム辞典』岩波書店。

大塚久雄　1955　『共同体の基礎理論』岩波書店。

――――　2000　『共同体の基礎理論』（岩波現代文庫）岩波書店。

岡井宏文　2007　「イスラーム・ネットワークの誕生――モスクの設立とイスラーム活動」『国境を越える――滞日ムスリム移民の社会学』青弓社、pp. 178-209。

参照文献一覧

小河久志　2016　『「正しい」イスラームをめぐるダイナミズム──タイ南部ムスリム村落の宗教民族誌』大阪大学出版会。

奥村　哲　2003　「民国期中国の農村社会の変容」『歴史学研究』779：18-24。

───　2004　「近現代中国における社会統合の諸段階」『現代中国』14・15：16-28。

オーセル、ツェリン　2009　（藤野彰・劉燕子訳）『殺劫』集広舎。

小田則子　2010　「現代華北農村における個人を結ぶ紐帯・協力関係・集団──中国社会の個性についての考察」『貿易風』5：60-79。

小田　亮　1996　「ポストモダン人類学の代価──ブリコルールの戦術と生活の場の人類学」『国立民族学博物館研究報告』21-4：807-875。

───　2004　「共同体という概念の脱／再構築──序にかえて」『文化人類学』69-2：236-246。

───　2010a　「グローカリゼーションと共同性」小田亮（編）『グローカリゼーションと共同性』成城大学民俗学研究所グローカル研究センター、pp. 1-42。

───　2010b　「「家」の比較研究に向けて」『国立民族学博物館調査報告』90：125-146。

小滝敏之　2007　『市民社会と近隣自治──小さな自治から大きな未来へ』公人社。

戒能通孝　1943　「支那土地法慣行序説──北支農村に於ける土地所有権と其の具体體的性格」『支那農村慣行調査報告書（第1輯）』東亜研究所、pp. 159-282。

加々美光行　1992　『知られざる祈り──中国の民族問題』新評論。

───　2004　「中国の民族政策をめぐる新思考：「族群」「自治と共治」──内蒙古自治区を中心に」『中国21』Vol. 19：43-56。

───　2016　『未完の中国──課題としての民主化』岩波書店。

加々美光行・中見立夫・フフバートル・高明潔　2004　「「民族自治」における内モンゴル自治区」『中国21』Vol. 19：5-36。※対談記録

片岡一忠　1980　「日本における中国イスラーム研究小史」『大阪教育大学紀要第II部門』29-1：21-42。

───　1991　『清朝新疆統治研究』雄山閣。

───　1992　「清朝と回族の反乱」『月刊しにか（特集）中国のイスラム教』7月号：19-24。

上水流久彦　2005　『台湾漢民族のネットワーク構築の原理──台湾の都市人類学的研究』渓水社。

川口幸大　2013　『東南中国における伝統のポリティクス──珠江デルタ村落社会の死者儀礼・神祇祭祀・宗族組織』風響社。

川田　進　2015　『東チベットの宗教空間――中国共産党の宗教政策と社会変容』北海道大学出版会。

川野明正　2005　『中国の〈憑きもの〉――華南地方の蠱毒と呪術的伝承』風響社。

韓　敏　1995　「結婚――村の花嫁・花婿」『暮らしがわかるアジア読本中国』曽士才・西澤治彦・瀬川昌久（編）河出書房新社、pp. 165-171。

祁　建民　2006　『中国における社会結合と国家権力――近現代華北農村の政治社会構造』御茶の水書房。

菊田　悠　2008　『ウズベキスタンの聖者崇敬――陶器の町とポスト・ソヴィエト時代のイスラーム』風響社。

木崎　翠　1995　「現代中国の埋葬と墓参――北京市の事例」小島麗逸（編）『アジア墳墓考』勁草書房、pp 72-82。

岸本美緒　1990　「モラル・エコノミー論と中国社会研究」『思想』：792：213-227。

北原　淳　1996　『共同体の思想――村落開発理論の比較社会学』世界思想社。

―――　2007　「アジア共同体論の課題」日本村落研究学会（編）『むらの社会を研究する――フィールドからの発想』農山漁村文化協会、pp. 152-172。

木村　自　2016　『雲南ムスリム・ディアスポラの民族誌』風響社。

金　泰昌　2004　「総合討論I」西尾勝・小林正弥・金泰昌（編）『公共哲学11　自治から考える公共性』東京大学出版会、pp. 99-130。

クーリー、チャールズ　1974　（大橋幸・菊池美代志訳）『社会組織論』青木書店。

倉沢　進　2007　「中国の社区建設と居民委員会」『ヘスティアとクリオ』6：5-22。

クリフォード、ジェームズ／マーカス、ジョージ（編）　1996（1986）　（春日直樹・足羽与志子・橋本和也・多和田裕司・西川麦子・和邇悦子訳）『文化を書く』紀伊国屋書店。

桑山敬已　1997　「「現地」の人類学者――内外の日本研究を中心に」『民族学研究』61-4：517-542。

黒岩　高　1994　「17-18 世紀甘粛におけるスーフィー教団と回民社会」『イスラム世界』43：1-25。

―――　2002　「械闘と謡言――19 世紀の陝西・渭河流域に見る漢・回関係と国民蜂起」『史学雑誌』111：61-83。

―――　2004　「教と学――回民蜂起に見る清代ムスリム社会の地域相」『東洋学報』86（3）：99-133。

コーエン、アンソニー　2005　（吉瀬雄一訳）『コミュニティは創られる』八千代出版。

小嶋華津子・辻中　豊　2004　「「社団」から見た中国の政治社会――中国「社団」調査（2001-2）を基礎にして」日本比較政治学（編）『比較のなかの中国政治』

早稲田大学出版部、pp. 47-75。

小杉　泰　1994　『現代中東とイスラーム政治』昭和堂。

―――　1996a　「脅威か、共存か？「第三項」からの問い」小杉泰（編）　1996　『イスラームに何がおきているか――現代世界とイスラーム復興』平凡社、pp. 16-41。

―――　1996b　「イスラーム社会と現代国家」山内昌之（編）『「イスラム原理主義」とは何か』岩波書店、pp. 37-68。

―――　2003　「宗教と政治――宗教復興とイスラーム政治の地平から」池上良正・小田淑子・島薗進・末木文美士・関一敏・鶴岡賀雄（編）『岩波講座　宗教1　宗教とはなにか』岩波書店、pp. 241-272。

―――　（編）　1996　『イスラームに何がおきているか――現代世界とイスラーム復興』平凡社。

小滝敏之　2007　『市民社会と近隣自治』公人社。

小谷汪之　1982　『共同体と近代』青木書店。

小西賢吾　2015　『四川チベットの宗教と地域社会――宗教復興後を行きぬくボン教徒の人類学的研究』風響社。

小林　元　1940　『回回』博文館。

小林正弥　2000　『政治的恩顧主義論――日本政治研究序説』東京大学出版会。

小村不二男　1988　『日本イスラーム史』日本イスラーム友好連盟。

近藤光博　2005　「宗教復興と世俗的近代――現代インドのヒンドゥー・ナショナリズムの事例から」国際宗教研究所（編）『現代宗教2005』東京堂出版、pp. 83-105。

砂井紫里　2001　「中国東南沿海部・回族における〈食べ物〉としてのブタと宗教・民族アイデンティティ」『早稲田大学大学院文学研究科紀要』46-4：105-116。

―――　2013　『食卓から除く中華世界とイスラーム――福建のフィールドノートから』めこん。

佐口　透　1948　「中国ムスリムの宗教的生活秩序」『民族学研究』13-4：331-345。

―――　1950　「中国イスラムの経典」『東洋学報』32-3：480-508。

―――　1968　「中国イスラムの近代主義」『金沢大学法文学部論集史学篇』16：19-44。

―――　1969　「中国イスラムの教派」『金沢大学法文学部論集史学篇』17：1-16。

―――　1995　『新疆ムスリム研究』吉川弘文館。

―――　1996　「中国ムスリム研究の回顧と展望――民族研究所とその遺産」『内陸アジア史研究』11：1-16。

佐々木衛　1993　『中国民衆の社会と秩序』東方書店。

———　2003　『費孝通——民族自省の社会学』東信社。

澤井充生　2002a　「死者をムスリムとして土葬すること——寧夏回族自治区銀川市の事例から」『社会人類学年報』28：161-179。

———　2002b　「中国の宗教政策と回族の清真寺管理運営制度——寧夏回族自治区銀川市の事例から」『イスラム世界』59：23-49。

———　2003　「死者の罪業をお赦しください——回族の「民俗宗教」覚書」『アジア遊学（特集）路地裏の宗教』58：36-44。

———　2007　「現代中国の異民族間通婚——寧夏回族自治区銀川市の事例」『人文学報』378：77-93。

———　2008　「清真寺の寄宿学生がつむぐネットワーク——寧夏回族自治区銀川市の事例」『人文学報』393：41-59。

———　2009　『中国西北部における清真寺と住民自治——回族のジャマーアティの民族誌』東京都立大学大学院社会科学研究科社会人類学専攻博士論文。

———　2010a　「回族の親族カテゴリーをめぐる覚書」『人文学報』423：43-69。

———　2010b　「中国共産党のイスラーム政策の過去・現在——寧夏回族自治区の事例」、小長谷有紀・川口幸大・長沼さやか（編）『中国における社会主義的近代化——宗教・消費・エスニシティ』勉誠出版、pp. 57-86。

———　2011　「中華人民共和国の「宗教団体」に関する一考察——イスラーム教協会の事例」『人文学報』438：35-61。

———　2012　「第 14 章　ジャマーア——ムスリムの伝統的コミュニティ」中国ムスリム研究会（編）『中国のムスリムを知るための 60 章』明石書店、pp. 102-106。

———　2013　「イスラームと現代中国——宗教管理機構と清真寺のポリティクス」瀬川昌久・川口幸大（編）『現代中国の宗教——信仰と社会をめぐる民族誌』昭和堂、pp. 129-153。

———　2015　「「右派分子」からシャヒード（殉教者）へ——反右派闘争・文化大革命に翻弄された宗教指導者」澤井充生・奈良雅史（編）『「周縁」を生きる少数民族——現代中国の国民統合をめぐるポリティクス』勉誠出版、pp. 217-246。

志賀市子　2013　「道教と現代中国——広東省における地方道教空間の再生と拡大」瀬川昌久・川口幸大（編）『現代中国の宗教——信仰と社会をめぐる民族誌』昭和堂、pp. 46-75。

島薗進　2001　『ポストモダンの新宗教——現代日本の精神状況の底流』東京堂出

版。

清水昭俊　2012　「戒能通孝の「協同体」論――戦時の思索と学術論争」ヨーゼフ・クライナー（編）『近代〈日本意識〉成立――民俗学・民族学の貢献』東京堂出版、pp. 105-121。

清水盛光　1939　『支那社会の研究――社会学的考察』岩波書店。

清水芳見　1992　「アラブ・ムスリムの死――ヨルダン北部一村落をめぐって」『人文学報』232：125-156。

―――　1993　「アラブ・ムスリムの墓観――ヨルダン北部一村落の事例から」比較家族史学会（監修）『シリーズ比較家族(2)　家族と墓』早稲田大学出版会。

首藤明和　2003　『中国の人治社会――もうひとつの文明として』日本経済評論社。

秦　兆雄　1995　「現代中国の農村の葬式事情」『季刊民族学』72：38-41。

―――　2005　『中国湖北農村の家族・宗族・婚姻』風響社。

新保敦子　1999　「蒙疆政権におけるイスラム教徒工作と教育―――善隣回民女塾を中心として」『中国研究月報』53-5：1-13。

―――　2002　『中華民国時期（1912-1949年）における国家統合と社会教育の研究』早稲田大学大学院教育学研究科博士論文。

新免　康　1992　「現代中国におけるイスラム――新疆ウイグル自治区を中心に」『月刊しにか（特集）――中国のイスラム教』3-7：25-31。

―――　1997　「江沢民体制を揺さぶる少数民族問題――新疆は中国の一部か？ウイグル陣の国か？」『世界』6：292-300。

―――　2003　「新疆ウイグルと中国政治」『アジア研究』49-1：37-54。

末成道男　1983　「社会結合の特質」橋本萬太郎（編）『漢民族と中国社会』山川出版社。

―――　1988　「〈家祠〉と〈宗祠〉――二つのレベルの祖先祭祀空間」末成道男（編）『文化人類学5　特集＝漢族研究の最前線――台湾・香港』アカデミア出版。

―――　1995　「華やかで騒々しい旅立ち」瀬川昌久・曽士才・西澤治彦（編）『暮らしがわかるアジア読本　中国』河出書房新社、pp. 184-190。

―――・鈴木正崇・吉原和男（編）　2000　『〈血縁〉の再構築――東アジアにおける父系出自と同姓結合』風響社。

スコット、ジェームズ　1999　（高橋彰訳）『モーラル・エコノミー――東南アジアの農民叛乱と生存維持』勁草書房。

瀬川昌久　1987　「香港新界の漢人村落と神祇祭祀」『民族学研究』52（3）：181-198。

―――　2004　『中国社会の人類学――親族・家族からの展望』世界思想社。

銭　丹霞　2004　「仏教と現代中国――浙江省象山県における仏教信仰」『現代中国

の宗教——信仰と社会をめぐる民族誌』昭和堂、pp. 76-101。

園田茂人　1988　「中国的〈関係主義〉に関する基礎的考察」『ソシオロゴス』12：54-67。

―――　1991　「『関係主義』社会としての中国」野村浩一・高橋満・辻廉吾（編）『もっと知りたい中国 II——社会・文化篇』弘文堂、pp. 40-56。

―――　2001　『中国人の心理と行動』（NHK ブックス 908）日本放送出版協会。

高橋健太郎　1998　「回族の居住分布と清真寺の機能——中国・寧夏回族自治区、都市と農村を比較して」駒沢大学大学院『地理学研究』26：27-46。

―――　2000　「回族・漢族混住農村の社会構造と居住地の形態——寧夏回族自治区納家戸村の事例」駒沢大学応用地理研究所『地域学研究』13：65-89。

滝澤克彦　2015　『越境する宗教　モンゴルの福音派——ポスト社会主義モンゴルにおける宗教復興と福音派キリスト教の台頭』新泉社。

田坂興道　1964　『中国に於ける回教の伝来と弘通（上）（下）』東洋文庫。

田島英一　2006　「インボランタリーからボランタリーへ——「愛国主義」時代の中国で宗教系慈善団体が持つ意味」野村亨・山本純一（編）『グローバル・ナショナル・ローカルの現在』慶應義塾大学出版会、pp. 15-39。

―――　2007　「中国の国家＝社会関係とキリスト教」『中国 21』28：215-232。

―――　2009　「中国カトリックの公益事業に見る、公共宗教の可能性」田島英一・山本純一（編）『協働体主義——中間組織が開くオルタナティブ』、慶應義塾大学出版会、pp. 95-119。

田中逸平　2004（1925）『イスラム巡礼——白雲遊記（復刊版）』論創社。

田中重好　2010　『地域から生まれる公共性——公共性と共同性の交点』ミネルヴァ書房。

田中真砂子　1977　「親族関係語彙と社会組織——沖縄県本部町伊野波の場合」『民族学研究』42-1：1-23。

田辺繁治　2003　『生き方の人類学——実践とは何か』（講談社現代新書 1655）講談社。

―――　2008　『ケアのコミュニティ——北タイのエイズ自助グループが切り開くもの』岩波書店。

田原史起　2000　「村落統治と村民自治——伝統的権力構造からのアプローチ」『深層の中国社会——農村と地方の構造的変動』勁草書房、pp. 85-117。

―――　2004　『中国農村の権力構造——建国初期のエリート再編』御茶の水書房。

テンニース、フェルディナンド　1957　（杉之原寿一訳）『ゲマインシャフトとゲゼルシャフト』岩波文庫。

張　承志　1991　『回教から見た中国』中央公論社。

——— 1993 （梅村坦編訳）『殉教の中国イスラム――神秘主義教団ジャフリーヤの歴史』亜紀書房。

張　文明　2006　『中国村民自治の実証研究』御茶の水書房。

寺島英明　1984　「近代回族の民族問題――寧夏を中心に」岡本敬二先生退官記念論集刊行会（編）『アジア諸民族における社会と文化』国書刊行会、pp. 485-507。

——— 1985　「近代寧夏の回族社会」辛亥革命研究会（編）『中国近現代史論集』（菊池貴晴先生追悼論集）汲古書院、pp. 465-480。

——— 1992　「甘粛回族軍閥の支配と実態」『東洋史論』8：1-14。

寺田浩明　1994　「明清法秩序における「約」の性格」溝口雄三・浜下武志・平石直昭（編）『社会と国家　シリーズ・アジアから考える第4巻』東大出版会、pp. 69 〜 130。

デランティ、ジェラード　2006　（山之内靖・伊藤茂訳）『コミュニティ――グローバル化と社会理論の変容』NTT 出版。

鳥越皓之　1993　『家と村の社会学』（増補版）世界思想社。

——— 1994　『地域自治の研究――部落会・町内会・自治会の展開過程』ミネルヴァ書房。

中生勝美　1990　『中国村落の権力構造と社会変化』アジア政経学会。

——— 1992　「漢族の民俗生殖観とイトコ婚」『史苑』52-2：71-86。

中岡まり　2000　「農村における民主法制建設――村民委員会を中心に」菱田雅晴・天児慧（編）『深層の中国社会――農村と地方の構造的変動』勁草書房、pp. 44-84。

中田吉信　1971　『回回民族の諸問題』アジア経済研究所。

——— 1985　「中華人民共和国の宗教政策――イスラム教界の対応を中心に」『レファレンス』2：4-31。

——— 1989　「明の太祖朱元璋とムスリム社会」『就実女子大学史学論集』4：85-118.

——— 1992「中国における回族問題」『就実女子大学・就実短期大学紀要』22：131-159。

——— 1993　「近代における中国イスラム教界の改革運動」『就実女子大学史学論集』8：27-77。

——— 1994「西北回民軍閥台頭の過程」『就実女子大学史学論集』9：105-181。

——— 1997　「元代のムスリム――その活動の概観と研究文献」『就実女子大学史学論集』12：69-222。

長田洋司　2008　「中国都市部における社区建設の取組みと高齢者への対応」『分岐する現代中国家族——個人と家族の再編成』明石書店、pp. 215-253。

長谷千代子　2007　『文化の政治と生活の詩学——中国雲南省徳宏タイ族の日常的実践』風響社。

中西竜也　2013　『中華と対話するイスラーム——17-19世紀中国ムスリムの思想的営為』京都大学学術出版会。

中根千枝　1967　『タテ社会の人間関係——単一社会の理論』講談社。

中屋昌子　2013　「中国における「イスラーム復興」と宗教統制について——新疆ウイグル自治区の事例から」『イスラム世界』80：1-42。

奈良雅史　2016　『現代中国の〈イスラーム運動〉——生きにくさを生きる回族の民族誌』風響社。

西澤治彦　1993　「南京における清真寺および回族の概況調査報告」『言語文化接触に関する研究』6：731-130。

21世紀中国総研（編）　2004　『中国情報ハンドブック（2004年版）』蒼蒼社。

野沢慎司（編・監訳）　2006　『リーディングス　ネットワーク論——家族・コミュニティ・社会関係資本』勁草書房。

バーンズ、ジョン　2006　「ノルウェーの一島内教区における階級と委員会」野沢慎司（編・監訳）『リーディングス　ネットワーク論——家族・コミュニティ・社会関係資本』勁草書房、pp. 1-33。

旗田巍　1973　『中国村落と共同体理論』岩波書店。

費孝通　1998（1947）　『郷土中国　生育制度』北京大学出版社。

菱田雅晴　2000　「現代中国の社会変動をどう捉えるか」菱田雅晴（編）『現代中国の構造変動　社会——国家との共棲関係』東京大学出版会、pp. 3-18。

平井京之介　2012　「実践としてのコミュニティ——移動・国家・運動」平井京之介（編）　2012　『実践としてのコミュニティ——移動・国家・運動』京都大学学術出版会、pp. 1-37。

平井京之介（編）　2012　『実践としてのコミュニティ——移動・国家・運動』京都大学学術出版会。

平野義太郎　1945　『大アジア主義の歴史的基礎』河出書房。

ピット・リヴァーズ、ジュリアン　1980　（野村雅一訳）『シエラの人びと——スペイン・アンダルシア民俗誌』弘文堂。

藤野彰　2009　「〈解説〉　チベットの文化大革命——現在を照射する歴史の闇」ツェリン・オーセル著、藤野彰・劉燕子訳『殺劫』集広舎、pp. 381-404。

藤本透子　2011　『よみがえる死者儀礼——現代カザフのイスラーム復興』風響社。

ブハーリー、ムハンマド　2001a　（牧野信也訳）『ハディース——イスラーム伝承集成（第2巻）』中央公論新社。

───　2001b　（牧野信也訳）『ハディース——イスラーム伝承集成（第5巻）』中央公論新社。

別所裕介　2012　「チベットの聖山巡礼——仏教伝統と変容する巡礼空間」星野英紀・山中弘・岡本亮輔（編）『聖地巡礼ツーリズム』弘文堂、pp. 36-41。

星野昌裕　2011　「民族区域自治制度からみる国家・民族関係の現状と課題」『中国21』Vol. 34：29-48。

ボット、エリザベス　2006　「都市の家族——夫婦役割と社会的ネットワーク」野沢慎司（編・監訳）『リーディングス　ネットワーク論——家族・コミュニティ・社会関係資本』勁草書房、pp. 35-91。

ボワセヴン、ジェレミー　1986　（岩上真珠・池岡義孝訳）『友達の友達——ネットワーク、操作者、コアリッション』未來社。

マードック、ジョージ　2001（1949）　（内藤莞爾監訳）『社会構造』（新版）新泉社。

マッキーバー、ロバート　1975　（中久郎・松本通晴訳）『コミュニティ』ミネルヴァ書房。

松田素二　1999　『抵抗する都市——ナイロビ　移民の世界から』岩波書店。

───　2004　「変異する共同体——創発的連帯論を超えて」『文化人類学』69：247-270。

───　2006　「セルフの人類学に向けて——遍在する個人性の可能性」『ミクロ人類学の実践——エイジェンシー／ネットワーク／身体』世界思想社、pp. 380-405。

───　2009　『日常人類学宣言！——生活世界の深層へ／から』世界思想社。

松原治郎　1978　『コミュニティの社会学』東京大学出版会。

松本ますみ　1999　『中国民族政策の研究——清末から1945年までの「民族論」を中心に』多賀出版。

───　2000　「イスラーム新文化運動とナショナル・アイデンティティ」西村成雄（編）『現代中国の構造変動3　ナショナリズム——歴史からの接近』東京大学出版会、pp. 99-125。

───　2003　「中国のイスラーム新文化運動」小杉泰・小松久男（編）『現代イスラーム思想と政治運動』東京大学出版会、pp. 141-165。

───　2010　『イスラームへの回帰——中国のムスリマたち』山川出版社。

溝口雄三　1995　『中国の公と私』研文出版。

ミッチェル、ジェームズ（編）　1983　（三雲正博・福島清紀・進本真文訳）『社会的ネッ

トワーク――アフリカにおける都市の人類学』国文社。

村上志保　2013　「キリスト教と現代中国――上海におけるプロテスタント教会にみ
　　　る信仰と政治」瀬川昌久・川口幸大（編）『現代中国の宗教――信仰と社会
　　　をめぐる民族誌』昭和堂、pp. 102-1128。

村田雄二郎　1994　「中華ナショナリズムと『最後の帝国』」蓮實重彦・山内昌之（編）
　　　『いま、なぜ民族か』東京大学出版会、pp. 30-49。

―――　2000　「20世紀システムとしての中国ナショナリズム」西村成雄（編）『現
　　　代中国の構造変動3　ナショナリズム――歴史からの接近』東京大学出版会、
　　　pp. 35-68。

毛里和子　1993　『現代中国政治』名古屋大学出版会。

―――　1998　『周縁からの中国――民族問題と国家』東京大学出版会。

森岡清志（編）　2000　『都市社会の人間関係』放送大学教育振興会。

―――（編）　2008　『地域の社会学』有斐閣。

山内昌之　1995　『瀕死のリヴァイアサン――ロシアのイスラムと民族問題』講談社。

―――　1996　「いま、なぜ「イスラム原理主義」なのか」山内昌之（編）『「イス
　　　ラム原理主義」とは何か』岩波書店、pp. 3-33。

―――（編）　1996　『「イスラム原理主義」とは何か』岩波書店。

楊　海英　2007　『モンゴルとイスラーム的中国――民族形成をたどる歴史人類学紀
　　　行』風響社。

―――　2009　『墓標なき草原（上）（下）――内モンゴルにおける文化大革命・
　　　虐殺の記録』岩波書店。

―――　2010　『モンゴル人ジェノサイドに関する基礎資料(2)――内モンゴル人民
　　　革命党粛清事件』風響社

―――　2011　『モンゴル人ジェノサイドに関する基礎資料(3)――打倒ウラーン
　　　フー（烏蘭夫)』風響社。

―――　2012a　「強盗の論理を「奴隷」の視点から読む――『チベットの文化大革
　　　命』の背景と性質」メルヴィン・C・ゴールドスタイン、ベン・ジャオ、タ
　　　ンゼン・ルンドゥプ共著『チベットの文化大革命――神懸り尼僧の「造反有
　　　理」』風響社、pp. 337-374。

―――　2012b　「沙甸村の殉教者記念碑」（『中国21』37：227-234。

―――　2013　『植民地としてのモンゴル――中国の官制ナショナリズムと革命思
　　　想』勉誠出版。

―――　2014　『ジェノサイドと文化大革命――内モンゴルの民族問題』勉誠出版。

横山廣子　1987　「中国の社会組織」諏訪哲郎（編）『現代中国の構図』古今書院、

参照文献一覧

pp. 173-215。

吉田世津子　2004　『中央アジア農村の親族ネットワーク――クルグズスタン・経済移行の人類学的研究』風響社。

李　妍焱（編著）　2008　『台頭する中国の草の根NGO――市民社会への道を探る』恒星社厚生閣。

李妍焱・朱惠雯・趙秀梅　2008　「草の根NGOと中国の市民社会――既存研究の検討」李妍焱（編著）『台頭する中国の草の根NGO――市民社会への道を探る』恒星社厚生閣、pp. 35-60。

李麗君・南裕子　2000　「農村における基層組織の再編成と村民自治――ハードな統治からソフトな統治へ」菱田雅晴（編）『現代中国の構造変動5　社会－国家との共棲関係』東京大学出版会、pp. 165-188。

林　海　2015　『中国朝鮮族村落の社会学的研究――自治と権力の相克』御茶の水書房。

リンド、ロバート・ストートン／H・リンド　1990（1929）　（中村八朗訳）『ミドゥルタウン』青木書店。

レイヴ、ジーン／E・ウェンガー　1993（1991）　（佐伯胖訳）『状況に埋め込まれた学習』産業図書。

ローウィー、ロバート　1979　（河村望訳）『原始社会』未來社。

渡邊欣雄　1991　『漢民族の宗教――社会人類学的研究』第一書房。

―――　2001　『風水の社会人類学――中国とその周辺比較』風響社。

―――　2002　「『葬経』の親族理論――『葬経』で知る中国と沖縄」『琉球・アジアの民俗と歴史――比嘉政夫教授退官記念論集』榕樹書林。

ワンク、デイヴィット・L　2000　「仏教復興の政治学――競合する機構と正当性」菱田雅晴（編）『現代中国の構造変動5　社会－国家との共棲関係』東京大学出版会、pp. 275-304。

中国語文献（ピンイン順）

白　寿彝　1951　『回回民族底新生』上海東方書社。

―――　1983　『中国伊斯蘭教史存稿』寧夏人民出版社。

白　友涛　2005　『盤根草――城市現代化背景下的回族社区』寧夏人民出版社。

陳　克礼　2010（1948）　「自伝」（『伊斯蘭文化研究』第25期：6。

―――　2010（1969）　「我的求知和学術生活」（『伊斯蘭文化研究』第25期：62-64。

『陳克礼先生帰真四〇周年記念専輯』編輯組　2010　『陳克礼先生帰真四十周年記念専輯』出版社不明。

陳　月華　2010a　「我的父親陳克礼」『陳克礼先生帰真四十周年紀念專輯』、pp. 7-15。

――――　2010b　「王静斎与我父親的師生情」『陳克礼先生帰真四十周年紀念專輯』、pp. 16-18。

――――　2010c　「陳克礼先生生平編年表」『陳克礼先生帰真四十周年紀念專輯』、p. 79。

従　恩霖　2016　「我的経学夢」『中国穆斯林』第 3 期：21-24。

翟　学偉　1994　（孫蕘主編）『面子・人情・関係網』河南人民出版社。

――――　2001　『中国人行動的邏輯』社会科学文献出版社。

丁　国勇（主編）　1993　『寧夏回族』寧夏人民出版社。

費　孝通　1998　『郷土中国・生育制度』北京大学出版社（1947 年初版）。

馮　今源　2010　「対陳克礼先生一生的回顧与反思」『陳克礼先生帰真四十周年紀念專輯』、pp. 42-47。

馮　鈞平　1987　「従分裂到団結的陝西伊斯蘭教教派」『中国伊斯蘭教研究』青海人民出版社、pp. 276-289。

馮　茂　1998　『寧夏現代政区変遷沿革』寧夏人民出版社。

傳　統先　1940　『中国回教史』商務印書館。

高　辰（主編）　1996　『婚姻法』中国法制出版社。

高　文遠（編）　n. d.　『果園哈智――遵経革俗的唱導者』出版社不明。

高　占福　2016　「弘揚正道 , 励志成才――写在中国伊斯蘭教経学院成立 60 周年」『中国穆斯林』第 3 期：14-16。

国家宗教事務局政策法規司（編）　2000a　『全国宗教行政法規規彙編』宗教文化出版社。

――――　2000b　『中国宗教法規政策読本』宗教文化出版社。

哈　德江　2000　「維吾爾族 Jamaat 群体研究」『西北民族研究』第 2 期：200-219。

何　虎生　2004　『中国共産党的宗教政策研究』宗教文化出版社。

河南省伊斯蘭教務指導委員会（主管）　2010　『伊斯蘭文化研究』第 25 期、出版社不明。

何　兆国　1992　「寧夏四十年来伊斯蘭教工作的経験与教訓」『寧夏社会科学』第 4 期：11-17。

――――　1999　「寧夏民族宗教工作的回顧」『寧夏回漢団結四十年』寧夏人民出版社、pp. 25-46。

――――（編）　1992　『寧夏清真寺概況』寧夏少数民族古籍整理出版弁公室。

黄　光国（主編）　2003　『中国人的権力遊戯』巨流図書有限公司。

『回族簡史』編写組（編）　1978　『回族簡史』寧夏人民出版社。

汪　繹辰（編修）　2000（1755）（張鐘和・許懷然校注）『銀川小志』寧夏人民出版社。

金　吉堂　1935　『中国回教史研究』成達師範学校出版部。

李　彬　1994　「金嶺鎮回族的喪葬習俗及其社会功能」『回族研究』第 1 期：52-56。

李　鴻然　1994　「海南回族穆斯林的喪葬与 Janaza」『海南大学学報』2：51-56。

李　華英　2010　「実事求是——化解社会矛盾的必由之路」『陳克礼先生帰真四十周年紀念専輯』、pp. 26-34。

李楷順・余振貴　1987　「寧夏的回族与伊斯蘭教」寧夏区政協文史資料研究委員会（編）『寧夏文史資料第 18 輯　寧夏回族与伊斯蘭教』寧夏人民出版社、pp. 104-131。

李仁馬・羅韵希・馬達・馬建春・王正偉・楊洪（編）　1994　『回族風情録』四川民族出版社。

良　警宇　2006　『牛街——一個城市回族社区的変遷』中央民族大学出版社。

劉　宝俊（主編）　1998　『寧夏回漢団結四十年（1958-1998）』寧夏人大民族委員会・寧夏民族事務委員会。

劉　徳文　1987　「中国伊斯蘭教伊赫瓦尼派在西寧的伝播」『中国伊斯蘭教研究』青海人民出版社、pp. 309-318。

劉　楨　2010　「深切緬懐陳克礼同学」『陳克礼先生帰真四十周年紀念専輯』、pp. 22-23。

麗　宝光　2010　「懐念克礼」『陳克礼先生帰真四十周年紀念専輯』、p. 21。

羅　広武（編）　2001　『新中国宗教工作大事概覧』華文出版社。

馬　福龍　1985　「伊斯蘭教在寧夏（節録）」『中国伊斯蘭教史参考資料選編（1911-1949）』（下冊）寧夏人民出版社、pp. 1415-1430。

――――　1993　『伊斯蘭浅論』伊斯蘭学社。

馬　海雲　1998　「回族研究的新視野：一個方法論的討論——兼評杜磊《中国穆斯林》」『回族研究』第 4 期：77-87。

――――・周伝斌　2001　「伊斯蘭教在西北蘇非社区復興説質疑——対寧夏納家戸村的再認識」『民族研究』第 3 期：34-40。

馬　紀堂　2003　『陳克礼伝』香港天馬図書公司。

馬　克勲　1982　「中国伊斯蘭教伊赫瓦尼派的倡導者——馬万福（果園）」甘粛省民族研究所（編）『伊斯蘭教在中国』寧夏人民出版社、pp. 439-458。

馬　平　1995　「回族民族内婚制度探析」『回族研究』第 3 期：39-47。

――――　1998　「回族婚姻択偶中的"婦女外嫁禁忌"」『西北民族研究』第 2 期：180-185。

馬　強　2006　『流動的精神社区—人類学視野下的広州穆斯林哲瑪提研究』中国社会科学出版社。

――――　2011　『回坊内外——城市現代化進程中的西安伊斯蘭教研究』中国社会科学出版社。

馬　世清　2001　『馬福龍自述』（遺稿）出版社不明。

馬　通　1983　『中国伊斯蘭教派與門宦制度史略』寧夏人民出版社。

———　1987　「阿拉伯的宛哈比派与中国的伊赫瓦尼派」『中国伊斯蘭教研究』青海人民出版社、pp. 291-308。

———　1992　「西北回族穆斯林的過去与未来」『西北民族研究』第 2 期：159-167, 108。

———　1995　『中国伊斯蘭教派與門宦制度史略（第 2 版）』寧夏人民出版社。

馬　賢　2013　「万凡事業之興、須務培養人才之本——憶中国伊斯蘭教経学院的三起両落」『中国穆斯林』第 205 期：27-34。

馬　忠傑　2010　「艱苦卓絶業績永垂青史的学者」『陳克礼先生帰真四十周年紀念専輯』、pp. 35-39。

馬　宗保　1994　「試論回族社会的“坊”」『寧夏社会科学』第 6 期：16-22。

———　2002　『多元一体格局中的回漢民族関係』寧夏人民出版社。

———・金英花　1997　「銀川市回漢民族居住格局変遷及其对民族間社会交往的影響」『回族研究』第 2 期：19-30。

勉　維霖（主編）　1997　『中国回族伊斯蘭宗教制度概論』寧夏人民出版社。

民族問題研究会（編）　1980（1941）　『回回民族問題』民族出版社。

明徳清真寺（編）　1996 ?　『聾阿訇』甘粛省臨夏市明徳清真寺。

納　国昌　1994　「回族的喪葬制度」『雲南民族学院学報——哲学社会科学版』第 4 期：50-56。

寧夏百科全書編纂委員会（編）　1998　『寧夏百科全書』寧夏人民出版社。

寧夏回族自治区第六次人口普査辦公務室・寧夏統計局（編）　2012　『寧夏回族自治区 2010 年人口普査資料（上冊・中冊・下冊）』中国統計出版社。

寧夏回族自治区第四次人口普査辦公室・寧夏統計局（編）　1991　『寧夏回族自治区第 4 次人口普査手工彙総資料』中国統計出版社。

寧夏回族自治区法制建設領導小組辦公室（編）　1996　『文件法律法規選編』寧夏人民出版社。

寧夏『回族文学史』編写組・寧夏大学回族文学研究所（編）　1988　『回族民間文学史綱』寧夏人民出版社。

———　1988　『回族民間故事集』寧夏人民出版社。

寧夏回族自治区民族事務委員会・寧夏回族自治区宗教事務局（編）　2000　『民族宗教法律法規文件選編』出版社不明。

寧夏区政教文史資料研究委員会（編）　1987　『寧夏回族与伊斯蘭教』（寧夏文史資料第 18 輯）寧夏人民出版社。

参照文献一覧

沙甸回族史料編写組　1989　『沙甸回族史料』中国共産党紅河州委員会宣伝部。

宋志斌・張同基（主編）　1998　『一個回族村的当代変遷』寧夏人民出版社。

蘇　三洛　1996　（赫蘇民・高永久訳）『中亜東干人的歴史与文化』寧夏人民出版社。

孫　奉公　2010　「緬懐我的師兄陳克礼」『陳克礼先生帰真四十周年紀念専輯』、pp.
　　　24-25。

孫　永安（編）　2010　『紀念陳克礼犠牲四十周年専輯』西山書院。

王　伏平　2008　『寧夏回族史話』寧夏人民出版社。

王伏平・王永亮　2003　『西北地区回族史綱』寧夏人民出版社。

王　夫子　1998　『殯葬文化学──死亡文化的全方位解読（上・下）』中国社会出版社。

王　興福　1992　「銀川市西関清真大寺沿革及重建寺院設置概況」（未発表原稿）。

──　1994　「朝覲観感」（未発表原稿）。

──　1997　「銀川市西関清真大寺碑文大寺重建始末」（未発表原稿）。

──　1998　「銀川市西関清真寺教坊制度」（未発表原稿）。

王　永亮　1990　「伊赫瓦尼宗教革新主張述略」『寧夏社会科学』第 6 期：41-47。

──　1999　『西北回族社会発展機制』寧夏人民出版社。

王　繹辰（編修）　2000　（張鐘和・許懐然校注）『銀川小志』寧夏人民出版社。

王　正偉　1999　『回族民俗学概論』寧夏人民出版社。

閻　雲翔　1996　『礼物的流動──一個中国村庄中的互恵原則与社会網絡』上海人民
　　　出版社。

楊　宝軍　2002　『大廠回族史話』中央民族大学出版社。

楊　懐中　1991　『回族史論稿』寧夏人民出版社。

楊　文炯　2001　「Jamaat 地縁変遷及其文化影響──以蘭州市回族穆斯林族群社区調
　　　査為個案」『回族研究』第 3 期：10-14。

──　2002　『伝統与現代性的殊相─人類学視閾下的西北少数民族歴史与文化』
　　　民族出版社。

──　2007　『互動調適与重構──西北城市回族社区及其文化変遷研究』民族出
　　　版社。

楊　占武（編）　2012　『中華回郷納家戸』寧夏人民出版社。

冶　正綱　1987　「寧夏伊赫瓦尼著名経学家虎嵩山」『中国伊斯蘭教研究』青海人民
　　　出版社、pp. 308-325。

伊　明　1999　「穆斯林葬礼之我見」『済南穆斯林』4：38-40。

銀川市郊区市編纂委員会（編）　2002　『銀川市郊区志』方志出版社。

銀川市人民政府辨公室（主辨）　1999　『銀川路路通』西安地図出版社。

銀川市志編纂委員会（編）　1999　『銀川市志（上・下）』寧夏人民出版社。

511

張天路・宋伝昇・馬正亮　1991　『中国穆斯林人口』寧夏人民出版社。

張永慶・張同基・高英蘭・戴建寧　1985　「対寧夏回族農村近年来伊斯蘭教勢態新発
　　　　展的調査」『寧夏社会科学通訊』第 8 期：1-6。

張　遠成　2002　『当代寧夏簡史』当代中国出版社。

政協同心県委員会文史組（編）　1984　『同心文史（第 1 輯）』出版社不明。

中共同心県委党史資料征集弁公室（編）　1986　『回民解放的先声』出版社不明。

中国伊斯蘭教協会（編）　2005　『新時期阿訇実用手冊』東方出版社。

中華人民共和国民政部（編）　1998　『中華人民共和国行政区画簡冊』中国地図出版。

中華人民共和国政府　1998　『中華人民共和国民族区域自治法』中国法制出版社。

周　瑞海　2000　「寧夏伊斯蘭教工作的歴史回顧」『西北第二民族学院学報』（哲社版）
　　　　第 3 期：75-80, 92。

────（主編）　1993　『寧夏回族自治史略』寧夏人民出版社。

朱　倫　2002　「論民族共治的理論基礎与基本原理」『民族研究』第 2 期：1-9。

────　2003　「自治与共治──民俗政治理論新思考」『民族研究』第 2 期：1-18。

────　2012　『民族共治──民族政治学的新命題』中国社会科学出版社。

朱　越利（主編）　1994　『今日中国宗教』今日中国出版社。

佐　斌　1997　『中国人的臉与面子──本土社会心理学探索』華中師範大学出版社。

新聞・機関誌（日本語、中国語）

読売新聞　2000　「中国山東省民族衝突、5 人死亡──回族デモに警察発砲」『読売新
　　　　聞』（12 月 16 日朝刊）。

馬　博忠　2002　「万新道路──城市拆遷中的者麻提建設模式之一」『穆斯林通訊』8
　　　　月号。

曼爾素穆　2002　「双贏的金城関──城市拆遷中的者麻提建設模式之二」『穆斯林通
　　　　訊』9 月号。

寧夏回族自治区伊斯蘭教協会（編）　1995　『寧夏穆斯林簡訊』（10 月 10 日）。

『寧夏日報』　1999 年 10 月 22 日。

────　1999 年 10 月 27 日。

楊文炯・達吾　2001　「城市地縁変遷中的者麻提」『穆斯林通訊』2 月号。

伊卜拉欣　2001　「坊上的危機」『穆斯林通訊』3 月号。

銀川市伊斯蘭教協会（編）　1996　『銀川伊協簡報』銀川市伊斯蘭教協会（12 月 20 日）。

────（編）　2000　『銀川伊協簡報』銀川市伊斯蘭教協会（9 月 28 日）。

『中国穆斯林』編集部　1994　『中国穆斯林』第 2 期。

────　2000　『中国穆斯林』第 2 期。

参照文献一覧

——— 2001 『中国穆斯林』第 3 期。
——— 2006 『中国穆斯林』第 3 期。

英語文献（アルファベット順）

Amit, Vered. 2002. "Reconceptualizing Community." In *Realizing Community: Concepts, Social Relationships and Sentiments*. Edited by Vered Amit. Routledge, pp. 1-20.

Amit, Vered. (ed.) 2002. *Realizing Community: Concepts, Social Relationships and Sentiments*. Routledge.

——— 2015. *Thinking through Sociality: An Anthropological Interrogation of Key Concepts*. Berghahn Books.

Amit, Vered and Nigel Rapport. 2002. *The Trouble with Community: Anthropological Reflections on Movement, Identity and Collectivity*. Pluto Press.

——— 2012. *Community. Cosmopolitanism and the Problem of Human Commonality*. Pluto Press.

Ashiwa, Yoshiko and David L. Wank (eds.) 2009. *Making Religion, Making the State: the Politics of Religion in Modern China*. Stanford University Press.

Aubin, Francoise. 1991. "A Glimpse of Chinese Islam." *Journal Institute of Muslim Minority Affairs*. 12-2: 335-345.

Barnes, J. A. 1954. "Class and Communities in a Norwegian Island Parish." *Human Relations*. VII-1: 39-58.

Barth, Fredrik. 1959. *Political Leadership among Swat Pathans*. The Athlone Press.

——— (ed.) 1969. *Ethnic Groups and Boundaries: the Social Organization of Cultural Difference*. Allen & Unwin.

Boissevain, Jeremy. 1964. "Factions, Parties, and Politics in a Maltese Village." *American Anthropologist*. 66-6: 1275-1287.

Bosworth, C. E. (et al.) 1986. *The Encyclopedia of Islam. (New Edition)* Vol. 1. E. J. Brill.

——— 1991. *The Encyclopedia of Islam. (New Edition)* Vol. 2. E. J. Brill.

——— 1993. *The Encyclopedia of Islam. (New Edition)* Vol. 7. E. J. Brill.

Broomhall, Marshall. 1987(1910). *Islam in China: A Neglected Problem*. Darf Publishers Limited.

Chan, Anita. 1993. "Revolution or Corporatism? Workers and Trade Union in Post-Mao China. *Australian Journal of Chinese Affairs* 29: 31-61.

Cohen, Anthony P. 1985. *The Symbolic Construction of Community*. Routledge.

Dean, Kenneth. 1993. *Taoist Ritual and Popular Cults of Southeast China*. Princeton

513

University Press.

Erie, Matthew S. 2016. *China and Islam: the Prophet, the Party, and Law*. Cambridge University Press.

Foster, George. 1961. "The Dyadic Contract: A Model for the Social Structure of a Mexican Peasant Village." *American Anthropologist*. 63-6: 1173-1192.

Fried, Morton. 1974. *Fabric of Chinese Society*. Octagon Books.

Jaschok, Maria and SHUI Jingjun. 2000. *The History of Women's Mosques in Chinese Islam: A Mosque of their Own*. Curzon Press.

Gillette, Maris. 2000. *Between Mecca and Beijing: Modernization and Consumption among Urban Chinese Muslims*. Stanford University Press.

Gladney, Dru C. 1991. *Muslim Chinese: Ethnic Nationalism in the People's Republic*. Harvard University Press.

———— 1998. *Ethnic Identity in China: The Making of a Muslim Minority Nationality*. Harcourt Brace College Publishers.

Gold Thomas, Doug Guthrie and Wank David (eds.) 2002. *Social Connections in China: Institutions, Culture, and the Changing Nature of Guanxi*. Cambridge University Press.

Jaschok, Maria and SHUI Jingjun 2000. *The History of Women's Mosques in Chinese Islam: A Mosque of their Own*. Curzon Press.

Kipnis, Andrew. 1997. *Producing Guanxi: Sentiment, Self, and Subculture in a North China Village*. Duke University Press.

Lipman, Jonathan. 1984. "Patchwork Society, Network Society: A Study of Sino-Muslim Communities." In *Islam in Asia*. Edited by Raphael Israeli and Anthony H. Johns. Vol. II. Westview Press, pp. 246-274.

———— 1997. *Familiar Strangers: A History of Muslims in Northwest China*. University of Washington Press.

MacIver, Robert Morrison. 1917. *Community: A Sociological Study*. Macmillan and Co., Limited.

Madsen, Richard. 1998. *China's Catholics: Tragedy and Hope in an Emerging Civil Society*. University of California Press.

Murdock, George Peter. 1949. *Social Structure*. Free Press.

Olwig, Karen Fog. 2002. "The Ethnographic Field Revisited: Towards a Study of Common and not So Common Fields of belonging." In *Realizing Community: Concepts, Social Relationships and Sentiments*. Edited by Vered Amit. Routledge, pp. 124-145.

PANG Keng-fong. F. 1992. *The Dynamics of Gender, Ethnicity and State among the Austronesian-speaking Muslims (Hui-Ustat) of Hainan Island*. Ph D Thesis. University of California, Los Angeles.

Pillsbury, Barbara. 1973. Cohesion and Cleavage in a Chinese Muslim Minority. Ph D Thesis. Columbia University.

———— 1984. "Factionalism Observed: Behind the "Face" of Harmony in a Chinese Community." *China Quarterly*. 74: 241-272.

Redfield, Robert. 1960. *The Little Community and Peasant Society and Culture*. University of Chicago Press.

Rosenbaum, Arthur Lewis (ed.) 1992 *State and Society in China: The Consequences of Reform*. Westview Press.

Saichi, Tony. 2001. *Governance and Politics of China*. Palgrave.

Silverman, Sydel. 1965. "Patronage and Community-National Relationships in Central Italy." *Ethnology*. 4-2: 172-189.

Smart, Alan. 1993. "Gifts, Bribes and Guanxi: A Consideration of Bourdieu's Social Capital." *Cultural Anthropology*. 8-3: 388-408.

Timothy Brook and Michael Frolic (eds.) .1997. *Civil Society in China*. M. E. Sharpe.

Wang Jianxin. 2004. *Uyghur Education and Social Order: The Role of Islamic Leadership in the Turpan Basin*. Research Institute for Languages and Cultures of Asia and Africa, Tokyo University of Foreign Studies.

Wank, David L. 1999. *Commodifying Communism: Business, Trust, and Politics in a Chinese City*. Cambridge University Press.

White, Gordon, Jude Howell and Xiaoyuan Shang. 1996. *In Search of Civil Society: Market Reform and Social Change in Contemporary China*. Clarendon Press.

Yan Yunxiang. 1996. *The Flow of Gifts: Reciprocity and Social Networks in a Chinese Village*. Stanford University Press.

Yang Mayfair Mei-hui. 1994. *Gifts, Favors, Banquets: the Art of Social Relationships in China*. Cornell University Press.

インターネット情報
産経ニュース
「中国の『普通選挙村』の烏坎村」（2016 年 6 月 20 日掲載）
https://www.sankei.com/world/news/160620/wor1606200027-n1.html（2018 年 10 月 12 日最終閲覧）。

共産党員網

「関於党員幹部帯頭推動殯葬改革的意見」（2015 年 10 月 25 日掲載）

http://news.12371.cn/2015/10/29/ARTI1446106882675982.shtml（2018 年 11 月 7 日閲覧）

沙宗平

「関於我的母校——中国伊斯蘭教経学院的点滴記憶」（2016 年 5 月 16 日掲載）

http://www.360doc.com/content/16/0516/08/1417717_559509753.shtml（2017 年 8 月 8 日閲覧）

多維新聞

「寧夏政務官微詭異被清　曝清真寺被拆現場」（2018 年 4 月 26 日掲載）

http://news.dwnews.com/china/news/2018-04-26/60054347.html（2018 年 5 月 1 日最終閲覧）

中華人民共和国民政部

「殯葬管理条例」（2013 年 3 月 11 日掲載）

http://www.mca.gov.cn/article/gk/fg/shxw/201507/20150715849122.shtml（2018 年 11 月 7 日閲覧）

中国イスラーム教協会

「紀念陳克礼先生九十誕辰暨——陳克礼阿訇研究文集新書発布儀式在北京挙行」（2013 年 10 月 28 日掲載）

http://www.chinaislam.net.cn/cms/news/xhxw/20130310/28-5821.html（2014 年 4 月 3 日最終閲覧）

中国殯葬協会

「公墓管理暫行弁法」（2018 年 5 月 29 日掲載）

http://www.zgbzxh.org/zcfg/zgbzjtzcfg/7433.html（2018 年 11 月 7 日閲覧）

中国民政部社会組織管理局

「中国社会組織公共服務平台」

http://www.chinanpo.gov.cn/index.html（2018 年 11 月 7 日閲覧）

中国民族報（電子版）

「両位耄耋老人的記憶」（2008 年 9 月 19 日掲載）

http://www.mzzjw.cn/zgmzb/html/2008-09/19/content_56368.htm（2012 年 2 月 18 日閲覧）

寧夏回族自治区宗教局

「寧夏回族自治区穆斯林朝覲報名網」

http://www.nxmslcj.cn/（2018 年 11 月 7 日閲覧）

あとがき

　私が社会人類学の魅力を知った最初のきっかけは東京都立大学にいた恩師大塚和夫先生との出会いである。1996年頃、大学院生だった私は中国ムスリムに興味を抱いていたが、どのように研究すればよいのかわからず悩んでいた。ちょうどそんなとき、図書館で大塚先生の著書『異文化としてのイスラーム』が目にとまった。「異文化」というタイトルの文言が気になり、すぐさま手に取ってページをめくった。『異文化としてのイスラーム』は大塚先生にとって最初の単著だったと思う。大塚先生が若手だった頃の素朴な疑問や鋭い問題意識がわかりやすく綴られていたせいか、大塚先生の主張に深く頷きながら分厚い著書を一気に読破したことを今も覚えている。大塚先生が力説していたことはイスラームそのものではなく、ムスリムの生活をあるがままに捉えようとする姿勢である。私はイスラームの哲学・思想や歴史ではなく、ムスリムの生きかたに関心があり、どの大学院へ進学すればよいのかずっと悩んでいたのだが、『異文化としてのイスラーム』を読み終えると、それまで抱いていた疑問が解消された気がした。その翌年に東京都立大学大学院を受験することを決め、大塚先生に手紙を書いた。

　その後、私は東京都立大学大学院へ進学し、大塚先生の授業に喜び勇んで臨んだ。ところが、大塚先生は普段の授業では中東やイスラームについてほとんど講義することはなく、文化・社会人類学一般の論集を院生に輪読させていた。本音を言えば、ちょっと期待はずれだったが、思い返せば、人間社会に広く共通する問題を超地域的な視点から考える人類学者の姿勢を大塚先生は伝えようと考えていたのだろう。授業中の大塚先生は怖く、発表者がレジュメに書いた用語だけでなく、概念の使いかたや文献読解に対しても鋭い質問を投げかけ、相手が院生であっても容赦することはなかった（授業外では温和な表情を見せるが）。また、当時、大塚先生は膨大な業務に忙殺されていたにもかかわらず、ほぼ毎月、「中東・イスラーム人類学研究会」を開催していた。この研究会は中東、中央アジア、東南アジアなどのイスラームに関心を持つ学生であるなら

ば誰でも参加することができ、英文の民族誌や論集を参加者全員で輪読し、開放的な雰囲気のなかで意見交換を自由におこなっていた。それは出身大学の学閥や専攻の縄張りにはこだわらない大塚先生の姿勢を反映したものであったと思う。私は大学院受験前からこの研究会に参加し、緊張と興奮に満ちた教室に身を置き、参加者の先輩方との議論からおおきな刺激を受けた。質疑応答の際に大塚先生がよく言及していたのがアジア・アフリカ諸国（特に旧植民地）の窮状で、弱者に寄り添うことの意味を大塚先生のコメントから教わった。

＊

　個人的な思い出話は控えるべきであるが、私が社会人類学やフィールドワークに対して持つ根本的な考えかたが大塚先生から多大な影響を受けていることは間違いない。私がちょうど中国西北でフィールドワークに奔走していた頃、大塚先生は 2002 年に『いまを生きる人類学』を出版し、人類学について次のように述べている。

　　経験主義的な人類学者は、哲学者や理論家のように思弁的世界のなかだけで危機の打開策を探るわけにはいかない。いかに批判されようとも「異文化」でのフィールドワークこそ、いまだ人類学の重要な存在理由（レゾン・デートル）のひとつであると私は考えている。私の主たるフィールドはエジプトや北スーダンなど、アラブ・ムスリム（アラビア語を話す、イスラームの信者）世界である。したがって、人類学の危機に対する私の対応には、否応なくアラブ・ムスリム世界での「現地体験」が影をおとしている。それは私の考察を拘束する条件であるが、同時に、具体的事例に対する執着を欠いた人類学の現在や将来に対する議論は、空虚なものにならざるをえないと私は思っている［大塚　2002：10］。

　J・クリフォードと G・マーカスが編集した『ライティング・カルチャー』が 1986 年に刊行されると、人類学者はフィールドワークの方法論、民族誌の記述方法、調査者と被調査者の権力関係、調査倫理などの問題をめぐって、禁欲的に、ときとして自虐的とおもえるほど自己批判を繰り返し、内省を続けた

あとがき

時期があった。当時、ポストモダン人類学における人類学批判が学術界全体に対して認識論的転換をもたらしたことに意味があることは認めるが、自己批判を経た後もフィールドワークと民族誌の記述が人類学の存在理由であることには変わりはないはずだ。素朴な原点回帰だと批判されるかもしれないが、フィールドワークと民族誌のスタイルをいかに改変し続けたとしても、それらが今後も人類学の根幹であり続けるべきだという強い信念を私は抱いている。私たちが生きる世界にたえず噴出するアクチュアルな問題は抽象的な理論や思弁的な議論だけでは実態把握や問題解決へ導くことは不可能である。私が調査地として選んだ中国西北のムスリム少数民族の場合、近年、中国共産党・政府による情報統制が一層強化されており、また、外国人研究者による調査が困難を極めている。このような情勢に目配りすれば、人類学者による定性的なフィールドワークと民族誌の記述が持つ意義は依然として大きいと言えるだろう。

　私は調査当時も現在も現地の人々が生きる地域や集団に焦点を合わせ、日常生活に生起する出来事に目を向け、世帯調査、参与観察、インタヴュー調査などをはじめとするフィールドワークをできるかぎり実施するように心がけている。1990年代以降、グローバリゼーションが加速するにともない、人類学者がそれまで対象としてきた社会も私たちの社会とおなじように劇的に変化しており、地域や集団という捉えかたそれ自体が揺らぎつつあることは否定しがたい。しかしながら、人間が社会的動物である以上、人々がともに生きる場や人々が紡ぎ出す関係性に対する関心を放棄することはできないし、放棄すべきではない。顔の見える人々が生きる世界の持続と変容を仔細に観察・記録し続けることは地道な作業であるが、流行りの理論を単に追いかけることでは獲得しえない意義がある。本書のタイトルを『現代中国における「イスラーム復興」の民族誌——変貌するジャマーアの伝統秩序と民族自治』としたが、このタイトルには、清真寺という建造物ではなく、清真寺に集まる回族の信徒たちが日常生活を営むなかで形成する関係性に注目し、人々の日常から問題を掬い上げたいという私なりの問題意識が色濃く反映している。

*

　本書は2008年度に東京都立大学大学院社会科学研究科に提出した学位論文

『中国西北部における清真寺と住民自治——回族のジャマーアティの民族誌』に加筆修正を施し、その後に発表した数本の論文を加えて一冊の本にまとめた民族誌である。書籍はひとりの力で完成させるものではなく、本書執筆に至るまで数多くの方々からご指導とご支援をいただいた。

　まず、博士論文の執筆・審査では主査の何彬先生（首都大学東京）、副査の綾部真雄先生（首都大学東京）、鷹木恵子先生（桜美林大学）から数多くのご助言とご指導をいただいた。初稿の完成度が必ずしも高くはなかったため、最後の口頭試問では博士論文の分析枠組みに対していくつもの改善点を指摘していただいた。主査・副査の先生方の疑問に十分に答えられたかどうかわからないが、本書執筆の際には先生方からの批判や提案などを常に念頭に置きながら文章を推敲した。また、出身大学院および勤務先の首都大学東京社会人類学研究室では学術研究に自由に取り組む素晴らしい環境を先生方から提供していただき、普段の学務から刺激を常に得ることができている。この場を借りてお礼申し上げたい。

　首都大学東京の先生方だけでなく、他大学の先生方からも学会や研究会などで建設的なご意見やご助言をいただいた。特に中国ムスリム研究会は私にとって存在意義が大きい。中国ムスリム研究会は所属先や専攻の違いを問わず、有職者や大学院生が自主的に組織した集まりである。2002年発足当初、発起人の梅村坦先生（中央大学名誉教授）、新免康先生（中央大学）から発表の機会を頂戴しただけでなく、運営業務や学術研究への取り組み方を懇切丁寧に教えていただいた。定例会ではウイグル族や新疆史を長年調査・研究する先生方から問題の核心を突く質問をよく投げかけられたが、私にとって非常に有り難い叱咤激励であり、その後の研究を続けるための原動力となった。また、発足当初の発起人だけでなく、松本ますみ先生（室蘭工業大学）、木村自氏（立教大学）、高橋健太郎氏（駒澤大学）、砂井紫里氏（早稲田大学）、奈良雅史氏（北海道大学）をはじめとする他の会員の皆様からも建設的なご意見をいただき、また、共同研究に取り組むなか学術的なネットワークを作ることができ、貴重な財産となっている。

　日本にいる学術界の専門家だけでなく、寧夏回族自治区にくらす人々、特に回族の人々の存在を忘れてはならない。大学院生としてフィールドワークを実

あとがき

施した当初、私は清真寺に頻繁に出入りし、右も左もわからずに質問ばかりしていたが、回族の人々は自分の体験談を詳しく語り、様々な行事への参加を嫌な顔を見せずに許可し、ときとして新鮮な羊肉の手料理でもてなしてくれた。ほぼ毎日のように顔を付き合わせ、意見を互いにぶつけ合うことによって、私はそれまで抱いていた先入観や固定観念を打ち崩すことができた。回族の人々との出会いは私の財産であり、彼らと共有した時間・場所・経験は決して忘れることはできない。フィールドワークの様子は現在でも昨日のことのように鮮明に覚えている（ただし、残念ながら、現在、中国では長期滞在型のフィールドワークをおこなえる可能性は消えつつある）。私が本書で提示した解釈がどの程度妥当なものかどうかは判断しづらいが、回族の人々が実際に体験・経験した出来事を民族誌として記述できたことはひとえに現地の人々の手助けによる。心よりお礼申し上げたい。

　最後に、明石書店の佐藤和久氏には本書の企画の段階から出版に至るまで多大なるご助力をいただいた。佐藤氏との出会いは『中国のムスリムを知るための60章』を企画したときで、当時、気が遠くなるような煩雑な編集作業を佐藤氏と取り組んでいたときに「博士論文を出版してみませんか？」と提案していただいた。その後、私は忙しさにかまけて原稿執筆を先延ばしにしたが、佐藤氏の言葉を思い出し、仕事の合間に改稿にとりかかった。近年、学術書出版はけっして容易なことではないが、本書出版のためにご尽力いただいた明石書店の皆様に厚くお礼申し上げたい。

521

〈著者略歴〉

澤井 充生（さわい　みつお）

首都大学東京人文社会学部人間社会学科助教（社会人類学分野）。

1971年生まれ。

1994年神戸市外国語大学外国語学部中国学科卒業。1996年筑波大学大学院地域研究研究科修士課程修了、1999年東京都立大学大学院社会科学研究科修士課程修了、2004年東京都立大学大学院社会科学研究科博士課程単位取得満期退学。博士（社会人類学）。

研究テーマ

現代中国の「イスラーム復興」、日本軍の回教工作、近現代中国のハラール産業

業績

『日本の回教工作とムスリム・コミュニティの歴史人類学的研究』（編著、科学研究費補助金基盤研究C研究成果報告書、2016年）、『「周縁」を生きる少数民族——現代中国の国民統合をめぐるポリティクス』（共編、勉誠出版、2015年）、『中国のムスリムを知るための60章』（共著、中国ムスリム研究会編、明石書店、2012年）

現代中国における「イスラーム復興」の民族誌
——変貌するジャマーアの伝統秩序と民族自治

2018年12月25日　初版第1刷発行

著　者	澤　井　充　生	
発行者	大　江　道　雅	
発行所	株式会社 明石書店	

〒101-0021 東京都千代田区外神田6-9-5
電　話　03（5818）1171
FAX　03（5818）1174
振　替　00100-7-24505
http://www.akashi.co.jp

組版／装丁	明石書店デザイン室
印刷	株式会社文化カラー印刷
製本	本間製本株式会社

（定価はカバーに表示してあります。）　　　　ISBN978-4-7503-4708-0

JCOPY〈（社）出版者著作権管理機構　委託出版物〉

本書の無断複写は著作権法上での例外を除き禁じられています。複写される場合は、そのつど事前に、（社）出版者著作権管理機構（電話03-3513-6969、FAX 03-3513-6979、e-mail: info@jcopy.or.jp）の許諾を得てください。

現代インドネシアを知るための60章
エリア・スタディーズ 113　村井吉敬、佐伯奈津子、間瀬朋子編著　◎2000円

バングラデシュを知るための66章【第3版】
エリア・スタディーズ 32　大橋正明、村山真弓、日下部尚徳、安達淳哉編著　◎2000円

現代アラブを知るための56章
エリア・スタディーズ 120　松本弘編著　◎2000円

サウジアラビアを知るための63章【第2版】
エリア・スタディーズ 64　中村覚編著　◎2000円

現代イラクを知るための60章
エリア・スタディーズ 115　酒井啓子、吉岡明子、山尾大編著　◎2000円

アラブ首長国連邦（UAE）を知るための60章
エリア・スタディーズ 89　細井長編著　◎2000円

オマーンを知るための55章
エリア・スタディーズ 163　松尾昌樹編著　◎2000円

シリア・レバノンを知るための64章
エリア・スタディーズ 123　黒木英充編著　◎2000円

パレスチナを知るための60章
エリア・スタディーズ 144　臼杵陽、鈴木啓之編著　◎2000円

現代エジプトを知るための60章
エリア・スタディーズ 107　鈴木恵美編著　◎2000円

チュニジアを知るための60章
エリア・スタディーズ 81　鷹木恵子編著　◎2000円

マダガスカルを知るための62章
エリア・スタディーズ 118　飯田卓、深澤秀夫、森山工編著　◎2000円

アルジェリアを知るための62章
エリア・スタディーズ 73　私市正年編著　◎2000円

マリを知るための58章
エリア・スタディーズ 138　竹沢尚一郎編著　◎2000円

カタルーニャを知るための50章
エリア・スタディーズ 126　立石博高、奥野良知編著　◎2000円

セルビアを知るための60章
エリア・スタディーズ 137　柴宜弘、山崎信一編著　◎2000円

〈価格は本体価格です〉

中国のムスリムを知るための60章
エリア・スタディーズ 106　中国ムスリム研究会編　◎2000円

現代中国を知るための52章【第6版】
エリア・スタディーズ 8　藤野彰編著　◎2000円

北京を知るための52章
エリア・スタディーズ 160　櫻井澄夫、人見豊、森田憲司編著　◎2000円

香港を知るための60章
エリア・スタディーズ 142　吉川雅之、倉田徹編著　◎2000円

台湾を知るための60章
エリア・スタディーズ 147　赤松美和子、若松大祐編著　◎2000円

内モンゴルを知るための60章
エリア・スタディーズ 135　ボルジギン・ブレンサイン編著　赤坂恒明編集協力　◎2000円

現代モンゴルを知るための50章
エリア・スタディーズ 133　小長谷有紀、前川愛編著　◎2000円

中央アジアを知るための60章【第2版】
エリア・スタディーズ 26　宇山智彦編著　◎2000円

テュルクを知るための61章
エリア・スタディーズ 148　小松久男編著　◎2000円

アゼルバイジャンを知るための67章
エリア・スタディーズ 165　廣瀬陽子編著　◎2000円

ウズベキスタンを知るための60章
エリア・スタディーズ 164　帯谷知可編著　◎2000円

カザフスタンを知るための60章
エリア・スタディーズ 134　宇山智彦、藤本透子編著　◎2000円

ロシアの歴史を知るための50章
エリア・スタディーズ 152　下斗米伸夫編著　◎2000円

フィリピンを知るための64章
エリア・スタディーズ 154　大野拓司、鈴木伸隆、日下渉編著　◎2000円

シンガポールを知るための65章【第4版】
エリア・スタディーズ 17　田村慶子編著　◎2000円

ASEANを知るための50章
エリア・スタディーズ 139　黒柳米司、金子芳樹、吉野文雄編著　◎2000円

〈価格は本体価格です〉

中東・イスラーム世界の歴史・宗教・政治
多様なアプローチが織りなす地域研究の現在
髙岡豊、白谷望、溝渕正季編著
◎3600円

中東・イスラーム研究概説
私市正年、浜中新吾、横田貴之編著
政治学・経済学・社会学・地域研究のテーマと理論
◎2800円

現代中東を読み解く
後藤晃、長沢栄治編著
アラブ革命後の政治秩序とイスラーム
◎2600円

現代中東の国家・権力・政治
ロジャー・オーウェン著　山尾大・溝渕正季訳
◎3000円

中東・イスラーム諸国　民主化ハンドブック
松本弘編著
◎6800円

イランの歴史
世界の教科書シリーズ45　八尾師誠訳
イラン・イスラーム共和国高校歴史教科書
◎5000円

変貌するイラン
駒野欽一著
イスラーム共和国体制の思想と核疑惑問題
◎2500円

現代イランの社会と政治
山岸智子編著
つながる人びとと国家の挑戦
◎2800円

イランのシーア派イスラーム学教科書
世界の教科書シリーズ22　富田健次訳
イラン高校国定宗教教科書
◎4000円

イランのシーア派イスラーム学教科書II
世界の教科書シリーズ36　富田健次訳
イラン高校国定宗教教科書[3・4年次版]
◎4000円

チェチェン　平和定着の挫折と紛争再発の複合的メカニズム
富樫耕介著
◎7000円

激動のトルコ
内藤正典編著
9・11以後のイスラームとヨーロッパ
◎2700円

アラブ・イスラエル紛争地図
マーティン・ギルバート著　小林和香子監訳
◎8800円

湾岸アラブ諸国の移民労働者
細田尚美編著
「多数国人国家」の出現と生活実態
◎5500円

21世紀のサウジアラビア
アンソニー・H・コーデスマン著
中村覚監訳　須藤繁、辻上奈美江訳
政治・外交・経済・エネルギー戦略の成果と挑戦
◎9500円

黒海の歴史
世界歴史叢書　チャールズ・キング著　前田弘毅監訳
ユーラシア地政学の要諦における文明世界
◎4800円

〈価格は本体価格です〉

チャイニーズ・ライフ【上巻】「父の時代」から「党の時代」へ
激動の中国を生きたある中国人画家の物語
李昆武、フィリップ・オティエ著　野嶋剛訳　◎1800円

チャイニーズ・ライフ【下巻】「党の時代」から「金の時代」へ
激動の中国を生きたある中国人画家の物語
李昆武、フィリップ・オティエ著　野嶋剛訳　◎1800円

中国、引き裂かれる母娘
一人っ子政策中国の国際養子縁組の真実
シンラン著　佐藤美奈子訳　◎2200円

変
莫言著　長堀祐造訳　◎1400円

魯迅 海外の中国人研究者が語った人間像
小山三郎、鮑耀明監修
井上欣儒、千野万里子、市橋映里果共編　◎4500円

チベット人哲学者の思索と弁証法
月には液体の水が存在する
ゴラシバ・プンツォク・ワンギェル著　チュイデンプン訳　◎2800円

幸福の智恵 クタドゥグ・ビリグ
テュルク民族の長編物語詩
ユースフ・ハース・ハージブ著　山田ゆかり訳　◎9200円

テュルクの歴史
古代から近現代まで
世界歴史叢書
カーター・V・フィンドリー著
小松久男監訳　佐々木紳訳　◎5500円

イスラーム信仰概論
水谷周著　◎2500円

変革期イスラーム社会の宗教と紛争
塩尻和子編著　◎2800円

イスラーム・シンボル事典
マルク・シェベル著　前田耕作監修　甲子雅代監訳
小川菜穂子、ヘレンハルメ美穂、松永りえ訳　株式会社リベル翻訳協力　◎9200円

イスラーム世界の挫折と再生
「アラブの春」後を読み解く
内藤正典編著　◎2800円

イスラーム世界歴史地図
デヴィッド・ニコル著　清水和裕監訳　◎15000円

イスラーム世界の奴隷軍人とその実像
17世紀サファヴィー朝イランとコーカサス
前田弘毅著　◎7000円

イスラーム世界のジェンダー秩序
「アラブの春」以降の女性たちの闘い
辻上奈美江著　◎2500円

シンガポールのムスリム
宗教の管理と社会的包摂・排除
市岡卓著　◎5500円

〈価格は本体価格です〉

中国年鑑 2018 特集：〈習1強体制〉長期化へ
一般社団法人中国研究所編 ◎18000円

中国系新移民の新たな移動と経験 世代差が照射する中国と移民ネットワークの関わり
中国社会研究叢書① 奈倉京子編著 ◎3800円

下から構築される中国 「中国的市民社会」のリアリティ
中国社会研究叢書③ 李妍焱著 ◎3300円

中国雲南省少数民族から見える多元的世界 国家のはざまを生きる民
叢書「排除と包摂」を超える社会理論1 荻野昌弘、李永祥編著 ◎3800円

中国共産党とメディアの権力関係 改革開放期におけるメディアの批判報道の展開
王冰著 ◎4800円

草原と鉱石 モンゴル・チベットにおける資源開発と環境問題
棚瀬慈郎、島村一平編著 ◎3700円

香港バリケード 若者はなぜ立ち上がったのか
遠藤誉著 ◎1600円

北京スケッチ 素顔の中国人
渡辺陽介著 ◎1700円

中国の吉祥文化と道教 祝祭から知る中国民衆の心
奈良行博著 ◎3200円

中国の歴史と社会
世界の教科書シリーズ26 中国中学校新設歴史教科書 課程教材研究所、綜合文科課程教材研究開発中心編著、並木頼寿監訳 ◎4800円

日本の対中国関与外交政策 開発援助からみた日中関係
高嶺司著 ◎3600円

時代の憂鬱 魂の幸福 文化批評というまなざし
張競著 ◎2600円

現代中国政治概論 そのダイナミズムと内包する課題
熊達雲、毛桂榮、王元、劉迪編著 ◎2800円

ある華僑の戦後日中関係史 日中交流のはざまに生きた韓慶愈
大類善啓著 ◎2300円

法制度からみる現代中国の統治機構 その支配の実態と課題
熊達雲著 ◎2800円

改革開放後の中国僑郷 在日老華僑・新華僑の出身地の変容
山下清海編著 ◎5000円

〈価格は本体価格です〉